Umsatzsteuer in der Touristik

mit Freizeitwirtschaft und Business Travel

Von

Cyrilla Wolf

Dipl.-Betriebswirtin (FH)
Steuerberaterin

3. völlig neu bearbeitete Auflage

ERICH SCHMIDT VERLAG

Bibliografische Information der Deutschen Nationalbibliothek
Die Deutsche Nationalbibliothek verzeichnet diese Publikation in der
Deutschen Nationalbibliografie; detaillierte bibliografische Daten sind im
Internet über http://dnb.d-nb.de abrufbar.

Weitere Informationen zu diesem Titel finden Sie im Internet unter
ESV.info/978 3 503 15744 0

1. Auflage 2010
2. Auflage 2012
3. Auflage 2014

ISBN 978 3 503 15744 0

Dieses Papier erfüllt die Frankfurter Forderungen
der Deutschen Nationalbibliothek und der Gesellschaft für das Buch
bezüglich der Alterungsbeständigkeit und entspricht sowohl den
strengen Bestimmungen der US Norm Ansi/Niso Z 39.48-1992
als auch der ISO Norm 9706.

Gesetzt aus der Syntax 10 Punkt

Satz: Herbert Kloos, Berlin
Druck und Bindung: Strauss, Mörlenbach

Vorwort zur 3. Auflage

Die Zeit zwischen 2. und 3. Auflage ist aus Umsatzsteuersicht für Touristiker von großer Dynamik geprägt. So bringt das EuGH-Urteil TOMS & Wholesale vom 26.09.2013 die in Deutschland von Gesetzgeber und Finanzverwaltung vorgegebenen Regelungen zur Besteuerung von Reiseleistungen grundlegend durcheinander. Auch gab es vereinzelt wichtige Änderungen oder Klärungen zu wesentlichen Branchenthemen, wie u. a. der steuerlichen Behandlung von sog. Incentives seitens der Fluggesellschaften an Reisebüros, Provisionsrückvergütungen, B2B-Reiseumsätzen, Übernachtungs-/Restaurationsleistungspaketen, Kommissionsgeschäften, Abgrenzungen zwischen Speiselieferungen und Restaurationsleistungen sowie zu elektronischen, grundstücksbezogenen und bewegten Dienstleistungen.

Auch die vorliegende 3. Auflage wendet sich wieder an den interessierten Praktiker, Steuerberater, mit der Finanzbuchhaltung betraute Berufsgruppen sowie an Studenten der Touristik und des Steuerrechts. Das Ziel dieses Buches ist, Ihnen die Grundzüge der Besteuerung von Unternehmen der Touristik und Freizeitwirtschaft nahe zu bringen.

Unter „Touristik" ist die wirtschaftliche Tätigkeit der Reiseveranstalter und Reisevermittler zu verstehen, während „Tourismus" darüber hinaus auch das Gastgewerbe (Beherbergungs- und Restaurationsbetriebe) umfasst. Ich verwende in meinen steuerlichen Abhandlungen den Begriff „Touristik" unter Einbeziehung der gesamten Reisebranche, also auch des Gastgewerbes und der Beförderungsunternehmen.

Explizit gehe ich auf die Umsatzbesteuerung der in der Freizeitwirtschaft tätigen Leistungsträger, Event-Agenturen, Kulturveranstalter und Tickethändler ein. Ebenso befasse ich mich umsatzsteuerlich mit dem Geschäftsreiseverkehr, der Tagungswirtschaft, dem MICE-Geschäft und Messewesen sowie den im Reisemanagement tätigen Unternehmen.

Dabei richtet sich der inhaltliche Aufbau wieder nach dem Umsatzsteuergesetz, d. h. zunächst werden die für die Freizeitwirtschaft und den Geschäftsreiseverkehr relevanten Vorschriften der Regelbesteuerung, die auch für die Vermittlung touristischer Leistungen gelten, dargestellt. Beispiele zum Business Travel und zur Freizeitwirschaft finden Sie im Teil „Regelbesteuerung" des Buches im ersten Kapitel „Grundlagen der Umsatzbesteuerung".

Im Anschluss gehe ich auf die Sonderregelung der Besteuerung der Touristikindustrie ein. Der Margenbesteuerung ist als Lex Specialis der Reiseunternehmen ein umfangreiches Kapitel gewidmet. Ihr kommt auch innerhalb meiner Praxisbeispiele ein besonderer Schwerpunkt zu. Die weitestgehende Harmonisierung auf EU-Ebene durch die Mehrwertsteuer-Systemrichtlinie, mit im Prinzip einfachen und gut gemeinten Vorgaben zur Regel- und Margenbesteuerung, gibt hier dem nationalen Umsatzsteuerrecht die Richtung als rechtliche Grundlage vor. Der Steuerteufel steckt dann im EU-Detail, nämlich im Zusammenspiel der vielen nationalen Regelungen. Nicht immer ergänzen sich die unterschiedlichen Besteuerungsverfahren in den einzelnen EU-Mitgliedstaaten. Dies kann zu Doppelbesteuerungs- oder auch Nichtbesteuerungstatbeständen führen.

Die seit 01.07.2011 geltende Durchführungsverordnung (EU) Nr. 282/2011 soll hier Abhilfe schaffen, indem sie für Klarheit in Bezug auf diverse Vorschriften der Mehrwertsteuer-Systemrichtlinie und ihre einheitliche Anwendung innerhalb der EU sorgt.

Auf die nationalen Vorschriften gehe ich insbesondere unter Berücksichtigung der Änderungen durch das seit 30.06.2013 in Kraft getretene Amtshilferichtlinie-Umsetzungsgesetz (AmtshilfeRLUmsG) ein. Es setzt verbindliche Vorgaben der Europäischen Union und der Rechtsprechung des Europäischen Gerichtshofs in das deutsche Umsatzsteuerrecht um. Die jeweiligen Anpassungen finden teilweise am Tag nach Verkündung des Gesetzes und teilweise erst zu späteren Zeitpunkten Anwendbarkeit. Aktuelle Themen sind zudem die Besteuerung des Ticketgeschäfts vom Organisator eines Events, über den Wiederverkäufer des Events innerhalb einer paketierten Reise bis hin zum Tickethändler. Die touristische Rechtsprechung wird anhand wichtiger EuGH- und BFH-Urteile beleuchtet, so die Frage zum gerichtskundigen Thema „Was ist eine Verzehrvorrichtung?" mit ihren weitreichenden Folgen für das Gastgewerbe.

Um die Lesbarkeit meiner Ausführungen so angenehm wie möglich zu gestalten, setze ich wieder bevorzugt die den Inhalt ergänzenden Rechtsquellenangaben in Klammern erst am Ende eines Satzes, Absatzes oder Abschnitts.

Ich bin mir bewusst, dass mit diesem Buch eine dauerhafte „Pflegebeziehung" zwischen diesem, der Autorin sowie der geneigten Leserschaft besteht. Sowohl Produkt- und Vertriebsentwicklungen in der Branche (z. B. X-Veranstaltung, Reiseleistungsverkauf über Gutscheine, Reisebüro-Vertrieb über Affiliate-Systeme) als auch der Erfindungsreichtum der Gesetzgeber (z. B. zur Definition „Veranstalter" und „Eintrittsberechtigung" im Zusammenhang mit der Erbringung kultureller, sportlicher und unterrichtender Veranstaltungen) werden dazu führen, dass es in absehbarer Zeit wieder einer Überarbeitung bedarf. Das ist das Los aller steuerrechtlichen Publikationen. In diesem Zusammenhang rege ich an, dass Sie sich mit mir als Autorin gern in Verbindung setzen, wann immer Sie feststellen, dass das Buch fehlerhaft, missverständlich oder ergänzungsbedürftig ist. Selbstverständlich habe ich das Ziel, in meinen Ausführungen richtig und vollständig zu sein, muss jedoch Haftungsansprüche jeder Art ausschließen. Ich freue mich über Ihre Zuschriften unter cw@stb-cyrillawolf.de.

Ganz herzlich möchte ich auch wieder Dr. Volker M. Jorczyk, kurz: Doc Holiday, für seine erfrischenden Anregungen danken, die zum Gelingen dieses Buches beigetragen haben.

Den Lesern wünsche ich viel Freude in der praktischen Umsetzung.

München, September 2014   *Cyrilla Wolf*

Inhaltsverzeichnis

A. Regelbesteuerung

B. Margenbesteuerung (§ 25 UStG)

C. Anhang

Abkürzungsverzeichnis

6. EG-RL	Sechste EG-Richtlinie
a. a. O.	am angegebenen Ort
Abb.	Abbildung
Abs.	Absatz
Abschn.	Abschnitt
AEUV	Vertrag über die Arbeitsweise der Europäischen Union
a. F.	alte Fassung
AGB	Allgemeine Geschäftsbedingungen
Anh.	Anhang
Anm.	Anmerkung
Anm. d. Verf.	Anmerkung der Verfasserin
AO	Abgabenordnung
Art.	Artikel
BayLfSt	Bayerisches Landesamt für Steuern
B2B	Business to Business
B2C	Business to Consumer
BFH	Bundesfinanzhof
BGB	Bürgerliches Gesetzbuch
BGBl.	Bundesgesetzblatt
BGH	Bundesgerichtshof
BMF	Bundesministerium der Finanzen
BMG	Bemessungsgrundlage
Bp	Betriebsprüfung
BSP	Billing and Settlement Plan
BStBl.	Bundessteuerblatt
BZSt	Bundeszentralamt für Steuern
bzw.	beziehungsweise
DBA	Doppelbesteuerungsabkommen
DIU	Bundesverband der Deutschen Incoming-Unternehmen
DJH	Deutsches Jugendherbergswerk
DRV	Deutscher Reiseverband
DStR	„Deutsches Steuerrecht"
DV	Durchführungsverordnung
ECTAA	European Travel Agents' and Tour Operators' Association
EG	Europäische Gemeinschaft
EL	Eigenleistung
Erl.	Erlass
ESt	Einkommensteuer
EStG	Einkommensteuergesetz
EStR	Einkommensteuer-Richtlinien
ETOA	European Tour Operators Association

EU	Europäische Union
EU-DVO	Durchführungsverordnung zur Mehrwertsteuer-Systemrichtlinie
EuGH	Europäischer Gerichtshof
EuGH GA	Generalanwalt am Europäischen Gerichtshof
EZ	Erhebungszeitraum
FA	Finanzamt
FG	Finanzgericht
FGO	Finanzgerichtsordnung
FinMin	Finanzministerium
Fn.	Fußnote
FVA	Fremdenverkehrsamt
GAPT	German Air Passanger Tax
GDS	Global Distribution System
GEBTA	Guild of European Business Travel Agents
GG	Grundgesetz
GoB	Grundsätze ordnungsgemäßer Buchführung
HGB	Handelsgesetzbuch
HMdF	Hessisches Ministerium der Finanzen
HS	Halbsatz
IATA	International Air Transport Association
ICAO	International Civil Aviation Organization
i. d. F.	in der Fassung
i. d. R.	in der Regel
IHK	Industrie- und Handelskammer
i. H. v.	in Höhe von
ITB	Internationale Tourismusbörse
i. V. m.	in Verbindung mit
JStG	Jahressteuergesetz
Kfz	Kraftfahrzeug
KJ	Kalenderjahr
LBA	Luftfahrt-Bundesamt
LFD	Landesfinanzdirektion
LO	Leistungsort
LSt	Lohnsteuer
LStR	Lohnsteuer-Richtlinien
LT	Leistungsträger
LuftVSt	Luftverkehrsteuer
LuftVStG	Luftverkehrsteuergesetz

MICE	Meeting, Incentive, Convention, Event bzw. Meeting, Incentive, Congress, Exhibition
MLV	Deutsches Muster-Luftverkehrsabkommen
MwStSystRL	Mehrwertsteuer-Systemrichtlinie
n. F.	neue Fassung
NWB	„Neue Wirtschafts-Briefe"
NZB	Nichtzulassungsbeschwerde
o. Ä.	ohne Änderung
OFD	Oberfinanzdirektion
OSA	Open Sky Agreement
PKW	Personenkraftwagen
Rb	Reisebüro
RC	Reverse Charge
Rdvfg.	Rundverfügung
RL	Richtlinie, Reiseleistung
RM	Reisemittler
Rn.	Randnummer
Rspr.	Rechtsprechung
RV	Reiseveranstalter
RVL	Reisevorleistung
S.	Satz
so.	sonstige
s. o.	siehe oben
sog.	sogenannt
SRTour	„Steuer- und RechtsBrief Touristik" (neu)
StBT	„Steuer- und RechtsBrief Touristik" (alt)
s. u.	siehe unten
TBES	Telecommunications, Broadcasting and Electronic Services
TMC	Travel Management Company
TOMS	Tour Operating Margin Scheme
Tz.	Textziffer
UAbs.	Unterabsatz
u. a.	unter anderem
UrhG	Urheberrechtsgesetz
USt	Umsatzsteuer
UStAE	Umsatzsteueranwendungserlass
UStG	Umsatzsteuergesetz
USt-IdNr.	Umsatzsteuer-Identifikationsnummer
UStR	Umsatzsteuer-Richtlinien

VA	Verwaltungsakt
VAEU	Vertrag über die Arbeitsweise der Europäischen Union
VAT	Value Added Tax
Vfg.	Verfügung
VG	Verwaltungsgericht
vgl.	vergleiche
VO	Verordnung
VP	Veräußerungspreis
VPR	Internationaler Verband der Paketer
VZ	Veranlagungszeitraum
WJ	Wirtschaftsjahr
z. B.	zum Beispiel
ZM	Zusammenfassende Meldung
z. T.	zum Teil

Abbildungsverzeichnis

A.II. Regelbesteuerung – Vermittlung

B. Margenbesteuerung

C. Anhang

A. Regelbesteuerung

Die Grundprinzipien der Umsatzbesteuerung sind in §§ 1 bis 22e UStG geregelt. Die dort genannten Vorschriften und Begriffsbestimmungen sind auch für die Sonderregelung des § 25 UStG zur Besteuerung von Reiseleistungen von Bedeutung, soweit letztere nicht ausdrücklich anderslautende Bestimmungen vorgibt. Im Folgenden werden die für die Reisebranche wesentlichen umsatzsteuerlichen Grundlagen der Regelbesteuerung in einem branchenspezifischen Kontext dargelegt.

I. Grundlagen der Umsatzbesteuerung

Zur Untersuchung eines Umsatzes auf seine Besteuerung ist ein mehrstufiges Prüfschema zu durchlaufen. Zunächst ist zu prüfen, ob es sich bei dem Umsatz um einen Umsatz im Sinne des Umsatzsteuergesetzes handelt. Der Umsatz muss von einem Unternehmer im Rahmen seines Unternehmens gegen Entgelt im Inland erbracht worden sein (§ 1 Abs. 1 Nr. 1 UStG).

Als umsatzsteuerlicher Unternehmer gilt ein Unternehmer, der eine gewerbliche Tätigkeit selbständig ausübt (§ 2 Abs. 1 S. 1 UStG). Das Unternehmen umfasst dabei die gesamte gewerbliche Tätigkeit des Unternehmers (§ 2 Abs. 1 S. 2 UStG). Anschließend ist zu untersuchen, ob es sich beim ausgeführten oder auszuführenden Umsatz um eine Lieferung oder sonstige Leistung handelt (§ 3 Abs. 1 und Abs. 9 UStG). Im nächsten Schritt ist zu prüfen, wo sich der zugrunde liegende Leistungsort befindet (Reihenfolge der Prüfung: § 3a Abs. 3 UStG, § 3a Abs. 6 UStG, § 3a Abs. 8 UStG, § 3b UStG, § 3e UStG, § 3f UStG, § 3a Abs. 2 UStG und § 3a Abs. 1 UStG). Liegt dieser in Deutschland, handelt es sich um einen steuerbaren Umsatz, der steuerfrei (§ 4 UStG) oder steuerpflichtig sein kann. Auf einen steuerpflichtigen Umsatz ist der allgemeine Steuersatz von 19 Prozent (§ 12 Abs. 1 UStG) oder der ermäßigte Steuersatz von sieben Prozent (§ 12 Abs. 2 UStG) anzuwenden. Der Steuersatz berechnet sich auf der nach § 10 UStG zu ermittelnden Bemessungsgrundlage.

Des Weiteren ist der Zeitpunkt der Steuerentstehung festzustellen (§ 13 Abs. 1 Nr. 1 lit. a UStG). Abschließend prüft der Unternehmer, ob ihm der Vorsteuerabzug gewährt wird (§ 15 UStG).

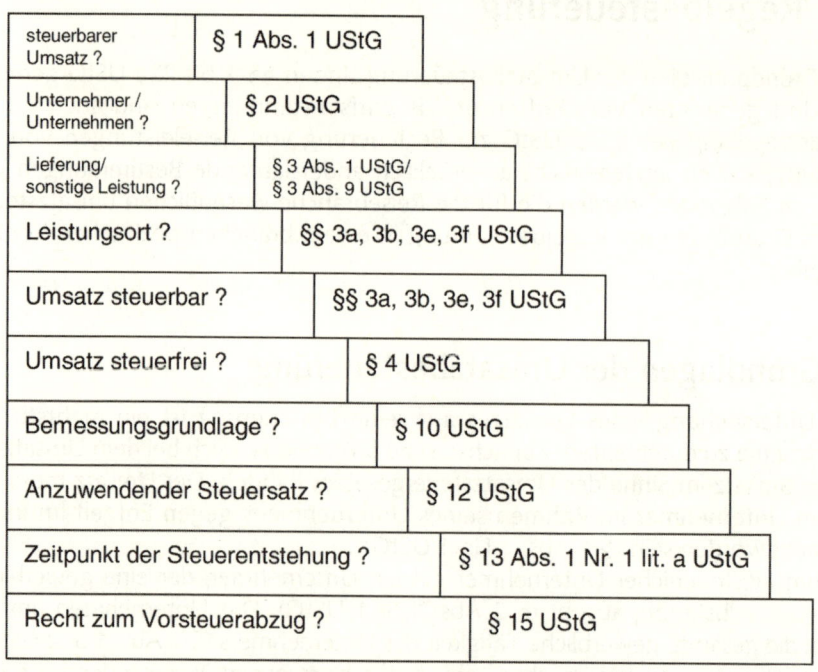

steuerbarer Umsatz ?	§ 1 Abs. 1 UStG
Unternehmer / Unternehmen ?	§ 2 UStG
Lieferung/ sonstige Leistung ?	§ 3 Abs. 1 UStG/ § 3 Abs. 9 UStG
Leistungsort ?	§§ 3a, 3b, 3e, 3f UStG
Umsatz steuerbar ?	§§ 3a, 3b, 3e, 3f UStG
Umsatz steuerfrei ?	§ 4 UStG
Bemessungsgrundlage ?	§ 10 UStG
Anzuwendender Steuersatz ?	§ 12 UStG
Zeitpunkt der Steuerentstehung ?	§ 13 Abs. 1 Nr. 1 lit. a UStG
Recht zum Vorsteuerabzug ?	§ 15 UStG

Abb. 1: Prüfschema der Umsatzbesteuerung

1. Steuerbare Umsätze (§ 1 UStG)

Umsätze unterliegen der Umsatzbesteuerung, wenn sämtliche Voraussetzungen der Steuerbarkeit gegeben sind. § 1 Abs. 1 Nr. 1 UStG normiert hierzu fünf Tatbestandsvoraussetzungen, die gleichermaßen erfüllt sein müssen:

1. Es handelt sich um einen Umsatz in Form einer Lieferung oder sonstige Leistung.
2. Dieser wird von einem Unternehmer ausgeführt.
3. Er wird im Inland erbracht, d. h. der rechtliche Leistungsort liegt im Inland.
4. Es findet ein Leistungsaustausch durch eine (entgeltliche) Gegenleistung statt.
5. Der Umsatz erfolgt im Rahmen des Unternehmens.

Ist eines der vorgenannten Merkmale nicht erfüllt, handelt es sich um keinen Umsatz, der in den Anwendungsbereich des deutschen Umsatzsteuergesetzes fällt. Möglicherweise ist eine Leistung, deren umsatzsteuerlicher Ort im Ausland liegt, in einem anderen Land der Umsatzsteuer zu unterwerfen.

Steuerbare Umsätze sind Lieferungen und sonstige Leistungen, die ein Unternehmer im Inland gegen Entgelt im Rahmen seines Unternehmens ausführt (§ 1 Abs. 1 Nr. 1 UStG).

Eine entscheidende Voraussetzung für die Steuerbarkeit von Umsätzen ist, dass der Umsatzort nach der umsatzsteuerrechtlichen Ortsbestimmung im Inland liegt. Wird ein Umsatz im Inland ausgeführt, kommt es für die Besteuerung nicht darauf an, ob der Unternehmer deutscher Staatsangehöriger ist, seinen Wohnsitz oder Unternehmenssitz im Inland hat, im Inland eine Betriebsstätte unterhält, die Rechnung erteilt oder die Zahlung empfängt (§ 1 Abs. 2 S. 3 UStG).

Umsätze deren umsatzsteuerlicher Ort sich im Ausland befindet, sind im Inland nicht steuerbar. Eventuell hat sich der Unternehmer im Ausland für steuerliche Zwecke – nämlich um dort die ausländische Umsatzsteuer abzuführen – registrieren zu lassen.

☞ Beachten Sie:

Der Leistungsort gemäß Umsatzsteuerrecht ist nicht zu verwechseln mit dem geographischen oder tatsächlichen Ort. Es mag (Ausnahme-)Fälle geben, in denen der faktische und der rechtliche Ort zusammenfallen. Die Versuchung liegt nahe, in der Touristik als Leistungsort den Urlaubsort der Reisenden oder den Unternehmenssitz des Reisebüros festzulegen. Diese pauschale Ortsbestimmung ist falsch!

a) Inland und Ausland

Das Umsatzsteuergesetz unterscheidet zwischen Inland, Ausland, Gemeinschaftsgebiet und Drittland. Inland ist das Gebiet der Bundesrepublik Deutschland mit einigen Gebietsausnahmen, wie den Freihäfen Bremerhaven, Cuxhaven und Hamburg[1], der Gewässer und Watten zwischen der Hoheitsgrenze und der jeweiligen Strandlinie sowie der deutschen Schiffe und Luftfahrzeuge in Gebieten, die zu keinem Zollgebiet gehören (§ 1 Abs. 2 S. 1 UStG). Botschaften und Konsulate anderer Staaten gehören selbst bei bestehender Exterritorialität zum Inland. Zum Inland gehört auch der Transitbereich deutscher Flughäfen (Abschn. 1.9 Abs. 1 S. 3 und 5 UStAE)[2].

Ausland ist das Gebiet, das danach nicht Inland ist (§ 1 Abs. 2 S. 2 UStG). Das Gemeinschaftsgebiet umfasst das Inland und die Gebiete der übrigen 27 Mitgliedstaaten der Europäischen Union, die nach dem Unionsrecht als Inland dieser Mitgliedstaaten oder als übriges Gemeinschaftsgebiet bezeichnet werden (§ 1 Abs. 2a S. 1 UStG). Drittlandsgebiet ist das Gebiet, das nicht Gemeinschaftsgebiet ist (§ 1 Abs. 2a S. 3 UStG).

☞ Beachten Sie:

Die Balearen (ES) sind Gemeinschaftsgebiet. Ceuta und die Kanarischen Inseln gehören politisch zu Spanien, umsatzsteuerlich sind sie hingegen Drittland. Welche Gebiete umsatzsteuerlich zur Europäischen Union gehören, wird aus der Auflistung in Abschn. 1.10 UStAE[3] ersichtlich.

---

1 Der Freihafen Hamburg wurde zum 31.12.2012 aufgelöst.
2 Siehe Anhang, Abschn. 1.9 UStAE, RECHTSQUELLEN UND VERWALTUNGSANWEISUNGEN, „Gesetze, Verordnungen und Anwendungserlass".
3 Siehe Anhang, Abschn. 1.10 UStAE, RECHTSQUELLEN UND VERWALTUNGSANWEISUNGEN, „Gesetze, Verordnungen und Anwendungserlass".

INLAND	AUSLAND	
GEMEINSCHAFTSGEBIET		DRITTLAND
INLAND	ÜBRIGES GEMEINSCHAFTSGEBIET	DRITTLAND

Abb. 2: Inland – Ausland

Ein im Inland ausgeführter Umsatz ist unter den weiteren Voraussetzungen des § 1 Abs. 1 Nr. 1 UStG steuerbar.

Die in der Grafik dargestellten vier Prüfschritte sind für die Ermittlung der bei einem Umsatzgeschäft gegebenenfalls anfallenden Umsatzsteuer zu durchlaufen:

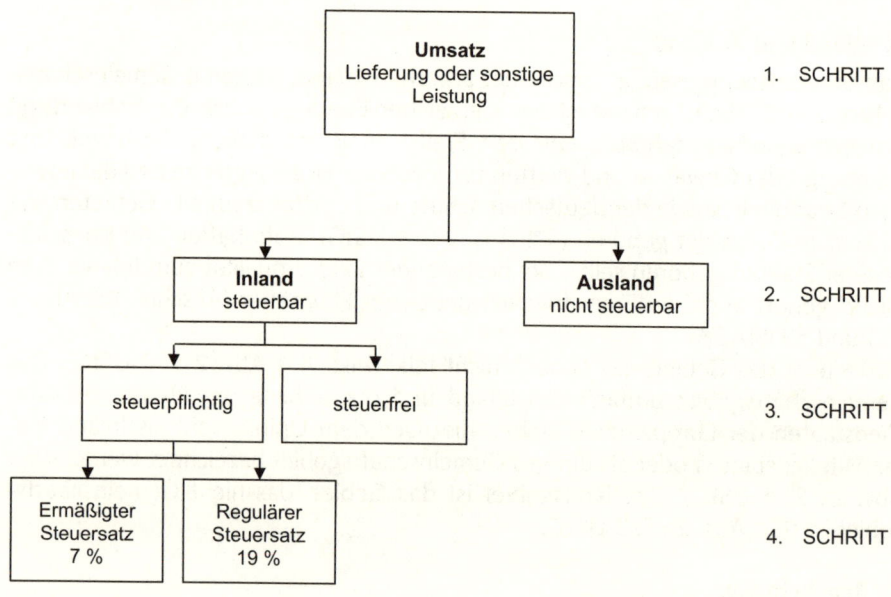

Abb. 3: Prüfschritte zur Ermittlung der Umsatzsteuer

b) Unentgeltliche touristische Leistungen

Einer sonstigen Leistung gegen Entgelt wird die unentgeltliche Erbringung einer touristischen Leistung durch den Tourismusunternehmer für Zwecke, die außerhalb seines Unternehmens liegen, oder für den privaten Bedarf seiner Expedienten und sonstigen Mitarbeiter, gleichgestellt. Unentgeltliche Sachleistungen der Reisebüros und Reiseveranstalter an ihre Expedienten und sonstigen Mitarbeiter können in Form von Reisen, Hotelaufenthalten oder Freiflügen ergehen[4].

---

4 Siehe Kapitel B.VII.5. – BESONDERHEITEN FÜR MARGENBESTEUERTE UNTERNEHMEN, „Unentgeltliche und verbilligte Reiseleistungen".

Kommen den Mitarbeitern lediglich Aufmerksamkeiten zu, sind diese nicht vom Tourismusunternehmer zu besteuern (§ 3 Abs. 9a Nr. 2 UStG). Aufmerksamkeiten liegen dann nicht mehr vor, wenn die pro Kalenderjahr und Mitarbeiter zugewendete Leistung 40,00 € (**ab 2015:** 60,00 €) brutto überschreitet (Abschn. 1.8 Abs. 3 S. 2 UStAE). Der Leistungsort der vom Tourismusunternehmer zu besteuernden Leistung ist dessen Sitzort (§ 3f UStG).

1	Im Inland ausgeführte Lieferungen und sonstige Leistungen gegen Entgelt, die ein Unternehmer im Rahmen seines Unternehmens erbringt.	§ 1 Abs. 1 Nr. 1 UStG
2	Die Einfuhr aus dem Drittland von Gegenständen im Inland.	§ 1 Abs. 1 Nr. 4 UStG
3	Der innergemeinschaftliche Erwerb im Inland aus dem übrigen Gemeinschaftsgebiet gegen Entgelt.	§ 1 Abs. 1 Nr. 5 UStG

Abb. 4: Zusammenfassung: Steuerbare Umsätze in Deutschland

2. Unternehmer und Unternehmen (§ 2 UStG)

Umsatzsteuerlicher Unternehmer ist, wer eine gewerbliche oder berufliche Tätigkeit selbständig, ohne Weisungsgebundenheit ausübt (§ 2 Abs. 2 Nr. 1 UStG). Ein umsatzsteuerlicher Unternehmer führt seine Tätigkeit unabhängig von Rechtsform und Rechtsfähigkeit aus. Das Unternehmen umfasst die gesamte gewerbliche oder berufliche Tätigkeit des Unternehmers. Beruflich oder gewerblich ist jede nachhaltige, also auf Dauer zur Erzielung von Einnahmen ausgelegte Tätigkeit, auch wenn eine Gewinnerzielungsabsicht fehlt (§ 2 Abs. 1 S. 2 und 3 UStG). Eine Tätigkeit zur Erzielung von Einnahmen liegt vor, wenn diese im Rahmen eines Leistungsaustauschs ausgeübt wird.

a) Umsatzsteuerliche und einkommensteuerliche Betrachtungsweise

Der Unternehmerbegriff im umsatzsteuerlichen Sinn weicht vom Unternehmerbegriff im Einkommensteuerrecht ab. Im Einkommensteuerrecht ist für das Vorliegen eines Gewerbebetriebs die Gewinnerzielungsabsicht maßgeblich, d. h. die Erzielung von Einnahmen allein ist nicht ausreichend (§ 15 Abs. 2 EStG). Werden dauerhaft Verluste erwirtschaftet, ohne dass der Reiseunternehmer ernsthafte Anstrengungen nachweist, die die schlechte Ertragslage verbessern sollen, geht die Finanzverwaltung von mangelnder Gewinnerzielungsabsicht und damit von Liebhaberei aus. Verluste können dann nicht mit positiven anderen Einkünften ausgeglichen oder verrechnet werden.

Beispiel – Umfang des Unternehmens:

Florina Flores (FF) ist Inhaberin des veranstaltenden Reisebüros Münchner-Freiheit Reisen (MucFrei Reisen) in München Schwabing. Außerdem ist sie als Reiseführerin tätig und verfügt über mehrere Ferienwohnungen im oberbayerischen Ruhpolding. Darüber hinaus ist FF geschäftsführende Gesellschafterin des als Ein-Personen-GmbH geführten Reiseveranstalters Peacock Tours in München.

Lösung:

FF ist umsatzsteuerliche Unternehmerin, denn sie übt ihre gewerbliche Tätigkeit selbständig und nachhaltig zur Erzielung von Einnahmen aus. Ihr Unternehmen umfasst ihre Tätigkeit als Reiseführerin, ihre Vermittlungtätigkeit im Rahmen des Reisebüros MucFrei Reisen sowie die von ihr vorgenommene Vermietung der Ferienwohnungen.
Die GmbH ist als juristische Person eigenständige Unternehmerin, so dass zwei Umsatzsteuererklärungen abzugeben sind.

☞ Beachten Sie:

Einkommensteuerlich liegen hier verschiedene Arten von Einkünften vor. Die Tätigkeit als Reiseführerin und die Vermittlung von Reisen des Reisebüros MucFrei Reisen sind als Einkünfte aus Gewerbebetrieb und damit als Gewinneinkünfte bei FF zu erklären (§ 15 EStG). Die Vermietung der in Ruhpolding gelegenen Ferienwohnungen unterliegt bei FF Einkünften aus Vermietung und Verpachtung und ist den Überschusseinkünften zuzuordnen (§ 21 EStG).

Der Überschuss der Einnahmen über die Werbungskosten ist als einkommen-
steuerliche Besteuerungsgrundlage zu ermitteln.
Als bei Peacock Tours angestellte alleinige geschäftsführende Gesellschafterin
der Ein-Personen-GmbH bezieht sie Einkünfte aus nichtselbständiger Arbeit
(§ 19 EStG). Beschließt die Peacock Tours GmbH Gewinnausschüttungen,
liegen unabhängig von der Gewerbesteuer- und Körperschaftsteuerpflicht
der Gewinne auf GmbH-Ebene, für FF darüber hinaus Einkünfte aus Kapital-
vermögen vor (§ 20 EStG).

b) Umsatzsteuerliche Organschaft

Die gewerbliche oder berufliche Tätigkeit wird nicht selbständig ausgeübt, wenn
eine Organgesellschaft in Form einer juristischen Person nach dem Gesamtbild
der tatsächlichen Verhältnisse finanziell, wirtschaftlich und organisatorisch in das
Unternehmen des Organträgers eingegliedert ist (§ 2 Abs. 2 Nr. 2 UStG). Die
im Inland gelegenen Unternehmensteile sind als ein Unternehmen anzusehen.
Organgesellschaft(en) und Organträger sind zivilrechtlich eigenständige Rechts-
subjekte. Umsatzsteuerlich handelt es sich um einen einzigen Steuerpflichtigen.

Beispiel – Umfang des Unternehmens:

Florina Flores (FF) ist Inhaberin des veranstaltenden Reisebüros Münchner-
Freiheit Reisen (MucFrei Reisen) in München Schwabing. Darüber hinaus ist
FF geschäftsführende Gesellschafterin des als Ein-Personen-GmbH geführten
Reiseveranstalters Peacock Tours in München.

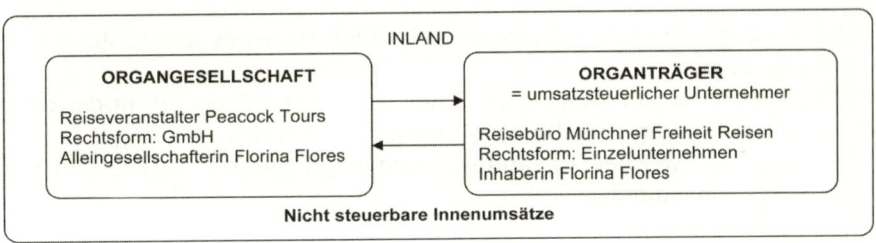

Abb. 5: Organkreis einer umsatzsteuerlichen Organschaft

Finanzielle Eingliederung: FF ist zu mehr als 50 %, nämlich als alleinige Gesellschafterin, an der Peacock Tours GmbH beteiligt. Sie hat damit die Anteilsmehrheit
an der Organgesellschaft.
Unter der finanziellen Eingliederung ist der Besitz der entscheidenden Anteilsmehrheit an der Organgesellschaft zu verstehen, die es ermöglicht, Beschlüsse in
der Organgesellschaft durchzusetzen.
Für die finanzielle Eingliederung einer GmbH in eine Personengesellschaft ist
es nicht ausreichend, dass letztere nicht selbst, sondern nur ihre Gesellschafter
mit Stimmenmehrheit an der GmbH beteiligt sind. Das Fehlen einer eigenen mittelbaren oder unmittelbaren Beteiligung der Gesellschaft kann nicht
durch einen Beherrschungsvertrag und Gewinnabführungsvertrag ersetzt werden. In diesem Fall ist keine der beiden Gesellschaften in das Gefüge des an-

deren Unternehmens eingeordnet. Vielmehr handelt es sich um gleichgeordnete Schwestergesellschaften.[5]

Wirtschaftliche Eingliederung: Das veranstaltende Reisebüro MucFrei Reisen vermittelt die vom Reiseveranstalter Peacock Tours angebotenen Pauschalreisen.

Für die Annahme einer wirtschaftlichen Eingliederung genügt ein vernünftiger wirtschaftlicher Zusammenhang im Sinne einer wirtschaftlichen Einheit, Kooperation oder Verflechtung. Eine dienende Funktion im Sinne einer wirtschaftlichen Zweckabhängigkeit der Organgesellschaft gegenüber dem Organträger ist nicht erforderlich; die Tätigkeiten müssen aber aufeinander abgestimmt sein, sie müssen sich fördern und ergänzen.[6]

Organisatorische Eingliederung: MucFrei Reisen als Organträgerin führt ihren Willen durch Personalunion der Geschäftsführung auch in der Organgesellschaft aus. FF ist sowohl im Reisebüro-Einzelunternehmen als auch in der Reiseveranstalter-Kapitalgesellschaft alleinige Geschäftsführerin.

> **Ab 01.01.2013** und einer Nichtbeanstandungsfrist **bis 01.01.2014** für betroffene Unternehmen wird bei der organisatorischen Eingliederung vorausgesetzt, dass die mit der finanziellen Eingliederung verbundene Möglichkeit der Beherrschung der Organgesellschaft tatsächlich wahrgenommen wird[7] (Abschn. 2.8 Abs. 7 S. 1 UStAE).

Als praktische Folgen einer Organschaft sind folgende Verfahrensvereinfachungen zu nennen:
- Die Organgesellschaften befinden sich innerhalb eines umsatzsteuerlichen Unternehmens.
- Es fällt nur eine Umsatzsteuererklärung des Organträgers an, in der die im Organkreis erzielten Umsätze zusammengefasst werden.
- Die Umsätze zwischen Organträger und Organgesellschaft(en) sind nicht steuerbare Innenumsätze.

☞ **Beachten Sie:**

Die Wirkung der Organschaft beschränkt sich auf Innenumsätze der im Inland gelegenen Unternehmensteile. Unternehmensteile im Ausland werden von der Organschaft nicht erfasst.

Innerhalb einer Organschaft kann durch Verrechnung von positiven und negativen Margen der Organgesellschaften eine Organkreismarge gebildet werden.[8]

Reiseleistungen, die innerhalb eines Organkreises erbracht werden, sind Eigenleistungen und unterliegen nicht der Margenbesteuerung.

---

5 Abschn. 2.8 Abs. 5 S. 6 und 7 UStAE und BFH-Urteil vom 22.04.2010, Az.: V R 9/09 mit Wirkung ab 01.01.2012.
6 BFH-Beschluss vom 20.09.2006, Az.: V B 138/05.
7 Abschn. 2.8 Abs. 7 UStAE und BMF-Schreiben vom 07.03.2013, Az.: IV D 2 – S 7105/11/10001.
8 Vgl. Kapitel B.VI.3. – ERMITTLUNG DER MARGE, „Negative Margen".

Die Voraussetzungen für eine umsatzsteuerliche Organschaft sind nicht iden-
tisch mit den Voraussetzungen für eine körperschaftsteuerliche oder gewerbe-
steuerliche Organschaft.

Fremdenverkehrsämter, die als Eigengesellschaften in privatrechtlicher Form z. B.
als GmbH geführt werden, sind grundsätzlich selbständige Unternehmer. Sie
können jedoch nach den umsatzsteuerlichen Vorschriften der Organschaft un-
selbständig sein, und zwar auch gegenüber der juristischen Person des öffentlichen Rechts z. B. einer Gemeinde oder Stadt. Eine finanzielle Eingliederung einer
Tourismusinformation in einen Organträger wird nicht dadurch ausgeschlossen,
dass die Anteile an der juristischen Person nicht im Unternehmensbereich sondern im nichtunternehmerischen Bereich verwaltet werden. Eine wirtschaftliche
Eingliederung in den Unternehmensbereich ist gegeben, wenn die Organgesellschaft Betrieben gewerblicher Art der juristischen Person des öffentlichen Rechts
untergeordnet ist.

Rechnungsstellung innerhalb einer Organschaft

Bei „Rechnungen" mit ausgewiesener Umsatzsteuer zwischen Organen einer im
Inland belegenen Organschaft handelt es sich umsatzsteuerrechtlich schlicht um
unternehmensinterne Buchungsbelege für nicht steuerbare Innenumsätze. Sie
lösen keine Steuerschuld aufgrund eines unrichtigen oder unberechtigten Steuerausweises aus[9] (§ 14c UStG). Eine Organgesellschaft hingegen ist als Teil eines
unternehmerischen Organkreises gegenüber Dritten grundsätzlich zum Steuerausweis berechtigt.

Im Fall des Nichterkennens einer Organschaft hat der leistungsausführende
Unternehmer irrtümlicherweise Umsatzsteuer abgeführt und der Leistungsemp-
fänger die gesondert ausgewiesene Umsatzsteuer als Vorsteuer geltend gemacht.
Der Verzinsungsanspruch des leistenden Unternehmers aus abgeführter Umsatzsteuer und der Verzinsungsanspruch des Staates aus dem geltend gemachten
Vorsteueranspruch gleichen sich aus, so dass keine Zinslast entsteht (§ 233a AO).
Ist eine Organschaft unzutreffenderweise angenommen worden, fehlt es an
Abrechnungen mit gesondertem Steuerausweis. Auf die mit Leistungsausführung
geschuldete Umsatzsteuer hat der Fiskus einen staatlichen Anspruch auf Verzin-
sung mit einem Zinssatz von 6 % pro Jahr (§ 233a AO, 238 AO). Der Vorsteuerabzug wird dem Leistungsempfänger erst nach Rechnungsberichtigung bzw.
Rechnungserteilung gewährt.

---

9 BFH-Urteil vom 28.10.2010, Az.: V R 7/10, BStBl. II 2011, 391.

3. Lieferung und sonstige Leistung (§ 3 UStG)

Der Leistungsbegriff im Umsatzsteuergesetz differenziert zwischen Lieferungen und sonstigen Leistungen.

a) Lieferungen

Eine Lieferung liegt vor, wenn dem Abnehmer oder Empfänger der Lieferung die Verfügungsmacht an einem Gegenstand verschafft wird (§ 3 Abs. 1 UStG). Der Abnehmer der Lieferung wird dadurch befähigt, im eigenen Namen über diesen zu verfügen. Zu Gegenständen im umsatzsteuerlichen Sinn zählen körperliche Sachen und Tiere. Die Bestimmung des Lieferorts erfolgt in der in der Tabelle vorgegebenen Reihenfolge (§ 3 Abs. 5a UStG):

	Lieferort	Ortsbestimmung	Gesetzl. Regelung
1	In besonderen Fällen – **Versandhandel** an private Endverbraucher	Ort, an dem die Versendung endet	§ 3c UStG
2	Während der **Beförderung an Bord** eines Schiffes, in einem Luftfahrzeug oder in einer Eisenbahn innerhalb der EU	Abgangsort – Departure Principle	§ 3e UStG
3	Bei **unentgeltlicher** Lieferung	Sitzort des liefernden Unternehmers	§ 3f UStG
4	Bei Lieferung von **Gas, Elektrizität, Wärme** oder **Kälte**	Energieunternehmen: Sitzort des Abnehmers Kein Energieunternehmen: Verwendungs- bzw. Verbrauchsort	§ 3g UStG
5	Bei **Beförderungs-** und **Versendungslieferung**	Ort, an dem die Beförderung oder Versendung beginnt	§ 3 Abs. 6 S. 1 UStG
		Sonderfall: Reihengeschäft	§ 3 Abs. 6 S. 5 u.6 UStG
		Sonderfall: Innergemeinschaftliches Dreiecksgeschäft	§ 25b UStG
6	Bei **ruhender** Lieferung	Ort, an dem sich der Gegenstand bei Übergang der Verfügungsmacht befindet	§ 3 Abs. 7 UStG
7	Bei **Einfuhr** eines Gegenstands aus dem Drittland	Inland, wenn Lieferer Schuldner der Einfuhrumsatzsteuer ist	§ 3 Abs. 8 UStG
8	Beim **innergemeinschaftlichen Erwerb**	Ort, an dem sich der Gegenstand am Ende der Beförderung oder Versendung befindet Sonderfall: Verwendung einer USt-IdNr.	§ 3d UStG

Abb. 6: Prüfschritte zur Ortsbestimmung einer Lieferung

Sonderfälle der Lieferung liegen vor, wenn Gegenstände, die zum vollen oder teilweisen Vorsteuerabzug berechtigt haben, von einem Unternehmer entnommen oder unentgeltlich für Zwecke, die außerhalb des Unternehmens liegen, übergeben werden (§ 3 Abs. 1b Nr. 1 bis 3 UStG). Die Entnahme dieser Gegenstände unterliegt der Umsatzsteuer.

Unentgeltlich abgegebene Reisekataloge und Veranstaltungsprogramme dienen der Werbung zur Anbahnung späterer Umsätze durch Reisebuchungen. Der Reiseinteressent wird durch den Reisekatalog nicht privat bereichert. Es handelt sich nicht um Kataloglieferungen in Gestalt unentgeltlicher Zuwendungen (§ 3 Abs. 1b S. 1 Nr. 3 UStG). Die Abgabe der Reisekataloge unterliegt nicht der Besteuerung (Abschn. 3.3 Abs. 14 UStAE).

b) Sonstige Leistungen

Die gesetzliche Legaldefinition der sonstigen Leistung besteht in einer Negativabgrenzung, nämlich *„sonstige Leistungen sind Leistungen, die keine Lieferungen sind"* (§ 3 Abs. 9 S. 1 UStG). Dienstleistungen aller Art, wie die serviceorientierten touristischen Leistungen, zählen zu den sonstigen Leistungen ebenso wie Vermietungsleistungen, Vermittlungsleistungen und Veranstaltungsleistungen.

Lieferung	Sonstige Leistung
– Reisekatalog	– Beherbergung
– Reiseführer	– Restauration
– Reise-DVD	– Beförderung
– Prospektständer	– Vermietung
– Büro- und Hoteleinrichtung	– Vermittlung
– Geschirr	– Veranstaltung
– Hardware	– Unterrichtung
– Standardsoftware	– Betreuung
– Pkw	– Animation

Abb. 7: Beispiele für Lieferungen und sonstige Leistungen im Tourismus

c) Abgabe von Speisen und Getränken

Einen Sonderfall der sonstigen Leistung stellen Speise- und Getränkeabgaben zum Verzehr an Ort und Stelle mittels dafür vorgesehener Verzehrvorrichtungen dar. Ihre Einordnung als Lieferungen oder sonstige Leistungen durchlief in der Vergangenheit diverse Gesetzesänderungen:

> Bis vor dem 27.06.1998 galt die Abgabe von Speisen und Getränken zum Verzehr an Ort und Stelle als Lieferung. Mitte 1998 erfolgte eine Gesetzesänderung durch die Umsetzung von Unionsrecht in nationales Recht. Denn im *Faaborg-Gelting*-Verfahren[10] urteilt am 02.05.1996 der EuGH, dass die Abgabe von Speisen und Getränken zum Verzehr an Ort und Stelle eine Restau-

---

10 EuGH-Urteil vom 02.05.1996, Az.: C-231/94 – *Faaborg-Gelting Linien* – *Restaurationsumsätze auf einem Schiff.*

rationsleistung ist, bei der das Dienstleistungselement qualitativ überwiegt. Ein Verzehr an Ort und Stelle liegt vor, wenn Speisen und Getränke nach den Umständen der Abgabe dazu bestimmt sind, an dem Ort verzehrt zu werden, der mit dem Abgabeort in einem räumlichen Zusammenhang steht und besondere Verzehrvorrichtungen an Ort und Stelle bereit gehalten werden.

Ab Mitte 1998 galt die Abgabe von Speisen und Getränken als sonstige Leistung (§ 3 Abs. 9 S. 4 und 5 UStG a. F.). Restaurationsumsätze sind durch eine Reihe von Vorgängen gekennzeichnet, von denen nur ein Teil in der Lieferung von Nahrungsmitteln besteht, während die Dienstleistungen bei weiten überwiegen. Sie sind daher als Dienstleistung im Sinne von Artikel 6 Absatz 1 der Sechsten EG-Richtlinie zu betrachten. Etwas anderes gilt hingegen, wenn sich die Umsätze auf Nahrungsmittel „zum Mitnehmen" beziehen und daneben keine Dienstleistungen erbracht werden, die den Verzehr an Ort und Stelle in einem geeigneten Rahmen ansprechend gestalten sollen. § 3 Abs. 9 S. 4 und 5 UStG a. F. wurden mit Gesetz vom 20.12.2007 aufgehoben.

Ab 20.12.2007 ist nach EuGH-Grundsätzen bei der Abgabe von Speisen und Getränken danach zu differenzieren, ob das Liefer- oder das Dienstleistungselement im Rahmen einer Gesamtbetrachtung innerhalb jedes einzelnen Restaurationsumsatzes nach qualitativen[11] Gesichtspunkten überwiegt. Die Vermarktung, etwa die dekorative Darbietung der verzehrfertigen Produkte in Vitrinen sowie das Ausstellen einer Rechnung sind bei der Beurteilung laut BFH-Rechtsprechung nicht zu berücksichtigen. Die Zubereitung von Lebensmitteln in einen verzehrfertigen Zustand ist im Rahmen der Gesamtwürdigung als Dienstleistungselement und nicht mehr notwendig als Vorstufe der Vermarktung mit dieser verbunden, einzustufen[12].

Der EuGH entschied am 10.03.2011[13], dass der Begriff „Nahrungsmittel" auch Speisen oder Mahlzeiten umfasst, die durch Kochen, Braten, Backen oder auf sonstige Weise zum sofortigen Verzehr zubereitet worden sind. Das Revisionsgericht trifft also keine Unterscheidung oder Beschränkung nach der Art des Geschäfts, der Verkaufsmodalität, der Verpackung, der Zubereitung oder der Temperatur. Schließlich dienen zum sofortigen Verzehr zubereitete Speisen und Mahlzeiten der Ernährung der Verbraucher.

Die Abgabe zubereiteter Würstchen, Hot Dogs, Pommes frites, Nachos und Popcorn etc. an Imbisswagen, Imbissständen oder in Kinofoyers zum sofortigen warmen Verzehr an Ablage- bzw. Resopalbrettern oder behelfsmäßigen Vorrichtungen, die lediglich geringfügigen personellen Einsatz erfordern, ist eine Lieferung. Die Zubereitung beschränkt sich auf einfache, standardisierte

---

11 BFH-Urteil vom 10.08.2006, Az.: V R 55/04 – *Umsatzsteuer für Leistungen eines Mahlzeitendiensts.*

12 BFH-Urteil vom 18.12.2008, Az.: V R 55/06 – *Umsatzsteuerliche Abgrenzung von Lieferung und sonstiger Leistung – Kein ermäßigter Steuersatz auf Abgabe zubereiteter Speisen und Überlassung von Geschirr und Besteck durch Party-Service – Kriterien für die zollrechtliche Tarifierung.* Der BFH hat dem EuGH eine Reihe von Abgrenzungsfragen vorgelegt, u. a. die Frage, ob die Zubereitung von Speisen tatsächlich als wesentliches Dienstleistungselement anzusehen ist, siehe Beschlüsse vom 15.10.2009, Az.: XI R 6/08 und XI R 37/08 und vom 27.10.2009, Az.: V R 3/07 und V R 35/08.

13 EuGH-Urteile vom 10.03.2011, Az.: C-497/09, C-499/09, C-501/09, C-502/09.

Handlungen. Die behelfsmäßigen Vorrichtungen stellen geringfügige Neben-leistungen zur Nahrungsmittellieferung dar.[14]

Restaurationsleistung 19 % USt (Restaurant- und Verpflegungsleistungen)	Lieferung von Lebensmitteln 7 % USt
	Abgabe von Speisen aus einem **Imbiss-wagen** mit zum Teil überdachten Ver-zehrtheken und Ablagebrettern;
	Abgabe von Speisen in **Kino-Foyers**, in denen Tische, Stühle und sonstige Ver-zehrvorrichtungen vorgehalten werden;
Komplexe Leistungen eines **Party-Service-Unternehmens** stellen eine einheitliche Leistung und nicht mehrere selbständige Hauptleistungen dar. Dies ist unabhängig davon, ob der Party-Service-Unternehmer eine einzige Rechnung, in der alle Elemen-te aufgeführt sind, oder eine getrennte Rechnung für die Lieferung der Speisen ausstellt. Dominierende Bestandteile aus der Sicht des Durchschnittsverbrauchers im Rahmen einer Gesamtbetrachtung sind umfassende Dienstleistungselemente.	Auslieferung von Standardspeisen eines **Party-Service-Unternehmens** ohne zusätzliches Dienstleistungselement. Besondere Umstände belegen, dass die Speiselieferung der dominierende Be-standteil des Umsatzes ist.

Abb. 8: EuGH-Entscheidungen vom 10.03.2011 zur Abgrenzung von Restaurationsleistungen und Nahrungsmittellieferungen

Der restaurationsartige Charakter überwiegt in der Regel bei Leistungen im Zusammenhang mit der Abgabe von Speisen der Anbieter von Schulverpfle-gung, Caterer und Party-Service-Unternehmer. Die genannten Wirtschafts-teilnehmer beschränken ihre Leistungen meist nicht auf die Anlieferung der Speisen. Die Speisezubereitung, das Zurverfügungstellung von Geschirr und Besteck, die Darbietung in eigenen Gefäßen, die Essensausgabe vor Ort, das Tranchieren von Fleisch, das Abwischen der Tische nach dem Essen und die Reinigung des Geschirrs geben dem gesamten Umsatz den Charakter einer Dienstleistung. Es handelt sich nicht mehr um die bloße Lieferung von Nah-rungsmitteln.

- Verzehrvorrichtungen dürfen als besondere Dienstleistungselemente nur be-rücksichtigt werden, wenn sie vom Leistenden als Teil einer einheitlichen Leistung zur Verfügung gestellt werden.[15] Auf „Fremdimmobilar", wie, in unmittelba-rer Nähe eines Imbissbetriebes fest installierte, allgemein zugängliche städtische Sitzbänke oder aus zwei Bänken und einem Tisch bestehende „Bierzeltgarnituren" umliegender Biergärten und Restaurationsbetriebe, hat der Imbissbetreiber kei-nen Einfluss. Als Verzehrvorrichtungen fallen sie bei einer Gesamtbetrachtung aller Umstände, unter denen der Umsatz erfolgt, nicht ins Gewicht.

---

14 EuGH-Urteile vom 10.03.2011, Az.: C-497/09, C-499/09, C-501/09, C-502/09.
15 BFH-Urteil vom 20.06.2011, Az.: V R 18/10.

Die Bereitstellung von Mobiliar wie z. B. Wartebereiche in Kinofoyers, Kino-sessel, Bestuhlung in Stadien oder Klapptische für Flugpassagiere, findet als Dienstleistungselement keine Berücksichtigung, soweit es nicht ausschließlich dazu bestimmt ist, den Verzehr von Lebensmitteln zu erleichtern.[16] Dagegen handelt es sich im Falle von Strandkörben oder Strandliegen mit ausklappbaren Tischen in Strandbars und Beachclubs um Verzehrvorrichtungen und damit um eine den ermäßigten Steuersatz ausschließende „schädliche" Infrastruktur.

Ab 01.07.2011 gilt als in den EU-Mitgliedstaaten unmittelbar anzuwendendes Recht, dass die Abgabe von zubereiteten oder nicht zubereiteten Speisen und/ oder Getränken mit oder ohne Beförderung, jedoch ohne andere unterstützen-de Dienstleistungen, nicht als Restaurant- oder Verpflegungsdienstleistung an-zusehen ist.[17] Die MwStSystRL unterscheidet nicht zwischen standardisierten Zubereitungen auf der einen Seite und mit Sachverstand und Kreativität erstellten, individuellen Zubereitungen auf der anderen Seite. In der Vergangenheit ergan-gene Rechtsprechung, die für die Beurteilung eines Umsatzes an die Komplexität der Zubereitung von Speisen anknüpfen, ist für nach dem 30.06.2011 ausgeführte Umsätze nicht mehr anzuwenden. Demnach liegt stets eine Lieferung vor, wenn der Unternehmer sich auf die Abgabe zubereiteter Speisen und deren Transport beschränkt.

Das BMF hat gemäß der MwStVO[18] festgelegt, dass insbesondere folgende Elemente im Rahmen einer Gesamtbetrachtung unselbständiger Teil der Be-förderung und als übliche Nebenleistungen nicht gesondert zu berücksichtigen sind:[19]

• Transport der Speisen und Getränke zum Ort des Verzehrs;
• Die Sicherung der Verzehrfertigkeit während des Transports durch Kühlen oder Wärmen und die hierfür erforderliche Nutzung von besonderen Behältnissen und Geräten sowie die Vereinbarung eines festen Lieferzeitpunkts für die Übergabe der Speisen an den Kunden;
• Das Verpacken der Speisen sowie die Beigabe von Einweggeschirr oder -be-steck.

Erfüllen die überlassenen Gegenstände (Geschirr, Platten etc.) vornehmlich Ver-packungsfunktion, stellt deren Überlassung kein berücksichtigungsfähiges Dienstleistungselement dar. Auch die anschließende Reinigung bzw. Entsorgung der überlassenen Gegenstände sind bei der Gesamtbetrachtung nicht zu be-rücksichtigen. Die Abgabe von Waren aus Verkaufsautomaten ist stets eine Lieferung.

---

16 EuGH-Urteile vom 10.03.2011, Az.: C-497/09, C-499/09, C-501/09, C-502/09, Rn. 73 und FG Berlin-Brandenburg, Urteil vom 14.02.2013 sowie Revisionsurteil vom 27.02.2014 unter Az. BFH V R 14/13.
17 Art. 6 Abs. 2 DVO-MwStSystRL.
18 Art. 6 Abs. 2 MwStVO.
19 BMF-Schreiben vom 20.03.2013, Az.: IV D2 – S 7100/07/10050-06. Dieses BMF-Schreiben tritt mit Wirkung vom 01.07.2011 an die Stelle des BMF-Schreibens vom 16.10.2008, Az.: IV B 8 – S 71000/07/10050. Es wird den Steuerpflichtigen jedoch eine Übergangsregelung für bis zum 30.09.2013 ausgeführte Umsätze eingeräumt.

Die eine Bewirtung fördernde Infrastruktur wird berücksichtigt, wenn der Kunde zum Zeitpunkt des Vertragsabschlusses zum Ausdruck bringt, dass er eine Speise vor Ort verzehren will. Nimmt er die Speise anschließend doch mit, bleibt es aufgrund seiner abgegebenen Zweckabrede bei einer regelbesteuerten Restaurationsdienstleistung. Entscheidend für die Anwendung des Regel- oder ermäßigten Steuersatzes bei Speisen ist somit die Absichtserklärung des Kunden beim Kauf. Wünscht der Kunde „zum Hieressen" statt „zum Mitnehmen", handelt es sich um einen regelbesteuerten Vor-Ort-Umsatz. Dies gilt auch, wenn der Kunde sich tatsächlich anders verhält und das Essen mitnimmt[20].

Bieten verschiedene Unternehmer in sog. Food Courts in einem zusammenhängenden Teil einer Einrichtung diverse Speisen und Getränke an, die an zentral platzierten Tischen und Stühlen von allen Kunden der Unternehmer gleichermaßen genutzt werde können, ist die gemeinsam genutzte Infrastruktur allen Unternehmern zuzurechnen.

Bei Auslagerung von Dienstleistungselementen eines Party-Service auf Dritte, z. B. die eigenständig unternehmerisch tätige Ehefrau, in Verbindung mit der Beschränkung seiner Leistung auf die Zubereitung und die Anlieferung von Speisen, unterliegen die Umsätze des Party-Service-Unternehmers laut Finanzgericht Rheinland-Pfalz[21] dem ermäßigten Steuersatz. Allerdings sieht die Finanzverwaltung bei einer Trennung von Tätigkeitsbereichen im Rahmen eines mit dem Speiselieferanten abgestimmten Gesamtkonzepts, die Nahrungsmittellieferungen als durch die ergänzenden Dienstleistungselemente des Dritten (z. B. der Ehefrau) infizieren an und unterwirft sie dem Regelsteuersatz[22]. Ab 01.07.2011 sind von Dritten erbrachte Dienstleistungselemente im Rahmen eines Gesamtkonzepts grundsätzlich nicht zu berücksichtigen. Voraussetzung für eine Nichtberücksichtigung ist, dass der Dritte unmittelbar gegenüber dem verzehrenden Kunden tätig wird. Es ist daher im Einzelfall – ggf. unter Berücksichtigung von getroffenen Vereinbarungen – zu prüfen, inwieweit augenscheinlich von einem Dritten erbrachte Dienstleistungselemente dem speiseabgebenden Unternehmer zuzurechnen sind. Leistet der Dritte an diesen Unternehmer und dieser wiederum an den Kunden, handelt es sich um ein Dienstleistungslement des speiseabgebenden Unternehmers, das im Rahmen der Gesamtbetrachtung bei ihm zu berücksichtigen ist.[23] Verzehrvorrichtungen, wie auch die Überlassung von Besteck und Geschirr, können nur als Dienstleistungselemente berücksichtigt werden, wenn sie vom Leistenden als Teil einer einheitlichen Leistung zur Verfügung gestellt werden. Voraussetzung für das Vorliegen einer einheitlichen Leistung ist, dass es sich um Tätigkeiten desselben Unternehmers handelt. Entgeltliche Leistungen verschiedener Unternehmer sind auch dann umsatzsteuerrechtlich eigenständig, wenn sie gegenüber demselben Leistungsempfänger erbracht werden und die weiteren Voraussetzungen für das Vorliegen einer einheitlichen Leistung erfüllt

---

20 OFD Niedersachsen vom 28.03.2013, Az,: S 7100-441-St 171.
21 BFH-Urteil vom 11.04.2013, Az. V R 28/12; Vorinstanz: FG Rheinland-Pfalz, Urteil vom 12.05.2011, Az.: 6 K 1649/09, NZB eingelegt.
22 BMF-Schreiben vom 16.10.2008, Az.: IV B 8 – S 71000/07/10050.
23 BMF-Schreiben vom 20.03.2013, Az.: IV D2 – S 7100/07/10050-06. Dieses BMF-Schreiben tritt mit Wirkung vom 01.07.2011 an die Stelle des BMF-Schreibens vom 16.10.2008, Az.: IV B 8 – S 71000/07/10050.

wären. Danach sind für die Abgrenzung, ob ein Unternehmer, der eine Metzgerei und einen Partyservice betreibt, Lieferungen ausführt oder sonstige Leistungen erbringt, die Gestellung von Geschirr und Besteck durch seine Ehefrau, die insoweit im Rahmen ihres eigenständigen Unternehmens gehandelt hat, grundsätzlich nicht zu berücksichtigen.[24]

Entscheidend ist die Beurteilung der bewirkten gastgewerblichen Umsätze als Lieferungen oder sonstige Leistungen in zweierlei Hinsicht:

- Die Speiseabgabe als Lieferung gilt als tarifbegünstigt und unterliegt dem ermäßigten Steuersatz (vgl. Anlage 2 Nr. 28 und 31 bis 33 zu § 12 Nr. 2 UStG).
- Die Ortsbestimmung für Lieferungen erfolgt nach anderen Kriterien als für sonstige Leistungen.
  - Der Lieferort richtete sich nach dem Ort, an dem sich die Lebensmittel zur Zeit der Verschaffung der Verfügungsmacht befinden (§ 3 Abs. 1 i. V. m. Abs. 7 S. 1 UStG).
  - Bei Homeservice richtet sich der Lieferort nach dem Ort, an dem die Lieferung beginnt (§ 3 Abs. 1 i. V. m. Abs. 6 S. 1 UStG).
  - Die Bestimmung des Leistungsorts für Restaurationsleistungen liegt ab 01.01.2010 am Konsumort, also dort, wo der Verzehr stattfindet (§ 3a Abs. 3 Nr. 3 lit. b UStG).

☞ **Beachten Sie:**

*Im B2B-Bereich, also bei Unternehmen, die der Regelbesteuerung unterliegen, wie Paketveranstalter und Incoming-Agenturen, die Kongress-, Seminar-, Event- und Incentive-Reisen im Ausland organisieren, bestand **bis 31.12.2009** die Problematik einer Doppelbesteuerung:*

Durch Qualifikationskonflikte aufgrund uneinheitlicher Umsetzung des Faaborg-Gelting-Urteils[25] innerhalb der EU unterliegen die Restaurationsumsätze teilweise als Lieferungen am ausländischen Bewirtungsort der Umsatzbesteuerung nach ausländischem Recht. Gleichzeitig werden sie als sonstige Leistungen am Sitzort des inlandsansässigen Veranstalters einer Umsatzsteuer von 19 % unterworfen, denn der Ort der Restauration richtet sich bis 31.12.2009 nach dem Sitzort des leistenden Unternehmers (§ 3a Abs. 1 UStG).

Zusätzlich wird aufgrund von Unstimmigkeiten bei der Anwendung von Besteuerungssystemen auf EU-Ebene in Zielgebieten teilweise nach Margenbesteuerungsgrundsätzen[26] – die in einigen EU-Ländern auch im B2B-Ketten-

---

24 BFH-Urteil vom 11.04.2013, Az. V R 28/12.
25 EuGH-Urteil vom 02.05.1996, Az.: C-231/94 – *Faaborg-Gelting Linien* – *Restaurationsumsätze auf einem Schiff.*
26 Das Besteuerungssystem der Margenbesteuerung findet in den Ländern Spanien, Polen, Italien, Tschechische Republik, Griechenland, Frankreich, Finnland und Portugal auch im B2B-Kettengeschäft Anwendung. Die EU-Kommission hatte gegen diese Länder Vertragsverletzungsverfahren eingeleitet. Die Ausdehnung der optionalen Anwendbarkeit der Margenbesteuerung auf das B2B-Reisegeschäft (sog. „Opt in") wird von der Reisebranche auf EU-Ebene angestrebt. Der EuGH urteilte am 26.09.2013 unter den Az.: C-189/11, C-193/11, C-236/11, C-269/11, C-293/11, C-296/11, C-309/11 und C-450/11 – *TOMS & Wholesale*, für eine Margenbesteuerung des B2B-Kettengeschäfts. Siehe Anhang, EuGH-Urteil vom 26.09.2013 – *TOMS & Wholesale*, RECHTSPRECHUNG IN DER TOURISTIK, „EuGH- und BFH-Urteile".

geschäft Anwendung finden – kein Vorsteuerabzug auf Reisevorleistungen gewährt (Art. 310 MwStSystRL).

Die Folge ist, dass die mit ausländischer Umsatzsteuer belasteten Restaurationsleistungen wiederum mit deutscher Umsatzsteuer belastet werden, so dass sogar Umsatzsteuer auf Umsatzsteuer anfällt. Dies widerspricht dem Neutralitätsgebot der Umsatzsteuer im Leistungsverkehr zwischen Unternehmen, denn nur der Letztverbrauch soll besteuert werden (Umsatzsteuer als Verbrauchsteuer).

Durch die Qualifizierung von Restaurationsleistungen zu Nebenleistungen der Unterbringung wurde mit BFH-Urteil[27] vom 15.01.2009 dieser Doppelbesteuerungsproblematik ein Ende gesetzt. Denn nun entfällt der Leistungsort für die Restauration am Inlandssitz des deutschen Reiseunternehmers. Die Restauration wird mit der Unterbringung am Belegenheitsort des Hotels im Ausland versteuert. In dem konkreten Fall entfielen, bezogen auf Unterbringung und Verpflegung, auf die Verpflegung 12,5 % der Aufwendungen. Bei diesem Verhältnis sind die Verpflegungsleistungen als Nebenleistung zur Übernachtung anzusehen und teilen in Hinblick auf den Leistungsort im Rahmen der Einheitlichkeit der Leistung das umsatzsteuerliche Schicksal der Hauptleistung „Unterbringung" (Abschn. 3.10 Abs. 5 S. 1 UStAE).

Allerdings erging gegen das sog. Paketer-Urteil zur Doppelbesteuerung vom 15.01.2009 ein Nichtanwendungserlass (Abschn. 3.10 Abs. 6 Nr. 13 UStAE)[28].

In der gleichen Sache waren weitere Verfahren anhängig. Dem BFH-Urteil vom 15.01.2009, V R 9/0 folgen in seiner Entscheidung:

- *der BFH mit Urteil vom 21.11.2013, Az.: V R 33/10, Vorentscheidung FG Hessen mit Urteil vom 25.08.2010, Az.: 6 K 3166/07[29].*
- *das FG Mecklenburg-Vorpommern in seiner Entscheidung vom 26.05.2011. Das hierzu beim BFH anhängige Revisionsverfahren V R 25/11 war mit Beschluss vom 19.07.2012 ausgesetzt worden[30]. Die BFH-Entscheidung erging am 20.03.2014.*
- *das FG Nürnberg mit Urteil vom 22.11.2011, Az.: 2 K 1131/10, Revision eingelegt unter BFH-Az.: XI R 22/12. Die Revision wurde am 16.05.2014 wieder zurückgenommen (§ 125 FGO). Das FG-Urteil wurde damit rechtskräftig.*

---

27 BFH-Urteil vom 15.01.2009, Az.: V R 9/06 – *DRV-VPR-Musterverfahren zur Doppelbesteuerung von Restaurationsleistungen.* Siehe auch Anhang, *BFH-Urteil vom 21.11.2013, Az.: V R 33/10,* RECHTSPRECHUNG IN DER TOURISTIK, „EuGH- und BFH-Urteile".

28 BMF-Schreiben vom 04.05.2010, Az.: IV D 2 – S 7100/08/10011 :009.

29 Siehe Anhang, BFH-Urteil vom 21.11.2013, Az.: V R 33/10 – *Geschlossene Veranstaltung,* RECHTSPRECHUNG, EuGH- und BFH-Urteile".

30 Das Verfahren war wegen der Frage der Anwendbarkeit der Sonderregelung für Reisebüros im Wiederverkäufergeschäft ausgesetzt worden. Der EuGH hat in den entsprechenden anhängigen Rechtssachen gegen die Staaten Spanien (C-189/11), Polen (C-193/11), Italien (C-236/11), die Tschechische Republik (C-269/11), Griechenland (C-293/11), Frankreich (C-296/11), Finnland (C-309/11) und Portugal (C-450/11) entschieden, dass die Sonderregelung für Reisebüros auch auf das B2B-Kettengeschäft Anwendung findet.

Erlebnisgastronomie

Zur umsatzsteuerlichen Behandlung von Veranstaltungen, bei denen kulinarische und künstlerische Elemente kombiniert werden, sei auf Kapitel A.I.3.d) – LIEFE-RUNG UND SONSTIGE LEISTUNG, „Touristische Nebenleistungen" verwiesen.

d) Touristische Nebenleistungen

Das Umsatzsteuergesetz unterscheidet zwischen einer einheitlichen Leistung, die unselbständige Nebenleistungen enthalten kann, und mehreren selbständigen und damit bzgl. Leistungsort und -zeitpunkt sowie Anwendung von Steuersätzen oder Steuerbefreiungsvorschriften getrennt zu beurteilenden Hauptleistungen (Abschn. 3.10 Abs. 1 UStAE).

Im Ausnahmefall gilt der Grundsatz der Einheitlichkeit der Leistung: Die Leistungen sind so eng miteinander verbunden, dass sie objektiv eine einzige untrennbare wirtschaftliche Leistung bilden. Die Aufspaltung der Gesamtleistung in ihre Einzelteile wäre wirklichkeitsfremd. Es handelt sich insgesamt um eine sonstige Leistung eigener Art. Aus den zusammengefügten Einzelleistungen wird wirtschaftlich eine neue Leistung.

Die folgenden Qualifizierungsmerkmale helfen bei der Unterscheidung zwischen Nebenleistung und Hauptleistung:

- Eine Nebenleistung stellt für die Kundschaft keinen eigenen Zweck dar, sondern ist das Mittel dazu, dass die „eigentliche" Leistung zu besseren oder optimalen Bedingungen in Anspruch genommen werden kann[31].

- Die Aufwendungen für die Nebenleistung stellen einen bloß marginalen Teil im Verhältnis zum Gesamtbetrag der Aufwendungen dar, um die Hauptleistung zu erlangen[32].

- Nebenleistungen haben akzessorischen Charakter. Sie tragen zum einen zur ordnungsgemäßen Ausführung der Hauptleistung bei und machen zum anderen im Vergleich zu dieser nur einen minimalen Teil des Pauschalpreises aus[33].

☞ **Beachten Sie:**

Dem Umstand, dass ein Gesamtpreis in Rechnung gestellt wird, kommt keine entscheidende Bedeutung zu. Freilich kann es für das Vorliegen einer einheitlichen Leistung sprechen, wenn ein Leistungserbringer seinen Kunden eine aus mehreren Teilen zusammengesetzte Dienstleistung gegen Zahlung eines Gesamtpreises erbringt.

Ebenso wenig muss ins Gewicht fallen, dass Leistungen aufgrund einer einzigen Vertragsgrundlage erbracht werden.[34]

Bei Beherbergungsleistungen in Verbindung mit Restaurationsleistungen wie Frühstück, Halbpension und Vollpension handelt es sich im B2B-Kettengeschäft um

---

31 EuGH-Urteil vom 22.10.1998, Az.: C-308/96 bzw. C-94/97, *Madgett & Baldwin*.
32 EuGH-Urteil vom 16.06.2005, Az.: C-200/04, *iSt internationale Sprach- und Studienreisen GmbH*.
33 EuGH-Urteil vom 22.10.1998, Az.: C-308/96 bzw. C-94/97, *Madgett & Baldwin*.
34 BFH-Urteil vom 02.03.2011, Az.: XI R 25/09 – *Hochseeangelreisen*.

eine einheitliche Leistung (Abschn. 3.10 UStAE). Mit der Hauptleistung „Übernachtung" gehen die Nebenleistungen „Verpflegung zu den verschiedenen Tageszeiten" einher. Davon ist insbesondere auszugehen, wenn die (Neben-) Leistung für den Leistungsempfänger keinen eigenen Zweck, sondern das Mittel darstellt, um die Hauptleistung unter optimalen Bedingungen in Anspruch zu nehmen. Laut Urteil des Bundesfinanzhofs vom 15.01.2009 ist von der Verpflegung als Nebenleistung auszugehen, wenn bei einem für das Reiseleistungspaket geleisteten Gesamtbetrag bspw. 12,5 %[35] der Kundenzahlungen auf die Restauration entfallen. Hat die Restaurationsleistung innerhalb des Leistungsbündels einen besonderen Stellenwert, so tritt sie auch kostenmäßig gegenüber den anderen Leistungen stark hervor. Dies ist z. B. bei Gourmet- oder Schlemmerreisen sowie bei exklusiven Kochkurs-Aufenthalten unter Anleitung von Starköchen der Fall. Die Restaurationsleistung fällt kostenmäßig innerhalb der Gesamtkosten, erheblich ins Gewicht und ist nun nicht mehr als Nebenleistung zur Beherbergungsleistung anzusehen. Ihr kommt folglich als selbständige Einzelleistung ein eigener Leistungsort zu. Dieser bestimmt sich nach bis 31.12.2009 anzuwendendem Recht nach dem Unternehmenssitz des Reiseveranstalters (§ 3a Abs. 1 UStG).

Das Finanzgericht Sachsen[36] betrachtet Übernachtung und Frühstück als voneinander unabhängige Leistungen, die zwei unterschiedliche Bedürfnisse, Schlafmöglichkeit einerseits und Nahrungsaufnahme andererseits, befriedigen. Der entscheidende Senat differenziert einerseits zwischen einer individuellen Hotelübernachtung, bei der das Frühstück am nächsten Morgen andernorts, etwa in einem Straßencafé, einer Frühstücksbar, einer Fast-Food-Kette oder dergleichen eingenommen werden bzw. unterbleiben kann, und Pauschalarrangements andererseits. Anders als möglicherweise bei Reisen, bei denen sich an das Frühstück weitere Programmteile anschließen, etwa touristische Erlebnisse oder eine Tagungsteilnahme, ggf. auch kombiniert mit weiteren Mahlzeiten wie Mittag- und/oder Abendessen, fehlt es bei Individualübernachtungen mit Frühstück an einer Verklammerung beider Leistungen, die das Frühstück als Nebenleistung der Übernachtung erscheinen lassen können. Der BFH urteilte hierzu wie folgt:

- Bei Übernachtungen in einem Hotel unterliegen nur die unmittelbar der Beherbergung dienenden Leistungen des Hoteliers dem ermäßigten Umsatzsteuersatz von 7 %.
- Frühstücksleistungen an die Hotelgäste gehören nicht dazu; sie sind mit dem Regelsteuersatz von 19 % zu versteuern. Das gilt auch dann, wenn der Hotelier „Übernachtung mit Frühstück" zu einem Pauschalpreis anbietet.
- Es handelt sich hier anders als im EuGH-Urteil „Madgett und Baldwin"[37] nicht um ein pauschales Leistungspaket, bestehend aus einer Hotelunter-

---

35 Siehe Anhang, *BFH-Urteil vom 21.11.2013, Az.: V R 33/10*, RECHTSPRECHUNG IN DER TOURISTIK, „EuGH- und BFH-Urteile" und NAE (Abschn. 3.10 Abs. 6 Nr. 13 UStAE). Weitere Verfahren in der gleichen Sache: BFH-Urteil vom 20.03.2014, Az.: V R 25/11 und BFH-Urteil vom 15.01.2009, Az.: V R 9/06.

36 FG Sachsen, Urteil vom 14.12.2010 unter Az.: 3 K 1116/10 und BFH-Urteil in der Sache vom 24.04.2013 unter Az. XI R 3/11.

37 EuGH-Urteil vom 22.10.1998, *Madgett und Baldwin*, Az.: C-308/96 und C-94/97.

bringung mit Halbpension und Busbeförderung, sondern lediglich um Individualübernachtungen mit Frühstück von Privaten.

• § 12 Abs. 2 Nr. 11 S. 2 UStG nimmt gerade nicht auf die Einstufung als Haupt- und Nebenleistung Bezug, sondern schließt alle Leistungen von der Anwendung des ermäßigten Steuersatzes aus, die nicht unmittelbar der Beherbergung dienen, unabhängig davon, ob ein gesondertes Entgelt hierfür gefordert wird. Diese Abgrenzung geht über die Unterscheidung von Haupt- und Nebenleistung hinaus und ist deutlich restriktiver. Der Grundsatz, dass die Nebenleistung das Schicksal der Hauptleistung teilt, wird von dem Aufteilungsgebot des § 12 Abs. 2 Nr. 11 S. 2 UStG verdrängt[38]. Demnach kommt es auf die Beurteilung der Frühstücksleistung als Nebenleistung zur „Vermietung von Wohn- und Schlafräumen", die das Finanzgericht Sachsen verneint hat, nicht an.

Im aktuellen seit 2010 geltenden Umsatzsteuerrecht sind folgende Punkte zu beachten:

• Handelt es sich bei der Restauration nicht mehr um eine Nebenleistung, da bspw. bei einem für das Reiseleistungspaket geleisteten Gesamtbetrag mehr als 12,5 % der Kundenzahlungen auf die Restauration entfallen, ist die Restauration als eigenständige Leistung anzusehen. Auf sie findet das Konsumortsprinzip Anwendung.

• Leistungsort ist der Ort, an dem die Speisen verzehrt werden. Das ist bei einem Hotelaufenthalt mit Frühstück in der Regel der Ort der Beherbergung.

• Die Nebenleistungsproblematik stellt sich bzgl. der Leistungsortsbestimmung nicht, dafür wird sie ggf. für die Ermittlung des Steuersatzes interessant. In Deutschland ist für Beherbergungsleistungen und Leistungen, die nicht unmittelbar der Beherbergung dienen, in Hinblick auf den Steuersatz ein Aufteilungsgebot zu beachten. Demnach kommt der ermäßigte Steuersatz nicht für Restaurationsleistungen zum Tragen (§ 12 Abs. 2 Nr. 11 S. 2 UStG).

• Unter umsatzsteuersystematischen Gesichtspunkten spricht einiges dafür, dass das Frühstück als Nebenleistung weiterhin das umsatzsteuerliche Schicksal der Hauptleistung „Übernachtung" trägt. Allerdings kann eine Nebenleistung mit einem anderen Steuersatz belastet sein als die ihr zugrunde liegende Hauptleistung.[39]

---

38 BFH-Urteil vom 28.05.1998, Az.: V R 19/96. Die Vermietung und Verpachtung von Betriebs-vorrichtungen ist nicht von der Umsatzsteuer befreit, selbst wenn diese wesentliche Bestandteile eines Grundstücks sind. Dieses Aufteilungsgebot lässt auch keine Einbeziehung der Überlassung von Betriebsvorrichtungen in die Steuerbefreiung der Grundstücksvermietung unter dem Gesichtspunkt der unselbständigen Nebenleistung zu.

39 Gemäß Unionsrechtsprechung ist die selektive Anwendung des ermäßigten Steuersatzes auf einzelne Aspekte einer Leistung durch die Mitgliedstaaten zulässig, ohne die gefestigten Grundsätze von Haupt- und Nebenleistung zu verletzen.
Die Klage der Europäischen Kommission gegen Frankreich, nicht auf alle Dienstleistungen von Bestattungsunternehmen, einschließlich der Lieferung von damit im Zusammenhang stehenden Gegenständen, einen einheitlichen Mehrwertsteuersatz anzuwenden, wurde abgewiesen (EuGH-Urteil vom 06.05.2010 – C-94/09).

Beispiele – Nebenleistung zur Hauptleistung:

Eine River Cruise Flusskreuzfahrt auf dem deutschen Abschnitt des Rheins wird zum einheitlichen Fahrpreis von 1.924,00 € veräußert. Sie umfasst die Unterbringung in Doppelkabinen und Vollpension.

Eine mehrtägige Hochseeangelreise in Ostseefanggebieten wird zum einheitlichen Fahrpreis von 2.489,00 € inkl. Unterkunft, Verpflegung, Leistungen zur Ausübung des Angelsports sowie Transport des Fangguts veräußert.

Lösungen:

Sind Unterbringung und Verpflegung erforderlich, um eine Personenbeförderung planmäßig durchführen zu können, richtet sich deren Besteuerung als Nebenleistungen nach der steuerlichen Beurteilung der Beförderungsleistung.

Auch bei der Hochseeangelkreuzfahrt handelt es sich um eine einheitliche Beförderungsleistung. Bei einer Pauschalreise auf einem Schiff mit Unterkunft und Verpflegung sind die erbrachten Verpflegungs- und Übernachtungsleistungen Nebenleistungen zu der Hauptleistung der Beförderung und teilen deren rechtliches Schicksal. Dies gilt ebenso für diejenigen Dienstleistungen, die dazu dienen, dass die Passagiere den Angelsport optimal ausüben und das Fanggut transportieren können. Eine derartige Schiffspauschalreise wird nicht zu einem einheitlichen wirtschaftlichen Vorgang verbunden, der als eine Leistung eigener Art zu beurteilen wäre.[40] Die Beförderungsleistung, und nicht eine sonstige Leistung eigener Art ist charakterbestimmend. Nur im seltenen Ausnahmefall, in dem der Reisende wegen der Annehmlichkeiten eines besonderen Schiffs oder wegen außergewöhnlicher Darbietungen auf dem Schiff keinen Wert auf die Beförderung und die Beförderungsstrecke legt, handelt es sich um eine sonstige Leistung eigener Art.[41]

Zu einem Gesamtpreis angebotene sog. Kombifahrten, die neben der Tagesausflugsfahrt auf einem Flussschiff das Essen, Musik und ein bestimmtes Programm umfassen, stellen einheitliche Beförderungsleistungen dar. Nebenleistungen, wie Frühstück, Brunch oder Unterhaltungsprogramm, gehen umsatzsteuerlich in der Beförderungsleistung unter. Dies gilt auch, wenn eine Nebenleistung den Erlebnischarakter der Beförderung ausmacht (z.B. Silvesterabendfahrten, Bayerischer Abend).

Nicht entscheidend abgestellt werden kann auf die Dauer der Fahrt und die Notwendigkeit der zusätzlichen Leistungen für die Erbringung der Beförderungsleistung. Bei einer zwei- bis vierstündigen Schiffsfahrt mögen die Verpflegung und Unterhaltung zwar nicht zwingend erforderlich sein, um die Beförderung planmäßig durchführen zu können. Dennoch runden sie die Beförderungsleistung ab und verschaffen dem Kunden eine angenehmere Fahrt.[42]

---

40 BFH-Urteil vom 02.03.2011, Az.: XI R 25/09 – *Hochseeangelreisen*.
41 BFH-Urteil vom 01.08.1996, Az.: V R 58/94.
42 FG Nürnberg, Urteil vom 27.03.2012, Az.: 2 K 854/10, NZB mit BFH-Beschluss vom 13.10.2013 unter Az. V B 67/12 abgewiesen.

Weitere Beispiele zur Einheitlichkeit der Leistung sind
- Vermietung eines ortsfesten Restaurantschiffs mit Steganlage[43],
- „Moving Meals"[44],
- Nebenleistungen der Campingplatzbetreiber[45],
- Skilifte in geschlossenen Hallenanlagen[46],
- Party-Service[47] und
- Messepakete[48].

Erlebnisgastronomie

Leistungen der Erlebnisgastronomie, wie Dinnershows, d. h. Veranstaltungen mit kulinarischen und künstlerischen Elementen, z. B. die Darbietung von Mehrgänge-menüs mit Varieté- oder Theater-Showeinlagen sowie Besuchergarderobe, kön-nen eine einheitliche regelzubesteuernde Leistung sein. Schließlich werden ku-linarische und künstlerische Elemente untrennbar gleichwertig nebeneinander angeboten. Aus Sicht des Durchschnittsverbrauchers steht gerade dieses Kombi-nationserlebnis im Vordergrund. Es liegt eine einheitliche sonstige Leistung eige-ner Art vor, die dem allgemeinen Steuersatz unterliegt[49]. Diese Auffassung vertritt auch die Finanzverwaltung (Abschn. 4.20.1 Abs. 3 S. 5 UStAE).

e) Dienstleistungskommission

Im Reisegeschäft handelt es sich um eine Dienstleistungskommission, wenn der Reiseunternehmer im eigenen Namen und auf fremde Rechnung im Rahmen eines Geschäftsbesorgungsvertrags einzelne Reiseleistungen an Reisekunden ausführt.

Obwohl der Dienstleistungskommissionär gemäß § 25 Abs. 1 S. 1 UStG im eigenen Namen auftritt, unterlag er laut Finanzverwaltung, bei Geschäftsbesorgung an einen Privatreisenden, nicht der Margenbesteuerung (Abschn. 3.15 Abs. 4 S. 5 UStAE a.F.). Anderer Auffassung ist der Bundesfinanzhof, der die Dienstleistungskommission unter Erfüllung der weiteren Tatbestandsvoraussetzungen des § 25 Abs. 1 UStG der Margenbesteuerung unterwirft[50].

Die Finanzverwaltung teilt diese Rechtsauffassung nun auch. Die Tatsache, dass Leistungen Dritter an den Reiseunternehmer lediglich fingiert wer-den, steht ihrer Einordnung als Reisevorleistungen nicht mehr entgegen. Dieses Auftreten für eigene Rechnung als eine wesentliche Voraussetzung für die Anwendung der Margenbesteuerung wird per Fiktion unterstellt

---

43 EuGH-Urteil vom 15.11.2012, Az.: C-532/11 – *Susanne Leichenich*.
44 Siehe Kapitel A.I.5.d) – STEUERBEFREIUNGEN IM TOURISMUS, „Swimming Meals".
45 Siehe Kapitel A.I.5.f) – STEUERBEFREIUNGEN IM TOURISMUS, „Beherbergungsleistungen an Fremde".
46 BFH-Urteil vom 02.10.2013, Az.: V B 49/12 und BFH-Urteil vom 28.06.2011, Az.: XI B 87/10.
47 Siehe Kapitel A.I.3.c) – LIEFERUNGEN UND SONSTIGE LEISTUNGEN, „Abgabe von Speisen und Getränken".
48 Siehe Kapitel A.I.4.i) – BESTEUERUNGSORT IM TOURISMUS, „Messen".
49 BFH-Urteil vom 10.01.2013, Az. V R 31/10.
50 BFH-Beschluss vom 26.06.2008, Az.: V B 42/07 – § 25 UStG bei Reiseleistungen im eigenen Namen auf fremde Rechnung.

(Abschn. 25.1 Abs. 1 S. 4, 2. HS UStAE)[51]. Die Margenbesteuerung ist unter den weiteren Bedingungen des § 25 UStG in allen offenen Fällen anzuwenden.
Auf vor dem 01.01.2013 ausgeführte Leistungskommissionen kann die Regelbesteuerung noch Anwendung finden. In Abhängigkeit von den Gegebenheiten des Einzelfalls sollte der die Geschäftsbesorgungsleistung durchführende Reiseunternehmer eine Vergleichsrechnung zur Ermittlung der unterschiedlichen Steuerbelastungen vornehmen.
Ab dem 01.01.2013 ausgeführte Leistungskommissionen unterliegen unter den weiteren Voraussetzungen des § 25 UStG der Margenbesteuerung. Der Leistungs(einkaufs-/verkaufs-)kommissionär ist nicht berechtigt, die in seinen Eingangsrechnungen ausgewiesenen Steuerbeträge als Vorsteuer abzuziehen.

Beispiel 1 – Leistungseinkaufskommission Reiseleiter im Ausland:

Der Privatreisende Ernst Jost beauftragt am 28.02.2011 das Reisebüro MucFrei Reisen für seine Jordanienreise einen einheimischen Reiseleiter vor Ort zu besorgen. MucFrei Reisen besorgt die Reiseleitung im eigenen Namen für Rechnung des Ernst Jost am 20.03.2011.

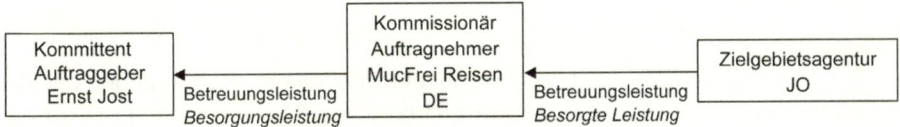

Abb. 9: Leistungseinkaufskommission

Lösung 1:

Ein Leistungseinkauf liegt vor, wenn ein von einem Auftraggeber bei der Beschaffung einer sonstigen Leistung eingeschalteter Unternehmer (Auftragnehmer) für Rechnung des Auftraggebers im eigenen Namen eine sonstige Leistung durch einen Dritten erbringen lässt (Abschn. 3.15 Abs. 1 S. 5 UStAE).
Die besorgte Leistung gilt als von der Drittlandsagentur an MucFrei Reisen erbracht, die Besorgungsleistung gilt als von MucFrei Reisen an den Urlauber Ernst Jost ausgeführt (§ 3 Abs. 11 UStG). Das Umsatzsteuerrecht entfernt sich hier von der zivilrechtlichen Betrachtungsweise unter Zuhilfenahme einer Fiktion. Die zivilrechtlich vom Auftragnehmer MucFrei Reisen an den Auftraggeber Ernst Jost erbrachte Besorgungsleistung bleibt umsatzsteuerrechtlich unberücksichtigt. Die von der jordanischen Zielgebietsagentur an MucFrei Reisen erbrachte Betreuungsleistung wird am Sitzort von MucFrei Reisen im Inland ausgeführt und ist in Deutschland steuerbar (§ 3a Abs. 2 UStG). Allerdings stellt sie eine Reisevorleistung dar, die als im Drittland ausgeführt behandelt wird (§ 25 Abs. 1 S. 5 UStG, § 3a Abs. 8 S. 1 UStG). Das Reisebüro erbringt aufgrund der umsatzsteuerlichen Fiktion ebenfalls eine Betreuungsleistung. Sie wird bezüglich des Leistungsinhalts „Reiseleistung" an dem Ort ausgeführt,

51 BMF-Schreiben vom 03.04.2012, Az.: IV D 2 – S 7100/07/10027.

von dem aus MucFrei Reisen ihr Unternehmen betreibt (§ 25 Abs. 1 S. 4 i.V.m. § 3a Abs. 1 UStG). Da die zugrunde liegende Reisevorleistung im Drittland bewirkt wurde, ist sie steuerfrei (§ 25 Abs. 2 UStG).
Die beiden Leistungen werden zum selben Zeitpunkt erbracht (Abschn. 3.15 Abs. 2 S. 2 UStAE). Dies ist jeweils der 20.03.2011.

Beispiel 2 – Leistungsverkaufskommission Ferienwohnung im Inland:
Die in München ansässige Florina Flores (FF) ist Eigentümerin mehrerer Ferienwohnungen in Ruhpolding. Sie beauftragt in 2014 das Fremdenverkehrsamt (FVA) Ruhpolding im eigenen Namen und für Rechnung der FF Mieter für kurzfristige Ferienwohnungsaufenthalte zu besorgen. Das FVA schließt einen Unterbringungsvertrag mit dem Feriengast Ernst Jost ab.

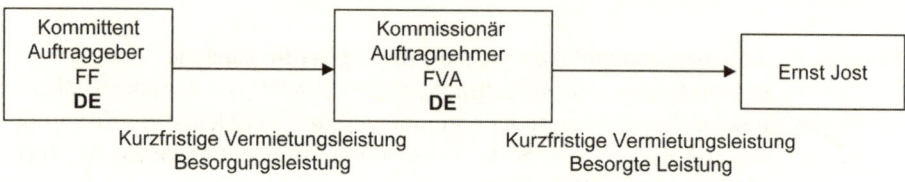

Abb. 10: Leistungsverkaufskommission mit inlandsansässigem Kommissionär

Lösung 2:
Ein Leistungsverkauf liegt vor, wenn ein von einem Auftraggeber bei der Erbringung einer sonstigen Leistung eingeschalteter Unternehmer (Auftragnehmer) für Rechnung des Auftraggebers im eignen Namen eine sonstige Leistung an einen Dritten erbringt (Abschn. 3.15 Abs. 1 S. 6 UStAE). In dem zwischen Auftraggeber und Auftragnehmer bestehenden Rechtsverhältnis werden die jeweiligen Rollen als Dienstleister und als Zahlender in Bezug auf die Umsatzsteuer fiktiv vertauscht.
Das Fremdenverkehrsamt ist in die Erbringung einer kurzfristigen steuerpflichtigen Vermietungsleistung eingeschaltet und handelt dabei im eigenen Namen und für fremde Rechnung (§ 3 Abs. 11 UStG). Die Vermietungsleistung gilt innerhalb einer fingierten Leistungskette als an das Fremdenverkehrsamt und vom Fremdenverkehrsamt erbracht. Die Vermietungsleistung der FF an das Fremdenverkehrsamt ist im Inland steuerbar, da sich die Ferienwohnungen im Inland befinden. Der Belegenheitsort der Ferienwohnungen ist Ruhpolding (§ 3a Abs. 3 Nr. 1 S. 2 lit. a UStG). Die Steuerbefreiung für Vermietungsleistungen ist nicht einschlägig, da die Vermietung von Ferienwohnungen durch Unternehmer (FF, FVA) für die kurzfristige Beherbergung von fremden Feriengästen nicht umsatzsteuerbefreit ist[52] (§ 4 Nr. 12 lit. a S. 2 UStG). Das FVA erbringt steuerbare und steuerpflichtige Reiseleistungen an den Urlauber Ernst Jost (§ 25 Abs. 1 UStG). Das FVA Ruhpolding ist nicht berechtigt, die in den Rechnungen von FF ausgewiesene Umsatzsteuer als Vorsteuer geltend zumachen (§ 25 Abs. 4 UStG).

---

52 Siehe Kapitel A.I.5.f) – STEUERBEFREIUNGEN IM TOURISMUS, „Beherbergungsleistungen an Fremde".

Beispiel 3 – Leistungsverkaufskommission EU-Ferienwohnung:
Die in München ansässige Florina Flores (FF) ist Eigentümerin mehrerer Ferienwohnungen in Antwerpen (Belgien). Sie beauftragt in 2014 das Tourismusbüro
in Aachen im eigenen Namen und auf Rechnung der FF Mieter für kurzfristige
Ferienwohnungsaufenthalte zu besorgen.

Lösung 3:
Da sich die Ferienwohnungen der FF in Antwerpen (Belgien) befinden, ist der
Belegenheitsort Belgien. Die Vermietungsleistung der FF an das Tourismusbüro
ist in Deutschland nicht steuerbar (§ 3a Abs. 3 Nr. 1 S. 2 lit. a UStG). Das
Tourismusbüro in Aachen erbringt an die Mieter Reiseleistungen, die im Inland
steuerbar und mangels Steuerbefreiung steuerpflichtig sind (§ 25 Abs. 1 S. 4
i.V.m. § 3a Abs. 1 UStG).

Beispiel 4 – Leistungsverkaufskommission eines EU-Reisebüros:
Die in München ansässige FF ist Eigentümerin mehrerer Ferienwohnungen in
Ruhpolding. Sie beauftragt in 2014 das Reisebüro Blitztours mit Sitz in Belgien
im eigenen Namen und für Rechnung der FF Mieter für kurzfristige Ferienwohnungsaufenthalte zu besorgen. Das Reisebüro vermietet die Unterkünfte
entsprechend an deutsche Urlauber.

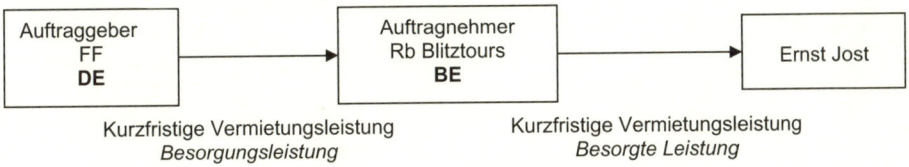

Abb. 11: Leistungsverkaufskommission mit auslandsansässigem Kommissionär

Lösung 4:
Das belgische Reisebüro ist in die Erbringung einer kurzfristigen steuerpflichtigen Vermietungsleistung eingeschaltet und handelt dabei im eigenen Namen
und für fremde Rechnung (§ 3 Abs. 11 UStG). Die Vermietungsleistung gilt
im Rahmen einer fingierten Leistungskette als an das belgische Reisebüro
und von dem belgischen Reisebüro erbracht. Die Vermietungsleistung der FF
an Blitzours ist im Inland steuerbar und als kurzfristige Vermietungsleistung
steuerpflichtig (§ 3a Abs. 3 Nr. 1 S. 2 lit. a UStG). Die Steuerbefreiungsnorm für Vermietungsleistungen ist nicht einschlägig, da die Vermietung von
Ferienwohnungen durch Unternehmer (FF, belgisches Reisebüro) für die kurzfristige Beherbergung von fremden Feriengästen nicht umsatzsteuerbefreit ist
(§ 4 Nr. 12 lit. a UStG). Blitzours erbringt an die Urlauber aus Deutschland nicht
steuerbare Reiseleistungen (§ 25 Abs. 1 S. 4 i.V.m. § 3a Abs. 1 UStG).

Beispiel 5 – Leistungsverkaufskommission Ferienwohnung im Drittland:

Die in München ansässige FF ist Eigentümerin mehrerer Ferienwohnungen in Biel (Schweiz). Sie beauftragt in 2014 mehrere inländische Reiseagenturen im eigenen Namen und für Rechnung der FF Mieter für kurzfristige Ferienwohnungsaufenthalte zu besorgen.

Lösung 5:

Die Vermietungsleistung von FF an inländische Agenturen ist im Inland nicht steuerbar. Vielmehr unterliegt das Besteuerungsrecht nach dem Belegenheitsortsprinzip der Schweiz (§ 3a Abs. 3 Nr. 1 S. 2 lit. a UStG). Die Agenturen erbringen an ihre Kunden steuerbare Reiseleistungen (§ 25 Abs. 1 UStG). Diese sind steuerfrei, da die ihnen zugrunde liegenden Reisevorleistungen im Drittland ausgeführt werden (§ 25 Abs. 2 UStG).

4. Besteuerungsort im Tourismus (§§ 3a, 3b und 3e UStG)

Die touristische Leistung besteht im Regelfall aus sonstigen Leistungen, das sind Dienstleistungen, wie Beförderung, Unterbringung, Restauration oder Reiseleitung. Im Ausnahmefall kommen im touristischen Kontext auch Lieferungen[53], z. B. der Souvenirverkauf während einer EU-Schiffsbeförderung, vor (§ 3e UStG). Die internationale Verteilung des Umsatzsteueraufkommens richtet sich im Wesentlichen nach der Bestimmung des Leistungsorts. Das im Umsatzsteuerrecht generell verankerte Neutralitätsprinzip verbietet – von einigen Ausnahmen in Bezug auf nicht zum Vorsteuerabzug berechtigte Unternehmer abgesehen – dass auf Unternehmerebene eine Belastung mit Umsatzsteuer erfolgt. Prinzipiell muss also die gezahlte Umsatzsteuer unter Beachtung der in den EU-Mitgliedstaaten bestehenden Regelungen zum Ausschluss des Vorsteuerabzugs in vollem Umfang als Vorsteuer erstattet werden können. Dieses Prinzip wird „All-Phasen-Netto-Umsatzsteuer mit Vorsteuerabzug" bezeichnet. Gelegentlich ergaben sich wegen unterschiedlicher Leistungsqualifikation[54] und Unstimmigkeiten bei der Anwendung von Besteuerungssystemen auf EU-Ebene mit einhergehenden abweichenden Leistungsortbestimmungen, systemwidrige Doppelbesteuerungstatbestände im Umsatzsteuerrecht. Für die Umsatzsteuer existieren systemimmanent aufgrund des Neutralitätsgrundsatzes keine Doppelbesteuerungsabkommen, wie etwa bei den Ertragsteuern. Umsatzsteuerliche Streitfragen, müssen soweit die Finanzverwaltungen der betroffenen Mitgliedstaaten keine Einigung erzielen, durch den Europäischen Gerichtshof entschieden werden. Mit Wirkung zum 01.07.2011 ist die Durchführungsverordnung zur Mehrwertsteuersystemrichtline Nr. 282/2011 des Rates vom 15.03.2011 (EU-DVO) als im Gemeinschaftsgebiet unmittelbar anzuwendendes Recht in Kraft getreten. Sie konkretisiert europarechtliche Vorgaben durch die Richtlinien 2008/8/EG zum Ort der Dienstleistung sowie 2008/9/EG zur Vorsteuererstattung an EU-Unternehmer des „Mehrwertsteuer-Pakets" der EU (EU-VAT-Package). Zusätzlich zum umfangreichen Anwendungsschreiben zum Ort der sonstigen Leistung nach §§ 3a, 3b und 3e UStG[55] hat das Bundesministerium der Finanzen mit Schreiben vom 10.06.2011[56] entsprechende Anpassungen vorgenommen.

> Änderungen zur EU-DVO Nr. 282/2011 vom 15.03.2011 hält die aktuelle EU-DVO vom 07.10.2013 in Hinblick auf den Leistungsort bei
> - elektronisch erbrachten Dienstleistungen sowie Telekommunikationsdienstleistungen **mit Wirkung ab 01.01.2015**
>   sowie
> - Dienstleistungen im Zusammenhang mit einem Grundstück **mit Wirkung ab 01.01.2017**
> vor.

---

53 Siehe Kapitel A.I.4.a) – BESTEUERUNGSORT IM TOURISMUS, „Lieferort und Dienstleistungsort beim Departure Principle".

54 Z. B. Die Qualifikation bei der Abgabe von Speisen und Getränken als Restaurationsleistung oder als Lieferung je nach Umsetzung des EuGH-Urteils *Faaborg-Gelting"* vom 02.05.1996.

55 BMF-Schreiben vom 04.09.2009, Az.: IV B 9 – S 7117/08/10001.

56 BMF-Schreiben vom 10.06.2011, Az.: IV D 3 – S 7117/11/10001.

a) Lieferort und Dienstleistungsort beim Departure Principle

Mit einer innergemeinschaftlichen Personenbeförderung an Bord von Schiffen, in Luftfahrzeugen oder Eisenbahnen kann zeitgleich der Bordverkauf von Waren, wie Parfums, Keksen, Schnaps, Zigaretten, Souvenirs, Schmuck, Zeitungen und Süßigkeiten an Reisende erfolgen. Der Ort bestimmt sich für diese Art von Lieferung nach dem Departure Principle (Abgangsortsprinzip § 3e UStG). Demnach gilt der Abgangsort des jeweiligen Beförderungsmittels im Gemeinschaftsgebiet als Ort der Lieferung. Abgangsort ist der erste Ort innerhalb des Gemeinschaftsgebiets, an dem Reisende in das Beförderungsmittel einsteigen können (§ 3e Abs. 2 S. 2 UStG). Ankunftsort ist der letzte Ort innerhalb des Gemeinschaftsgebiets, an dem Reisende das Beförderungsmittel verlassen können. (§ 3e Abs. 2 S. 3 UStG). Hin- und Rückfahrt gelten je als eine Beförderung. Bei Rundtrips sind Abgangs- und Ankunftshafen identisch.

Beispiel 1 – Bordverkauf auf hoher See:

Während einer zehntägigen Schiffspassage von Hamburg nach Stockholm (SE) mit planmäßigen Aufenthalten in Bremerhaven, Kopenhagen (DK), Oslo (NO) und Göteborg (SE) kauft der Vielreisende Ernst Jost im Bordverkauf eine Armbanduhr während sich das Schiff auf hoher See befindet.

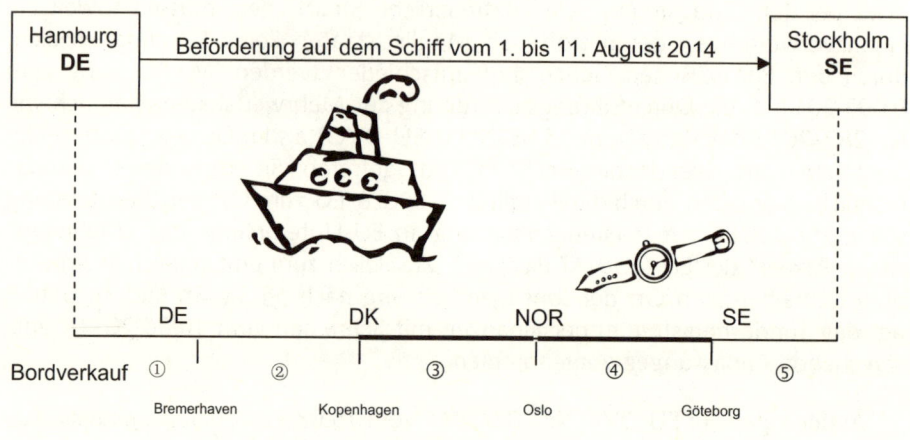

Abb. 12: Departure Principle

Lösungen:

① Die Schiffsbeförderung Hamburg–Stockholm erfolgt innerhalb des Gemeinschaftsgebiets mit Abgangsort Hamburg und ersten planmäßigen Halt in Bremerhaven. Der Bordverkauf einer Armbanduhr auf hoher See ist eine Lieferung. Der Abgangsort des Schiffes in Deutschland gilt als Lieferort für die Uhr. Die Uhr wird mit deutscher Umsatzsteuer (19 %) an Ernst Jost verkauft.

② Die Schiffsbeförderung Hamburg–Stockholm erfolgt innerhalb des Gemeinschaftsgebiets über Bremerhaven mit nächstem planmäßigen Halt in Kopenhagen. Der Bordverkauf einer Armbanduhr auf hoher See ist in Deutschland mit 19 % Umsatzsteuer zu versteuern.

③ Die Schiffsbeförderung erfolgt von Kopenhagen zum nächsten planmäßigen Halt in Oslo. Es findet keine Beförderung innerhalb des Gemeinschaftsgebiets statt. Der Bordverkauf einer Armbanduhr im Verlauf der Beförderung im Hoheitsgebiet von Norwegen erfolgt mit norwegischer Umsatzsteuer. Der Leistungsort bestimmt sich nach den allgemeinen Vorschriften für Lieferungen nach dem Ort an dem die Verfügungsmacht über die Uhr auf Ernst Jost übergeht (§ 3 Abs. 1 und Abs. 6 S. 1 UStG, Abschn. 3e.1 S. 4 UStAE).

④ Bei Zwischenaufenthalt in Oslo und planmäßigem nächsten Halt in Göteborg liegt zunächst eine Beförderung im Drittlandsgebiet vor. Der Bordverkauf einer Armbanduhr im Verlauf der Beförderung im Hoheitsgebiet von Schweden erfolgt wieder mit deutscher Umsatzsteuer.

⑤ Die Schiffsbeförderung von Göteborg nach Stockholm erfolgt innerhalb des Gemeinschaftsgebiets mit Abgangsort Göteborg und Ankunftsort Stockholm. Der Bordverkauf einer Armbanduhr auf hoher See wird mit schwedischer Umsatzsteuer (25 %) an Ernst Jost verkauft.

Bei einem planmäßigen Zwischenaufenthalt des Schiffes im Drittland, während dem die Reisenden das Schiff verlassen können, sowie bei der Beförderung im Hoheitsgebiet dieses Staates, unterliegt der Bordverkauf – soweit die Bordgeschäfte nicht geschlossen werden – den Besteuerungsvorschriften des jeweils berührenden Drittstaates (Abschn. 3e.1 S. 3 und 4 UStAE).

Ein kurzfristiges Aus- und Einsteigen nach Plan erfolgt z. B. zum Shoppen oder für Besichtigungen an Land. Es ist nicht erforderlich, dass die Reise für einige Passagiere beginnt oder endgültig endet.[57] Allerdings finden Zwischenaufenthalte aus logistischen Gründen, wie zum Betanken oder Beliefern des Schiffes, zur Durchführung von Reparaturen am Schiff, zum Holen eines Arztes an Bord oder zum Ausstieg kranker Passagiere, ohne dass ein planmäßiges Ein- oder Aussteigen von Reisenden gegeben ist, keine Berücksichtigung.

Beispiel 2 – Bordverkauf im EU-Hafen:

Während einer zehntägigen Schiffspassage von Hamburg nach Stockholm (SE) mit planmäßigen Aufenthalten in Bremerhaven, Kopenhagen (DK), Oslo (NO) und Göteborg (SE) kauft der Vielreisende Ernst Jost im Bordverkauf am 08.08.2014 eine Armbanduhr während sich das Schiff im Hafen von Kopenhagen befindet.

Lösung 2:

Befindet sich das Schiff zum Zeitpunkt des Bordverkaufs am 08.08.2014 im Hafen von Kopenhagen (DK), in dem die Reisenden die Möglichkeit haben, z. B. für Sight-Seeing-Zwecke an Land zu gehen – und sei es auch nur für kurze Zeit – so ist die veräußerte Uhr in Dänemark (25 % Umsatzsteuer) zu versteuern. Leistungsort ist nach nationalem Steuerrecht der Ort, an dem Ernst Jost die Verfügungsmacht über die Uhr verschafft wird. Es handelt sich nicht um einen „bewegten" Bordverkauf (§ 3 Abs. 6 S. 1 UStG).

---

57 EuGH-Urteil vom 15.09.2005, Az.: C-58/04 – Antje Köhler.

☞ **Beachten Sie:**

Bei Speiseumsätzen ist zwischen Lieferungen und sonstigen Leistungen zu differenzieren. Der bloße Bordverkauf während einer innergemeinschaftlichen Personenbeförderungsleistung an Bord von Schiffen, in Luftfahrzeugen oder Eisenbahnen wird als Lieferung nach dem Departure Principle besteuert. Das Bordcatering, also die serviceintensive Versorgung der Reisenden mit Speisen und Getränken zum Verzehr an Ort und Stelle, unterstützt durch für diesen Zweck bereitgestellte Verzehrvorrichtungen, wird als sonstige Leistung eingestuft. Der entsprechende Leistungsort ist ebenfalls der Abgangsort. Es ist allerdings auf die unterschiedlichen Steuerbefreiungen und Steuersätze für Restaurationsleistungen und Nahrungsmittellieferungen zu achten.

Beispiel 3 – Restaurationsleistung bei Überschreiten der EU-Außengrenzen
Während einer zehntägigen Schiffspassage auf einem Luxusliner von Hamburg nach Stockholm (SE) mit planmäßigen Aufenthalten in Bremerhaven, Kopenhagen (DK), Oslo (NO) und Göteborg (SE) wird ein fünfgängiges Verwöhnmenü serviert. Der Aperitif wird in den Hoheitsgewässern von Norwegen, abschließendes Dessert, Espresso und Digestif hingegen wieder im Gemeinschaftsgebiet eingenommen.

Lösung 3:
Bei Restaurationsleistungen, die während der Beförderung erbracht werden und dabei den Übertritt der EU-Außengrenze überdauern, kommt es auf die Verhältnisse zu Beginn der Leistungserbringung an. Der Ort der Restaurationsleistung, welche in Norwegen beginnt und in Schweden endet, liegt im Drittland, so dass es nicht zu einer Umsatzbesteuerung im Gemeinschaftsgebiet kommt (Art. 37 EU-DVO, § 3a Abs. 3 Nr. 3 lit. b UStG).

Beispiel 4 – Restaurationsleistung bei Überschreiten der EU-Außengrenzen
Während einer zehntägigen Schiffspassage von Hamburg nach Stockholm (SE) mit planmäßigen Aufenthalten in Bremerhaven, Kopenhagen (DK), Oslo (NO) und Göteborg (SE) findet ein fünfgängiges Menü statt. Dieses beginnt in den Hoheitsgewässern von Dänemark und endet in Norwegen.

Lösung 4:
Bei Restaurationsleistungen, die während der Beförderung erbracht werden und dabei den Übertritt der EU-Außengrenze überdauern, kommt es auf die Verhältnisse zu Beginn der Leistungserbringung an. Der Ort der Restaurationsleistung, welche im Gemeinschaftsgebiet beginnt und in Norwegen endet, liegt in Dänemark, so dass es sich um eine Restauration während der Beförderung im Gemeinschaftsgebiet handelt. Nach dem Abgangsortsprinzip ist das Menü in Deutschland steuerbar (Art. 37 EU-DVO, § 3e UStG). Allerdings ist die Restaurationsleistung steuerfrei (§ 4 Nr. 6 lit. e UStG).

☞ **Beachten Sie:**
Die Ortsbestimmung nach dem Abgangsortsprinzip für Restaurationsleistungen hat Vorrang vor dem Konsumortsprinzip (§ 3a Abs. 3 Nr. 3 lit. b UStG i. V. m. § 3e Abs. 1 UStG).

Erfolgt die Restaurationsleistung auf einem Seeschiff, das von einem inländischen Seehafen in See sticht und einen ausländischen Seehafen ansteuert, ist sie nach dem Departure Principle steuerbar und gemäß der Steuerbefreiung auf Swimming Meals[58] bei inländischem Abgangsort steuerfrei (§ 3e Abs. 1 UStG, § 4 Nr. 6 lit. e UStG).

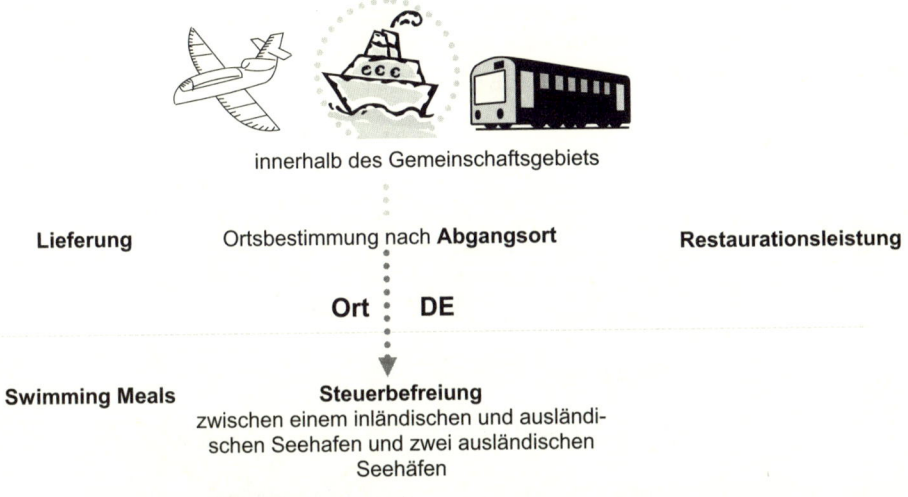

Abb. 13: Ineinandergreifen von § 3e UStG und § 4 Nr. 6 lit. e UStG

Bewegte elektronische Leistungen/Moving TBES[59]

Ab 01.01.2015 befindet sich der Leistungsort für elektronische Dienstleistungen[60], die an Bord eines Schiffs, eines Flugzeugs oder in der Eisenbahn während einer Personenbeförderung innerhalb des Gemeinschaftsgebiets genutzt werden, im Abgangsland der Personenbeförderung (Art. 24a Abs. 2 EU-DVO).

b) Ort der touristischen Leistung

Die Leistungsorte für in der Touristik relevante Lieferungen und sonstige Leistungen werden folgendermaßen bestimmt:

- nach § 3b UStG bei Beförderungsleistungen,
- nach § 3f UStG bei unentgeltlichen Leistungen,
- nach § 3a UStG bei
  - Restaurationsleistungen,
  - Betreuungsleistungen,

---

58 Bzgl. Analogie für Flying Meals, siehe Kapitel A.5.d) – STEUERBEFREIUNGEN IM TOURISMUS, „Swimming Meals".

59 TBES steht für telecommunications, broadcasting and electronic services.

60 Unter elektronischen Dienstleistungen sind hier elektronisch erbrachte Dienstleistungen sowie Telekommunikationsdienstleistungen zu verstehen. Zu Leistungen, die hierunter zu subsumieren sind, siehe Kapitel A.I.4.l – BESTEUERUNGSORT IM TOURISMUS, „Elektronisch erbrachte Dienstleistungen".

- Grundstücks- und Beherbergungsleistungen,
- Kulturellen, unterrichtenden, sportlichen und unterhaltenden Leistungen,
- Einräumung und Wiederverkauf von Eintrittsberechtigungen,
- Vermittlungsleistungen und
- Katalogleistungen, wie
  - Leistungen der Werbung und Öffentlichkeitsarbeit,
  - Dolmetscher- und Übersetzerleistungen und
  - Leistungen der Personalagenturen,
- nach § 25 UStG für Veranstaltungsleistungen.

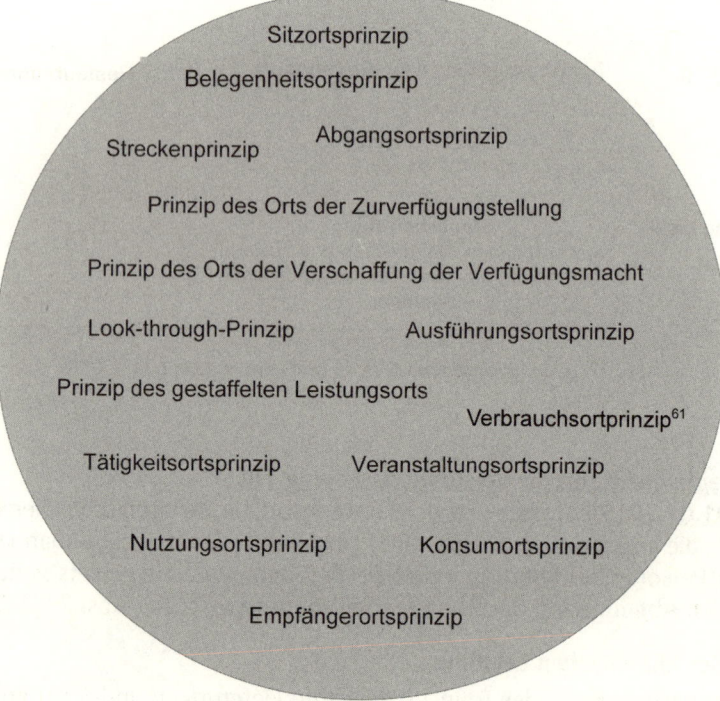

Abb. 14: Prinzipien der Ortsbestimmung im Tourismus

---

61 Der eCommerce erfasst auch Offlinegeschäfte, bei denen Dienstleistungen wie Reisen über das Internet vertrieben werden. Ein Vorschlag des europäischen Tourismusdachverbands ECTAA an die EU-Kommission lautet, unter Art. 306 bis 310 MwStSystRL fallende EU-Reisepakete, die von NON-EU-Reiseveranstaltern über das Internet sozusagen „als auf elektronischem Weg erbrachte Dienstleistungen" an EU-Kunden veräußert werden, nach dem Verbrauchsortsprinzip zu besteuern. Demnach steht die Margensteuer dem EU-Staat mit dessen gültigen Regelsteuersatz zu, in dem der jeweilige EU-Kunde ansässig ist. Über eine einzige Anlaufstelle, dem sog. One-Stop-Shop in einem frei wählbaren EU-Staat wird dem Online-Reiseveranstalter in einem vereinfachten Besteuerungsverfahren ermöglicht, die Margensteuer an die betroffenen EU-Mitgliedstaaten zu entrichten. Mittels One-Stop-Shop kann der Online-Reiseveranstalter die margenbesteuerten Umsätze für sämtliche EU-Staaten erklären. Über das Internetportal der gewählten und damit zuständigen nationalen Behörde werden vierteljährliche Erklärungen übermittelt. Diese für die Verteilung der Steuereinnahmen zuständige Behörde führt die Steuer an die einzelnen Mitgliedstaaten ab.

Bei der umsatzsteuerlichen Ortsbestimmung wird zwischen B2B- und B2C-Umsätzen unterschieden (siehe Tabelle Abb. 15).

Maßgebend für die Beurteilung des Leistungsempfängers als Unternehmer oder Nicht-Unternehmer ist der Zeitpunkt, in dem die Leistung an ihn erbracht wird (Art. 25 EU-DVO).

	Leistungsart	Ortsbestimmung	Gesetzliche Regelung
1	**Personenbeförderung** – Flug – *Schiff* – *Omnibus* – *Bahn* – *Taxi*	Streckenprinzip Nur der auf inländische Strecken entfallende Erlös ist steuerbar	§ 3b Abs. 1 UStG
2	**Moving Meals** **Bordverkäufe** – Flug – *Schiff* – *Bahn*	Abgangsort des Beförderungsmittels für während des innerhalb der Gemeinschaft stattfindenden Teils der Personenbeförderung erbrachte Restaurationsleistungen und Lieferungen	§ 3e UStG
		Ort der Verschaffung der Verfügungsmacht für Lieferungen …	§ 3 Abs. 1 und Abs. 6 S. 1 UStG
		Konsumort für Restaurationsleistungen …	§ 3a Abs. 3 Nr. 3 lit. b UStG
		… während eines planmäßigen Zwischenaufenthalts im Drittland, bei dem die Reisenden das Schiff verlassen können sowie im Verlauf der Beförderung im Hoheitsgebiet dieses Staates	
		Abgangsort bei Restaurationsleistung innerhalb der Gemeinschaft, die teilweise während, teilweise außerhalb des innerhalb der Gemeinschaft stattfindenden Teils der Personenbeförderung, aber auf dem Gebiet eines Mitgliedstaats erbracht wird und nicht außerhalb des innerhalb der Gemeinschaft stattfindenden Teils der Personenbeförderung beginnt.	§ 3e UStG
		Konsumort bei Restaurationsleistung innerhalb der Gemeinschaft, die teilweise während, teiweise außerhalb des innerhalb der Gemeinschaft stattfindenden Teils der Personenbeförderung, aber auf dem Gebiet eines Mitgliedstaats erbracht wird und außerhalb des innerhalb der Gemeinschaft stattfindenden Teils der Personenbeförderung beginnt.	§ 3a Abs. 3 Nr. 3 lit. b UStG
3	**Unentgeltliche** **touristische Leistung** – *Expedientenreisen* – *Mitarbeiterreisen*	Sitzort des leistenden Unternehmers	§ 3f UStG

	Leistungsart	Ortsbestimmung	Gesetzliche Regelung
4	Unterkunft	Belegenheitsort Maßgeblich ist der Ort der Unterkunft	§ 3a Abs. 3 Nr. 1 UStG
5	Künstlerische, wissenschaftliche, unterrichtende, sportliche, unterhaltende und ähnliche Leistungen	B2C: Tätigkeitsort	§ 3a Abs. 3 Nr. 3 lit. a UStG
6	Restauration	Konsumort	§ 3a Abs. 3 Nr. 3 lit. b UStG
7	Einräumung von Eintrittsberechtigungen	B2B: Veranstaltungsort	§ 3a Abs. 3 Nr. 5 UStG
8	Wiederverkauf von Eintrittskarten Ticket-Handel	B2B: Ab 01.07.2013: Veranstaltungsort	§ 3a Abs. 3 Nr. 5 UStG
9	Reisevorleistung	Drittland, wenn die Leistung tatsächlich im Drittland genutzt wird	§ 3a Abs. 8 UStG
10	Vermietung von Beförderungsmitteln	Kürzerer Zeitraum (Zeitraum von nicht mehr als 30 Tage bei Beförderungsmitteln bzw. 90 Tage bei Wasserfahrzeugen): Ort, an dem das Beförderungsmittel zur Verfügung gestellt wird.	§ 3a Abs. 3 Nr. 2 S. 1 UStG
		Längerer Zeitraum: B2B: Empfängerort	§ 3a Abs. 2 UStG*
		B2C: Sitzort des leistenden Unternehmers;	§ 3a Abs. 1 UStG
		Ab 30.06.2013: Empfängerort	§ 3a Abs. 3 Nr. 2 S. 3 UStG
		Sportboot: Ort der tatsächlichen Leistungserbringung, wenn sich dort auch der Geschäftssitz oder die Betriebsstätte des Vermieters befindet	§ 3a Abs. 3 Nr. 2 S. 4 UStG
11	Betreuung	B2B: Empfängerort	§ 3a Abs. 2 UStG*
		B2C: Tätigkeitsort	§ 3a Abs. 1 UStG
12	Vermittlung	B2B: Empfängerort Vermittlung der langfristigen Vermietung von Grundstücken, Wohnungen, Ferienhäusern und Hotelzimmern am Belegenheitsort	§ 3a Abs. 2 UStG*
		B2C: Ort des vermittelten Umsatz	§ 3a Abs. 3 Nr. 4 UStG

*Abb. 15: Leistungsort[62] im Tourismus nach **seit 2013** geltendem Recht*

* * Für Leistungen an den nicht unternehmerischen Bereich einer juristischen Person, die sowohl unternehmerisch als auch nicht unternehmerisch tätig ist, richtet sich der Leistungsort unabhängig davon, ob der Bezug für den unternehmerischen oder nichtunternehmerischen Bereich erfolgt, nach ihrem Sitz. Erfolgt der Bezug allerdings für den privaten Bedarf des Personals, ist der Leistungsort am Sitz des leistenden Unternehmers.*

---

62 Gegenüberstellungen der Rechtsquellen zur Bestimmung des Leistungsorts nach **bis 2009, in 2010** und **in 2011** geltendem Recht befinden sich in „Umsatzsteuer in der Touristik", 1. und 2. Auflage.

c) Betriebsstätte versus Sitzort

Sind bei einem Pauschalreiseveranstalter Produktion und Vertrieb der Reisen in unterschiedlichen Ländern organisiert, so ist der Leistungsort der Ort des Reisevertriebs[63]. Der Ort sonstiger Leistungen, die an Bord eines Schiffs tatsächlich von einer dort belegenen Betriebsstätte erbracht werden, wie Leistungen von Friseuren, Kosmetikerinnen, Masseuren sowie der Barbetrieb an Bord und die Durchführung von Landausflügen, bestimmt sich nach dem Ort der Betriebsstätte. Betriebsstätte im Sinne des Umsatzsteuerrechts ist jede feste, beständige Geschäftseinrichtung, die der Tätigkeit des Reiseunternehmers dient. Sie muss über eine ausreichende Struktur an Personal- und Sachmitteln verfügen, die für die autonome Erbringung der entsprechenden Dienstleistungen erforderlich ist. Eine solche beständige Struktur liegt vor, wenn die Einrichtung über eine Anzahl von Beschäftigten verfügt, von dort aus Verträge abgeschlossen werden können, Rechnungslegung und Aufzeichnungen dort erfolgen und Entscheidungen getroffen werden (Abschn. 3a.1 Abs. 3 S. 4 UStAE).

Für die Leistungsortsbestimmung nach dem Empfängerortsprinzip bei zwischenunternehmerischen der Grundregel unterliegenden Umsätzen ist eine Definition der Begriffe „Sitzort" und „Betriebsstätte", sowohl für den Auftragnehmer als auch für den Auftraggeber der touristischen Leistung, notwendig.
Sitzort des Erbringers der touristischen Leistung ist der Ort, von dem aus dieser sein Unternehmen betreibt. Keine entscheidende Bedeutung kommt hingegen dem statutarischen oder satzungsmäßigen Sitz zu. Bei der Ortsbestimmung nach dem Sitzortsprinzip ist der Leistungsort die Betriebsstätte des leistenden Unternehmens, wenn die touristische Leistung tatsächlich von einer Betriebsstätte erbracht wird (§ 3a Abs. 1 S. 2 UStG).

Ab 30.06.2013 gilt ein Unternehmer, der im Inland lediglich eine Betriebsstätte vorweist und einen Reverse-Charge-Umsatz ausführt, bzgl. dieses Umsatzes als im Ausland oder übrigen Gemeinschaftsgebiet ansässig, wenn die inländische Betriebsstätte an diesem Umsatz nicht beteiligt ist (§ 13b Abs. 7 S. 3 UStG).
Die inländische Betriebsstätte ist an diesem Umsatz beteiligt, wenn der Unternehmer hierfür deren technische und personelle Ausstattung nutzt. Unterstützende Arbeiten wie Buchhaltung, Rechnungsausstellung oder Einziehung von Forderungen sind hierbei unschädlich (Abschn. 13b.11 Abs. 1 S. 4 und 5 UStAE). Erfolgt die Rechnungsausstellung über die USt-IdNr. der inländischen Betriebsstätte, gilt diese als an dem Umsatz beteiligt. Der Unternehmer ist als im Inland ansässig anzusehen (Abschn. 13b.11 Abs. 1 S. 6 UStAE).

Bei unternehmerisch tätigen Dienstleistungsempfängern, die in mehr als einem Land ansässig sind, bestimmt sich der Leistungsort nach dem Ansässigkeitsort des Empfängers, der die touristische Leistung für den eigenen Bedarf verwendet (Art. 21 Abs. 2 EU-DVO). Die Leistung ist ausschließlich oder überwiegend für die Betriebsstätte bestimmt, in der sie verwendet werden soll. Es ist nicht erfor-

---

63 BMF-Schreiben vom 07.04.1998, Az.: IV C 3 – S 7419 – 9/98, Tz. 5. lit. c.

derlich, dass der Auftrag von der Betriebsstätte aus an den leistenden Unternehmer erteilt wird, der die touristische Leistung durchführt; auch ist unerheblich, ob
das Entgelt für die Leistung von der Betriebsstätte aus bezahlt wird (Abschn. 3a.2
Abs. 4 S. 3 UStAE). Kann der leistende Unternehmer nicht ermitteln, ob und ggf.
an welche Betriebsstätte des Leistungsempfängers die touristische Leistung erbracht wird, muss er dies anhand anderer geeigneter Kriterien feststellen. Er prüft
insbesondere, ob der Vertrag, der Bestellschein und die vom Mitgliedstaat des
Dienstleistungsempfängers vergebene und ihm vom Dienstleistungsempfänger
mitgeteilte USt-IdNr. die feste Betriebsstätte als Dienstleistungsempfänger ausweisen und ob die feste Betriebsstätte die Dienstleistung bezahlt (Abschn. 3a.2
Abs. 4 S. 4 UStAE, Art. 22 Abs. 2 EU-DVO). Bei nicht auszuräumenden Zweifeln
ist der Ort der Geschäftsleitung als Empfängerort anzusehen.

d) Personenbeförderungsleistungen

Bei der Personenbeförderung kommt es zu einer räumlichen Fortbewegung von
Personen durch eine Beförderungsleistung. Eine Beförderung liegt vor, wenn eine
auf die Raumüberwindung von Personen gerichtete Tätigkeit entfaltet wird. Dabei
stehen der Beurteilung als Beförderungsleistung der Ortsveränderung übergeordnete Motive für deren Inanspruchnahme, wie sportliche Betätigung oder andere Gründe der Freizeitgestaltung oder des Tourismus nicht entgegen. Die Art
des Beförderungsmittels spielt dabei keine Rolle.[64] Die Beförderung kann sich ausschließlich auf das Inland als auch sowohl auf das Inland und das Ausland erstreck-
ten.

Die Ortsbestimmung bei der Erbringung einer Beförderungsleistung erfolgt nach
dem Streckenprinzip (§ 3b Abs. 1 UStG). Die Beförderung wird dort ausgeführt wo
sie nach Maßgabe der zurückgelegten Beförderungsstrecke bewirkt wird. Erstreckt
sich die Beförderung ausschließlich auf das Inland, ist die Beförderungsleistung
insgesamt steuerbar. Wird dagegen eine Beförderungsstrecke sowohl im Inland
als auch im Ausland zurückgelegt, handelt es sich um eine grenzüberschreitende
Beförderung. Der im Ausland liegende Anteil der Strecke ist im Inland nicht steuerbar (§ 3b Abs. 1 S. 2 UStG). Die inländische Beförderungsstrecke ist anteilig zur
Gesamtstrecke aufzuteilen.

Beispiel – Busbeförderung in einen anderen Mitgliedstaat:
Der Omnibus-Reiseveranstalter Blitztours mit Sitz in Leipzig führt in 2014 eine
Busreise nach Frankreich durch. Der Fahrpreis ohne USt beträgt pro Person
261,00 €. Die Streckenanteile liegen in Deutschland bei 70 % und in Frankreich
bei 30 %.

Lösung 1 – Nettoberechnung:
Der Leistungsort der Beförderung von Blitztours im eigenen Reisebus ergibt
sich nach dem Streckenprinzip (§ 3b Abs. 1 UStG). Bei einer Gesamtstrecke von
520 km liegt der auf Deutschland entfallende Streckenanteil bei 364 km. Der
Fahrpreisanteil wird mit 261,00 € kalkuliert.

---

64 BFH-Urteil vom 20.02.2013, Az.: XI R 12/11.

Die Aufteilung erfolgt nach folgender Formel (Abschn. 3b.1 Abs. 6 Nr. 1 UStAE):

$$\text{Netto-Beförderungspreis Inland} = \frac{\text{Netto-Beförderungspreis x Inlands-km}}{\text{Gesamt-km}}$$

$$\text{Netto-Beförderungspreis Inland} = \frac{261{,}00\ € \times 364\ km}{520\ km} = 182{,}70\ €$$

Die Umsatzsteuer auf das Entgelt für den inländischen Streckenanteil von 182,70 € beträgt 34,71 €. Auf den französischen Streckenanteil entfällt ein Netto-Fahrpreis von 78,30 € sowie Umsatzsteuer (10/100)[65] in Höhe von 7,83 €, so dass sich eine steuerliche Belastung von insgesamt 42,54 € ergibt.

Lösung 2 – Bruttoberechnung:

Der Leistungsort der Beförderung von Blitztours im eigenen Reisebus ergibt sich nach dem Streckenprinzip (§ 3b Abs. 1 UStG). Der auf Deutschland entfallende Streckenanteil liegt bei 70 % der Gesamtstrecke. Der Beförderungspreis liegt bei 300,00 €.

Die Aufteilung erfolgt nach folgender Formel (Abschn. 3b.1 Abs. 6 Nr. 2 UStAE):

$$\text{Beförderungspreis Inland} = \frac{\text{Beförderungspreis x Inlands-km}}{\text{Gesamt-km}}$$

$$\text{Beförderungspreis Inland} = \frac{300{,}00\ € \times 364\ km}{520\ km} = 210{,}00\ €$$

Die Umsatzsteuer mit 19/119 von 210,00 € beträgt 33,53 €. Auf den französischen Streckenanteil entfällt ein Fahrpreis von 90,00 €. Er enthält Umsatzsteuer (10/110)[66] in Höhe von 8,18 €, so dass die steuerliche Belastung insgesamt 41,71 € beträgt.

☞ Beachten Sie:

Innerhalb eines Besteuerungszeitraums darf bei der Personenbeförderung im Gelegenheitsverkehr nicht zwischen Netto- und Bruttomethode hin und her gewechselt werden (Abschn. 3b.1 Abs. 6 S. 3 UStAE).

Leerkilometer zum ersten Einstiegsort der Reisenden und vom letzten Ausstiegsort der Reisenden vom und zum jeweiligen Fuhrpark an dem das Beförderungsmittel abgestellt wird, sind nicht mehr Teil der Beförderungsleistung. Sie werden bei der Aufteilung der Streckenanteile pro Land nicht berücksichtigt (Abschn. 3b.1 Abs. 6 Nr. 1 S. 5 UStAE).

---

65 Siehe Tabellen, Kapitel A.I.8. – GRUNDLAGEN DER UMSATZBESTEUERUNG, „Ermäßigte und allgemeine Steuersätze innerhalb der EU".

66 Siehe vorhergehende Fußnote.

Die Personenbeförderung im Gelegenheitsverkehr wird mit Omnibussen durchgeführt. Dies sind Kraftfahrzeuge, die nach ihrer Bauart und Ausstattung zur Beförderung von mehr als neun Personen, einschließlich Busfahrer, bestimmt sind (§ 4 Abs. 4 Nr. 2 PBefG). Der Gelegenheitsverkehr umfasst Ausflugsfahrten, Ferienziel-Reisen und den Verkehr mit Mietomnibussen. Ausflugsfahrten sind Fahrten, die der Beförderungsunternehmer nach einem bestimmten von ihm erstellten Plan und zu einem für alle Mitreisenden gleichen Ausflugszweck anbietet und ausführt. Ferienziel-Reisen sind Reisen zu Erholungsaufenthalten, die der Beförderungsunternehmer nach einem bestimmten von ihm erstellten Plan zu einem Gesamtentgelt für Beförderung und Unterkunft anbietet und ausführt. Verkehr mit Mietomnibussen ist die Personenbeförderung mit Omnibussen, die nur im Ganzen zur Beförderung angemietet werden können und mit denen der Beförderungsunternehmer Fahrten ausführt, deren Zweck, Ziel und Ablauf der Mieter bestimmt, z. B. Studentenexkursionen und Klassenfahrten. Die Teilnehmer müssen ein zusammengehöriger Personenkreis sein und über Ziel und Ablauf der Fahrt muss Einigkeit herrschen (§§ 46 bis 49 PBefG).

Beförderungsunternehmer im verkehrsrechtlichen und umsatzsteuerlichen Sinn, ist der die Beförderung im eigenen Namen, unter eigener Verantwortung und auf eigene Rechnung durchführende Unternehmer. Führt er die Beförderung mit einem gemieteten Omnibus durch, geht der Beförderungsleistung eine Vermietungsleistung voraus (siehe Abb. 19).

Als Linienverkehr ist eine zwischen bestimmten Ausgangs- und Endpunkten eingerichtete regelmäßige Verkehrsverbindung zu verstehen, auf der Fahrgäste an bestimmten Haltestellen ein- und aussteigen können. Er setzt weder Fahrpläne mit bestimmten Abfahrts- und Ankunftszeiten noch eingerichtete Zwischenhaltestellen voraus (Abschn. 12.13 Abs. 4 UStAE). Beim genehmigten Linienverkehr muss über die Genehmigung eine entsprechende Genehmigungsurkunde oder eine einstweilige Erlaubnis der zuständigen Genehmigungsstelle vorliegen (Abschn. 12.13 Abs. 5 UStAE).

Die folgenden Vorschriften sind als Vereinfachungsregelungen zu verstehen. Sie entlasten den Beförderungsunternehmer von der Registrierungspflicht in einem weiteren Land aufgrund von vernachlässigbaren „Mini-Strecken" innerhalb einer ansonsten homogenen Inlands- bzw. Auslandsstrecke:

- Kurze Verbindungsstrecken im Inland (max. 30 km), die bei der grenzüberschreitenden Personenbeförderung zwischen zwei Orten im Ausland passiert werden, sind als ausländische Beförderungsstecken anzusehen. Dies gilt nicht für die Personenbeförderung im Linienverkehr mit Kfz (§ 2 UStDV).
- Kurze Verbindungsstrecken im Ausland (max. 10 km), die bei der grenzüberschreitenden Personenbeförderung zwischen zwei Orten im Inland passiert werden, sind als inländische Beförderungsstecken anzusehen. Dies gilt nicht für die Personenbeförderung im Linienverkehr mit Kfz (§ 3 UStDV).
- Bei grenzüberschreitender Personenbeförderung im Schienenbahnverkehr sind Anschlussstrecken im Ausland, die von Eisenbahnverwaltungen mit Sitz im Inland betrieben werden, als inländische Beförderungsstrecken anzusehen. Umgekehrt sind Anschlussstrecken im Inland, die von Eisenbahnverwaltungen

mit Sitz im Ausland betrieben werden, als ausländische Beförderungsstrecken anzusehen (§ 4 UStDV).

- Kurze Straßenstrecken im Inland bei grenzüberschreitenden Personenbeförderungen im Gelegenheitsverkehr mit im Inland oder im Ausland zugelassenen Taxen und Omnibussen (Ausflugsfahrten und Ferienziel-Reisen), die in einer Fahrtrichtung nicht länger als zehn Kilometer betragen, sind als ausländische Beförderungsstrecken anzusehen (§ 5 UStDV).

e) Vermietung von Beförderungsmitteln

Beförderungsmittel sind Eisenbahnwaggons, Segelboote, Ruderboote, Paddelboote, Motorboote, Hausboote, Sportflugzeuge, Segelflugzeuge, Wohnmobile und Wohnwagen. Sie haben den Hauptzweck der Beförderung von Personen zu Land, zu Wasser oder in der Luft.

Der Leistungsort für Vermietungsleistungen ermittelt sich zum einen nach dem Status des Leistungsempfängers als Unternehmer oder Privatperson und zum anderen nach der Dauer der Vermietung. Letztere richtet sich nicht nach den vertraglichen Vereinbarungen, sondern nach der tatsächlichen Dauer der Nutzungsüberlassung[67].

Folgende Fälle der Vermietung von Beförderungsmitteln sind umsatzsteuerlich zu unterscheiden:

- **B2B**-Vermietung eines **Wasserfahrzeugs** über einen **kurzen** Zeitraum von nicht mehr als 90 Tagen:
  Der Leistungsort der Vermietung liegt am Ort der Übergabe des Wasserfahrzeugs (§ 3a Abs. 3 Nr. 2 lit. a UStG).
- **B2B**-Vermietung eines **Wasserfahrzeugs** über einen **längeren** Zeitraum von mehr als 90 Tagen:
  Der Leistungsort der Vermietung ist der Empfängerort (§ 3a Abs. 2 UStG).
- **B2B**-Vermietung eines **Wasserfahrzeugs** eines im Drittland ansässigen Vermieters über einen **kurzen** Zeitraum von nicht mehr als 90 Tagen zur Nutzung im Inland:
  Der Leistungsort der Vermietung liegt in Deutschland, dem Nutzungsort des Wasserfahrzeugs (§ 3a Abs. 6 Nr. 1 UStG i. V. m. § 3a Abs. 3 Nr. 2 lit. a UStG).
- **B2B**-Vermietung eines **Wasserfahrzeugs** eines im Drittland ansässigen Vermieters über einen **längeren** Zeitraum von mehr als 90 Tagen zur Nutzung im Inland:
  Der Leistungsort der Vermietung liegt in Deutschland, dem Nutzungsort des Wasserfahrzeugs (§ 3a Abs. 6 Nr. 1 UStG).
- **B2B**-Vermietung eines **anderen Beförderungsmittels** über einen **kurzen** Zeitraum von nicht mehr als 30 Tagen:
  Der Leistungsort der Vermietung liegt am Ort der Übergabe des Fahrzeugs (§ 3a Abs. 3 Nr. 2 lit. b UStG).

---

67 BMF-Schreiben vom 04.09.2009, Az.: IV B 9 – S 7117/08/10001, Rn. 35.

- **B2B**-Vermietung eines **anderen Beförderungsmittels** über einen **längeren** Zeitraum von mehr als 30 Tagen:
  Der Leistungsort der Vermietung ist der Empfängerort (§ 3a Abs. 2 UStG).
- **B2B**-Vermietung eines **anderen Beförderungsmittels** eines im Drittland ansässigen Vermieters über einen **kurzen** Zeitraum von nicht mehr als 30 Tagen zur Nutzung im Inland:
  Der Leistungsort der Vermietung liegt in Deutschland, dem Nutzungsort des Beförderungsmittels (§ 3a Abs. 6 Nr. 1 UStG i. V. m. § 3a Abs. 3 Nr. 2 lit. b UStG).
- **B2B**-Vermietung eines **anderen Beförderungsmittels** eines im Drittland ansässigen Vermieters über einen **längeren** Zeitraum von mehr als 30 Tagen zur Nutzung im Inland:
  Der Leistungsort der Vermietung liegt in Deutschland, dem Nutzungsort des Wasserfahrzeugs (§ 3a Abs. 6 Nr. 1 UStG).

  B2C-Vermietung eines **Wasserfahrzeugs** über einen **kurzen** Zeitraum von nicht mehr als 90 Tagen:
  Der Leistungsort der Vermietung liegt am Ort der Übergabe des Wasserfahrzeugs (§ 3a Abs. 3 Nr. 2 lit. a UStG).

  B2C-Vermietung eines **Wasserfahrzeugs** über einen **längeren** Zeitraum von mehr als 90 Tagen:
  Der Leistungsort der Vermietung ist der Sitz der Fahrzeugvermietung (§ 3a Abs. 1 UStG).

Ab 30.06.2013[68] liegt der Leistungsort der Vermietung im Ansässigkeitsstaat des Leistungsempfängers.

Die Vermietung eines Sportbootes liegt am Ort der tatsächlichen Zurverfügungstellung des Sportbootes an die Privatperson, wenn sich auch der Sitz, die Geschäftsleitung oder eine Betriebsstätte des Vermieters am Ort der tatsächlichen Leistungserbringung befindet (§ 3a Abs. 3 Nr. 2 S. 3 und 4 UStG, Abschn. 3a.5 UStAE).

Sportboote im Sinne dieser Regelung sind unabhängig von der Antriebsart sämtliche Boote mit einer Rumpflänge von 2,5 bis 24 Metern, die ihrer Bauart nach für Sport- und Freizeitzwecke bestimmt sind, insbesondere Segelyachten, Motoryachten, Segelboote, Ruderboote oder Motorboote (Abschn. 3a.5 Abs. 12 UStAE).

Auch Mietgondeln auf den Kanälen in Venedig oder auf der Alster in Hamburg, Stocherkähne auf dem Neckar in Tübingen oder Punts auf dem Cam in Cambridge sind als Sportboote zu kategorisieren.

Nichtbeanstandungsregelung: Bei langfristigen Vermietungsverträgen, die in der Zeit vom 01.01. bis 10.06.2013 nach dem Recht eines EU-Mitgliedstaats, der das Unionsrecht schon zum 01.01.2013 umgesetzt hat, geschlossen wurden, kann diese Ortsregelung fakultativ Anwendung finden (Art. 56 Abs. 2 MwStSystRL).

---

68 Die Gesetzesänderung trat einen Tag nach Verkündung des Amtshilferichtlinie-Umsetzungsgesetzes in Kraft.

B2C-Vermietung eines **Wasserfahrzeugs** eines im Drittland ansässigen Vermieters über einen **kurzen** Zeitraum von nicht mehr als 90 Tagen zur Nutzung im Inland:
Der Leistungsort der Vermietung liegt in Deutschland, dem Nutzungsort des Wasserfahrzeugs (§ 3a Abs. 6 Nr. 1 UStG i. V. m. § 3a Abs. 3 Nr. 2 lit. a UStG).

B2C-Vermietung eines **Wasserfahrzeugs** eines im Drittland ansässigen Vermieters über einen **längeren** Zeitraum von mehr als 90 Tagen zur Nutzung im Inland:
Der Leistungsort der Vermietung liegt in Deutschland, dem Nutzungsort des Beförderungsmittels (§ 3a Abs. 6 Nr. 1 UStG).

B2C-Vermietung eines **anderen Beförderungsmittels** über einen **kurzen** Zeitraum von nicht mehr als 30 Tagen:
Der Leistungsort der Vermietung liegt am Ort der Übergabe des Fahrzeugs (§ 3a Abs. 3 Nr. 2 lit. b UStG).

B2C-Vermietung eines **anderen Beförderungsmittels** über einen **längeren** Zeitraum von mehr als 30 Tagen:
Der Leistungsort der Vermietung ist der Sitz der Fahrzeugvermietung (§ 3a Abs. 1 UStG).

Ab 30.06.2013[69] liegt der Leistungsort der Vermietung im Ansässigkeitsstaat des Leistungsempfängers (§ 3a Abs. 3 Nr. 2 S. 3 UStG).

B2C-Vermietung eines **anderen Beförderungsmittels** eines im Drittland ansässigen Vermieters über einen **kurzen** Zeitraum von nicht mehr als 30 Tagen zur Nutzung im Inland:
Der Leistungsort der Vermietung liegt in Deutschland, dem Nutzungsort des Beförderungsmittels (§ 3a Abs. 6 Nr. 1 UStG i. V. m. § 3a Abs. 3 Nr. 2 lit. b UStG).

B2C-Vermietung eines **anderen Beförderungsmittels** eines im Drittland ansässigen Vermieters über einen **längeren** Zeitraum von mehr als 30 Tagen zur Nutzung im Inland:
Der Leistungsort der Vermietung liegt in Deutschland, dem Nutzungsort des Beförderungsmittels (§ 3a Abs. 6 Nr. 1 UStG).

Bei der Durchführung von mehreren Vermietungen nacheinander sind Besonderheiten zu beachten.
Wird das Beförderungsmittel mehrfach unmittelbar hintereinander an denselben Leistungsempfänger kurzfristig vermietet, liegt eine kurzfristige Vermietung grundsätzlich nur dann vor, wenn der ununterbrochene Vermietungszeitraum von nicht mehr als 30 bzw. 90 Tagen insgesamt nicht überschritten wird (Art. 39 Abs. 1 UAbs. 1 und Abs. 2 UAbs. 1 EU-DVO, Abschn. 3a.5 Abs. 1 S. 3 UStAE).
Soweit das vorhergehende Beförderungsmittel weder verkehrsuntüchtig wird, noch die Neuanmietung zu einem günstigeren Preis erfolgt, scheinen die aufeinanderfolgenden kurzfristigen Vermietungsdauern nur dem Zweck der Erlangung steuerlicher Vorteile zu dienen (§ 42 AO).

---

69 Die Gesetzesänderung trat einen Tag nach Verkündung des Amtshilferichtlinie-Umsetzungsgesetzes in Kraft.

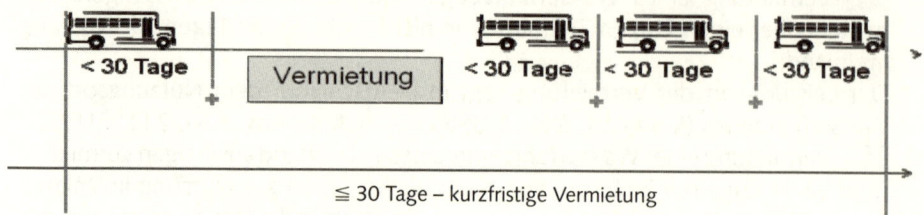

Abb. 16: Mehrere aufeinanderfolgende Vermietungen

Wird ein Beförderungsmittel zunächst kurzfristig und anschließend langfristig an denselben Leistungsempfänger vermietet, sind die beiden Vermietungszeiträume getrennt voneinander zu betrachten, sofern kein Gestaltungsmissbrauch vorliegt (Art. 39 Abs. 2 UAbs. 3 EU-DVO, Abschn. 3a.5 Abs. 1 S. 4 UStAE, § 42 AO).

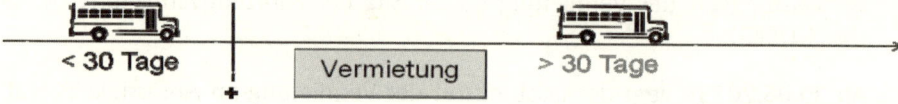

Abb. 17: Zwei aufeinanderfolgende Vermietungen

Werden aufeinanderfolgende Verträge über die Vermietung von Beförderungs-mitteln geschlossen, die tatsächlich unterschiedliche Beförderungsmittel betref-fen, sind die jeweiligen Vermietungen gesondert zu betrachten, sofern kein Ge-staltungsmissbrauch vorliegt (Art. 39 Abs. 3 EU-DVO, Abschn. 3a.5 Abs. 1 S. 5 UStAE, § 42 AO).

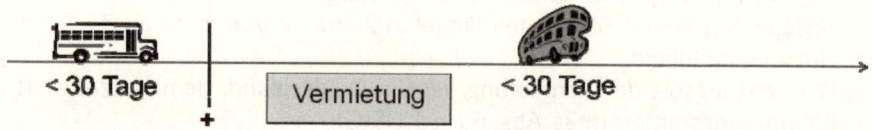

Abb. 18: Aufeinanderfolgende Vermietung unterschiedlicher Beförderungsmittel

☞ **Beachten Sie:**
• Die Vermietung von Wohnwagen auf Campingplätzen ausschließlich zum stationären Gebrauch, d. h. als Wohnung und nicht als Beförderungsmittel erfolgt nach der Ortsbestimmung für Leistungen im Zusammenhang mit ei-nem Grundstück, somit nach dem Belegenheitsprinzip[70] (Abschn. 3a.3 Abs. 5 S. 2 UStAE, § 3a Abs. 3 Nr. 1 lit. a UStG). Gleiches gilt für die entgeltliche Unterbringung auf einem Schiff, das für längere Zeit auf einem Liegeplatz be-festigt ist (Abschn. 3a.3 Abs. 4 S. 4 Nr. 5 UStAE, § 3a Abs. 3 Nr. 1 lit. a UStG). Auch die Verpachtung eines Hausboots einschließlich der dazugehörenden Liegefläche und Steganlage ist eine grundstücksbezogene Leitung, wenn das

---

70 Siehe Kapitel A.I.4.h) – BESTEUERUNGSORT IM TOURISMUS, „Grundstücks- und Beherber-gungsleistungen".

Hausboot mit nicht leicht zu lösenden Befestigungen an einem abgegrenzten Liegeplatz im Gewässer liegt sowie vertraglich und tatsächlich auf Dauer ausschließlich ortsfest genutzt wird (Abschn. 4.12.1 Abs. 4 S. 4 UStAE).

f) Vermietungsleistung versus Beförderungsleistung

Die Ortsbestimmung bei der Vermietung, Vercharterung oder beim Leasing von Beförderungsmitteln erfolgt unter Berücksichtigung sowohl der Vermietungsdauer als auch der Eigenschaft des Leistungsempfängers als Unternehmer oder Privatperson.

In der kommerziellen Luftfahrt wird zwischen Wet-Lease (Nassmiete) und Dry-Lease (Trockenmiete) unterschieden. Wet-Lease bezeichnet die Miete eines Flugzeugs einschließlich Cockpit-Crew, Kabinenpersonal, Wartung und Versicherung von einer Fluggesellschaft. Das Dry-Lease umfasst nur die Miete des Fluggeräts ohne Personal.

Mietwagen werden mit oder ohne Chauffeur angemietet. Bezieht der Kunde eine Vermietungsleistung, bestimmt er Zweck, Ziel und Ablauf der Fahrt selbst. Abgrenzend zur Beförderungsleistung von Taxiunternehmern, die ihre Fahrzeuge an behördlich zugelassenen Standstellen bereithalten und Beförderungsaufträge auch während der Fahrt entgegennehmen können, darf der Mietwagenunternehmer nur Beförderungsaufträge ausführen, die an seinem Betriebssitz oder in seiner Wohnung eingegangen sind (§ 47 Abs. 1 PersBefG, § 49 Abs. 4 PersBefG).

Es handelt sich um eine Beförderungsleistung, wenn nach Chartervertrag eine bestimmte Beförderung geschuldet wird und der Beförderungsunternehmer diese unter eigener Verantwortung vornimmt, z. B. bei einer vom Vercharterer organisierten Rundreise mit Teilnehmern, die auf Ablauf und nähere Ausgestaltung der Reise keinen Einfluss haben (Abschn. 3a.5 Abs. 3 S. 4 UStAE).

In allen offenen Fällen gilt aufgrund geänderter Rechtsauffassung der Finanzverwaltung: Wird eine Segel- oder eine Motoryacht oder ein Flugzeug mit Besatzung an eine geschlossene Gruppe verchartert, die mit dem Vercharterer vorher die Reiseroute festgelegt hat, diese Reiseroute aber im Verlauf der Reise ändern oder in anderer Weise auf die Reise Einfluss nehmen kann, ist nun keine Vermietungsleistung mehr, sondern ebenfalls eine Beförderungsleistung anzunehmen (Abschn. 3a.5 Abs. 3 UStAE)[71].

Beispiel – Beförderungsleistung:
Das Reisebüro MucFrei Reisen in München bezieht vom Busunternehmen Blitztours aus Leipzig einen Bus mit Fahrer, der eine Studienreisegruppe von München über Reims nach Paris befördert. Im Anschluss stehen für den Parisaufenthalt eine Stadtrundfahrt und ein Tagesausflug nach Versailles auf dem Programm. Die Verfügungsmacht über den Bus bleibt bei Blitztours. Die Route von München über Reims nach Paris, ebenso die Anreise- und Abreisezeiten sowie der Buseinsatz in Paris, wurden im Vorfeld vertraglich fixiert. Abweichungen hiervon sind nicht möglich.

---

71 BMF-Schreiben vom 12.12.2013, Az.: IV 03 – S 7015/13/10001, Abschnitt I Nr. 16.

Lösung:

Die Leistung von Blitztours geht über eine reine Vermietungsleistung hinaus. Es handelt sich um eine Beförderungsleistung, die für das veranstaltende Reisebüro, MucFrei Reisen eine Reisevorleistung darstellt. Die Inhaberin des Reisebüros, Florina Flores, schnürt die Reise, indem sie den Reisebaustein „Beförderung" mit einer weiteren Reisevorleistung „Hotelübernachtung" am Bois de Bologne sowie einer von ihr selbst durchgeführte Sightseeing-Tour als Eigenleistung, zu einer gemischten Gesamtleistung „Gruppenstudienreise Paris" zusammenführt.

☞ **Beachten Sie:**

Gegen eine Beförderung spricht, wenn der Kunde selbst die Beförderung erbringt.[72] Auswirkungen ergeben sich daraus für den Leistungsort sowie bei inländischen Leistungsorten auf den Steuersatz.

Beispiele – Vermietungsleistungen:
- Fahren Kunden auf schienengebundenen Schlitten (sog. Coaster-Bahn) zu Tal, werden den Fahrgästen lediglich Schlitten als unbemannte Beförderungsmittel überlassen; es werden vom Betreiber der Coaster-Bahn selbst keine Personenbeförderungsleistungen erbracht.[73]
- Auch bei der Talfahrt auf zur selbständigen Nutzung überlassenen Draisinen durch die Fahrtkunden handelt es sich nicht um Beförderungsleistungen.[74]
- Wird eine Yacht oder ein Luftfahrzeug ohne Besatzung verchartert, ist eine Vermietung eines Beförderungsmittels anzunehmen.
- Wird eine Yacht oder ein Luftfahrzeug mit Besatzung ohne im Chartervertrag festgelegte Reiseroute verchartert, ist ebenfalls eine Vermietung eines Beförderungsmittels anzunehmen (Abschn. 3a.5 Abs. 3 S. 1 und 2 UStAE).

☞ **Beachten Sie:**

Reiseveranstalter, die Beförderungsmittel von Leistungsträgern nutzen, müssen differenzieren, ob an sie Vermietungsleistungen oder Beförderungsleistungen ergehen. Im Falle der Erbringung einer Beförderungsleistung ist im Zuge einer Reisevorleistung ein Tatbestand der Margenbesteuerung[75] erfüllt. Handelt es sich dagegen um einen Vermietungsumsatz an den Reiseunternehmer, so wird die Beförderung der Reisenden mit eigenen Mitteln, also als Eigenleistung bewirkt. Die Abgrenzung zwischen Vermietungsleistung und Beförderungsleistung verläuft fließend und ist nach der Gesamtschau der Verhältnisse zu beurteilen. Entscheidend ist, wem die Verfügungsmacht über das Beförderungsmittel zusteht. Obliegt dem Reiseveranstalter die Verfügungsmacht über dem Beförderungsmittel, so geht die Leistung als Eigenleistung

---

72 BFH-Urteil vom 20.02.2013, Az.: XI R 12/11 sowie BFH-Urteil vom 06.12.2012, Az.: V R 36/11.
73 BFH-Urteil vom 20.02.2013, Az.: XI R 12/11.
74 BFH-Urteil vom 06.12.2012, Az.: V R 36/11.
75 Siehe Kapitel B.V. – MARGENBESTEUERUNG, „Voraussetzungen und Rechtsfolgen der Margenbesteuerung".

und nicht als Reisevorleistung in das von ihm geschnürte Reisepaket ein[76] *(Abschn. 3a.5 Abs. 4 S. 4 UStAE).*

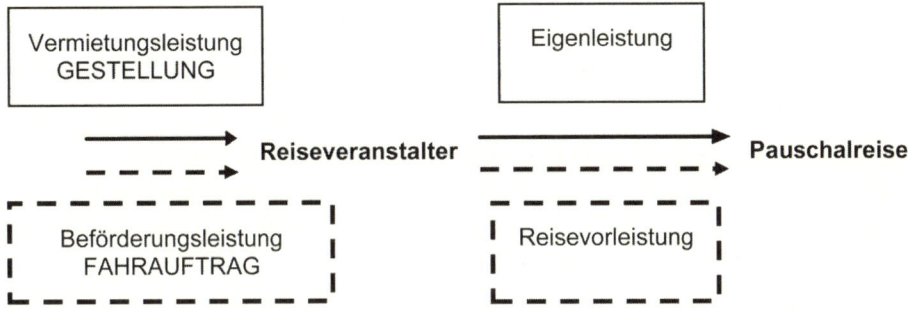

Abb. 19: Vermietungsleistung versus Beförderungsleistung

Es sind die unterschiedlichen Leistungsortsbestimmungen für Beförderungsleistungen sowie kurzfristige und langfristige Vermietungsleistungen zu beachten.

g) Kreuzfahrten

Kreuzfahrtschiffe sind Beförderungsmittel. Die Ortsbestimmung der Beförderungsleistung erfolgt nach dem Streckenprinzip (§ 3b Abs. 1 UStG).

Für Fluss- oder See-Cruise-Liner gelten diverse Vereinfachungsregelungen:

Bei grenzüberschreitenden Beförderungen im Fährverkehr über

- Rhein,
- Donau,
- Elbe,
- Neiße und
- Oder

sind die inländischen Streckenanteile als ausländische Beförderungsstrecken anzusehen (§ 7 Abs. 5 UStDV).

Bei grenzüberschreitenden Beförderungen im Passagier- und Fährverkehr mit Wasserfahrzeugen für die Seeschifffahrt, die zwischen ausländischen Seehäfen oder zwischen einem inländischen und einem ausländischen Seehafen durchgeführt werden, sind inländische Streckenanteile als ausländische Beförderungsstrecken anzusehen (§ 7 Abs. 3 UStDV, Abschn. 3b.1 Abs. 17 UStAE).

Beispiel 1 – Ausländische Seehäfen:

Eine Touristengruppe wird mit dem Schiff von Stockholm durch den Nord-Ostsee-Kanal nach London befördert.

Lösung:

Die Strecke durch den Nord-Ostsee-Kanal ist als ausländischer Streckenanteil anzusehen.

---

76 BMF-Schreiben vom 07.04.1998, Az.: IV C 3 – S 7419 – 9/98, Tz. 6. lit. b.

Beispiel 2 – Inländischer und ausländischer Seehafen:

Eine Touristengruppe wird im Passagierverkehr zwischen dem Hamburger Hafen und Harwich (GB) befördert.

Lösung:

Die Strecke in deutschen Hoheitsgebieten ist als ausländischer Streckenanteil anzusehen.

Beispiel 3 – Inländischer und ausländischer Seehafen:

Eine Touristengruppe wird auf einer Kreuzfahrt, die im Seehafen Hamburg beginnt und endet, geführt. Als Zwischenstationen wird u. a. der ausländische Seehafen Bergen in Norwegen angelaufen.

Lösung 3:

Die Beförderung ist insgesamt nicht steuerbar (§ 7 Abs. 3 UStDV). Das gilt auch für die Gewährung von Beherbergungs- und Verpflegungsleistungen an die Passagiere, soweit diese Leistungen erforderlich sind um die Beförderung planmäßig durchführen zu können.[77] Sie tragen als Nebenleistungen zur Beförderungsleistung deren umsatzsteuerliches Schicksal (Abschn. 3.10 UStAE).

Sind Bewirtungsleistungen hingegen nicht erforderlich, um die Beförderung planmäßig durchführen zu können, beispielsweise weil der Reisende zusätzliche Bewirtungsleistungen beansprucht, die nicht durch den Reisepreis abgedeckt werden, sind die während der Schiffsbeförderung an die Reisenden bewirkten sogenannten „Swimming Meals", soweit der Leistungsort unter Anwendung des Abgangsorts im Inland liegt, steuerbefreit[78] (§ 4 Nr. 6 lit. e UStG).

§ 3e UStG normiert als Leistungsort für Swimming Meals das Abgangsortsprinzip. Der Leistungsort für Beispiel 3 liegt in Hamburg (DE), die Steuerbefreiung gemäß § 4 Nr. 6 lit. e UStG ist einschlägig.

Sollte hingegen die zusätzliche Verköstigung auf dem Schiff während des Zwischenaufenthalts im angelaufenen Drittlandshafen Bergen (NO), bei dem die Passagiere das Schiff auch verlassen dürfen, sowie während der Fahrt durch norwegisches Hoheitsgebiet, erfolgen, unterliegen die „schwimmenden Mahlzeiten" der Besteuerungskompetenz Norwegens.[79]

☞ **Beachten Sie:**

Beförderungsleistungen liegen auch dann vor, wenn das Motiv des Kreuzfahrtpassagiers nicht in der Beförderung selbst liegt, sondern in einer bestimmten Freizeitgestaltung, wie dies etwa bei Themenkreuzfahrten, Hochseeangelfahrten oder Fahrten auf Schiffen mit Glasboden zur Beobachtung von Korallenriffen der Fall ist. Auch impliziert eine Beförderungsleistung weder eine feste Routenplanung noch eine zwingende Durchführung von

---

77 BFH-Urteil vom 01.08.1996, Az.: V R 58/94 und BFH-Urteil vom 02.03.2011, Az.: XI 25/09.
78 Siehe Kapitel A.I.3.d) – LIEFERUNG UND SONSTIGE LEISTUNG, „Touristische Nebenleistungen".
79 Siehe Kapitel A.I.4.a) – BESTEUERUNGSORT IM TOURISMUS, „Lieferort und Leistungsort beim Departure Principle".

Landgängen. Die grenzüberschreitende Schiffsreise auf hoher See ist insgesamt nicht steuerbar.[80]
Nur im seltenen Ausnahmefall, in dem der Reisende wegen der Annehmlichkeiten eines besonderen Schiffs oder wegen außergewöhnlicher Darbietungen auf dem Schiff keinen Wert auf die Beförderung und die Beförderungsstrecke legt, handelt es sich um eine sonstige Leistung eigener Art.[81]

Für die Personenbeförderung auf Rheinschiffen ist als Sondervorschrift zu beachten, dass die Beförderungsstrecke zwischen Basel und Neuburgweier (183 km) wie folgt auf die einzelnen Streckenanteile aufgeteilt wird:

- Basel – Breisach (57 km)
  Der gesamte Streckenanteil verläuft auf französischem Hoheitsgebiet;
- Breisach – Straßburg (68 km)
  Die erste Streckenhälfte von 34 km erstreckt sich auf französischem Hoheitsgebiet; In der Regel wird der weitere Steckenabschnitt von 34 km je zur Hälfte auf deutschem und auf französischem Hoheitsgebiet abgewickelt. Insgesamt verläuft die Beförderung auf einem Viertel der Teilstrecke (17 km) in Deutschland;
- Straßburg – Neuburgweier (58 km)
  Die Beförderung findet zur Hälfte (29 km) im Inland statt.

Insgesamt erstreckt sich auf der Gesamtstrecke Basel – Neuburgweier ein Streckenanteil von 46 km (25,14 %) im Inland. Er ist mit deutscher Umsatzsteuer belastet (§ 3b Abs. 1 UStG, Abschn. 3b.1 Abs. 18 UStAE).

h) Grundstücks- und Beherbergungsleistungen

Die im Tourismus gängige Vermietung von Zimmern und Häusern ist üblicherweise kurzfristiger Art. Sie erfolgt an wechselnde Personen, die Hotels, Ferienhäuser und Ferienwohnungen für Urlaubszwecke aufsuchen. Der Ort der Vermietungsleistung ist der Belegenheitsort, also der Ort, an dem das Grundstück liegt. Unter das Belegenheitsprinzip fallen auch folgende Vermietungen (Abschn. 3a.3 Abs. 4 S. 4 UStAE):

- Die Vermietung von Plätzen um Fahrzeuge abzustellen,
- die Überlassung von Wasser- und Bootsliegeplätzen für Sportboote,
- die Vermietung auf Campingplätzen,
- die Überlassung von auf Campingplätzen aufgestellten Wohnwagen zum ausschließlich stationären Gebrauch als Wohnung,
- die entgeltliche Unterbringung auf einem Schiff, das für längere Zeit auf einem Liegeplatz befestigt ist.

☞ Beachten Sie:

Die EU-DVO definiert Beförderungsmittel nach ihrer Eignung zur Beförderung. Hingegen gelten Fahrzeuge, die dauerhaft stillgelegt sind, nicht als Beförderungsmittel (Art. 38 MwStSystRL). Abweichend hiervon bestimmt die

---

80 BFH-Urteil vom 02.03.2011, Az.: XI R 25/09 – *Hochseeangelreisen.*
81 BFH-Urteil vom 01.08.1996, Az.: V R 58/94.

Finanzverwaltung Beförderungsmittel nach der vertraglichen und tatsächlichen Überlassung zur Nutzung. So wird die Überlassung von Schiffen oder Wohnwagen ausschließlich zum stationären Gebrauch für Unterkunftszwecke, als grundstücksbezogene Beherbergungsleistung angesehen (Abschn. 3a.3 Abs. 4 S. 4 Nr. 5 und Abs. 5 S. 2 UStAE).

Der Abgrenzung zwischen der Vermietung zur Nutzung als Unterkunft oder als Beförderungsmittel dürfte, zumindest bezogen auf die Leistungsortsermittlung, keine besondere Bedeutung zukommen. Sie führt in beiden Fällen zum gleichen Ergebnis. Allerdings können sich je nach Sachverhalt, unterschiedliche Steuersätze oder gar eine Steuerbefreiung ergeben.[82]

Ab 01.01.2013 wird die gemeinsame Auslegung der EU-Mitgliedstaaten hinsichtlich der Ortsregelung für Leistungen im Zusammenhang mit einem Grundstück zur Vermeidung der Gefahr von Fällen der Doppelbesteuerung, durch die Finanzverwaltung umgesetzt.[83] Die Auslegung beinhaltet die im Folgenden dargelegten Bestimmungen:

Spätestens ab 01.01.2017 ist die unionsrechtliche Definition eines Grundstücks, die von der nationalen zivilrechtlichen Begriffsbestimmung abweicht, EU-weit anzuwenden. Für die Zwecke der Anwendung der Mehrwertsteuer-Systemrichtlinie (MwStSystRL) gilt als Gründstück (Art. 13b lit. a bis d EU-DVO):

* Ein bestimmter über- oder unterirdischer Teil der Erdoberfläche, an dem Eigentum und Besitz begründet werden kann;
* Jedes mit oder in dem Boden über oder unter dem Meeresspiegel befestigte Gebäude oder jedes derartige Bauwerk, das nicht leicht abgebaut oder bewegt werde kann;
* Jede Sache, die einen wesentlichen Bestandteil eines Gebäudes oder eines Bauwerks bildet, ohne die das Gebäude oder das Bauwerk unvollständig ist, wie zum Beispiel Türen, Fenster, Dächer, Treppenhäuser und Aufzüge;
* Sachen, Ausstattungsgegenstände oder Maschinen, die auf Dauer in einem Gebäude oder einem Bauwerk installiert sind, und die nicht bewegt werden können, ohne das Gebäude oder das Bauwerk zu zerstören oder zu verändern.

Dienstleistungen im Zusammenhang mit einem Grundstück umfassen nur Dienstleistungen, die in einem hinreichend direkten Zusammenhang mit dem Grundstück stehen (Art. 31a Abs. 1 EU-DVO).

Beispiele hierfür sind:

* Vermietung und Verpachtung von Grundstücken mit der Ausnahme der Bereitstellung von Werbung, selbst wenn diese die Nutzung eines Grund-

---

82 Diese Unstimmigkeit zwischen Finanzverwaltung und Unionsrecht wurde nicht durch das BMF-Schreiben vom 10.06.2011, Az.: IV D 3 – S 7117/11/10001 beseitigt. Allerdings hat eine nicht oder inkorrekt umgesetzte, für den Steuerpflichtigen aber günstigere, nationale Regelung Vorrang vor übergeordnetem Unionsrecht.

83 BMF-Schreiben vom 18.12.2012, Az.: IV D 3 – S 7117-a/12/10001.

stücks einschließt (Art. 31a Abs. 2 lit. h EU-DVO i.V.m. Art. 31a Abs. 3 lit c EU-DVO);

- Zurverfügungstellung von Unterkünften in der Hotelbranche oder in Branchen mit ähnlicher Funktion, wie zum Beispiel in Ferienlagern oder auf einem als Campingplatz hergerichteten Gelände einschließlich Umwandlung von Teilzeitnutzungsrechten (Timesharing) und dergleichen für Aufenthalte an einem bestimmten Ort (Art. 31a Abs. 2 lit. i EU-DVO);
- Gewährung und Übertragung sonstiger (nicht unter lit. h und i aufgeführter) Nutzungsrechte an Grundstücken und Teilen davon einschließlich der Erlaubnis, einen Teil des Grundstücks zu nutzen, wie zum Beispiel die Gewährung von Fischereirechten und Jagdrechten oder die Zugangsberechtigung zu Warteräumen in Flughäfen oder die Nutzung von Infrastruktur, für die Maut gefordert wird, wie Brücken oder Tunnel (Art. 31a Abs. 2 lit. j EU-DVO).

Dienstleistungen im Zusammenhang mit einen Grundstück sind nicht:

- Vermittlung der Beherbergung in einem Hotel oder Beherbergung in Branchen mit ähnlicher Funktion, wie zum Beispiel in Ferienlagern oder auf einem als Campingplatz hergerichteten Gelände, wenn der Vermittler im Namen und für die Rechnung eines Dritten handelt (Art. 31a Abs. 3 lit. d EU-DVO);
- Bereitstellung eines Standplatzes auf einem Messe- oder Ausstellungsgelände zusammen mit anderen ähnlichen Dienstleistungen, die dem Aussteller die Darbietung seines Angebots ermöglichen, wie die Aufmachung und Gestaltung des Standes, die Beförderung und Lagerung der Ausstellungsstücke, die Bereitstellung von Maschinen, die Verlegung von Kabeln, Versicherungen und Werbung (Art. 31a Abs. 3 lit. e EU-DVO).

i) Messen

Bei der Teilnahme an Messen im In- und Ausland sind einige umsatzsteuerliche Besonderheiten zu beachten, die gleichermaßen für die Veranstaltung von Tagungen und Kongressen von Bedeutung sind.

Messeveranstalter können ihre Messeflächen entweder direkt an den Aussteller oder aber an eine zwischengeschaltete Durchführungsgesellschaft vermieten. Diese übernimmt dann im eigenen Namen die gesamte oder Teile der Messeorganisation für die jeweiligen Aussteller. Beispielsweise führt eine ausländische Durchführungsgesellschaft für die Tourismusverbände der La-Plata-Staaten Argentinien, Paraguay und Uruguay eine Gemeinschaftsausstellung in der Südamerikahalle auf der ITB Berlin in 2014 durch.

Für Messen im Inland bieten Messeveranstalter und Durchführungsgesellschaften neben der Überlassung von Standflächen weitere Leistungen rund um Messe-Events in Form einer einheitlichen Veranstaltungsleistung oder als eine Vielzahl von selbständigen und damit getrennt zu beurteilenden Einzelleistungen an. Diese sind bzgl. Leistungsort, Leistungszeitpunkt und Steuersatz getrennt zu behandeln. Es ist zwischen den Leistungen „Überlassung von Standflächen", „Erbringung von Veranstaltungsleistungen" und „Erbringung von Einzelleistungen" zu unterscheiden.

Bei der Überlassung von Standflächen auf Messen an die Aussteller handelt es sich um sonstige Leistungen im Zusammenhang mit einem Grundstück, die am Belegenheitsort der Standflächen ausgeführt werden (§ 3a Abs. 3 Nr. 1 UStG).

In einigen EU-Mitgliedstaaten wird der Leistungsort für die Überlassung von Standflächen an Aussteller nach dem Empfängerortsprinzip ermittelt und nicht als grundstücksbezogene Leistungen angesehen. Werden durch den Sitz des Leistenden, Leistungsempfänger oder den Messeort unterschiedliche Länder berührt, sind Fälle von Doppel- oder Nichtbesteuerung denkbar.

☞ **Beachten Sie:**

Der EuGH[84] setzt für die Qualifizierung als grundstücksbezogene Leistung einen direkten, nicht nur vorübergehenden, Zusammenhang mit einem konkreten Grundstück voraus. Ausstellungsstände, die lediglich befristet auf einem Grundstück errichtet werden, erfüllen diese Voraussetzung laut EuGH nicht und sind, je nach Sachverhalt, als Werbeleistung oder Veranstaltungsleistung einzuordnen.

Erbringen ein und derselbe Unternehmer neben der Überlassung von Standflächen noch mindestens drei weitere Leistungen, die keine Nebenleistungen zur grundstücksbezogenen Leistung darstellen, ermittelt sich der Leistungsort für die Gesamtleistung „Messepaket" als einheitliche Veranstaltungsleistung am Sitz des unternehmerischen Leistungsempfängers (§ 3a Abs. 2 UStG). Ist der Leistungsempfänger Nicht-Unternehmer, wird die Gesamtleistung „Messepaket" hingegen am Veranstaltungsort erbracht (§ 3a Abs. 3 Nr. 3 lit. a UStG).

Folgende Leistungen können vertraglich zusätzlich vereinbart werden und müssen auch tatsächlich erbracht worden sein (Abschn. 3a.4 Abs. 2 UStAE):

• Technische Versorgung der Stände
• Gestaltung und Bau der Stände
• Überlassung von Standbauteilen
• Standbetreuung und Standbewachung
• Standreinigung
• Überlassung von Garderoben und Schließfächern auf dem Messegelände
• Einräumung von Messeeintrittskarten an den Aussteller
• Überlassung von Telekommunikationsleistungen an die Aussteller
• Überlassung von Informationssystemen
• Überlassung von Schreibdiensten
• Beförderung und Lagerung der Standausrüstung
• Übersetzungsdienste
• Eintragungen in Messekatalogen sowie sonstige Werbemaßnahmen
• Besuchermarketing
• Organisation von Pressekonferenzen und Ausstellerabenden.

☞ **Beachten Sie:**

Zur Vermeidung von Doppelbesteuerung hält die Finanzverwaltung im Falle der einheitlichen Veranstaltungsleistung eine Kollisionsregelung vor. Ist die

---

84 EuGH-Urteil vom 27.10.2011, Az.: C-530/09 – *Inter-Mark*.

Festlegung des Leistungsorts auf Grund des Rechts eines anderen Mitglied-
staats ausnahmsweise abweichend vorgenommen worden, ist es demnach
nicht zu beanstanden, wenn dieser Ortsregelung gefolgt wird (Abschn. 3a.5
Abs. 6 UStAE).
Sollte ein Messedienstleister unwissentlich und irrtümlich mit deutscher Um-
satzsteuer abrechnen, kann aus der Rechnung die unberechtigt ausgewiesene
Umsatzsteuer nicht als Vorsteuer geltend gemacht werden (§ 14c Abs. 2
UStG). Der Leistungsempfänger ist damit wirtschaftlich mit der Umsatzsteuer
in Deutschland belastet.

Ein „Messepaket" liegt jeweils nicht vor, sondern eine <u>Erbringung von Einzel-</u>
<u>leistungen</u>, wenn

- neben der Überlassung von Standflächen weniger als drei weitere Leistungen erfolgen, oder
- diese Leistungen ohne Überlassung von Standflächen ausgeführt werden, oder
- für die Leistungen unterschiedliche Vertragspartner benannt werden.

Nun ergeben sich je nach Leistung ganz unterschiedliche Leistungsorte:

- <u>Ausführungsort</u> für die Einräumung von Messeeintrittskarten (§ 3a Abs. 2 Nr. 5 UStG).
- <u>Empfängerort</u> für
  - den Messestandbau (Abschn. 3a.3 Abs. 10 Nr. 8 UStAE, Abschn. 3.2 Abs. 16 letzter Gedankenstrich UStAE).
  - die Planung und Gestaltung von Ständen. Unter die Planung von Ständen fallen insbesondere Architektenleistungen, z.B. die Anfertigung des Entwurfs für einen Stand. Zur Gestaltung von Ständen zählt z.B. die Leistung eines Gartengestalters oder eines Beleuchtungsfachmanns (Abschn. 3a.2 Abs. 16 letzter Gedankenstrich UStAE).
  - die Überlassung von Schreibdiensten, Telekommunikationsleistungen, Informationssystemen, Übersetzungs- und Werbeleistungen, Besuchermarketing sowie die Organisation von Pressekonferenzen und Ausstellerabenden (Abschn. 3a.4 Abs. 3 i.V.m. Abs. 2 UStAE).
- <u>Empfängerort bzw. Nutzungsort</u> bei tatsächlicher Beförderung und/oder Lagerung von Standausrüstung in Drittlandsgebiet (§ 3a Abs. 2 und Abs. 8 UStG).

Beispiel 1 – Messe-Paket für Messe im Drittland:
Ein in Deutschland ansässiger Freizeitunternehmer beauftragt eine schweizer Event-Agentur zwecks Messeauftritt auf der FESPO, Messe für Ferien und Reisen in Zürich, umfangreiche Messedienstleistungen in Form der
- Anmietung der Standfläche,
- Engagierung eines Messebauers,
- Engagierung von Messe-Hostessen,
- Organisation einer Pressekonferenz,
- Organisation einer Standparty sowie
- Engagierung eines Stand-Cateringservices
durchzuführen.

Lösung 1:

Es liegt eine komplexe Veranstaltungsleistung vor (§ 3a Abs. 2 UStG). Die Zuordnung des Leistungsorts ist mit der Schweiz nicht harmonisiert. Zur Vermeidung von Doppelbesteuerung ist die im Zusammenhang mit der Messe durch den Freizeitunternehmer beanspruchte Leistung als in der Schweiz ausgeführt zu behandeln. Die Leistung ist nicht in Deutschland steuerbar (§ 3a Abs. 8 S. 1 UStG).

☞ **Beachten Sie:**

Die Anwendung der Use-and-Enjoyment-Regelung des § 3a Abs. 8 UStG findet unabhängig davon Anwendung, ob ein Fall von Doppelbesteuerung vorliegt, d.h. ob im Drittland tatsächlich Umsatzsteuer entsteht.

Meldung von Messedienstleistungen in der ZM:

Bei der Überlassung von **Standflächen** an die Aussteller handelt es sich um sonstige Leistungen im Zusammenhang mit einem Grundstück. Leistungsort ist gemäß § 3a Abs. 3 Nr. 1 it. a UStG dort, wo die Standflächen liegen. Es erfolgt <u>keine Meldung</u> in der ZM.

Messedienstleistungen, die an Unternehmer erbracht werden, unterliegen gemäß § 3a Abs. 2 UStG der Besteuerung am Sitzort des Leistungsempfängers und sind <u>in der ZM zu melden</u>.

Handelt es sich bei den Messeleistungen um die **Einräumung von Eintrittsberechtigungen** sowie damit zusammenhängende sonstige Leistungen, wird die Leistung gemäß § 3a Abs. 3 Nr. 5 UStG am Veranstaltungsort erbracht. Es erfolgt <u>keine Meldung</u> in der ZM.

Messedienstleistungen, die als **Paket inkl. Eintrittskarten** angeboten werden, unterliegen als einheitliche Leistung nach § 3a Abs. 2 UStG der Besteuerung am Ausführungsort der Messe und sind <u>in der ZM zu melden</u>.

Somit hat der Leistungserbringer von Messedienstleistungen und Messepaketen inkl. Eintrittskarten die beiden folgenden Pflichten:

- Er meldet den Umsatz in der ZM (§ 18a Abs. 4 S. 1 Nr. 3 UStG) und
- er nimmt den Umsatz gesondert in die Umsatzsteuer-Voranmelungung auf (§ 18b S. 1 Nr. 2 UStG).

☞ **Beachten Sie:**

Bei Leistungen in Verbindung mit Messe-Tickets sowie Veranstaltungsleistungen zur Durchführung von Messen, Ausstellungen und Kongressen im Inland, findet das Reverse-Charge-Verfahren zum Teil keine Anwendung (§ 13b Abs. 6 Nr. 4 und Nr. 5 UStG)[85]. Die Rückausnahme vom Reverse-Charge-Verfahren dient der Erleichterung des Besteuerungszugriffs, weil die Zahl der Leistungsempfänger (Messebesucher, Aussteller) die Zahl der Leistungserbringer (Messeveranstalter, Durchführungsgesellschaften) übersteigt. Damit wird die Zahl der registrierungspflichtigen Unternehmen reduziert.

---

85 Siehe Kapitel A.I.14.d) – REVERSE CHARGE, „Ausnahmen vom Reverse-Charge-Verfahren".

☞ **Beachten Sie:**

An ausländischen Messen teilnehmende Reiseunternehmer, die Rechnungen für Eintrittskarten mit ausländischer Umsatzsteuer erhalten, können sich im Ausland im Rahmen des Vorsteuer-Vergütungsverfahrens ihre gezahlten Vorsteuerbeträge erstatten lassen. Diese Möglichkeit besteht in allen EU-Staaten bei Antragstellung bis 30.09. des Folgejahres. Voraussetzung ist die rechtzeitige Zusendung der Originalbelege über den elektronischer Briefkasten des Bundeszentralamts für Steuern und ein Mindesterstattung von 50,00 € an EU-Unternehmer im Kalenderjahr je Land.

Auch einige Nicht-EU-Staaten vergüten die gezahlte Vorsteuer bei Erreichen der jeweils festgelegten Mindesterstattungsbeträge und Antragstellung direkt an die jeweilige ausländische zentrale Erstattungsbehörde bis 30.06. des Folgejahres.[86]

Als Ort für die Einräumung von Messeeintrittsberechtigungen an Messebesucher sowohl als Unternehmer als auch Privatpersonen bei im Gemeinschaftsgebiet durchgeführten Messen ist der Veranstaltungsort anzusehen (§ 3a Abs. 3 Nr. 5 und Nr. 3 lit. a UStG).

Leistungen, die als Teil eines „Teilnehmer-Pakets" mit der Eintrittsberechtigung zusammen durch Veranstalter von Messen, Kongressen und Seminaren an Messebesucher veräußert werden, wie insbesondere die Beförderung, die Gestellung von Fahrzeugen und die Hotelunterbringung gegen ein einheitliches Kongress-, Teilnehmer- oder Seminarentgelt, werden als einheitliche Messe-, Kongress- oder Seminarleistungen angesehen (Abschn. 13b.10. Abs. 2 S. 2 UStAE).

Beispiel 2 – Besucher-Paket für Kongress in EU:

Der Veranstalter eines Fachkongresses in Luxemburg bietet dem interessierten Besucher ein Teilnahmepaket inkl. Hotelunterbringung in Trier.

Lösung 2:

Die Hotelunterbringung ist an sich keine Nebenleistung zur Einräumung der Eintrittstickets, so dass der Leistungsort für die Übernachtung isoliert betrachtet in Deutschland läge (§ 3a Abs. 3 Nr. 1 lit. a UStG).

Allerdings ist der Seminarbesuch die prägende Leistung (§ 3a Abs. 3 Nr. 5 UStG). Sämtliche im Teilnahmepaket enthaltenen Leistungen werden am Veranstaltungsort in Luxemburg erbracht. Dies gilt auch für die Übernachtung in Trier, die in Deutschland nicht steuerbar ist.

---

86 Siehe Kapitel A.I.11.c) – VORSTEUERABZUG, „Vorsteuervergütung im Ausland gezahlter Umsatzsteuer".

j) „Kulturelle"[87] Veranstaltungen ohne Eintrittsberechtigungen

Für Veranstaltungsleistungen wie Shows, Aufführungen, Musik-, Sport- und ähnliche Veranstaltungen liegt der Leistungsort im B2C-Geschäft am Ausführungsort des jeweiligen Events bzw. am Ort der Erbringung der künstlerischen, wissenschaftlichen, unterrichtenden, sportlichen, unterhaltenden oder ähnlichen Leistung (§ 3a Abs. 3 Nr. 3 lit. a UStG).

Im B2B-Geschäft liegt der Leistungsort am Empfängerort (§ 3a Abs. 2 UStG). Im Ausland stattfindende Veranstaltungen werden im Ausland zu Nettopreisen eingekauft und mit dem nationalen Steuersatz belastet.

Beispiel – B2B-Verkauf einer kulturellen Veranstaltung:

Eine inländische Event-Agentur bucht für einen Kurztrip ein Hotel (Leistungsträger 1) in Prag. Zusätzlich lässt sie sich von einem örtlichen tschechischen Veranstalter (Leistungsträger 2) ein Get-Together mit Showprogramm und Blasmusik organisieren. Der Networking-Abend soll im Hotel stattfinden. Die Reise wird von einem IT-Beratungsunternehmen in Aachen beauftragt.

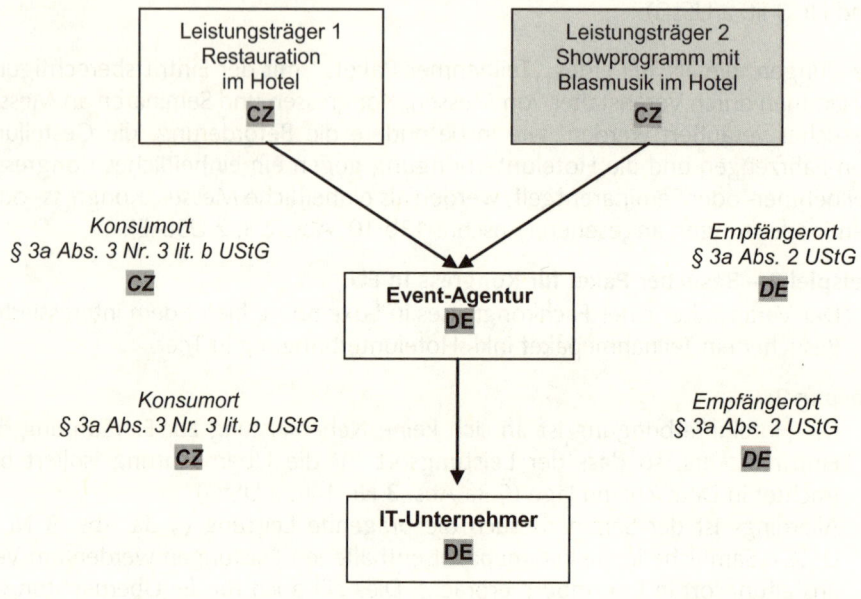

Abb. 20: Veranstaltung ohne Tickets

Lösung:

Leistungsträger 2 erbringt an die Event-Agentur und diese erbringt ihrerseits an das IT-Beratungsunternehmen eine Leistung, für deren Ortsbestimmung keine Spezialnorm greift. Der Leistungsort beider Leistungen bestimmt sich nach dem Empfängerortsprinzip. Er liegt auf beiden Umsatzstufen in Deutschland.

---

87 „Kulturelle" Veranstaltungen im Sinne von kulturellen, künstlerischen, wissenschaftlichen, unterrichtenden, sportlichen, unterhaltenden oder ähnlichen Veranstaltungen.

k) „Kulturelle" Veranstaltungen mit (Einräumung von) Eintrittsberechtigungen

Mit einer Eintrittsberechtigung, Eintrittskarte oder einem Ticket erwirbt der Berechtigte zivilrechtlich das Recht, eine bestimmte Leistung des Verpflichteten, nämlich den Besuch einer Veranstaltung, in Empfang zu nehmen.[88]

Für Veranstaltungsleistungen wie Shows, Theateraufführungen, Musik-, Sport-, Seminar- und ähnliche Veranstaltungen liegt der Leistungsort am Ausführungsort des jeweiligen Events bzw. am Ort der Erbringung der künstlerischen, wissenschaftlichen, unterrichtenden, sportlichen, unterhaltenden oder ähnlichen Leistung (§ 3a Abs. 3 Nr. 3 lit. a UStG, § 3a Abs. 3 Nr. 5 UStG).

Ab 01.07.2013 ist als Leistungsort für den Ticketverkauf sowohl
* durch den Organisator der Veranstaltung selbst als auch
* im Kettengeschäft über Paketer, Incomer, Incentive-Veranstalter oder Event-Agenturen wie auch
* im B2B-Tickethandel

der Veranstaltungsort anzusehen (Abschn. 3a.6 Abs. 13 S. 1, 2. HS UStAE).[89]

Bis 30.06.2013 ist Voraussetzung für die Anwendung des Veranstaltungsorts als Leistungsort, dass der Ticketverkauf durch den Organisator der Veranstaltung selbst als „echten" Veranstalter erfolgt.

Auf das Vorliegen einer Veranstaltereigenschaft weisen folgende Anhaltspunkte hin (Abschnitt 12.5. Abs. 2 S. 3 UStAE)[90]:

* Aufdruck des Veranstalters auf der Eintrittskarte,
* Einflussnahme auf den Spielplan,
* Zuweisung der Eintrittskarten an Besucherorganisationen und Platzverteilung,
* Treffen der organisatorischen Maßnahmen dafür, dass die Veranstaltung abgehalten werden kann,
* Bestimmung von Ort und Zeit der Darbietung.

Sowohl die EU-Durchführungsverordnung als auch der Umsatzsteueranwendungserlass differenzieren bei der Einräumung von Eintrittsberechtigungen zwischen kulturellen, sportlichen und unterrichtenden Veranstaltungen:

* Unter kulturellen Darbietungen in diesem Sinn sind der entgeltliche Besuch von Theateraufführungen, Konzerten, Ausstellungen und Museen ebenso wie von Zirkusvorstellungen, Shows, Erlebnis- und Tierparks, Kinovorstellungen oder Messen, zusammengefasst;
* Sportveranstaltungen sind Spiele und Wettkämpfe. Unerheblich ist, ob das Entgelt in Form einer Zahlung für einen bestimmten Zeitraum oder eine festgelegte Anzahl von Veranstaltungen in einem Betrag entrichtet wird. Regel-

---

88 BFH-Urteil vom 03.06.2009, Az.: XI R 34/08.
89 Vgl. SRTour 07/2013, Seite 15 ff., Cyrilla Wolf, „Ticketverkauf durch Nicht-Veranstalter ab 1.7.2013".
90 Vgl. SRTour 03/2008, Seite 15 ff., H. Jürgen Henkel, „Beschaffung von Theaterkarten" sowie FG Niedersachsen, Urteil vom 06.03.2008, Az.: 5 K 684/02.

mäßig stattfindende Aktivitäten, wie Fußballtrainingseinheiten sind im Gegensatz zu Fußballpartien keine Veranstaltungen im Sinne der Spezialnorm;
- Zu den unterrichtenden Veranstaltungen gehören der Allgemeinheit offen stehende unterrichtende und wissenschaftliche Veranstaltungen, wie Konferenzen und Seminare gegen Entgelt.

☞ **Beachten Sie:**

Die Finanzverwaltung unterscheidet im Gegensatz zur EU-Kommission unterrichtende Veranstaltungen nochmals dahingehend, ob diese im zwischenunternehmerischen Bereich Teilnahmebeschränkungen unterliegen (z. B. In-House-Schulungen, die ausschließlich für die eigenen Mitarbeiter bestimmt sind) oder ob sie für die breite Öffentlichkeit zugänglich sind.

Veranstaltungen mit Zutrittsbeschränkungen sind laut Finanzverwaltung am Empfängerort des Unternehmers zu besteuern. Hier ist der unternehmerische Status der einzelnen Leistungsempfänger (z. B. Mitarbeiter) für den Veranstalter (z. B. Arbeitgeber) ohne komplexe Prüfung offenkundig (Abschn. 3a.6 Abs. 13 S. 3. Nr. 3 Beispiel 2 UStAE, Art. 32 Abs. 2 lit. c EU-DVO). Sollte die übergeordnete EU-Norm ohne der Einschränkung für den Steuerpflichtigen günstiger sein, kann er sich auf diese berufen.

Die Finanzverwaltung stuft Fachtagungen, die sich faktisch zwar an eine begrenzte Zielgruppe richten, im Sinne der Spezialnorm jedoch als für jeden zugängliche Veranstaltungen ein.

Unerheblich ist, ob das Entgelt in Form eines Abonnements, einer regelmäßigen Gebühr, eines Jahresbeitrags oder einer Zeitkarte entrichtet wird. Mit der jeweiligen Veranstaltung direkt zusammenhängende Dienstleistungen, wie die Nutzung von Garderoben und sanitären Einrichtungen gegen gesondertes Entgelt, werden dabei ebenfalls am Veranstaltungsort erbracht (Abschn. 3a.6. Abs. 13 UStAE, BMF-Schreiben vom 04.02.2011 und Art. 32 und 33 EU-DVO vom 15.03.2011 als unmittelbar ab 01.07.2011 anzuwendendes Recht).

Abb. 21: Veranstaltungsticket

Unter die Spezialnorm fällt nicht die Berechtigung zur Nutzung von Räumlichkeiten, z. B. Turnhallen, gegen Entgelt. Dies dürfte auch für die Nutzung von
Golfplätzen gegen Green Fees gelten.

Vouchers fallen nicht automatisch unter die Spezialregelung für Eintrittsberechtigungen. Vielmehr ist zu prüfen, ob sie tatsächlich eine „kulturelle" Leistung eines
Veranstalters gegen Entgelt substituieren. Berechtigen sie lediglich zur Nutzung
von offenen oder geschlossenen Räumlichkeiten oder zur Beförderung (z. B. Ski-
pässe, Bustickets), dürften keine Eintrittsberechtigungen im Sinne von § 3a Abs. 3
Nr. 5 UStG vorliegen.

Tickethändler hatten von 2010 bis 30.06.2013 die aufwändige Unterscheidung
zwischen Unternehmer und Nicht-Unternehmer vorzunehmen (Abschn. 3a.6.
Abs. 13 S. 2 UStAE). Der Kundenstatus „privat" oder „geschäftlich" war bei jedem Umsatz einzeln zu prüfen (Abschn. 3a.6. Abs. 13 S. 7 UStAE). Im täglichen
Volumengeschäft der Tickethändler war dies nicht praxisgerecht und kaum durch-
führbar. In der Regel war deshalb von einem privaten Veranstaltungsbesuch auszugehen, es sei denn, der Abnehmer wies explizit auf seinen unternehmerischen
Status hin.

Ab 01.07.2013 befindet sich unabhängig von dem Vorliegen einer Veranstaltereigenschaft beim Verkauf von Eintrittskarten der Leistungsort in dem
Land, in dem das jeweilige Event stattfindet. Für Altfälle mit Umsätzen aus
B2C-Ticketverkäufen in Verbindung mit Auslandsveranstaltungen gilt: Sollte
die Festlegung des Leistungsorts durch Nicht-Veranstalter auf Grund des
Rechts eines anderen Mitgliedstaats bereits vor dem 01.07.2013 im Land
der Veranstaltung vorgenommen worden sein, ist es nicht zu beanstanden,
wenn dieser Ortsregelung gefolgt wird.[91] Dieses Wahlrecht findet für das B2B-
Ticketgeschäft keine Anwendung (Abschn. 3a.6 Abs. 2 UStAE, Abschn. 3a.6
Abs. 13 UStAE).

Somit ist für Umsätze, die ab 01.07.2013 durchgeführt werden, eine Unterscheidung zwischen der „Einräumung" von Eintrittsberechtigungen durch
den Veranstaltungsorganisator als „echten" Veranstalter und dem „Verkauf"
von oder „Handel" mit Eintrittsberechtigungen durch Wiederverkäufer
oder reine Tickethändler nicht mehr vorzunehmen. Damit gehört die leidige
Unterscheidung zwischen Unternehmern, die Events veranstalten, Eintrittskarten
im Paketer- oder Incentive-Geschäft weiterveräußern oder Handel bzw.
Kommissionsgeschäfte mit Eintrittskarten betreiben, der Vergangenheit an.
Diese Änderung stellt eine erhebliche Vereinfachung des grenzüberschreitenden Ticket-Geschäfts dar. Der maßgebliche Leistungsort lässt sich nun unter
Außerachtlassung der streitanfälligen Fragestellung bzgl. einer vorliegenden
oder nicht vorliegenden Veranstaltereigenschaft des leistenden Unternehmers
bestimmen. Eine klare Abgrenzung des Veranstalterbegriffs innerhalb des
Aktionsradius von Eigenorganisation, Beauftragung eines Subunternehmers mit
der Veranstaltungsorganisation und bloßem Handel mit Eintrittsberechtigungen

---

91 BMF-Schreiben vom 10.06.2013, Az.: IV D 3 – S 7117/12/10001.

erwies sich als mit den wirtschaftlichen Gegebenheiten der Branche wenig vereinbar. Die Merkmale, die auf einen „echten" Veranstalter schließen ließen, wurden von der Rechtsprechung mal eng und mal „merkmalsoffen"[92] ausgelegt.
Ebenso ist der Leistungsort für den Ticketverkauf an Privatpersonen und Unternehmer ab dem zweiten Halbjahr 2013 identisch. In jedem Fall ist Leistungsort
der Ausführungsort der Veranstaltung (§ 3a Abs. 3 Nr. 3a UStG, § 3a Abs. 3
Nr. 5 UStG).[93]

Ticket-Verkauf	Zwischen-handel	Veranstaltungs-organisation
B2C	B2B	B2C und B2B
Ab 01.07.2013		
Veranstal-tungsort § 3a Abs. 3 Nr. 3a UStG	Veranstal-tungsort § 3a Abs. 3 Nr. 5 UStG	Veranstaltungsort § 3a Abs. 3 Nr. 3a UStG § 3a Abs. 3 Nr. 5 UStG
Bis 30.06.2013		
Sitzort[94] des Händlers § 3a Abs. 1 UStG	Empfängerort § 3a Abs. 2 UStG	Veranstaltungsort § 3a Abs. 3 Nr. 3a UStG § 3a Abs. 3 Nr. 5 UStG

Abb. 22: Umsätze mit Eintrittskarten und Leistungsort[95]

☞ **Beachten Sie:**

*Beim Einkauf von „unechten" Tickets und Vouchers, also von Tickets, die
keine Eintrittsberechtigungen im Sinne von § 3a Abs. 3 Nr. 5 UStG darstellen, durch Pauschalreiseveranstalter, schlägt der Empfängerort als Leistungsort zwar auf diesen durch, gleichwohl wirkt er sich im Falle einer Veranstaltung im Drittland nicht zwingend negativ auf die Höhe der Margensteuer
aus. Diese Leistungen sind, soweit sie tatsächlich im Drittland genutzt und im
übrigen Gemeinschaftsgebiet eingekauft werden, als im Drittland ausgeführt
zu behandeln (§ 3a Abs. 8 UStG). Für den Pauschalreiseveranstalter ändert
sich insofern nichts. Keine Änderung gibt es auch für Veranstaltungen im übrigen Gemeinschaftsgebiet, denn gemäß § 25 UStG führen nicht nur die in*

---

92 BFH-Urteil vom 21.11.2013 – *Geschlossene Veranstaltung*. Siehe Anhang, RECHTSPRECHUNG IN
DER TOURISTIK, „EuGH- und BFH-Urteile". Az.: V R 33/10.
93 Vgl. SRTour 07/2013, Seite 14 ff., Cyrilla Wolf, „Ticketverkauf durch Nicht-Veranstalter ab
1.7.2013".
94 Ist die Festlegung des Leistungsorts aufgrund des Rechts eines anderen Mitgliedstaats bereits vor
dem 01.07.2013 nach dem Veranstaltungsort vorgenommen worden, ist es nicht zu beanstanden, wenn dieser Ortsregelung gefolgt wird (BMF-Schreiben vom 10.06.2013, IV D 3 – S 7117/
12/10001).
95 Vgl. SRTour 07/2013, Seite 14 ff., Cyrilla Wolf, „Ticketverkauf durch Nicht-Veranstalter ab
1.7.2013".

Deutschland, sondern sämtliche innerhalb der EU erbrachten Reisevorleistun-
gen zu einer steuerpflichtigen Marge.

l) Elektronisch erbrachte Dienstleistungen

Ab 01.01.2015 gelten elektronisch erbrachte Dienstleistungen, die als Eigenleistungen des Hoteliers dem Gast neben der Beherbergung angeboten werden,
zum Zweck der Bestimmung des Leistungsorts aus pragmatischen Gründen als
am Ort des Hotels erbracht.

Die Leistungsortsbestimmung gilt auch

- für Branchen mit der Hotelbranche ähnlichen Funktionen, wie z.B. in Ferienlagern oder auf einem als Campingplatz hergerichteten Gelände;
- für die Erbringung von Telekommunikationsdienstleistungen, die Übernach-
  tungsgäste beanspruchen können (Art. 31c EU-DVO).

Telekommunikationsdienstleistungen im Sinne der Mehrwertsteuer-Systemrichtlinie sind (Art. 24 Abs. 2 MwStSystRL):

- Festnetz- und Mobiltelefondienste zur wechselseitigen Ton-, Daten- und
  Videoübertragung einschließlich Telefondienstleistungen mit bildgebender
  Komponente (Videofonie) (Art. 6a Abs. 1 lit. a EU-DVO),
- über das Internet erbrachte Telefondienste einschließlich VoIP-Diensten
  (Voice over Internet Protocol) (Art. 6a Abs. 1 lit. b EU-DVO);
- Zugang zum Internet einschließlich des World Wide Web (Art. 6a Abs. 1
  lit. g EU-DVO).

Als elektronisch erbrachte Dienstleistungen im Sinne der Mehrwertsteuer-
Systemrichtlinie sind u.a. folgende Leistungen anzusehen (Art. 58 Abs. 1 lit. c
MwStSystRL i.V.m. Anhang II Nr. 1 bis 5 MwStSystRL):

- Bereitstellung von Websites, Webhosting, Fernwartung von Programmen
  und Ausrüstungen (Anhang II Nr. 1 MwStSystRL);
- Bereitstellung von Software und deren Aktualisierung (Anhang II Nr. 2
  MwStSystRL);
- Bereitstellung von Bildern, Texten und Informationen sowie Bereitstellung
  von Datenbanken (Anhang II Nr. 3 MwStSystRL);
- Bereitstellung von Musik, Filmen und Spielen, einschließlich Glücksspielen
  und Lotterien sowie von Sendungen und Veranstaltungen aus den Bereichen
  Politik, Kultur, Kunst, Sport, Wissenschaft und Unterhaltung (Anhang II Nr. 4
  MwStSystRL);
- Erbringung von Fernunterrichtsleistungen (Anhang II Nr. 5 MwStSystRL).

Erbringt der Dienstleistungsanbieter elektronisch erbrachte Dienstleistungen
an Orten wie Hotellobbys, Restaurants oder Internetcafés und muss der
Dienstleistungsempfänger an diesem Ort physisch anwesend sein, damit ihm
die Dienstleistung durch diesen Dienstleistungsanbieter erbracht werden kann,
gelten die beiden folgenden Vermutungen (Art. 24a Abs. 1 EU-DVO):

- Der Dienstleistungsempfänger ist an dem betreffenden Ort ansässig oder hat dort seinen Wohnsitz oder seinen gewöhnlichen Aufenthaltsort.
- Die Dienstleistung wird an diesem Ort tatsächlich genutzt und ausgewertet.

5. Steuerbefreiungen im Tourismus (§ 4 UStG)

Steuerbare Umsätze haben ihren Leistungsort im Inland. In der Regel sind sie steuerpflichtig. Von der Besteuerung wird abgesehen, soweit eine Steuerbefreiung greift. Im Folgenden werden die für Touristik, Freizeitwirtschaft und Business Travel relevanten Steuerbefreiungen aufgeführt.

a) Umsätze für die Seeschifffahrt

Unmittelbar[96] an Betreiber von Seeschiffen, Reeder als auch Bereederer, bewirkte Umsätze sind steuerfrei (§ 4 Nr. 2 i. V. m. § 8 Abs. 1 UStG). Seeschiffe sind seegehende Fahrgast- und Fährschiffe, nicht hingegen Wassersportfahrzeuge, wie Yachten. Sie müssen überwiegend in der Erwerbsschifffahrt eingesetzt werden. In Fällen der Reise-, Zeit-, Slot- und Bareboat-Vercharterung[97] handelt es sich um steuerfreie Vercharterungen (Abschn. 8.1 Abs. 2 UStAE). Reederei oder Leistungsträger stellen ein Schiff bzw. Schiffsraum zur Verfügung.

Die Lieferung eines Wasserfahrzeugs ist auch dann umsatzsteuerfrei, wenn die Lieferung an einen Unternehmer erfolgt, der das Wasserfahrzeug zum Zweck der Überlassung an einen Betreiber eines Seeschiffs erwirbt und diese Zweckbestimmung im Zeitpunkt der Lieferung endgültig feststeht und vom liefernden Unternehmer nachgewiesen wird (Abschn. 8.1 Abs. 1 S. 2 UStAE).

Das Leistungspaket „Bereitstellung einer bewaffneten Sicherheitsbegleitung" für Kreuzfahrtschiffe ist als Dienstleistung, die für den unmittelbaren Bedarf der Seeschiffe und unmittelbar an den Unternehmer der Seeschifffahrt, bestimmt ist, **ab 29.12.2012** als umsatzsteuerfrei zu behandeln. Hierunter fällt die auf Kreuzfahrtschiffen für bestimmte Routen, z.B. vor Somalias Küste, eingesetzte bewaffnete Sicherheitsbegleitung, zu deren Aufgaben die Koordinierung der Sicherheitsmaßnahmen an Bord, das Briefing bzw. Training der Schiffsbesatzung und die bewaffnete Abwehr von Piratenangriffen gehören (Abschn. 8.1 Abs. 7 Nr 12 UStAE).[98]

Nicht steuerfrei sind Umsätze, die an von Reedern oder Bereederern beauftragte Agenten oder Schiffsmakler ausgeführt werden. Sie sind einer vorausgehenden Handelsstufe zuzuordnen[99].

b) Umsätze für die Luftfahrt

Unmittelbar an Betreiber von Luftfahrzeuggesellschaften im internationalen Verkehr bewirkte Umsätze sind steuerfrei (§ 4 Nr. 2 i. V. m. § 8 Abs. 2 UStG).

Ausgenommen von der Steuerbefreiung nach dieser Regelung sind

---

96 Das Unmittelbarkeitserfordernis für Vorstufenumsätze wurde mit BMF-Schreiben vom 24.07.2009, Az.: IV B 9 – S 7155/07/10001 aufgehoben.

97 Zur Begriffsbestimmung, siehe Glossar „Bareboat-Vercharterung".

98 BayLfSt, Vfg. vom 14.04.2012, Az.: S 7155.2.1-2-9 St33.

99 BMF-Schreiben vom 24.07.2009, Az.: IV B 9 – S 7155/07/10001.

- Luftfahrtunternehmen, die Beförderungen von kranken und verletzten Personen mit Flugzeugen, die hierfür besonders eingerichtet sind, vornehmen.

> **Ab 01.07.2013** dürfen Flugunternehmen auf das Inland beschränkt in unbedeutendem Umfang steuerfreie Rettungsleistungen mit ihren Fluggeräten vornehmen (§ 8 Abs. 2 Nr. 1 UStG, § 4 Nr. 17 lit. b UStG).
> Unbedeutend ist der Umfang, wenn
> - die Entgelte für diese Umsätze im vorangegangenen Kalenderjahr nicht mehr als 1 % der Entgelte der im jeweiligen Zeitraum ausgeführten Personenbeförderungen im Binnenluftverkehr und im internationalen Luftverkehr betragen oder
> - die Anzahl der Flüge, bei denen nach § 4 Nr. 17 lit. b UStG steuerfreie, auf das Inland beschränkte Beförderungen ausgeführt werden, im vorangegangenen Kalenderjahr nicht mehr als 1 % der Gesamtzahl der ausgeführten Flüge des Unternehmers im Personenverkehr beträgt (Abschn. 8.2 Abs. 2 UStAE).
> Die grenzüberschreitende Beförderung von Kranken und Verletzten bleibt auch weiterhin umsatzsteuerlich unschädlich.

- Beförderungen, die sich ausschließlich auf das Inland erstrecken (= Binnenluftverkehr).

Bei Luftverkehrsunternehmen mit Sitz im Ausland ist davon auszugehen, dass sie im Rahmen ihres entgeltlichen Luftverkehrs überwiegend internationalen Luftverkehr betreiben. Bei Luftverkehrsunternehmen mit Sitz im Inland kann diese Voraussetzung als erfüllt angesehen werden, wenn die Carrier in der für den Besteuerungszeitraum maßgeblichen im Bundessteuerblatt (BStBl.) veröffentlichten Liste aufgeführt sind (Abschn. 8.2 Abs. 3 S. 5 bis 7 UStAE)[100]. Jährlich prüft das Bundesministerium der Finanzen, ob die in die Liste aufgenommenen Unternehmen die Voraussetzungen weiterhin erfüllen. Dabei kommt es nicht auf einzelne Flüge an, sondern die Einstufung erfolgt für die Airline insgesamt.

Nicht befreit sind sonstige Leistungen, die nur mittelbar, nicht als Vorlieferanten, dem Bedarf von Luftfahrzeugen dienen. Beispielhaft seien genannt (Abschn. 8.2 Abs. 7 UStAE):

- Die Beherbergung und Beköstigung von Besatzungsmitgliedern eines Flugzeugs.
- Die Beförderung von Besatzungsmitgliedern vom Flughafen zum Hotel und zurück.
- Die Beherbergung und Beköstigung von Passagieren bei Flugunregelmäßigkeiten.
- Die Beförderung von Passagieren und deren Fluggepäck zu einem Ausweichflughafen.

---

100 Siehe Anhang 4, „Liste der im Inland ansässigen Unternehmer, die im entgeltlichen Luftverkehr überwiegend internationalen Luftverkehr betreiben", FORMULARSAMMLUNG.

c) Vermittlungsleistungen für Reiseunternehmen

Steuerbefreiungstatbestände für Vermittlungsumsätze der Reisebüros werden ausführlich in Kapitel A.II.4. – VERMITTLUNGSLEISTUNGEN, „Steuerfreie Vermittlung" dargestellt.

d) Swimming Meals

Moving Meals sind an Bord ausgeführte Restaurationsleistungen an Reisende, und zwar

- während einer Zugfahrt im Bordrestaurant oder Bord-Bistro,
- während einer Schiffspassage servierte Swimming Meals, sowie
- während eines Flugs servierte Flying Meals.

Die entgeltliche und unentgeltliche Abgabe von Speisen und Getränken zum Verzehr an Ort und Stelle an Bord von Seeschiffen

- zwischen einem inländischen und einem ausländischen Seehafen und
- zwischen zwei ausländischen Seehäfen

ist umsatzsteuerfrei (§ 4 Nr. 6 lit e UStG)[101]. Allerdings muss es sich bei dem Umsatz um eine selbständige sonstige Leistung mit inländischem Leistungsort handeln. Diese Voraussetzung lag für Swimming Meals bis einschließlich 2009 dann vor, wenn der Schiffscaterer in Deutschland ansässig war. Ab 2010 wird der Leistungsort der Restaurantleistung entweder nach dem Abgangsort des Schiffes oder aber nach dem Ort des Verzehrs – abhängig davon, ob sich das Schiff auf einer Fahrt innerhalb des Gemeinschaftsgebietes befindet oder Drittlandshäfen angesteuert werden – bestimmt.[102] Nicht zu verwechseln sind Moving Meals mit Lieferungen von Speisen und Getränken auf Schiffen und in Flugzeugen (§ 3e UStG). Die Abgrenzung zwischen Lieferung und sonstiger Leistung im Zusammenhang mit Speisen und Getränken erfolgt danach, ob Dienstleistungsmerkmale den Umsatz qualitativ bestimmen[103].

---

101 Die meisten EU-Mitgliedstaaten erhoben und erheben auf bewegte Restaurationsleistungen keine Umsatzsteuer. Dementsprechend drohten durch die Umsetzung des *Faaborg-Gelting*-Urteils in nationales Recht zum 27.06.1998 Wettbewerbsverzerrungen zu Ungunsten inlandsansässiger Unternehmer (EuGH-Urteil vom 02.05.1996, Az.: C-231/94 – *Faaborg-Gelting Linien – Restaurationsumsätze auf einem Schiff*). Denn aus der Zuordnung der Restaurationsumsätze zu den sonstigen Leistungen gemäß o. g. EuGH-Urteil folgt, dass bis 31.12.2009 die Ortsregelung des § 3a Abs. 1 UStG anzuwenden war. Damit unterlagen Restaurationsumsätze inlandsansässiger Cruise Lines oder Carrier nach dem Sitzortprinzip der deutschen Umsatzsteuer. Zur Vermeidung wirtschaftlicher Nachteile wurde die Bordrestauration auf Seeschiffen durch den zum 27.06.1998 zeitgleich erlassenen § 4 Nr. 6 lit. e UStG steuerfrei gestellt.
Ab 2010 liegt der Ort für bewegte Bewirtungsleistungen unter den Voraussetzungen des § 3e UStG am Abgangshafen des Schiffs.

102 Siehe Kapitel A.I.4.a) – BESTEUERUNGSORT IM TOURISMUS, „Lieferort und Leistungsort beim Departure Principle".

103 EuGH-Urteile vom 10.03.2011, Az.: C-497/09, C-499/09, C-501/09, C-502/09 und Kapitel A.I.3.c) – LIEFERUNG UND SONSTIGE LEISTUNG, „Abgabe von Speisen und Getränken".

☞ **Beachten Sie:**

Das entgeltliche oder unentgeltliche Board Catering auf internationalen Flügen, sog. Flying Meals, ist im Gegensatz zum Board Catering auf der Seeschifffahrt nicht in die gesetzlichen Umsatzsteuerbefreiungen von 1998 aufgenommen worden. Strittig war, ob diese bzgl. der Steuerbefreiung analog zu den Swimming Meals behandelt werden können. Ursprünglich war im Flugverkehr die Restaurationsleistung gegenüber dem Flugpassagier Bestandteil der Flugbeförderung und wurde nicht als selbständige sonstige Leistung angesehen (Abschn. 3.10 UStAE). Mit der Entstehung der Low Cost Carrier oder No-Frills Airlines, die Bordverpflegung nicht mehr in ihre Ticketpreise inkludieren, hat sich diese umsatzsteuerliche Problematik erst seit ungefähr dem Jahr 2000 in Deutschland aufgetan. Die etablierten Full Service Airlines begannen ihre Geschäftsmodelle anzupassen und bieten ebenfalls entgeltliche Bordrestauration über den Wolken an.

Es machte Sinn, die Steuerbefreiung auch auf Flying Meals anzuwenden, denn die Besteuerung führt zu erheblichen wirtschaftlichen Nachteilen im internationalen Wettbewerb für in Deutschland ansässige Carrier. Restaurationsumsätze an Bord von Flugzeugen werden im übrigen Gemeinschaftsgebiet regelmäßig nicht besteuert. Es bestand somit ein Regelungsbedürfnis für eine Steuerbefreiung, zumal es sich bei den „fliegenden Gastronomieumsätzen"[104] um eine analoge Anwendung der Norm des § 4 Nr. 6 lit. e UStG handeln konnte. Diese Regelungslücke[105] seitens des Gesetzgebers verstößt laut BFH-Urteil vom 27.02.2014[106] nicht gegen das Gleichbehandlungsgebot des Art. 3 Abs. 1 GG. Zum einen ergeben sich durch die Ungleichbehandlung von (Fähr-) Schifffahrts- und Flugverkehr keine Wettbewerbsverzerrungen, denn es werden strukturell ganz unterschiedliche Verkehrsarten bedient. In der Regel gibt es keine parallelen Beförderungsmöglichkeiten von Schifffahrts- und Luftfahrtverkehrsgesellschaften in Hinblick auf die angebotenen Start- und Stop-Kombinationen. Vielmehr erfüllen Fährdienste keine allein auf die Personenbeförderung reduzierte, rasche Distanzüberwindung. So besteht die Möglichkeit der Mitbeförderung von Fahrzeugen. Zudem wird der deutlich langsamere Fährverkehr wegen des maritimen Erlebnischarakters gewählt.

Des Weiteren ist eine Analogie zum steuerbefreiten Seeverkehr auf keine unionsrechtliche Ermächtigung zurückzuführen und deshalb als unionsrechtswidrig zu bezeichnen. Selbst die Steuerbefreiung im Verkehr mit Wasserfahrzeugen für die Seeschifffahrt zwischen inländischen und ausländischen oder zwei ausländischen Seehäfen ist nicht durch das Unionsrecht gedeckt (§ 4 Nr. 6 lit. e UStG).

---

104 Vgl. SRTour 05/2007, Seite 16., Dr. Volker M. Jorczyk, „Bordrestauration im Flugzeug steuerfrei?"

105 Die analoge Anwendung einer Norm setzt zunächst das Bestehen einer planwidrigen Regelungslücke voraus. Ferner dürfen die Fälle, auf die die Vorschrift analog angewendet werden soll, nur unwesentlich von den in dieser Vorschrift geregelten Fällen abweichen. Vgl. Drüen, (Fn. 6), Rn. 365, in: „Bordrestauration bei Airlines – § 4 Nr. 6 lit UStG analog anwendbar", Dr. Volker M. Jorczyk, DStR 2007, Heft 38.

106 BFH-Urteil vom 27.02.2014, Az.: V R 14/13.

Hierauf basierend wurde der nicht als Inklusiverestauration und damit nicht mit dem Flugpreis abgegolte Bordverkauf von Süßigkeiten und (nicht-)alkoholischen Getränken an vereinzelte Fluggäste auf deren Nachfrage hin in erster Instanz[107] als eigenständige Verpflegungslieferung beurteilt. Bei den vom Bordpersonal gereichten Getränken und kleinen Snacks steht keine Grundversorgung, sondern eine darüber hinausgehende allgemeine Genussbefriedigung im Vordergrund. Sie werden den Reisenden zwar sitzend an aus der Lehne des Vordersitzes herausnehmbaren Klapptischen serviert. Gleichwohl handelt sich nicht um verzehrfördernde Annehmlichkeiten. Die Vorrichtungen sind für die Gewährleistung der Sicherheit der Fluggäste und bedingt durch die nicht zu verändernde Enge der Flugzeuge notwendig. Auch dienen die ausklappbaren Ablagebretter anderen Zwecken, z.B. der Ablage von (Bord-)Zeitungen. Die Bordverpflegung ist deshalb nicht als Dienstleistung zu beurteilen. Daraus ergibt sich, dass die optionale Bordverpflegung auf EU-Flügen mit Abgangsort in Deutschland bzgl. der Süßigkeiten dem ermäßigten Steuersatz und bzgl. der Getränke dem Regelsteuersatz unterliegt (§ 12 Abs. 2 UStG i.V.m. den Nrn. 29/Zuckerwaren, 30/kakaohaltige Lebensmittelzubereitungen und 31/Backwaren in Anlage 2, § 3e UStG). Auf Flügen in Drittstaaten mit Abgabe der Verpflegungsleistungen erst nachdem das Bundesgebiet überflogen ist, liegen ruhende Lieferungen vor (§ 3 Abs. 7 UStG). Diese sind in Deutschland nicht steuerbar.

Exkurs: Flying Toilet Services

Komplex erweist sich die Fragestellung bezüglich Ortsbestimmung[108] und Steuerbefreiung zum Thema Service Charge in Verbindung mit „Flying Toilet Services". Billig-Airlines denken über ein Geschäftsmodell nach, in dem sämtliche Serviceleistungen, also auch die Toilettenbenutzung während der Flugreise, aus dem Ticketpreis, der im Extremfall nur noch die reine Personenbeförderung abdeckt, ausgegliedert werden[109].

---

e) Gewährung von Versicherungsschutz

Leistungen der Spezialversicherungsgesellschaften sichern unterschiedliche Risiken der Leistungträger, Veranstalter und Reisenden ab.

- Touristikunternehmer nehmen u. a. Versicherungsschutz in Form von Insolvenz-, Haftpflicht- und Gebäudeversicherungen in Anspruch.
- Für Reisende werden je nach Reiseform differenzierte Reiseversicherungspakete zur Abdeckung von reisetypischen Risiken, wie Reiserücktrittskosten-[110], Reisegepäck- und Reisehaftpflichtversicherungen angeboten.

---

107 FG Berlin-Brandenburg, Urteil vom 14.02.2013, Az.: 7 K 7079/09.
108 Vgl. den amüsanten Artikel von Dr. Volker M. Jorczyk, SRTour 04/2009, Seite 15. f., „Pecunia non olet – Umsatzsteuer auch nicht".
109 Siehe fvw, 23/09, Seite 14, „Ist Ihre Wachstumsgrenze erreicht?" Laut Michael O'Leary ist die Idee bei der Toiletten-Gebühr, „dass wir die Leute dazu erziehen, vorm Flug aufs Klo zu gehen. Dann können wir zwei der drei WCs an Bord durch sechs Sitze ersetzen."
110 Siehe Kapitel B.X. – MARGENBESTEUERUNG, „Reiserücktrittskostenversicherung".

Steuerfrei sind:

- Die Verschaffung von Versicherungsschutz (§ 4 Nr. 10 lit. b UStG), sowie
- der Umsatz aus der Tätigkeit als Versicherungsvertreter (§ 4 Nr. 11 UStG).

f) Beherbergungsleistungen an Fremde

Die Vermietung von Hotelplätzen ist regelmäßig Gegenstand von Reisepaketen. Grundsätzlich ist die Vermietung von Grundstücken steuerbefreit (§ 4 Nr. 12 lit. a UStG). Der Gesetzgeber unterscheidet jedoch zwischen steuerfreien langfristigen und steuerpflichtigen kurzfristigen Vermietungen an Fremde. Bei einer langfristigen Vermietung – mit einer Dauer von mehr als sechs Monaten – besteht für Unternehmer die Option zur Steuerpflicht (§ 9 Abs. 1 UStG, § 9 S. 2 AO). Diese Option kann bei einer kurzfristigen Vermietung von bis zu sechs Monaten nicht ausgeübt werden.[111] Die kurzfristige Vermietung von Wohn- und Schlafräumen ist unabhängig vom Bestehen gaststättenähnlicher Verhältnisse zwingend steuerpflichtig. Entscheidend ist die Absicht des Vermieters, die Räume nicht über einen längeren Zeitraum vermieten zu wollen (Abschn. 4.12.9 Abs. 1 S. 2 UStAE).

Beispiel 1 – langfristige Vermietung:

Ein Reiseunternehmer mietet eine komplette Ferienanlage für das gesamte Jahr in einem Erlebnispark. Er kann nun zur Steuerpflicht optieren und kommt somit ggf. in den Genuss des Vorsteuerabzugs.

Die Vermietung zur kurzfristigen Beherbergung von Fremden, z. B. von
- Wohn- und Schlafräumen in Hotels, Ferienwohnungen und Chalets,
- Kfz-Abstellplätzen an Flughäfen und Hotels, oder
- Campingplätzen
ist hingegen umsatzsteuerpflichtig.

Beispiel 2 – kurzfristige Vermietung:

Ein Reiseunternehmer mietet in diversen Hotels auf Sylt Bettenkontingente für die Hochsaison Juni bis September.

☞ Beachten Sie:

Diese Art der Vermietung für touristische Zwecke erfolgt – obwohl Leistungen der Grundstücksvermietung unter den Steuerbefreiungstatbeständen aufgelistet sind – nicht steuerfrei. Die Steuerfreiheit setzt eine langfristige Vermietung voraus. Diese Voraussetzung ist bei einer kurzfristigen Beherbergung von Fremden nicht erfüllt (§ 4 Nr. 12 lit. a i. V. m. S. 2 UStG).

Bietet ein Reiseunternehmer dieselben Räume wahlweise zur kurz- oder langfristigen Beherbergung von Touristen an, sind sämtliche Umsätze steuerpflichtig, also auch Vermietungen über sechs Monate Vertragslaufzeit (Abschn. 4.12.9 Abs. 2 S. 2 UStAE).

Steuerpflichtig sind auch die Kost- und Logis-Umsätze einer Pension an ihre Saison-Arbeitskräfte, wenn die Räume wahlweise zur kurzfristigen Beherber-

---

111   BFH-Urteil vom 13.02.2008, Az.: XI R 51/06, § 9 AO.

gung von Gästen oder zur langfristigen Unterbringung von Saison-Personal bereitgehalten werden (Abschn. 4.12.9 Abs. 2 S. 3 UStAE).

Bei der Vermietung von Campingflächen gilt: Gewährt der Campingplatzunternehmer dem Benutzer des Campingplatzes den Gebrauch einer bestimmten, nur ihm zur Verfügung stehenden Campingfläche unter Ausschluss anderer Gäste zum Gebrauch, so ist die Leistung als Grundstücksvermietung anzusehen.

Beispiel 3 – Campingplatzvermietung unbefristet:
Die Vermietung einer Campingfläche auf unbestimmte Dauer mit monatlicher Kündigungsfrist ist als langfristig anzusehen und somit steuerfrei. Endet die Gebrauchsüberlassung vor oder mit Ablauf von sechs Monaten, handelt es sich um eine von Anfang an steuerpflichtige kurzfristige Vermietung (Abschn. 4.12.3 Abs. 2 UStAE).

Beispiel 4 – Campingplatzvermietung befristet:
Ein Campingplatz wird für vier Monate vermietet. Die Mietdauer verlängert sich automatisch um je einen Monat, wenn der Vertrag nicht vorher gekündigt wird. Es handelt sich um eine kurzfristige steuerpflichtige Vermietung. Dauert die tatsächliche Gebrauchsüberlassung jedoch mehr als sechs Monate, liegt insgesamt eine steuerfreie langfristige Vermietung vor (Abschn. 4.12.3 Abs. 2 UStAE).

Nebenleistungen des Campingplatzunternehmers an seine Gäste, wie die Nutzung von Wasch- und Duschräumen sowie Kinderspielplätzen, die den Charakter der Vermietungsleistung nicht beeinflussen, tragen auch bei gesonderter Entgeltberechnung das umsatzsteuerliche Schicksal der Hauptleistung „Campingplatzvermietung"[112] (Abschn. 4.12.3 Abs. 3 UStAE).

Leistungen der Campingplatzunternehmer wie die Bereitstellung von Sportgeräten, Sportanlagen, Segelbooten, Wasserski, Reitpferden, Tennisplätzen, Minigolfplätzen oder Hallen- und Saunabädern sind umsatzsteuerrechtlich gesondert zu beurteilen und steuerpflichtig. Wird der Campingplatzaufenthalt pauschal berechnet, so sind sie im Wege der Schätzung auszugliedern (Abschn. 4.12.3 Abs. 4 UStAE).

Die Erbringung von Leistungen in Verbindung mit der Überlassung von Versorgungsanlagen als Betriebsvorrichtungen wie Wasserzapfstellen, Abwasseranschlüssen und elektrischen Anschlüssen nicht an alle Benutzer gemeinschaftlich, sondern gesondert an einzelne Benutzer des Campingplatzes, stellt keine steuerfreie Nebenleistung zur Vermietung von Campingflächen dar (Abschn. 4.12.3 Abs. 3 S. 6 UStAE)[113].

---

112 Siehe Kapitel A.I.3.d) – LIEFERUNGEN UND SONSTIGE LEISTUNGEN, „Touristische Nebenleistungen".
113 BFH-Urteil vom 28.05.1998, Az.: V R 19/96, BStBl. 2010 II, 307.

Exkurs: Sonstige grundstücksbezogene Leistungen

Einräumung von Nutzungsrechten

Es liegt ein Vertrag besonderer Art vor, wenn die Gebrauchsüberlassung des Grundstücks gegenüber anderen wesentlichen Leistungen zurücktritt und das Vertragsverhältnis ein einheitliches, unteilbares Ganzes darstellt. Die Steuerbefreiung für die Vermietung von Grundstücken kommt weder für die gesamte Leistung noch für einen Teil der Leistung in Betracht (§ 4 Nr. 12 lit. a UStG, Abschn. 4.12.6 Abs. 1 UStAE).

Hierunter fallen folgende Sachverhalte:

- Der Veranstalter einer Ausstellung überlässt den Ausstellern unter besonderen Auflagen Freiflächen in Hallen für gewerbliche Zwecke (Abschn. 4.12.6 Abs. 2 Nr. 1 UStAE).
- Eine Gemeinde überlässt Grundstücksflächen für die Dauer eines Jahrmarkts, an dem neben Verkaufsbetrieben überwiegend Gaststätten, Vergnügungs- und Schaubetriebe teilnehmen (Abschn. 4.12.6 Abs. 2 Nr. 2 UStAE).
- Ein Hausbesitzer überlässt Prostituierten Zimmer und schafft bzw. unterhält gleichzeitig durch Maßnahmen oder Einrichtungen eine Organisation, die die gewerbsmäßige Unzucht der Bewohnerinnen fördert (Abschn. 4.12.6 Abs. 2 Nr. 3 UStAE).
- Ein Gastwirt räumt das Recht zur Aufstellung eines Zigarettenautomaten in seiner Gastwirtschaft ein (Abschn. 4.12.6 Abs. 2 Nr. 14 UStAE).

Ortsfeste Vermietung von Hausbooten

- Bei der Vermietung eines fest verankerten, mit Ketten und Leinen am Ufer vertäuten Hausboots mit Steganlage zur vertraglichen und tatsächlichen dauerhaften Nutzung ausschließlich als Restaurant bzw. Diskothek, handelt es sich um eine grundstücksbezogene steuerfreie Leistung. Das Boot ist immobilisiert worden und hat seine ursprüngliche Funktion als Beförderungsmittel verloren. Mit dem aus Boot und Steganlage vermieteten Gesamtkomplex wird ausschließlich der Zweck verfolgt, Bewirtungs- und Unterhaltungsdienstleistungen in einem besonderen Rahmen anzubieten. Die Funktion des Schiffes ist nicht mit der eines Restaurantschiffs, auf dem kurze Ausflugsfahrten z.B. auf dem Rhein oder der Mosel durchgeführt werden, vergleichbar. Es fungiert konkret als vermietetes Restaurant und nicht als Restaurantschiff. Letzteres sind Fahrzeuge, die zur Erbringung sowohl von Bewirtungs- als auch von touristischen Dienstleistungen eingesetzt werden. Die Funktion des Hausbootes ist der einer als Restaurant genutzten Immobilie, die sich in seiner Nähe an Land befände, vergleichbar. Das schwimmende Restaurant bzw. die schwimmende Diskothek steht demnach in wirtschaftlichem Wettbewerb mit entsprechenden Einrichtungen, die sich in mit dem Boden verbundenen Gebäuden befinden.[114]

---

114 EuGH-Urteil vom 15.11.2012, Az.: C-532/11 – *Susanne Leichenich.*

g) Kultur- und Unterhaltungsleistungen

Leistungen der Einrichtungen von Bund, Ländern, Gemeinden und Gemeindeverbänden zur Freizeitgestaltung sind umsatzsteuerfrei (§ 4 Nr. 20 lit. a S. 1 UStG).

Hierunter fallen z. B.

* Theater,
* Orchester, Kammermusikensembles und Chöre,
* Museen im Sinne von wissenschaftliche Sammlungen und Kunstsammlungen,
* Botanische Gärten,
* Zoologische Gärten, Tierparks, Aquarien und Terrarien,
* Archive und Büchereien sowie
* Denkmäler der Bau- und Gartenbaukunst.

Umsatzsteuerfrei sind auch Leistungen von gleichartigen Einrichtungen anderer Unternehmer, die gleiche kulturelle Aufgaben erfüllen. Diese Eigenschaft muss ihnen von der zuständigen Landesbehörde bescheinigt werden. Bei der Bescheinigung handelt es sich um einen Grundlagenbescheid (§ 4 Nr. 20 lit. a S. 2 UStG, Abschn. 4.20.5 UStAE, § 171 Abs. 10 AO)[115]. Die Geltungsdauer der Rückwirkung der erteilten Bescheinigung ist beschränkt (§ 4 Nr. 20 lit. a S. 3 UStG, § 181 Abs. 1 und 5 AO).
Gleichartige Einrichtungen anderer Unternehmer sind auch als Einzelkünstler auftretende Solisten sowie Dirigenten, wenn eine entsprechende Bescheinigung der Landesbehörde vorliegt.

Ab 01.07.2013 sind die Umsätze von Bühnenregisseuren und Bühnenchoreographen an o.g. Einrichtungen steuerfrei, wenn die zuständige Landesbehörde bescheinigt, dass deren künstlerische Leistungen diesen Einrichtungen unmittelbar dienen (§ 4 Nr. 20 lit. a S. 3 UStG).

Nicht unter die Steuerbefreiung fallen selbständige Film-, Hörspiel- und Fernsehregisseure. Auch können sich Intendanten als Leiter von Theaterbetrieben, Musik- oder Theaterfestivals nicht auf die Steuerbefreiung berufen, denn sie steuern die genannte Betriebe zwar in organisatorischer, finanzieller und personalwirtschaftlicher, nicht jedoch in künstlerischer Hinsicht. Ebenso fallen die Umsätze der Bühnen- oder Kostümbildner, die im Auftrag von Theatern etc. tätig werden, nicht unter die Steuerbefreiung.[116]

Ein Kunsthistoriker, der im Auftrag von Museen Führungen durchführt, fällt nicht unter die Steuerbefreiung. Als Museumsführer erfüllt er nicht die gleichen kulturellen Aufgaben wie das Museum selbst. Seine erbrachten Leistungen dienen zwar dem Museum bei der Erfüllung seiner kulturellen Aufgaben, ergänzen jedoch lediglich die eigentliche Aufgabe der Ausstellungstätigkeit des Museums.[117]

---

115 BFH-Urteil vom 20.08.2009, Az.: V R 25/08, BStBl. II 2010, 15.
116 OFD Niedersachsen, Vfg. vom 07.11.2013, Az.: S 7177 -29-St 182.
117 VG München, Urteil vom 07.11.2013, Az.: M 17 K 13.2414.

Ebenso sind Veranstaltungen von Theatervorführungen und Konzerten durch andere Unternehmer umsatzsteuerbefreit, wenn die Darbietungen von staatlichen oder gleichartigen Theatern, Orchestern, Kammermusikensembles oder Chören erbracht werden (§ 4 Nr. 20 lit. b UStG).

Andere Unternehmer in diesem Sinn sind Unternehmer, denen nicht durch die zuständige Landesbehörde bescheinigt wurde, dass sie gleichartige kulturelle Aufgaben wie Einrichtungen des Bundes, der Länder, der Gemeinden oder der Gemeindeverbände erfüllen.

Exkurs: Geschlossene Veranstaltung

Steuerfrei ist die Veranstaltung von Theateraufführungen und Konzerten durch andere als die unter § 4 Nr. 20 lit. a UStG genannten Unternehmer, wenn die Darbietungen von Theatern als Einrichtungen des Bundes, der Länder, Gemeinden und Gemeindeverbände erbracht werden. Veräußert ein Reiseunternehmer als Nicht-Organisator einer kulturellen Veranstaltung im eigenen Namen und auf eigene Rechnung die Eintrittskarten, z.B. für die Dresdner Semperoper, kann auch gegenüber ihm entsprechend der Gesamtumstände des Einzelfalls, die Steuerbefreiung gelten. Tritt der Reiseunternehmer durch den Aufdruck auf den Theaterkarten gegenüber dem Publikum im eigenen Namen auf, trägt er darüber hinaus das wirtschaftliche Risiko für eine komplette Veranstaltung und stellt er für den Veranstaltungsabend einen per Handy erreichbaren Mitarbeiter bereit, hat er den Status eines bloßen Kartenverkäufers überschritten. Die Veranstaltung ist ihm als Darstellung zuzurechnen. Eine einschränkende Auslegung des Veranstaltungsbegriffs ist auf die Steuerbefreiungsnorm des § 4 Nr. 20 lit. b UStG nicht zu übertragen. Die eigenständige Rechtsgrundlage des § 4 Nr. 20 lit. b UStG verlangt nicht, dass der Veranstalter die organisatorischen Maßnahmen dafür trifft, dass die Theatervorführung abgehalten werden kann, wobei er die Umstände, den Ort und die Zeit seiner Darbietungen selbst zu bestimmen hat. Aus Gründen der Wettbewerbsneutralität bezieht der nationale Gesetzgeber auch die Veranstaltung der Theatervorführungen und Konzerte, bei denen die Darbietungen nicht selbst sondern von befreiten Theatern und Orchestern durchgeführt werden, in die Befreiung ein (Art. 132 Abs. 1 lit. n MwStSystRL).

☞ **Beachten Sie:**

Leistungen, die nicht unter die oben genannten Kategorien fallen, unterliegen dem ermäßigten Steuersatz von 7 %, soweit es sich um Eintrittsberechtigungen für Theateraufführungen, Konzerte oder Museen bzw. den Theateraufführungen und Konzerten vergleichbare Darbietungen ausübender Künstler handelt (§ 12 Abs. 2 Nr. 7 lit. a UStG).

Befreit oder ermäßigt besteuert werden die mit den Theaterleistungen üblicherweise verbundenen Nebenleistungen, insbesondere die Aufbewahrung von Garderobe, der Programmverkauf und die Vermietung von Operngläsern.

Die Steuerfreiheit umfasst nicht den Theater- oder Konzert-Veranstaltungen vorausgehenden Tickethandel. Dieser stellt weder eine Leistung eines Veranstalters noch eine unerlässliche Leistung dar, die wie eine Veranstaltungsleistung behandelt werden müsste[118].

h) Leistungen der Jugendherbergen

Unter die begünstigten Leistungen der Jugendherbergen fallen Leistungen des Deutschen Jugendherbergswerks (DJH) sowie kommunaler, kirchlicher und anderer Träger von Jugendherbergen, die dem DJH als Mitglied angeschlossen sind und deren Häuser im Deutschen Jugendherbergsverzeichnis als Jugendherbergen ausgewiesen sind (§ 4 Nr. 24 UStG). Unter die Begünstigung fällt auch der Touristenverein „NaturFreunde Deutschlands Verband für Umweltschutz, sanften Tourismus, Sport und Kultur Bundesgruppe Deutschland e.V." und ihm angeschlossene Verbände. Die unmittelbar den Satzungszwecken dienenden Leistungen sind steuerfrei, wenn sie an Jugendliche unter 27 Jahren[119], DJH-Mitglieder in Ausbildung sowie deren Betreuer oder wandernde Familien mit Kindern, bewirkt werden. Hierunter fallen:

- Beherbergung und Beköstigung in Jugendherbergen sowie die Lieferung von Wanderverpflegung.
- Durchführung von Freizeiten und Wanderfahrten, die dem Sport, der Erholung oder der Bildung dienen.
- Verkauf von Schlafsäcken sowie die Überlassung von Bettwäsche und Schlafsäcken zum Gebrauch.
- Überlassung von Rucksäcken, Fahrrädern, Fotoapparaten sowie Spiel- und Sportgeräten zum Gebrauch.
- Gestattung von Telefonbenutzung in Jugendherbergen.
- Verkauf von Wanderkarten, Wanderbüchern und von Ansichtskarten ausschließlich mit Jugendherbergsmotiven.

Darüber hinaus schließt die Steuerbefreiung auch an andere als die o. g. Personen erbrachte Leistungen ein, soweit sie im geringen Umfang von bis zu 2 % der getätigten Umsätze anfallen.

---

118 EuGH-Urteil vom 26.09.1996, Az.: C 327/94 – *Dudda*.
119 Die (stufenweise) Herabsetzung der Altersgrenze von 27 auf 25 Jahre ab 2007 für einkommensteuerliche Zwecke (Kinderfreibetrag) wurde bei dieser Norm nicht vorgenommen.

	Art der touristischen Leistung	Rechtsquelle
1	Umsätze für die **Seeschifffahrt**	§ 4 Nr. 2 UStG § 8 Abs. 1 UStG
2	Umsätze für die **Luftfahrt** durch Carrier[120], die im entgeltlichen Flugverkehr überwiegend – grenzüberschreitende Beförderungen oder – Beförderungen auf ausschließlich im Ausland gelegenen Strecken durchführen	§ 4 Nr. 2 UStG § 8 Abs. 2 UStG
3	**Vermittlung** von grenzüberschreitenden Personenbeförderungen im **Luftverkehr** gegen Provision durch Reisebüros für Leistungsträger	§ 4 Nr. 5 lit. b UStG
4	**Vermittlung** von grenzüberschreitenden Personenbeförderungen im **Seeverkehr** gegen Provision durch Reisebüros für Leistungsträger	§ 4 Nr. 5 lit. b UStG
5	Personenbeförderung im Passagier- und Fährverkehr mit Seeschiffen zwischen inländischen Seehäfen und der **Insel Helgoland**	§ 4 Nr. 6 lit. d UStG
6	**Swimming Meals** als selbständige Restaurationsleistungen – zwischen einem inländischen und ausländischen Seehafen, oder – zwischen zwei ausländischen Seehäfen	§ 4 Nr. 6 lit. e UStG
7	**Versicherungsleistungen**, wie Insolvenz- und Reiserücktrittskostenversicherung – Verschaffung von Versicherungsschutz – Umsatz aus der Tätigkeit als Versicherungsvertreter	§ 4 Nr. 10 lit. b UStG § 4 Nr. 11 UStG
8	Langfristige Vermietung von **Campingflächen** mit einer Vertragslaufzeit von mehr als sechs Monaten	§ 4 Nr. 12 lit. a i. V. m. S. 2 UStG § 9 AO

---

120 Siehe Anhang 4, „Liste der im Inland ansässigen Unternehmer, die im entgeltlichen Luftverkehr überwiegend internationalen Luftverkehr betreiben", FORMULARSAMMLUNG.

	Art der touristischen Leistung	Rechtsquelle
9	Umsätze aus Theateraufführungen und Konzerten 1. durch **öffentliche kulturelle Einrichtungen** als Veranstalter[121], 2. durch **gleichartige** Einrichtungen als Veranstalter wie unter 1. mit Bescheinigung durch die jeweilige Landesbehörde[122], 3. durch Bühnenregisseure und Bühnenchoreographen unmittelbar an die Einrichtungen 1 oder 2, oder 4. durch **andere** Veranstalter bei Erbringung von Theatervorführungen und Konzerten durch die Einrichtungen 1 oder 2.	§ 4 Nr. 20 lit. a und b UStG
10	Beherbergung und Beköstigung durch **Jugendherbergen an Jugendliche** bis zum 27. Lebensjahr	§ 4 Nr. 24 UStG

Abb. 23: Zusammenfassung: Steuerbefreiungen in der Touristik

---

121 Neben Theateraufführungen und Konzerten auch Umsätze der Museen, Botanischen Gärten, Zoologischen Gärten, Aquarien und Terrarien, Tierparks, Archive, Büchereien sowie Denkmäler der Bau- und Gartenbaukunst.

122 Siehe vorhergehende Fußnote.

6. Bemessungsgrundlage (§ 10 UStG)

Der Umsatz wird bei Lieferungen und sonstigen Leistungen nach dem Entgelt bemessen. Dies ist der Betrag, den der Leistungsempfänger für den Erhalt der Leistung aufwendet oder ein Dritter für die Leistung als sog. Entgelt von dritter Seite gewährt (§ 10 Abs. 1 S. 1 bis 3 UStG). Das Entgelt ist ein Nettobetrag, es umfasst nicht die Umsatzsteuer. Entgeltminderungen wie Skonti, Rabatte und Preisnachlässe sind abzuziehen. Die umsatzsteuerliche Bemessungsgrundlage berechnet sich nach folgendem Schema:

	Bruttopreis
+	steuerpflichtiges Entgelt von dritter Seite
./.	Entgeltminderung
=	**Bruttopreis**
./.	Umsatzsteuer
=	**Bemessungsgrundlage/Nettopreis**

Beispiel – Entgelt von dritter Seite:

Das Reisebüro MucFrei Reisen aus München vermittelt Flugtickets gegen Serviceentgelt vom Kunden. Es handelt nicht aufgrund eines Agenturvertrags mit dem Carrier (sog. Nullprovisionsmodell). Gleichwohl erstattet dieser dem Reisebüro freiwillig, ohne Gegenleistung z.B. in Form von Maßnahmen der Verkaufsförderung, einen einmaligen Betrag für die gegenüber dem Reisenden erbrachte Ticketvermittlung. Dieser ergänzt als Entgelt von dritter Seite preisauffüllend das vom Buchenden erhobene Entgelt.[123]

a) Durchlaufende Posten

Durchlaufende Posten gehören nicht zum Entgelt. Sie sind Beträge die der Unternehmer im Namen und für Rechnung eines anderen vereinnahmt und verausgabt (§ 10 Abs. 1 S. 6 UStG). Klassisches Beispiel für durchlaufende Posten ist das Inkasso von Fremdgeldern durch das Reisebüro. Der Reisemittler gibt gegen Zahlung des Reisepreises die Reisedokumente aus. Die Fremdforderung vereinnahmt der Expedient bei Inkassovollmacht für Rechnung des Reiseveranstalters. Unmittelbare Rechtsbeziehungen bzgl. der Pauschalreise bestehen zwischen dem Reisekunden und dem Reiseveranstalter im Rahmen des Reisevertrags. Zwischen Reisekunden und Reisebüro besteht lediglich ein Vermittlungsvertrag. Der Reiseerlös aus der Pauschalreise stellt beim Reisebüroinhaber zum großen Teil eine Verbindlichkeit gegenüber dem Reiseveranstalter dar. Nur die Provision ist Entgelt des Agenten.

---

123 Siehe Anhang, BMF-Schreiben vom 06.02.2014, VERWALTUNGSANWEISUNGEN, „Erlasse und BMF-Schreiben".

Exkurs: Fremdgelder der Reisebüros

Durch das Inkasso der Forderungen diverser Reiseveranstalter, sammeln sich auf den Konten der Reisemittler zuweilen erhebliche Fremdgeldbeträge an. Wegen der theoretisch bestehenden Möglichkeit des Reisebüroinhabers, ihm anvertraute Kundengelder veruntreuen zu können, hat er bei Reisebürogründung zur Gewerbeanmeldung ein polizeiliches Führungszeugnis beizubringen. Darüber hinaus prüfen Gewerbeämter Reisebüros im Rahmen des Verbraucherschutzes auf eine ausreichende Liquiditätslage, ob Fremdgelder unangetastet bleiben – und ob Anzahlungen nur gegen Sicherungsschein entgegengenommen werden.

Das Agenturgeschäft der Reisebüros ist durch die Verwaltung hoher Beträge an Fremdgeldern gekennzeichnet. Für jeden Reiseveranstalter, den das Reisebüro vermittelt, ist buchhalterisch ein eigenes Agenturverrechnungskonto einzurichten. Fremdgelder müssen auf separate Verrechnungskonten gebucht werden damit der Reisebüroinhaber jederzeit über die finanzielle Lage seines Unternehmens korrekt im Bilde ist. Es muss jederzeit feststellbar sein, welche Verpflichtungen das Reisebüro gegenüber den Reisenden aus Anzahlungen und gegenüber den Reiseveranstaltern aus verwalteten Fremdgeldern hat. Der Reisebüroinhaber steht in der Verantwortung, die von ihm treuhänderisch verwahrten Gelder jederzeit an die Berechtigten ausbezahlen zu können. Es ist für ausreichende Liquidität zu sorgen, um nicht eigene Ausgaben durch Fremdgelder zu finanzieren.

b) Tauschähnliche Umsätze mit Baraufgabe

Im Steuerrecht kann die Gegenleistung für eine Leistung statt in Geld auch in Form einer Lieferung oder sonstigen Leistung erfolgen. Denn in § 10 Abs. 1 S. 2 UStG heißt es *„Entgelt ist alles, was der Leistungsempfänger aufwendet, um die Leistung zu erhalten, ...* Ein Tausch liegt vor, wenn das Entgelt für eine Lieferung in einer Lieferung besteht (§ 3 Abs. 12 S. 1 UStG). Dagegen handelt es sich um einen tauschähnlichen Umsatz, wenn als Entgelt für eine sonstige Leistung eine Lieferung (z. B. Notebook) oder sonstige Leistung erbracht wird (§ 3 Abs. 12 S. 2 UStG). Die Gegenleistung für die Leistung des Unternehmers kann auch nur im nichtunternehmerischen Bereich Verwendung finden, z. B. in Form einer zugewendeten Pauschalreise.

Eine Lieferung oder sonstige Leistung ist in dem Zeitpunkt als Anzahlung auf einen tauschähnlichen Umsatz anzusehen, wenn dem Leistungsempfänger ihr wirtschaftlicher Wert zufließt. Für eine Vereinnahmung durch den Leistungsempfänger ist es daher nicht erforderlich, dass er selbst seine Leistung bereits ausgeführt hat.[124]

---

124 BMF-Schreiben vom 15.04.2011, Az.: IV D 2 – S 7270/10/10001.

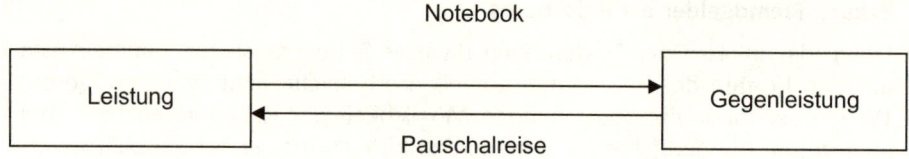

Abb. 24: Tauschähnlicher Umsatz: Lieferung gegen sonstige Leistung

Bei dieser Barter Transaction gilt der Wert jedes Umsatzes als Entgelt für den anderen Umsatz. Die Umsatzsteuer gehört nicht zum Entgelt (§ 10 Abs. 2 S. 2 UStG).
Der Wert des anderen Umsatzes wird durch den subjektiven Wert für die tatsächlich erhaltene und in Geld ausdrückbare Gegenleistung bestimmt. Dies ist der
Wert, den der Empfänger der Pauschalreise bzw. des Notebooks der jeweiligen
Leistung beimisst und deren Wert dem Betrag entspricht, den er zu diesem Zweck
aufzuwenden bereit ist (Abschn. 10.5 Abs. 1 S. 1 bis 3 UStAE).

Wird ein Geldbetrag zugezahlt, handelt es sich um einen tauschähnlichen Umsatz
mit Baraufgabe (Abschn. 10.5 Abs. 1 S. 8 UStAE):

> Wert der Lieferung/sonstigen Leistung

+	Baraufgaben
=	**Preis (brutto)**
./.	Umsatzsteuer
=	**Bemessungsgrundlage/Nettopreis Entgelt (netto)**

Beispiel – tauschähnlicher Umsatz mit Baraufgabe:
Die Fluggesellschaft Kolibri Air aus Hannover lässt sich eine Website erstellen.
Als Gegenleistung dient ein grenzüberschreitender Flug, dessen offizieller Preis
1.850,00 € beträgt. Die Werbeagentur würde für ihre Kreativleistung normaler-
weise eine Rechnung über 2.380,00 € ausstellen. Kolibri Air leistet zusätzlich
eine Baraufgabe in Höhe von 530,00 €.

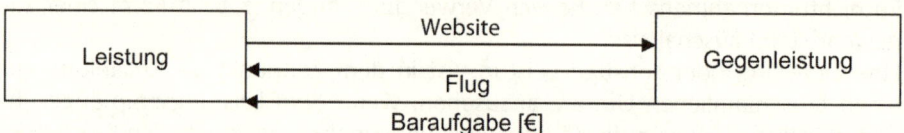

Abb. 25: Tauschähnlicher Umsatz: Sonstige Leistung gegen sonstige Leistung

Lösung:
Es handelt sich insgesamt um einen tauschähnlichen Umsatz mit Baraufgabe.
Der subjektive Wert der Kreativleistung der Werbeagentur für die Erstellung
des Internetauftritts beträgt 2.000,00 €. Da der Entgeltbegriff keine Umsatzsteuer umfasst, wird die Umsatzsteuer in Höhe von 380,00 € abgezogen.

Das Entgelt, das der Carrier für seine Leistung erhält, bemisst sich wie folgt:

Entgelt Flug	1.850,00 €	(Steuererlass gemäß § 26 Abs. 3 UStG)
+ Baraufgabe	530,00 €	(brutto)
= **Preis**	**2.380,00 €**	**(gemeiner Wert)**
./. Umsatzsteuer	84,62 €	(aus Baraufgabe)
= **BMG Entgelt**	**2.295,38 €**	**(netto)**

Das Entgelt der Gegenleistung beträgt für die Werbeagentur 2.000,00 €, für Kolibri Air 2.295,38 €. Somit kann die Agentur Umsatzsteuer in Höhe von 380,00 € und die Fluggesellschaft in Höhe von 84,62 € als Vorsteuer geltend machen.
Es stehen sich Entgelte in unterschiedlicher Höhe gegenüber. Der Gesetzgeber unterstellt Leistenden sowie Leistungsempfänger unternehmerisches Handeln mit der damit verbundenen Absicht der Gewinnerzielung. Er geht deshalb davon aus, dass sich die subjektiven Werte von Leistung und Gegenleistung aus Sicht des jeweiligen Leistungsempfängers in etwa gleichwertig gegenüberstehen, auch wenn dies in Bezug auf die tatsächlichen Werte nicht zutrifft. Das Entgelt in Form einer sonstigen Leistung ist somit auch dann Bemessungsgrundlage, wenn es dem objektiven Wert der bewirkten Leistung wie hier im Beispiel mit Leistungswert 2.295,38 € und Wert der anderen Leistung 2.000,00 € nicht entspricht.

☞ **Beachten Sie:**
Der Vorsteuerabzug im Bartergeschäft ist nur in Verbindung mit einer ord-nungsgemäßen Rechnung möglich. Liegt diese nicht vor, wird die Umsatzsteuer für die selbst erbrachte Leistung ohne in den Genuss des Vorsteuerabzugs zu kommen, z. B. bei Freitickets für Inlandsflüge, geschuldet.
Findet die Gegenleistung z. B. in Gestalt einer Pauschalreise im nichtunter-nehmerischen Bereich Verwendung, geht diese zunächst in das Unterneh-mensvermögen ein und wird im Anschluss aus diesem entnommen. Da es sich um eine margenbesteuerte[125] Leistung handelt, darf Umsatzsteuer nicht gesondert ausgewiesen werden (§ 25 Abs. 1 UStG, § 14a Abs. 6 S. 2 UStG).

c) Schadensersatz und Stornogebühren

Das Umsatzsteuergesetz unterscheidet zwischen echtem und unechtem Schadens-ersatz. Liegt bei einer als Schadensersatz bezeichneten Zahlung eine echte Wech-selbeziehung zwischen Leistung und Gegenleistung vor, handelt es sich um un-echten Schadensersatz. Das Entgelt steht einer erbrachten Leistung gegenüber. Es ist, soweit keine Befreiungsvorschrift greift, auch zu versteuern. Der umsatzsteuer-liche Leistungsaustausch tritt gegenüber einem zivilrechtlichen Schadensersatz, z. B. aufgrund der vorzeitigen Beendigung von Verträgen, in den Vordergrund. Es kommt nicht darauf an, wie die Beteiligten das Geschäft untereinander bezeich-

---

125 Siehe Kapitel B.V. – MARGENBESTEUERUNG, „Voraussetzungen und Rechtsfolgen der Margen-besteuerung".

nen, sondern ob eine Leistung und eine Gegenleistung im Leistungsaustausch erbracht werden.[126]

Beim echten Schadensersatz liegt mangels Leistungserbringung kein Leistungsaustausch vor. Er wird vom Schädiger nicht geleistet, um eine Leistung vom Geschädigten zu erhalten, sondern um einen entstandenen Schaden auszugleichen. Da die innere Verknüpfung zwischen Leistung und Gegenleistung fehlt, stellt der Schadensersatz einen umsatzsteuerlich nicht relevanten Sachverhalt dar. So haben Vertragsstrafen, die wegen Nichterfüllung des Reisevertrags vom Reiseveranstalter an den Reisenden geleistet werden, z. B. wegen nutzlos aufgewendeter Urlaubzeit gemäß § 651 f. Abs. 2 BGB, Schadensersatzcharakter.

Tritt eine Reiserücktrittsversicherung für den entstandenen Schaden einer vom Reisekunden gebuchten und nicht in Anspruch genommenen Urlaubseise ein, so ist die entsprechende Stornogebühr beim Veranstalter nicht als Teil des Entgelts der Umsatzsteuer zu unterwerfen. Sie wird nämlich nicht für eine erhaltene Reiseleistung geleistet, sondern weil der Reisende nach den Allgemeinen Geschäftsbedingungen (AGB) des Reisevertrags für den Schaden der nicht angetretenen und damit verfallenen Reise einzustehen hat. Behalten Veranstalter- oder Leistungsträger-AGBs dem Reisekunden ein solches Rücktrittsrecht vor, so greift bei korrektem Zurücktreten die Stornostaffel. In dem Fall ist die Stornogebühr als Schadensersatz anzusehen. Erfolgt der Rücktritt nicht nach den AGB-Vorgaben, greift das Rücktrittsrecht nicht. Das auf die Leistung entfallende Entgelt ist Gegenleistung für die Leistungsbereitstellung des Reiseunternehmers und voll umsatzsteuerpflichtig.

Tritt die Versicherung für die Verpflichtung zur Zahlung ein, sind diese Zahlungen beim Schädiger als Entgelt zu versteuern. Für die Beurteilung der Leistung der Versicherung ist maßgeblich, welche vertraglichen Beziehungen zu den einzelnen Beteiligten vorliegen.

d) Unentgeltliche und verbilligte Verwendung von Gegenständen

Reiseunternehmer können ihren Unternehmen zugeordnete Gegenstände, wie Pkws, Motorräder, Wohnwagen, Segelschiffe, Yachten, Pferde oder Ausrüstungsgegenstände, z. B. für Tauch-, Jagd-, Reit-, Ski-, Kletter-, Golf- oder Motorradsport

- an Mitarbeiter für deren privaten Bedarf, sofern keine Aufmerksamkeiten[127] vorliegen, unentgeltlich zur Verwendung überlassen, oder
- selbst für Zwecke, die außerhalb des Unternehmens liegen, verwenden.

Die Nutzung der (Freizeit-)Gegenstände ist einer sonstigen Leistung gegen Entgelt gleichgestellt, soweit sie beim Erwerb zum vollen oder teilweisen Vorsteuerabzug berechtigt haben (§ 3 Abs. 9a Nr. 1 UStG).

Die umsatzsteuerliche Mindestbemessungsgrundlage ergibt sich nach den bei der Ausführung dieser Umsätze entstandenen Ausgaben, soweit sie zum vollen oder teilweisen Vorsteuerabzug berechtigt haben. Dies sind neben den laufenden Ausgaben, die Anschaffungskosten der zur Verwendung überlassenen oder vom Unternehmer verwendeten Wirtschaftsgüter (z. B. Campingwagen), soweit sie dem

---

126 Siehe hierzu auch Kapitel B.XI.1. – STORNO UND UMBUCHUNG, „Stornogebühren der Veranstalter und Leistungsträger".
127 Siehe Kapitel A.I.6.f) – BEMESSUNGSGRUNDLAGE, „Aufmerksamkeiten".

Unternehmensvermögen[128] zugeordnet sind und für die Leistungserbringung verwendet werden (z. B. bei einem Campingplatzunternehmer). Betragen die Anschaffungskosten mindestens 500,00 €, sind sie gleichmäßig auf einen Zeitraum zu verteilen, der bei beweglichen Wirtschaftsgütern fünf Jahre beträgt. (§ 10 Abs. 4 Nr. 2 i. V. m. § 15a Abs. 1 UStG).

Aus Vereinfachungsgründen kann für die umsatzsteuerliche Bemessungsgrundlage zur Privatnutzung von dem Unternehmen vollständig zugeordneten und zu mehr als 50 % betrieblich genutzten Fahrzeugen anstelle der entstandenen Kosten von den lohnsteuerlichen Werten nach der 1 %-Regelung[129] ausgegangen werden (§ 6 Abs. 1 Nr. 4 S. 2 EStG).

Diese Werte sind bei an das Personal überlassenen Fahrzeugen als Bruttowerte anzusehen, aus denen die Umsatzsteuer herauszurechnen ist. Die nichtunternehmerische Nutzung des Fahrzeugs durch den Unternehmer selbst kann ebenfalls auf Basis dieser Werte erfolgen. Für die nicht mit Vorsteuern belasteten Kosten kann der Unternehmer einen pauschalen Abschlag von 20 % vornehmen. Der so ermittelte Betrag ist ein sog. Nettowert, auf den die Umsatzsteuer mit dem allgemeinen Steuersatz aufzuschlagen ist[130]. Bei dieser Vereinfachungsregelung handelt es sich um eine einheitliche Schätzung, die der Unternehmer nur insgesamt oder gar nicht in Anspruch nehmen kann.

Gegenüber den beiden folgenden Personengruppen ist bei der verbilligten Überlassung von Wirtschaftsgütern eine Mindestbemessungsgrundlage anzusetzen, um zu verhindern, dass das vom Unternehmer gar nicht oder zu niedrig geforderte Entgelt für umsatzsteuerliche Zwecke angesetzt wird:

• Gesellschafter oder diesen nahe stehenden Personen[131],
• Expedienten und sonstige Mitarbeiter oder deren Angehörige aufgrund des Arbeitsverhältnisses.

Eine Mindestbemessungsgrundlage ist zu ermitteln, wenn die unternehmerische Bemessungsgrundlage das vom Nutzer des Wirtschaftsguts gezahlte Entgelt übersteigt (§ 10 Abs. 5 i. V. m. Abs. 4 Nr. 2, § 15a Abs. 1 S. 1 UStG). Liegt das marktübliche Entgelt unter dem Einkaufspreis bzw. Selbstkosten des Reiseunternehmers, so ist der marktübliche Preis für die Mindestbemessungsgrundlage heranzuziehen.[132]

---

128 Die Nutzung für das Unternehmen muss mindestens 10 % betragen (§ 15 Abs. 1 S. 2 UStG, Abschn. 15.2 Abs. 21 Nr. 2 UStAE).

129 Die private Nutzung eines dem Unternehmen vollständig zugeordneten und zu mehr als 50 % betrieblich genutzten Kraftfahrzeugs ist für jeden Kalendermonat mit 1 % des inländischen Listenpreises im Zeitpunkt der Erstzulassung zuzüglich der Kosten für Sonderausstattung einschließlich Umsatzsteuer anzusetzen. Für umsatzsteuerliche Zwecke erfolgt jedoch keine pauschale Kürzung des inländischen Listenpreises für Elektrofahrzeuge oder für extern aufladbare Hybridelektrofahrzeuge.

130 BMF-Schreiben vom 05.06.2014, Az.: IV D 2 – S 7300/07/10002:001, BMF-Schreiben vom 02.01.2014, Az.: IV D 2 – S 7300/12/10002:001 und BMF-Schreiben vom 02.01.2012, Az.: IV D2 – S 7300/11/10002.

131 Nahestehende Personen sind Angehörige, wie Ehegatten, Kinder, Geschwister usw., sowie Gesellschaften, zu denen der Gesellschafter eine enge rechtliche, wirtschaftliche oder persönliche Beziehung pflegt (§ 15 AO, § 1 Abs. 2 AStG).

132 BFH-Urteil vom 19.06.2011, Az.: XI R 8/09.

☞ **Beachten Sie:**
Umsatzsteuer- und Einkommensteuerrecht enthalten jeweils unterschiedliche Vorschriften zur Bemessungsgrundlage. Die umsatzsteuerlichen Wertansätze weichen grundsätzlich von den für Lohnsteuerzwecke anzusetzenden Werten ab (§ 8 Abs. 2 und 3 EStG). Der Rabattfreibetrag von 1.080,00 € für den Bezug geldwerter Vorteile vom Arbeitgeber ist nicht für umsatzsteuerliche Zwecke anzuwenden (§ 8 Abs. 3 S. 2 EStG).

e) Unentgeltliche und verbilligte Erbringung einer anderen sonstigen Leistung

Reiseunternehmer können neben der Überlassung von dem Unternehmen zugeordneten Gegenständen, weitere sonstige Leistungen wie Flüge, Hotelübernachtungen oder Pauschalreisen

- an Mitarbeiter für deren privaten Bedarf, sofern keine Aufmerksamkeiten[133] vorliegen, unentgeltlich erbringen, oder
- selbst für Zwecke, die außerhalb des Unternehmens liegen, in Anspruch nehmen.

Es spielt keine Rolle, ob diese Reiseleistungen beim Einkauf oder bei der Produktion zum vollen oder teilweisen Vorsteuerabzug berechtigt haben (§ 3 Abs. 9a Nr. 2 UStG).

Die umsatzsteuerliche Mindestbemessungsgrundlage ergibt sich nach den bei der Ausführung dieser Umsätze entstandenen Ausgaben. Zu diesen Ausgaben gehören auch die Anschaffungskosten der zur Verwendung überlassenen oder vom Unternehmer verwendeten Wirtschaftsgüter (z. B. Omnibus), soweit sie dem Unternehmensvermögen zugeordnet sind und für die Leistungserbringung verwendet werden (z. B. Beförderungsleistung eines Omnibusunternehmers). Betragen die Anschaffungskosten mindestens 500,00 €, sind sie gleichmäßig auf einen Zeitraum zu verteilen, der bei beweglichen Wirtschaftsgütern fünf und bei unbeweglichen Wirtschaftsgütern zehn Jahre beträgt. Die Umsatzsteuer gehört nicht zur Bemessungsgrundlage (§ 10 Abs. 4 Nr. 3 i. V. m. § 15a Abs. 1 UStG).

Werden gegenüber den beiden folgenden Personengruppen neben der Überlassung von Gegenständen, andere sonstige Leistungen verbilligt erbracht, ist eine Mindestbemessungsgrundlage anzusetzen. Sie soll sicherstellen, dass das vom Unternehmer gar nicht oder zu niedrig geforderte Entgelt nicht für umsatzsteuerliche Zwecke angesetzt wird:

- Gesellschafter oder diesen nahe stehenden Personen[134],
- Expedienten und sonstige Mitarbeiter oder deren Angehörige aufgrund des Arbeitsverhältnisses.

Eine Mindestbemessungsgrundlage ist zu ermitteln, wenn die unternehmerische Bemessungsgrundlage das vom Empfänger der sonstigen Leistung gezahlte Entgelt übersteigt. Ist das vereinbarte niedrigere Entgelt marktüblich, ist die Min-

---

133 Siehe Kapitel A.I.6.f) – BEMESSUNGSGRUNDLAGE, „Aufmerksamkeiten".
134 Nahestehende Personen sind Angehörige, wie Ehegatten, Kinder, Geschwister, usw., sowie Gesellschaften, zu denen der Gesellschafter eine enge rechtliche, wirtschaftliche oder persönliche Beziehung pflegt (§ 15 AO, § 1 Abs. 2 AStG).

destbemessungsgrundlage nicht anzusetzen. Dies ist der Fall beim Verkauf von Last-Minute-Reisen zu einem Preis, der unter den für diese Reisen entstandenen Aufwendungen liegt.

Nach neuer BFH-Rechtsprechung können Unternehmen auf Eingangsleistungen, die sie mit negativer Verwendungsabsicht beziehen, keinen Vorsteuerabzug mehr beanspruchen. Die Finanzverwaltung hat diese neue Rechtsprechung **mit Wirkung ab 31.03.2012** umgesetzt.[135]
Einem Unternehmer steht kein Vorsteuerabzug mehr zu, wenn bereits bei Leistungsbezug ersichtlich ist, dass dieser nicht für seine wirtschaftliche Tätigkeit erfolgt, sondern lediglich in direktem Zusammenhang mit einer unentgeltlichen Wertabgabe steht.[136] Ein Vorsteuerabzug ist nur mehr möglich, soweit mit dem Leistungsbezug Ausgangsleistungen gegen Entgelt erbracht werden und diese unter den weiteren Voraussetzungen des § 15 UStG zum Vorsteuerabzug berechtigen.
Einem Unternehmer, der für Eingangsleistungen im Rahmen eines Betriebsausflugs einen Vorsteuerabzug beantragt, ist dieser zu versagen. Die Leistung wurde zwar zur Verbesserung des Betriebsklimas bezogen, die daraus resultierende unentgeltliche Wertabgabe steht jedoch nicht im direkten Zusammenhang mit der eigentlichen wirtschaftlichen Tätigkeit des Unternehmers.[137] Damit ist Reiseunternehmern für Leistungen, die sie mit der Absicht der **unternehmensfremden** Verwendung beziehen, der Vorsteuerabzug grundsätzlich nicht mehr gestattet. Innerhalb der unternehmensfremden oder privaten Sphäre des Unternehmers bezieht der Unternehmer eine Leistung mit der Absicht, sie im Anschluss für den Unternehmer selbst, für Mitarbeiter oder Gesellschafter jeweils für deren privaten Bedarf wieder zu entnehmen. Diesem Bereich ist der Erwerb von Mitarbeiter-Incentives oder Arrangements für Betriebsausflüge zuzuordnen. Die entsprechenden Eingangsumsätze erfolgen für konsumorientierte, also echte private Zwecke. Unversteuerter Letztverbrauch soll durch das Verbot zum Vorsteuerabzug verhindert werden. Demnach sind Zuwendungen des Arbeitgebers anlässlich von Betriebsausflügen, die eine sog. „Aufmerksamkeitsgrenze" von 110,00 € (**ab 2015:** 150,00 €) pro Arbeitnehmer und Betriebsveranstaltung bei maximal zwei Betriebsveranstaltungen im Jahr überschreiten, nicht mehr als „unentgeltliche Wertabgaben" der Umsatzsteuer zu unterwerfen (Abschn. 1.8 Abs. 4 Nr. 6 UStAE). Stattdessen ist der Vorsteuerabzug aus Aufwendungen für Betriebsausflüge nicht mehr zulässig.[138]
Diese Freistellung von Betriebsausflügen bis zur Freigrenze von 110,00 €/ 150,00 € gilt für die Regelbesteuerung. Der Vorsteuerabzug bleibt erhalten, obwohl die Besteuerung einer Wertabgabe entfällt. Ob die „Aufmerksamkeitsgrenze" auch im Rahmen der Margenbesteuerung Gültigkeit haben könnte, muss bezweifelt werden. Nach maßgeblicher EuGH-Rechtsprechung

135 BMF-Schreiben vom 02.01.2014, Az.: IV D 2 – S 7300/12/10002 mit Wirkung ab 01.01.2014 und BMF-Schreiben vom 02.01.2012, Az.: IV D 2 – S 7300/11/10002 mit Wirkung ab 31.03.2012.
136 BFH-Urteil vom 13.01.2011, Az.: V R 12/08.
137 BFH-Urteil vom 09.12.2010, Az.: V R 17/10.
138 Vgl. SRTour 12/2013, Seite 11 ff. Cyrilla Wolf, „Unterliegt der Incentive-Einkauf neuerdings der Margenbesteuerung?".

ist ausschließlich die Freistellung nach dem Leistungsort zu beachten und ein Vorsteuerabzug für Reisevorleistungen ausgeschlossen. Für andere Aufwendungen bleibt der Vorsteuerabzug dagegen erhalten. § 15 UStG ist nur für Reisevorleistungen irrelevant. Betriebsveranstaltungen in der Form von Betriebsausflügen erfüllen regelmäßig die Voraussetzungen für die Annahme von Reiseleistungen im Sinne von § 25 UStG. In diesen Fällen ist ein Vorsteuerabzug für die eingesetzten Reisevorleistungen unzulässig, so dass eine Prüfung nach den BFH-Vorstellungen entbehrlich bleiben könnte. [139]

☞ **Beachten Sie:**

Die folgenden Umsätze unterliegen nicht der Umsatzbesteuerung, soweit sie für Unternehmenszwecke erfolgen, also überwiegend durch das betriebliche Interesse des Reiseunternehmers veranlasst sind:

- *Die Überlassung von dem Reiseunternehmen zugeordneten Gegenständen zur Verwendung sowie die Erbringung anderer sonstiger Leistungen an Mitarbeiter (z. B. Firmenwagen ausschließlich für Kundenbesuche, Informationsreisen von Expedienten eines veranstaltenden Reisebüros in neue Zielgebiete), oder*
- *die Verwendung von dem Reiseunternehmen zugeordneten Gegenständen sowie die Inanspruchnahme anderer sonstiger Leistungen durch den Unternehmer selbst (z. B. Firmenhandy, Erkundungsreisen des Reiseunternehmers in neue Zielgebiete).*

f) Aufmerksamkeiten

Keine steuerbaren Umsätze sind vom Reiseunternehmer an sein Personal erbrachte Aufmerksamkeiten (§ 3 Abs. 9a Nr. 1 und 2 UStG). Hierbei handelt es sich um Zuwendungen, die nach ihrer Art und ihrem Wert Geschenken entsprechen. Sie dürfen pro Jahr und Mitarbeiter den Bruttowert einschließlich Umsatzsteuer von 40,00 € (**ab 2015:** 60,00 €) nicht übersteigen (Abschn. 1.8 Abs. 3 S. 2 UStAE). Dieser Betrag gilt als Freigrenze. Wird er überschritten, unterliegt er insgesamt der Besteuerung.

Beispiel 1 – Aufmerksamkeiten:

Die Reisebüroinhaberin des veranstaltenden Reisebüros „MünchnerFreiheit Reisen" in München Schwabing, Florina Flores (FF) schenkt ihrer Expedientin Rosa (R) in 2014 einen Reiseführer (29,00 €) und eine Reise-DVD (12,00 €) im Gesamtbruttowert von 41,00 €.

Lösung 1:

FF hat für das Kalenderjahr 2014 die Zuwendungs-Freigrenze von 40,00 € gegenüber R überschritten. Beim Erwerb beider Reiseführer war FF – eine positive Verwendungsabsicht, d.h. zum Weiterverkauf an Reisebürokunden, un-

---

139 Vgl. SRTour 06/2011, Seite 6 ff., H. Jürgen Henkel, „Betriebsausflüge als Betriebsveranstaltungen oder Reiseleistungen?".

terstellt - zum Vorsteuerabzug berechtigt. Folglich hat sie Umsatzsteuer i. H. v. 3,82 € (1,90 € + 1.92 €) abzuführen.

Beispiel 2 – Aufmerksamkeiten:
Die Reisebüroinhaberin FF schenkte ihrer Expedientin R in 2014 lediglich einen Reiseführer mit Bruttowert von 29,00 €.

Lösung 2:
Die Zuwendungs-Freigrenze von 40,00 € wurde in 2014 nicht überschritten. FF braucht für diese als Aufmerksamkeit ergangene unentgeltliche Zuwendung keine Umsatzsteuer abzuführen, obwohl sie selbst den Reiseführer mit Recht zum Vorsteuerabzug erworben hat.

g) Trinkgelder
An das Servicepersonal gezahlte freiwillige Trinkgelder von Gästen und Kunden zählen nicht zum Entgelt für an sie erbrachte Leistungen des Bedienungspersonals, der Zimmermädchen, Reiseleiter oder Expedienten. Sie unterliegen nicht der Umsatzsteuer. Diese Beträge stehen allein den Mitarbeitern zu. Sie ergehen ohne Anspruch auf eine konkrete Gegenleistung. Unter lohnsteuerrechtlichen Gesichtspunkten gibt es keine Aufzeichnungspflicht für Trinkgelder. Sie sind ohne betragsmäßige Begrenzung steuerfrei (Abschn. 10.1 Abs. 5 S. 3 UStAE, § 3 Nr. 51 EStG in der seit 2002 geltenden Fassung).
Wird dagegen ein im Gaststätten- und Beherbergungsgewerbe üblicher obligatorischer Bedienungszuschlag, sog. Tronc[140], vom Gast erhoben, ist er Teil des vom Gastwirt vereinnahmten umsatzsteuerpflichtigen Entgelts auch wenn das Servicepersonal diesen nicht an den Arbeitgeber abführt, sondern vereinbarungsgemäß als Entlohnung für seine Dienstleistungen einbehält (Abschn. 10.1 Abs. 5 S. 2 UStAE).

☞ **Beachten Sie:**
Die steuer- und sozialversicherungsrechtliche Beurteilung von freiwillig gezahlten Trinkgeldern ist unabhängig von der Art des Zahlungsvorgangs. Sowohl bei Barzahlung als auch bei Abbuchung oder Kreditkartenzahlung erfolgt keine Erfassung für Umsatzsteuer-, Lohnsteuer- oder Sozialversicherungszwecke. Bei Kreditkartenzahlung ist das vom Arbeitgeber vereinnahmte Trinkgeld zunächst als Betriebseinnahme und sodann bei Auskehrung an den Mitarbeiter als Betriebsausgabe zu behandeln[141].

---

140 Zur Begriffsbestimmung, siehe Glossar.
141 Vgl. SRTour 11/2008, Seite 7 f., Dr. Volker M. Jorczyk, „Sind mit Kreditkarte gezahlte Trinkgelder steuer- und sozialversicherungspflichtig?".

7. Steuersätze für touristische Dienstleistungen (§ 12 UStG)

In Deutschland findet auf steuerpflichtige touristische Leistungen grundsätzlich der reguläre Steuersatz von 19 % Anwendung. Auf bestimmte Leistungen gibt es Steuerermäßigungen. Der Steuersatz reduziert sich dann auf 7 %. Diese Subvention betrifft die im Folgenden genannten Lieferungen und touristischen Dienstleistungen:

* Die Lieferung von gedruckten Reiseführern (§ 12 Abs. 2 Nr. 1 i. V. m. Anlage 2 Nr. 49 UStG, Zolltarifposition 4901, 9705 00 00, 9706 00 00 und 4902).

☞ **Beachten Sie:**

   Veröffentlichungen, die überwiegend Zwecken der Reisewerbung dienen, unterliegen nicht dem ermäßigten Steuersatz.[142] Dies gilt auch für die Veräußerung folgender Druckerzeugnisse:

   ➤ *Messekataloge, z. B. Ausstellerverzeichnis zur ITB:.*
   Sie sollen einem interessierten (Fach-)Publikum einen Überblick über die anwesenden Aussteller, deren Leistungen und Möglichkeiten der Kontaktaufnahme bieten und somit einen Anreiz zu einem Besuch der Messe geben. Sie dienen vorrangig Werbe- und nicht Informationszwecken.[143]

   ➤ *Reise- und Fremdenverkehrsprospekte oder Hotel-Hausprospekte:*
   Sie dienen überwiegend Werbezwecken. Ihre Veröffentlichung ist darauf ausgelegt, den vorgestellten Ort als geeignetes Reiseziel vorzuschlagen.[144]

   ➤ *Ferienmagazine:*
   Sie präsentieren bestimmte Regionen sowie dort befindliche Ausflugsziele, Pensionen, Gaststätten und sonstige an Touristen gerichtete Leistungen nach den Wünschen der Anzeigenkunden. Gegen den Werbecharakter spricht nicht, dass die Präsentationsanzeigen den Eindruck eines journalistischen Beitrags erwecken sollen. Zielrichtung des Artikels bleibt die positiv werbende Darstellung des entsprechenden Objekts, der Leistung oder des Reiseziels.[145]

   Der ermäßigte Steuersatz findet keine Anwendung beim Erwerb von eBooks. Die Bereitstellung digitaler Bücher gilt als eine auf elektronischem Wege erbrachte Dienstleistung, die nicht zum ermäßigten Satz besteuert werden darf (Art. 98 Abs. 2 S. 2 MwStSystRL). Wird ein gedrucktes Buch verlagsseitig nur in Ergänzung mit einer CD/DVD angeboten (z.B. Print-Reiseführer mit DVD), findet auf die Produktkombination der ermäßigte Steuersatz Anwendung.

* Die Eintrittsberechtigungen für Theater, Konzerte und Museen sowie die den Theatervorführungen und Konzerten vergleichbare Darbietungen ausübender Künstler (§ 12 Abs. 2 Nr. 7 lit. a UStG, Abschn. 12.5 Abs. 2 S. 1 UStAE). Die Leistung des ausübenden Künstlers innerhalb einer Veranstaltung kann unab-

---

142 Die Einordnung erfolgt unter Position 4911 1090 des Zolltarifs, auf die in Anhang 2, Nr. 49 zu § 12 Abs. 2 Nr. 1 UStG nicht verwiesen wird.
143 Rdvfg. vom 11.05.2009, S 7225 A-32 – St 112; HMdF-Erlass vom 11.05.2009, 5 7225 A – 008 – II 51, DStR 28/09, S. VIII, „UStG: Steuersatz für die Lieferung von Messekatalogen".
144 BFH-Urteil vom 28.09.1988, Az.: X R 49/81.
145 FG Berlin-Brandenburg, Urteil vom 08.11.2011, Az.: 5 K 5278/08.

hängig von dem für die Veranstaltung selbst anzuwendenden Steuersatz ermäßigt zu besteuern sein (Abschn. 12.5 Abs. 3 S. 2 UStAE). Bei der Beurteilung der Frage, ob eine Darbietung als begünstigte Konzertveranstaltung oder als begünstigte Darbietung anderer Art anzusehen ist, ist nur auf die Leistung des jeweiligen Unternehmers, nicht auf die seines Auftraggebers abzustellen.

Gastspieldirektionen, welche im eigenen Namen Künstler verpflichten und im Anschluss daran das von diesen dargebotene Programm an einen Veranstalter in einem gesonderten Vertrag verkaufen, treten mit diesen Leistungen selbst nicht als Veranstalter auf und räumen damit keine Eintrittsberechtigungen ein. Sie unterliegen mit diesen Leistungen <u>ab 2012</u> nicht der Steuerbegünstigung (Abschn. 12.5 Abs. 5 UStAE).

Begünstigte Theateraufführungen sind pantomimische Werke einschließlich Werke der Tanzkunst, Kleinkunst- und Varieté-Theatervorführungen sowie Puppenspiele und Eisrevuen. Begünstigte Konzerte sind musikalische und gesangliche Aufführungen durch einzelne oder mehrere Personen. Begünstigt ist auch die Veranstaltung von Mischformen zwischen Theatervorführung und Konzert.

Ebenfalls begünstigt sind die den Theatervorführungen und Konzerten vergleichbaren Darbietungen ausübender Künstler. Ausübender Künstler im Sinne von § 73 UrhG ist, *„wer ein Werk oder eine Ausdrucksform der Volkskunst aufführt, singt, spielt oder auf eine andere Weise darbietet"*. Zur Personengruppe der ausübenden Künstler zählen Künstler, die typischerweise selbst vor Publikum auftreten und das Werk auf die Bühne transportieren[146], wie Sänger, Musiker und Schauspieler. Die künstlerische Mitwirkung an einer solchen Darbietung außerhalb der Bühne hingegen ist keine begünstigte Leistung.

Unter den ermäßigten Steuersatz fallen	Unter den ermäßigen Steuersatz fallen NICHT
die Leistungen der – Solisten – Ensembles – Dirigenten als Künstler im Sinne des § 73 Alt. 1 UrhG.	Die Leistungen der – Intendanten – Regisseure[147] – Choreographen[148] – Bühnenbildern – Tontechniker – Beleuchter – Maskenbildner – Souffleusen – Cutter – Kameraleute – Artisten – Zauberer – Bauchredner mangels Ausführung einer künstlerischen Tätigkeit im Sinne einer Darbietung.

Abb. 26: Ermäßigte Darbietungen ausübender Künstler

---

146 Siehe Dreier in Dreier/Schulz, UrhG, 3. Auflage 2008, § 73 Rn. 20–12.
147 BFH-Urteil vom 04.05.2011, XI R 44/08.
148 FG Düsseldorf, Urteil vom 27.01.2010, 5 K 1072/08 U.

Unter den begünstigten Steuersatz können Kampfkunst-Shows[149], Feuerwerksveranstaltungen[150] sowie „Techno"-Veranstaltungen[151] fallen. Die Leistungen von Discjockeys können unter Verwendung von Eingabegeräten zur Verfremdung bestehender Musik als künstlerische Tätigkeit zu beuteilen sein, die dem ermäßigten Steuersatz unterliegt, wenn sie zum Vortrag eines Musikstücks und nicht nur zum Abspielen eines Tonträgers genutzt werden. Ob eine künstlerische Leistung vorliegt, ist nach den Umständen des Einzelfalls zu entscheiden.[152]

Nicht begünstigt sind gesangliche, kabarettistische oder tänzerische Darbietungen im Rahmen einer Tanzbelustigung, einer sportlichen Veranstaltung oder zur Unterhaltung der Besucher von Gaststätten, wie die Bauchtanzeinlage in einem orientalischen Restaurant oder das Gitarrensolo in einem Ristorantino (Abschn. 12.5 Abs. 2 S. 12 UStAE). Dies gilt auch für Eintrittskarten eines Tanzclubs, der bekannte Discjockeys engagiert, wenn die Auftritte nicht den eigentlichen Zweck der Veranstaltung ausmachen.[153]

Ab. 01.01.2013 kann bei Theatervorführungen und Konzerten nur der örtliche Veranstalter den ermäßigten Steuersatz für sich beanspruchen. Der Tournee-Veranstalter tritt selbst zwar als Veranstalter auf, doch verschafft er keine Eintrittsberechtigungen. Auch ist er kein Ticket-Eigenhändler, der Eintrittsberechtigungen veräußert (Abschn. 12.5 Abs. 4 UStAE).

☞ **Beachten Sie:**
Handelt es sich um Darstellungen öffentlicher oder gleichartiger kultureller Einrichtungen oder Darbietungen, die durch öffentliche oder gleichartige kulturelle Einrichtungen erbracht werden, so sind die Veranstaltungen von der Umsatzsteuer befreit (§ 4 Nr. 20 lit. a und b UStG).
Auf die Vermittlung[154] der o. g. Darstellungen ist die Steuerermäßigung nicht anzuwenden.

Des Weiteren unterliegen dem ermäßigten Steuersatz die Umsätze von Ticket-Eigenhändlern aus dem Verkauf von Eintrittsberechtigungen (Abschn. 12.5 Abs. 4 S. 3 UStAE).
Der ermäßigte Steuersatz findet sowohl Anwendung für den Ticket-Eigenhandel bezogen auf steuerermäßigte als auch auf steuerbefreite Veranstalter-Leistungen.

---

149 BFH-Urteil vom 09.10.2003, Az.: V R 86/01 zu sog. Budo-Galas.
150 FG Berlin-Brandenburg, Urteil vom 09.08.2012, Revision eingelegt unter Az.: XI R 34/12.
151 BFH-Urteil vom 18.08.2005, Az.: V R 50/04.
152 OFD Niedersachsen vom 20.8.2013, Az.: S-7238 – 18 – St 183.
153 FG Berlin-Brandenburg, Urteil vom 09.08.2012, Az.: 5 K 5226/10.
154 Siehe Kapitel A.II.4. – VERMITTLUNGSLEISTUNGEN, „Steuerfreie Vermittlung".

	1	2	3	4
Veranstalter	**Veranstalter** ist öffentliche Einrichtung	**Veranstalter** ist gleichartige kulturelle Einrichtung, bescheinigt durch jeweilige Landesbehörde	**Veranstalter** erbringt Darbietungen durch öffentliche oder gleichartige Einrichtung (Theater und Konzerte)	**Veranstalter** veräußert Eintrittsberechtigung für Theater, Konzerte, Museen sowie die den Theatervorführungen und Konzerten vergleichbaren Darbietungen ausübender Künstler.
Gesetz	§ 4 Nr. 20 lit. a S. 1 UStG	§ 4 Nr. 20 lit. a S. 2 UStG	§ 4 Nr. 20 lit. b UStG	§ 12 Abs. 2 Nr. 7 lit. a UStG
Steuerliche Behandlung	Steuerbefreiung für öffentliche Einrichtung als Veranstalter	Steuerbefreiung für gleichartige Kulturveranstalter	Steuerbefreiung für Veranstalter	Steuerermäßigung für Veranstalter – 7 % USt
Ticket-Eigen-händler	Der ermäßigte Steuersatz von 7 % ist **in allen offenen Fällen** anzuwenden Abschn. 12.5. Abs. 4 S. 3 UStAE			

Abb. 27: Steuerermäßigung für Ticket-Eigenhändler

- Die Überlassung von Filmen an andere Unternehmer zur Vorführung sowie Filmvorführungen, soweit die Filme nach dem Jugendschutzgesetz gekennzeichnet sind oder vor dem 01.01.1970 erstaufgeführt wurden (§ 12 Abs. 2 Nr. 7 lit. b UStG, Abschn. 12.6 Abs. 1 UStAE, § 14 Abs. 2 Nr. 1 bis 5 JuSchG):

§ 14 JuSchG – Kennzeichnung von Filmen und Film- und Spielprogrammen

(1) Filme sowie Film- und Spielprogramme, die geeignet sind, die Entwicklung von Kindern und Jugendlichen oder ihre Erziehung zu einer eigenverantwortlichen und gemeinschaftsfähigen Persönlichkeit zu beeinträchtigen, dürfen nicht für ihre Altersstufe freigegeben werden.

(2) Die oberste Landesbehörde oder eine Organisation der freiwilligen Selbstkontrolle im Rahmen des Verfahrens nach Absatz 6 kennzeichnet die Filme und die Film- und Spielprogramme mit

1. „Freigegeben ohne Altersbeschränkung“,

2. „Freigegeben ab sechs Jahren“,

3. „Freigegeben ab zwölf Jahren“,

4. „Freigegeben ab sechzehn Jahren“,

5. „Keine Jugendfreigabe“.

- Die Einräumung, Übertragung und Wahrnehmung von Rechten, die sich aus dem Urheberrechtsgesetz ergeben (§ 12 Abs. 2 Nr. 7 lit. c UStG).

Hierunter fällt die Einräumung von Nutzungsrechten der Reiseschriftsteller an urheberrechtlich geschützten Reiseberichten und Reiseliteratur.

Audio-visuelle Führungssysteme erlauben es Besuchern von Städten oder Museen, Sehenswürdigkeiten selbständig zu erkunden. Diese Mini-Computer mit Kopfhörer bestehen aus zwei Komponenten

- der Software als Trägermodul zur Übertragung der urheberrechtlichen Nutzungsrechte und
- der Hardware.

Die Übertragung der urheberrechtlichen Nutzungsrechte und die Bereitstellung der Hardware sind umsatzssteuerlich jeweils als eigene selbständige Leistungen zu betrachten. Dabei unterliegen nur die Umsätze aus der Übertragung der urheberrechtlichen Nutzungsrechte dem ermäßigen Steuersatz (§ 12 Abs. 2 Nr. 7 lit. c UStG)[155]. Die Herstellung der Audio-Führung (Software) geht dabei als Vorstufe für die eigentliche Leistung „Übertragung der urheberrechtlichen Nutzungsrechte" in dieser auf (Abschn. 12.7 Abs. 22 UStAE). Die Umsätze aus dem Erwerb der Hardware unterliegen dem Regelsteuersatz (§ 12 Abs. 1 UStG).

- Die Zirkusvorführungen, Leistungen aus der Tätigkeit als Schausteller sowie die unmittelbar mit dem Betrieb der zoologischen Gärten verbundenen Umsätze (§ 12 Abs. 2 Nr. 7 lit. d UStG, Abschn. 12.8 UStAE).

Das Kriterium des „Von-Ort-zu-Ort-Ziehens" welches das gewerbsmäßig der Unterhaltung dienende Unternehmen eines Schaustellers auf Jahrmärkten oder ähnlichen Veranstaltungen ausmacht und erst den ermäßigten Steuersatz laut BFH[156] begründet, kommt auch dann zum Tragen, wenn die Veranstaltung nur an einem Ort stattfindet, soweit sie wieder abgebaut wird und nicht dauerhaft an diesem Ort betrieben wird. Denn die anfallenden höheren Kosten durch schnelleren Verschleiß aufgrund des Auf- und Abbaus der Anlagen sowie damit verbundene vermehrt anfallende Reise- und Beförderungskosten stellen einen Wettbewerbsnachteil gegenüber stationären Anbietern solcherart Veranstaltungen dar, dem durch den ermäßigten Steuersatz Rechnung getragen werden soll.

Die schaustellenden Darbietungen müssen nicht in eigener Person des jeweiligen Veranstalters (z. B. eines Straßenfestes[157]) erbracht werden. Es ist ausreichend, dass Schausteller als Subunternehmer des Veranstalters auftreten. Anders als bspw. bei der Steuerfreiheit von Heilbehandlungen, bei der der Leistungserbringer als personenbezogene Voraussetzung einen eigenständigen Befähigungsnachweis für einen ärztlichen oder arztähnlichen Beruf vorweisen muss, ist es bei schaustellenden Leistungen ausreichend, wenn diese im eigenen Namen des Veranstalters unter Zuhilfenahme von schaustellenden Spielleuten als Erfüllungsgehilfen gegenüber den Besuchern erbracht werden.[158] Der Veranstalter selbst tritt nach dem Gesamtbild der Veranstaltung als Schausteller im Sinne des Ermäßigungstatbestands auf. Die eingebrachten unterhaltenden und musikalischen Leistungen werden ihm zugerechnet.[159]

---

155 LFD Thüringen, Vfg. vom 19.03.2013, Az.: S 7244 A – 05 – A 5.16.
156 BFH-Urteil vom 18.07.2002, Az.: V R 89/01.
157 FG Berlin-Brandenburg vom 13.04.2010, Az.: 5 K 7215/06 B sowie SRTour 01/2011, Seite 15 f., Cyrilla Wolf, „Steuerermäßigung auf Eintrittsgelder für Straßenfest".
158 BFH-Urteil vom 02.09.2010, Az.: V R 47/09.
159 BFH-Urteil vom 18.07.2002, Az.: V R 89/01.

- Die unmittelbar mit dem Betrieb der Schwimmbäder verbundenen Umsätze. Diese umfassen die Benutzung der Schwimmbäder selbst sowie darüber hinaus
  - die Benutzung von Einzelkabinen,
  - die Erteilung von Schwimmunterricht,
  - die Vermietung von Schwimmgürteln, Handtüchern und Badebekleidung,
  - die Aufbewahrung der Garderobe und
  - die Benutzung von Haartrocknern

(§ 12 Abs. 2 Nr. 9 S. 1 UStG).

Die Steuer wird nicht ermäßigt, wenn die Überlassung des Schwimmbads eine unselbständige Nebenleistung zu einer nicht begünstigten Hauptleistung darstellt (Abschn. 12.11 Abs. 1 S. 2 UStAE).

Beispiel – Schwimmbadnutzung als Nebenleistung zum Fitness-Training:
Mit dem Entgelt für den Besuch eines Fitness-Studios werden zugleich die Benutzung von Schwimmbad und Sauna ermöglicht.

Lösung:
Der Preis inkludiert für die Hauptleistung Fitness-Training die Schwimmbad-Mitbenutzung unabhängig von der tatsächlichen Benutzung. Die Leistung unterliegt insgesamt dem Regelsteuersatz.

Nicht unmittelbar mit dem Betrieb der Schwimmbäder verbundene Umsätze unterliegen dem allgemeinen Steuersatz. Hierunter fallen u. a.
- die Lieferung von Shampoo,
- die Vermietung von Liegestühlen,
- die Zurverfügungstellung von Unterhaltungseinrichtungen wie Hüpfburgen oder Tischtennisanlagen,
- „Kino am Pool",
- Umsätze der Kioske und Eisautomaten und
- die Parkplatzüberlassung.

- Die Verabreichung von Heilbädern (§ 12 Abs. 2 Nr. 9 S. 1 UStG).

Eine umfangreiche Definition dessen was umsatzsteuerlich unter den Begriff „Heilbäder" einzuordnen ist, findet sich in Abschn. 12.11 Abs. 3 Nr. 1 bis 3 USAE. Unter den Begriff „Bäder" fallen auch Saunabäder und physiotherapeutische Leistungen wie Heilmassagen oder Heilgymnastik (Abschn. 12.11 Abs. 3 Nr. 3 UStAE). Die Bäder müssen ihrer Art nach allgemeinen Heilzwecken dienen und von den Krankenkassen grundsätzlich als Heilmittel anerkannt sein. Es bedarf nicht einer ärztlichen Verordnung des Heilbads.[160]

Die Verabreichung von Heilbädern setzt eine unmittelbar Abgabe an Kurgäste zur unmittelbaren Anwendung durch den Kurgast voraus (§ 12 Abs. 2 Nr. 9 UStG, Abschn. 12.11 Abs. 4 S. 5 bis 7 UStAE).

---

160 FinMin. NRW, Erlass vom 04.07.2011, Az.: S 7170 - 26 - V A 4, OFD Frankfurt/M., Rdvfg. vom 26.07.2011, Az.: S 7170 A – 89 – St 112.

Verabreichungen, die lediglich kosmetischen Zwecken oder der Wellness, d. h. der Entspannung und der Verbesserung des Wohlbefindens dienen, wie z. B. Floating-Bäder (Salzwasser-Schwebebäder)[161], Heubäder, Schokobäder, Kleopatrabäder und Aromabäder sowie UV-Lichtbehandlungen ohne ärztliche Verordnung in Solarien, sind hingegen nicht als Heilbäder begünstigt.

• Die Bereitstellung von Kureinrichtungen gegen Kurtaxe (§ 12 Abs. 2 Nr. 9 S. 2 UStG).

Voraussetzung für die Anwendung der Steuerermäßigung ist, dass die Gemeinde als Kur-, Erholungs- oder Küstenbadeort staatlich anerkannt ist und die Kurtaxe aufgrund einer Satzung erhoben wird. Personen des öffentlichen Rechts erfüllen gemeinhin hoheitliche Aufgaben. Sie können neben ihrer hoheitlichen Tätigkeit auch einen Betrieb gewerblicher Art unterhalten. Mit diesem sind sie gewerblich und damit unternehmerisch tätig. Kurverwaltungen, die Kurtaxen oder Kurbeiträge erheben, sind Betriebe gewerblicher Art (§ 4 KStG, § 2 Abs. 3 UStG).

Die Bereitstellung von Kureinrichtungen gegen Entgelt in Form einer Kurtaxe, Kurabgabe oder eines Kurbeitrags ist eine einheitliche Gesamtleistung, die sich aus verschiedenen Einzelleistungen, wie der Veranstaltung von Kurkonzerten, der Gewährung von Trinkkuren sowie dem Überlassen von Kurbädern, Kurstränden, Kurparks und anderen Kuranlagen oder -einrichtungen zur Benutzung, zusammensetzt. Freizeiteinrichtungen wie ein Baumhaus, Hochseil-Klettergarten oder ein Mountainbike-Trail sind keine Kureinrichtungen.[162] Zweck der Steuerermäßigung ist die Verringerung des Aufwands der Krankenkassen. Nicht begünstigt sind Einzelleistungen, für die neben der Kurtaxe ein gesondertes Entgelt erhoben wird (Abschn. 12.11 Abs. 5 UStAE).

☞ **Beachten Sie:**

Von der Kurtaxe sind die **Kurförderungsabgaben** *zu unterscheiden. Diese zweckbezogenen Fremdenverkehrsbeiträge können in Gemeinden, die als Fremdenverkehrsgemeinden prädikatisiert sind, zur Deckung ihres Aufwands für Fremdenverkehrswerbung und touristische Infrastruktur erhoben werden. Schuldner dieser Abgabe sind die ortsansässigen Unternehmen sowie die dort zeitweise tätigen Selbständigen, die durch den Tourismus besondere wirtschaftliche Vorteile erzielen. Diese Fremdenverkehrsabgaben stellen keine Entgelte für Leistungen der Gemeinden dar. Sie unterliegen nicht der Umsatzsteuer.*

• Die Beförderung von Personen im genehmigten Linienverkehr mit Schiffen sowie die Beförderungen im Fährverkehr[163] innerhalb einer politischen Gemeinde oder wenn die Beförderungsstrecke nicht mehr als 50 Kilometer beträgt (§ 12 Abs. 2 Nr. 10 lit. a und b UStG). Soweit die verkehrsrechtlichen Bestimmungen des Bundes und der Länder (z.B. Hessen) kein Genehmigungsverfahren vorse-

---

161 FG München, Urteil vom 08.02.2012, Az.: 3 K 1738/09.
162 FG Rheinland-Pfalz, Urteil vom 27.08.2013, Az.: 3 K 1056/12.
163 Definition Fährverkehr, siehe Glossar.

hen, ist von einer stillschweigenden Genehmigung des Linienverkehrs auszugehen (Abschn. 12.13 Abs. 10a S. 5 UStAE).[164]

Hierunter können folgende Beförderungen fallen:

- Beförderungen, die sich auf das Inland, Freihäfen und in den Gewässern und
  Watten zwischen der Hoheitsgrenze und der jeweiligen Strandlinie erstre-
  cken (§ 7 Abs. 1 UStDV).
- Grenzüberschreitende Beförderungen, die in inländischen Häfen beginnen
  und enden,bei denen die ausländischen Streckenanteile nicht länger als zehn
  Kilometer sind (§ 7 Abs. Abs. 2 Nr. 1 UStDV).

Die Steuerermäßigung gilt nicht für

- ➢ Floßfahrten
- ➢ Wildwasserrafting-Touren
- ➢ andere Leistungen zur Ausübung des Wassersports
- ➢ organisierte Fahrten mit angeschlossenen Tanz-, Verkaufs- oder ähnlichen
  Veranstaltungen
- ➢ Sonderfahrten wie z.B. Sommernachts- oder Feiertagsfahrten
- ➢ die Vercharterung von Schiffen inklusive Besatzung zum Transport ge-
  schlossener Gesellschaften (z.B. anlässlich von Betriebsausflügen oder von
  privaten Feiern).

Erbringt der Unternehmer neben der Beförderung im Linienverkehr mit Schiffen
weitere selbständige Einzelleistungen wie z.B. Restaurationsleistungen, sind die
Einzelleistungen umsatzsteuerlich jeweils für sich zu beurteilen (Abschn. 12.13
Abs. 10a UStAE).

> Der ermäßigte Steuersatz auf die Personenbeförderung im Binnenschiffsverkehr
> fand in Deutschland von 1984 bis 2011 Anwendung. **Ab 2012** unterliegt die
> Beförderung von Personen mit Schiffen **nur mehr** unter den oben genannten
> Voraussetzungen dem ermäßigten Steuersatz (§ 28 Abs. 4 UStG, Abschn.
> 12.12 UStAE)[165].

• Die Beförderung von Personen und des von ihnen mitgeführten Gepäcks innerhalb einer politischen Gemeinde oder wenn die Beförderungsstrecke nicht mehr
  als 50 Kilometer beträgt (§ 12 Abs. 2 Nr. 10 lit. a und b UStG, Art. 98 Abs. 2
  i.V.m. Anhang III Nr. 5 MwStSystRL).

Dies gilt für die Beförderungen

- im Schienenbahnverkehr (Eisenbahn, Straßenbahn, S-Bahn, U-Bahn etc.).
- im Verkehr mit Oberleitungsbussen.
- im genehmigten Linienverkehr mit Omnibussen, Pkw und Lkw;
  Beim genehmigten Linienverkehr handelt es sich um eine zwischen bestimmten Ausgangs- und Endpunkten eingerichtete regelmäßige Verkehrsverbindung, auf der Fahrgäste an bestimmten Haltestellen ein- und aussteigen können, z. B. Beförderungen im Berufsverkehr, Schülerfahrten,
  Kindergartenfahrten, Marktfahrten und Theaterbesucherfahrten.

---

164 OFD Frankfurt/M., Vfg. vom 07.02.2013, Az.: S 7244 A – 23 – St 112.
165 BMF-Schreiben vom 22.01.2013, Az.: IV D 2 – S 7244/07/10001-04.

Auch touristischen Zwecken dienende Stadtrundfahrten können dem ermäßigten Steuersatz unterliegen, wenn der Erbringer der touristischen Leistung gegenüber den Touristen im Besitz einer nach dem PBefG[166] erforderlichen Verkehrsgenehmigung für den genehmigten Linienverkehr ist.[167] Die Steuerermäßigung für die Personen im genehmigten Linienverkehr ist auch dann gegeben, wenn die Beförderung dem Freizeit- oder Tourismusverkehr dient und die Touristen während der Fahrten über Bandansagen auf touristische Sehenswürdigkeiten hingewiesen werden.[168]

Als Pkw gilt ein Fahrzeug, das für nicht mehr als neun Personen inkl. Fahrer geeignet und bestimmt ist (§ 4 Abs. 4 Nr. 1 PBefG).

☞ **Beachten Sie:**

Nicht begünstigt ist der Betrieb von Wattwagen mangels Beförderung im öffentlichen Personennahverkehr. Wattwagen sind von zwei Pferden angetriebene für den Verkehr im Watt entwickelte Fahrzeuge mit hochliegendem Gestell. Die Fahrten richten sich nach einem festen an der Tide orientirten Fahrplan. Als Beförderungsmittel unterfallen sie nach dem Wortlaut keiner der in § 12 Abs. 2 Nr. 10 UStG genannten Verkehrsarten.[169]

– im Verkehr mit Taxen innerhalb einer politischen Gemeinde oder wenn die Beförderungsstrecke nicht mehr als 50 Kilometer beträgt (§ 12 Abs. 2 Nr. 10 lit. a und b UStG). Bei Wartefahrten bilden Hin- und Rückfahrt eine einheitliche Beförderungsleistung. Dabei wird die Fahrt vereinbarungsgemäß nur kurzfristig unterbrochen, während der Fahrer auf den Fahrgast wartet. Die Beförderung wird „auf einen Zug" geschuldet. Beträgt die Fahrstrecke bei Verlassen einer poltischen Gemeinde insgesamt nicht mehr als 50 Kilometer, ist die Beförderung als Nahverkehrsleistung mit dem begünstigten Steuersatz abzurechnen.

Bei einer Doppelfahrt liegt dagegen keine einheitliche Beförderungsleistung vor. Hier wartet das Taxi nicht auf den Fahrgast, sondern holt diesen später wieder ab. Eine ggf. zusätzlich vergütete Leerfahrt bleibt bei der Frage nach der maßgeblichen Beförderungsstrecke mangels Personenbeförderung unberücksichtigt. Ohne Belang ist auch, ob eine Vereinbarung über die erneute Abholzeit im vorweg erfolgt oder eine erneute weitere telefonische Bestellung erforderlich wird. Die Gesamtstrecke wird nicht zusammengerechnet (Abschn. 12.14 Abs. 5 UStAE)[170].

---

166 Nach § 2 Abs. 1 Nr. 3 PBefG i. V. m. § 42 PBefG bedarf jeder, der Personen mit Kraftfahrzeugen im Linienverkehr (eine zwischen bestimmten Ausgangs- und Endpunkten eingerichtete regelmäßige Verkehrsverbindung, auf der Fahrgäste an bestimmten Haltestellen ein- und aussteigen können) befördert, einer Genehmigung. Gleiches gilt für sogenannte Sonderformen des Linienverkehrs im Sinne des § 43 PBefG, zu denen u. a. der Verkehr unter Ausschluss anderer Fahrgäste zur regelmäßigen Beförderung von Personen zum Besuch von Märkten und von Theaterbesuchern gehört.

167 FG Berlin-Brandenburg, Beschluss vom 07.09.2013, Az.: 7 V 7112/13,

168 BFH-Urteil vom 30.06.2011, Az.: V R 44/10.

169 FG Hamburg vom 30.10.2012, Az.: 2 V 240/12.

170 BFH-Urteil vom 19.07.2007, Az.: V R 6805, BStBl. 2008 II, 208 und BFH-Urteil vom 31.05. 2007, Az.: V R 18/05.

☞ **Beachten Sie:**

Nicht begünstigt ist der Verkehr mit Mietwagen.

Im Mietwagenverkehr dürfen in Abgrenzung zum Taxiverkehr nur Beförderungsaufträge ausgeführt werden, die am Betriebssitz oder in der Wohnung des Mietwagenunternehmers eingegangen sind. (§ 47 Abs. 1 und 5 PBefG, 49 Abs. 4 PBefG). Taxen hingegen dürfen auch an behördlich zugelassenen Stellen und öffentlichen Taxiständen für den Fahrgastverkehr bereitstehen oder Beförderungsaufträge während einer Fahrt entgegennehmen (Abschn. 12.13 Abs. 7 und 8 UStAE).[171]

Die Beförderung von Reisegepäck stellt eine Nebenleistung zur Beförderungsleistung dar. Sie unterliegt dem auf die Beförderung anzuwendenden Steuersatz.

– im Verkehr mit Drahtseilbahnen und sonstigen mechanischen Aufstiegshilfen aller Art innerhalb einer politischen Gemeinde oder wenn die Beförderungsstrecke nicht mehr als 50 Kilometer beträgt (§ 12 Abs. 2 Nr. 10 lit. a und b UStG).

Hierunter fallen insbesondere Standseilbahnen, Seilschwebebahnen, Kabinenbahnen, Sesselbahnen, Sessellifte und Skilifte (Abschn. 12.13 Abs. 9 UStAE).

☞ **Beachten Sie:**

Nicht begünstigt ist die Beförderung durch eine Wasserski-Seilbahn, auf der Wasserskifahrer an einem durch einen fest installierten Motor bewegten Seil auf einem Rechteckkurs über einen See gezogen werden. Es handelt sich nicht um eine Aufstiegshilfe in einer Gebirgsregion, welche nach dem Willen des Gesetzgebers begünstigt wird. Der wesentliche Inhalt der Leistung bei der Benutzung einer Wasserski-Seilbahn besteht nicht in der Personenbeförderung, sondern in der Möglichkeit der Ausübung des Wasserskisports. Auch fehlt es bei der Bewegung ausschließlich auf der Ebene des Wasserspiegels eines Sees am Tatbestand der Aufstiegshilfe.[172]

Nicht begünstigt ist eine Beförderung durch einen Skilift auf einen künstlichen Berg in einer geschlossenen ganzjährig klimatisierten Hallenanlage.[173] Die Beförderung durch den Skilift dient ausschließlich dem Zweck der Pistennutzung. Die soziale Bedeutung der Personenbeförderung im öffentlichen Nahverkehr im Freibereich für Aufstiegshilfen in Gebirgsregionen, die nicht ausschließlich zur Skiabfahrt dienen, können Skilifte in Freizeithallen ohne Bezug zum Personennahverkehr nicht für sich beanspruchen. Außerdem ist die Beförderung mittels Skilift und der Möglichkeit der Skiabfahrt lediglich Teil einer einheitlichen Leistung eigener Art, bestehend aus der zusätzlichen Überlassung der gesamten Hallenanlage einschließlich Toilettenanlagen, Umkleideräumen,

---

171 EuGH-Urteil vom 27.02.2014, Az.: C – 454/12 und C – 455/12 – *Pro Med Logistik GmbH* und *Karin Oertel*.

172 FG München, Urteil vom 02.02.2011, Az.: 3 K 2953/10.

173 BFH-Urteil vom 02.10.2013, Az. V B 49/12 und BFH-Urteil vom 28.06.2011, Az.: XI B 87/10.

Zuschaueremporen, Lautsprecheranlagen und Uhren. Der Kunde bucht die Skihalle um das gesamte Wintersportangebot (Skifahren, Rodeln, Eisstockschießen) zu nutzen.

Ebenfalls nicht begünstigt ist grundsätzlich die Beförderung durch den Betrieb einer Sommer- oder Winterrodelbahn (Abschn. 12.13 Abs. 10 UStAE).[174]

- Die Vermietung von Wohn- und Schlafräumen, die ein Unternehmer zur kurzfristigen Beherbergung von Fremden bereithält, sowie die kurzfristige Vermietung von Campingflächen (§ 12 Abs. 2 Nr. 11 UStG). Die Steuerermäßigung für Beherbergungsleistungen umfasst sowohl die Umsätze des klassischen Hotelgewerbes als auch kurzfristige Beherbergungen in Pensionen, Fremdenzimmern, Ferienwohnungen und vergleichbaren Einrichtungen (Abschn. 12.16 Abs. 3 S. 2 UStAE).

Unter den ermäßigten Steuersatz fallen auch die Leistungen, die unmittelbar der Beherbergung dienen, auch wenn diese gegen gesondertes Entgelt erbracht werden (Abschn. 12.16 Abs. 4 UStAE).

Dies sind u. a.
- Überlassung von Bettwäsche, Handtüchern, Bademänteln und Pantoffeln,
- Zimmerreinigung,
- Bereitstellung von Seife, Shampoo, Schuhputz- und Nähzeug,
- Weckdienst.

Keine Beherbergungsleistungen und damit nicht begünstigt sind (Abschn. 12.16 Abs. 5 UStAE)
- Überlassung von Tagungsräumen,
- Gesondert vereinbarte Überlassung von Kfz-Parkplätzen,
- Beförderungen im Schlafwagen der Eisenbahnen,
- Überlassung von nicht ortsfesten Wohnmobilen, Caravans, Wohnanhängern, Yachten und Hausbooten.

☞ **Beachten Sie:**

Social Travelling als vorübergehende Vermietung von ansonsten selbst genutzten Wohnräumen, vor allem in Großstädten für Zwecke der Beherbergung, ist für den Gastgeber mit dem ermäßigten Steuersatz von 7% umsatzsteuerpflichtig. Eine Berufung auf die Kleinunternehmerregelung ist möglich (§ 19 UStG). Übt der Vermieter der Privatwohnung allerdings noch andere Tätigkeiten selbständig aus, so fließen die daraus erzielten Umsätze bei der Bestimmung des nicht zu übersteigenden Gesamtumsatzes von max. 17.500 € und max. 50.000 € im vorangegangenen bzw. laufenden Kalenderjahr ein.[175]

Die Überlassung von Erotikzimmern durch Bordellbetreiber an Prostituierte unterliegt nicht dem ermäßigten Steuersatz. Nach einheitlicher Auslegung des Unionsrechts können Mitgliedstaaten den ermäßigten Steuersatz bei

174 BFH-Urteil vom 02.04.2014, Az.: XI B 16/14.
175 SRTour 01/2014, Seite 9 ff., Cyrilla Wolf, „Sonderformen der Vermietung von Unterkünften: Social Travelling und Erotikzimmern".

bestimmten Dienstleistungen, u.a. der „Beherbergung in Hotels und ähnlichen Einrichtungen, einschließlich der Beherbergung in Ferienunterkünften und der Vermietung von Campingplätzen und Plätzen für das Abstellen von Wohnwagen", anwenden (Art. 98 Abs.2 i.V. mit Anhang III Nr. 12 MwStSystRL). Allerdings ist der Bordellbetrieb keine einem Hotel ähnliche Einrichtung. Bei der Vermietung eines Erotikzimmers handelt es sich nicht um eine Vermietung von „Wohn- und Schlafräumen zur Beherbergung von Personen". Vielmehr werden die Räumlichkeiten zur Ausübung einer gewerblichen Tätigkeit, nämlich der Erbringung sexueller Dienstleistungen, aufgesucht. Neben den Zimmern werden für diese Zwecke i.d.R. weitere für die Prostitution erforderliche Infrastrukturleistungen, wie die Videoüberwachung auf den Fluren zu den Zimmern zur Gewährung der Sicherheit, zur Verfügung gestellt.[176]

Die steuerbegünstigte kurzfristige Vermietung von Campingplätzen umfasst
- Flächen zum Aufstellen von Zelten,
- Flächen zum Abstellen von Wohnmobilen und Wohnwagen,
- Flächen zum Abstellen des zum Transport des Zelts bzw. zum Ziehen des Wohnwagens verwendeten Fahrzeugs,
- Kurzfristige Vermietung von ortsfesten Wohnmobilen, Wohncaravans und Wohnanhängern,
- Lieferung von Strom[177].

☞ **Beachten Sie:**
Keine Beherbergungsleistung ist die Überlassung von Kabinen auf der Beförderung dienenden Schiffen auf Kreuzfahrten. Allerdings ist die Beherbergung eine Nebenleistung zur Beförderungsleistung, soweit Unterbringung und Verpflegung erforderlich sind, um die Personenbeförderung planmäßig durchführen zu können und das Leistungsbündel mit einem Pauschalentgelt für Beförderung, Unterbringung und Verpflegung abgegolten wird (Abschn. 3b.1 Abs. 17, Beispiel 2 UStAE).
Die Weiterveräußerung von eingekauften Zimmerkontingenten im eigenen Namen und für eigene Rechnung an andere Reiseveranstalter oder Unternehmer im Kettengeschäft unterliegt ebenfalls der Steuerermäßigung (Abschn. 12.16 Abs. 3 S. 5 UStAE).
Die Selbstnutzung von Ferienwohnungen und andere unentgeltliche Wertabgaben sind nicht steuerbegünstigt (Abschn. 12.16 Abs. 5 UStAE).
Margenbesteuerte Reiseleistungen, die nur aus einer Übernachtungsleistung bestehen, sind keine Beherbergungsleistungen, sondern sonstige Leistungen eigener Art. Sie sind mit 19 % Umsatzsteuer zu besteuern (Abschn. 25.1 Abs. 1 S. 4 und Abschn. 12.16 Abs. 9 UStAE).

Ein **Aufteilungsgebot** gilt für Leistungen, die nicht unmittelbar der Vermietung dienen, auch wenn es sich um Nebenleistungen zur Beherbergung handelt und

---

176 BFH-Urteil vom 22.08.2013, Az.: V R 18/12.
177 Siehe Kapitel A.I.5.f) STEUERBEFREIUNGEN IM TOURISMUS, „Beherbergungsleistungen an Fremde".

diese Leistungen mit dem Entgelt für die Vermietung abgegolten sind (§ 12 Abs. 2 Nr. 11 S. 2 UStG, Abschn. 12.16 Abs. 8 UStAE).

Nicht steuerbegünstigte Leistungen sind u. a.
– Frühstück, Halb- oder Vollpension,
– All-inclusive-Leistungen,
– Getränke und Snacks aus der Minibar,
– Nutzung von Telefon und Internet,
– „Pay per view"-Fernsehprogramme,
– Vom Hotel organisierte Ausflüge,
– Kleiderservice,
– Wellnessangebote.

☞ **Beachten Sie:**

Die Überlassung des Hotelpools sowie die Verabreichung von Heilbädern sind ermäßigt besteuerte Leistungen, die mit der Beherbergungsleistung in einen Entgeltbetrag zusammengefasst werden können (§ 12 Abs. 2 Nr. 9 UStG).

Exkurs: Rechnungsstellung im Gastgewerbe

In einer Abrechnung über Beherbergungsleistungen sind Übernachtung und Frühstück aufgrund der unterschiedlichen anzuwendenden Steuersätze separat zu fakturieren. Nur die unmittelbar der Beherbergung dienenden Leistungen des Hoteliers unterliegen dem ermäßigten Steuersatz. Frühstücksleistungen an die Hotelgäste gehören nicht dazu. Sie unterliegen auch dann dem Regelsteuersatz, wenn der Hotelier „Übernachtung mit Frühstück" zu einem Pauschalpreis anbietet.[178]

Werden diese unterschiedlich zu besteuernden Leistungen in einem Gesamtbetrag ausgewiesen, ist der Entgeltanteil für die nicht steuerbegünstigten Leistungen vom Unternehmer zu schätzen. Schätzmaßstab kann der kalkulatorische Kostenanteil zuzüglich eines angemessenen Gewinnaufschlags sein.

Um den Vorsteuerabzug bei Geschäftsreisenden nicht zu gefährden, können neben der Beherbergung in einem als „Business-Package" oder „Service-Pauschale" bezeichneten Sammelposten, die nicht begünstigte Leistungen als sonstige Leistung eigener Art in einem Betrag mit dem erhöhten Umsatzsteuersatz ausgewiesen werden. Alternativ kann der Entgeltanteil auf diese nur mittelbar der Beherbergung dienenden Leistungen, für die kein gesondertes Entgelt vereinbart wird, mit 20 % des Pauschalpreises angesetzt werden (Abschn. 12.16 Abs. 11 und 12 UStAE). Für lohnsteuerliche Zwecke ist zu beachten, dass für die Berücksichtigung eines pauschalen Wertansatzes „Frühstück" in Höhe der Frühstückspauschale für Verpflegungsmehraufwendungen von 4,80 € sowie des überschießenden Betrags als Reisenebenkosten, innerhalb des „Business Package" keine privat veranlassten Leistungen, wie Massagen, Verzehr aus der Minibar oder Empfang von Pay-TV-Programmen, enthalten sein dürfen. Anderenfalls ist der gesamte Sammelposten steuerlich in voller Höhe als privat veranlasst zu behandeln (R 9.8 Abs. 1 S. 2 LStR2011/2013).

---

178 BFH-Urteil vom 24.04.2013, Az.: XI R 3/11.

1	Lieferung von gedruckten **Reiseführern**	§ 12 Abs. 2 Nr. 1 i. V. m. Anlage 2 Nr. 49 UStG Zolltarifposition 4901, 9705 00 00, 9706 00 00 und 4902
2	Eintrittsberechtigungen für **Theater**, **Konzerte** und **Museen** sowie die den Theatervorführungen und Konzerten **vergleichbaren Darbietungen ausübender Künstler**	§ 12 Abs. 2 Nr. 7 lit. a UStG
3	Die Umsätze der **Ticket-Eigenhändler** aus dem Verkauf von steuerbefreiten oder ermäßigt besteuerten Eintrittsberechtigungen	Abschn. 12.5 Abs. 4 S. 3 UStAE
4	**Filmvorführungen**	§ 12 Abs. 2 Nr. 7 lit. b UStG
5	Einräumung von Nutzungsrechten der **Reiseschriftsteller** an urheberrechtlich geschützten **Reiseberichten** Herstellung von Software für **Audio-Führungen** in Städten oder Museen zur Übertragung von urheberrechtlichen Nutzungsrechten an Audio-Führungen	§ 12 Abs. 2 Nr. 7 lit. c UStG
6	**Zirkusvorführungen**	§ 12 Abs. 2 Nr. 7 lit. d UStG
7	Unterhaltungsleistungen der **Schausteller** auf Jahrmärkten, Schützenfesten, Volksfesten, Straßenfesten oder ähnlichen Veranstaltungen	§ 12 Abs. 2 Nr. 7 lit. d UStG, Abschn. 12.8 Abs. 2 S. 1 UStAE
8	Die unmittelbar mit dem Betrieb der **Schwimmbäder** verbundenen Umsätze	§ 12 Abs. 2 Nr. 9 UStG
9	Verabreichung von **Heilbädern** unmittelbar an **Patienten** zur unmittelbaren Anwendung durch den Patienten	§ 12 Abs. 2 Nr. 9 UStG, Abschn. 12.11 Abs. 4 S. 5 bis 7 UStAE
10	Bereitstellung von **Kureinrichtungen** gegen **Kurtaxe**	§ 12 Abs. 2 Nr. 9 UStG
11	**Beförderung** von Personen im – Schienenbahnverkehr – Verkehr mit Oberleitungsbussen – genehmigten Linienverkehr mit Omnibussen, Pkw und Lkw – Verkehr mit Taxen – Verkehr mit Drahtseilbahnen – im genehmigten Linienverkehr mit Schiffen sowie – die Beförderungen im Fährverkehr	innerhalb einer politischen Gemeinde oder wenn die Beförderungsstrecke nicht mehr als 50 Kilometer beträgt	§ 12 Abs. 2 Nr. 10 lit. a und b UStG
12	Kurzfristige **Beherbergungsleistungen** und kurzfristige Vermietungen von Campingflächen	§ 12 Abs. 2 Nr. 11 UStG

Abb. 28: Zusammenfassung: Ermäßigte Steuersätze in Touristik und Freizeitwirtschaft

8. Ermäßigte und allgemeine Steuersätze innerhalb der EU

Innerhalb der Europäischen Gemeinschaft variiert der reduzierte Steuersatz innerhalb einer Bandbreite von 5 bis 17 % und der allgemeine Steuersatz zwischen 15 % und 25 %.

	Mitgliedstaaten[179]	Abk.	Ermäßigter Satz	Normalsatz
1	Belgien	BE	6/12	21
2	Bulgarien	BG	9	20
3	Tschechische Republik[180]	CZ	15	21
4	Dänemark	DK	–	25
5	Deutschland	DE	7	19
6	Estland	EE	9	20
7	Griechenland	EL	6,5/13	23
8	Spanien[181]	ES	4/10	21
9	Frankreich[182]	FR	5,5/10	20
10	Kroatien	HR	5/13	25
11	Irland	IE	9/13,5	23
12	Italien	IT	4/10	22[183]
13	Zypern[184]	CY	5/9	19
14	Lettland	LV	12	21
15	Litauen	LT	5/9	21
16	Luxemburg	LU	3/6/12	15
17	Ungarn	HU	5/18	27
18	Malta	MT	5/7	18
19	Niederlande	NL	6	21[185]
20	Österreich	AT	10	20
21	Polen	PL	5/8	23
22	Portugal	PT	6/13	23
23	Rumänien	RO	5/9	24
24	Slowenien	SI[186]	9,5	22
25	Slowakische Republik	SK	10	20

---

179 An Deutschland angrenzende Anrainerstaaten sind grau markiert. Die Schweiz ist der 9. (Nicht-EU-)Anrainerstaat.
180 CZ: Erhöhung zum 01.01.2013.
181 ES: Erhöhung zum 01.09.2012.
182 FR: Erhöhung zum 01.01.2014.
183 IT: Erhöhung zum 01.10.2013.
184 CY: Erhöhung zum 13.01.2014.
185 NL: Erhöhung zum 01.10.2012.
186 SI: Erhöhung zum 01.07.2013.

26	Finnland[187]	FI	10/14	24
27	Schweden	SE	6/12	25
28	Vereinigtes Königreich	UK	5	20

Abb. 29: Übersicht der ermäßigten und allgemeinen Steuersätze in der EU[188]

Die folgenden Tabellen geben Überblick über ermäßigte und allgemeine Steuersätze innerhalb der EU für touristische Leistungen:

Kategorie	BE	BG	CZ	DK	DE	EE	EL	ES	FR
Nahrungsmittel	6/12/21	20	15	25	7/19	20	13	4/10	5,5/20
Eintritt in kulturelle Veranstaltungen (Shows, Kino, Theater)	befreit /6	20	15	25	befreit /7	20	13/ 6,5[189]	befreit[190]/ 21	5,5/20
Eintritt in Vergnügungsparks	6	20	15	25	19	20	13	21	10[191]/ 20
Hotelbeherbergungen	6	9	15	25	7	9	6,5	10	10
Eintritt zu Sportveranstaltungen	6/befreit	20	15	befreit /25	7/19	20	13	10/21	20

Kategorie	HR	IE	IT	CY	LV	LT	LU	HU	MT	NL
Nahrungsmittel	5/13/25	0/4,8/ 13,5/23	4/10	5/19	21/ 12[194]	21	3	18/ 27	0/	6
Eintritt in kulturelle Veranstaltungen (Shows, Kino, Theater)	5[192]/13[193]/ 25	befreit/9	10	befreit /5	befreit/ 21[195]	befreit[196]/ 21	3	27	5	6
Eintritt in Vergnügungsparks	25	9	22	5	21	21	3	27	18	6
Hotelbeherbergungen	13	9	10	9	12	21	3	18	7	6
Eintritt zu Sportveranstaltungen	25	befreit	10/ 22	5	21	21	3/ befreit	27	18	6/befreit

---

187 FI: Erhöhung zum 01.01.2013.

188 „Die Mehrwertsteuersätze in den Mitgliedstaaten der Europäischen Union", Brüssel, taxud.c.1 (2014)48867 - DE, Stand: 13.01.2014. Die Daten beruhen auf den gegenüber der EU-Kommission gemachten Angaben der einzelnen Mitgliedstaaten.

189 EL: Nur für das Theater.

190 ES: Leistungen öffentlicher oder mit sozialem Charakter anerkannte Einrichtungen.

191 FR: Vergnügungsparks ohne jeden kulturellen Bezug unterliegen dem Normalsatz.

192 HR: Kinoeintritte (Filmvorführungen).

193 HR: Konzertkarten.

194 LV: Kindernahrungsmittel.

195 LV: Kinobesuche mit Ausnahme solcher erotischer oder pornographischer Natur.

196 LT: Befreiung der von juristischen Personen ohne Erwerbszweck gewährten Eintritte.

Kategorie	AT	PL	PT	RO	SI	SK	FI	SE	UK
Nahrungsmittel	10	5/8/23	6/13/23	24	9,5	20/10	14	12/25	0/20
Eintritt in kulturelle Veranstaltungen (Shows, Kino, Theater)	befreit/ 10	8	befreit/ 13	9	9,5	20/ befreit	10	6	20
Eintritt in Vergnügungsparks	10	8	23	9	9,5	20	10	25	20
Hotelbeherbergungen	10	8	6	9	9,5	20	10	12	20
Eintritt zu Sportveranstaltungen	20	8	23	24	9,5	20/ befreit	10	6/befreit	befreit/ 20

[0=Steuerbefreiung mit Vorsteuerabzugsrecht]
Abb. 30: Übersicht der Steuersätze für touristische Leistungen in der EU[197]

Kategorie	BE	BG	CZ	DK	DE	EE	EL	ES	FR
Restauration									
Restaurants	12[198]	20	21	25	19	20	13	10	10[199]
Take away	6	20	15	25	7	20	13	10	10
Bars und Cafes									
Bars und Cafes	21	20	21	25	19	20	3	10	10[200]
Nachtclubs	21	20	21	25	19	20	23	10	10[201]
Alkoholische Getränke	21	20	21	25	19	20	23	10	20

Kategorie	HR	IE	IT	CY	LV	LT	LU	HU	MT	NL
Restauration										
Restaurants	13	9[202]/befreit[203]	10	9	21	21	3	27	18	6[204]
Take away	13	13,5	10	9[205]	21	21	3	18/27	18	6
Bars und Cafes										
Bars und Cafes	13[206]/25	13,5	10	19	21	21	3	27	18	6
Nachtclubs	13[207]/25	23	22	19	21	21	3	27	18	6
Alkoholische Getränke	13[208]/25	23	10	19	21	21	3	27	18	21

---

197 „Die Mehrwertsteuersätze in den Mitgliedstaaten der Europäischen Union", Brüssel, taxud.c.1 (2014)48867 - DE, Stand: 13.01.2014.

198 BE: Alle Getränke sind ausgenommen.

199 FR: Alkoholische Getränke unterliegen dem Normalsteuersatz.

200 FR: ebenso.

201 FR: ebenso.

202 IE: Alle Getränke sind ausgenommen.

203 IE: Verpflegungsdienstleistungen, die für Krankenhauspatienten oder Schüler in ihrer Schule erbracht werden.

204 NL: Alkoholische Getränke unterliegen dem Normalsatz.

205 CY: Der Steuersatz beträgt 9 % auf Restaurantdienstleistungen und andere Catering-Leistungen, mit Ausnahme von alkoholischen Getränken, die auch weiterhin mit 19 % besteuert werden.

206 HR: Nur für das Servieren von Wein und Bier.

207 HR: ebenso.

208 HR: ebenso.

Kategorie	AT	PL	PT	RO	SI	SK	FI	SE	UK
Restauration									
Restaurants	10^{209}	8^{210}	23	24	$22/9,5^{211}$	20	14	12	20
Take away	10^{212}	8	23	24	$22/9,5^{213}$	20	14	12	$0/20^{214}$
Bars und Cafes									
Bars und Cafes	20	23	23	24	22	20	24	25	20
Nachtclubs	20	23	23	24	22	20	24	25	20
Alkoholische Getränke	20	23	23	24	22	20	24	25	20

[0=Steuerbefreiung mit Vorsteuerabzugsrecht]
Abb. 31: Übersicht der Steuersätze für Restaurationsleistungen in der EU[215]

Kategorie	BE	BG	CZ	DK	DE	EE	EL	ES	FR
Innergemeinschaftliche und internationale Personenbeförderung									
Luftverkehr	0	0	0	0	0	0	0	0	0
Seeverkehr	0	0	0	0	0	0	0	0	0
Binnenschifffahrt	6	0	0	0	7/0	0	13	10	10
Eisenbahn	6	0	0	0	19/7	0	13	10	0
Straße	6	0	0	0	19/7	0	13	10	10/befreit
Personenbeförderung im Inland									
Luftverkehr	6	20	$15^{216}/21$	befreit	19	20	13	10	10
Seeverkehr	6	20		befreit	19/7	20	13	10	10
Binnenschifffahrt	6	20	$15^{217}/21$	befreit	19/7	20	13	10	10
Eisenbahn	6	20	$15^{218}/21$	befreit	19/7	20	13	10	10
Straße	6	20	$15^{219}/21$	befreit/25	19/7	20	13	10	10

Kategorie	HR	IE	IT	CY	LV	LT	LU	HU	MT	NL
Innergemeinschaftliche und internationale Personenbeförderung										
Luftverkehr	0	0	0	0	0	0	0	0	0	0
Seeverkehr	0	0	0	0	0	0			0	0
Binnenschifffahrt			0		0	0	0	0		6
Eisenbahn	25	0	0		0	0	0	0		6

---

209 AT: 10 % auf Nahrungsmittel, 10 % auf Milch und Schokolade, 20 % auf Kaffee, Tee und andere alkoholische und nicht alkoholische Getränke.
210 PL: Alkoholische Getränke unterliegen dem Normalsatz.
211 SI: Der ermäßigte Mehrwertsteuersatz findet auf die Zubereitung von Mahlzeiten Anwendung.
212 AT: Siehe Fußnote 209.
213 SI: Siehe Fußnote 211.
214 UK: 20 % bei Erwerb in einem Restaurant, 0 % bei Ewerb an einem anderen Ort.
215 „Die Mehrwertsteuersätze in den Mitgliedstaaten der Europäischen Union", Brüssel, taxud.c.1 (2014)48867 - DE, Stand: 13.01.2014.
216 CZ: 15 % nur für regulären Transport.
217 CZ: ebenso.
218 CZ: ebenso.
219 CZ: ebenso.

Kategorie	HR	IE	IT	CY	LV	LT	LU	HU	MT	NL
Straße	25	0	0	0	0	0	0	0		6
Personenbeförderung im Inland										
Luftverkehr	25	befreit	10	19	12	21	3	27	0	21
Seeverkehr	25	befreit	10	9	12	21			0	6
Binnenschifffahrt		befreit	10	19	12	21	3	27		6
Eisenbahn	25	befreit	10/befreit		12	21	3	27		6
Straße	25	befreit	10/befreit	5/9/19	12	21	3	27	0/18	6

Kategorie	AT	PL	PT	RO	SI	SK	FI	SE	UK
Innergemeinschaftliche und internationale Personenbeförderung									
Luftverkehr	0	0	0	0	0	0	0	0	0
Seeverkehr		0	0	0	0		0	0	0
Binnenschifffahrt	20	0	0	0		0	0	0	
Eisenbahn	20	0	0	0	0	0	0	0	0
Straße	20	8	0	0	9,5	0	0	0	0
Personenbeförderung im Inland									
Luftverkehr	10	8	6	24	9,5	20	10	6	0
Seeverkehr		8	6	24	9,5		10	6	0
Binnenschifffahrt	10	8	6	24	9,5	20	10	6	0
Eisenbahn	10	8	6	24	9,5	20	10	6	0
Straße	10	8	6	24	9,5	20	10	6	0

[0=Steuerbefreiung mit Vorsteuerabzugsrecht]
Abb. 32: Übersicht der Steuersätze für Beförderungsleistungen in der EU[220]

Reisebüros[221]	BE	BG	CZ	DK	DE	EE	EL	ES	FR	HR
m = Besteuerung der Gewinn-spanne[222]	21m	20m	21m	be-freit	19m	20m	23m	21m	20m	25m
	IE	IT	CY	LV	LT	LU	HU	MT	NL	
	23m	22m	195m	21m	21m	15m	27m	18m	21m	
	AT	PL	PT	RO	SI	SK	FI	SE	UK	
	20m	23m	23m	24m	22m	20m/0	24m	25m	25m/0	

[0=Steuerbefreiung mit Vorsteuerabzugsrecht]
Abb. 33: Übersicht der Steuersätze für Reiseveranstaltungsleistungen in der EU[223]

---

220 „Die Mehrwertsteuersätze in den Mitgliedstaaten der Europäischen Union", Brüssel, taxud.c.1 (2014)48867 - DE, Stand: 13.01.2014.

221 Die Bedeutung von „Reisebüro" gemäß Art. 306 Abs. 2 MwStSystRL entspricht der Bedeutung von „Reiseveranstalter" im nationalem Umsatzsteuerrecht. Siehe auch Kapitel B.II. – MARGEN-BESTEUERUNG, „Sonderregelung des § 25 UStG und MwStSystRL".

222 Margenbesteuerung.

223 „Die Mehrwertsteuersätze in den Mitgliedstaaten der Europäischen Union", Brüssel, taxud.c.1 (2014)48867 - DE, Stand: 13.01.2014.

9. Leistungszeitpunkt in der Touristik (§ 13 UStG)

Der Leistungszeitpunkt ist für jede touristische Leistung einzeln zu bestimmen. Nach ihm richtet sich der Zeitpunkt der Steuerentstehung, d. h. wann die Steuer in der Umsatzsteuer-Voranmeldung anzugeben und wann sie an das Finanzamt abzuführen ist.

Grundsätzlich entsteht die Steuer, unabhängig vom Zahlungszeitpunkt des Kunden, mit Ablauf des Voranmeldezeitraums, in dem die Leistung ausgeführt worden ist[224].

Anzahlungen und Vorauszahlungen auf touristische Leistungen werden bereits vereinnahmt, bevor die Leistung oder Teilleistung ausgeführt worden ist. Sie sind stets schon im Voranmeldezeitraum der Vereinnahmung des Entgelts zu versteuern (§ 13 Abs. 1 Nr. 1 lit. a S. 4 UStG). Maßgebend ist der Inkassotermin, also der Zeitpunkt zu dem die Forderung eingezogen wird.

> Die Versteuerung setzt voraus, dass die maßgeblichen Elemente der künftigen touristischen Leistung bereits bekannt, insbesondere Dienstleistungen zum Zeitpunkt der Anzahlung genau bestimmt sind (Abschn. 13.5 Abs. 3 S. 2 UStAE).
>
> Eine Anzahlung für eine steuerbefreite oder nicht steuerbare Leistung braucht nicht der Steuer unterworfen zu werden. Dagegen ist die Anzahlung zu versteuern, wenn bei ihrer Vereinnahmung noch nicht abzusehen ist, ob die Voraussetzungen für die Steuerbefreiung oder Nichtsteuerbarkeit der Leistung erfüllt werden. Ergibt sich im Nachhinein, dass die Leistung nicht der Umsatzsteuer unterliegt, ist die Bemessungsgrundlage zu berichtigen (§ 17 Abs. 2 Nr. 2 UStG, Abschn. 13.5 Abs. 4 UStAE).

Ohne Vorkasse entsteht die Steuer für Reiseleistungen der Veranstalter, Leistungsträger und Reisemittler erst bei Vollendung der Leistung und damit nach Ausführung des Geschäfts durch den Reiseunternehmer. Der aus der Leistungshandlung resultierende wirtschaftliche Vorteil muss den Leistungsempfänger erreicht haben[225].

Für Reisebüros gelten folgende Besonderheiten:
- Gegenüber Reisekunden abgerechnete Serviceentgelte entstehen regelmäßig nicht aufschiebend bedingt. Die entsprechenden Agenturleistungen gelten bereits mit der Berechnung durch das Reisebüro, d. h. im Abschlusszeitpunkt der Reisebuchung mit Aushändigung der Reisevertragsunterlagen und Zahlung des Kunden als ausgeführt.
- Für Serviceentgelten auf Flugtickets gilt Folgendes: Mit dem Abflugtermin ist die vermittelte Personenbeförderung durchgeführt. Aufgrund von Abrechnungsschwierigkeiten kann als vorgezogener Leistungstermin auf das

---

224 Siehe Kapitel A.I.12.a) – STEUERBERECHNUNG, BESTEUERUNGSZEITRAUM UND WÄHRUNGS-FRAGEN, „Steuerberechnung".
225 FG Köln, Urteil vom 31.11.2005, Az.:10 K 1299/02.

Buchungsdatum abgestellt werden und zwar unabhängig davon ob die vermittelte Beförderung zustande kommt.

- Provisionsansprüche entstehen sobald und soweit der Reiseunternehmer das
  Geschäft ausgeführt hat, also mit dem Reiseende (§ 87a Abs. 1 S. 1 HGB). In
  der Praxis orientieren sich Reisebüros am Zeitpunkt der Provisionsgutschrift.
  Dieses Verfahren ist unbedenklich, denn der Zeitpunkt liegt in der Regel vor
  Beendigung der Reise. In der Reisebüro-Branche ist es üblich, dass der Reiseveranstalter als Handelsherr im zeitlichen Zusammenhang mit dem Versand
  der Reisedokumente an das Reisebüro, diesem die Vermittlungsentgelte gut-
  schreibt.
- Ansprüche gegenüber Leistungsträgern werden überwiegend nach der Ab-
  reise der Kunden bestimmt. Der Leistungszeitpunkt liegt vor Ende der Reise.
- Für Regieaufschläge beim Verkauf von Flugtickets gilt als Leistungszeitpunkt
  der Zeitpunkt der Vollendung der Reiseleistung. Dies ist bei Verkauf eines
  Rückflugtickets der Zeitpunkt, an dem das Flugzeug auf dem Rückflug gelan-
  det ist.
- Rechnet das Reisebüro eigene Reiseleistungen ab, ist der Leistungszeitpunkt
  der Zeitpunkt der Vollendung der Reiseleistung. Beim Verkauf einer Pauschalreise ist dies der Tag, an dem das Beförderungsmittel den Ausgangspunkt der
  Reise wieder erreicht hat.

☞ **Beachten Sie:**

*Bei Abrechnung im Reverse-Charge-Verfahren[226] durch ein EU-Reisebüro an
einen inlandsansässigen Reiseveranstalter, entsteht die Steuer*
*– mit Ablauf des Voranmeldungszeitraums, in dem die Vermittlung ausge-
   führt worden ist (§ 13b Abs. 1 UStG).*
*Erfolgt die Abrechnung der Vermittlungsleistung zwischen einem im Dritt-
land ansässigen Reisebüro und einem inländischen Reiseveranstalter, entsteht die Steuer*
– mit Ausstellung der Rechnung oder Gutschrift,
*– falls noch keine Abrechnung erfolgt ist, jedoch spätestens mit Ablauf des
   der Ausführung der Leistung folgenden Kalendermonats*
(§ 13b Abs. 2 Nr. 1 UStG).
*Sowohl bei Ansässigkeit des Vermittlers im Gemeinschaftsgebiet als auch im
Drittland und Vereinnahmung der Provisionszahlungen vor Ausführung der
Vermittlung, entsteht insoweit die Steuer mit Ablauf des Voranmeldungszeitraums, in dem das Entgelt vereinnahmt worden ist (§ 13b Abs. 4 S. 2
i. V. m. § 13 Abs. 1 Nr. 1 lit. a S. 4 UStG).*

---

226 Siehe Kapitel A.I.14. – REVERSE CHARGE, Abb. 42: „Voraussetzungen für den Übergang der
    Steuerschuldnerschaft auf den Leistungsempfänger".

10. Rechnungen und Gutschriften (§ 14 UStG)

Die Umsatzsteuer ist bei steuerpflichtigen Umsätzen grundsätzlich in Rechnungen und Gutschriften auszuweisen. Das Vorliegen einer ordnungsgemäßen Faktura ist Voraussetzung für den Vorsteuerabzug. Darüber hinaus dient sie Dokumentationszwecken.

Eine Rechnung ist eine Urkunde, mit der ein Unternehmer oder in seinem Auftrag ein Dritter über eine Lieferung oder sonstige Leistung gegenüber dem Leistungsempfänger abrechnet, gleichgültig, wie sie im Geschäftsverkehr bezeichnet wird und wie sie optisch aussieht (§ 14 Abs. 1 S. 1 i. V. m. Abs. 2 S. 2 UStG). Rechnungen sind auf Papier oder vorbehaltlich der Zustimmung des Empfängers elektronisch zu übermitteln. Eine elektronische Rechnung ist eine Rechnung, die in einem elektronischen Format ausgestellt und empfangen wird (§ 14 Abs. 1 S. 7 und 8 UStG).

Zur Verfahrensvereinfachung bei der elektronischen Rechnungsstellung sind elektronische Rechnungen nach folgenden Verfahren anerkannt:

- eine mit einer qualifizierten elektronischen Signatur mit Anbieter-Akkreditierung nach dem Signaturgesetz versehene elektronische Rechnung (§ 14 Abs. 3 Nr. 1 UStG),
- eine über elektronischen Datenaustausch im EDI-Verfahren übermittelte elektronische Rechnung (§ 14 Abs. 3 Nr. 2 UStG), sowie
- eine in einem elektronischen Format ausgestellte Rechnung, deren Echtheit der Herkunft und Unversehrtheit des Inhalts nach anderen zulässigen Verfahren, und deren Lesbarkeit gewährleistet sind. Andere zulässige Verfahren sind innerbetriebliche Kontrollverfahren, die einen verlässlichen Prüfpfad zwischen Rechnung und Leistung schaffen können (§ 14 Abs. 1 S. 2 bis 5 UStG).

Zur Verfahrensvereinfachung bei der elektronischen Rechnungsstellung ab 01.07.2011 gemäß Art. 233 MwStSystRL sei auch auf Kapitel A.I.11.f) – VORSTEUERABZUG, „Elektronische Rechnungen" verwiesen.

Führt der Unternehmer Lieferungen oder sonstige Leistungen nach § 1 Abs. 1 Nr. 1 UStG aus, so ist er berechtigt und, soweit er die Umsätze an einen anderen Unternehmer für dessen Unternehmen oder an eine juristische Person ausführt, sogar verpflichtet, innerhalb von sechs Monaten nach Ausführung der Leistung, Rechnungen auszustellen, die folgende Pflichtangaben zu enthalten haben (vgl. § 14 Abs. 2 Nr. 2 UStG, § 14 Abs. 4 UStG):

- den Namen und die Anschrift des leistenden Unternehmers,
- den Namen und die Anschrift des Leistungsempfängers,
- die dem leistenden Unternehmer vom Finanzamt erteilte Steuernummer oder die ihm vom Bundeszentralamt für Steuern erteilte Umsatzsteuer-Identifikationsnummer (USt-IdNr.),
- das Ausstellungsdatum,
- eine Rechnungsnummer, die zur Identifizierung der Rechnung vom Rechnungsaussteller einmalig pro Besteuerungszeitraum, jedoch nicht zwingend lückenlos fortlaufenden, vergeben wird (Abschn. 14.5 Abs. 10 S. 4 UStAE),

- die Menge und die Art (handelsübliche Bezeichnung) des Gegenstandes der Lieferung oder die Art und den Umfang der sonstigen Leistung,
- den Zeitpunkt der Lieferung oder der sonstigen Lieferung, der explizit angegeben werden muss und nicht automatisch mit dem Rechnungsdatum übereinstimmt[227],
- das nach Steuersätzen und einzelnen Steuerbefreiungen aufgeschlüsselte Entgelt für die Lieferung oder sonstige Leistung (§ 10 UStG),
- jede im Voraus vereinbarte Minderung des Entgelts, sofern sie nicht bereits im Entgelt berücksichtigt ist, z. B. bei Leistungsbeziehungen mit Bonus-, Rabatt- oder sonstigen Preisnachlassvereinbarungen[228],
- den anzuwendenden Steuersatz sowie den auf das Entgelt entfallenden Steuerbetrag oder einen Hinweis auf Steuerbefreiung, und
- **ab 30.06.2013**[229] den Hinweis „Gutschrift"[230] bei Abrechnung über die erhaltene Leistung durch den Leistungsempfänger.

Allgemeinverständliche Abkürzungen können in der Rechnung verwendet werden (§ 31 Abs. 3 S. 1 UStDV).

Ab 30.06.2013[231] gelten folgende Besonderheiten:

- Soweit der Leistungserbringer im übrigen Gemeinschaftsgebiet ansässig ist, sind die Rechnungsvorschriften seines Ansässigkeitsstaates maßgeblich (§ 14 Abs. 7 UStG).
- Für im Inland nach dem EU-Reverse-Charge-Verfahren steuerpflichtige Leistungen eines im übrigen Gemeinschaftsgebiet ansässigen Unternehmers ist spätestens am 15. Tag des Monats, der auf die Anzahlung oder Ausführung der Leistung folgt, eine Rechnung auszustellen (§14a Abs. 1 S. 2 UStG).

---

227 BFH-Urteil vom 08.10.2008, Az.: V R 59/07.
228 BMF-Schreiben vom 29.01.2004 (BStBl. I 2004, 258 ff., Rn. 49); Steht bei Rechnungserteilung die Höhe der Entgeltsminderung noch nicht fest, reicht ein Hinweis auf die entsprechende Vereinbarung. Aber auch dieser allgemeine Hinweis etwa in der Art: „Es bestehen gesonderte Bonusvereinbarungen" ist zwingend. Das FG Münster hat die aktuelle Rechtslage mit Gerichtsbescheid vom 13.01.2009, Az.: 5 K 5721/04-U, bestätigt. Der 11. Senat des Bundesfinanzhofs entschied am 10.02.2010 unter Az.: XI R 3/09, dass die Fortsetzungsfeststellungsklage mangels berechtigtem Interesse unzulässig sei. Ein berechtigtes Interesse an der Feststellung der Rechtswidrigkeit eines Umsatzsteuer-Vorauszahlungsbescheids nach Ergehen des ihn erledigenden Umsatzsteuer-Jahresbescheids bestehe nicht. Die Rechtsfrage, ob die nationalen Vorschriften möglicherweise gegen Unionsrecht verstoßen, wenn auf zwar bereits vereinbarte, jedoch erst zukünftig wirksam werdende Entgeltsminderungen Bezug genommen werden muss, bleibt damit ungeklärt.
229 Für Rechnungen, die **bis einschließlich 31.12.2013** ausgestellt werden, wird es nicht beanstandet, wenn die Rechnungsangabe nach § 14 Abs. 4 Satz 1 Nr. 10 UStG fehlt bzw. die Angaben in der Rechnung oder Gutschrift (§ 14 Abs. 2 Satz 2 UStG) nicht den Vorgaben nach § 14a Abs. 1, 5 und 6 UStG entsprechen (BMF-Schreiben vom 25.10.2013, Az.: IV D 2 – S 7280/12/10002).
230 Siehe Anhang, gem. BMF-Schreiben vom 25.10.2013. In weiteren EU-Amtssprachen verwendete Begriffe für Abrechnungsangaben „Steuerschuldnerschaft des Leistungsempfängers", „Gutschrift" und „Sonderregelung für Reisebüros", VERWALTUNGSANWEISUNGEN, „Erlasse und BMF-Schreiben".
231 Siehe Fußnote 229.

- Reverse-Charge-Rechnungen sind mit dem Hinweis „Steuerschuldnerschaft des Leistungsempfängers"[232] zu kennzeichnen (§ 14a Abs. 5 UStG). Es wird nicht beanstandet, wenn zusätzlich „Reverse Charge" auf der Rechnung steht.
- Soweit Ausgangsleistungen inlandsansässiger Unternehmer im Reverse-Charge-Verfahren an Leistungsempfänger im übrigen Gemeinschaftsgebiet ergehen, sind die deutschen Bestimmungen zur Rechnungserteilung maßgeblich (§ 14a Abs. 1 UStG).
- In Abrechnungsdokumenten über Reiseleistungen, die der Margenbesteuerung nach § 25 UStG unterliegen, ist die wörtliche Angabe „Sonderregelung für Reisebüros"[233] aufzunehmen (§ 14a Abs. 6 UStG).

☞ **Beachten Sie:**
Der Leistungsempfänger hat keinen Anspruch auf eine Rechnung in seiner Landessprache. Dies gilt auch für Abrechnungen über Dienstleistungen, die im Land des Leistungsempfängers der Besteuerung unterliegen. Die Rechnung erfolgt in der Sprache des Ansässigkeitsstaates des Auftragnehmers oder ggf. in englischer Sprache.

Abrechnungen über den Leistungsaustausch können Reiseunternehmer sowohl in Form von Rechnungen als auch als Gutschriften vornehmen (§ 14 Abs. 2 S. 2 UStG).
Dabei ist die Gutschrift nicht im herkömmlichen Sinn als eine Kontengutschrift auf dem Bankkonto zu verstehen. Vielmehr handelt es sich hierbei um einen rechtstechnischen Terminus des Umsatzsteuerrechts, der besagt, dass ausnahmsweise eine Faktura nicht vom leistenden Unternehmer, sondern vom Leistungsempfänger ausgestellt wird.

Ab 30.06.2013[234] gelten folgende Besonderheiten:
- Bei Abrechnung über die erhaltene Leistung durch den Leistungsempfänger ist das Abrechnungsdokument zwingend als „Gutschrift" in deutscher Sprache zu bezeichnen (§ 14 Abs. 4 S. 1 Nr. 10 UStG).
- Soweit der Leistungserbringer im übrigen Gemeinschaftsgebiet ansässig ist und der inlandsansässige Leistungsempfänger über die Leistungserbringung abrechnet, hat er in seiner Gutschrift die Abrechnungsvorgaben des Mitgliedstaats, in dem der Umsatz bewirkt wird, zu beachten (§ 14 Abs. 7 S. 2 UStG).
- Für im Inland nach dem EU-Reverse-Charge-Verfahren steuerpflichtige Leistungen eines im übrigen Gemeinschaftsgebiet ansässigen Unternehmers ist spätestens am 15. Tag des Monats, der auf die Anzahlung oder Ausführung der Leistung folgt, eine Gutschrift auszustellen (§ 14a Abs. 1 S. 4 UStG).

---

232 Siehe Fußnote 230.
233 Siehe Fußnote 230.
234 Siehe Fußnote 229.

☞ **Beachten Sie:**

*Bei kaufmännischen Gutschriften, d.h. Bescheinigungen über einen gutge-
schriebenen Betrag als Korrekturbeleg zu einer zuvor ergangenen Abrechnung,
wird nicht über eine neue Leistung abgerechnet, sondern über eine Reduzierung
der Bemessungsgrundlage einer vorhergehenden Leistung. Gutschriften im herkömmlichen Sinn ergehen z.B. in Bonusfällen, bei Rückzahlung nach Stornierung
gebuchter Leistungen mit Vorauszahlungen, nach Kundenreklamationen, um
eine bereits gestellte Rechnung im Nachhinein zu mindern oder bei echten
Schadensersatzzahlungen. Diese Gutschriften im herkömmlichen Sinn können
zukünftig mit den Bezeichnungen „Rechnungskorrektur", „Rechnungsstorno",
„Gutschriftskorrektur", „Gutschriftsstorno", „Rechnungsänderung", „Credit
Note", „Gutschreibung" oder „Zahlungsausgleich" versehen werden. Andernfalls könnten sie mit Gutschriften im umsatzsteuertechnischen Sinn, also
Rechnungen, die der Erwerber sich selbst ausstellt, verwechselt werden. Verstärkt
wird dieser Eindruck bei Aufnahme eines wie eine Leistungsbeschreibung an-
mutenden Textes. Folglich könnte der Anschein erweckt werden, es würde
über eine empfangene Leistung abgerechnet. In dem Fall könnte ein möglicher
Steuerausweis im Streit stehen und weiterer Korrekturbedarf gemäß § 14c
Abs. 2 UStG nach sich ziehen. Im Falle eines unberechtigten Steuerausweises
schuldet der Aussteller der Abrechnung die Steuer. Ohne Leistungsbeschreibung
der empfangenen Leistung allerdings sind die Mindestanforderungen an eine
Steuerschuld durch unberechtigten Steuerausweis nicht erfüllt. Die Problematik
stellt sich ausschließlich im B2B-Kontext. Im Gutschriftverfahren müssen
Leistungsempfänger sowie Leistender zwingend Unternehmer sein (§ 14 Abs. 2
S. 2 UStG i.V.m. § 14 Abs. 2 Nr. 2 S. 2 UStG).*

*Die Nichtbeachtung der neuen Pflichtangabensvorschriften führt zu keiner
Ordnungswidrigkeit und somit zu keiner Bußgeldzahlung (§ 26a UStG i.V.m.
§ 14 Abs. 4 Nr. 10 UStG und § 14a UStG).*

Die Gutschrift entfaltet eine identische steuerliche Wirkung wie eine Rechnung
und unterliegt auch den gleichen Inhaltsanforderungen. Sie muss also die in einer
Rechnung vorgeschriebenen Angaben ebenso enthalten (§ 14 Abs. 4 und § 14a
UStG). Zusätzlich müssen für ihre Anerkennung weitere Voraussetzungen vorliegen:

- Zwischen dem Aussteller und dem Empfänger der Gutschrift muss Einver-
  ständnis darüber bestehen, dass mit einer Gutschrift über die Leistung abgerechnet wird (§ 14 Abs. 2 S. 2 UStG).
- Die Gutschrift muss dem leistenden Unternehmer zugeleitet worden sein (§ 14
  Abs. 2 S. 3 UStG).
- Die Gutschrift verliert die Wirkung einer Rechnung, soweit der Empfänger den
  in ihr enthaltenen Steuerausweis widerspricht (§ 14 Abs. 2 S. 3 UStG).

In der Touristik ist es üblich, dass die Leistungen der Reisemittler und Zielgebiets-
agenturen im Gutschriftsverfahren abgerechnet werden. Reiseveranstalter und
Leistungsträger verfügen als Leistungsempfänger oft nur über die für eine korrekte
Abrechnung notwendigen Informationen und Geschäftsunterlagen, z. B. bzgl.

Anteil der Eigenleistung am Reisepreis, Steuerbefreiungen auf Eigenleistungen oder bzgl. der Einhaltung vereinbarter Provisionsmodelle.

a) Kleinbetragsrechnungen

Kleinbetragsrechnungen sind Rechnungen mit einem Bruttobetrag von bis zu 150,00 €. Dieser Betrag wurde 2007 von 100,00 € angehoben, um auch weiterhin Tankrechnungen einbeziehen zu können[235]. Für Kleinbetragsrechnungen gelten inhaltliche Erleichterungen; so brauchen sie gemäß § 33 UStDV nur fünf statt der bei regulären Rechnung gemäß § 14 UStG und § 14a UStG mindestens acht gesetzlich vorgeschriebenen Angaben zu enthalten. Die Faktura muss, um zum Vorsteuerabzug zu berechtigen, also mindestens die folgenden Angaben aufweisen (§ 33 Abs. 1 UStDV):

* Den vollständigen Namen und die Anschrift des leistenden Unternehmers,
* das Ausstellungsdatum,
* die Menge und die Art der gelieferten Gegenstände oder den Umfang und die Art der sonstigen Leistung,
* das Entgelt und den darauf entfallenden Steuerbetrag für die Lieferung oder sonstige Leistung in einer Summe,
* den anzuwendenden Steuersatz bzw. den Hinweis auf Steuerbefreiung.

Die weiteren Rechnungsanforderungen, wie Steuer- und Rechnungsnummerausweis etc., entfallen. Diese Erleichterungen gelten gemäß § 33 S. 3 UStDV allerdings nicht bei der Abrechnung der von einem im Ausland ansässigen Unternehmer bezogenen sonstigen Leistungen, wie z. B. der Leistung eines im ausländischen Zielgebiet ansässigen Reiseleiters an einen inländischen Reiseveranstalter (sog. Reverse-Charge-Rechnungen[236]).

☞ **Beachten Sie:**
Kleinbetragsrechnungen werden oft aus Kostengründen auf Thermopapier ausgestellt, das schon nach kurzer Zeit verblassen kann. Da Rechnungen mit Ablauf des Kalenderjahres ihrer Ausstellung zehn Jahre lesbar aufbewahrt werden müssen, schreibt die Finanzverwaltung vor, in diesem konkreten Fall statt dem Original eine dauerhaft lesbare Kopie abzulegen. Dabei ist es nicht erforderlich, die ursprüngliche, auf Thermopapier ausgedruckte Rechnung aufzubewahren (Abschn. 14b.1 Abs. 5 S. 3 und 4 UStAE).
Bei „Kleinbetragsrechnungen", die den Bruttobetrag von 150,00 € übersteigen, muss der Leistungsempfänger für die Inanspruchnahme des Rechts zum Vorsteuerabzug eine ordnungsgemäße Rechnung nachfordern.

b) Fahrausweise als Rechnungen

Fahrausweise sind Tickets, Flugtickets und Passenger Receipts bei inländischen Flügen. Eine Rechnung kann auch ein Ticket sein. Dieses berechtigt zum Vorsteuerabzug.

---

235 Vgl. TourHP, 02/2009, Seite 43 ff., Cyrilla Wolf, „Typische Vorsteuer-Risiken in der Praxis".
236 Siehe Kapitel A.I.14. – REVERSE CHARGE, Abb. 42: „Voraussetzungen für den Übergang der Steuerschuldnerschaft auf den Leistungsempfänger".

Keine Fahrausweise hingegen sind Belege über die Benutzung eines Taxis, Mietwagens oder Omnibusses außerhalb des Linienverkehrs (Abschn. 15.5 Abs. 7 UStAE).

1	Vollständige Namen und Anschrift des Beförderungsunternehmers		alle
2	Ausstellungsdatum		alle
3	Entgelt und darauf entfallenden Steuerbetrag in einer Summe		alle
4	Anzuwendenden Steuersatz wenn dieser nicht dem ermäßigten Steuersatz von 7 % entspricht. D. h. ohne Angaben ist für die Berechnung der abziehbaren Vorsteuerbeträge der ermäßigte Steuersatz zugrunde zu legen.	§ 12 Abs. 2 Nr. 10 UStG, Abschn. 15.5 Abs. 3 S. 4 UStAE	alle
5	Bei Anwendung des Nullsatzes: Hinweis des Carriers auf die Eigenleistung der „grenzüberschreitenden Beförderung von Personen im Luftverkehr". Ohne Anwendung des Nullsatzes: Rechnung mit gesondertem Steuerausweis von 19 %.	§ 26 Abs. 3 S. 1 UStG, Abschn. 15.5 Abs. 5 UStAE	Nur Flug
6	Bescheinigung darüber welcher Anteil des Beförderungspreises auf den Streckenanteil im Inland entfällt sowie anzuwendender Steuersatz.	§ 34 Abs. 2 S. 1 UStDV	Grenzüberschreitende Beförderungen
7	Angabe des Steuersatzes von 19 % oder der Tarifentfernung von über 50 km. Ohne Angaben gilt der Steuersatz von 7 % bei einer Tarifentfernung bis 50 km (siehe Punkt 4)	§ 35 Abs. 2 S. 1 UStDV, Abschn. 14.7 Abs. 3 S. 2 UStAE	Nur Bahn

Abb. 34: Mindestangaben bei Fahrausweisen als Rechnungen und Belegen im Reisegepäckverkehr im Zusammenhang mit einer Personenbeförderung (§ 34 UStDV, Abschn. 14.7 UStAE)

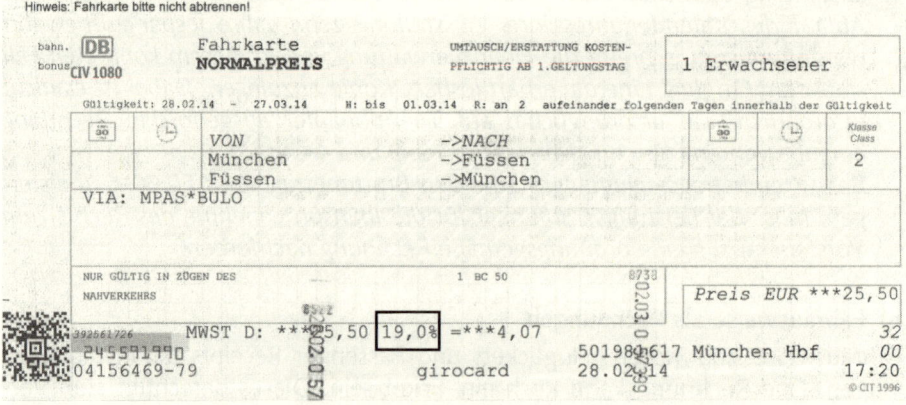

Abb. 35: Regelbesteuerte Bahn-Beförderung über eine Tarifentfernung von mehr als 50 km

11. Vorsteuerabzug (§ 15 UStG)

Das Vorliegen einer ordnungsgemäßen Rechnung, Proper Invoice bzw. Gutschrift ist für den Vorsteuerabzug von wesentlicher Bedeutung (§ 15 Abs. 1 Nr. 1 UStG). Die in ordnungsgemäßen Rechnungen im Sinne des § 14 UStG ausgewiesene Steuer für Lieferungen oder sonstige Leistungen, die von einem anderen Unternehmer für das Unternehmen des Leistungsempfängers ausgeführt worden sind, kann von diesem unter folgenden Bedingungen abgezogen werden:

- Er ist Unternehmer und
- generiert den Umsatz für sein Unternehmen und
- ist zum Vorsteuerabzug berechtigt und
- er verfügt über eine ordnungsgemäße Rechnung.

Entfällt der gesondert ausgewiesene Steuerbetrag auf eine Zahlung vor Ausführung dieser Umsätze, ist er bereits abziehbar, wenn die Rechnung vorliegt und die Zahlung geleistet worden ist (vgl. § 15 Abs. 1 Nr. 1 S. 3 UStG).

1	Der Leistungsausführende ist ein Unternehmer im Sinne des Umsatzsteuergesetzes.	§ 2 UStG, § 15 Abs. 1 Nr. 1 UStG
2	Der Leistungsempfänger ist ein Unternehmer im Sinne des Umsatzsteuergesetzes.	§ 2 UStG, § 15 Abs. 1 Nr. 1 UStG
3	Der Leistungsempfänger bezieht die Leistung für sein Unternehmen und nicht für seinen privaten Bereich.	§ 15 Abs. 1 Nr. 1 UStG
4	Es handelt sich um einen steuerbaren Umsatz.	§ 1 Abs. 1 UStG, § 15 Abs. 1 Nr. 1 UStG
5	Es handelt sich um eine im Inland gesetzlich geschuldete Umsatzsteuer, d. h. der Umsatz ist steuerpflichtig. Ein unrichtiger oder unberechtigter Steuerausweis in der Rechnung des leistenden Unternehmers führt beim Leistungsempfänger nicht zum Vorsteuerabzug – bei ersterem hingegen zu einer Umsatzsteuerschuld.	§ 15 Abs. 1 Nr. 1 UStG
6	Der Leistungsempfänger ist im Besitz einer ordnungsgemäß ausgestellten Rechnung mit u. a. gesondert ausgewiesener Umsatzsteuer.	§ 15 Abs. 1 Nr. 1 S. 2 UStG, § 14 UStG, § 14a UStG

Abb. 36: Voraussetzungen für den Vorsteuerabzug gemäß § 15 UStG

☞ **Beachten Sie:**

Die Formstrenge des Umsatzsteuerrechts in Bezug auf die Erfüllung der Voraussetzungen für einen rechtmäßigen Vorsteuerabzug dient der Sicherung von Steuereinnahmen durch weitgehende Verhinderung von Umsatzsteuerbetrugsmodellen, wie sie u. a. bei Karussell- und Streckengeschäften[237] üb-

---

237 Unter dem Begriff „Umsatzsteuerkarussell" sind Geschäfte zu verstehen, bei denen im Rahmen von innergemeinschaftlichen Lieferungen, Handelswaren – ggf. mehrfach im Karussell – unter Ausnutzung der Steuerfreiheit für grenzüberschreitende innergemeinschaftliche Lieferungen, in einen anderen EU-Mitgliedstaat verkauft werden. Planmäßig macht der sog. Missing Trader in der Lieferkette zwar die ihm in Rechnung gestellte Umsatzsteuer als Vorsteuer geltend, er meldet seine Umsätze aber nicht an und taucht unter, bevor die Umsatzsteuer festgesetzt wird. Reiseunternehmer können mit touristischen Leistungen nicht als ungewollte „Fahrgäste" in ein

lich sind. Im Rahmen einer Umsatzsteuer-Nachschau oder -Sonderprüfung beanstandete, nicht ordnungsgemäß ausgestellte Eingangs- und Ausgangsrechnungen wie Rechnungen mit unrichtigen oder unberechtigten Steuerausweisen, führen zu Rückforderungen der rechtswidrig geltend gemachten Vorsteuern.

Wird dem Leistungsempfänger bei Rechnungskorrektur durch den leistenden Unternehmer der Vorsteuerabzug nicht rückwirkend versagt, so hat er doch für den Zeitraum zwischen ursprünglich ergangener Rechnung und ordnungsgemäß erstellter nachgereichter Rechnung einen Zinsschaden zu tragen (Abschn. 15.2 Abs. 5 UStAE, § 233a AO). Ob er diesen an den leistenden Unternehmer durchreichen kann, ist zweifelhaft, denn er hat mit seiner Rechnungsbegleichung stillschweigend ihre Fehlerhaftigkeit akzeptiert. Außerdem erfordern Rechnungskorrekturen, dass der leistende Unternehmer noch existiert und ausfindig gemacht werden kann. Bei unberechtigten Steuerausweisen kann auch durch eine vorgenommene Rechnungskorrektur die Rückforderung der Umsatzsteuer nicht verhindert werden[238].

Die Gewährung des Vorsteuerabzugs unter dem Gesichtspunkt einer rückwirkenden Rechnungsberichtigung setzt voraus, dass die zu berichtigende Rechnung falsche oder unvollständige Angaben enthält, die einer Berichtigung zugänglich wären. Das als Rechnung geltende Dokument muss also, um berichtigungswürdig zu sein, nach den nach dem Umsatzsteuergesetz festgelegten Kriterien als Rechnung betrachtet werden können. Sind die materiell-rechtlichen Voraussetzungen für den Vorsteuerabzug – Ausführung des Umsatzes durch den ausführenden Unternehmer und Vorliegen einer berichtigten Rechnung beim Leistungsempfänger – unstrittig erfüllt und hat der Reiseunternehmer der betreffenden Steuerbehörde vor Erlass ihrer Entscheidung eine gemäß Art. 226 MwStSystRL berichtigte Rechnung zugeleitet, kann der Rechnungskorrektur Rückwirkung zukommen, sodass ein Anspruch auf Verzinsung seitens des Fiskus in Frage stehen sollte[239].

Exkurs: Allgemeiner und qualifizierter Rechnungsbegriff

Der Rechnungsbegriff, der zum Vorsteuerabzug berechtigt und der Rechnungsbegriff, nach dem eine unrichtig oder unberechtigt ausgewiesene Umsatzsteuer geschuldet wird, sind nicht identisch.

Umsatzsteuerkarussell einsteigen, da sich dieses in Verbindung mit Reiseleistungen nicht dreht. Betrugsanfällige Branchen sind Computerhandel, Mobiltelefonhandel, Gerüstbau, Schrotthandel, Reinigungsdienstleister, Emissionshandel sowie die Baubranche.

238 Vgl. TourHP 02/2009, Seite 43 ff., Cyrilla Wolf, „Typische Vorsteuer-Risiken in der Praxis."

239 EuGH-Urteil vom 15.07.2010, Az.: C-368/09 – *Pannon Gép Centrum kft.* Siehe auch BFH- Urteil vom 19.06.2013, Az.: XI R 41/10 sowie FG Rheinland-Pfalz, Urteil vom 23.09.2010, Az.: 6 K 2089/10 sowie SRTour 12/2010, S. 13 f., Cyrilla Wolf, „Rechnungsberichtigungen kommt nicht grundsätzlich Rückwirkung zu" und SRTour 11/2010, S. 13 ff., Dr. Volker M. Jorczyk und Cyrilla Wolf, „EuGH: Rückwirkende Rechnungskorrektur".

> Allgemeiner Rechnungsbegriff für Steuerschuld des Rechnungsausstellers:
> Der leistende Unternehmer schuldet die in einem von ihm erstellten Abrechnungs-
> dokument unrichtig oder unberechtigt ausgewiesene Umsatzsteuer. Für den
> Gefährdungstatbestand der Steuerschuld infolge des Steuerausweises muss die
> Rechnung nicht ordnungsgemäß sein (§§ 14 Abs. 1, 14c UStG).
>
> Qualifizierter Rechnungsbegriff für Recht zum Vorsteuerabzug:
> Für den Vorsteuerabzug des Leistungsempfänger zwingend erforderlich ist eine
> ordnungsgemäße Rechnung, die sämtliche vorgeschriebenen Rechnungsanga-
> ben gemäß §§ 14 Abs. 4, 14a, 15 Abs. 1 Nr. 1 S. 2 UStG enthält.

Die unrichtig oder unberechtigt in einer Rechnung ausgewiesene Umsatzsteuer
berechtigt den Leistungsempfänger nicht zum Vorsteuerabzug.

Während im Fall des unrichtigen Steuerausweises, eine Berichtigung gegenüber
dem Leistungsempfänger ausreicht, muss im Fall des unberechtigten Steuerausweises die Berichtigung schriftlich beim zuständigen Finanzamt beantragt werden
und das Finanzamt muss seine Zustimmung erteilen.

Beispiel 1 – Unrichtiger Steuerausweis:

Im Januar 2014 berechnet ein hartnäckiger Hotelier das Frühstück zur Übernachtungsleistung in Inakzeptanz der geänderten Rechtslage an einen Business
Traveler mit 7 % Umsatzsteuer.

Lösung 1:

In Anbetracht der Reklamation des Geschäftsreisenden berichtigt der Hotelier
seine Rechnung. Er korrigiert die Umsatzsteuer auf 19 % aus dem Bruttobetrag.
Der Business Traveler kann entsprechend die in der Rechnungsberichtigung
ausgewiesene Umsatzsteuer in voller Höhe von 19 % statt ursprünglich 7 %
als Vorsteuer geltend machen (§ 14c Abs. 1 UStG).

Beispiel 2 – Unberechtigter Steuerausweis:

Ein Reiseveranstalter erstellt gegenüber einem Privatkunden eine Rechnung
mit ausgewiesener Umsatzsteuer, obwohl seine Reiseleistung ausschließlich aus
Reisevorleistungen besteht.

Lösung 2:

Der Reiseveranstalter schuldet neben der Margensteuer die ausgewiesene Umsatzsteuer. Um der doppelten Steuerschuld zu entgehen, hat der Veranstalter
einen Berichtigungsantrag an sein Betriebsfinanzamt zu stellen und die entsprechende Zustimmung abzuwarten (§ 14c Abs. 2 UStG, § 13a Abs. 1 Nr. 4 UStG).

☞ **Beachten Sie:**

*Ein unberechtigter „Steuerausweis" liegt auch vor, wenn ein Kleinunternehmer
eine Kleinbetragsrechnung unter Angabe von Bruttobetrag und anzuwendendem
Steuersatz ausstellt (§ 14c Abs. 2 S. 1 UStG, § 33 S. 1 UStDV). Der „Steuerausweis" ergibt sich durch das Recht des Leistungsempfängers, den Rechnungsbe-
trag selbst in Entgelt und Steuerbetrag aufzuteilen (§ 35 Abs. 1 UStDV).*[240]

---

240 BFH-Urteil vom 25.09.2013, Az.: XI R 41/12.

a) Ausschluss vom Vorsteuerabzug

Die folgende Tabelle gibt die im touristischen Kontext möglichen Sachverhalte wieder, die den Vorsteuerabzug ausschließen:

1	Kleinunternehmer sind nicht zum Vorsteuerabzug berechtigt.	§ 19 Abs. 1 S. 4 UStG
2	Aufwendungen, für die ein einkommensteuerliches Abzugsverbot besteht, berechtigen nicht zum Vorsteuerabzug. Das sind:	§ 15 Abs. 1a UStG i. V. m. § 4 Abs. 5 S. 1 Nr. 1 bis 4, 7 oder § 12 Nr. 1 EStG
	– Aufwendungen eines Reiseunternehmers für Geschenke im Wert von mehr als 35,00 € netto (Freigrenze) pro Kalenderjahr und beschenkter Person, die nicht Arbeitnehmer des Reiseunternehmers ist. Beispiel: Eintrittsberechtigungen zu kulturellen oder sportlichen Veranstaltungen.	§ 4 Abs. 5 S. 1 Nr. 1 EStG, Abschn. 15.6 Abs. 4 S. 3 UStAE, Abschn. 3.3 Abs. 11 S. 2 UStAE
	– Aufwendungen des Reiseunternehmers für Gästehäuser im Zusammenhang mit der Bewirtung und Beherbergung von Nichtarbeitnehmern, soweit sich die Gästehäuser außerhalb des Orts eines Betriebes des Reiseunternehmers befinden.	§ 4 Abs. 5 S. 1 Nr. 3 EStG
	– Aufwendungen des Reiseunternehmers für Jagd, Fischerei, Rennpferde, Segel- oder Motorjachten und damit zusammenhängende Bewirtungen. Der Ausschluss des Vorsteuerabzugs setzt nicht voraus, dass die Aufwendungen im Rahmen eines andere Zwecke verfolgenden Unternehmens getätigt werden, soweit keine Gewinnerzielungsabsicht besteht.	§ 4 Abs. 5 S. 1 Nr. 4 EStG, Abschn. 15.6 Abs. 8 S. 2 und 3 UStAE i. V. m. § 2 Abs. 1 S. 2 UStG
	– Aufwendungen, die die Lebensführung des Reiseunternehmers oder anderer Personen berühren, soweit sie nach allgemeiner Verkehrsauffassung als unangemessen anzusehen sind. Beispiel: Bewirtung mit Varieté.	§ 4 Abs. 5 S. 1 Nr. 2 und 7 EStG, H 4.10 Abs. 5 bis 9, Stichwort „Bewirtung" EStR 2012
	– Aufwendungen, die für den Haushalt des Reiseunternehmers und für den Unterhalt seiner Familienangehörigen entstehen. Beispiele: – Bewirtung von Geschäftsfreunden in der Wohnung des Tourismusunternehmers. – Bewirtung von Geschäftsfreunden des Tourismusunternehmers anlässlich seines Geburtstags in einem Restaurant.	§ 12 Nr. 1 EStG, H 12.1, Stichwort „Bewirtungskosten" EStR 2012
3	Ein Reiseleistungen anbietender Unternehmer ist grundsätzlich nicht berechtigt, die gesondert in Rechnung gestellten Steuerbeträge aus bezogenen Reisevorleistungen als Vorsteuern abzuziehen.	§ 25 Abs. 4 UStG, Abschn. 15.2 Abs. 6 Nr. 4 UStAE
4	Steuerbeträge, die für einen Innenumsatz gesondert ausgewiesen werden, berechtigen nicht zum Vorsteuerabzug. Dies sind – Umsätze zwischen Betriebsabteilungen desselben Unternehmens über das Inland hinaus. – Umsätze zwischen Organgesellschaften und Organträger innerhalb eines Organkreises, beschränkt auf die im Inland liegenden Unternehmensteile (Abschn. 2.9 Abs. 1 UStAE). Die Umsätze sind als innerbetriebliche Vorgänge anzusehen. Werden für sie Belege mit gesondertem Steuerausweis ausge-	§ 2 Abs. 2 Nr. 2 UStG, Abschn. 15.2 Abs. 14 S. 1 UStAE

	stellt, handelt es sich umsatzsteuerrechtlich nicht um Rechnungen, sondern um unternehmensinterne Buchungsbelege. Die darin ausgewiesene Steuer wird somit auch nicht im Rahmen eines unberechtigten Steuerausweises geschuldet (§ 14c Abs. 2 UStG, Abschn. 14.1 Abs. 4 UStAE).	
5	Die Steuer aus Lieferungen und sonstige Leistungen, die der Reiseunternehmer zur Ausführung von steuerfreien Umsätzen verwendet, ist vom Vorsteuerabzug ausgeschlossen.	§ 15 Abs. 2 Nr. 1 UStG
6	Umsätze im Ausland, die steuerfrei wären, wenn sie im Inland ausgeführt würden, schließen den Vorsteuerabzug aus inländischen Leistungsbezügen grundsätzlich aus.	§ 15 Abs. 2 Nr. 2 UStG

Abb. 37: Ausschluss vom Vorsteuerabzug

Exkurs: Vorsteuerabzug aus Billigkeitsgründen

Rechnungen können fehlerhafte Angaben enthalten, die vom Empfänger nicht ohne weiteres geprüft werden können. Der Vorsteuerabzug steht insoweit im Risiko.

Der Vorsteuerabzug aus Billigkeitsgründen kann nicht gewährt werden, wenn die Tatbestandsmerkmale des § 15 Abs. 1 S. 1 Nr. 1 UStG nicht erfüllt sind.

Der Vorsteuerabzug ist nur dann dem Grunde nach möglich, wenn

• Die Unternehmereigenschaft des Auftraggebers feststeht,
• die Leistung tatsächlich durchgeführt wurde und
• eine ordnungsgemäße Rechnung vorliegt.

Der gute Glaube an die Erfüllung der Voraussetzungen für den Vorsteuerabzug ist nicht geschützt, sodass bei Fehlen einer Tatbestandsvoraussetzung des § 15 Abs. 1 S. 1 Nr. 1 UStG, die geltend gemachten Vorsteuerbeträge auch nicht unter dem Gesichtspunkt des Vertrauensschutzes abziehbar sind. Allerdings sind dem Rechnungsempfänger bei der Überprüfung folgender Merkmale Grenzen gesetzt:

• Rechnungsaussteller ist Umsatzsteuer ausweisender Kleinunternehmer,
• Richtigkeit der Steuernummer,
• Richtigkeit der inländischen USt-IdNr., sowie
• Richtigkeit der Rechnungsnummer.

Der BFH[241] lässt den Vorsteuerabzug aus Billigkeitsgründen zu, wenn die materiellen Voraussetzungen für den Vorsteuerabzug wegen unzutreffender Rechnungsangaben nicht vorliegen und der Leistungsempfänger gutgläubig ist. Dieser Status ist erreicht, wenn der Auftraggeber alle Maßnahmen ergriffen hat, die vernünftigerweise von ihm verlangt werden können, um sich von der Richtigkeit der Angaben in der Rechnung zu überzeugen. Für die Einhaltung der erforderlichen Sorgfaltspflichten könnte als Maßstab die Sorgfalt verlangt werden, die ein Unternehmer in eigenen Vermögensangelegenheiten an den Tag legen würde.

---

241 BFH-Urteil vom 20.04.2009, Az.: V R 15/07.

Die Finanzverwaltung[242] erkennt keine Billigkeit in Fällen des unrichtigen oder unberechtigten Steuerausweises an. Hier kann der Leistungsempfänger in der Regel die Fehlerhaftigkeit erkennen und die Rechnung beanstanden. Die negativen Folgen der kaum erkennbaren und nicht erkannten Eigenschaft eines Auftragnehmers als Kleinunternehmer gehen zu Lasten des Leistungsempfängers.[243]

b) Ausnahmen vom Ausschluss des Vorsteuerabzugs

Die folgende Tabelle gibt die touristischen Sachverhalte wieder, auf die das (teilweise) Verbot zum Vorsteuerabzug nicht anzuwenden ist:

1	Keine Vorsteuerabzugsbeschränkung besteht für angemessene und nachgewiesene Bewirtungsaufwendungen. Dies gilt auch für den Anteil (30 %[244]), der einkommensteuerlich nicht als Betriebsausgaben abgezogen werden darf.	§ 4 Abs. 5 S. 1 Nr. 2 EStG Abschn. 15.6 Abs. 6 und 7 UStAE H 4.10 Abs. 5 bis 9 EStH 2012
	Voraussetzung: Der Bewirtungsbeleg über die Höhe der Aufwendungen muss mit Angaben zum Ort, Tag sowie Anlass der Bewirtung und den Namen der teilnehmenden Gäste ergänzt und vom Tourismusunternehmer eigenhändig unterschrieben werden.	
	Der Name des bewirtenden Unternehmers ist zwingend durch den Gastwirt in den Bewirtungsbeleg einzutragen.[245]	
2	Kein Ausschluss des Vorsteuerabzugs besteht für Umsätze, die nach folgenden Vorschriften steuerfrei sind:	§ 15 Abs. 3 Nr. 1 lit. a UStG § 15 Abs. 2 Nr. 1 UStG i. V. m.
	– Umsätze für die Seeschifffahrt und für die Luftfahrt	§ 4 Nr. 2, § 8 UStG
	– Umsätze im Zusammenhang mit „Swimming Meals"	§ 4 Nr. 6 lit. e UStG
	– Umsätze im Zusammenhang mit steuerfreien Reiseleistungen.	§ 25 Abs. 2 UStG
	Beispiele: – Reiserechtliche Beratung – Steuerrechtliche Beratung – Reisekatalogherstellung – Reisebüroprovisionen	
3	Kein Ausschluss des Vorsteuerabzugs besteht für Umsätze im Ausland, die nach folgenden Vorschriften steuerfrei wären, wenn sie im Inland ausgeführt würden	§ 15 Abs. 3 Nr. 2 lit. a UStG § 15 Abs. 2 Nr. 2 UStG i. V. m.
	– Umsätze für die Seeschifffahrt und für die Luftfahrt	§ 4 Nr. 2, § 8 UStG
	– Umsätze im Zusammenhang mit „Swimming Meals"	§ 4 Nr. 6 lit. e UStG
	– Umsätze im Zusammenhang mit steuerfreien Reiseleistungen.	§ 25 Abs. 2 UStG

Abb. 38: Ausnahmen vom Ausschluss des Vorsteuerabzugs

---

242 OFD Niedersachsen, Verfügung vom 30.05.2011, Az.: S 7300-628-St 173.
243 Vgl. SRTour 08/2011, Seite 17 f., Cyrilla Wolf, „Provisionsgutschriften an Kleinunternehmer".
244 Bis 2003 20 %, ab 2004 30 %.
245 BFH-Urteil vom 18.04.2012, Az.:X R 57/09. Bei Gaststätten-Kleinbetragsrechnungen (siehe Kapitel A.I.10.a) – RECHNUNGEN UND GUTSCHRIFTEN, „Kleinbetragsrechnungen", ist die Angabe des Namens des bewirtenden Unternehmers nicht erforderlich.

c) Vorsteuervergütung im Ausland gezahlter Umsatzsteuer

Inländische Reiseunternehmer, die im Zusammenhang mit ihrer Unternehmens-tätigkeit in einem anderen Mitgliedstaat Umsatzsteuer gezahlt haben, in dem sie selbst keine Dienstleistungen oder Lieferungen erbringen, können sich diese von dem betreffenden Mitgliedstaat erstatten lassen (§ 18g UStG). Ein entsprechen-der Antrag erfolgt elektronisch über das Online-Portal des Bundeszentralamts für Steuern (BZSt). Nach Prüfen der Unternehmereigenschaft des Antragstellers übermittelt das BZSt den Antrag an den entsprechenden EU-Mitgliedstaat zur Weiterbearbeitung und Erstattung der erhobenen Umsatzsteuer. Das Vorsteuer-Vergütungsverfahren kommt insbesondere im Zusammenhang mit folgenden im Ausland beanspruchten Lieferungen und sonstigen Leistungen unter Beachtung von landesspezifischen Beschränkungen in Frage:

- Messeeintrittskarten, Messekataloge,
- Hotelübernachtungen,
- Bewirtungen im Restaurant, Verpflegungskosten,
- Autobahnmaut, Kfz-Reparaturen, Benzin, Diesel,
- Mietwagen, Taxifahrten,
- Telefongebühren.

Die Möglichkeit der Erstattung besteht in allen EU-Staaten bei Antragstellung bis 30.09. des Folgejahres. Voraussetzung ist die rechtzeitige, vollständige Antrag-stellung an die zentrale Erstattungsbehörde[246] des jeweiligen Landes, sowie ein Mindesterstattungsbetrag von in der Regel 50,00 € für EU-Unternehmer im Kalenderjahr und je EU-Beitrittsstaat. Unterjährige (Zwischen-)Anträge und Quartalsanträge können bei Erstattungsbeträgen von in der Regel mindestens 400,00 € gestellt werden. Es ist den einzelnen Mitgliedstaaten freigestellt, ob sie die Vorlage elektronischer Kopien verlangen, wenn die einzelnen Nettorech-nungsbeträge 1.000,00 € erreichen. Bei Bedarf fordert das zuständige ausländi-sche Finanzamt die Zusendung von Originalbelegen nach. Durch das elektronische Verfahren sollen die Abläufe für die erstattungsberechtigten Unternehmen verein-facht und beschleunigt werden. Unternehmen können gegenüber dem jeweili-gen EU-Erstattungsstaat bei verspäteter, d. h. nicht innerhalb von vier Monaten und zehn Tagen bzw. bei Nachforderungen von Belegen oder Informationen, innerhalb von acht Monaten, vorgenommen Erstattungen, einen Zinsanspruch geltend machen.

Drittlandstaaten, mit denen eine Gegenseitigkeit besteht, erstatten inländischen Unternehmern unter bestimmten Voraussetzungen die dort gezahlte Umsatz-steuer. Anträge sind direkt bei der ausländischen zentralen Erstattungsbehörde mittels eines Antragvordrucks in der jeweiligen Landessprache zu stellen. Die Frist zur Antragstellung läuft in der Regel bereits zum 30.06. des Folgejahres ab. Der antragstellende inländische Reiseunternehmer hat für das Antragsverfahren üb-licherweise bei seinem Betriebsfinanzamt eine Unternehmerbescheinigung ge-mäß Vordruck USt 1 TN zu beantragen. Die Ausstellung derselben dient der

---

246 Zu Adressen der jeweiligen zentralen Landeserstattungsbehörde sowie zu den in den jeweiligen Mitgliedstaaten gültigen Mindesterstattungsbeträgen, siehe URL http://ec.europa.eu/taxation_ customs/taxation/vat/traders/vat_refunds/index_de.htm.

Bestätigung sowohl seiner steuerliche Erfassung im Inland, als auch seiner Unternehmereigenschaft.

d) Vorsteuervergütung bei im Ausland ansässigen Unternehmern

Auslandsunternehmer können unter den allgemein für die Vornahme des Vorsteuerabzugs geltenden Voraussetzungen, den Vorsteuerabzug in Deutschland beanspruchen, und zwar unabhängig davon, ob sie in Deutschland Umsätze generiert haben. Dabei machen sie ihre Vorsteuer-Erstattungsansprüche entweder im Vorsteuervergütungsverfahren beim Bundeszentralamt für Steuern oder im allgemeinen Besteuerungsverfahren bei ihrem Betriebsfinanzamt geltend (§ 15 Abs. 1 Nr. 1 UStG, Abschn. 15.1 Abs. 2 und Abschn. 18.15 Abs. 1 UStAE). Das Vorsteuer-Vergütungsverfahren kommt für ausländische Unternehmer in Frage, die im Inland im Vergütungszeitraum keine Umsätze, nur Reverse-Charge-Umsätze oder der Beförderungseinzelbesteuerung unterliegende Umsätze ausgeführt haben (§§ 59 bis 61 UStDV). Als Vergütungszeitraum kann der Unternehmer in der Regel einen Zeitraum von mindestens drei Monaten bis höchstens einem Jahr wählen. Vorsteuer-Vergütungsansprüche sind zu verzinsen[247] (§ 233a AO).

Die nicht unter das Vorsteuer-Vergütungsverfahren fallenden Unternehmer unterziehen sich dem Regelbesteuerungsverfahren[248]. Wird ein Auslandsunternehmer im letzten Quartal des Kalenderjahres im Rahmen des Reverse-Charge-Verfahrens in Deutschland Steuerschuldner, macht er sämtliche im Kalenderjahr entstandenen Vorsteuerbeträge, die nicht bereits dem besonderen Vergütungsverfahren unterlagen, in seiner Jahreserklärung geltend. Das nicht in Anspruch genommene Vergütungsverfahren wird laut BFH[249] durch das Regelbesteuerungsverfahren und die Abgabe einer Jahressteuererklärung ersetzt, soweit der Auslandsunternehmer im weiteren Verlauf des Kalenderjahres Umsätze tätigt, die Voranmeldungspflichten auslösen. In der Jahressteuererklärung sind sämtliche Vorsteuerbeträge, mit Ausnahme der tatsächlich bereits vergüteten, anzusetzen.

Mit Einführung des Mehrwertsteuer-Pakets in 2010 sind Änderungen im Zusammenhang mit der Abwicklung des Vorsteuer-Vergütungsverfahrens zur Vereinfachung, Beschleunigung und Modernisierung des Verfahrens vorgenommen worden.

Für im Gemeinschaftsgebiet ansässige Unternehmer sind folgende Maßnahmen zu beachten:

• Für ein elektronisches Antragsverfahren fungiert das Onlineportal des Bundeszentralamts für Steuern. Es dient als zentraler elektronischer Briefkasten für alle Unternehmer aus dem übrigen Gemeinschaftsgebiet (§ 61 Abs. 1 UStDV).

• Die Frist zur Antragstellung verlängert sich auf den 30.09. des Folgejahres (§ 61 Abs. 2 UStDV).

• Ein Antragstellung ist nur mehr ab einer Mindesterstattung von 50,00 € pro Kalenderjahr oder 400,00 € unterjährig möglich (§ 61 Abs. 3 UStDV).

---

247 BFH-Urteil vom 17.04.2008, Az.: V R 41/06.
248 Siehe. Kapitel A.I.12. – GRUNDLAGEN DER UMSATZBESTEUERUNG, „Steuerberechnung, Besteuerungszeitraum und Währungsfragen".
249 BFH-Urteil vom 14.04.2011, Az.: V R 14/10.

- Belege sind nur mehr bei Nettorechnungen von mindestens 1.000,00 € und bei Bezug von Kraftstoffen von mindestens 250,00 € sowie im Einzelfall auf Verlangen des Erstattungsstaats im Original, ansonsten in Kopie vorzulegen (§ 61 Abs. 2 UStDV, Abschn. 18.13 Abs. 4 UStAE).
- Eine schriftliche Bescheinigung der Unternehmereigenschaft ist nicht erforderlich.
- Die Bearbeitungs- und Erstattungsfrist beträgt grundsätzlich vier Monate. Der zu vergütende Betrag ist zu verzinsen. Der Zinslauf beginnt mit Ablauf von vier Monaten und zehn Werktagen nach Eingang des Vergütungsantrags beim Bundeszentralamt für Steuern (§ 61 Abs. 5 UStDV).

Für im Drittlandsgebiet ansässige Unternehmer sind folgende Maßnahmen zu beachten:

- Die Frist zur Antragstellung läuft bis 30.06. des Folgejahres (§ 61a Abs. 2 UStDV).
- Ein Antragstellung ist nur mehr ab einem Mindesterstattung von 500,00 € pro Kalenderjahr oder 1.000,00 € unterjährig möglich (§ 61a Abs. 3 UStDV).
- Eine behördliche Bescheinigung über seine steuerlichen Registrierung und Unternehmereigenschaft seitens des Ansässigkeitsstaates ist erforderlich (§ 61a Abs. 4 UStDV).

☞ **Beachten Sie:**

Für Unternehmer aus Drittstaaten ist Voraussetzung für die Vorsteuervergütung, dass umgekehrt in deren jeweiligen Ansässigkeitsstaat keine Umsatzsteuer erhoben wird, oder im Falle der Erhebung, diese inlandsansässigen Unternehmern nach dem Prinzip der Gegenseitigkeit ebenfalls vergütet werden kann (§ 18 Abs. 9 S. 4 UStG). Das Bundesministerium gibt in regelmäßigen Abständen je ein Verzeichnis[250] der Drittstaaten, zu denen Gegenseitigkeit besteht (neu: Serbien, Marshallinseln), und der Drittstaaten, zu denen Gegenseitigkeit nicht gegeben ist , heraus.

e) Rechnungen von Kleinunternehmern

Reiseunternehmer arbeiten regelmäßig mit freien Mitarbeitern, wie Werbetextern, Übersetzern, Webdesignern, Buchhaltern oder Reiseleitern zusammen. Diese sind häufig Kleinunternehmer und damit nicht berechtigt, Umsatzsteuer in ihren Rechnungen auszuweisen. Gelegentlich tun sie dies unwissentlich.
Kleinunternehmer sind Unternehmer, deren Umsatz im vorangegangenen Kalenderjahr 17.500,00 € nicht überstiegen hat und im laufenden Kalenderjahr 50.000,00 € voraussichtlich nicht übersteigen wird (§ 19 Abs. 1 S. 1 UStG). Als Umsatz zählt dabei der nach vereinnahmten Entgelten bemessene Gesamtumsatz, gekürzt um die darin enthaltenen Umsätze von Wirtschaftsgütern des Anlagevermögens[251] (§ 19 Abs. 1 S. 2 UStG). Die in Rechnungen von Kleinunter-

---

250 BMF-Schreiben vom 26.08.2013 und 22.02.2013, Az.: IV D 3 - S 7359/07/10009.
251 Zur Berechnung der Umsatzgrenzen für Kleinunternehmer, die (teilweise) der Margenbesteuerung unterliegen, siehe Kapitel B.VII.9. – BESONDERHEITEN FÜR MARGENBESTEUERTE UNTERNEHMEN, „Gesamtumsatz bei Kleinunternehmern".

nehmern unberechtigt ausgewiesene Umsatzsteuer, berechtigt einen Reiseunternehmer, bei Vorliegen von Non-Reisevorleistungen[252], nicht zum Vorsteuerabzug. Ein Unternehmer, der mit seinen erwirtschafteten Umsätzen die beiden Umsatzgrenzen gleichermaßen nicht erreicht, kann gegenüber dem Finanzamt erklären, dass er auf die Anwendung der Kleinunternehmerregelung verzichtet. Die Erklärung bindet ihn mindestens für fünf Kalenderjahre. Er stellt seine Rechnungen in diesem Zeitraum mit gesondert ausgewiesener Umsatzsteuer oder einem Hinweis auf Steuerbefreiung. Die Erklärung kann nur mit Wirkung vom Beginn eines Kalenderjahres an widerrufen werden (§ 19 Abs. 2 UStG).

☞ **Beachten Sie:**

Der Leistungsempfänger hat bedauerlicherweise keine Möglichkeit, die Angaben des leistenden Unternehmers in Bezug auf seine Eigenschaft als Regel- oder Kleinunternehmer zu überprüfen. Er kann sich bei Falschangaben bzgl. dessen Unternehmereigenschaft im Zweifelsfall auch nicht auf eine schriftliche Bestätigung des tatsächlichen „Mini-Unternehmers" im Rahmen des Gutglaubensschutzes berufen.[253]

Erteilt ein Unternehmer Provisionsgutschriften mit separat ausgewiesener Umsatzsteuer, trägt er als Leistungsempfänger bei streitigem Vorsteuerabzug die Feststellungslast für die den Vorsteuerabzug begründenden Tatsachen. Allerdings sind die erforderlichen Tatsachen zur Beurteilung der Unternehmereigenschaft nur dem Leistenden selbst bekannt, bzw. für ihn verfügbar. Der gutgläubige Gutschriftenaussteller trägt die Nachteile aus dem Risiko, dass der Leistende, entgegen seiner Angaben, als Mini-Unternehmer tätig war.[254]

Die Rechnung des Kleinunternehmers erfolgt ohne gesondertem Steuerausweis mit einem Vermerk wie „Kein Umsatzsteuerausweis gemäß § 19 UStG", „Aufgrund § 19 UStG wird die Umsatzsteuer nicht erhoben" oder „Kleinunternehmer". Dieser dient als eindeutiger Hinweis dafür, dass die Steuer nicht gesondert ausgewiesen wird (§ 19 Abs. 1 S. 4 UStG).

Die Kleinunternehmerregelung ist keine Steuerbefreiung, so dass der entsprechende Hinweis auf der Rechnung nicht gemäß § 14a UStG gesetzlich vorgeschrieben, also nicht zwingend erforderlich ist. Die Formulierung ist im Geschäftsverkehr dennoch üblich, um unnötigen Rückfragen von Leistungsempfängern zuvorzukommen.

Die Anwendung der Kleinunternehmerregelung im zwischenunternehmerischen Bereich ist kritisch zu beurteilen: Sie schließt den Vorsteuerabzug auf Eingangsumsätze des Kleinunternehmers aus. Für Firmenkunden des Kleinunternehmers erhöhen sich die Entgelte um die in den Eingangsumsätzen enthaltene Umsatzsteuer. Der unternehmerische Leistungsempfänger kann diese, mangels gesondertem Ausweis als gesetzlich geschuldete Steuer,

---

252 Handelt es sich um Reisevorleistungen im B2C-Geschäft ist der Vorsteuerabzug grundsätzlich ausgeschlossen (§ 25 Abs. 4 S. 1 UStG).

253 Vgl. TourHP 02/2009, Seite 43 ff., Cyrilla Wolf, „Typische Vorsteuer-Risiken in der Praxis".

254 Vgl. SRTour 08/2011, Seite 17 f., „Provisionsgutschriften an Kleinunternehmer" sowie FG Sachsen, Urteil vom 15.07.2009, Az.: 5 K 695/03.

nicht als Vorsteuer geltend machen (§ 19 Abs. 1 S. 4 i. V. m. § 14 Abs. 4 Nr. 8 UStG).

Exkurs: Rechnungen von im Ausland ansässigen Kleinunternehmern

Der EuGH hat in seinem Urteil „Ingrid Schmelz"[255] klargestellt, dass die Klein-unternehmerregelung nur auf den Ansässigkeitsstaat des Steuerpflichtigen und dessen dort erzielten Umsätze Anwendung findet. Die Auswirkungen auf den Reisevorleistungseinkauf bei Mini-Unternehmern mit allgemeinem B2B-Leis-tungsort am Sitz des Reiseveranstalters sind beachtlich, denn auch diese Um-sätze fallen grenzüberschreitend unter das Reverse-Charge-Verfahren.

Beispiel – Inbound-Fall: Reiseleiter ist Mini-Unternehmer

Ein in Deutschland ansässiger Reiseveranstalter kauft in 2014 die Reisevor-leistung „Tour Guide" für Gästebetreuung in Salzburg bei einem österreichi-schen Mini-Unternehmer ein.

Abb. 39: Inbound-Fall: Reiseleiter ist Mini-Unternehmer

Lösung:
Die Kleinunternehmerbefreiung gilt nur für inländische Unternehmer, d. h. der österreichische Reiseleiter wird nach deutschem Recht als Regelunter-nehmer angesehen. Für die in Deutschland steuerbare und steuerpflichtige Betreuungsleistung geht die Steuerschuldnerschaft auf den Reiseveranstalter über (§ 13b Abs. 1 UStG). Der deutsche Reiseveranstalter führt 19 % Um-satzsteuer an den deutschen Fiskus ab. Der Vorsteuerabzug bleibt ihm ver-sagt (§ 25 Abs. 4 UStG).
Der Reiseleiter erstellt eine Netto-Rechnung mit Reverse-Charge-Hinweis, in der er seine eigene österreichische sowie die deutsche USt-IdNr. des Veranstalters angibt. Er hat diesen Umsatz in seiner Zusammenfassenden Meldung aufzunehmen.

---

f) Elektronische Rechnungen

Elektronische Rechnungen sind Rechnungen, die in einem elektronischen Format per eMail, als eMail-Anhang, als PDF- oder Textdatei, Web-Download, per Computer-Fax oder Fax-Server ausgestellt und empfangen werden.

Als vereinfachte Anforderungen an eine elektronische Rechnung gelten (§ 14 Abs. 1 UStG):

• Der Rechnungsempfänger stimmt der elektronischen Rechnung zu.

---

255 EuGH-Urteil vom 26.10.2010, Az.: C-97/09 – *Ingrid Schmelz.*

- Die Abrechnung erfolgt nach dem 30.06.2011 für Leistungen, die nach dem 30.06.2011 ausgeführt werden (§ 27 Abs. 18 UStG).
- Der Zusammenhang zwischen elektronischer Rechnung und Leistung bzgl. Echtheit der Herkunft und Unversehrtheit des Inhalts ist durch ein innerbetriebliches Kontrollverfahren nachzuweisen.
- Der Leistungsempfänger bewahrt die elektronische Rechnung auf nicht überschreibbaren Datenträgern, wie CD oder DVD, auf.

☞ **Beachten Sie:**

> *Bei der Aufbewahrung einer elektronischen Rechnung ausschließlich als Papierausdruck kann der Vorsteuerabzug rückwirkend versagt werden, bis eine ordnungsgemäße Rechnung vorgelegt wird. Die Finanzbehörden können ohne vorherige Ankündigung und außerhalb einer Außenprüfung im Rahmen einer Umsatzsteuer-Nachschau die gespeicherten elektronischen Rechnungen einsehen (§ 27b Abs. 2 UStG).*

☞ **Beachten Sie:**

Generell kann eine elektronische Rechnungsstellung die herkömmliche Print-Rechnung nur mit der Zustimmung ihres Empfängers ersetzen. Diese kann auch stillschweigend durch konkludentes Verhalten erfolgen. Widerspricht der Leistungsempfänger dem elektronischen Abrechnungsverfahren nicht, kann sein Verhalten also als Billigung gedeutet werden[256] (§ 14 Abs. 1 S. 7 UStG, Abschn. 14.4 Abs. 1 S. 5 UStAE).

Rechnungen, die per Fax oder E-Mail übermittelt wurden, berechtigten bis 30.06.2011 nicht zum Vorsteuerabzug. Zur Gewährleistung des Vorsteuerabzugs war eine „elektronische Signatur" erforderlich (§ 14 Abs. 3 UStG). Neben der Rechnung, z. B. im sign.pdf-Format, musste also ein zweites Signatur-Dokument, z. B. als sign.pkcs-Datei erstellt werden. Außerdem war mit spezieller Signaturprüfungssoftware die Rechnung auf Unversehrtheit und Herkunft (Integrität und Authentizität) zu prüfen. Das elektronische Prüfprotokoll weist das Ergebnis der Prüfung aus. Rechnungsdatei, Signaturdatei und Prüfungsprotokoll zur Verifikation der Signatur sind für Zwecke einer späteren Umsatzsteuersonder- oder Betriebsprüfung zu archivieren.

Der bloße Ausdruck einer Online-Rechnung ohne entsprechender eSignatur bzw. ohne Prüfprotokoll berechtigte bis 30.06.2011 nicht zum Vorsteuerabzug. Der Leistungsempfänger hat also neben der Rechnung auch den Nachweis über die Echtheit der Daten aufzubewahren, will er etwaige Diskussionen mit der Betriebsprüfung über potenzielle Steuerhinterziehung bezüglich eines Vorsteuerabzugs aus „faulen e-Rechnungen" vermeiden.[257]

Von einer eSignatur konnte bei Übertragung zwischen zwei Standard-Fax-Geräten abgesehen werden (Abschn. 14.4 Abs. 5 UStAE). Eine „elektronische Signatur" erübrigte sich für Online-Fahrscheine bei Abbuchung im Online-Verfahren mit gleichzeitiger Belastung auf einem Konto.

---

256 Vgl. TourHP 02/2009, Seite 43 ff., Cyrilla Wolf, „Typische Vorsteuer-Risiken in der Praxis".
257 Vgl. SRTour 10/2009, Seite 14 ff., Dr. Volker M. Jorczyk, „Rechnungsversand per E-Mail (e-Invoicing): Welche Archivierungspflichten sind zu erfüllen?".

g) Rechnungen mit „c/o"-Vermerk

Stolpersteine im Zusammenhang mit „c/o"-Rechnungen sind besonders zu beachten: Weder darf eine Rechnung auf den Namen des Mitarbeiters, c/o Leistung beziehender Reiseunternehmer (Art. 178 Buchst. a i. V. m. Art. 226 Nr. 5 MwStSystRL), noch an die Anschrift eines Dritten (z. B. Incentive-Veranstalter) ohne zusätzlicher Nennung von Namen und vollständiger Anschrift des Leistungsempfängers ausgestellt werden (Abschn. 14.5 Abs. 3 UStAE). Nur auf der Grundlage einer vollständigen und inhaltlich zutreffenden Rechnung ist ein Vorsteuerabzug beim Leistungsempfänger möglich. Erbringt dieser allerdings Reiseleistungen an Reisende (z. B. ein Incentive auslobendes Unternehmen veranstaltet für ausgewählte Vertriebsmitarbeiter eine Incentive-Reise), ist der korrekte Vorsteuerausweis bei der korrespondierenden Belegsammlung nicht notwendigerweise nachzuprüfen, da ein Vorsteuer-Abzug ohnehin versagt bleibt (§ 25 Abs. 4 S. 1 UStG).

☞ **Beachten Sie:**

Incentive-Reiseveranstalter treten am Markt als Vermittler, Veranstalter oder als Dienstleistungskommissionäre auf. Fremdauslagen, die sie als durchlaufende Posten behandeln, werden häufig an den Auftraggeber weitergereicht. Eingangsrechnungen sind dann zunächst an den Incentive-Veranstalter zu adressieren. Neben der korrekten c/o-Adresse des Incentive-Veranstalters ist regelmäßig auch in einem Zusatz die vollständige Anschrift des Auftraggebers anzugeben, um bei ihm einen eventuell möglichen Vorsteuerabzug nicht zu gefährden.

h) Rechnungen mit ungenauer Leistungsbeschreibung

Voraussetzung für den Vorsteuerabzug ist die Beschreibung von Menge, Umfang und Art der Lieferung oder sonstigen Leistung sowie des Zeitpunkts, bzw. Zeitraums ihrer Ausführung (§ 15 S. 1 Nr. 1 S. 2 UStG i. V. m. § 14 Abs. 4 Nr. 5 und 6 UStG). Die Bezeichnung muss eine eindeutige und leicht nachprüfbare Feststellung der Leistung ermöglichen (Abschn. 14.5 Abs. 15 UStAE). Hierbei kann in der Rechnung auf ergänzende eindeutig bezeichnete Geschäftsunterlagen verwiesen werden. Eine grobe Beschreibung einer Leistung und des Zeitraums ihrer Ausführung in einer Rechnung, beispielsweise als „für technische Beratung und Kontrolle im Jahr 2014" oder „für rechtliche Beratung im Jahr 2014" ohne Bezug auf weitere Unterlagen schließt den Vorsteuerabzug mangels Identifizierbarkeit der Leistung aus[258].

---

258 BFH-Urteil vom 08.10.2008, Az.: V R 59/07.

12. Steuerberechnung, Besteuerungszeitraum und Währungsfragen (§ 16 UStG)

a) Steuerberechnung

Die Umsatzsteuer wird im Rahmen der sog. Sollversteuerung nach vereinbarten Entgelten berechnet (§ 16 Abs. 1 S. 1 UStG). Es kommt nicht darauf an, ob der Kunde bereits bezahlt hat (§ 13 Abs. 1 Nr. 1 lit. a UStG). Der Reiseunternehmer hat unabhängig vom Zahlungszeitpunkt des Kunden die Steuer mit Ablauf des Voranmeldungszeitraums, in dem seine Leistung ausgeführt worden ist, anzumelden und abzuführen.

Die Istversteuerung, also die Versteuerung nach vereinnahmten Entgelten, kann beantragt werden. Voraussetzung für die Antragstellung ist ein Gesamtumsatz im vorangegangenen Kalenderjahr von nicht mehr als 500.000 €. Die Steuer entsteht dann erst mit Ablauf des Voranmeldungszeitraums, in dem der Kunde die Leistung an den Unternehmer gezahlt hat.

Die Steuer entsteht bei Ausübung des Wahlrechts erst, wenn die Kundenzahlung für die Leistung beim Reiseunternehmer eingegangen ist, also nach vereinnahmten Entgelten. Der Unternehmer hat hier einen Liquiditätsvorteil gegenüber dem Sollversteuerer, da er abzuführende Umsatzsteuer aus seinen Ausgangsrechnungen nicht bis zum Zahlungseingang vorfinanzieren muss.

Zur Berechnung der Umsatzsteuer ist von der Summe der Entgelte auszugehen, die der Reiseunternehmer für von ihm ausgeführte oder auszuführende[259] Leistungen im Inland erwirtschaftet hat und für die er die Steuer schuldet. Von diesen vom Touristikunternehmer selbst zu berechnenden Steuern sind die in den Besteuerungszeitraum fallenden, nach § 15 UStG abziehbaren Vorsteuerbeträge abzusetzen (§ 16 Abs. 1 und Abs. 2 UStG, § 18 Abs. 1 UStG).

b) Besteuerungszeitraum

Besteuerungszeitraum ist grundsätzlich das Kalenderjahr. Das Finanzamt kann einen kürzeren Besteuerungszeitraum bestimmen, wenn der Eingang der Steuer gefährdet oder der Unternehmer damit einverstanden ist (§ 16 Abs. 1 S. 2 und Abs. 4 UStG).

c) Währungsfragen

Werte in fremder Währung sind zur Berechnung der Steuer und der abziehbaren Vorsteuerbeträge auf Euro nach Durchschnittskursen umzurechnen, die vom Bundesministerium der Finanzen monatlich fortgeschrieben werden (§ 16 Abs. 6 S. 1 UStG)[260]. Dabei sind die Durchschnittskurse anzusetzen, die für den Monat gelten, in dem die Leistung ausgeführt oder das Entgelt oder Teilentgelt vor Aus-

---

259 Auf vor Ausführung der Leistung erhaltene Anzahlungen entsteht die Steuer mit Ablauf des Voranmeldungszeitraums in dem die Anzahlung vereinnahmt worden ist (§ 13 Abs. 1 lit. a S. 4 UStG).

260 Eine Veröffentlichung der gem. § 16 Abs. 6 S. 1 UStG monatlich fortgeschriebenen Gesamtübersicht der Umsatzsteuer-Umrechnungskurse für das Jahr 2013 befindet sich im BMF-Schreiben vom 02.01.2014, Az.: IV D3-S7329/13/10001.

führung der Leistung vereinnahmt wird. Kursänderungen zwischen dem Zeitpunkt der Leistungsausführung und der späteren Vereinnahmung des Entgelts bleiben unberücksichtigt. Ist dem leistenden Unternehmer die Istversteuerung gestattet, so sind die Entgelte nach den Durchschnittskursen des Monats umzurechnen, in dem sie vereinnahmt werden (§ 16 Abs. 6 S. 2 UStG, § 20 UStG).

Anzahlungsaufwendungen für Reisevorleistungen in fremder Währung sind in dem Zeitpunkt umzurechnen, in dem die Aufwendungen geleistet worden sind. Das Finanzamt kann die Umrechnung nach Tageskurs, der durch Bankmitteilung oder Kurszettel nachzuweisen ist, gestatten (§ 16 Abs. 6 S. 3 UStG, Abschn. 25.3 Abs. 1 S. 6 UStAE).

☞ **Beachten Sie:**

Kundenanzahlungen sowie Rest- und Vollzahlungen vor Reiseantritt sind mit dem Durchschnittskurs des Monats der Entgelt-Vereinnahmung anzusetzen.

Zahlungen des Reiseveranstalters an die Leistungsträger nach Leistungs-erbringung setzen beide mit dem Durchschnittskurs des Monats der Leis-tungsausführung an.

13. Beförderungseinzelbesteuerung (§ 16 UStG)

Die Steuer wird für jeden einzelnen steuerpflichtigen Umsatz bei Personenbeförderungen im Gelegenheitsverkehr[261] mit Omnibussen, die nicht im Inland zugelassen sind, durch Zolldienststellen für das zuständige Bezirksfinanzamt im Rahmen der Beförderungseinzelbesteuerung berechnet, wenn eine Grenze zum Drittland überschritten wird. Nach § 15 UStG abziehbare Vorsteuerbeträge sind nicht abzusetzen[262] (§ 16 Abs. 5 UStG, Abschn. 16.2 Abs. 8 S. 1 UStAE).

Für den inländischen Streckenanteil ist als Bemessungsgrundlage nicht das vereinbarte Entgelt, sondern ein Durchschnittsbeförderungsentgelt anzusetzen. Es berechnet sich nach der maßgeblichen Zahl der Personenkilometer. Diese ergibt sich durch Multiplikation der Anzahl der beförderten Personen mit der tatsächlich im Inland durchfahrenen Strecke in Kilometern. Das Durchschnittsbeförderungsentgelt beträgt 4,43 Cent je Personenkilometer (§ 25 UStDV).

Das auf den inländischen Streckenanteil entfallende Entgelt errechnet sich nach folgender Berechnungsformel:

Personenkilometer = Anzahl beförderte Personen x Inlandsstrecke [km]

Durchschnittsbeförderungsentgelt = Personenkilometer x 0,0443 €

Auf das Durchschnittsbeförderungsentgelt als Bemessungsgrundlage bei der Beförderungseinzelbesteuerung ist der allgemeine Steuersatz anzuwenden (§ 10 Abs. 6 UStG, § 25 UStDV, Abschn. 10.8 S. 3 UStAE).

Bei der Anzahl der beförderten Personen werden Fahrer, Beifahrer und Angestellte des Beförderungsunternehmens wie Reiseleiter, Dolmetscher und Bus-Stewardessen ebenso wenig berücksichtigt wie unentgeltlich mitbeförderte Kleinkinder unter vier Jahren. Bei Unternehmenssitz des Beförderungsunternehmers in Deutschland, hat er Personen, wie z. B. Angehörige, die aus privater Veranlassung unentgeltlich mitgenommen werden, für die Ermittlung der maßgeblichen Zahl der Personenkilometer im Rahmen der Beförderungseinzelbesteuerung mitzuzählen (Abschn. 16.2 Abs. 7 UStAE).

Der Beförderungsunternehmer kann nach Ablauf des Besteuerungszeitraums die Berechnung der Steuer nach dem allgemeinen Besteuerungsverfahren anstelle der Beförderungseinzelbesteuerung beantragen. Die bei der Beförderungseinzelbesteuerung entrichtete Steuer ist dann auf die selbst zu berechnende Steuer anzurechnen (§ 16 Abs. 5b UStG, § 18 Abs. 5b UStG, Abschn. 16.2 Abs. 9 UStAE, Abschn. 18.8 Abs. 3 UStAE). Ein Systemwechsel vom einfachen Pauschalbesteuerungsverfahren ohne Registrierung hin zur Regelbesteuerung mit allen mit ihr verbundenen Pflichten und dem Recht zum Vorsteuerabzug macht Sinn, wenn das Pauschalbesteuerungsverfahren zu höheren Aufwendungen führt. Der

---

261 Zur Begriffsbestimmung, siehe Glossar „Gelegenheitsverkehr" und Kapitel A.I.4.d) – BESTEUERUNGSORT IM TOURISMUS, „Personenbeförderungsleistungen".

262 Siehe Anhang 6, „Merkblatt zur Umsatzbesteuerung von grenzüberschreitenden Personenbeförderungen mit Omnibussen, die nicht in der Bundesrepublik Deutschland zugelassen sind", Bundesministerium der Finanzen, Rn. 21 bis 28, FORMULARSAMMLUNG.

Break Even wäre unter Abschätzung sämtlicher bei der Regelbesteuerung anfallenden zusätzlichen Befolgungskosten im Einzelfall zu berechnen.

Beispiel 1 – Beförderungseinzelbesteuerung:

Ein in der Schweiz zugelassener Bus befördert in 2014 Urlauber auf einer Ferienziel-Reise[263] von Zürich über Lindau zu den Bregenzer Opernseefestspielen und weiter nach Wangen im Allgäu und zurück.

Lösung 1:

Der Omnibusunternehmer unterliegt mit dem in Deutschland zurückgelegten Streckenanteil der Beförderungseinzelbesteuerung nach Personenkilometern, denn der Bus ist in der Schweiz zugelassen und überschreitet die Drittlandsgrenze zwischen der Schweiz und Deutschland. Zuständige Zolldienststelle für die Besteuerung ist die Eingangszollstelle Lindau/Bregenz, bei der der Reisebus in das Inland gelangt. Der Busführer hat für diese Fahrt auf der Einreise an der Zolldienststelle zur Drittlandsgrenze, Lindau-Bregenz, eine Steuererklärung in zweifacher Ausfertigung abzugeben. Die Zolldienststelle, die auch die Steuererklärungsvordrucke vorrätig hält, setzt die Steuer auf beiden Ausfertigungen fest. Der Beförderungsunternehmer erhält nach der Entrichtung der Steuer eine Ausfertigung mit einer Steuerquittung zurück, die er während der Fahrt mitzuführen hat. Bei der Ausreise aus der Bundesrepublik Deutschland über die Schweizer Grenze ist für den Fall, dass sich die Zahl der Personenkilometer geändert hat, bei der Zolldienststelle eine weitere Steuererklärung abzugeben. Der Beförderungseinzelbesteuerung unterliegt nur der inländische Streckenanteil.

Der in der Schweiz zurückgelegte Streckenanteil unterliegt dem Schweizer Steuerrecht. In der Schweiz gelten hierfür ebenfalls diverse Vereinfachungsregelungen.

☞ **Beachten Sie:**

Ist der Busunternehmer in der Schweiz ansässig und führt er seine Beförderungsleistung für einen inlandsansässigen Reiseveranstalter aus, so findet Reverse Charge[264] keine Anwendung. Es handelt sich hier um den Ausnahmefall einer der Personeneinzelbesteuerung unterliegenden Personenbeförderung (§ 13b Abs. 6 Nr. 1 i. V. m. Abs. 6 Nr. 1 UStG).

Beispiel 2 – Vermietung und Beförderung im Gemeinschaftsgebiet (zum Vergleich: kein Fall der Beförderungseinzelbesteuerung):

Der inländische Busunternehmer (Bus-DE) mietet in 2014 einen Omnibus von einem ausländischen Busunternehmer (Bus-AT) an, der sein Unternehmen im übrigen Gemeinschaftsgebiet Österreich betreibt. Der AT-Busunternehmer übergibt den Bus am Sitz des DE-Busunternehmers.

---

263 Zur Begriffsbestimmung, siehe Glossar „Ferienziel-Reisen".
264 Siehe Kapitel A.I.14.d) – REVERSE CHARGE, „Ausnahmen vom Reverse-Charge-Verfahren".

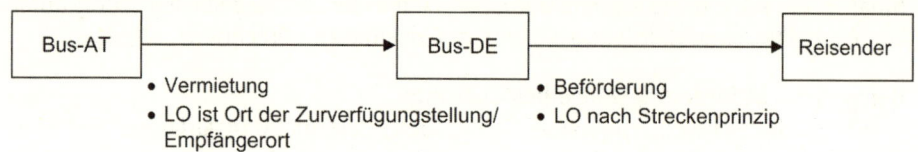

Abb. 40: Vermietung und Beförderung im Gemeinschaftsgebiet

Lösung 2:
Bei der Vermietung des Omnibusses
– über einen kürzeren Zeitraum von nicht mehr als 30 Tagen, ist Leistungsort der Ort, an dem der Bus dem inländischen Busunternehmer zur Verfügung gestellt wird, somit Deutschland (§ 3a Abs. 3 Nr. 2 UStG).
– über einen längeren Zeitraum, ist Leistungsort der Empfängerort (§ 3a Abs. 2 UStG).
Die Beförderung auf inländischer Strecke durch Bus-DE ist im Inland zu besteuern.

Beispiel 3 – Vermietung und Beförderung im Drittland – Use-and-Enjoyment-Rule (zum Vergleich: kein Fall der Beförderungseinzelbesteuerung):
Der inländische Busunternehmer (Bus-DE) mietet in 2014 einen Omnibus zur kurzfristigen Nutzung von nicht mehr als 30 Tagen von einem ausländischen Busunternehmer (Bus-CH) an, der sein Unternehmen im Drittlandsgebiet Schweiz betreibt. Den Bus holt er beim CH-Busunternehmer ab. Er nutzt den Bus im Inland.

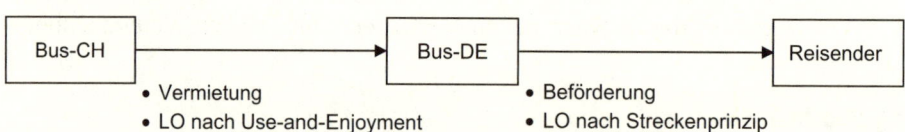

Abb. 41: Use-and-Enjoyment-Rule

Lösung 3:
Der Busunternehmer Bus-CH betreibt sein Unternehmen im Drittlandsgebiet. Seine Vermietungsleistung wird nach Use-and-Enjoyment-Rules als im Inland ausgeführt behandelt, weil der Bus im Inland genutzt wird. Es sind sowohl die Vermietungsleistung als auch die Beförderungsleistung, Letztere nach dem Streckenprinzip im Inland zu besteuern (§ 3a Abs. 6 Nr. 1 UStG, Art. 59a lit. b MwStSystRL).
Ist der Bus in der Schweiz zugelassen und befördert Bus-DE Reisende über die Drittlandsgrenze Schweiz-Deutschland, ist auf die im Inland bewirkte Beförderungsleistung die Beförderungseinzelbesteuerung nach Personenkilometern anzuwenden.

Beispiel 4 – Personeneinzelbesteuerung mit Sonderfahrten:

Ein in der Schweiz zugelassener Bus transportiert Urlauber von Luzern nach Heidelberg. Während des Aufenthalts der Reisegruppe in Deutschland führt der Beförderungsunternehmer weitere Sonderfahrten ins Neckartal, in den Odenwald und in die Städte Speyer und Schwetzingen durch.

Lösung 4:

Die Beförderungsleistung unterliegt in Deutschland für die im Inland bewirkte Strecke der Beförderungseinzelbesteuerung nach Personenkilometern. Dies gilt auch für die anschließenden Sonderfahrten, ohne dass wiederholt die Drittlandsgrenze Schweiz-Deutschland passiert werden muss. Es gilt: Führt der Beförderungsunternehmer im Zusammenhang mit der grenzüberschreitenden Personenbeförderung weitere Personenbeförderungen im Inland durch, wird auf diese ebenso die Beförderungseinzelbesteuerung angewendet.

14. Reverse Charge (§ 13b UStG)

Mit dem Begriff „Reverse Charge" wird im internationalen Kontext die Verlagerung der Steuerschuldnerschaft auf den Leistungsempfänger bezeichnet (§ 13b Abs. 1 und 2 UStG). Üblicherweise ist der leistende Unternehmer verpflichtet, Umsatzsteuern beim jeweils zuständigen Finanzamt anzumelden und abzuführen, da er diese Steuerbeträge auch vom Leistungsempfänger vereinnahmt. Ist der leistende Unternehmer allerdings nicht im Inland ansässig, hat der Fiskus, sollte dieser seine Steuerabführungspflichten „vergessen", nur eingeschränkte Zugriffsmöglichkeiten, z. B. über Amtshilfe von ausländischen Fisken. Um solcherart systemimmanent drohende Steuererhebungsdefizite von vornherein zu vermeiden, sieht das Reverse-Charge-System Folgendes vor:

- Der im Ausland ansässige Unternehmer, der im Inland steuerbare und steuerpflichtige Dienstleistungen ausführt, erteilt eine Rechnung ohne Umsatzsteuer an seinen inlandsansässigen B2B-Kunden (§ 14a Abs. 5 S. 2 UStG).
- Die Netto-Rechnung enthält einen Hinweis über die Steuerschuldnerschaft des Leistungsempfängers (§ 14a Abs. 5 S. 1 UStG).
- Der B2B-Leistungsempfänger deklariert die Reverse-Charge-Umsatzsteuer in seiner eigenen Umsatzsteuer-Voranmeldung und führt sie ab.
- Ob er gleichzeitig den Vorsteuerabzug vornehmen darf, richtet sich nach den allgemeinen Grundsätzen zum Vorsteuerabzug (§ 15 UStG).

Ab 30.06.2013

- ist ein Unternehmer auch dann im Ausland ansässig, wenn er dort seinen Unternehmenssitz oder eine Betriebsstätte hat und im Inland nur über einen Wohnsitz verfügt (§ 13b Abs. 7 S. 1 UStG).

- gilt ein Unternehmer, der im Inland nur eine Betriebsstätte hat und einen Reverse-Charge-Umsatz ausführt, bzgl. dieses Umsatzes als im Ausland oder übrigen Gemeinschaftsgebiet ansässig, wenn die inländische Betriebsstätte an diesem Umsatz nicht beteiligt ist (§ 13b Abs. 7 S. 3 UStG).

Eine Voraussetzung für die Anwendung des Reverse-Charge-Verfahrens ist, dass der Leistungsempfänger Unternehmer ist (§ 13b Abs. 5 S. 1 UStG). Verwendet der Leistungsempfänger gegenüber seinem Auftragnehmer eine ihm von einem anderen Mitgliedstaat erteilte USt-IdNr., kann dieser regelmäßig davon ausgehen, dass er Unternehmer ist. Allerdings hat der leistende Unternehmer eine qualifizierte Bestätigung einzuholen, d. h. sich die Gültigkeit einer USt-IdNr. eines anderen EU-Mitgliedstaats sowie den Namen und die Anschrift der Person, der diese Nummer erteilt wurde, durch das Bundeszentralamt für Steuern bestätigen zu lassen (§ 18e Nr. 1 UStG, Art. 18 Abs. 1 lit. a EU-DVO).

Exkurs: Erkennbarkeit von B2B-Geschäften

Die Finanzverwaltung schreibt darüber hinaus vor, dass zur Anwendung des EU-Reverse-Charge-Verfahrens, die Leistung für die betriebliche Sphäre des Leistungsempfängers ergehen muss. Bei touristischen Leistungen, die ihrer Art nach sowohl eine private als auch eine betriebliche Verwendung zulassen, ist der Nachweis der Unternehmereigenschaft erforderlich, um bestehende Zweifel bzgl. der Verwendung auszuräumen.

Sollte mithin ein unternehmerischer Leistungsbezug nicht klar ersichtlich und folglich der Leistungsort z. B. zwischen einem inländischen Reiseleiter und einer im EU-Ausland ansässigen zu betreuenden Personengruppe, in Frage stehen, ist nach Verwaltungsauffassung folgendermaßen vorzugehen: Verwendet der Auftraggeber eine ihm erteilte USt-IdNr. durch „positives Tun", d. h. nicht formularmäßig eingedruckt, so ist diese mit Namen und Anschrift der Person, der diese Nummer erteilt wurde, durch das Bundeszentralamt für Steuern bestätigen zu lassen. Die Verwendung für unternehmerische Zwecke braucht darüber hinaus dann nicht mehr überprüft zu werden. Alternativ gibt das Finanzministerium vor: *„Entsprechend bleibt es dem leistenden Unternehmer überlassen, auf welche Weise er den entsprechenden Nachweis führt."*[265] Ob dieser durch Internetauftritt, Geschäftspapiere, Rechtsformzusatz, Gewerbeanmeldung, Bescheinigung der Sozialversicherungsträger oder Referenzlisten von Subunternehmern erbracht werden kann, lässt die Finanzverwaltung offen.

Die Ausstellung von Unternehmerbescheinigungen zur Bestätigung der Unternehmereigenschaft gegenüber dem Auftragnehmer wird vom zuständigen Finanzamt nur in folgenden Fällen vorgenommen[266]:

- Bei Neuaufnahme zur Vorlage beim Bundezentralamt für Steuern zur beschleunigten Zuteilung einer USt-IdNr.,
- zur Vorlage bei zentralen Erstattungsbehörden im Vorsteuervergütungsverfahren im Drittland (Vordruck USt 1 TN) und
- wenn dies für die Registrierung in einem anderen EU-Staat erforderlich ist.

☞ **Beachten Sie:**

Das deutsche Umsatzsteuerrecht beinhaltet für sämtliche touristischen und sonstigen Leistungen, die im Inland steuerpflichtig sind und von nicht im Inland ansässigen Leistungsträgern erbracht werden, ein sehr weites Reverse Charge. Zur Steuerabführung sind nicht nur im Inland ansässige oder hier bereits registrierte Unternehmer verpflichtet, sondern jeder auslandsansässige B2B-Auftraggeber[267]. Dieser hat Vorsteueransprüche im Vorsteuervergütungs- oder im allgemeinen Besteuerungsverfahren geltend zu machen, je nach dem welcher Art weitere von ihm im Inland getätigte Umsätze sind. Er ist allerdings mit den Steuerbeträgen endgültig belastet, wenn es sich hierbei um

---

265 BMF-Schreiben vom 04.09.2009, Rn. 15.
266 OFD Niedersachsen, Verfügung vom 21.07.2011, Az.: S 7340-209-St 183.
267 FG Hamburg, Urteil vom 04.12.2008, Az.: 5 K 32/07.

*Reisevorleistungen handelt oder die Leistungen für den privaten Bereich er-
worben werden. In beiden Fällen besteht kein Recht auf Vorsteuerabzug.*

Eine im Inland steuerpflichtige Leistung eines im Ausland ansässigen Unternehmers an einen unternehmerischen Leistungsempfänger unterliegt, unabhängig von
dessen Sitzort, dem Reverse Charge nach deutschem Recht. Umgekehrt unterliegt der Reiseunternehmer mit Sitz in Deutschland, der eine Leistung an einen
Unternehmer für dessen unternehmerischen oder nichtunternehmerischen Bereich
ausführt, bei der sich der Leistungsort im Ausland befindet, dem ausländischem
Recht, welches Reverse Charge oder aber den Ausweis der ausländischen Umsatzsteuer vorgibt.

Mit Einführung des VAT-Package ab 2010 wird der Ausweitung des Verbrauchs-
ortsprinzips stärker Rechnung getragen. Der Ort der Dienstleistung wird dem
Verbrauchsteuercharakter der Mehrwertsteuer entsprechend, bei der Ausführung
bestimmter sonstiger Leistungen vom Ursprungsland in das Bestimmungsland hin
verschoben. Die Verlagerung des Leistungsorts zum Sitzort des unternehmerischen Leistungsempfängers hin, führt zu einer vermehrten Anwendung von
Reverse Charge. Folgende Fälle von B2B-Umsätzen fordern Reverse Charge nach
dem Recht des Landes, in dem sich jeweils der Leistungsort befindet (Empfängerortprinzip), soweit der leistende Unternehmer in diesem Land nicht auch ansässig ist (§ 3a Abs. 2 UStG):

* Künstlerische, wissenschaftliche, unterrichtende, sportliche, unterhaltende oder
  ähnliche Leistungen, für die seitens des Veranstalters keine Eintrittsberechti-
  gungen eingeräumt werden.
* Die Leistungen der Gästebetreuung und Reiseleitung.
* Die Leistungen der Zielgebietsagenturen gegen einheitliche Vergütung (Handling
  Fees).
* Die Vermietung von Beförderungsmitteln über einen längeren Zeitraum, d. h.
  von mehr als 30 bzw. 90[268] Tagen.
* Die Vermittlung von Reiseleistungen sowie die Vermittlung der kurzfristigen
  Vermietung von Gästeunterkünften wie Zimmer in Hotels, Gaststätten oder
  Pensionen, Fremdenzimmer, Ferienwohnungen, Ferienhäuser und vergleich-
  bare Einrichtungen.

EuGH-Urteil „Ingrid Schmelz" – Reverse Charge bei Kleinunternehmern[269]

In Deutschland ausgeführte sonstige Leistungen, wie Tätigkeiten von im Ausland ansässigen Übersetzungsbüros, die von Kleinunternehmern nach dem dort
gültigen Recht betrieben werden, führen zu einem Übergang der Steuerschuld
auf den inlandsansässigen Reiseunternehmer . Die Kleinunternehmerregelung
gilt nur für den Ansässigkeitsstaat des Kleinunternehmers (§ 13b Abs. 5 S. 7
UStG).

---

268 Wasserfahrzeuge.
269 Siehe EuGH-Urteil vom 26.10.2010, Az.: C-97/09 – *Ingrid Schmelz* sowie **„Exkurs:** Rechnungen
     von im Ausland ansässigen Kleinunternehmern" in Kapitel A.I.11.e) – VORSTEUERABZUG,
     „Rechnungen von Kleinunternehmern".

Die im Reverse-Charge-Verfahren geschuldete Steuer geht auch auf in Deutschland ansässige Kleinunternehmer als Leistungsempfänger über. Die Einschränkung, dass Kleinunternehmer keine Umsatzsteuer abführen, gilt somit nicht für die nach § 13b UStG geschuldete Steuer. Auch Kleinunternehmer führen Umsatzsteuer ab, sofern sie eine Dienstleistung von einem im Ausland ansässigen Unternehmer bezogen haben, die in Deutschland steuerpflichtig ist.

Der Kleinunternehmer ist jedoch nicht berechtigt, die abgeführte Umsatzsteuer als Vorsteuer geltend zu machen. Sie wird für ihn zu einer endgültigen Steuerbelastung, d. h. zu einem Kostenfaktor, den er bei seiner Kalkulation zu berücksichtigen hat.

Die nach dem Reverse-Charge-Verfahren geschuldete deutsche Umsatzsteuer hat der Mini-Unternehmer in seiner Umsatzsteuer-Jahreserklärung anzumelden und abzuführen (§ 13b Abs. 8 UStG).

Ein im übrigen Gemeinschaftsgebiet ansässiger Auftragnehmer ist verpflichtet, den Umsatz in seiner Zusammenfassenden Meldung anzugeben. Hierfür benötigt er die USt-IdNr. des deutschen Kleinunternehmers, über die dieser möglicherweise nicht oder noch nicht verfügt. In dem Fall sollte der leistende Unternehmer in Absprache mit seinem zuständigen Finanzamt die ZM unter Angabe der deutschen Steuernummer des Leistungsempfängers in Papierform einreichen.

1	Der Umsatz muss in Deutschland steuerbar und steuerpflichtig sein.	§ 13b Abs. 1 und Abs. 2 Nr. 1 UStG
2	Es ergeht eine sonstige Leistung eines zum Zeitpunkt der Leistungsausführung im Ausland ansässigen Unternehmers.	§ 13b Abs. 1 und Abs. 2 S. 1 Nr. 1 UStG i. V. m. § 13b Abs. 7 S. 5 UStG
3	Diese sonstige Leistung wird an im Ausland oder Inland ansässige Unternehmer oder juristische Personen für den unternehmerischen oder nichtunternehmerischen Bereich ausgeführt.	§ 13b Abs. 1, Abs. 2 S. 1 Nr. 1 und Abs. 5 S. 6 UStG

Abb. 42: Voraussetzungen für den Übergang der Steuerschuldnerschaft auf den Leistungsempfänger

Beispiel 1 – Inlandsansässiger Leistungsempfänger (EU-Reverse-Charge):
Eine Incoming-Agentur mit Sitz in Deutschland kauft von einem Dolmetscher mit Unternehmenssitz in Paris in 2014 Dolmetscherleistungen für französische Incoming-Touristen ein.

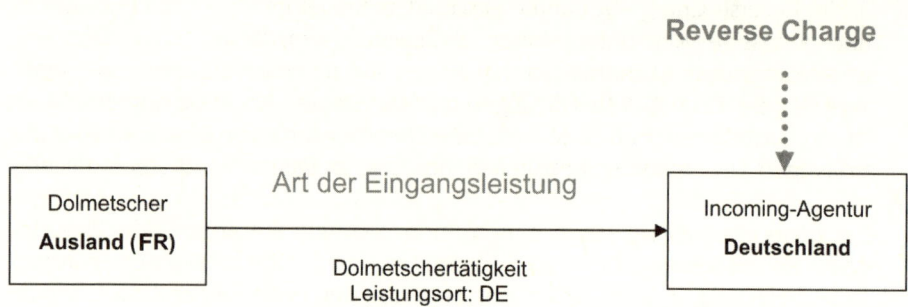

Abb. 43: Reverse Charge mit inlandsansässigem Leistungsempfänger

Lösung 1:

Der Leistungsort liegt in Deutschland am Sitzort der Incoming-Agentur als unternehmerischen Leistungsempfänger (§ 3a Abs. 2 UStG).

Die Dolmetschertätigkeit ist in Deutschland steuerbar und mangels Befreiungsvorschriften steuerpflichtig. Der Steuersatz beträgt 19 %. Der im übrigen Gemeinschaftsgebiet ansässige Dolmetscher erstellt eine Rechnung ohne Umsatzsteuerausweis mit Hinweis auf den Übergang der Steuerschuldnerschaft auf den Leistungsempfänger „Autoliquidation/Reverse Charge according to Art. 196 MwStSystRL". Die Incoming-Agentur schuldet die Umsatzsteuer nach dem Reverse-Charge-Verfahren. Die Steuerschuldnerschaft des Dolmetschers geht auf die in Deutschland ansässige Incoming-Agentur über. Diese führt die Reverse-Charge-Umsatzsteuer im Rahmen ihrer Umsatzsteuer-Voranmeldung ab. Die Vorsteuer kann sie in gleicher Höhe im gleichen Besteuerungszeitraum geltend machen, soweit es sich bei der Eingangsleistung nicht um eine Reisevorleistung handelt (Abschn. 13b.15 Abs. 5 UStAE).

Beispiel 2 – Auslandsansässiger Leistungsempfänger (Nationales Reverse Charge):

Ein im EU-Ausland ansässiger Busunternehmer führt im Mai 2013 für einen im Drittland ansässigen Reiseveranstalter eine inländische Landbeförderung im Rahmen einer B2C-Deutschlandreise durch.

Abb. 44: Reverse Charge bei Erbringung der Beförderung **bis 30.09.2013**

Lösung 2:

Die Beförderungsleistung wird von einem im übrigen Gemeinschaftsgebiet ansässigen Busunternehmer im Inland an einen auslandsansässigen Reiseunternehmer nach dem Streckenprinzip ausgeführt (§ 3b Abs. 1 S. 1 UStG).

Der ausländische Veranstalter hat die im Reverse-Charge-Verfahren geschuldete Umsatzsteuer für den ausländischen Busunternehmer an den deutschen Fiskus abzuführen. Gleichzeitig bleibt ihm der Vorsteuerabzug verwehrt, da es sich um eine der Margenbesteuerung unterliegende Reisevorleistung handelt (§ 25 Abs. 4 S. 1 UStG).

Für **ab 01.10.2013** durch ausländische Busunternehmer im Inland ausgeführte Beförderungsleistungen ist das Reverse-Charge-Verfahren nicht mehr anzuwenden. Der EU-Busunternehmer rechnet die in Deutschland zurückgelegte Beförderungsstrecke mit deutscher Umsatzsteuer ab. Er deklariert die in Deutschland ausgeführten Umsätze selbst. Meist ist er aufgrund von in Deutschland gegenüber Privatkunden ausgeführter Personenbeförderung bereits in Deutschland für umsatzsteuerliche Zwecke registriert. Der Drittlandsreiseveranstalter kann durch den Einkauf zu Bruttopreisen leichter seine Preise kalkulieren und geht kein Umsatzsteuerrisiko ein. Ihm ist, soweit er Reiseleistungen gem. § 25 UStG veräußert, der Vorsteuerabzug versagt (§ 25 Abs. 4 S. 1 UStG).

Beispiel 3 – Auftragnehmer mit Sitz im Inland:

Ein Paketer hat seinen Sitz im Inland. Eine im Ausland liegende Betriebsstätte erbringt vom 28.09. bis 02.10.2014 gegenüber einem in Deutschland ansässigen Reiseveranstalter eine Betreuungsleistung außerhalb Deutschlands.

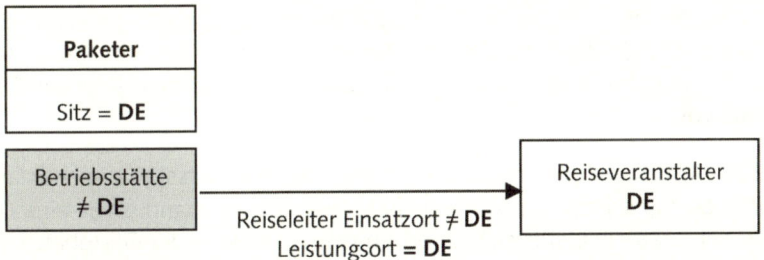

Abb. 45: Leistungsausführung durch ausländische Betriebsstätte

Lösung 3:

Hat der Unternehmer seinen **Sitz im Inland** und wird ein im Inland steuerpflichtiger Umsatz vom Ausland aus, z. B. von einer Betriebsstätte, erbracht, ist der Unternehmer als im Inland ansässig zu betrachten, selbst wenn der Sitz des Unternehmens nicht an diesem Umsatz beteiligt war (Art. 54 EU-DVO, Abschn. 13b.11 Abs. 1 S. 7 UStAE). Die Gästebetreuung des Paketers unterliegt in Deutschland nicht dem Reverse Charge.

Beispiel 4 – Auftragnehmer mit Betriebsstätte im Inland:

Ein im Ausland ansässiger Paketer verfügt über eine inländische Betriebsstätte. Allerdings wird die Betreuungsleistung vom Sitz des Paketers ausgeführt.

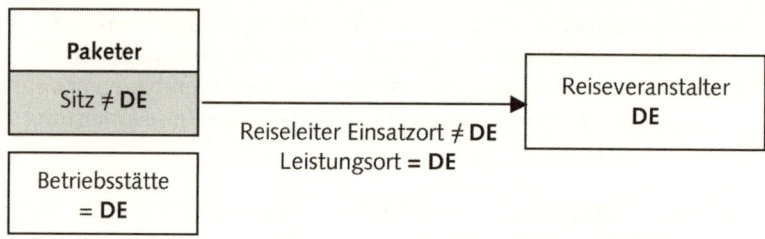

Abb. 46: Leistungsausführung vom ausländischen Unternehmenssitz

Lösung 4:

Hat der Unternehmer im **Inland eine Betriebsstätte** und führt er einen in Deutschland steuerpflichtigen Umsatz aus, gilt er hinsichtlich diesem als im Ausland oder im übrigen Gemeinschaftsgebiet ansässig, wenn die inländische Betriebsstätte an dem Umsatz nicht beteiligt ist (Abschn. 13b.11 Abs. 1 S. 3 UStAE). Dies ist regelmäßig dann der Fall, wenn der Paketer hierfür nicht die technische und personelle Ausstattung dieser Betriebsstätte nutzt. Es handelt sich um einen Reverse-Charge-Umsatz.

Nicht als Nutzung der technischen und personellen Ausstattung der Betriebsstätte gelten unterstützende Arbeiten durch die Betriebsstätte wie Buchhaltung, Rechnungsausstellung oder Einziehung von Forderungen (Art. 53 Abs. 1 EU-DVO, Abschn. 13b.1 Abs. 1 S. 4 und 5 UStAE). Stellt der Paketer allerdings seine Ausgangsrechnung unter Angabe der der Betriebsstätte erteilten USt-IdNr. aus, gilt die Betriebsstätte als an dem Umsatz beteiligt, so dass der Unternehmer als im Inland ansässig anzusehen ist (Art. 53 Abs. 2 UAbs. 4 EU-DVO, Abschn. 13b.11 Abs. 1 S. 6 UStAE). Es liegt kein Reverse-Charge-Umsatz vor.

Beispiel 5 – Auftragnehmer mit Sitz im Inland und Betriebsstätte im Ausland:

Ein Paketer hat seinen Sitz oder eine Betriebsstätte im Inland sowie eine (weitere) Betriebsstätte in Österreich. Er erbringt eine Leistung der Gästebetreuung in Schwangau/Allgäu an einen in Österreich ansässigen Reiseveranstalter. Seine österreichische Betriebsstätte ist an dem Umsatz nicht beteiligt.

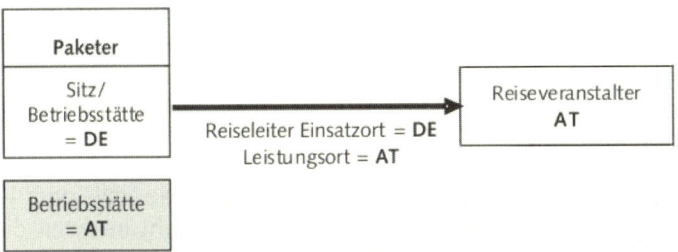

Abb. 47: Leistungsausführung durch Sitz oder Betriebsstätte im Inland

Lösung 5:

Der Paketer erstellt eine Netto-Rechnung mit dem Hinweis „Steuerschuldnerschaft des Leistungsempfängers". Der in Österreich ansässige Reiseveranstalter führt die österreichische Umsatzsteuer ab (§ 14a Abs. 1 S. 1 UStG).

Exkurs: Zusammenfassende Meldung (ZM)

Hat der Reiseunternehmer einen dem EU-Reverse-Charge unterliegenden Umsatz erbracht, ist er verpflichtet, diesen in dem Quartal in seiner ZM zu melden, in dem er ihn ausgeführt hat (§ 18b Abs. 1 S. 1 Nr. 2 und S. 3 UStG).

Die ZM ist jeweils spätestens zum
- 25.04. für EU-RC-Umsätze Januar bis März,
- 25.07. für EU-RC-Umsätze April bis Juni,
- 25.10. für EU-RC-Umsätze Juli bis September und
- 25.01. für EU-RC-Umsätze Oktober bis Dezember des Vorjahres

dem Bundeszentralamt für Steuern unter Angabe

- der USt-IdNr. des Leistungsempfängers,
- der Summe der Nettoumsätze pro Leistungsempfänger und
- der Ziffer „1" in Spalte 3, Seite 2 des ZM-Formulars

elektronisch zu übermitteln (§ 18a Abs. 2 und Abs. 7 S. 1 Nr. 3 UStG).

Vernachlässigt der Reiseunternehmer seine Meldepflichten, kann dies mit Bußgeldern in Höhe von bis zu 5.000,00 € geahndet werden (§ 26a Abs. 1 Nr. 5 und Abs. 2 UStG). Eine unzureichende ZM kann nicht nur eine nicht ordnungsgemäße Buchführung des Reiseunternehmers begründen, sondern die Finanzverwaltung auch zu einem gesonderten Prüfungsanlass bewegen.

---

a) Entstehung der Steuer beim Übergang der Steuerschuldnerschaft

Unter Anwendung von Reverse Charge entsteht die Steuer beim Leistungsempfänger

- für Umsätze, die dem EU-Reverse-Charge unterliegen mit Ablauf des Voranmeldungszeitraums, in dem der Reverse-Charge-Umsatz ausgeführt wird (§ 13b Abs. 1 UStG, Abschn. 13b.12 Abs. 1 Nr. 1 UStAE).

- für Umsätze, die dem nationalen Reverse Charge unterliegen mit Ausstellung der Rechnung, spätestens jedoch mit Ablauf des Voranmeldungszeitraums, in den der der Ausführung der Leistung folgende Kalendermonat fällt (§ 13b Abs. 2. S. 1 Nr. 1 UStG, Abschn. 13b.12 Abs. 1 Nr. 2 UStAE i.V.m. Abschn. 13b.1 Abs. 2 Nr. 3 UStAE).

Bei Vorauszahlungen, Teilzahlungen, Anzahlungen sowie Voll- oder Restzahlungen vor Ausführung der touristischen Leistung, entsteht insoweit die Reverse-Charge-Steuer beim Leistungsempfänger mit Ablauf des Voranmeldungszeitraums, in dem der Auftragnehmer das Entgelt vereinnahmt hat (§ 13b Abs. 4 S. 2 UStG).

b) Ausstellung der Reverse-Charge-Rechnung

Im Reverse-Charge-Verfahren ist der leistende Unternehmer verpflichtet, eine ordnungsgemäße Rechnung, jedoch ohne gesondert ausgewiesener Steuer, auszustellen. Darüber hinaus hat er in der Rechnung ausdrücklich auf die Steuerschuldnerschaft des Leistungsempfängers hinzuweisen. Weist er Umsatzsteuer unrichtig gesondert aus, so schuldet er diese ohne dass der Leistungsempfänger aus der Rechnung zum Vorsteuer-Abzug berechtigt ist, da diese nicht gesetzlich geschuldet wird (Abschn. 13b.14 Abs. 1 S. 5 UStAE, § 14a Abs. 5 UStG, § 14c Abs. 1 UStG, § 15 Abs. 1 UStG).[270] Darüber hinaus führt der Leistungsempfänger nun die Reverse-Charge-Umsatzsteuer auf den Gesamtbetrag inkl. der unrichtig ausgewiesenen Umsatzsteuer ab (§ 10 Abs. 1 S. 2 UStG).

Ab 30.06.2013 gelten folgende Besonderheiten:

- Reverse-Charge-Rechnungen sind mit dem Hinweis „Steuerschuldnerschaft des Leistungsempfängers"[271] zu kennzeichnen (§ 14a Abs. 5 UStG). Es wird nicht beanstandet, wenn zusätzlich „Reverse Charge" auf der Rechnung steht.
- Soweit der Leistungserbringer im übrigen Gemeinschaftsgebiet ansässig ist, sind die Rechnungsvorschriften seines Ansässigkeitsstaates maßgeblich (§ 14 Abs. 7 UStG).
- Für im Inland nach dem EU-Reverse-Charge-Verfahren steuerpflichtige Leistungen eines im übrigen Gemeinschaftsgebiet ansässigen Unternehmers ist spätestens am 15. Tag des Monats, der auf die Anzahlung oder Ausführung der Leistung folgt, eine Rechnung auszustellen (§14a Abs. 1 S. 2 UStG).

☞ **Beachten Sie:**

Reverse-Charge-Rechnungen werden von der für Kleinbetragsrechnungen geltenden Vereinfachungsregelung ausdrücklich ausgeschlossen. Reverse Charge ist unabhängig von der Höhe des Rechnungsbetrags anzuwenden. In Reverse-Charge-Rechnungen müssen die vollständigen Rechnungsangaben

---

270 EuGH-Urteil vom 06.02.2014, Az.: C – 424/12 – *SC Fatory SRL*.

271 Für Rechnungen, die bis einschließlich 31.12.2013 ausgestellt wurden, wird es nicht beanstandet, wenn die Angaben nicht den Vorgaben nach § 14a Abs. 1 und 5 UStG entsprechen (BMF-Schreiben vom 25.10.2013, Az.: IV D 2 – S 7280/12/10002).

unabhängig von der Höhe des Rechnungsbetrags enthalten sein (§ 33 S. 3 UStDV).

c) Abführung der Umsatzsteuer und Vorsteuerabzug im Reverse-Charge-Verfahren

Der Leistungsempfänger ist verpflichtet, die Umsatzsteuer für den leistenden Unternehmer abzuführen (§ 13b Abs. 5 S. 1 UStG). Erteilt der leistende Unternehmer dem Leistungsempfänger eine Netto-Rechnung, in der er keinen Hinweis auf die Anwendung von Reverse Charge aufnimmt, ist der Leistungsempfänger von der Steuerschuldnerschaft nicht entbunden (Abschn. 13b.14 Abs. 1 S. 4 UStAE). Gleichwohl ist ihm der Vorsteuerabzug zu gewähren, für den der Reverse-Charge-Hinweis keine Voraussetzung darstellt (§ 15 Abs. 1 Nr. 4 UStG, Abschn. 13b.15 Abs. 2 UStAE). Allerdings müssen die weiteren Voraussetzungen des § 15 UStG erfüllt sein. Diese sind:

- Es handelt sich um eine gesetzlich geschuldete Steuer für eine sonstige Leistung.
- Die sonstige Leistung wurde von einem anderen Unternehmer ausgeführt.
- Die sonstige Leistung wurde für das Unternehmen des Leistungsempfängers ausgeführt.

Die angemeldete Umsatzsteuer kann der Leistungsempfänger bei Erfüllung der o. g. Voraussetzungen im gleichen Besteuerungszeitraum als Vorsteuer abziehen, in dem er den Umsatz auch zu versteuern hat (Abschn. 13b.15 Abs. 3 S. 2 UStAE). Somit kommt es bei der von ihm abzuführenden Umsatzsteuer und der an ihn zu erstattenden Vorsteuer insgesamt zu einer Nullsumme und zu keiner Liquiditätsbelastung, soweit er vorsteuerabzugsberechtigt ist. Der leistende Unternehmer meldet den Reverse-Charge-Umsatz in seinem Land lediglich für Kontrollzwecke an, er muss sich nicht in Deutschland registrieren lassen (z.B. § 18b S. 1 Nr. 2 UStG, § 18a Abs. 7 S. 1 Nr. 3 UStG).

d) Ausnahmen vom Reverse-Charge-Verfahren

Grundsätzlich greift das Reverse-Charge-Verfahren bei einem steuerpflichtigen Leistungsbezug von einem im Ausland ansässigen Unternehmer. Der Leistungsempfänger schuldet dann für diesen die deutsche Umsatzsteuer. Dieses Verfahren findet aus Praktikabilitätsgründen in einigen wenigen Sonderfällen, die ausnahmslos Bezug zu Freizeitwirtschaft, Touristik oder Business Travel aufweisen, keine Anwendung. Es handelt sich hier um Ausnahmeregelungen, bei denen trotz Vorliegen aller Voraussetzungen für Reverse Charge, dieses nicht anzuwenden ist. In diesen Fällen geht die Steuerschuldnerschaft nicht auf den B2B-Leistungsempfänger über. Die Steuerpflichten verbleiben beim Leistungserbringer.

- Bei der Personenbeförderung durch einen im Ausland ansässigen Busunternehmer, die der Beförderungseinzelbesteuerung unterlegen hat, findet Reverse Charge keine Anwendung (§ 13b Abs. 6 Nr. 1 UStG).[272]

---

272 Siehe Kapitel A.I.13. – GRUNDLAGEN DER UMSATZBESTEUERUNG, „Beförderungseinzelbesteuerung".

- Bei der Personenbeförderung mit Landfahrzeugen auf inländischen Strecken durch auslandsansässige Beförderungsunternehmer findet Reverse Charge keine Anwendung (§ 13b Abs. 6 Nr. 2 UStG).

Ab 01.10.2013 unterliegen landgebundene Personenbeförderungen im Inland, die von im Ausland ansässigen Unternehmern durchgeführt werden, nicht mehr dem Reverse Charge (§ 13b Abs. 6 Nr. 2 UStG). Bis zum 30.09.2013 galt diese Ausnahme lediglich für die Personenbeförderung mit Taxen auf inländischen Strecken durch auslandsansässige Taxiunternehmer. Bei den Beförderungsmitteln muss es sich um motorbetriebene Landfahrzeuge mit mehr als 48 ccm Hubraum oder einer Leistung von mehr als 7,2 Kw handeln (§ 1b Abs. 2 S. Nr. 1 UStG).

Beispiel 1 – Auslandsansässiger Taxifahrer:
Ein in Salzburg (AT) ansässiger Taxiunternehmer fährt einen B2B-Fahrgast von Salzburg nach Ruhpolding (DE).

Lösung 1:
Auf die Besteuerung des anteiligen Inlandsstreckenanteils findet Reverse Charge keine Anwendung. Beträgt der Streckenanteil in Deutschland in eine Fahrtrichtung nicht mehr als zehn Kilometer, ist er als österreichische Beförderungsstrecke anzusehen (§ 5 UStDV).

Beispiel 2 – Busbeförderung und Reverse Charge:
Ein Reiseveranstalter aus Dänemark bezieht von einem niederländischen Busunternehmer Personenbeförderungsleistungen nach Österreich für Winterurlaube.

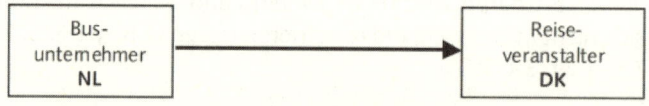

Abb. 48: Busbeförderung ab 01.10.2013

Lösung 2:
Der Busunternehmer aus den Niederlanden fakturiert den Streckenanteil durch Deutschland mit 19 % Umsatzsteuer. Er lässt sich in Deutschland für umsatzsteuerliche Zwecke registrieren.
Der dänische Reiseveranstalter muss sich zur Besteuerung des deutschen Streckenanteils der Reise nicht als steuerpflichtig in Deutschland erfassen lassen und Umsatzsteuer-Voranmeldungen für das Kalenderjahr abgeben. Sein Reisevorleistungseinkauf erfolgt brutto für netto.

- Bei der grenzüberschreitenden Personenbeförderung im Luftverkehr findet Reverse Charge keine Anwendung (§ 13b Abs. 6 Nr. 3 UStG).[273]
- Bei der Einräumung von Eintrittsberechtigungen für in Deutschland stattfindende Messen, Ausstellungen und Kongresse durch im Ausland ansässige

---

273 Siehe Kapitel A.I.15.a) – NULLSATZ, „Anwendung der Nullsatz-Regelung im Luftverkehr".

Messeveranstalter, schulden die Abnehmer der Messeeintrittskarten nicht die Umsatzsteuer (§ 13b Abs. 6 Nr. 4 UStG).

☞ **Beachten Sie:**

Hierunter fallen Leistungen, für die der Messebesucher Entgelte entrichtet, sowie damit im Zusammenhang stehende Nebenleistungen, wie Beförderung, Fahrzeugvermietung oder Unterbringung, wenn diese Leistungen vom Veranstalter der Messe zusammen mit der Eintrittsberechtigung als einheitliche Leistung angeboten werden (Abschn. 13b.10 Abs. 2 S. 2 UStAE, Abschn. 3.10 UStAE).

Die Einräumung von Eintrittsberechtigungen ist ein Volumengeschäft, bei dem der Messeveranstalter einer großen Zahl von Abnehmern gegenübersteht. Zur korrekten Anwendung des Reverse-Charge-Verfahrens müsste er jeweils zwischen auslandsansässigen (Reise-)Unternehmern (Nettobetrag ohne Umsatzsteuer) und Nichtunternehmern (mit deutscher Umsatzsteuer) bei der Ausgabe jeder einzelnen Eintrittskarte unterscheiden[274].

- Bei der Erbringung von sonstigen Leistungen im Zusammenhang mit der Veranstaltung einer in Deutschland stattfindende Messe, z. B. der ITB, durch eine im Ausland ansässige Durchführungsgesellschaft an im Ausland ansässige Gemeinschaftsaussteller, schulden diese die Umsatzsteuer nicht im Reverse-Charge-Verfahren (§ 13b Abs. 6 Nr. 5 UStG).

☞ **Beachten Sie:**

In der Rechnung der ausländischen Durchführungsgesellschaft ist die deutsche Umsatzsteuer auszuweisen. Auf diese Weise wird es den einzelnen Teilnehmern an der Gemeinschaftsausstellung erspart, sich in Deutschland registrieren zu lassen.

Bei der Erbringung von Leistungen in Form von „Messepaketen" liegt der Leistungsort für eine in Deutschland durchgeführte Messe nicht zwingend in Deutschland.[275]

Ausländische Messe-Mitveranstalter und Durchführungsgesellschaften, die Messeeintrittskarten für inländische Messen an ausländische Aussteller veräußern, nehmen zur Versteuerung dieser Leistungen eine Registrierung in Deutschland vor. Je nach Ansässigkeit des Veranstalters erfolgt diese bei einem dem jeweiligen Land gemäß Umsatzsteuerzuständigkeitsverordnung zugeteilten Finanzamt (§ 1 und 2 UStZustV).

- Die Abgabe von Restaurationsleistungen an Bord eines Schiffs, Flugzeugs oder einer Eisenbahn unterliegt nicht dem Reverse Charge (§ 13b Abs. 6 Nr. 6 UStG)[276].

---

274 Vgl. SRTour, 7/2009, Seite 10 ff., Cyrilla Wolf, „What a mess: Messen im In- und Ausland".

275 Siehe hierzu auch Kapitel A.I.4.i) – BESTEUERUNGSORT IM TOURISMUS, „Messen".

276 Die Rundverfügung der OFD Frankfurt am Main vom 18.07.2013, Az.: S 7279 A - 26 - St 113, enthält folgende Nichtbeanstandungsregelung:
- Bis zum In-Kraft-treten der gesetzlichen Neuregelung ist es nicht zu beanstanden, wenn der leistende, nicht im Inland ansässige Unternehmer bei Abgangsort in Deutschland bereits <u>ab 01.01.2010</u> vom Reverse-Charge-Verfahren absieht.

Beispiel 3 – Bordrestauration und Reverse Charge:

Der Abgangsort einer grenzüberschreitenden EU-Schiffsreise ist Hamburg. Der leistende Catering-Unternehmer mit Sitz in Holland verkauft während der Beförderung eine Latte Macchiato.

Lösung 3:

Der Caterer nimmt bei der Abrechnung keine Differenzierung seiner Gäste nach Privatreisenden oder Business Traveler vor.

Geschäftsreisende müssen nun nicht die deutsche Umsatzsteuer abführen und sich – falls im Ausland ansässig – hierzu in Deutschland steuerlich registrieren lassen.

☞ **Beachten Sie:**

Die oben aufgeführten Ausnahmefälle stellen Vereinfachungsregelungen für den deutschen Fiskus und die leistenden Unternehmer dar. Die Anwendung von Reverse Charge wäre im Massengeschäft mit einer Vielzahl von unterschiedlichen Leistungsempfängern (Aussteller, Messegäste, Flug-, Zug-, Schiffs- und Buspassagiere sowie Taxifahrgäste) aufwendig und damit untauglich für die tägliche Praxis.

1	Personenbeförderung, die der **Beförderungseinzelbesteuerung** unterlegen hat	§ 13b Abs. 6 Nr. 1 UStG § 16 Abs. 5 UStG
2	**Landgebundene**[277] Personenbeförderungsleistungen	§ 13b Abs. 6 Nr. 2 UStG
3	Grenzüberschreitende Personenbeförderung im **Luftverkehr**	§ 13b Abs. 6 Nr. 3 UStG
4	Einräumung von **Eintrittsberechtigungen für Messen**, Ausstellungen und Kongresse im Inland und damit verbundene Nebenleistungen, wie Beförderung und Übernachtung[278]	§ 13b Abs. 6 Nr. 4 UStG Abschn. 13b.1 Abs. 26 UStAE
5	Sonstige Leistung einer **Durchführungsgesellschaft** an im Ausland ansässige Unternehmer, soweit diese Leistung im Zusammenhang mit der Veranstaltung von **Messen und Ausstellungen im Inland** steht[279]	§ 13b Abs. 6 Nr. 5 UStG
6	**Bordrestauration** auf einem Schiff, in einem Luftfahrzeug oder in einer Eisenbahn[280].	§ 13b Abs. 6 Nr. 6 UStG

Abb. 49: Zusammenfassung: Reverse-Charge-Ausnahmenkatalog

- Weist der leistende Unternehmer in derartigen Fällen DE-Umsatzsteuer in einer Rechnung aus, wird es ebenfalls nicht beanstandet, wenn der Leistungsempfänger unter den Voraussetzungen des § 15 UStG insoweit einen Vorsteuerabzug in Anspruch nimmt.
- Von einer Anwendung des § 13b UStG kann insoweit wegen sachlicher Unbilligkeit abgesehen werden.

Vor 2010 unterlag die Abgabe von Speisen und Getränken zum Verzehr an Ort und Stelle (sog. Moving Meals) der Besteuerung am Sitzort des leistenden Unternehmers, sodass dem Grunde nach kein Reverse-Charge-Sachverhalt vorlag. Erst unter Anwendung des Abgangsorts- bzw. Konsumortsprinzips bei „bewegter" EU- bzw. Drittlandsrestauration, konnten sich im Zusammenhang mit Bewirtungsleistungen Reverse-Charge-Fälle ergeben.

277 Mit Wirkung ab 01.10.2013. Vor diesem Zeitpunkt war die Regelung auf die Beförderung mit Taxen beschränkt.

278 Mit Wirkung ab 01.01.2007.

279 Mit Wirkung ab 01.01.2007.

280 Mit Wirkung ab 01.01.2010. Siehe Fußnote 276.

15. Nullsatz (§ 26 UStG)

Bei grenzüberschreitender Beförderung von Personen im Luftverkehr verzichtet die deutsche Finanzverwaltung gegenüber den Beförderungsunternehmen auf die Erhebung der, anteilig zur über deutschen Luftraum entfallenden Strecke, entstehenden Umsatzsteuer (§ 26 Abs. 3 UStG).

Die Erlassregelung, in der Praxis auch als „Nullsatz" bezeichnet, wurde bereits zum 01.01.1980 eingeführt. Die grenzüberschreitenden Flüge oder Cross Border Flights unterliegen seit dem – wie in einer Vielzahl anderer Staaten – keiner Umsatzsteuerbelastung. Deutschland verzichtet somit auf die ihm nach dem Streckenprinzip zustehende Besteuerung für den Teil der Flugstrecke, der über deutsches Hoheitsgebiet führt. Der anteilige, grundsätzlich in Deutschland der Besteuerung unterliegende Flugpreis, ist abhängig von der konkret im deutschen Luftraum zurückgelegten Flugstrecke (§ 3b Abs. 1 UStG).

a) Anwendung der Nullsatz-Regelung im Luftverkehr

Der Erlass der Umsatzsteuer gemäß § 26 Abs. 3 UStG setzt neben der Beförderung im Luftverkehr folgende Bedingungen voraus:

* **Umsätze müssen von „Luftverkehrsunternehmern" ausgeführt werden**
  Luftverkehrsunternehmer führen die Beförderung durch. Dies können Unternehmer sein,
  – die die Beförderung selbst durchführen oder
  – die als Vertragspartner mit dem Reisenden einen Beförderungsvertrag abschließen und sich hierdurch in eigenem Namen zur Durchführung der Beförderung verpflichten.
  Hierbei können Pauschalreiseveranstalter, die Reisende mit eigenen Mitteln befördern, sowie Beförderungsleistungen an Unternehmer für ihr Unternehmen erbringen, auch als Luftverkehrsunternehmer angesehen werden.

* **Erbringung von grenzüberschreitenden Personenbeförderungsleistungen**
  Wesentlicher Vertragsinhalt muss die Beförderung, d. h. die Fortbewegung einer Person von einem Ort zum anderen sein.
  Eine grenzüberschreitende Beförderung liegt vor, wenn sich eine Beförderung sowohl auf das Inland als auch auf das Ausland erstreckt (§ 3b Abs. 1 S. 4 UStG). Eine grenzüberschreitende Beförderung im Luftverkehr liegt vor bei:
  – Beförderung von einem ausländischen zu einem inländischen Flughafen.
  – Beförderung von einem inländischen zu einem ausländischen Flughafen.
  – Beförderung von einem ausländischen zu einem anderen ausländischen Flughafen über das Inland.

* **Kein gesonderter Ausweis der Umsatzsteuer**
  Die Umsatzsteuer darf nicht gesondert auf Rechnungen oder Tickets ausgewiesen werden.
  Bei nur Teilerlass der Umsatzsteuer gegenüber ausländischen Luftverkehrsunternehmen ist der offene Ausweis der nicht erlassenen Umsatzsteuer in den Rechnungen unschädlich.

☞ **Beachten Sie:**

*Eine nachträgliche Korrektur einer Rechnung mit gesondertem Umsatzsteuer-
ausweis in eine Rechnung ohne gesonderten Umsatzsteuerausweis ist mangels einschlägiger Korrekturnorm nicht mehr möglich. Weder liegt ein Fall des
unrichtigen noch des unberechtigten Steuerausweises vor (§ 14c UStG). Auch
handelt es sich nicht um eine Änderung der Bemessungsgrundlage (§ 17
UStG).*

Das **Finanzamt** prüft anhand folgender Unterlagen, ob die Nullsatz-Regelung Anwendung findet:

- **Originäre Luftbeförderungsunternehmen** – Zulassungsprüfung beim Luft-
  fahrt-Bundesamt[281]:
    - Kopien der Bordbücher der eingesetzten Flugzeuge,
    - Kopien der Erlöskonten,
    - Kopien der erteilten Rechnungen ohne Steuerausweis,
    - Kopie der Betriebsgenehmigung,
    - Kopie der vom LBA ausgestellten Zuverlässigkeitsbescheinigung,
    - Benennung der eingesetzten Flugzeuge,
    - Bestätigung, dass die Beförderung durch die Fluggesellschaft selbst ausge-
      führt wird, und
    - bei ausländischen Unternehmen eine Bescheinigung der zuständigen aus-
      ländischen Steuerbehörde, dass die Fluggesellschaft dort als Unternehmer
      registriert ist.

- **Vertragliche Luftfahrtunternehmen ohne originärer Beförderung:**
    - Chartervertrag,
    - Kopien der Erlöskonten,
    - Kopien der erteilten Rechnungen ohne Steuerausweis und
    - Benennung der eingesetzten Flugzeuge.

Nach Prüfung durch das zuständige Finanzamt sind die Anträge auf Steuererlass
mit den vom Steuerpflichtigen eingereichten Unterlagen der Oberfinanzdirektion
Frankfurt a. M. zur Entscheidung vorzulegen.

☞ **Beachten Sie:**

*Der Steuerpflichtige erklärt die unter die Nullsatz-Regelung fallenden Um-
sätze in der Jahresumsatzsteuererklärung, Anlage UR zur Umsatzsteuererklärung auf Seite 2 unter Gliederungspunkt F. „Ergänzende Angaben zu
Umsätzen", Zeile 60 „Grenzüberschreitende Personenbeförderung im Luftverkehr" (§ 26 Abs. 3 UStG).*

b) Nutzen der Nullsatz-Regelung

Der Besteuerungsverzicht basiert auf einem Gegenseitigkeitsprinzip oder Reciprocity Principle. Ausländische Carrier kommen auf Cross Border Flights in den Genuss der Nullsatz-Regelung bei Berührung des deutschen Luftraums, wenn um-

---

281 Siehe www.lba.de unter *Betrieb – Genehmigungen*.

gekehrt für inlandsansässige Carrier bei grenzüberschreitender Beförderung in das jeweilige Ausland eine Umsatzsteuer ebenfalls nicht erhoben wird oder diese unverhältnismäßig niedrig ausfällt (§ 26 Abs. 3 S. 2 UStG, Abschn. 26.4 UStAE). Mit welchen Ländern Deutschland ein Gegenseitigkeitsabkommen der Nichtbesteuerung führt, kann aus einem vom Bundesministerium der Finanzen herausgegebenen Länderverzeichnis entnommen werden[282].

Sinn und Zweck der Nullsatz-Regelung sind Bestrebungen, die internationale Wettbewerbsfähigkeit deutscher Airlines zu erhalten. Auch spielen Praktikabilitätsaspekte eine Rolle, da sich auf geflogenen und kurzfristig geänderten Flugstrecken anzuwendende aufwendige und komplizierte Streckenaufteilungsverfahren durch Anwendung des Nullsatzes erübrigen.

Eine Aufhebung der Steuerbefreiung hätte zur Folge, dass

- sämtliche Airlines weltweit, die den deutschen Luftraum berühren, insoweit anteilige steuerpflichtige Inlandsumsätze ausführen würden und
- sich aus diesem Grunde in Deutschland steuerlich registrieren lassen müssten.
- eine lückenlose Erfassung der Auslands-Carrier, die aus Gründen der Steuergerechtigkeit zwingend erforderlich wäre, eine große administrative Herausforderung mit sich brächte.
- überdies Verfahren beschrieben werden müssten, nach denen der im Inland steuerpflichtige Ticketpreisanteil zu bestimmen wäre.

Außerordentlich bedenklich wären zu erwartende steuerliche Auswirkungen auf Grund der Gegenseitigkeitsklausel des Steuererlasses. Ebenso wie Deutschland wenden andere Staaten diese Reciprocity Clause an. Auch sie machen den Verzicht bei der Besteuerung von Cross Border Flights davon abhängig, dass vergleichbare Regelungen im jeweils anderen Land bestehen. Nur so ist gewährleistet, dass sämtliche Airlines gleiche Wettbewerbsvoraussetzungen vorfinden. Würde Deutschland einseitig den Steuererlass für die grenzüberschreitende Personen-Luftbeförderung aufheben, hätte dies zur Folge, dass im Verhältnis zu anderen Staaten die Gegenseitigkeit entfiele. Nun wären deutsche Airlines nicht nur für den inländischen Streckenanteil mit Umsatzsteuer belastet, sondern würden auch auf den Auslandsstrecken von den jeweiligen nationalen Fisken besteuert werden können. Würde Deutschland die Gegenseitigkeitsklausel abschaffen, hätte dies eklatante Wettbewerbsverzerrungen zu Ungunsten deutscher Carrier zur Folge.

Beispiel 1 – Nullsatz-Regelung:
Eine deutsche und eine französische Airline fliegen in 2014 auf der Strecke Frankfurt-Madrid, 20 % über deutschem, 50 % über französischem und 30 % über spanischem Hoheitsgebiet. Der Nettoflugpreis beläuft sich auf 1.008,00 €.

282 Siehe Anhang 5, „Verzeichnis der Länder, zu denen Gegenseitigkeit im Sinne des § 26 Abs. 3 UStG festgestellt ist", FORMULARSAMMLUNG.

Lösung 1 – Unter Anwendung der Nullsatz-Regelung:
Nach bisheriger Rechtslage erfolgt keine Umsatzbesteuerung, da alle beteiligten Staaten auf die Steuererhebung durch Anwendung der Nullsatz-Regelung oder einer vergleichbaren Vorschrift verzichten.

Lösung 2 – Ohne Anwendung der Nullsatz-Regelung:
Ohne Nullsatz-Regelung würde das Ticket der französischen Fluggesellschaft 1.046,93 € kosten. Der deutsche Streckenanteil entspricht einem anteiligen Reisepreis von 200,00 € (20 % von 1.000,00 €). Für Beförderungsverträge mit Start von einem deutschen Flughafen ab 01.01.2013 entfällt auf Kurzstreckenflüge eine pauschalisierte und steuerpflichtige Luftverkehrsteuer von 7,50 € je Abflug (§§ 1, 10 und 11 Abs. 1 Nr. 1 i. V. m. Anlage 1 LuftVStG).

Die Steuerberechnung für die deutsche Airline sähe dagegen wie folgt aus:

Flugstrecke DE 20 % x 1.000,00 €	200,00 €	
Luftverkehrsteuer	7,50 €	
DE-USt 19 %	39,43 €	
		246,93 €
Flugstrecke FR 50 % x 1.000,00 €	500,00 €	
FR-USt 10 %	50,00 €	
		550,00 €
Flugstrecke ES 30 % x 1.000,00 €	300,00 €	
ES-USt 10 %	30,00 €	
		330,00 €
Gesamtpreis		**1.126,93 €**

Das Ticket des deutschen Air-Carriers wäre damit gegenüber dem Ticketpreis der französischen Airline von 1.046,93 € um 80,00 € teurer (= 7,64 %). Bei einer derartigen Preisverzerrung durch „Über-die-Maßen"-Besteuerung wären deutsche Airlines nicht mehr konkurrenzfähig.
Von diesen wettbewerbsverzerrenden Auswirkungen wären nicht allein nationale Fluggesellschaften, sondern auch Reiseveranstalter und veranstaltende Reisebüros betroffen, die bislang auf deutsche Air-Carrier zurückgreifen. Dies gilt insbesondere für die integrierten Reisekonzerne, die über eigene Fluggesellschaften verfügen und bei der Kalkulation ihrer Reisepakete die Eigenleistung Flug nach der Nullsatz-Regelung bislang steuerfrei belassen.

c) Flugunterbrechungen bei internationalen Flügen
Einen Sonderfall der Nullsatz-Regelung nehmen Fälle von Flugunterbrechungen oder Stop-Overs auf internationalen Flügen ein. Ein Erlass der Umsatzsteuer für Teilstrecken innerhalb Deutschlands kommt nämlich nicht in Betracht, wenn der Fluggast den Flug an einem inländischen Flughafen, aus in seiner Person liegenden Gründen, unterbricht.

Beispiel – Flugunterbrechung:

Ein Fluggast fliegt von Düsseldorf nach New York mit Flugunterbrechung für drei Tage in München.
Der Flug ist mit folgenden Einzelstreckenflugpreisen inkl. Luftverkehrsteuer zu bewerten:

DUS – MUC   249,00 €,
DUS – JFK   744,00 € und
MUC – JFK   674,00 €.

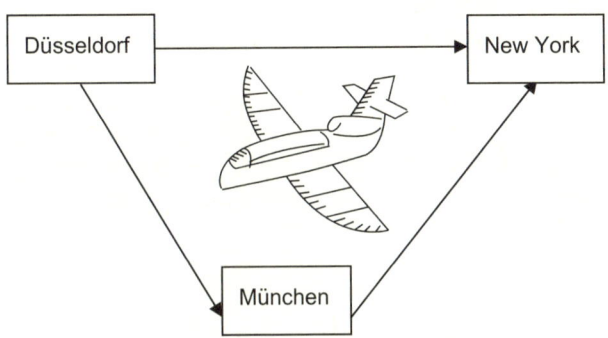

Abb. 50: Flugunterbrechungen im internationalen Luftverkehr

Lösung – Differenzmethode bei Flugunterbrechung:

Der Fluggast dehnt seinen Aufenthalt in München aus persönlichen und nicht flugtechnischen Gründen über den nächstmöglichen Anschlussflug hinaus aus. Es liegt keine einheitliche Flugbeförderung mehr vor, sondern es handelt sich nun um zwei getrennt zu beurteilende Beförderungsleistungen. Der auf den inländischen Streckenanteil entfallende Flugpreis kann nach der sogenannten Differenzmethode ermittelt werden (Abschn. 26.2 Abs. 2 S. 2 UStAE i. V. m. Abschn. 26.3 S. 4 UStAE und Abschn. 26.2 Abs. 3 UStAE):

Flugpreis DUS-JFK (= Abflug-Ziel)	744,00 €
Flugpreis MUC-JFK (= Zwischenlandung-Ziel)	674,00 €
Differenz (brutto)	70,00 €

Für die inländische Beförderungsleistung (steuerpflichtig zu 19 %) ist ein Entgelt von 70,00 € : 1,19 = 58,82 € als Bemessungsgrundlage im Sinne des § 10 Abs. 1 UStG anzusetzen.

Die Airline führt für die Teilstrecke DUS-MUC Umsatzsteuer in Höhe von 11,18 € ab. In Hinblick auf die erbrachte Beförderungsleistung von MUC nach JFK verzichtet Deutschland aufgrund der Nullsatz-Regelung auf die Besteuerung für den Teil der Flugstrecke, der über deutsches Hoheitsgebiet führt.

Die Ermittlung der steuerpflichtigen Inlandsflugstrecke nach der Differenzmethode ist nicht zwingend. Es stellt sich die Frage, ob alternativ aus Vereinfachungsgründen der bekannte Inlandsflugpreis angesetzt werden kann. Dieser kann allerdings variieren und zwar größer, identisch oder kleiner der Differenz nach Abschn. 26.2

Abs. 3 UStAE ausfallen. Im Beispielfall fällt er mit 249,00 € größer als der ermittelte Differenzwert von 70,00 € aus. Die Ermittlung der Bemessungsgrundlage nach der Differenzmethode normiert zunächst ein Wahlrecht. Daneben besteht auch die Möglichkeit eines Schätzungsverfahrens, das vorab im Einvernehmen mit dem zuständigen Finanzamt festzulegen ist (Abschn. 26.2 Abs. 4 UStAE).

☞ **Beachten Sie:**

Der Einsatz (konzern)-eigener Flugzeuge bedingt für Veranstalter den Vorteil, dass der hierauf entfallende Regieaufschlag auch für EU-Destinationen nicht mit Umsatzsteuer belastet ist.

Die Regelung zur Steuerschuldnerschaft des Leistungsempfängers (Reverse Charge[283] gemäß § 13b Abs. 6 Nr. 3 UStG) ist im grenzüberschreitenden Luftverkehr nicht anwendbar. Steuerschuldner bleibt somit die Airline als leistende Unternehmerin. Sie muss sich bei Ansässigkeit in einem Staat zu dem kein Gegenseitigkeitsabkommen[284] besteht oder soweit sie eine Rechnung mit gesondertem Ausweis der Steuer erteilt hat, in Deutschland registrieren lassen.

---

283 Siehe Kapitel A.I.14.d) – REVERSE CHARGE, „Ausnahmen vom Reverse-Charge-Verfahren".
284 Siehe Anhang 5, „Verzeichnis der Länder, zu denen Gegenseitigkeit im Sinne des § 26 Abs. 3 UStG festgestellt ist", FORMULARSAMMLUNG.

16. Global Distribution Systems

Externe Technik-Dienstleister, wie Anbieter von Computer-Reservierungs-Systemen, unterstützen weltweit die Informations-, Beratungs- und Vermittlungstätigkeit der Expedienten im Frontoffice. Hierzu stellen sie Leistungskomponenten, wie Angebotsdarstellung, Reservierung und Ticketing sowie diverse Zusatzprodukte für Auswertungen auf Backoffice-Systemen oder zur Unterstützung der stationären und Online-Verkaufsprozesse zur Verfügung.

a) Berechnung der GDS-Gebühr vom IT-Dienstleister an den Leistungsträger

Anbieter von Global-Distribution- sowie Computer-Reservierungs-Systemen bieten Leistungsträgern globale Verfügbarkeit, um deren Leistungen, wie Flüge oder Übernachtungen, nicht nur direkt über den Anbieter selbst, sondern weltweit über Reiseportale finden, reservieren und buchen lassen zu können.

Abb. 51: GDS-Gebühren der IT-Dienstleister

Der Leistungsort der Leistung des GDS-Anbieters befindet sich am Sitzort des unternehmerischen Leistungsempfängers (§ 3a Abs. 2 UStG). Die Leistung ist bei inlandsansässigen Leistungsempfängern zu 19 % steuerpflichtig.

b) Berechnung der GDS-Gebühr vom Leistungsträger an die Agentur

Für jede Buchung über das GDS-System fallen dem gebuchten Leistungsträger Gebühren an. Diese können gesondert oder als Teil z. B. des Flugticketpreises von Airlines weiterberechnet werden. Die GDS-Gebühr teilt dann als umsatzsteuerliche Nebenleistung zur Flugleistung deren Schicksal. Es entsteht eine einheitliche Leistung, die sich aus der Hauptleistung „Flug" und der Nebenleistung „Flugreservierung" zusammensetzt.

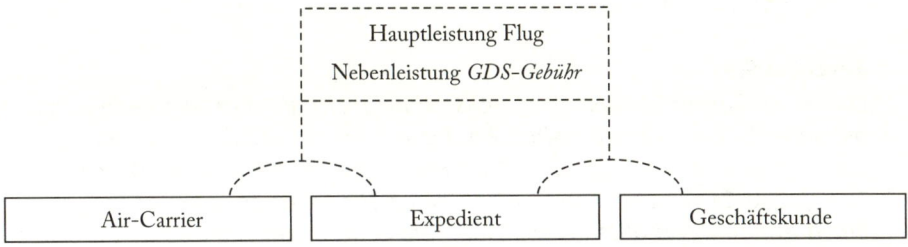

Abb. 52: GDS-Gebühren als Nebenleistung zum Flug

Die Nebenleistung „weltweite GDS-Verfügbarkeit" erfüllt keinen eigenen Zweck für den Fluggast, sie dient lediglich der optimalen Ausführung der Hauptleistung „Luftbeförderung" (Abschn. 3.10 UStAE). Somit trägt sie das umsatzsteuerliche Schicksal der Flugleistung, d. h.

- keine Umsatzsteuer auf die GDS-Gebühr bei Buchung grenzüberschreitender Flüge (§ 26 Abs. 3 UStG), und
- 19 % Umsatzsteuer auf die GDS-Gebühr bei Buchung von Binnenflügen.
- Reverse Charge findet aufgrund des Nebenleistungscharakters der GDS-Gebühr auf GDS-Gebühren grenzüberschreitender Flüge keine Anwendung (§ 13b Abs. 6 Nr. 3 UStG).

Low Cost Carrier weisen in ihren Abrechnungen an die Reiseagentur die Reservierungsgebühr des eingeschalteten GDS-Dienstleisters als Subunternehmer, ggf. erhöht um einen Aufschlag, als eine eigenständige und mit gesondertem Entgelt abgerechnete Leistung aus. Nun kann die Reservierung nicht mehr als Nebenleistung angesehen werden, denn sie ergeht an einen anderen Leistungsempfänger als die Beförderungshauptleistung[285].

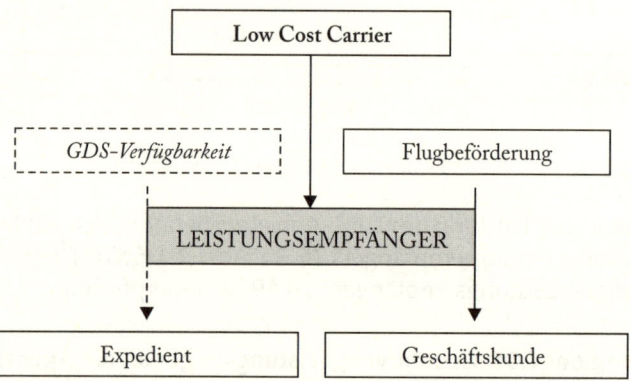

Abb. 53: GDS-Gebühren als Hauptleistung

Die eigenständige Einzelleistung „Prüfung der GDS-Verfügbarkeit" wäre dann als allgemeine sonstige Leistung nach dem Empfängerortsprinzip am Sitz des Reisebüros zu besteuern (§ 3a Abs. 2 UStG).
Inländische und ausländische Low Cost Carrier weisen in ihrer Faktura zur GDS-Verfügbarkeit 19 % Umsatzsteuer an deutsche Agenturen aus.

☞ **Beachten Sie:**
Low Cost Carrier können die GDS-Gebühr nicht als durchlaufenden Posten behandeln, denn sie sind selbst Empfänger des IT-Dienstes und verausgaben die Gebühr nicht im Namen und auf Rechnung der Agentur (§ 10 Abs. 1 S. 6 UStG). Die GDS-Gebühr stellt einen eigenständig zu behandelnden, ggf. um einen Aufschlag erhöhten Umsatz dar und gehört damit zum steuerpflichtigen Entgelt.

---

285 Vgl. SRTour 01/2008, Seite 12 ff., Dr. Volker M. Jorczyk, „Weiterberechnung von GDS-Gebühren der Low Cost Carrier".

c) Berechnung der GDS-Gebühr von der Agentur an den Geschäftskunden

Die Agentur fakturiert die GDS-Gebühr an den Geschäftskunden weiter.

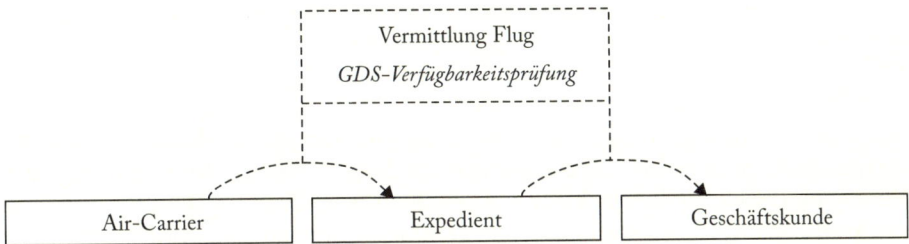

Abb. 54: Fakturierung von GDS-Gebühren

Die beiden an den Nachfrager von Business-Travel weiterfakturierten Leistungen „GDS-Verfügbarkeit" und „Flugvermittlung" unterliegen am Sitzort des buchenden Unternehmers der Umsatzbesteuerung (§ 3a Abs. 2 UStG).

II. Vermittlungsleistungen

Klassische Vermittlungsleistungen in der Touristik sind die Leistungen der Reisebüros, Agenturen und Reisemittler. Diese treten regelmäßig im Namen und für
Rechnung von Reiseveranstaltern gegenüber Reisekunden auf. Sie führen die
Parteien zusammen, damit diese ihr Reisegeschäft abwickeln, z. B. einen Reisevertrag über eine Pauschalreise abschließen.

Über die Vergütungsmodelle für Reisebüros wird seit jeher diskutiert. Klassische
Provisionsansprüche an Leistungsträger (z. B. Reiseveranstalter) stehen vom
Reisenden direkt erhobenen Beratungsgebühren (sog. Counter Fees, Service Fees,
Booking Fees oder Service Charge) gegenüber. Daneben sind Mischformen aus
beiden Modellen in der Praxis vorzufinden.

Insbesondere unter dem Stichwort „Null-Provision" hat sich eine grundsätzliche
Änderung der Vertriebsstruktur für touristische Produkte ergeben.

1. Rechtliche Grundlagen der Vermittlung

Bei der Beurteilung einer Vermittlungsleistung ist zwischen zivilrechtlicher und
steuerrechtlicher Ebene zu unterscheiden.

a) Zivilrechtliche Ebene

Der Tätigkeit eines Agenten unterliegt ein Vertrag einer entgeltlichen Geschäftsbesorgung (§ 675 BGB).

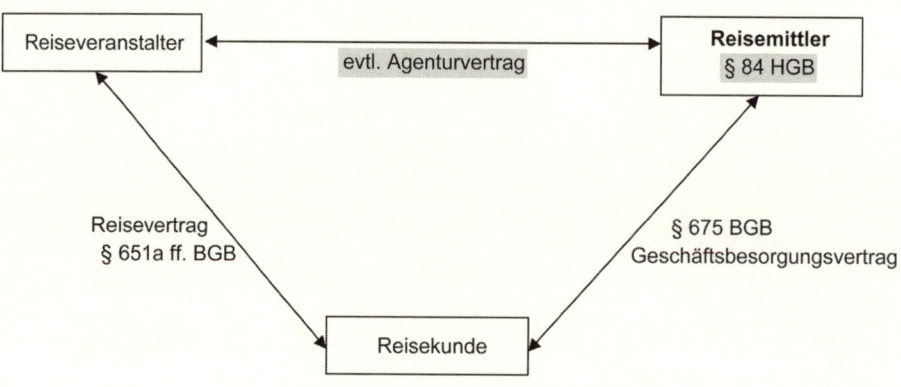

Abb. 55: Rechtsbeziehungen der Vermittlung

Die Vermittlung geschieht im Dreipersonenverhältnis. Sie kann für den Veranstalter gegen Provision oder für den Reisekunden gegen Service Fees, je nach
Auftraggeber und Regelungen in evtl. bestehenden Agenturverträgen, ausgeführt werden.

b) Handelsrechtliche Ebene

Reisebüros sind üblicherweise Handelsvertreter (§ 84 Abs. 1 HGB, § 86 Abs. 1
HGB). Auch wenn im allgemeinen Sprachgebrauch Reisebüros Reisen „verkau-

fen", liegt tatsächlich eine Vermittlungsleistung – im fremden Namen, für fremde Rechnung – vor. Grundlage dieser Vermittlungsleistung, erfolgt sie für den Reiseunternehmer, ist der Agenturvertrag zwischen ihm als Handelsherrn oder Prinzipal und dem Reisebüro, welcher schriftlich oder mündlich ergehen kann. Aus vertraglichen oder gesetzlichen Regelungen ergeben sich für das Reisebüro hieraus Provisionsansprüche (§§ 87, 87a und 87b HGB).

c) Steuerrechtliche Ebene

Zivilrecht und Steuerrecht sind stark miteinander verquickt. Allerdings gibt das höherrangige Unionsrecht, die Mehrwertsteuer-Systemrichtlinie (MwStSystRL) mehr und mehr eigene, nicht zwingend mit dem nationalen Zivilrecht übereinstimmende Begriffsdefinitionen vor. Auch der EuGH entscheidet Sachverhalte auf Basis der autonomen unionsrechtlichen Begriffe ohne Rücksicht auf länderspezifisches Zivilrecht. Der alte Grundsatz, dass das Umsatzsteuerrecht dem Zivilrecht folgt, verliert somit an Bedeutung. Gleichwohl gibt das Zivilrecht die gesetzlichen Rahmenbedingungen für wirtschaftliches Handeln vor, auf die das Steuerrecht grundsätzlich aufsetzt (Abschn. 3.7 Abs. 1 S. 2 UStAE)[286]. Im Übrigen sind umsatzsteuerliche Besonderheiten zu beachten. Aus Gründen der Verfahrensvereinfachung wird das Zivilrecht unter Zuhilfenahme steuerlicher Fiktionen in einigen Fällen verlassen. Beispiele hierfür sind:

- Die Leistung des Kommissionärs bei der Leistungskommission
  Hier *„gilt diese Leistung als an ihn [Kommissionär Anm. d. Verf.] und von ihm erbracht"* (§ 3 Abs. 11 UStG). Aus Vereinfachungsgründen wird mit einer fingierten Leistungskette gearbeitet. Die zivilrechtlich vereinbarte Geschäftsbesorgungsleistung ist umsatzsteuerrechtlich unbeachtlich (Abschn. 3.15 Abs. 6 Bsp. 3, S. 5 UStAE).

- Die Leistung des Ticketgroßhändlers beim Flugticketverkauf
  Der Consolidator verkauft Flugtickets unter der Fiktion einer Vermittlung. Zivilrechtlich stellt der Verkauf im eigenen Namen und für eigene Rechnung Eigenhandel dar. Steuerrechtlich ist der Verkauf unter bestimmten Voraussetzungen als steuerfreie Vermittlung anzusehen (Abschn. 4.5.3 Abs. 2 S. 1 bis 3 und S. 8 UStAE).

---

286 Beispielhaft für die Verbindlichkeit des Zivilrechts im Umsatzsteuerrecht sei auf das EuGH-Urteil vom 18.07.2007, Az.: C-277/05 im Verfahren der *Société thermale d'Eugénie-les-Bains* gegen das Ministère de l'Économie, des Finances et de l'Industrie verwiesen. Der Europäische Gerichtshof hatte zu urteilen, ob die von einem Gast an einen Hotelbetreiber als Anzahlung geleisteten Beträge im Fall, in dem der Gast von der ihm eröffneten Möglichkeit des Rücktritts vom Beherbergungsvertrag Gebrauch macht und der Hotelbetreiber diesen Betrag einbehält, als Gegenleistung für eine umsatzsteuerbare Reservierung oder als pauschalisierte nicht steuerbare Rücktrittsentschädigung, anzusehen ist. In Rn. 24 ff. o. g. Urteils finden sich die maßgeblichen Ausführungen dazu, dass das Zivilrecht die Basis für die umsatzsteuerliche Beurteilung bildet. Nach den allgemeinen Grundsätzen des Zivilrechts hat jede Vertragspartei den Vertrag zu erfüllen (Pacta sunt servanda – Verträge sind einzuhalten). Die Anlage einer Gästeakte und die Reservierung des Aufenthalts sind keine Gegenleistung für die geleistete Anzahlung, sondern dienen lediglich der Vertragseinhaltung. Die Reservierungsverpflichtung ergibt sich aus dem Beherbergungsvertrag selbst und nicht aus der geleisteten Anzahlung. Es mangelt somit bei der Anzahlung an einem Leistungsaustausch. Die Anzahlung stellt nicht steuerbare Entschädigung aufgrund eines ausgeübten Rücktrittsrechts, ohne direkten Bezug zu einer entgeltlichen Gegenleistung, dar.

Während die Reiseveranstaltung (§ 25 Abs. 1 UStG) und die Dienstleistungskommission (§ 3 Abs. 11 UStG) im Steuergesetz definiert werden, fehlt es an einer gesetzlichen Regelung des Begriffs der Vermittlung.

Das Umsatzsteuerrecht ist insgesamt unionsrechtlich geprägt. Die Begriffsbestimmung der Vermittlung ist aus der Mehrwertsteuer-Systemrichtlinie, abzuleiten. Es ist anzumerken, dass das nationale Umsatzsteuerrecht bei der Umsetzung der Mehrwertsteuer-Systemrichtlinie – wie übrigens auch die weiteren 27 EU-Mitgliedstaaten – autonome, eigene Begriffe verwendet. In der Mehrwertsteuer-Systemrichtlinie wird der Reiseveranstalter als Reisebüro bezeichnet. In Art. 306 Abs. 1 UAbs. 2 MwStSystRL wird klargestellt, dass *„diese Sonderregelung [Sonderregelung für Reisebüros Anm. d. Verf.] nicht für Reisebüros gilt, die lediglich als Vermittler handeln …".* Somit wird deutlich, dass das Reisebüro auf EU-Ebene dem Reiseveranstalter auf nationaler Ebene entspricht.

Zur Definition des Vermittlers ist auf das *Volker Ludwig*-Urteil des Europäischen Gerichtshofs zu verweisen, der am 21.06.2007 im Zusammenhang mit Finanzdienstleistungen entschied, *„dass die Vermittlungstätigkeit eine Mittlertätigkeit ist, die darin bestehen kann, einer Vertragspartei die Gelegenheiten zum Abschluss eines Vertrags nachzuweisen, mit der anderen Partei Kontakt aufzunehmen oder im Namen und für Rechnung des Kunden über die Einzelheiten der gegenseitigen Leistungen zu verhandeln, wobei Zweck dieser Tätigkeit ist, das Erforderliche zu tun, damit zwei Parteien einen Vertrag schließen, ohne dass der Vermittler ein Eigeninteresse an seinem Inhalt hat"*[287].

Damit agiert ein Vermittler im Verhältnis zwischen zwei Parteien, die im Anschluss ein Geschäft abschließen können, ohne dass der Vermittler beteiligt ist. Die Vermittlung kann, je nachdem welche Partei vertraglich zur Zahlung verpflichtet ist, für den leistenden Unternehmer oder für den Leistungsempfänger als Unternehmer oder privaten Endkunden, erfolgen. Die Vermittlungsprovision wird auf Bruttobasis oder bei Flugtickets auch durch eigene Preisgestaltung der Agentur (Consolidator) als Nettopreis mit Aufschlag berechnet.

Das Bundesministerium der Finanzen (BMF) reagierte auf das EUGH-Urteil *Volker Ludwig* mit einem BMF-Schreiben, in dem es bekannt gab, dass *„eine … Vermittlung … nur ausführt, wer als Mittelsperson einer Vertragspartei die Gelegenheit zum Abschluss eines (Kredit-)Vertrags nachweist oder sonst als Mittelsperson das Erforderliche tut, damit zwei Parteien einen (Kredit-)Vertrag schließen"*[288].

Das Handeln im fremden Namen setzt voraus, dass

• dies im Außenauftritt, d. h. in Internetauftritt, Reisebeschreibung, Reisebestätigung, Buchungsunterlagen, Rechnung und AGBs deutlich erkennbar wird, d. h. Veranstalter bzw. Leistungsträger mit Namen und Anschrift konkretisiert werden.

• dies durch die Vermittlerklausel *„Im Namen und für Rechnung von … vermitteln wir Ihnen …"* zum Ausdruck kommt.

• Faktura und Steuerausweis für den Leistungsträger gleichwohl möglich sind.

---

287 EUGH-Urteil vom 21.06.2007, Az.: C-453/05, Rn. 28 – *Volker Ludwig, Umsätze der Vermittlung von Krediten.*
288 BMF-Schreiben vom 29.11.2007, Az.: IV A 6 – S 7160-a/07/0001 in USt-Erlasse § 4/32 500.

Das Handeln für fremde Rechnung setzt voraus, dass

- der Vermittler die Interessen des Auftraggebers wahrnimmt.
- die wirtschaftlichen Folgen den Auftraggeber und nicht den Vermittler treffen.
- den Vermittler kein wirtschaftliches Risiko, z. B. im Zusammenhang mit Verfügungsbefugnissen, Leerstand oder höherer Gewalt trifft.

☞ **Beachten Sie:**

Eine mit eigenem Absatzrisiko eingekaufte Leistung kann nicht mehr vermittelt, sondern nur noch weiterverkauft werden.

Bei der Vermittlung handelt es sich um eine sonstige Leistung, die der Expedient eines inländischen Reisebüros im Rahmen eines Leistungsaustausches mit einem Prinzipal bzw. Reisekunden ausführt (§ 1 Abs. 1 Nr. 1 UStG, § 3 Abs. 9 UStG, Abschn. 4.5.1 Abs. 1 UStAE).

☞ **Beachten Sie:**

Eine Vermittlungsleistung liegt umsatzsteuerlich grundsätzlich nur vor, wenn der Vermittler das Umsatzgeschäft erkennbar im Namen des Veranstalters oder Leistungsträgers abgeschlossen hat (§ 164 Abs. 1 BGB, § 651a Abs. 2 BGB und Abschn. 3.7 Abs. 1 S. 3 UStAE).

2. Abgrenzung von Leistungsinhalten der Vermittlung

Eine Differenzierung zwischen Reisemittler, Kommissionär und Reiseveranstalter ist wegen der jeweils unterschiedlichen resultierenden steuerlichen Konsequenzen exakt vorzunehmen. Die umsatzsteuerliche Behandlung touristischer Leistungsbeziehungen differiert je nachdem wie der Leistungsanbieter am Markt auftritt. Bei der Besteuerung von Reiseumsätzen ist danach zu unterscheiden, ob die Erbringung einer oder mehrerer Reiseleistungen als sog. Eigengeschäft, Geschäftsbesorgung oder lediglich deren Vermittlung vorliegt.

Reisebüros treten üblicherweise im Rahmen eines Agenturverhältnisses im Namen und für Rechnung des Leistungsträgers auf, so dass ein Vermittlungsverhältnis darzustellen ist. Aufgrund von Nullprovisionsmodellen zahlreicher Leistungsträger sowie bei missglücktem Außenauftritt kommt allerdings auch die Darstellung eines (unbeabsichtigten) Eigengeschäfts zum Tragen. Die unterschiedlichen zivil- und handelsrechtlichen sowie steuerrechtlichen Auswirkungen sind zu beachten. Folgende Konstellationen des Auftretens gegenüber dem Reisekunden sind sorgfältig zu unterscheiden:

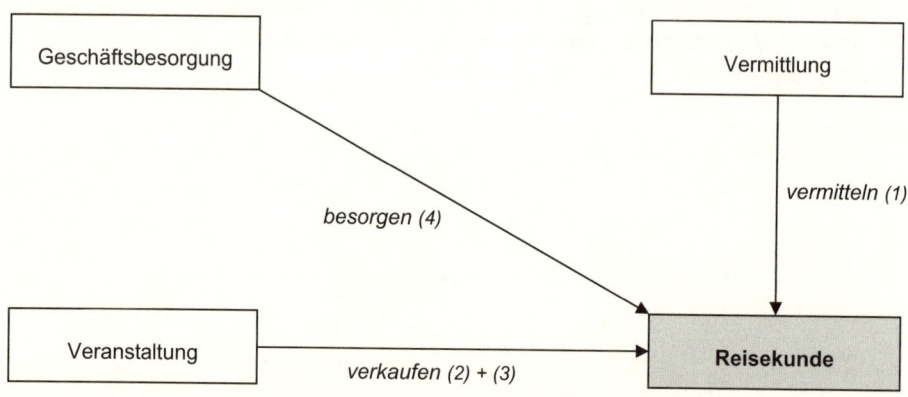

Abb. 56: Abgrenzung der Leistungsinhalte einer Vermittlung

1. Ein Reisebüro *vermittelt* die Reiseleistung eines Veranstalters oder Leistungsträgers gegen

   – Vermittlungsprovision vom Veranstalter oder Leistungsträger auf Grundlage eines Agenturvertrags,
   – Zahlungen des Leistungsträgers für Vermittlungsleistungen, ohne von diesem ausdrücklich zur Vermittlung beauftragt zu sein; dies gilt auch, wenn im Rahmen der Vermittlungstätigkeit das sog. Nullprovisionsmodell vereinbar oder eine Vermittlungtätigkeit anderweitig ausgeschlossen worden ist (Abschn. 4.5.2 Abs. 6 S. 1 UStAE);
   – Servicegebühr vom Reisenden.
2. Ein veranstaltendes Reisebüro *verkauft* Pauschalreisen im eigenen Namen an Privatkunden (§ 25 Abs. 1 S. 1 UStG).
3. Ein veranstaltendes Reisebüro *verkauft* Reiseleistungen im eigenen Namen an Geschäftskunden (§ 3 Abs. 9 UStG, Art. 306 Abschn. 1 MwStSystRL).

4. Ein Reisebüro *besorgt* im eigenen Namen und für Rechnung des Reisenden Reiseleistungen (§ 3 Abs. 11 UStG, § 25 Abs. 1 UStG).

a) Zivilrechtliche Abgrenzungskriterien

Das Handeln des Reisemittlers im fremden Namen und für fremde Rechnung muss im Außenverhältnis zum Kunden erkennbar sein. Dabei ist der Gesamteindruck aus der Sicht des Reisenden, also dessen objektiver Empfängerhorizont, maßgebend. So wie der Durchschnittskonsument das Verhalten des „Reisemittlers" erkennen konnte, so hat dieser sich zivilrechtlich einzustufen.

Durch Anwendung der Vermittlungsklausel kann ein veranstaltendes Reisebüro seine Tätigkeit gegenüber dem Reisekunden nicht als Vermittlung erklären, um auf diese Weise seine Veranstalterpflichten zu umgehen (§ 651a Abs. 2 BGB). Diese wären

- reiserechtlicher Art, wie die Übernahme der Veranstalterhaftung (§§ 651a bis 651m BGB).
- Erfüllung von Verbraucherschutzvorschriften, wie Informationspflichten[289] und die Aushändigung eines Reisesicherungsscheins[290] an den Kunden (§ 4 bis 11 BGB-InfoV, Anlage 1 BGB-InfoV).

Ein Indiz für das Auftreten als Reisemittler ist typischerweise das Fehlen eines Vermarktungs- und Vertriebsrisikos. Das allgemeine unternehmerische Risiko für den Verkauf der vermittelten Leistung trägt der anbietende Veranstalter oder Leistungsträger. Dem Reisemittler kann aus nicht abgesetzten Reisen kein Verlust entstehen. Auf der anderen Seite beschränkt sich sein Gewinn auf die ausgehandelten Provisionssätze unter Berücksichtigung von Staffelprovisionen[291], Superprovisionen[292], Mali und Boni. Eine Negativabgrenzung zum Mittler ist die Herausgabe eines eigenen Reisekatalogs als Vertriebsinstrument für Buchungszwecke. Der Herausgeber ist Reiseproduzent und damit Veranstalter. Er trägt das unternehmerische Risiko für die in seinem Katalog angebotenen Programme und bleibt auf nicht abgesetzten Reiseleistungen sitzen. Die Umsatzsteuer knüpft an die tatsächlichen Leistungsbeziehungen an.

---

289 Als Informationspflicht gilt die Bezeichnung des verantwortlichen Reiseveranstalters in allen Unterlagen wie Reiseausschreibung, Teilnahmebestätigung etc. (§ 6 Abs. 2 Nr. 6 BGB-InfoV).

290 Der Reisesicherungsschein dokumentiert dem Reisenden die Absicherung des bereits vor Leistungserbringung gezahlten Reisepreises. Bei Insolvenz des Veranstalters vor Reisebeginn erhält der Kunde die getätigte Zahlung zurück. Tritt die Insolvenz während der Reise ein, werden dem Urlauber die Kosten der Rückreise, soweit diese Bestandteil der Pauschalreise ist, erstattet. Die Insolvenzversicherung beträgt ca. 0,2 bis 0,3 % des Reisepreises.

291 Bei der Staffelprovision gestaltet sich der Provisionssatz in Abhängigkeit des erreichten Jahresumsatzvolumens der Agentur von einer Basisprovision über steigende Provisionssätze bis zu einem Provisionshöchstsatz.

292 Zusatzprovision zur Belohnung besonderer Leistungen des Reiseagenten.

b) Steuerrechtliche Abgrenzungskriterien

Bei der steuerlichen Beurteilung ist ein Agieren als B2C-Veranstalter auszuschließen, soweit die vier Tatbestandsvoraussetzungen[293] nach der umsatzsteuerlichen Veranstalterdefinition nicht erfüllt sind (§ 25 Abs. 1 UStG). Diese wären:

- Handeln im eigenen Namen,
- unter Inanspruchnahme von Reiseleistungen,
- die als Reisevorleistungen dem Reisenden unmittelbar zugute kommen, und
- der Reisende ist ein privater Endkunde (Consumer, Customer, B2C-Geschäft).

Die Art des Auftretens oder die Erfüllung reiserechtlicher Vorschriften, wie die Herausgabe von Reisekatalogen oder die Aushändigung von Reisesicherungsscheinen an die Kunden, qualifizieren nicht zum Reiseveranstalter im Sinne von § 25 UStG. Das Umsatzsteuerrecht führt eigene Kriterien an, aus deren Erfüllung sich die steuerlichen Rechtsfolgen im B2C-Geschäft ergeben, nämlich

- Anwendung der Margenbesteuerung mit einer von der Regelbesteuerung abweichenden Ermittlung der steuerlichen Bemessungsgrundlage (25 Abs. 1 S. 1 und 2 UStG),
- grundsätzliches Verbot des Vorsteuerabzugs auf Reisevorleistungen (§ 25 Abs. 4 S. 1 UStG) und
- Ausstellung der Rechnungen ohne gesondertem Ausweis der Margensteuer mit dem Zusatz „Sonderregelung für Reisebüros" (§ 14a Abs. 6 UStG).

☞ **Beachten Sie:**
Eine Veranstaltung, und keine Vermittlung, liegt allerdings auch dann vor,
- *wenn Reiseleistungen in Form von Eigenleistungen im eigenen Namen und auf eigene Rechnung an den Urlauber erbracht werden. Der Reiseunternehmer unterliegt insoweit nicht der Margenbesteuerung (§ 25 Abs. 1 S. 1 und 5 UStG).*
- *wenn Reiseunternehmer im eigenen Namen und auf eigene Rechnung Reiseleistungen in Form von Fremd- und/oder Eigenleistungen an Business Traveler oder Wiederverkäufer veräußern.*

c) Reisebüro als Kommissionär

Der Kommissionär[294] handelt im Gegensatz zum Reisemittler im eigenen Namen. Für den Leistungsempfänger ist nicht ersichtlich, dass ein ganz anderer Unternehmer das wirtschaftliche Geschäftsrisiko trägt. Die Leistungskommission unterliegt nach geänderter Rechtsauffassung der Finanzverwaltung unter den weiteren Voraussetzungen der Sonderregelung für Reisebüros den Grundsätzen der Margenbesteuerung (Abschn. 3.15 Abs. 4 S. 5 und Abs. 6 Beispiel 3, Abs. 7 Beispiele 1 bis 3 UStAE i.V.m. Abschn. 25.1 Abs. 1 S. 4, 2. HS UStAE). Damit folgt die Finanzverwaltung schließlich der Rechtsprechung. Laut Rechtsprechung liegen aufgrund der Fiktion einer Leistungskette, ein Auftreten im eigenen Namen sowie der Bezug von Reisevorleistungen vor. Unter Erfüllung der wei-

---

293 Siehe Kapitel B.V. – MARGENBESTEUERUNG, „Voraussetzungen und Rechtsfolgen der Margenbesteuerung".

294 Vgl. Kapitel A.I.3.e) – LIEFERUNG UND SONSTIGE LEISTUNG, „Dienstleistungskommission".

teren Voraussetzungen des § 25 UStG ist die Dienstleistungskommission der Margenbesteuerung zu unterwerfen.[295]

Der Kommissionär verkauft Reiseleistungen, die er nicht auf eigene Rechnung eingekauft hat. Dies wäre eine wesentliche Voraussetzung für das Vorliegen von Reisevorleistungen. Der Einkauf auf eigene Rechnung wird per gesetzlicher Fiktion unterstellt (§ 3 Abs. 11 UStG). Es werden von einem Dritten, nämlich dem Kommittenten, an den Kommissionär erbrachte Reisevorleistungen angenommen. Die Tatsache, dass Leistungen Dritter an den Reiseunternehmer lediglich fingiert werden, steht ihrer Einordnung als Reisevorleistungen nun nicht mehr entgegen.

Für Leistungskommissionen, die vor dem 01.01.2013 ausgeführt wurden, kann der Reiseunternehmer entweder weiterhin die Regelbesteuerung anwenden oder aber auf Margenbesteuerung umstellen. In Abhängigkeit von den Gegebenheiten des Einzelfalls sollte der die Geschäftsbesorgungsleistung durchführende Reiseunternehmer eine Vergleichsrechnung zur Ermittlung der unterschiedlichen Steuerbelastungen vornehmen. Je nach Fallgestaltung bietet sich für die Entscheidung zur Ausübung des Wahlrechts ein anderes Ergebnis an.

Für ab 01.01.2013 ausgeführe Leistungskommissionen ist unter den weiteren Voraussetzungen der Sonderregelung für Reisebüros die Margenbesteuerung zwingend anzuwenden. Der Leistungs(einkaufs-/verkaufs)kommissionär ist nicht mehr berechtigt, die in seinen Eingangsrechnungen ausgewiesenen Steuerbeträge auf die Leistung des Kommittenten an ihn als Vorsteuer abzuziehen.[296]

d) Reisebüro als Eigenhändler

Tritt ein Reisebüro im Außenverhältnis nicht erkennbar unter fremdem Namen und auf fremde Rechnung in Erscheinung, liegt kein Agenturverhältnis mehr vor. Damit handelt es sich nach Zivil- und Steuerrecht nicht um ein Vermittlungs-, sondern um ein Eigengeschäft.

Das Reisebüro kauft und verkauft bei Vermittlung ohne Vermittlungsformel Leistungen im eigenen Namen und auf eigene Rechnung (verunglückte Vermittlung). Grundsätzlich gilt: Leistungen, die im Wege des Einkaufs erworben worden sind, können sachlogisch nicht mehr vermittelt werden.

Dies bedeutet im Einzelnen:

- „Vertrieb" einer Pauschalreise eines inlandsansässigen Reiseveranstalters:
  Tritt das Reisebüro als Reiseveranstalter auf, ist es nach § 25 UStG zu besteuern. Eingangsleistungen des Reisebüros sind auf Ebene der Vorleistenden als Kettengeschäfte (B2B) nach aktuellem Recht noch getrennt zu fakturieren. Ein Vorsteuerabzug für das veranstaltende Reisebüro besteht grundsätzlich nicht. Besteuerungsgrundlage ist die Marge. Steuerpflichtig ist nur der EU-Anteil.

---

295 BFH-Urteil vom 02.03.2006, Az.: V R 25/03 03 – *Umsatzsteuerliche Behandlung der Leistungen eines Konsularservices*, Vorinstanz: FG Köln mit Urteil vom 20.02.2003, Az.: 10 K 2472/99.
296 BMF-Schreiben vom 03.04.2012, Az.: IV D 2 – S 7100/07/10027.

- „Vertrieb" einer Pauschalreise eines auslandsansässigen Reiseveranstalters:
  Für den Verkauf einer bei einem auslandsansässigen Reiseveranstalter eingekauften Reise im eigenen Namen und auf eigene Rechnung gilt dasselbe wie
  beim Verkauf einer von einem Binnenveranstalter erworbenen Reise.

- „Vertrieb" einer Inlandsflugbeförderung:
  Der Verkauf einer von einer Airline als Subunternehmer generierten inländischen Flugleistung, z. B. Hamburg – München, im eigenen Namen und auf eigene Rechnung ist eine steuerbare Beförderungsleistung (§ 3b Abs. 1 UStG). Die
  Leistung ist in vollem Umfang steuerpflichtig. Die auf der Eingangsleistung
  lastende Vorsteuer ist abzugsfähig (§ 15 Abs. 1 Nr. 1 UStG).

- „Vertrieb" eines Cross-Border-Flights:
  Ein grenzüberschreitender EU-Flug, z. B. von München nach Valencia (ES), ist
  grundsätzlich steuerbar und steuerpflichtig mit dem inländischen Flugstrecken-
  anteil. Allerdings kann der Verkauf von Einzeltickets für grenzüberschreitende
  Flüge mit Consolidator-Status[297] als steuerfreie Vermittlung behandelt werden (Vereinfachungsregelung in Abschn. 4.5.3 Abs. 2 UStAE, § 4 Nr. 5 lit. b
  UStG und Abschn. 26.1 Abs. 1 S. 3 und 4 UStAE). Der Umsatz erfolgt daher
  insgesamt ohne Umsatzsteuerbelastung. Der Leistungseinkauf geschieht ebenfalls ohne Umsatzsteuer, so dass ein grundsätzlich möglicher Vorsteuerabzug
  nicht zum Tragen kommt (kein Ausschluss nach § 15 Abs. 2 Nr. 1 i. V. m. Abs. 3
  Nr. 1 lit. a UStG und § 4 Nr. 5 lit. b UStG). Der Auslandsstreckenanteil ist nicht
  steuerbar.

- Soweit inlandsansässige Reisebüros Counter Fees oder anderweitige Gebühren dem Urlauber direkt berechnen, handelt es sich hierbei um einen zu 19 %
  steuerpflichtigen Umsatz (§ 3a Abs. 1 UStG).
  Erfolgt die direkte Berechnung der Bearbeitungsgebühren als Travel Management
  Company gegenüber einem Busniess Traveller, liegt der Leistungsort an dessen
  Sitz (§ 3a Abs. 2 UStG). Kunden aus dem übrigen Gemeinschaftsgebiet erhalten eine Reverse-Charge-Rechnung (§ 13b Abs. 1 UStG).

e) Reisebüro als Reisemittler

Bei der Vermittlung einer Reise muss dem Reisekunden bewusst sein, dass er zu
einem Dritten, nämlich dem Reiseveranstalter durch Abschluss des Reisevertra-
ges, in unmittelbare Rechtsbeziehungen tritt. Wesentlich ist das Außenverhältnis,
daher das Auftreten des Reisebüros dem Reisekunden gegenüber in Funktion als
Vermittler und nicht als Veranstalter. Für die Beurteilung ausschlaggebend ist der
objektive Empfängerhorizont des Reisekunden. Der Name des Reiseveranstalters muss bei Vertragsabschluss nicht genannt werden, sofern er feststellbar ist
(Abschn. 3.7 Abs. 1 S. 6, 2. HS UStAE, § 6 Abs. 2 Nr. 6 BGB-InfoV). Die Zahlung
des Reisepreises an das Reisebüro stellt für das Reisebüro teils Vermittlungsprovision,
teils Fremdgeld dar. Die Umsatzsteuer beschränkt sich auf das Entgelt für das
Reisebüro, dessen Provision. Hierzu muss das Reisebüro nicht nur im Namen
sondern auch auf Rechnung des Reiseveranstalters handeln. Das Fremdgeld un-

---

297 Siehe Kapitel A.II.13.a) – FLUGTICKETVERKAUF DURCH REISEBÜROS, „Consilidator – Fiktion
     der Vermittlung".

terliegt dann als durchlaufender Posten gemäß § 10 Abs. 1 S. 6 UStG nicht der Umsatzsteuer. Die Reise verteuert sich für den verreisenden Endkunden nicht um eine auf Fremdgelder anfallende Umsatzsteuer.

☞ **Beachten Sie:**

Das Reisebüro kann daneben allgemeine Dienstleistungen, die nicht in einer Vermittlung bestehen, ausführen – wie z. B. die Visabeschaffung[298].

Art der Leistung	Unternehmer	Leistungsinhalt	Besteuerung	Gesetzliche Grundlage
Vermittlungs-geschäft	Reisemittler	Handeln im frem-den Namen und für fremde Rechnung	Regelbesteuerung	§ 3 Abs. 9 UStG Abschn. 4.5.1 Abs. 1 UStAE
Eigengeschäft	Reise-veranstalter	Handeln im eige-nen Namen und für eigene Rechnung	Margenbesteuerung (B2C) Regelbesteuerung (B2B) nach aktuellem Gesetzesstand	§ 25 Abs. 1 UStG § 3 Abs. 9 UStG Abschn. 3.7 Abs. 1 UStAE
Besorgungs-geschäft	Dienst-leistungs-kommissionär	Handeln im eige-nen Namen und für fremde Rechnung	**Ab 01.01.2013** zwingend Margenbesteuerung laut Finanzverwal-tung	§ 25 UStG
			Margenbesteuerung laut Rechtsprechung	§ 25 UStG
			Beachte: Fiktion einer Leistungskette	§ 3 Abs. 11 UStG

Abb. 57: Zusammenfassung: Auftreten des Reisebüros gegenüber dem Reisekunden

---

298 Siehe Kapitel A.II.14. – VERMITTLUNGSLEISTUNGEN, „Serviceleistungen der Reisebüros".

3. Ortsbestimmung der Vermittlung

Der Ort der Vermittlung ist der Anknüpfungspunkt für die Besteuerung. Zur Ermittlung des Leistungsorts einer Vermittlungsleistung wird nach dem Leistungsempfänger als Unternehmer (B2B) oder als Endverbraucher (B2C) unterschieden. Im B2C-Vermittlungsgeschäft wird die Leistung an dem Ort erbracht, an dem der vermittelte Umsatz ausgeführt wird (§ 3a Abs. 3 Nr. 4 UStG). Es handelt sich um ein abgestuftes Leistungsortsverhältnis mit einer gestaffelten Leistungsortsbestimmung.

Dabei wird der Leistungsort nach dem **Look-through-Prinzip**[299] ermittelt: es wird durch den

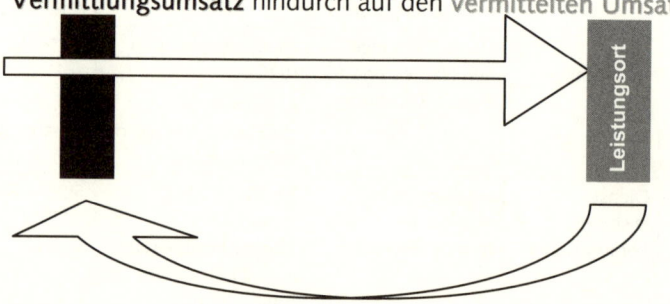

Abb. 58: Look-through-Prinzip in der B2C-Vermittlung

Der Leistungsort der Vermittlung richtet sich nach dem Leistungsort des vermittelten Umsatzes. Die beiden Leistungsorte der Vermittlungsleistung und der vermittelten Leistung sind also identisch.

Die Ortsbestimmung von Veranstaltungsleistungen erfolgt im B2C-Veranstaltergeschäft nach dem jeweiligen Sitzort des Veranstalters[300]. Folglich befindet sich der Leistungsort für die Vermittlung einer Pauschalreise gegen Service Fee in dem Land, in dem der Veranstalter seinen Unternehmenssitz hat. Mit anderen Worten: Vermitteln Reisebüros Pauschalreisen im Auftrag der Urlauber, ist für die Besteuerung maßgeblich, von welchem Ort aus der Veranstalter sein Unternehmen betreibt.

Bei Vermittlungen im zwischenunternehmerischen Geschäft wird die Leistung am Empfängerort ausgeführt.

Beispiel – Vermittlung einer Pauschalreise:

Das Reisebüro MucFrei Reisen vermittelt eine Pauschalreise nach Hawaii an den Privatreisenden Ernst Jost gegen Provision vom Reiseveranstalter Paradise Tours mit Sitz in Baden-Baden sowie gegen Service Fees vom Kunden.

---

299 Wortkreation von RA Stb Dipl.-Finw. Dr. Volker M. Jorczyk, die treffend und bildhaft das Prinzip der Leistungsortsermittlung beim B2C-Vermittlungsgeschäft veranschaulicht.

300 Siehe Kapitel B.V. – MARGENBESTEUERUNG, „Voraussetzungen und Rechtsfolgen der Margenbesteuerung" und § 25 Abs. 1 S. 4 i. V. m. § 3a Abs. 1 UStG.

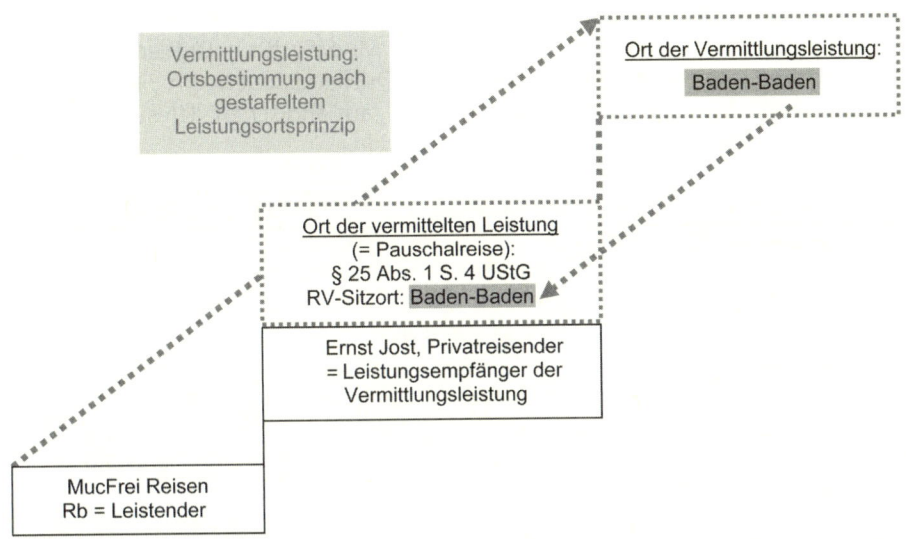

Abb. 59: B2C-Vermittlung einer Pauschalreise

Lösung:

Die Versteuerung der Service Fees erfolgt nach dem gestaffelten Leistungsortsprinzip: Ort der vermittelten Leistung und damit auch der Vermittlungsleistung ist der Sitz von Paradise Tours in Baden-Baden (§ 3a Abs. 3 Nr. 4 UStG, § 25 Abs. 1 S. 4 UStG, § 3a Abs. 1 UStG).

Der Leistungsort für die B2B-Vermittlung an den Reiseveranstalter richtet sich nach dem Empfängerortsprinzip. Demnach wird die Vermittlungsleistung ebenfalls in Baden-Baden erbracht (§ 3a Abs. 2 UStG).

In beiden Fällen ist die Vermittlung somit in Deutschland steuerbar. Daran würde sich nichts ändern, wenn das vermittelnde Reisebüro MucFrei Reisen nicht in Schwabing, sondern außerhalb Deutschlands, z. B. in Salzburg belegen wäre.

☞ Beachten Sie:

Auch wenn der Leistungsort im Ergebnis in Einzelfällen bei der Vermittlung B2B und B2C identisch ist, ändert sich fallweise die systematische Begründung für dessen Zuordnung.

In der Praxis herrscht des Öfteren der Irrglaube vor, dass der Ort der Vermittlung einer Pauschalreise am Sitz des Reisebüros oder etwa in der Urlaubsdestination liegt.

Die Besteuerung am Sitzort des Veranstalters führt dazu, dass das Reisebüro unter Umständen eine Vielzahl von Leistungsorten zu berücksichtigen hat.

Die Vermittlung der Leistungen von Reiseveranstaltern mit Sitz im Inland ist demnach steuerpflichtig (§ 3a Abs. 2 UStG bzw. § 3a Abs. 3 Nr. 4 UStG i. V. m. § 25 Abs. 1 UStG und § 3a Abs. 1 UStG).

Die Vermittlung für EU-Reiseveranstalter, ohne Niederlassung im Inland gegen Provision, ist in Deutschland nicht steuerbar. Es kommt EU-Reverse-Charge zur Anwendung (Art. 44 MwStSystRL, Art. 196 MwStSystRL). Drittlandsunternehmer rechnen, je nach jeweils gültigem Drittlandsteuerrecht im Reverse-Charge-Verfahren oder unter Ausweis der ausländischen Umsatzsteuer im Gutschriftsverfahren ab.

	Leistungsart	Ortsbestimmung	Gesetzliche Grundlagen
1	Pauschalreise	B2B Empfängerort	§ 3a Abs. 2 UStG
		B2C: Sitzort des Veranstalters	§ 25 Abs. 1 i. V. m. § 3a Abs. 1 UStG
2	Unterkunft	B2B: Empfängerort	§ 3a Abs. 2 UStG
		B2C Belegenheitsort	§ 3a Abs. 3 Nr. 1 lit. a UStG
3	– Kultur – Sport – Unterhaltung – Unterricht	B2B: Empfängerort	§ 3a Abs. 2 UStG
		B2C: Ort, an dem die Leistung erbracht wird	§ 3a Abs. 3 Nr. 3 lit. a UStG
4	Eintrittsberechtigungen der Veranstalter	B2B: Empfängerort	§ 3a Abs. 2 UStG.
		B2C: Veranstaltungsort	§ 3a Abs. 3 Nr. 3 lit. a UStG
5	Leistungen im Zusammenhang mit Messen und Ausstellungen	B2B: Empfängerort	§ 3a Abs. 2 UStG
		B2C: Ausführungsort	§ 3a Abs. 3 Nr. 3 lit. a UStG
6	Flug	B2B: Empfängerort	§ 3a Abs. 2 UStG
7	Bus		
8	Bahn	B2C: Streckenprinzip	§ 3b Abs. 1 UStG
9	Schiff		
10	Mietwagen	B2B: Empfängerort	§ 3a Abs. 2 UStG
		B2C: *Kürzerer Zeitraum (max. 30 Tage):* Ort, an dem der Mietwagen zur Verfügung gestellt wird;	§ 3a Abs. 3 Nr. 2 lit. a UStG
		Längerer Zeitraum: Ab 30.06.2013: Empfängerort;	§ 3a Abs. 3 Nr. 2 S. 3 UStG
		Vorher: Sitzort des Leistenden;	§ 3a Abs. 1 UStG

	Leistungsart	Ortsbestimmung	Gesetzliche Grundlagen
11	Betreuung Reiseleitung	<u>B2B:</u> Empfängerort	§ 3a Abs. 2 UStG
		<u>B2C:</u> Unternehmenssitz	§ 3a Abs. 1 UStG
12	Verpflegung	<u>B2B:</u> Empfängerort	§ 3a Abs. 2 UStG
		<u>B2C:</u> Konsumort	§ 3a Abs. 3 Nr. 3 lit. b UStG

Abb. 60: Grundprinzipien der Leistungsortsbestimmung für die Vermittlungsleistung ab 01.01.2013[301]

---

301 Zur alten Rechtslage siehe ausführliche Darstellung in „Umsatzsteuer in der Touristik", 2. Auflage 2012, FORMULARSAMMLUNG, Anhang 7.

4. Steuerfreie Vermittlung

Vermittlungsprovisionen, die im Rahmen von Agenturverträgen mit Leistungsträgern, wie Fluggesellschaften oder Reedereien verhandelt werden, sind umsatzsteuerfrei (Abschn. 4.5.2 Abs. 1 S. 3 UStAE), nämlich die Vermittlung

* grenzüberschreitender Beförderungen von Personen mit Luftfahrzeugen oder
  Seeschiffen (§ 4 Nr. 5 lit. b UStG),
* von Umsätzen, die ausschließlich im Drittlandsgebiet bewirkt werden
  (§ 4 Nr. 5 lit. c UStG).

Beispiel 1 – Steuerfreie Vermittlung an Reederei:

Das Reisebüro MucFrei Reisen vermittelt für eine Reederei in Bremerhaven gegen Provision eine Schiffsreise von Hamburg nach Lissabon.

Lösung 1:

Die Vermittlung der grenzüberschreitenden Beförderung auf einem Schiff erfolgt für den Leistungsträger. Sie ist steuerfrei (§ 4 Nr. 5 lit. b UStG).

Beispiel 2 – Vermittlung an Fluggesellschaft:

Das Reisebüro MucFrei Reisen vermittelt für die in Berlin ansässige Isko Air
gegen Provision einen Flug von Wien nach Istanbul.

Lösung 2:

Die Vermittlung erfolgt für den Leistungsträger. Allerdings ist die Steuerbefreiung gemäß § 4 Nr. 5 lit. b UStG nach aktuellem Gesetzeswortlaut mangels
Berührung von Luftraum über deutschem Hoheitsgebiet nicht einschlägig.
Auch findet die Steuerbefreiung gemäß § 4 Nr. 5 lit. c UStG keine Anwendung,
denn der Flug wird nicht ausschließlich im Drittlandsgebiet bewirkt.

☞ Beachten Sie:

*Die Regelung zur steuerfreien Vermittlung der „grenzüberschreitenden Be-
förderung" knüpft noch an die bis einschließlich 2009 geltende Leistungsortsbestimmung nach dem Streckenprinzip an. Sie ist nicht kompatibel mit
der seit 2010 geltenden Leistungsortsbestimmung der zwischenunternehmerischen Vermittlung nach dem Empfängerortsprinzip (§ 4 Nr. 5 lit. b UStG,
§ 3a Abs. 2 UStG).[302]*

Beispiel 3 – Nicht steuerbare Vermittlung an Hotel:

Das Reisebüro MucFrei Reisen vermittelt für das Hotel Hemingway auf Kuba
gegen Provision Hotelunterkünfte.

Lösung 3:

Die Hotelvermittlung erfolgt für den Leistungsträger. Sie ist nicht steuerbar,
denn sie wird am Empfängerort im Ausland, auf Kuba bewirkt.

---

302 Vgl. SRTour 05/2011, Seite 10 ff., Cyrilla Wolf und Dr. Volker M. Jorczyk, „Offene Fragen bei der
     Vermittlung von Schiffs- und Flugreisen".

Beispiel 4 – Steuerfreie Vermittlung an Mietwagenagentur:

Das Reisebüro MucFrei Reisen vermittelt gegen Provision von einer Mietwagenagentur ein Fahrzeug an eine Werbeagentur. Alle drei Unternehmen sind in Deutschland ansässig. Der Pkw soll am Flughafen von Havanna zur dreitägigen Nutzung an den Inhaber der Werbeagentur übergeben werden.

Lösung 4:

Die Vermittlung an die Mietwagenagentur ist an deren Sitz in Deutschland steuerbar. Allerdings ist die Leistung steuerfrei, denn die ihr zugrunde liegende Vermietung erfolgt auf Kuba, am Ort der tatsächlichen Zurverfügungstellung.

☞ **Beachten Sie:**

Die Vermittlung für den Reisenden ist nicht steuerfrei (§ 4 Nr. 5 S. 2 UStG). Der Begriff „Reisender" umfasst sowohl den Geschäftsreisenden als auch den Privatreisenden[303].

In der Praxis ist diese Art der Vermittlung im Rahmen von Nullprovisions-modellen die Regel; Reisebüros, die für Reisende vermittelnd und beratend tätig werden, veranschlagen dafür von diesen Bearbeitungsgebühren als Ersatzvergütung für gestrichene Vermittlungsprovisionen.

*Für **ab dem 01.04.2014**[304] erbrachten Dienstleistungen der Reisebüros gegenüber Fluggesellschaften sind die zwischen beiden Vertragspartnern abgegebenen Willenserklärungen auf deren Inhalt sowie tatsächliche Durchführung hin zu prüfen. Dabei können folgende Leistungen der Reisemittler mit der Zahlung des Luftverkehrsunternehmens vergütet werden:*

- *Vermittlungsleistungen: Trotz der Vereinbarung von Nullprovisions-modellen zwischen Fluggesellschaften und vermittelnden Reisebüros oder eines vertraglichen Ausschlusses einer Vermittlungstätigkeit für den Carrier, können im Einzelfall steuerfreie Vermittlungsleistungen vorliegen. Der vertragliche Ausschluss einer Vermittlungstätigkeit kann das Vorliegen einer Vermittlungsleistung an den Luftverkehrsunternehmer nicht generell ausschließen. Das Reisebüro trägt die Feststellungslast gegenüber der Finanzverwaltung dafür, dass gegebenenfalls eine steuerfreie Vermittlungsleistung vorliegt.*

- *(Vertriebs-)Leistung eigener Art: Fluggesellschaften gewähren Reisebüros Incentives, z.B. Reisebüro-Boni, Marketingzuschüsse o.ä. als Entgelt für besondere Vertriebsleistungen, wenn sie die Erbringung der Leistungen des Luftverkehrsunternehmens in besonderem Maß fördern. Diese Tätigkeiten sind nicht als Vermittlungsleistungen gegenüber den Carriern anzusehen. Sie sind nicht steuerfrei gestellt.*

*Für **vor dem 01.04.2014** erbrachten Dienstleistungen der Reisebüros im Zusammenhang mit Entgelten aus grenzüberschreitenden Flugumsätzen*

---

303 Vgl. SRTour 12/2010, Seite 14 ff., Dr. Volker M. Jorczyk, „‚Reisender' im Sinne von § 4 Nr. 5 Satz 2 UStG umfasst B2B und B2C".
304 BMF-Schreiben vom 06.02.2014, Az.: IV D 2 – S 7200/07/10012.

wird es nicht beanstandet, wenn Zahlungen der Carrier ohne Prüfung im Einzelfall als Leistungsentgelte für besondere Vertriebsleistungen, als preisauffüllendes Entgelt von dritter Seite für die gegenüber dem Reisenden erbrachte Vermittlungsleistung oder in besonders gelagerten Ausnahmefällen als nicht steuerbarer Zuschuss behandelt werden. Gleiches gilt für die Zwecke des Vorsteuerabzugs der Luftverkehrsunternehmen.

*Im Fall der **seit 01.01.2013**[305] gezahlten Incentives liegt eine Entgeltzahlung im Rahmen von im Leistungsaustauschverhältnis erbrachten Leistungen des Reisebüros an die Fluggesellschaft vor. Die Leistung des Reisemittlers besteht in einer Vertriebsleistung oder Leistung eigener Art, nämlich der Bevorzugung des Luftverkehrsunternehmens gegenüber Mitbewerbern. Die für die Bereitschaft des Reisebüros, die Erbringung von Leistungen der Carrier in besonderem Maß zu fördern und in Kundengesprächen bevorzugt anzubieten, ergehenden Zahlungen sind nicht Entgelt für eine steuerfreie Vermittlungsleistung (Abschn. 4.5.2 Abs. 6 UStAE, Abschn. 10.1 Abs. 9 Nr. 3 UStAE).*

Ebenso ist die Vermittlung für Veranstalter ggf. nicht steuerbefreit, und zwar unabhängig davon ob eine Pauschalreise oder lediglich eine einzelne Reiseleistung, z. B. eine Unterkunft vermittelt werden (Abschn. 4.5.2 Abs. 4 UStAE). Die Vermittlung an einen inlandsansässigen Reiseveranstalters ist deshalb steuerpflichtig, auch wenn sie grenzüberschreitende Beförderungsleistungen mit Seeschiffen oder Luftfahrzeugen, oder Umsätze, die ausschließlich im Drittland bewirkt werden, die beim Veranstalter jeweils Reisevorleistungen darstellen, beinhaltet.

---

305 BMF-Schreiben vom 06.02.2014, Az.: IV D 2 – S 7200/07/10012.

5. Reverse Charge bei der Vermittlung

In der Touristik ist das Reverse-Charge-Verfahren[306] aufgrund der branchenimmanenten grenzüberschreitenden wirtschaftlichen Aktivitäten weit verbreitet.
Folgende Fälle von Ausgangs-Reverse-Charge sind bei der Vermittlung denkbar:

- Eine im Inland ansässige Agentur vermittelt für ausländische Leistungsträger touristische Leistungen wie Übernachtungen, Eintrittskarten und Beförderungen gegen Provision.
- Ein im Inland ansässiges Reisebüro vermittelt für ausländische Reiseveranstalter Pauschalreisen gegen Provision.
- Ein im Inland ansässiges Firmenkunden-Reisebüro vermittelt für ausländische Unternehmen Reiseleistungen und stellt ihnen dafür Transaction oder Management Fees[307] in Rechnung.
- Eine im Inland ansässige Agentur vermittelt für ausländische Unternehmer Reiseleistungen zur privaten Nutzung.

Der Vermittler, dessen Leistungsempfänger im übrigen Gemeinschaftsgebiet sitzt und die Leistung für sein Unternehmen bezieht, erstellt eine Netto-Rechnung mit Reverse-Charge-Hinweis und deklariert den Umsatz in seiner Quartals-ZM (§ 3a Abs. 2 UStG, § 18a Abs. 2 UStG, § 18b S. 3 UStG).
Handelt es sich hingegen beim Leistungsempfänger um einen im Drittland ansässigen Unternehmer, ist nach jeweils einschlägigem ausländischen Umsatzsteuerrecht zu überprüfen, inwieweit Reverse Charge Anwendung findet. Der Umsatz wird nicht in die Zusammenfassende Meldung aufgenommen.
Die folgenden Fälle von Eingangs-Reverse-Charge können bei der Vermittlung eine Rolle spielen:

- Eine im Ausland ansässige Agentur vermittelt für inländische Leistungsträger touristische Leistungen wie Übernachtungen, Eintrittskarten und Beförderungen gegen Provision.
- Ein im Ausland ansässiges Reisebüro vermittelt für inländische Reiseveranstalter Pauschalreisen gegen Provision.

Abb. 61: Reverse Charge bei der Vermittlung für einen Veranstalter

---

306 Siehe Kapitel A.I.14. – GRUNDLAGEN DER UMSATZBESTEUERUNG, „Reverse Charge".
307 Zur Begriffsbestimmung, siehe Glossar „Management Fee" bzw. „Transaction Fee".

- Ein im Ausland ansässiges Firmenkunden-Reisebüro vermittelt für inländische Unternehmen Reiseleistungen und stellt ihnen dafür Transaction oder Management Fees[308] in Rechnung.
- Eine im Ausland ansässige Agentur vermittelt für inländische Unternehmer Reiseleistungen für deren nichtunternehmerischen Bereich zur privaten Nutzung (§ 13b Abs. 5 S. 6 UStG).

Der in Deutschland ansässige und die Vermittlungsleistung für unternehmerische oder private Zwecke beanspruchende Geschäftskunde erhält eine Netto-Rechnung mit Reverse-Charge-Hinweis (§ 13b Abs. 1 und 2 UStG). Er ist verpflichtet, für das ausländische Reisebüro die Reverse-Charge-Umsatzsteuer im Inland anzumelden und abzuführen. Gleichzeitig, also im selben Voranmeldungszeitraum[309], kann er – soweit er dazu berechtigt ist – einen entsprechenden Vorsteueranspruch geltend machen (Abschn. 13b.15 Abs. 5 UStAE). Dieses fiskalische Nullsummenspiel dient der Dokumentation für die Gewährleistung der Neutralität der Umsatzsteuer im B2B-Geschäft[310].

---

308 Zur Begriffsbestimmung, siehe Glossar „Management Fee" bzw. „Transaction Fee".
309 Zum Zeitpunkt der Anmeldung siehe Kapitel A.I.14.a) REVERSE CHARGE, „Entstehung der Steuer beim Übergang der Steuerschuldnerschaft".
310 Vgl. SRTour 07/2009, Seite 6 ff., Dr. Volker M. Jorczyk, „Sind Agenturprovisionen bei Nur-Hotel und Nur-Flug aus Veranstalterkatalog steuerpflichtig?".

6. Vermittlung grundstücksbezogener Leistungen

a) B2B-Vermittlung der grundstücksbezogenen Leistung

In der Touristik werden Ferienwohnungen, Hotelkontingente, Ferienhäuser und Chalets an Urlauber gegen Provision vom Leistungsträger oder Reiseveranstalter vermittelt. Auch im Geschäftsreisesegment finden Vermittlungen von Hotelzimmern, Appartements, Wohnungen sowie Büros und Konferenzräumen an Firmen gegen Serviceentgelte statt.

Der Leistungsort der Vermittlung von Beherbergungsleistungen unterscheidet sich nach der Buchungsdauer:

- Der Leistungsort für die Vermittlung von Unterkünften zur kurzfristigen Nutzung liegt am Sitzort des Leistungsempfängers (§ 3a Abs. 2 UStG, Artikel 31 lit. a EU-DVO, Abschn. 3a.7 Abs. 1 S. 4 UStAE).
- Erfolgt die Vermietung über einen längeren Zeitraum von mehr als sechs Monaten, handelt es sich um die Vermittlung einer langfristigen Grundstücksvermietung. Der Leistungsort der Vermittlung liegt am Belegenheitsort der Unterkunft (Abschn. 3a.3 Abs. 9 Nr. 2 UStAE, Abschn. 4.5.2 Abs. 3 UStAE, Abschn. 3a.7 Abs. 1 S. 4 UStAE).

Beispiel 1 – Vermittlung einer Hotelunterkunft im Inland für den Hotelier:

Das Reisebüro MünchnerFreiheit Reisen in München Schwabing vermittelt ein Hotelzimmer im Dom-Hotel in Köln gegen Provision vom Hotel an den Vielreisenden Ernst Jost.

Lösung 1:

Die Art der Leistung ist eine sonstige Leistung (§ 3 Abs. 9 UStG). Der Leistungsort für die Vermittlung befindet sich unter Anwendung des Empfängerortsprinzips in Köln (§ 3a Abs. 2 UStG). Die Provision ist in Deutschland steuerbar und zu 19 % steuerpflichtig.

Beispiel 2 – Vermittlung einer Hotelunterkunft im Gemeinschaftsgebiet für den Leistungsträger:

Das Reisebüro MucFrei Reisen in München Schwabing vermittelt anlässlich einer Paul-Cézanne-Ausstellung Hotelzimmer im „Le Faubourg" gegen Provision für den in der Provence ansässigen Hotelier.

Lösung 2:

Der Leistungsort für die Vermittlung befindet sich unter Anwendung des Empfängerortsprinzips in der Provence (§ 3a Abs. 2 UStG).
Die Provision ist in Frankreich steuerbar. Es findet Reverse Charge nach französischem Recht Anwendung.

Beispiel 3 – Vermittlung einer Hotelunterkunft im Drittland für den Leistungsträger:

Das Reisebüro MucFrei Reisen in München Schwabing vermittelt ein Hotelzimmer auf Montego Bay anlässlich des Sunsplash Festivals für einen auf Jamaika ansässigen Hotelier gegen Provision im „Blue Mountain Resort".

Lösung 3:
Der Leistungsort für die Vermittlung befindet sich am Empfängerort auf Montego Bay (JM) (§ 3a Abs. 2 UStG).
Die Provision ist in Deutschland nicht steuerbar. Ob sie in Jamaika steuerbar und ob darüber hinaus Reverse Charge anwendbar ist, hängt von den nationalen Steuergesetzen der Insel ab. Möglicherweise fällt keine Umsatzsteuer oder eine dieser vergleichbare Steuer an. Die Umsatzbesteuerung wird außerhalb der Europäischen Union ganz unterschiedlich gehandhabt.

Beispiel 4 – Nur-Hotel-Vermittlung im Drittland für den Reiseveranstalter:
Das Reisebüro MucFrei Reisen in München Schwabing vermittelt gegen Provision lediglich Unterkunftsleistungen auf den Kanarischen Inseln aus dem Reisekatalog des Veranstalters Paradise Tours in Baden-Baden. Die Bettenkontingente hat Paradise Tours als Reisevorleistungen eingekauft.

Lösung 4:
Der Leistungsort für die Vermittlung richtet sich nach dem Empfängerort und befindet sich am Sitzort des B2C-Veranstalters Paradise Tours in Baden-Baden (§ 3a Abs. 2 UStG).
Die Vermittlung ist sowohl mangels Bewirkung im Drittland[311], als auch mangels Erbringung mit eigenen Mitteln seitens des Veranstalters, nicht gemäß § 4 Nr. 5 lit. c UStG steuerbefreit. Die Beherbergungsleistung stellt für Paradise Tours eine Reisevorleistung dar. Die für den Reiseveranstalter vermittelte Reiseleistung wird in Baden-Baden am Sitz des Reiseveranstalters erbracht (Abschn. 4.5.2 Abs. 4 UStAE).
Paradise Tours wird auf die Vermittlungsprovision des Reisebüros MucFrei Reisen Umsatzsteuer vergüten. Dies ist unabhängig davon, wo sich die Unterkunft befindet, denn es handelt sich um die Vermittlung einer der Margensteuer unterliegenden einzelnen Reisevorleistung in Gestalt einer Veranstaltungsleistung.

☞ **Beachten Sie:**
Die nicht mit eigenen Mitteln erbrachte Einzelleistung des Veranstalters Paradise Tours ist margensteuerpflichtig. Der Leistungsort richtet sich nach dem Sitz des Veranstalters. Nach Umsatzsteuerrecht kann eine einzelne aus dem Veranstalterprogramm erbrachte Leistung an einen Privatreisenden bereits margensteuerbar sein.
Denn Abschn. 25.1 Abs. 1 S. 3 und 4, 1. HS UStAE lautet: „Es ist aber nicht erforderlich, dass der Unternehmer ein Bündel von Einzelleistungen erbringt. Eine Reiseleistung im Sinne des § 25 Abs. 1 UStG liegt auch vor, wenn der Unternehmer nur eine Leistung erbringt, z. B. Vermietung von Ferienwohnungen ohne Anreise und Verpflegung."
Anders ist die Definition im Reiserecht. Laut § 651a Abs. 1 S. 1 BGB wird der Reiseveranstalter durch den Reisevertrag verpflichtet, „dem

---

311 Die Kanarischen Inseln gehören umsatzsteuerrechtlich zum Drittlandsgebiet (Abschn. 1.10 Abs. 2 UStAE). Siehe Anhang, RECHTSQUELLEN UND VERWALTUNGSANWEISUNGEN, „Gesetze, Verordnungen und Anwendungserlass".

Reisenden eine Gesamtheit von Reisleistungen (Reise)" zu erbringen. Zivilrechtlich zeichnet sich ein Veranstalter durch die Bündelung von mindestens zwei Reiseleistungen aus. Im umsatzsteuerrechtlichen Sinn kann es sich bereits beim Angebot einer einzelnen Reiseleistung um einen der Margenbesteuerung unterliegenden Veranstalter handeln.

Beispiel 5 – Vermittlung einer Hotelunterkunft im Inland für Firmenkunden:

Das Reisebüro MünchnerFreiheit Reisen in München Schwabing vermittelt als auf die Organisation von Geschäftsreiseabwicklungen spezialisierter Reisedienstleister Hotelzimmer im Dom-Hotel in Köln für eine Gruppe von Mitarbeitern eines Münchner Vertragsunternehmens unter Berücksichtigung der durch dessen Travel Management aufgestellten unternehmensspezifischen Reiserichtlinien gegen Transaction Fees.

Lösung 5:

Es handelt sich hauptsächlich um eine Vermittlungsleistung unter Beachtung aller Vorgaben des Firmenkunden. Es liegt keine Kundenbetreuungsleistung vor.

Der Leistungsort für die Vermittlung befindet sich unter Anwendung des Empfängerortsprinzips in München (§ 3a Abs. 2 UStG). Die Provision ist in Deutschland steuerbar und zu 19 % steuerpflichtig.

☞ **Beachten Sie:**

Die Unterscheidung zwischen „Vermittlungsleistung" und „Betreuungsleistung" ist hinfällig; der Leistungsort richtet sich in beiden Fällen nach dem Empfängerort (§ 3a Abs. 2 UStG, Abschn. 4.5.2 Abs. 7 S. 4 UStAE). Auch kann in beiden Fällen keine Steuerbefreiung gemäß § 4 Nr. 5 UStG greifen.

Allerdings spielt die Unterscheidung zwischen Vermittlung und Betreuung dann eine Rolle, wenn die Leistung des Firmenkunden-Reisebüros in der Vermittlung einer langfristigen Vermietung z. B. einer Mitarbeiterunterkunft liegt. Auch unter Berücksichtigung kundeninterner Reisekosten-Richtlinien und erleichterter Verfahren zur Reisebuchung mittels Online-Buchungsplattformen, handelt es sich nicht um eine einheitliche Leistung der Kundenbetreuung. Somit ist Leistungsort der Belegenheitsort der Unterkunft in Köln (§ 3a Abs. 3 Nr. 1 lit. a UStG) und nicht der Sitz des auftraggebenden Firmenkunden in München (§ 3a Abs. 2 UStG). In dem Fall kann es durchaus zu Abweichungen im Leistungsort kommen.

Selbstverständlich kann sich der Vermittler seine Leistung auch sowohl vom Leistungsträger als auch vom Geschäftskunden bzw. im B2C-Bereich sowohl vom Reiseveranstalter als auch vom Urlauber begleichen lassen. Die Vermittlungsentgelte sind dann umsatzsteuerlich getrennt zu behandeln.

b) B2C-Vermittlung der grundstücksbezogenen Leistung

In der Touristik werden Ferienwohnungen, Hotelkontingente, Ferienhäuser und Chalets an Urlauber gegen Serviceentgelt vermittelt. Der Leistungsort für die Vermittlungsleistung richtet sich gemäß dem gestaffelten Leistungsortsprinzip nach dem Leistungsort der vermittelten Leistung „Unterkunft" (§ 3a Abs. 3 Nr. 4 UStG). Leistungsort ist der Belegenheitsort des Grundstücks (§ 3a Abs. 3 Nr. 1 lit. a UStG).

Beispiel 1 – Vermittlung einer Ferienwohnung im Inland für die Urlauber:

Familie Lahm aus Kiel lässt sich vom Reisebüro MünchnerFreiheit Reisen in München Schwabing eine Drei-Zimmer-Wohnung an der Karl-Theodor-Straße, Schwabing-West, für die Monate November und Dezember vermitteln. In der Zeit probt deren Tochter für das im Dezember im Deutschen Theater aufzuführende Stück „Elisabeth – Das Musical".

Lösung 1:

Die Art der Leistung ist eine sonstige Leistung (§ 3 Abs. 9 UStG). Der Leistungsort für die Vermittlung liegt dort, wo die vermittelte Leistung erbracht wird (§ 3a Abs. 3 Nr. 4 UStG). Bei der vermittelten Leistung handelt es sich um eine Beherbergungsleistung im Zusammenhang mit einem Grundstück. Der Leistungsort des Vermieters liegt am Belegenheitsort des Mietshauses, Karl-Theodor-Straße, München (§ 3a Abs. 3 Nr. 1 lit. a UStG). Nach dem gestaffelten Leistungsortsprinzip liegt der Ort der Vermittlungsleistung ebenfalls im Inland (§ 3a Abs. 3 Nr. 4 UStG).

Das von Familie Lahm entrichtete Serviceentgelt ist in Deutschland steuerbar und zu 19 % steuerpflichtig.

Beispiel 2 – Vermittlung einer Hotelunterkunft im Gemeinschaftsgebiet für die Urlauber:

Das Reisebüro MucFrei Reisen in München Schwabing vermittelt anlässlich einer Paul-Cézanne-Ausstellung ein Hotelzimmer im wunderschönen gleichnamigen Hotel in Aix-en-Provence gegen Serviceentgelt von den Urlaubern.

Lösung 2:

Der Leistungsort liegt dort, wo die vermittelte Leistung erbracht wird (§ 3a Abs. 3 Nr. 4 UStG). Bei der vermittelten Leistung handelt es sich um eine Beherbergungsleistung im Zusammenhang mit einem Grundstück, die für Urlauber vermittelt wird. Der Leistungsort des Hoteliers liegt am Belegenheitsort des Hotels in Frankreich (§ 3a Abs. 3 Nr. 1 lit. a UStG). Somit liegt der Vermittlungsort ebenfalls in Frankreich. Das Serviceentgelt ist in Frankreich steuerbar. MucFrei Reisen erstellt eine Rechnung mit französischer Umsatzsteuer. Es lässt sich in Frankreich für umsatzsteuerliche Zwecke registrieren. Unter der erteilten französischen Steuernummer meldet es die Steuer in Frankreich nach den Vorgaben des französischen Steuerrechts an und führt diese ab.

Beispiel 3 – Vermittlung einer Hotelunterkunft im Drittland für den Urlauber:

Das Reisebüro MucFrei Reisen in München Schwabing vermittelt ein Hotelzimmer auf Montego Bay anlässlich des Sunsplash Festivals für den Vielreisenden Ernst Jost gegen Service Entgelt im „Blue Mountain".

Lösung 3:

Der Leistungsort richtet sich bzgl. der Vermittlungsentgelte nach dem Prinzip des gestaffelten Leistungsorts. Dieser liegt dort, wo die vermittelte Leistung erbracht wird (§ 3a Abs. 3 Nr. 4 UStG). Bei der vermittelten Leistung handelt es sich um eine Beherbergungsleistung im Zusammenhang mit einem Grundstück. Der Leistungsort des Hoteliers liegt am Belegenheitsort des Hotels auf Jamaika (§ 3a Abs. 3 Nr. 1 lit. a UStG). Dort befindet sich auch der Vermittlungsort für MucFrei Reisen. Das Serviceentgelt ist in Deutschland nicht steuerbar. Ob es in Jamaika steuerbar ist, hängt von den nationalen Steuergesetzen der Insel ab. Möglicherweise fällt keine Umsatzsteuer oder eine dieser vergleichbaren Steuer an. Die Umsatzbesteuerung kann außerhalb von Europa unterschiedlich gehandhabt werden.

☞ **Beachten Sie:**

Beherbergungsleistungen unterliegen in einigen EU-Ländern dem ermäßigten Steuersatz (z. B. in Spanien 10 %). Der Leistungsort der Vermittlung einer Unterkunft richtet sich nach dem Belegenheitsort der Unterkunft.

Aber: Die Besteuerung der Vermittlungsleistung im Belegenheitsstaat des Hotels (ES) richtet sich nicht nach dem Steuersatz der vermittelten Leistung (Beherbergung in ES 10 %). Die Vermittlungsleistung wird regulär besteuert (ES 21 %).

Auch in Deutschland unterliegen Beherbergungsleistungen seit 2010 dem ermäßigten Steuersatz von 7 %. Dies gilt allerdings nicht für die Vermittlung der Übernachtungsleistungen. Auf diese fallen 19 % Umsatzsteuer an.

7. Vermittlung von erdgebundenen Beförderungsleistungen

Personenbeförderung kann im Inland, innerhalb des Gemeinschaftsgebiets, im Drittland oder grenzüberschreitend durchgeführt werden. In der Tourismusindustrie werden für die Beförderung zu Land in der Regel Omnibus und Bahn eingesetzt.

Der Leistungsort für die Vermittlungsleistung an Privatpersonen richtet sich gemäß dem gestaffelten Leistungsortsprinzip nach dem Leistungsort der vermittelten Leistung „Beförderung" (§ 3a Abs. 3 Nr. 4 UStG). Der Leistungsort einer Beförderungsleistung wird nach dem Streckenprinzip ermittelt. Bei einer grenzüberschreitenden Beförderung ist die Stecke in einen Inlands- und einen Auslandsanteil nach Maßgabe der im jeweiligen Land zurückgelegten Entfernungen aufzuteilen (§ 3b Abs. 1 S. 1 UStG).

Bei der zwischenunternehmerischen Vermittlung von Beförderungsleistungen ermittelt sich der Leistungsort streckenunabhängig nach dem Empfängerort (§ 3a Abs. 2 UStG).

a) Omnibusbeförderung

Bei der Vermittlung von Leistungen der Busbeförderung ist zwischen B2B- und B2C-Vermittlung zu unterscheiden.

Vermittelt ein inlandsansässiges Reisebüro Leistungen der Busbeförderung gegen Provision, befindet sich der Leistungsort gemäß dem Empfängerortsprinzip stets am Sitz des Busunternehmers. Provisionsabrechnungen inländischer Busunternehmer werden vollständig – unabhängig davon ob die Beförderung ins EU-Gebiet oder Drittland geht – der Umsatzsteuer unterworfen.

Folgende Fälle der B2B-Vermittlung in Verbindung mit im Ausland ansässigem Auftragnehmer oder Auftraggeber sind zu unterscheiden:

- EU-Reisebüro an DE-Busunternehmer:
  Der Leistungsort liegt in Deutschland (§ 3a Abs. 2 UStG). Die Abrechnung erfolgt netto nach EU-Reverse-Charge (§ 13b Abs. 1 UStG).
- Non-EU-Reisebüro an DE-Busunternehmer:
  Der Leistungsort liegt in Deutschland (§ 3a Abs. 2 UStG). Die Abrechnung erfolgt netto nach nationalem Reverse-Charge (§ 13b Abs. 2 Nr. 1 UStG).
- DE-Reisebüro an EU-Busunternehmer:
  Der Leistungsort liegt im EU-Ausland (§ 3a Abs. 2 UStG). Die Abrechnung erfolgt netto nach EU-Reverse-Charge (analog § 13b Abs. 1 UStG).
- DE-Reisebüro an Non-EU-Busunternehmer:
  Der Leistungsort liegt im Drittland (§ 3a Abs. 2 UStG). Die Abrechnung erfolgt netto nach nationalem Reverse-Charge oder unter Ausweis der ausländischen Umsatzsteuer je nach Steuerrecht des Drittlands (Art. 196 MwStSystRL).

Bei der entgeltlichen Vermittlung für private Endabnehmer ist der Ort der Vermittlung nach dem Prinzip des gestaffelten Leistungsorts gemäß Streckenprinzip zu ermitteln (§ 3a Abs. 3 Nr. 4 UStG).

Beispiel 1 – Vermittlung einer Busbeförderung im Inland:
Das Reisebüro MucFrei Reisen in München vermittelt eine vom Omnibusunternehmer Blitztours mit Sitz in Leipzig durchgeführte Busbeförderung von München nach Berlin.

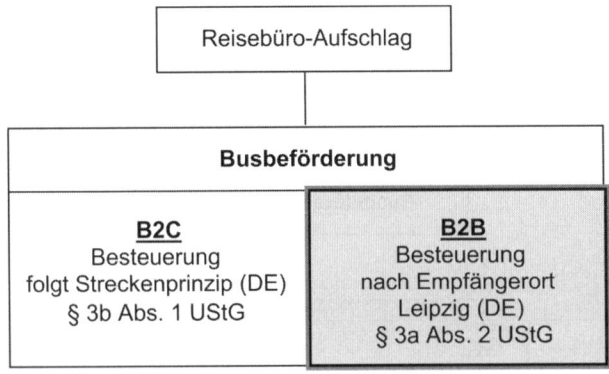

Abb. 62: Vermittlung einer Busbeförderung im Inland

Lösung 1:
Die Art der Vermittlungsleistung ist eine sonstige Leistung (§ 3 Abs. 9 UStG). Die Vermittlung gegen Serviceentgelt vom Urlauber wird nach dem gestaffelten Leistungsortsprinzip dort ausgeführt, wo die vermittelte Leistung erbracht wird (§ 3a Abs. 3 Nr. 4 UStG). Bei der vermittelten Leistung handelt es sich um eine Landbeförderung.
Der Leistungsort von Blitztours ergibt sich nach dem Streckenprinzip (§ 3b Abs. 1 UStG). Es handelt sich um eine reine Inlandsstrecke, die Vermittlung ist zu 19 % steuerpflichtig.
Bei Ausführung der Tätigkeit von MucFrei Reisen gegen Provision richtet sich der Leistungsort nach dem Ort des Leistungsempfängers. Da Blitztours in Leipzig ansässig sind, ist die Vermittlung in Deutschland steuerbar und mit 19 % Umsatzsteuer zu belasten.

Beispiel 2 – Vermittlung einer Busbeförderung in einen anderen Mitgliedstaat:
Das Reisebüro MucFrei Reisen in München vermittelt eine Busbeförderung von Leipzig nach Saintes-Maries-de-la-Mer (FR) des Omnibus-Unternehmens Blitztours mit Sitz in Leipzig.

Lösung 2:
Der Leistungsort liegt für die Vermittlung gegen Serviceentgelt vom Urlauber nach dem gestaffelten Leistungsortsprinzip dort, wo die vermittelte Leistung erbracht wird (§ 3a Abs. 3 Nr. 4 UStG). Bei der vermittelten Leistung handelt es sich um eine Landbeförderung per Bus. Der Leistungsort der Beförderung ergibt sich nach dem Streckenprinzip und liegt je nach Streckenführung teilweise in Deutschland und Frankreich (§ 3b Abs. 1 UStG).

Das Vermittlungsentgelt ist im Verhältnis der Streckenanteile pro Land auf-
zuteilen. Das anteilig auf die deutsche Strecke entfallende Entgelt ist mit dem
allgemeinen Steuersatz zu besteuern. Die Vermittlung des ausländischen
Streckenanteils wird in Frankreich mit 20 % Umsatzsteuer besteuert. MucFrei
Reisen berechnet seine Leistung anteilig unter Ausweis der französischen
Umsatzsteuer und führt diese in Frankreich ab.

Die Vermittlung gegen Provision von Blitztours ergeht mit Leistungsort in
Deutschland, dem Sitz des Busunternehmers. Sie unterliegt dem Regelsteuersatz.

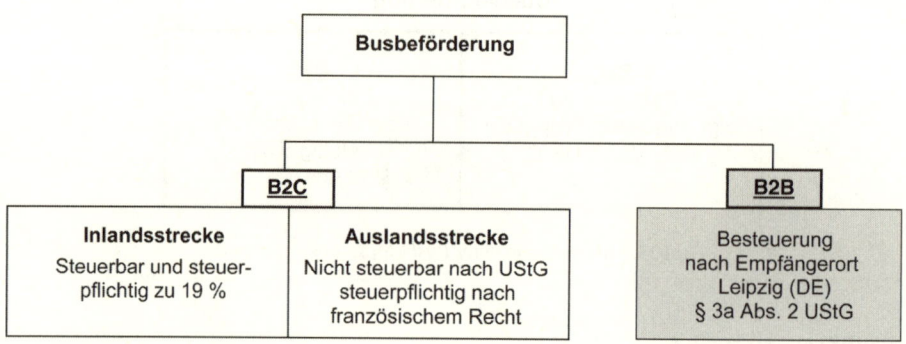

Abb. 63: Vermittlung einer Busbeförderung ins übrige Gemeinschaftsgebiet

Beispiel 3 – Vermittlung einer Busbeförderung ins Drittlandsgebiet:

Das Reisebüro MucFrei Reisen in München vermittelt eine Busbeförderung
von Leipzig nach Istanbul des Omnibus-Unternehmens Blitztours mit Sitz in
Leipzig.

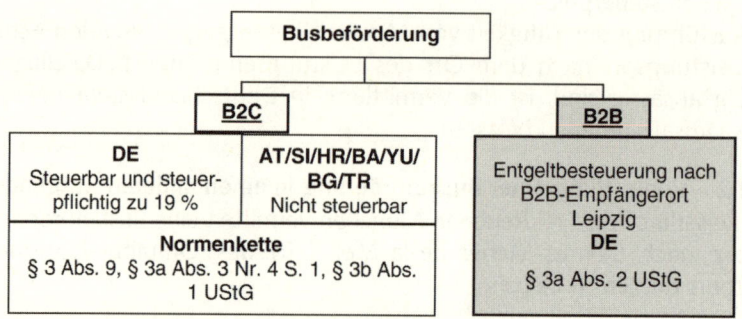

Abb. 64: Vermittlung einer Busbeförderung ins Drittlandsgebiet

Lösung 3:

Die Art der Leistung ist eine sonstige Leistung (§ 3 Abs. 9 UStG). Der Leistungsort liegt bei der B2C-Vermittlung dort, wo die vermittelte Leistung erbracht wird (§ 3a Abs. 3 Nr. 4 UStG). Bei der vermittelten Leistung handelt es
sich um eine Landbeförderung. Der Leistungsort von Blitztours ergibt sich nach

dem Streckenprinzip (§ 3b Abs. 1 UStG). Das Serviceentgelt ist auf die zu passierenden Länder nach Maßgabe der Streckenanteile aufzuteilen.
Die Vermittlung gegen Provision von Blitztours mit Leistungsort in Deutschland ist mit dem allgemeinen Steuersatz von 19 % zu belasten.

b) Beförderung mit der Bahn

Bei der Vermittlung von Bahnfahrkarten sind folgende Fälle zu unterscheiden:

- Vermittlung gegen Provision vom Leistungsträger:
  Der Leistungsort der Vermittlung befindet sich am Empfängerort (§ 3a Abs. 2 USG).
- Vermittlung gegen Serviceentgelt oder Transaction Fee vom steuerpflichtigen Auftraggeber:
  Der Leistungsort der Vermittlung befindet sich ebenfalls am Empfängerort (§ 3a Abs. 2 UStG).
- Vermittlung gegen Serviceentgelt vom Urlauber:
  Der/die Leistungsorte werden nach dem Streckenprinzip bestimmt (§ 3b Abs. 1 UStG).
- Vermittlung gegen Provision und Serviceentgelt oder Transaction Fee vom Firmenkunden:
  Der Leistungsort für die Besteuerung der Provision richtet sich nach dem Sitzort des Beförderungsunternehmens und für die Besteuerung der Transaction Fee nach dem Sitzort des Firmenkunden (jeweils gemäß § 3a Abs. 2 UStG).
- Vermittlung gegen Provision und Serviceentgelt vom Urlauber:
  Der Leistungsort für die Besteuerung der Provision richtet sich nach dem Sitzort des Beförderungsunternehmens (§ 3a Abs. 2 UStG).
  Das Serviceentgelt ist nach Maßgabe der zurückgelegten Strecken je Land dort jeweils zu besteuern (§ 3b Abs. 1 UStG).

Anhand der folgenden Beispiele wird die Vermittlung einer erdgebundenen Beförderungsleistung mit der Bahn veranschaulicht.

Beispiel 1 – Vermittlung einer Bahnfahrt im Inland:

Das Reisebüro MucFrei Reisen in München vermittelt für eine Reisegruppe Fahrkarten der Deutschen Bahn für eine Fahrt in der 1. Klasse von München nach Aachen.

Lösung 1:

Die Art der Leistung ist eine sonstige Leistung (§ 3 Abs. 9 UStG). Die Leistungsort liegt bei Vermittlung einer Beförderung an eine Privatperson gegen Serviceentgelt nach dem Prinzip des gestaffelten Leistungsorts dort, wo die vermittelte Leistung erbracht wird (§ 3a Abs. 3 Nr. 4 UStG). Bei der vermittelten Leistung handelt es sich um eine Personenbinnenbeförderung des Leistungsträgers Deutsche Bahn AG. Die Besteuerung erfolgt nach dem Streckenprinzip (§ 3b Abs. 1 UStG).
Die Vermittlung gegen Provision ist in Deutschland mit 19 % zu besteuern (§ 3a Abs. 2 UStG).

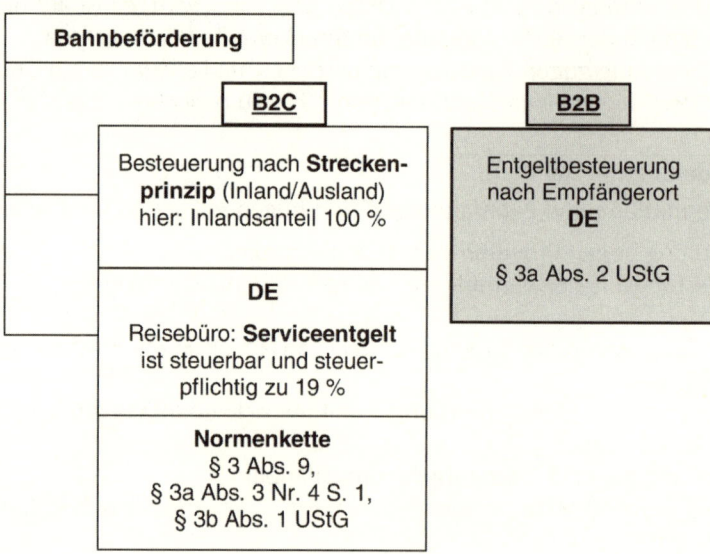

Abb. 65: Vermittlung einer Bahnfahrt im Inland

Beispiel 2 – Vermittlung einer grenzüberschreitenden Bahnfahrt im Gemeinschaftsgebiet:

Das Reisebüro MucFrei Reisen in München vermittelt eine Bahnfahrt der Deutschen Bundesbahn von Köln nach Lissabon.

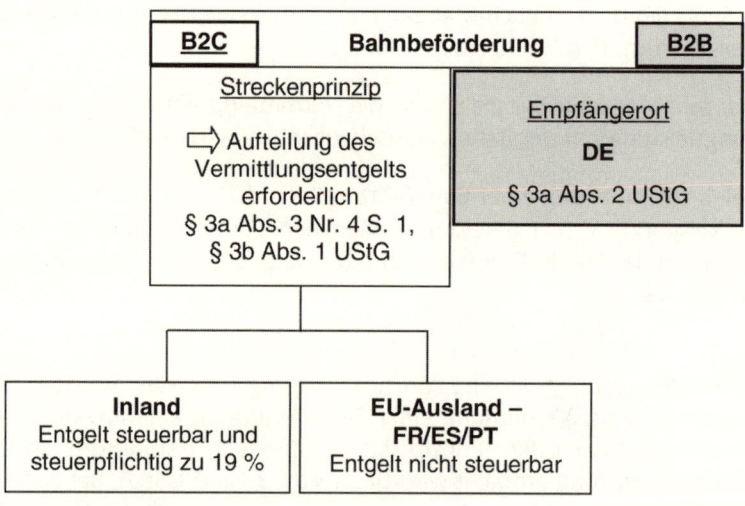

Abb. 66: Vermittlung einer Bahnfahrt ins übrige Gemeinschaftsgebiet

Lösung 2:

Die Art der Leistung ist eine sonstige Leistung (§ 3 Abs. 9 UStG). Der Leistungsort liegt im B2C-Geschäft nach dem Prinzip des gestaffelten Leistungsorts dort, wo die vermittelte Leistung erbracht wird (§ 3a Abs. 3 Nr. 4 UStG). Bei der vermittelten Leistung handelt es sich um eine Beförderungsleistung. Die Besteuerung erfolgt nach dem Streckenprinzip (§ 3b Abs. 1 UStG). Die auf den inländischen Streckenanteil anteilig zu berechnenden Serviceentgelte sind zu 19 % steuerpflichtig. Service Fees auf die in Frankreich, Spanien und Portugal bewirkten Streckenanteile sind in den jeweiligen Ländern mit den jeweils gültigen Steuersätzen zu versteuern. Das Reisebüro rechnet mit der Privatperson die Vermittlung brutto inkl. der ausländischen Umsatzsteuern ab.

Die Vermittlung für den Leistungsträger gegen Provision unterliegt im Inland der Regelbesteuerung (§ 3a Abs. 2 UStG).

Beispiel 3 – Vermittlung einer grenzüberschreitenden Bahnfahrt ins Drittlandsgebiet:

Das Reisebüro MucFrei Reisen in München vermittelt eine Bahnfahrt von München nach Zürich.

Lösung 3:

Die Art der Leistung ist eine sonstige Leistung (§ 3 Abs. 9 UStG). Der Leistungsort liegt im B2C-Fall nach dem gestaffelten Leistungsortsprinzip dort, wo die vermittelte Leistung erbracht wird (§ 3a Abs. 3 Nr. 4 UStG). Bei der vermittelten Leistung handelt es sich um eine Beförderungsleistung. Die Besteuerung erfolgt nach dem Streckenprinzip (§ 3b Abs. 1 UStG).

Erfolgt die Vermittlung gegen Provision, handelt es sich um eine B2B-Vermittlung, deren Leistungsort nach dem Empfängerortprinzip am Sitzort des unternehmerischen Empfängers der Vermittlungsleistung liegt. Die Deutsche Bahn AG hat ihren Sitzort in Berlin. Die Provision ist insgesamt steuerpflichtig (§ 3a Abs. 2 UStG).

8. Vermittlung von Beförderungsleistungen mit Wasserfahrzeugen

Vermittelt werden können Personenbeförderungen im Inland, innerhalb des Gemeinschaftsgebiets, im Drittland oder grenzüberschreitend. In der Touristik werden Beförderungsleistungen auf dem Wasser u. a. als Flusskreuzfahrten, Hochseekreuzfahrten, Insel-Hopping oder Segeltörns angeboten. Der Leistungsort für die Vermittlung der Beförderung zu Wasser richtet sich

- B2C nach dem Streckenprinzip (§ 3b Abs. 1 UStG).
- B2B nach dem Empfängerortsprinzip (§ 3a Abs. 2 UStG).

Beispiel 1 – B2C-Vermittlung einer Flusskreuzfahrt im Inland:

> Das Reisebüro MucFrei Reisen in München vermittelt eine Rheinkreuzfahrt von Köln nach Boppart gegen Serviceentgelt vom Urlauber.

Lösung 1:

> Die Art der Leistung ist eine sonstige Leistung (§ 3 Abs. 9 UStG). Der Leistungsort liegt nach dem Prinzip des gestaffelten Leistungsorts dort, wo die vermittelte Leistung erbracht wird (§ 3a Abs. 3 Nr. 4 S. 1 UStG). Bei der vermittelten Leistung handelt es sich um eine Beförderungsleistung. Die Besteuerung erfolgt nach dem Streckenprinzip (§ 3b Abs. 1 UStG). Die Beförderung wird im Inland erbracht. Somit ist die Counter Fee steuerbar und zu 19 % steuerpflichtig.

Beispiel 2 – B2B-Vermittlung einer Flusskreuzfahrt im Inland:

> Das Reisebüro MucFrei Reisen in München vermittelt eine Rheinkreuzfahrt von Köln nach Boppart gegen Provision der inlandsansässigen Schifffahrtsgesellschaft.

Lösung 2:

> Die Art der Leistung ist eine sonstige Leistung (§ 3 Abs. 9 UStG). Die Vermittlung wird am Sitzort des unternehmerischen Leistungsempfängers im Inland erbracht und besteuert (§ 3a Abs. 2 UStG).
>
> Erfolgt die Vermittlung durch eine EU-Agentur, rechnet die Schifffahrtsgesellschaft per Netto-Provisionsgutschrift im Reverse-Charge-Verfahren ab (Abschn. 13b.14 Abs. 1 S. 2 UStAE). Die Leistung wird im Inland erbracht. Somit ist die Provision steuerbar und zu 19 % steuerpflichtig.

Beispiel 3 – Vermittlung einer grenzüberschreitenden Seeschiffsreise ins Drittland:

> Das Reisebüro MucFrei Reisen in München vermittelt eine Schiffsreise der hanseatischen Cold Water Cruises von Hamburg nach Norwegen[312].

---

312 Norwegen ist Mitglied des Europäischen Wirtschaftsraums (EWR). Weitere Mitglieder sind Island, Liechtenstein und die 28 EU-Mitgliedstaaten. Die EWR-Staaten werden (umsatz)steuerlich fallweise wie Drittland (z. B. keine Erteilung einer USt-IdNr.) oder wie Gemeinschaftsgebiet (z. B. beim Antragsverfahren zur Vorsteuervergütung) behandelt. Verfahrenserleichterungen existieren für die Verlagerung der Buchführung gemäß § 146 Abs. 2a AO ins EU-Ausland bzw. nach Island und Norwegen. Mit beiden Ländern bestehen steuerliche Amtshilfeabkommen.

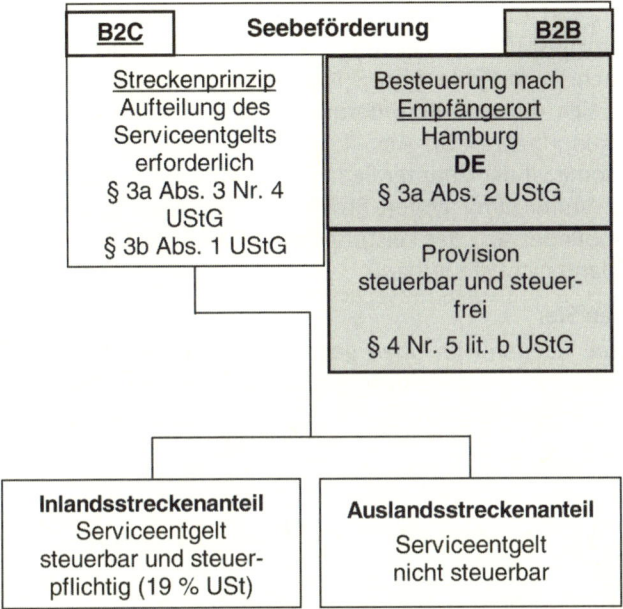

Abb. 67: Vermittlung einer Seeschiffsreise ins Drittland

Lösung 3:
Der Leistungsort liegt für die B2C-Vermittlung nach dem gestaffelten Leistungsortsprinzip dort, wo die vermittelte Leistung erbracht wird (§ 3a Abs. 3 Nr. 4 UStG). Bei der vermittelten Leistung handelt es sich um eine Beförderungsleistung. Die Leistungsortsbestimmung erfolgt nach dem Streckenprinzip (§ 3b Abs. 1 UStG).

Das Serviceentgelt auf den inländischen Streckenteil ist steuerbar und unterliegt mangels einschlägiger Steuerbefreiung dem Regelsteuersatz von 19 %.

Bei der Vermittlung der grenzüberschreitenden Schiffsreise für die Reederei gegen Provision ergibt sich der Leistungsort nach dem Empfängerortsprinzip. Er liegt in Hamburg am Unternehmenssitz der Cold Water Cruises (§ 3a Abs. 2 UStG).

Die Provision ist in Deutschland steuerbar. Allerdings greift die Befreiungsvorschrift für die Vermittlung der grenzüberschreitenden Beförderung mit Seeschiffen (§ 4 Nr. 5 lit. b UStG). Auf die Vermittlung fällt in Deutschland keine Umsatzsteuer an.

Beispiel 4 – Vermittlung einer Schiffsreise im Drittland:
Das Reisebüro MucFrei Reisen in München vermittelt eine Schiffsreise einer US-ansässigen Reederei von Kingston (JM) nach Montego Bay (JM).

Lösung 4:

Der Leistungsort für die Vermittlung gegen Serviceentgelt vom Urlauber liegt gemäß dem gestaffelten Leistungsortsprinzip dort, wo die vermittelte Leistung erbracht wird (§ 3a Abs. 3 Nr. 4 UStG). Bei der vermittelten Leistung handelt es sich um eine Beförderungsleistung. Die Besteuerung erfolgt nach dem Streckenprinzip (§ 3b Abs. 1 UStG). Die Beförderung wird im Drittland erbracht. Somit ist die Counter Fee in Deutschland nicht steuerbar.

Erfolgt die Vermittlung gegen Provision seitens der in den USA ansässigen Reederei, befindet sich der Leistungsort im Drittland USA. Die Vermittlung ist in Deutschland nicht steuerbar.

☞ **Beachten Sie:**

Hätte die Reederei im oben genannten Beispielfall ihren Sitz im Inland, wäre die Vermittlungsleistung im Inland zwar steuerbar, jedoch steuerfrei gemäß § 4 Nr. 5 lit. c UStG.

9. Vermittlung von Leistungen der Luftbeförderung

Vermittelt werden können Leistungen der Personenbeförderung im Luftverkehr als Binnenflug, Flug im EU-Ausland, Drittlandsflug oder Cross-Border-Flug, d. h. grenzüberschreitenden Flug ins EU- und/oder Non-EU-Ausland. Leistungen der Luftbeförderung bietet die Touristik durch Charter- und Linienflüge, darüber hinaus werden Helikopterflüge und Ballonfahrten angeboten.

Mit Rücksicht auf den weltweiten Wettbewerb bleibt die grenzüberschreitende Flugbeförderung durch Anwendung der Nullsatz-Regelung in Deutschland unbelastet (§ 26 Abs. 3 UStG). Entsprechende Vermittlungsleistungen waren bis 30.06.2006 von der Umsatzsteuer befreit.

Auf diese Weise wurde einheitlich in Europa eine Belastung des Verkaufs von grenzüberschreitenden Flugtickets vermieden[313]. Insbesondere wurde sichergestellt, dass Belastungsunterschiede beim Ticket-Verkauf auf unterschiedlichen Wertschöpfungsstufen und in unterschiedlichen Abgabeländern irrelevant blieben.

Ab 01.09.2004 führte die Luftverkehrsbranche das Nullprovisionsmodell ein, d. h. Flüge werden üblicherweise nicht mehr für Fluggesellschaften gegen Provision, sondern gegen vom Kunden geschuldete Besorgungsentgelte, vermittelt. Diese sollten nicht mehr in den begünstigten Bereich der Entgelte für Flugtickets fallen. Die Finanzverwaltung reagierte mit einer verschärften Steuerpraxis: Seit 01.07.2006 sind Serviceentgelte der Reisebüros für die Vermittlung grenzüberschreitender Flugbeförderung für Reisende – und ab 01.01.2010 für Privatreisende – nicht mehr steuerbefreit, sondern mit dem inländischen Streckenanteil des einzelnen Flugs umsatzsteuerpflichtig (§ 4 Nr. 5 lit. b i. V. m. § 4 Nr. 5 S. 2 UStG). Flugvermittlungen für Geschäftsreisende gegen Besorgungsentgelte oder Transaction Fees von Unternehmen sind seit 01.01.2010 flugstreckenunabhängig am Empfängerort steuerbar (§ 3a Abs. 2 UStG). Auch hier kann die Steuerbefreiung gemäß § 4 Nr. 5 S. 2 UStG nicht wirken.

Aus Praktikabilitätsgründen erlaubt es die 5 %–25 %-Regelung bei der Besteuerung von Vermittlungsleistungen der Personenbeförderung auf dem Luftweg vom Streckenprinzip abzuweichen. Bei der Beförderung in der Luft werden typischerweise Ländergrenzen überflogen und der Luftraum mehrerer Hoheitsgebiete berührt. Flugstrecken können kurzfristig wegen Überlastung des Luftraums oder aufgrund von Wetterbedingungen oder politischen Gegebenheiten geändert werden. Reisebüros müssten zur korrekten Besteuerung von Flugvermittlungen nach dem Streckenprinzip auf diese Informationen und Informationsänderungen zurückgreifen, ein bürokratisches, unwirtschaftliches und damit praxisuntaugliches Unterfangen.

Verfahrensvereinfachend können Reisebüros seit 2006 ihre Serviceentgelte gegenüber den Kunden für Drittlandsflüge mit 5 % und für EU-Flüge mit 25 % nach der sog. 5 %–25 %-Regelung der Umsatzsteuer unterwerfen. Diese Regelung ist einheitlich auf alle Flugvermittlungen anzuwenden. Allerdings findet sie ab 01.01.2010 nur noch im Privatkundengeschäft Anwendung.

---

313 Vgl. SRTour 03/2007, Seite 5 ff. „Serviceentgelte für Flug-Vermittlung: Wie sollen sich Reisebüros verhalten?".

Aktuell sind folgende Vermittlungsfälle zu unterscheiden:

- Vermittlung für Fluggesellschaft:
  Die Provisionszahlung der Fluggesellschaft ist nach dem Empfängerortsprinzip am Ort des Sitzes der Fluggesellschaft steuerbar (§ 3a Abs. 2 S. 1 UStG). Bei einer an die Betriebsstätte des Carriers ausgeführten Vermittlung, ist stattdessen der Ort der Betriebsstätte maßgeblich (§ 3a Abs. 2 S. 2 UStG).

- Vermittlung für Geschäftsreisende:
  Besorgungsentgelte oder Transaction Fees werden im Belegenheitsstaat des Firmenkunden, in dem der jeweilige Travel Arranger, als Selbstbucher oder vielbuchender Reiseassistent, die Buchung vornimmt, versteuert (§ 3a Abs. 2 UStG).

- Vermittlung für Privatreisende:
  Die Leistungsorte für die Flugvermittlung richten sich nach dem Streckenprinzip (§ 3b Abs. 1 UStG). Die Vermittlungsentgelte sind nach Maßgabe der Streckenanteile in den jeweils durchflogenen Ländern steuerbar.
  Zur Vereinfachung kann die 5 %–25 %-Regelung einheitlich für den gesamten Besteuerungszeitraum auf die Vermittlung grenzüberschreitender Flüge wahlweise zum Streckenprinzip Anwendung finden (Abschn. 4.5.2 Abs. 6 S. 3 Nr. 1 S. 5 lit. a und b UStAE).

☞ **Beachten Sie:**

Die Steuerbefreiungsnorm des § 4 Nr. 5 lit. b UStG ist seit 2006 nur mehr einschlägig bei Vermittlung gegenüber dem Leistungsträger, d. h. der Fluggesellschaft, nicht jedoch gegenüber einem Reiseveranstalter, der den Flug selbst im Vorfeld als Reisevorleistung eingekauft hat, (Abschn. 4.5.2 Abs. 4 S. 1 UStAE) und ebenso wenig gegenüber einem Fluggast (§ 4 Nr. 5 lit. b S. 2 UStG).

Setzt sich das Vermittlungsentgelt aus Serviceentgelt vom Fluggast und Entgelt der Fluggesellschaft bei gleichzeitigem Bestehen eines Nullprovisionsmodells zusammen, kann das Entgelt der Fluggesellschaft im Einzelfall für im Leistungsaustausch erbrachte Vermittlungsleistungen anzusehen sein, auf das die Steuerbefreiung des § 4 Nr. 5 lit. b UStG Anwendung findet. Denn allein die Bezeichnung einer Vereinbarung als Nullprovisionsmodell oder der anderweitige vertragliche Ausschluss einer Vermittlungstätigkeit kann das Vorliegen einer Vermittlungsleistung an den Luftverkehrsunternehmer nicht generell ausschließen. Vielmehr ist der Inhalt der schuldrechtlichen Vertragsbeziehungen durch Auslegung der abgegebenen Willenserklärungen zu bestimmen. Der Anwendung der Steuerbefreiung steht es im Einzelfall nicht entgegen, wenn das Nullprovisionsmodell vereinbart oder eine Vermittlungstätigkeit für das Luftverkehrsunternehmen anderweitig ausgeschlossen worden ist. Dafür, dass eine steuerfreie Vermittlungsleitung vorliegt, trägt der Reisemittler die Feststellungslast (Abschn. 4.5.2 Abs. 6 S. 3 UStAE, BMF-Schreiben vom 06.02.2014[314]).

---

314 Siehe Anhang, BMF-Schreiben vom 06.02.2014, VERWALTUNGSANWEISUNGEN, „Erlasse und BMF-Schreiben".

Für **ab 01.04.2014** erbrachte Dienstleistungen eines Reisebüros im Zusammenhang mit grenzüberschreitenden Personenbeförderungen im Luftverkehr gilt Folgendes:

Es ist in jedem Einzelfall auf Basis der vertraglichen Vereinbarungen zu prüfen, welche Leistungen mit der Zahlung vergütet werden. Eine steuerfreie Vermittlung für die Luftgesellschaft liegt nicht vor, soweit die Fluggesellschaft gegenüber dem Reisebüro Incentive-Zahlungen, z.B. Reisebüro-Boni, Marketingzuschüsse o.ä. als Entgelt für besondere Vertriebsleistungen gewährt. Dies ist der Fall, wenn der Reisemittler im Leistungsaustausch die Erbringung von Leistungen des Luftverkehrsunternehmens in besonderem Maß fördert und bei Kundenberatungsgesprächen die Leistungen bevorzugt anbietet. Im Falle der seit 01.01.2013 gezahlten Incentives ist die Gegenleistung des Reisebüros eine nicht steuerbefreite Vertriebsleistung eigener Art, die in der Bevorzugung des Luftverkehrsunternehmens gegenüber Mitbewerbern, der Förderung der Leistungen der Fluggesellschaften im besonderen Maße und deren bevorzugtem Angebot in Kundengesprächen besteht (Abschn. 4.5.2 Abs. 6 S. 2 UStAE).

Für vor dem **01.04.2014** erbrachte Dienstleistungen eines Reisebüros im Zusammenhang mit grenzüberschreitenden Personenbeförderungen im Luftverkehr wird es – auch für die Zwecke des Vorsteuerabzugs – von der Finanzverwaltung nicht beanstandet, wenn Zahlungen der Carrier ohne Prüfung im Einzelfall als Leistungsentgelte, als Entgelt von dritter Seite für die gegenüber dem Reisenden erbrachte Vermittlungsleistung oder in besonders gelagerten Ausnahmefällen als nicht steuerbarer Zuschuss behandelt werden (Abschn. 4.5.2 Abs. 6 S. 2 UStAE).

Beispiel 1 – Vermittlung eines Inlandsfluges:
Das Reisebüro MucFrei Reisen in München vermittelt einen Inlandsflug der Isko Air mit Sitz in Berlin von München nach Berlin an einen in San Francisco wohnhaften Reisenden.

Lösung 1 – Vermittlung für die Fluggesellschaft:
Die Art der Leistung ist eine sonstige Leistung (§ 3 Abs. 9 UStG). Der Leistungsort liegt bei Vermittlung für die Isko Air nach dem Empfängerortsprinzip an ihrem Sitz in Berlin (§ 3a Abs. 2 UStG). Die Vermittlung wird im Inland erbracht. Die Provision ist steuerbar und zu 19 % steuerpflichtig.

Lösung 1 – Vermittlung für den Business Traveler:
Der Leistungsort liegt bei Vermittlung für den Mitarbeiter eines nordamerikanischen Unternehmens nach dem Empfängerortsprinzip in den USA (§ 3a Abs. 2 UStG). Die Transaction Fee ist in Deutschland nicht steuerbar.

Lösung 1 – Vermittlung für den Privatreisenden:
Der Leistungsort liegt nach dem gestaffelten Leistungsortsprinzip dort, wo die vermittelte Leistung erbracht wird (§ 3a Abs. 3 Nr. 4 UStG). Bei der vermittelten Leistung handelt es sich um eine Beförderungsleistung. Die Besteuerung erfolgt nach dem Streckenprinzip (§ 3b Abs. 1 UStG).

Die Beförderung wird im Inland erbracht. Die Vermittlungsentgelte sind steuerbar und zu 19 % steuerpflichtig.

Beispiel 2 – Vermittlung eines grenzüberschreitenden Fluges:

Das Reisebüro MucFrei Reisen in München vermittelt einen Flug der hannoverschen Kolibri Air von München nach Bordeaux.

Lösung 2 – Vermittlung für die Fluggesellschaft:

Die Art der Leistung ist eine sonstige Leistung (§ 3 Abs. 9 UStG). Der Leistungsort liegt bei Vermittlung für die Kolibri Air nach dem Empfängerortsprinzip am Sitz der Kolibri Air im Inland (§ 3a Abs. 2 UStG). Die Vermittlung wird im Inland erbracht. Die Provision ist steuerbar und gemäß § 4 Nr. 5 lit. b. UStG steuerbefreit.

Lösung 2 – Vermittlung für den Business Traveler:

Der Leistungsort liegt bei Vermittlung aus geschäftlichem Anlass für einen Braunschweiger Fotojournalisten nach dem Empfängerortsprinzip in Deutschland (§ 3a Abs. 2 UStG). Die Bearbeitungsgebühr ist in Deutschland steuerbar und wird mit 19 % Umsatzsteuer belastet.

Lösung 2 – Vermittlung für den Privatreisenden:

Der Leistungsort liegt bei Vermittlung für eine in Hannover ansässige Familie nach dem gestaffelten Leistungsortsprinzip dort, wo die vermittelte Leistung erbracht wird (§ 3a Abs. 3 Nr. 4 UStG). Bei der vermittelten Leistung handelt es sich um eine Beförderungsleistung. Die Besteuerung erfolgt nach dem Streckenprinzip (§ 3b Abs. 1 UStG).

Die Beförderung wird teilweise im Inland und teilweise im übrigen Gemeinschaftsgebiet erbracht.

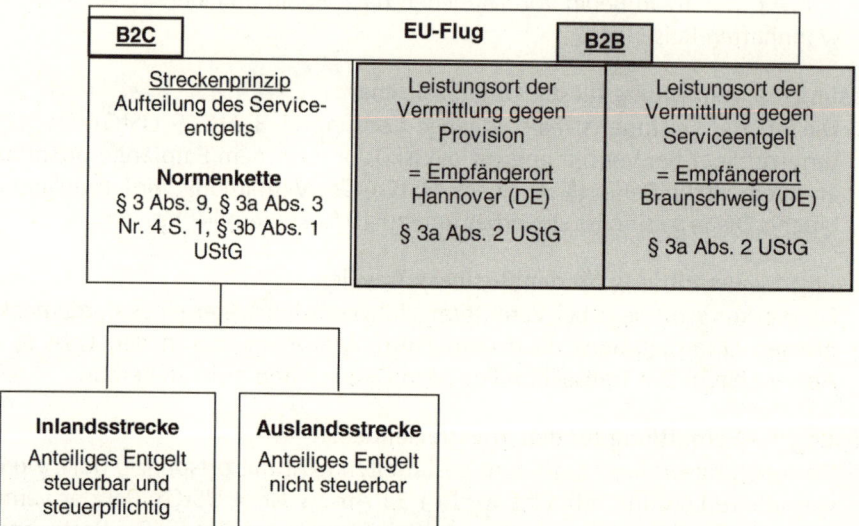

Abb. 68: Vermittlung einer Luftbeförderung im Gemeinschaftsgebiet

Beispiel 3 – Flugvermittlung unter Anwendung der 5 %–25 %-Regelung:

Das Reisebüro MucFrei Reisen aus München vermittelt im Frühling 2014 an den Vielreisenden Ernst Jost einen Flug von München nach Sydney zum Preis von 1.309,00 € und veranschlagt eine Booking Fee von 65,00 €. Es wendet auf die Vermittlung grenzüberschreitender Flüge einheitlich als Vereinfachungsverfahren die 5 %–25 %-Regelung an.

Lösung 3:

Die Leistung wird an den Reisenden erbracht, denn er schuldet die Bezahlung des Vermittlungsentgelts. MucFrei Reisen kann sämtliche Vermittlungen grenzüberschreitender Personenbeförderung in der Luft von bzw. zu Beförderungszielen im übrigen Gemeinschaftsgebiet oder im Drittland gegenüber Privatkunden einheitlich der 5 %–25 %-Regelung unterziehen. Vereinfachend kann die Umsatzsteuer aus der anteiligen Zahlung des Reisenden herausgerechnet werden[315].

Die Leistungsorte sind nach dem gestaffelten Leistungsortsprinzip im Sinne des Streckenprinzips nach Maßgabe der Flugkilometer auf die überflogenen Länder aufzuteilen. Alternativ kann die 5 %–25 %-Regelung gewählt werden. Die Buchungsgebühr von 65,00 € wäre dann für den grenzüberschreitenden Flug von München nach Australien zu 5 % steuerpflichtig. Das steuerpflichtige Bruttoentgelt beträgt 3,25 €. Das Reisebüro führt Umsatzsteuer in Höhe von 52 Cent ab.

Beispiel 4 – 5 %–25 %-Regelung für die Vermittlung von DE-Überflügen:

Das Reisebüro MucFrei Reisen aus München vermittelt einen Flug von Wien nach Kopenhagen an den vielfliegenden Privatreisenden Ernst Jost.

Lösung 4:

Die Pauschalisierungsregelung bezogen auf das vom Privatreisenden Ernst Jost zu zahlende Serviceentgelt für die Vermittlungsleistung ist unter der Voraussetzung, dass der Reiseunternehmer bei allen diesen Vermittlungsleistungen entsprechend verfährt, auch auf die Vermittlung von Überflügen über inländischen Luftraum, also auf Fälle ohne Start oder Ziel im Inland, anzuwenden[316].

Die Flugroute Wien – Kopenhagen berührt ganz offensichtlich den inländischen Luftraum. Die Vermittlung einer Beförderung von Personen auf dem Luftweg ist bezüglich des inländischen Streckenanteils steuerpflichtig. Unter Anwendung der Pauschalisierungsregelung für Beförderungen von bzw. zu Zielen im übrigen Gemeinschaftsgebiet ist die Vermittlung zu 25 % steuerpflichtig. Die Umsatzsteuer kann aus der anteiligen Zahlung des Reisenden herausgerechnet werden.

---

315 Siehe Anhang, BMF-Schreiben vom 30.03.2006, VERWALTUNGSANWEISUNGEN, „Erlasse und BMF-Schreiben", „Umsatzsteuer in der Touristik", 2. Auflage 2012.

316 Siehe Anhang, BayLfSt.-Erlass vom 06.11.2006, VERWALTUNGSANWEISUNGEN, „Erlasse und BMF-Schreiben".

☞ **Beachten Sie:**

Kritische Stimmen äußern, dass die Besteuerung von Service Fees auf Überflüge wegen tatsächlicher Unmöglichkeit der Ermittlung der steuerlichen Bemessungsgrundlage verfassungs- und unionsrechtlich höchst bedenklich sei[317].

	Flug	Steuerpflichtiger Anteil der Service Fee	Nicht steuerpflichtiger Anteil der Service Fee
1	Domestic DE1 nach DE2	100 %	0 %
2	Cross-Border EU DE nach EU EU nach DE	25 %	75 %
3	Cross-Border Non-EU DE nach Drittland Drittland nach DE	5 %	95 %
4	Abroad EU1 nach EU2 ohne Überflug DE Dritt1 nach Dritt2 ohne Überflug DE Dritt nach EU ohne Überflug DE EU nach Dritt ohne Überflug DE	0 %	100 %
5	Offensichtliche Überflüge EU1 nach EU2 mit Überflug DE	25 %	75 %
6	Offensichtliche Überflüge Dritt1 nach Dritt2 mit Überflug DE EU nach Dritt mit Überflug DE Dritt nach EU mit Überflug DE	5 %	95 %

Abb. 69: Zusammenfassende Darstellung der 5 %–25 %-Regelung[318]

Beispiel 5 – Vermittlung von Auslandsflügen:

Die Reiseagentur Bünyan Travel in Berlin-Mitte vermittelt einen Flug von Wien nach Budapest gegen Service Fee an den Privatreisenden Ernst Jost.

Lösung 5:

Serviceentgelte für Flüge, die den deutschen Luftraum nicht berühren, sind nicht umsatzsteuerbar. Es werden ausschließlich Auslandsstrecken geflogen.

Beispiel 6 – Ausländischer Mittler vermittelt DE-Überflug:

Eine Reiseagentur im östlich von Zürich gelegenen Dübendorf vermittelt einen Flug von Wien nach Kopenhagen.

---

317 Vgl. SRTour 07/2009, Seite 6 ff., Dr. Volker M. Jorczyk, „Sind Agenturprovisionen bei Nur-Hotel und Nur-Flug aus Veranstalterkatalog steuerpflichtig?".
318 Vgl. SRTour 07/2009, Seite 8, Dr. Volker M. Jorczyk, „Sind Agenturprovisionen bei Nur-Hotel und Nur-Flug aus Veranstalterkatalog steuerpflichtig?".

Lösung 6 – Vermittlung für Fluggesellschaft:

Der Leistungsort der Vermittlung für die in Österreich belegene Niederlassung einer Fluggesellschaft liegt nicht im Inland. Deutsches Umsatzsteuerrecht kommt nicht zur Anwendung.

Lösung 6 – Vermittlung für Geschäftsreisenden:

Der Leistungsort liegt bei Vermittlung für einen selbständigen Fotojournalisten aus Braunschweig für berufliche Zwecke nach dem Empfängerortsprinzip in Deutschland (§ 3a Abs. 2 UStG). Die Bearbeitungsgebühr ist in Deutschland steuerbar und wird mit 19 % Umsatzsteuer belastet.

Das Wiener Reisebüro stellt eine Reverse-Charge-Rechnung. Der Fotojournalist meldet die Umsatzsteuer in Deutschland im Voranmeldungszeitraum der Ausführung der Vermittlung an (§ 13b Abs. 1 UStG).

☞ Beachten Sie:

Handelt es sich bei dem Fotojournalisten um einen Kleinunternehmer, so ändert sich an der Lösung nichts. Die Einschränkung, dass Kleinunternehmer keine Umsatzsteuer abführen müssen, gilt nicht für die nach § 13b Abs. 5 UStG geschuldete Steuer. Auch Kleinunternehmer müssen Umsatzsteuer abführen, sofern sie eine Dienstleistung von einem im übrigen Gemeinschaftsgebiet ansässigen Unternehmer bezogen haben, die in Deutschland steuerbar und steuerpflichtig ist.

Der Kleinunternehmer ist jedoch nicht berechtigt, die abgeführte Umsatzsteuer als Vorsteuer geltend zu machen. Sie wird für ihn zu einer endgültigen Steuerbelastung und damit zu einem Kostenfaktor.

Der Reisemittler erstellt eine Netto-Rechnung mit Reverse-Charge-Hinweis unter Angabe sowohl seiner USt-IdNr. als auch der des Leistungsempfängers.

Die nach dem Reverse-Charge-Verfahren geschuldete deutsche Umsatzsteuer hat der Mini-Unternehmer in seiner Umsatzsteuer-Jahreserklärung anzumelden und abzuführen.

Der österreichische Reisevermittler ist verpflichtet, den Umsatz in der ZM zu melden. Hierfür benötigt er die USt-IdNr. des deutschen Kleinunternehmers, über die dieser möglicherweise nicht verfügt. In dem Fall sollte der leistende Unternehmer in Absprache mit seinem zuständigen Finanzamt die österreichische ZM unter Angabe der deutschen Steuernummer des Leistungsempfängers in Papierform einreichen.

Lösung 6 – Vermittlung für Privatreisenden:

Die Flugroute Wien – Kopenhagen berührt ganz offensichtlich den inländischen Luftraum. Die Vermittlung einer Beförderung von Personen auf dem Luftweg ist bezüglich des inländischen Streckenanteils steuerpflichtig (§ 3a Abs. 8 AT-UStG). Die Umsatzsteuer von 19 % kann aus der anteiligen Zahlung des Reisenden herausgerechnet werden.

10. Vermittlung von Mietwagen und anderen Beförderungsmitteln

Bei der Vermittlung eines Mietwagens besteht die Leistung nicht in der Vermittlung einer Beförderung, sondern in der Vermittlung einer Vermietung. Die Fortbewegung führt der anmietende Leistungsempfänger in Eigenregie, und nicht der Mietwagenunternehmer durch.

Bei der Vermittlung der Vermietung eines Beförderungsmittels, wie Hausboote, Segelschiffe, Eisenbahnwagons, Motorräder, Wohnanhänger, Fahrräder usw., sind folgende Fälle zu unterscheiden:

B2B-Vermittlung einer Vermietung eines Beförderungsmittels:
Der Leistungsort der Vermittlung der Vermietung liegt am Empfängerort (§ 3a Abs. 2 UStG). Der unternehmerische Leistungsempfänger kann der Leistungsträger selbst oder ein anderes Unternehmen sein. Auf die Ermittlung des Leistungsorts hat keinen Einfluss,

- ob es sich um die Vermittlung einer Vermietung eines Beförderungsmittels über einen kurzen oder einen längeren Zeitraum handelt,
- ob es sich um die Vermittlung einer Vermietung eines Wasserfahrzeugs oder eines anderen Beförderungsmittels handelt,
- ob es sich um die Vermittlung einer Vermietung eines Beförderungsmittels eines im Drittland ansässigen Vermieters handelt, oder
- ob das vermittelte Mietfahrzeug in Deutschland genutzt wird.

Anders bei der **B2C**-Vermittlung der Vermietung eines Beförderungsmittels. Hier sind folgende Fälle zu unterscheiden:

- **B2C**-Vermittlung der Vermietung eines Wasserfahrzeugs über einen kurzen Zeitraum von nicht mehr als 90 Tagen:
  Der Leistungsort der Vermittlung liegt am Ort der Übergabe des Wasserfahrzeugs (§ 3a Abs. 3 Nr. 2 lit. a UStG).
- **B2C**-Vermittlung der Vermietung eines **Wasserfahrzeugs** über einen **längeren** Zeitraum von mehr als 90 Tagen:

> **Ab 30.06.2013** liegt der Leistungsort der Vermittlung im Ansässigkeitsstaat des Leistungsempfängers (§ 3a Abs. 3 Nr. 4 i.V.m. Abs. 3 Nr. 2 S. 3 UStG).
> Die Vermittlung der Vermietung eines Sportboots liegt am Ort der tatsächlichen Zurverfügungstellung des Sportboots an die Privatperson, wenn sich auch der Sitz, die Geschäftsleitung oder eine Betriebsstätte des Vermieters am Ort der tatsächlichen Leistungserbringung befindet (§ 3a Abs. 3 Nr. 4 i.V.m. Abs. 3 Nr. 3 S. 4 UStG).
> Sportboote im Sinne dieser Regelung sind unabhängig von der Antriebsart sämtliche Boote mit einer Rumpflänge von 2,5 bis 24 Metern, die ihrer Bauart nach für Sport- und Freizeitzwecke bestimmt sind, insbesondere Segelyachten, Motoryachten, Segelboote, Ruderboote oder Motorboote (Abschn. 3a.5 Abs. 12 UStAE).
> Auch Mietgondeln auf den Kanälen in Venedig oder auf der Alster in Hamburg, Stocherkähne auf dem Neckar in Tübingen oder Punts auf dem Cam in Cambridge sind als Sportboote zu kategorisieren.

- **B2C**-Vermittlung der Vermietung eines **Wasserfahrzeugs** eines im Drittland ansässigen Vermieters über einen **kurzen** Zeitraum von nicht mehr als 90 Tagen zur Nutzung im Inland:
Der Leistungsort der Vermittlung liegt in Deutschland, dem Nutzungsort des Wasserfahrzeugs (§ 3a Abs. 3 Nr. 4 UStG i.V.m. § 3a Abs. 6 Nr. 1 UStG i. V. m. § 3a Abs. 3 Nr. 2 lit. a UStG).

- **B2C**-Vermittlung der Vermietung eines **Wasserfahrzeugs** eines im Drittland ansässigen Vermieters über einen **längeren** Zeitraum von mehr als 90 Tagen zur Nutzung im Inland:
Der Leistungsort der Vermittlung liegt in Deutschland, dem Nutzungsort des Wasserfahrzeugs (§ 3a Abs. 3 Nr. 4 UStG i.V.m. § 3a Abs. 6 Nr. 1 UStG).

- **B2C**-Vermittlung der Vermietung eines **anderen Beförderungsmittels** über einen **kurzen** Zeitraum von nicht mehr als 30 Tagen:
Der Leistungsort der Vermittlung liegt am Ort der Übergabe des Fahrzeugs (§ 3a Abs. 3 Nr. 4 UStG i.V.m. § 3a Abs. 3 Nr. 2 lit. b UStG).

- **B2C**-Vermittlung der Vermietung eines **anderen Beförderungsmittels** über einen **längeren** Zeitraum von mehr als 30 Tagen:

  Ab 30.06.2013 liegt der Leistungsort der Vermittlung im Ansässigkeitsstaat des Leistungsempfängers (§ 3a Abs. 3 Nr. 4 i.V.m. § 3a Abs. 3 Nr. 2 S. 3 UStG Art. 56 Abs. 2 MwStSystRL).

- **B2C**-Vermittlung der Vermietung eines **anderen Beförderungsmittels** eines im Drittland ansässigen Vermieters über einen **kurzen** Zeitraum von nicht mehr als 30 Tagen zur Nutzung im Inland:
Der Leistungsort der Vermittlung liegt in Deutschland, dem Nutzungsort des Beförderungsmittels (§ 3a Abs. 3 Nr. 4 UStG i.V.m. § 3a Abs. 6 Nr. 1 UStG i. V. m. § 3a Abs. 3 Nr. 2 lit. a UStG).

- **B2C**-Vermittlung der Vermietung eines **anderen Beförderungsmittels** eines im Drittland ansässigen Vermieters über einen **längeren** Zeitraum von mehr als 30 Tagen zur Nutzung im Inland:
Der Leistungsort der Vermittlung liegt in Deutschland, dem Nutzungsort des Beförderungsmittels (§ 3a Abs. 3 Nr. 4 UStG i.V.m. § 3a Abs. 6 Nr. 1 UStG).

Beispiel 1 – B2B-Vermittlung eines Pkw im Inland:

Das Reisebüro MünchnerFreiheit Reisen in München Schwabing vermittelt ein Kfz der Autovermietung Crash Car aus Düsseldorf gegen Zahlung einer Service Fee seitens eines Geschäftskunden aus München zur fünfwöchigen Nutzung.

Lösung 1:

Die Art der Leistung ist eine sonstige Leistung (§ 3 Abs. 9 UStG). Der Leistungsort liegt bei Vermittlung an einen B2B-Leistungsempfänger nach Empfängerortsprinzip unabhängig von der Mietdauer am Sitzort des die Vermittlung beanspruchenden Geschäftskunden in München (§ 3a Abs. 2 UStG).

Beispiel 2 – B2C-Vermittlung eines Pkw im Inland:

Das Reisebüro MünchnerFreiheit Reisen in München Schwabing vermittelt in 2014 ein Kfz der Autovermietung Crash Car aus Düsseldorf gegen Zahlung einer Service Fee seitens des Vielreisenden Ernst Jost aus München zur fünf-wöchigen Nutzung.

Lösung 2:

Der Leistungsort befindet sich nach dem Prinzip des gestaffelten Leistungsorts dort, wo die vermittelte Leistung erbracht wird (§ 3a Abs. 3 Nr. 4 UStG). Bei der vermittelten Leistung handelt es sich um die Vermietung eines Beförde-rungsmittels über einen längeren Zeitraum (§ 3a Abs. 3 Nr. 2 S. 3 UStG). Der Vermietungsort liegt am Ansässigkeitsort des Privatkunden Ernst Jost in München. Somit liegt der Vermittlungsort ebenfalls in München. Die Service Fee ist in Deutschland steuerbar und zu 19 % steuerpflichtig.

Beispiel 3 – B2C-Vermittlung eines Pkw im Gemeinschaftsgebiet:

Das Reisebüro MünchnerFreiheit Reisen in München Schwabing vermittelt ein Kfz der valencianischen Autovermietung „Cochecito Cómodo" (ES) an Ernst Jost gegen Service Fee. Ernst Jost benötigt den Mietwagen ab Valencia für einen zehntägigen Kulturtrip.

Lösung 3:

Der Leistungsort liegt nach dem gestaffelten Leistungsortsprinzip dort, wo die vermittelte Leistung erbracht wird (§ 3a Abs. 3 Nr. 4 UStG). Bei der vermit-telten Leistung handelt es sich um die Vermietung eines Beförderungsmittels über einen kurzen Zeitraum. Der Leistungsort der Autovermietung liegt an dem Ort, an dem der Pkw Ernst Jost zur Verfügung gestellt wird (§ 3a Abs. 3 Nr. 2 lit. b UStG). Da der Wagen in Valencia übergeben wird, liegt der Leistungsort in Spanien. Somit befindet sich der Vermittlungsort ebenfalls in Spanien. Die Service Fee unterliegt in Spanien der Umsatzbesteuerung. Die Rechnung des Münchner Reisebüros ergeht mit spanischer Umsatzsteuer. MucFrei Reisen lässt sich in Spanien für umsatzsteuerliche Zwecke registrieren.

11. Vermittlung von Eintrittskarten für Veranstaltungen

Die Vermittlung von Tickets für Events, wie Konzerte, Theateraufführungen oder Sportveranstaltungen richtet sich

- bei der B2B-Vermittlung nach dem Empfängerort (§ 3a Abs. 2 UStG) und
- bei der B2C-Vermittlung nach dem Austragungsort der Performance (§ 3a Abs. 3 Nr. 4 i. V. m. § 3a Abs. 3 Nr. 3 lit. a UStG).

☞ **Beachten Sie:**

Mit dem Verkauf von Eintrittskarten, die z. B. ein Reisebüro vom Veranstalter zu Festpreisen oder von Dritten erworben hat und mit eigenen Preisaufschlägen weiterveräußert, erbringt das Reisebüro keine Vermittlungsleistungen, wenn nach der Vertragsgestaltung das Reisebüro das volle Unternehmerrisiko trägt. Dies ist der Fall, wenn das Reisebüro die Karten nicht zurückgeben kann (Abschn. 3.7 Abs. 9 UStAE).

Beispiel 1 – B2B-Vermittlung von Konzertkarten im Inland:

Das Reisebüro MünchnerFreiheit Reisen in München ist eine autorisierte Vorverkaufsstelle von Opernkarten für die Wagner-Festspiele, dessen Veranstalter die Bayreuther Festspiele GmbH mit Sitz in Bayreuth ist. Es vermittelt Festspielkarten für verschiedene Inszenierungen in Bayreuth gegen Provision vom Veranstalter.

Lösung 1:

Die Art der Leistung ist eine sonstige Leistung (§ 3 Abs. 9 UStG). Die Ortsbestimmung der Vermittlung für unternehmerische Leistungsempfänger erfolgt nach dem Empfängerortsprinzip (§ 3a Abs. 2 UStG). Der Leistungsort ist Bayreuth, der Sitz der Festspiel-GmbH. Die Provision unterliegt dem allgemeinen Steuersatz von 19 % (Abschn. 12.5 Abs. 4 Satz 4 UStAE).

Beispiel 2 – B2C-Vermittlung von Konzertkarten im Inland:

Das Reisebüro MünchnerFreiheit Reisen in München ist eine autorisierte Vorverkaufsstelle von Opernkarten für die Wagner-Festspiele, dessen Veranstalter die Bayreuther Festspiele GmbH mit Sitz in Bayreuth ist. Es vermittelt Festspielkarten an den in München ansässigen Vielreisenden Ernst Jost gegen Berechnung einer Bearbeitungsgebühr.

Lösung 2:

Der Leistungsort bestimmt sich nach dem gestaffelten Leistungsortsprinzip. Er befindet sich dort, wo die vermittelte Leistung erbracht wird (§ 3a Abs. 3 Nr. 4 UStG). Bei der vermittelten Leistung handelt es sich um eine Konzertveranstaltung (§ 3a Abs. 3 Nr. 3 lit. a UStG). Leistungsort ist der Ausführungsort der Darbietung, Bayreuth. Die Bearbeitungsgebühr ist mit einem Steuersatz von 19 % steuerpflichtig (Abschn. 12.5 Abs. 4 Satz 4 UStAE).

Beispiel 3 – B2B-Vermittlung von Tickets für Auslands-Veranstaltungen:

Das Reisebüro MünchnerFreiheit Reisen in München Schwabing vermittelt Eintrittskarten für eine Corrida de Toros in der Stierkampfarena von Nîmes (FR) gegen Provision. Der Stierzüchter und Mitveranstalter des Stierkampfes, Señor Miguel Alegras hat seinen Sitz in Ciudad Real (ES).

Lösung 3:

Der Leistungsort für die Vermittlung der Eintrittskarten gegen Provision durch den ES-Veranstalter liegt nach dem Empfängerortsprinzip in Spanien (§ 3a Abs. 2 UStG). Die Provision ist in Deutschland nicht steuerbar. Die Provisionsabrechnung erfolgt unter Anwendung von EU-Reverse-Charge nach spanischem Recht. Die Rechnung des Münchner Reisebüros oder die Gutschrift des ES-Veranstalters wird netto unter Hinweis auf Reverse Charge gestellt (Art. 196 MwStSystRL).

Beispiel 4 – B2C-Vermittlung von Tickets für Auslands-Veranstaltungen:

Das Reisebüro MünchnerFreiheit Reisen in München Schwabing vermittelt Eintrittskarten für eine Corrida de Toros in der Stierkampfarena von Nîmes (FR) gegen Serviceentgelt vom Vielreisenden Ernst Jost aus München.

Lösung 4:

Der Leistungsort liegt nach dem Look-through-Prinzip dort, wo die vermittelte Leistung erbracht wird (§ 3a Abs. 3 Nr. 4 UStG). Bei der vermittelten Leistung handelt es sich um einen Stierkampf (§ 3a Abs. 3 Nr. 3 lit. a UStG). Als Leistungsort gilt der Ausführungsort der Veranstaltung Nîmes (FR). Somit liegt der Vermittlungsort in Frankreich. Das Serviceentgelt ist in Deutschland nicht steuerbar. Die Vermittlung ist in Frankreich steuerbar. Die Rechnung des Münchner Reisebüros ergeht mit 20 % französischer Umsatzsteuer.

☞ **Beachten Sie:**

Die Besteuerung einer Vermittlungsleistung wird im Inland mit dem allgemeinen Steuersatz vorgenommen. Das heißt, in Deutschland werden Vermittlungsentgelte auch dann mit 19 % belastet, wenn die vermittelte Leistung, z. B. als Eintrittsberechtigung für einen Theaterbesuch, einem ermäßigten Steuersatz von 7 % unterliegt oder steuerbefreit ist.

12. Vermittlung von Reisepaketen

Grundsätzlich richtet sich der Leistungsort bei der Vermittlung von Pauschalreisen gegen Veranstalterprovision gemäß Empfängerortsprinzip nach dem Ort des unternehmerischen Leistungsempfängers (§ 3a Abs. 2 UStG). Dies gilt ebenso für die „Nur-Hotel"- oder „Nur-Flug"-Vermittlung aus dem Veranstalterangebot. Sitzt der Reiseveranstalter im Inland, ist die Vermittlung mit 19 % USt steuerpflichtig, wohingegen das Tätigwerden für EU- oder Non-EU-Veranstalter nicht steuerbar ist.

☞ **Beachten Sie:**

Die Vermittlung von Reiseleistungen für Reiseveranstalter wird im Inland vielfach bereits vor der Durchführung der vermittelten Reiseleistungen abgerechnet. Oft lässt sich nur schwer feststellen, ob es sich bei den vom Reisebüro vermittelten Umsätzen um einheitliche Reiseleistungen im Sinne des § 25 Abs. 1 UStG oder vereinzelt um Eigenleistungen des Veranstalters handelt. Zur Vermeidung von Härten wird von der Finanzverwaltung deshalb nicht beanstandet, wenn die Beteiligten im Falle einer gemischten Reise mit einer Eigenleistung „grenzüberschreitender Flug" nach der sog. 70–30-Regelung, die Vermittlungsleistungen einvernehmlich zu 70 % als steuerpflichtig und zu 30 % als steuerfrei behandeln[319].

Durch die Vereinfachungsregelung findet eine Steuerbefreiung auf die Vermittlung grenzüberschreitender Flüge für den inlandsansässigen Leistungsträger innerhalb einer paketierten Reiseleistung in typisierter Form Berücksichtigung (§ 4 Nr. 5 lit. b UStG).

Beispiel 1 – B2B-Vermittlung: Reisebüro und Veranstalter sind inlandsansässig:

Das Reisebüro MucFrei Reisen in München Schwabing vermittelt im August 2014 gegen Veranstalterprovision eine Pauschalreise nach Bulgarien. Diese besteht ausschließlich aus Reisevorleistungen. Der Reiseveranstalter Blitztours sitzt in Leipzig.

Lösung 1:

Die Vermittlung ist als sonstige Leistung zu beurteilen (§ 3 Abs. 9 UStG). Sie wird am Sitz des Reiseveranstalters in Leipzig (DE), dem Empfängerort erbracht (§ 3a Abs. 2 UStG). Die Vermittlungsprovision ist im Inland steuerbar. Sie ist mangels Befreiungsvorschriften mit 19 % Umsatzsteuer zu besteuern. MucFrei Reisen erhält für seine Leistung eine Provisionsgutschrift mit gesondertem Steuerausweis, der Blitztours zum Vorsteuerabzug berechtigt. Der Ausschluss des Vorsteuerabzugs für Reiseveranstalter im B2C-Geschäft greift nicht, da es sich bei der Reisevermittlung nicht um eine Reisevorleistung handelt (§ 25 Abs. 4 S. 1 UStG).

---

319 Siehe Abschn. 25.4 Abs. 5 S. 2 UStAE und Anhang, BMF-Schreiben vom 22.03.2000, VERWALTUNGSANWEISUNGEN, „Erlasse und BMF-Schreiben".

Beispiel 2 – B2C-Vermittlung: Reisebüro und Veranstalter sind inlandsansässig:
Das Reisebüro MucFrei Reisen in München Schwabing vermittelt im August 2014 eine Pauschalreise nach Bulgarien an den Vielreisenden Ernst Jost. Diese besteht ausschließlich aus Reisevorleistungen. Der Reiseveranstalter Blitztours sitzt in Leipzig. MucFrei Reisen berechnet gegenüber Privatier Jost eine Service Fee.

Lösung 2:
Der Ort der Vermittlung gegenüber dem Privatier erfolgt nach dem gestaffelten Leistungsortsprinzip dort, wo die vermittelte Leistung erbracht wird (§ 3a Abs. 3 Nr. 4 UStG). Bei der vermittelten Leistung handelt es sich um eine Pauschalreise. Der Leistungsort der margenbesteuerten Reiseleistung liegt am Sitz von Blitztours in Leipzig (§ 25 Abs. 1 S. 4 i. V. m. § 3a Abs. 1 UStG). Somit liegt der Ort der Vermittlungsleistung ebenfalls in Leipzig. Die Service Fee ist im Inland steuerbar. Sie ist mangels Befreiungsvorschriften mit 19 % Umsatzsteuer belastet.

Beispiel 3 – B2B-Vermittlung: Reisebüro sitzt im Ausland und Veranstalter im Inland:
Das in Vallauris, Südfrankreich, ansässige Reisebüro „Cassiopée" vermittelt im Juni 2014 für den Reiseveranstalter Blitztours in Leipzig eine Pauschalreise „Sächsische Schweiz". Die Reise dauert vom 01. bis 14.08.2014 und besteht ausschließlich aus Reisevorleistungen des Veranstalters. Die Abrechnung mittels Gutschrift erfolgt noch im Juni 2014.

Lösung 3:
Der Leistungsort der Vermittlung ist der Empfängerort in Leipzig (DE) (§ 3a Abs. 2 UStG). Die Abrechnung erfolgt im Reverse-Charge-Verfahren. Das Reisebüro Cassiopée erbringt somit in Deutschland steuerbare Leistungen. Die Provision ist mangels Befreiungsvorschriften mit 19 % steuerpflichtig. Blitztours rechnet mit dem französischen Reisebüro mittels Reverse-Charge-Gutschrift ab.

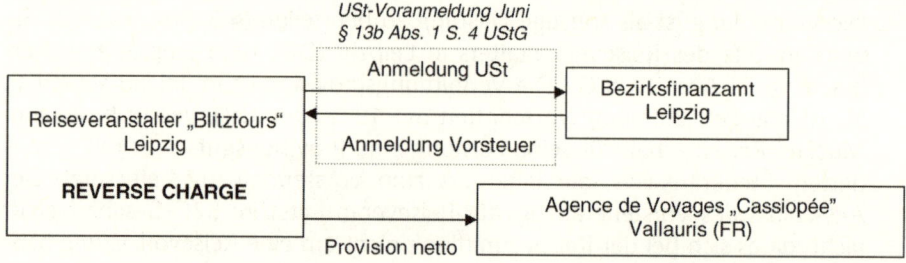

Abb. 70: Provisionsgutschrift unter Anwendung von EU-Reverse-Charge

Die Agentur Cassiopée erhält für ihre Leistung von Blitztours eine Provisionsgutschrift ohne gesonderten Steuerausweis mit Hinweis auf Reverse Charge. Blitztours vergütet die Vermittlungsprovision netto. Die Steuerschuldnerschaft geht auf Blitztours über. Der Veranstalter meldet die Umsatzsteuer des französischen

Reisebüros bei seinem Betriebsfinanzamt Leipzig an und führt sie im Voranmel-
dungszeitraum Juni 2014 ab. Im selben Voranmeldezeitraum Juni 2014 kann
Blitztours die Vorsteuer in gleicher Höhe geltend machen, so dass sich für den
Veranstalter statt einer Umsatzsteuer-Zahllast, ein Nullsaldo ergibt. Für das fran-
zösische Reisebüro besteht zur Abführung der deutschen Umsatzsteuer auf diese
Weise keine Registrierungspflicht in Deutschland (§ 13b Abs. 1 UStG). Das Vor-
steuerabzugsverbot für Pauschalreiseveranstalter greift nicht, da es sich bei der
Vermittlungsleistung nicht um eine klassische Reisevorleistung handelt (§ 25
Abs. 1 S. 5 und Abs. 4 S. 1 UStG).

**Beispiel 4 – B2B-Vermittlung: Reisebüro sitzt im Inland und Veranstalter in
der EU:**
Das Reisebüro MünchnerFreiheit Reisen in München Schwabing vermittelt
gegen Provision eine Pauschalreise des Reiseveranstalters Desert Tours aus
London, die ausschließlich aus Reisevorleistungen besteht.

Lösung 4:
Der Leistungsort der Vermittlung befindet sich am Empfängerort London,
United Kingdom (§ 3a Abs. 2 UStG). Die Vermittlungsprovision ist in Deutschland nicht steuerbar. Sie ist steuerbar im United Kingdom unter Anwendung
von EU-Reverse-Charge nach englischem Recht. Desert Tours rechnet für
diese Eingangsleistung im Gutschriftsverfahren unter Hinweis auf Reverse
Charge, also ohne gesonderten Steuerausweis ab. Desert Tours vergütet die
Vermittlungsprovision netto. Die Steuerschuldnerschaft geht auf Desert Tours
über. Der Veranstalter meldet die Umsatzsteuer für MucFrei Reisen bei seinem zuständigen Finanzamt in London an und führt sie an dieses ab. In gleicher
Höhe und im gleichen Voranmeldungszeitraum kann der Veranstalter die ent-
standene Vorsteuer geltend machen. Für das Schwabinger Reisebüro entfällt
zur Abführung ihrer Umsatzsteuer auf diese Weise die Registrierungspflicht in
England. Im englischen Umsatzsteuerrecht existiert eine dem deutschen § 13b
Abs. 1 UStG vergleichbaren Regelung (Art. 194 MwStSystRL).

**Beispiel 5 – B2B-Vermittlung: Reisebüro sitzt im Inland und Veranstalter im
Drittland:**
Das Reisebüro MünchnerFreiheit Reisen in München Schwabing vermittelt
eine Pauschalreise des Reiseveranstalters Viajes Globales aus Buenos Aires,
die ausschließlich aus Reisevorleistungen besteht.

Lösung 5:
Der Leistungsort der Vermittlung der Pauschalreise befindet sich am Empfängerort, dem Sitz von Viajes Globales in Buenos Aires (AR) (§ 3a Abs. 2 UStG).
Die Provision ist in Deutschland nicht steuerbar. Die Mehrwertsteuer-Systemrichtlinie findet keine Anwendung für Drittländer. Ob nach argentinischem
Recht der Leistungsort in Argentinien liegt, Reverse Charge einschlägig ist
oder MucFrei Reisen sich in Argentinien steuerlich registrieren lassen muss,
bzw. ob Umsatzsteuer überhaupt erhoben wird, ist mit einem vor Ort ansässigen Asesor Fiscal zu klären.

Beispiel 6 – Vermittlung einer gemischten Deutschland-Busreise:

Das Reisebüro MucFrei Reisen in München vermittelt eine vom Omnibus-Veranstalter Blitztours mit Sitz in Leipzig angebotene mehrtägige Buspauschalreise entlang der Romantischen Straße von Würzburg nach Füssen im Allgäu gegen Provision vom Veranstalter und Serviceentgelt vom Vielreisenden Ernst Jost. Es befindet sich ein Busfuhrpark im Unternehmensvermögen von Blitztours. Die Busbeförderung geht als Eigenleistung in die Pauschalreise ein.

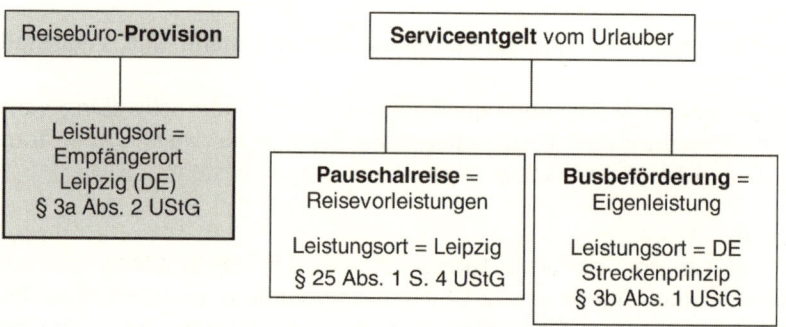

Abb. 71: Vermittlung einer gemischten Buspauschalreise im Inland

Lösung 6:

Der Leistungsort der B2B-Vermittlung befindet sich am Ort des Leistungsempfängers Blitztours in Leipzig (§ 3a Abs. 2 UStG). Die Vermittlungsprovision unterliegt dem Regelsteuersatz.

Die B2C-Vermittlung wird nach dem gestaffelten Leistungsortsprinzip dort erbracht, wo die vermittelte Leistung bewirkt wird (§ 3a Abs. 3 Nr. 4 UStG). Bei der vermittelten Leistung handelt es sich um eine Pauschalreise in Verbindung mit einer Landbeförderung im eigenen Bus, als sog. Eigenleistung des Reiseveranstalters.

Daraus ergeben sich für den B2C-Reisemittler zwei Leistungsorte, je für die in die Pauschalreise eingegangenen Reisevorleistungen und für die Eigenleistung Busbeförderung.

Der Leistungsort der vermittelten Leistung von Blitztours liegt bzgl. der Pauschalreise ohne Busbeförderung an seinem Unternehmenssitz in Leipzig (§ 25 Abs. 1 S. 4 i. V. m. § 3a Abs. 1 UStG). Der Ort für die Beförderung im eigenen Reisebus ergibt sich nach dem Streckenprinzip (§ 3b Abs. 1 UStG). Es handelt sich um eine reine Inlandsstrecke. Die Vermittlung ist insgesamt zu 19 % steuerpflichtig.

Beispiel 7 – Vermittlung einer gemischten Buspauschalreise in einen anderen Mitgliedstaat:

Das Reisebüro MucFrei Reisen in München vermittelt eine mehrtägige Buspauschalreise „Schlösser der Loire" nach Frankreich von Omnibus-Reiseveranstalter Blitztours mit Sitz in Leipzig gegen Provision und Service Fee vom

Vielreisenden Ernst Jost. Blitztours hat einen eigenen Fuhrpark an Omnibussen im Unternehmensvermögen. Die Busbeförderung geht als Eigenleistung in die Pauschalreise ein.

Lösung 7:
Der Leistungsort bzgl. der B2B-Vermittlung befindet sich streckenunabhängig nach dem Empfängerortsprinzip stets am Sitz des Busunternehmers. Provisionsabrechnungen inländischer Busunternehmer werden vollständig – unabhängig davon ob die Reise in EU-Gebiet oder Drittland führt – der Umsatzsteuer unterworfen.

Vermittelt ein inlandsansässiges Reisebüro Reiseleistungen gegen eine einheitlich vom Reisepreis berechnete Provision, bei denen der Veranstalter Einzelleistungen in Form von grenzüberschreitender Personenbeförderung innerhalb des Gemeinschaftsgebiets mit eigenen, konzerneigenen oder gemieteten Omnibussen durchführt, ist das Vermittlungsentgelt anteilig auf die Inlands- und die Auslandsstrecke aufzuteilen. Zur Verfahrensvereinfachung besteht zudem die Möglichkeit, die Aufteilung anhand eines individuellen Aufteilungsschlüssels vorzunehmen. Dieser wird über einen repräsentativen Zeitraum von mindestens einem Kalenderjahr ermittelt und ist von der zuständigen Landesfinanzbehörde genehmigen zu lassen[320] (Abschn. 25.4 Abs. 5 S. 2 UStAE).
Diese Regelung basiert noch auf dem Streckenprinzip.

☞ **Beachten Sie:**
Bei der B2B-Vermittlung befindet sich der Leistungsort streckenunabhängig nach dem Empfängerortsprinzip stets am Sitz des Busunternehmers. Provisionsabrechnungen inländischer Busunternehmer werden vollständig – unabhängig davon ob die Reise in EU-Gebiet oder Drittland führt – der Umsatzsteuer unterworfen. Liegt das Reisebüro im Ausland, erfolgt eine Abrechnung der Vermittlungsprovision im Reverse-Charge-Verfahren. Etwaige Registrierungspflichten in Deutschland entfallen für den Reisemittler.

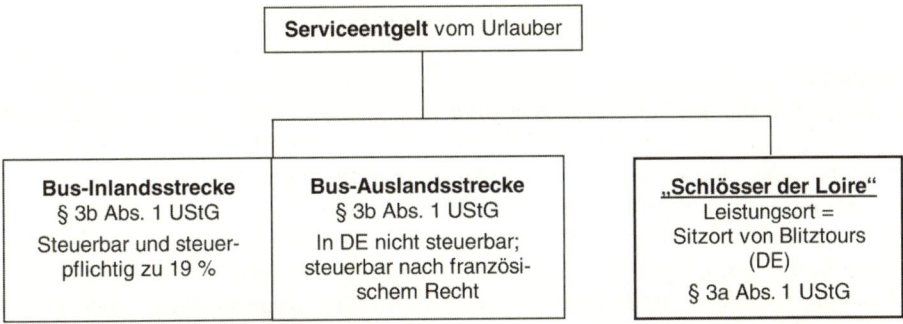

Abb. 72: B2C-Vermittlung einer gemischten Buspauschaleise ins Gemeinschaftsgebiet

---

320 Siehe Anhang, BMF-Schreiben vom 07.12.2000, VERWALTUNGSANWEISUNGEN, „Erlasse und BMF-Schreiben".

Der Leistungsort liegt für die B2C-Vermittlung nach dem gestaffelten Leistungs-ortsprinzip dort, wo die vermittelte Leistung erbracht wird (§ 3a Abs. 3 Nr. 4 UStG). Bei der vermittelten Leistung handelt es sich um eine Pauschalreise in Verbindung mit einer Landbeförderung im eigenen Bus, als Eigenleistung des Reiseveranstalters. Der Leistungsort von Blitztours liegt bzgl. der Pauschalreise ohne Busbeförderung an seinem Unternehmenssitz in Leipzig (§ 25 Abs. 1 S. 4 i. V. m. § 3a Abs. 1 UStG). Der Ort für die Beförderung im eigenen Reisebus ergibt sich nach dem Streckenprinzip (§ 3b Abs. 1 UStG).

Beispiel 8 – Vermittlung einer Buspauschalreise ins Drittlandsgebiet:

Das Reisebüro MucFrei Reisen in München vermittelt eine mehrtägige Buspauschalreise des Omnibus-Reiseveranstalter Blitztours mit Sitz in Leipzig von Leipzig nach Luzern. Die Busbeförderung geht als Eigenleistung des Reiseveranstalters in die Pauschalreise ein.

Lösung 8:

Der Leistungsort bzgl. der B2B-Vermittlung bestimmt sich nach dem Ort des Auftraggebers Blitztours und liegt in Leipzig. Die Provision ist mit dem allgemeinen Steuersatz zu belasten.

Der Leistungsort liegt bei der B2C-Vermittlung nach dem Look-through-Prinzip dort, wo die vermittelte Leistung erbracht wird (§ 3a Abs. 3 Nr. 4 UStG). Bei der vermittelten Leistung handelt es sich um eine Pauschalreise in Verbindung mit einer Landbeförderung im eigenen Bus als Eigenleistung. Der Leistungsort von Blitztours liegt bzgl. der Pauschalreise ohne Busbeförderung an seinem Unternehmenssitz in Leipzig (§ 25 Abs. 1 S. 4 i. V. m. § 3a Abs. 1 UStG). Der Ort für die Beförderung im eigenen Reisebus ergibt sich nach dem Streckenprinzip (§ 3b Abs. 1 UStG).

Beispiel 9 – Vermittlung eines Nur-Flugs ins Drittlandsgebiet:

Das Reisebüro MucFrei Reisen in München Schwabing vermittelt gegen Provision und Service Fee vom Vielreisenden Ernst Jost lediglich einen Flug vom Flughafen Leipzig/Halle auf die Kanarischen Inseln aus dem Reisekatalog des Veranstalters Paradise Tours in Baden-Baden. Das Flugplatzkontingent hat Paradise Tours als Reisevorleistungen eingekauft.

Lösung 9:

Bezüglich der Vermittlungsprovision liegt der Leistungsort der Vermittlung am Empfängerort Baden-Baden (DE), dem Sitz von Paradise Tours (§ 3a Abs. 2 UStG). Die Vermittlung einer grenzüberschreitenden Beförderung von Personen mit Luffahrzeugen für Paradise Tours ist nicht gemäß § 4 Nr. 5 lit. b UStG steuerfrei, denn in Abschn. 4.5.2 Abs. 4 S. 1 UStAE heißt es bzgl. der Vermittlung: *„Die Vermittlung einer Reiseleistung im Sinne des § 25 UStG für einen im Inland ansässigen Reiseveranstalter ist steuerpflichtig, auch wenn sich die betreffende Reiseleistung aus einer oder mehreren in § 4 Nr. 5 S. 1 lit. b und c UStG bezeichneten Leistungen zusammensetzt."*

Der Leistungsort liegt für die Nur-Flug-Vermittlung aus dem Veranstalterangebot von Paradise Tours gegenüber dem Urlauber Ernst Jost, nach dem

Prinzip des gestaffelten Leistungsorts dort, wo die vermittelte Leistung erbracht wird (§ 3a Abs. 3 Nr. 4 UStG). Veranstalterleistungen werden am Sitzort des Veranstalters erbracht (§ 25 Abs. 1 S. 3 i. V. m. § 3a Abs. 1 UStG).

Die Einzelleistung ist margensteuerpflichtig. Denn Abschn. 25.1 Abs. 1 S. 3 f. UStAE gibt vor: *„Es ist aber nicht erforderlich, dass der Unternehmer ein Bündel von Einzelleistungen erbringt. Eine Reiseleistung im Sinne des § 25 Abs. 1 UStG liegt auch vor, wenn der Unternehmer nur eine Leistung erbringt, z. B. Vermietung von Ferienwohnungen ohne Anreise und Verpflegung."*

Beispiel 10 – Vermittlung von Flügen als Eigenleistung unter Anwendung der 70–30-Regelung:

Das Reisebüro MucFrei Reisen in München vermittelt an den Vielreisenden Ernst Jost eine Spanienreise inkl. Flug durch die konzerneigene Airline des Leipziger Reiseveranstalters Blitztours gegen eine einheitlich vom Reisepreis berechnete Provision sowie ein Serviceentgelt vom Vielreisenden Ernst Jost.

Lösung 10 – B2B-Vermittlung von Flügen als Eigenleistung ohne Anwendung der 70–30-Regelung:

MucFrei Reisen vermittelt sowohl ein Reise-Package als auch die Eigenleistung Flug des Reiseveranstalters Blitztours. Die Provision ist nach Maßgabe des Kostenverhältnisses Reisevorleistungen zur Eigenleistung Flug aufzuteilen. Dies gilt auch wenn die vermittelten Leistungen in einer Summe angeboten werden und MucFrei für die Vermittlung dieser Leistungen eine einheitliche Provision erhält (Abschn. 4.5.2 Abs. 4 S. 2 und 3 UStAE). Für beide Vermittlungsleistungen ermittelt sich der Leistungsort nach dem Empfängerortprinzip am Sitz von Blitztours in Leipzig. Allerdings ist die anteilige Provision auf die Vermittlung des grenzüberschreitenden Flugs steuerfrei, während die anteilige Provision auf das übrige Leistungspaket steuerpflichtig ist (§ 3a Abs. 2 UStG, § 4 Nr. 5 lit. b UStG).

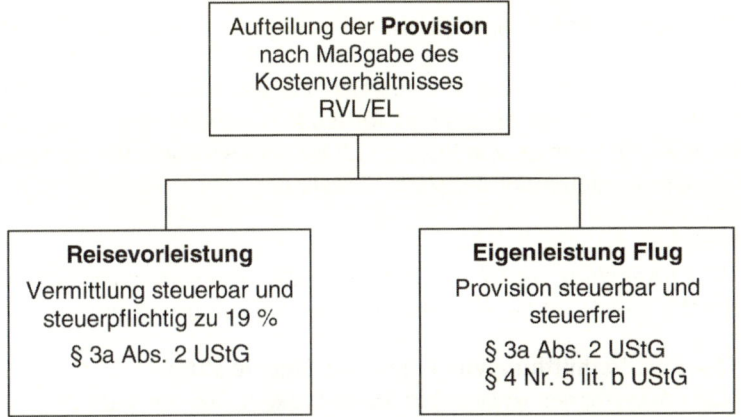

Abb. 73: B2B-Vermittlung einer gemischten Flugpauschalreise

Lösung 10 – B2B-Vermittlung von Flügen als Eigenleistung unter Anwendung der 70–30-Regelung:

Unter der Voraussetzung der zwischen Reiseveranstalter und Reisebüro einvernehmlichen Anwendung der 70–30-Regelung[321] zur Vereinfachung der Ermittlung des auf die Flugvermittlung entfallenden Steuerbetrags, ergibt sich im Einzelnen, dass

- aufwendige individuelle Aufteilungsmaßstäbe vermieden werden.
- bei Einsatz eigener/konzerneigener Carrier folgende pauschale Zuordnung erfolgt:
  - 70 % der Provision wird wie Provision auf Reisevorleistungen behandelt. Dieser vom inländischen Reiseveranstalter gezahlte Provisionsanteil ist steuerpflichtig.
  - 30 % der Provision wird wie Provision auf die Flugeigenleistung behandelt. Dieser vom inländischen Reiseveranstalter/Carrier gezahlte Provisionsanteil ist steuerfrei.

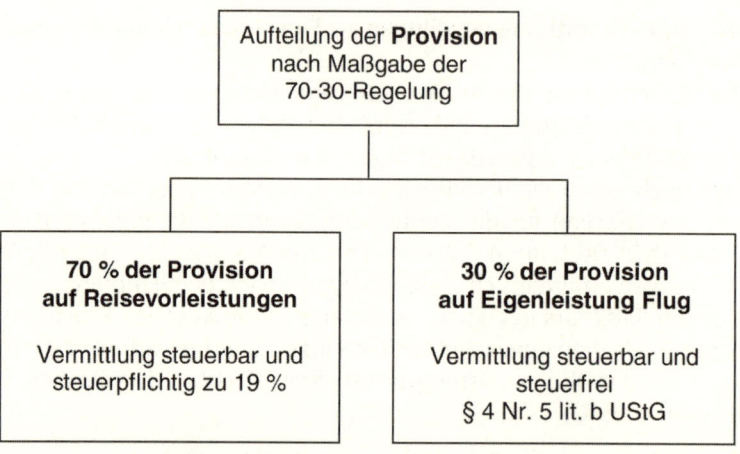

Abb. 74: B2B-Vermittlung unter Anwendung der 70–30-Regelung

Die Gutschrift an MucFrei Reisen erfolgt zu 70 % steuerpflichtig und zu 30 % steuerfrei. Bei im Ausland ansässigen Reisebüros wendet der Veranstalter die 70–30-Regelung im Rahmen von Reverse Charge an. Als Vorsteuer abzugsfähig ist lediglich die Umsatzsteuer auf den 70 %-Anteil.

☞ Beachten Sie:

Die 70–30-Regelung findet nur auf laufende Provisionszahlungen Anwendung, nicht jedoch auf Superprovisionen oder Stornoprovisionen.

Lösung 10 – B2C-Vermittlung von Flügen als Eigenleistung:

MucFrei Reisen vermittelt sowohl ein Reise-Package als auch die Eigenleistung Flug des Reiseveranstalters Blitztours. Der Leistungsort richtet sich bei der B2C-

---

321 Siehe Abschn. 25.4 Abs. 5. S. 2 UStAE und Anhang, BMF-Schreiben vom 22.03.2000, VER-
   WALTUNGSANWEISUNGEN, „Erlasse und BMF-Schreiben".

Vermittlung nach dem Leistungsort des vermittelten Umsatzes. Vermittelt werden eine Pauschalreise und ein Flug zu einem Gesamtbetrag. Das Serviceentgelt ist nach Maßgabe des Kostenverhältnisses Reisevorleistungen zur Eigenleistung Flug aufzuteilen. Der Leistungsort für die Flugvermittlung richtet sich nach dem Streckenprinzip (§ 3a Abs. 3 Nr. 4 UStG, § 3b Abs. 1 UStG). Die Nullsatz-Regelung findet auf den Flug selbst, jedoch nicht auf die Flug-Vermittlung Anwendung. Die Vermittlung des Reisepakets erfolgt am Sitz von Blitztours in Leipzig. Beide Leistungen sind steuerbar und steuerpflichtig unter Anwendung des allgemeinen Steuersatzes.

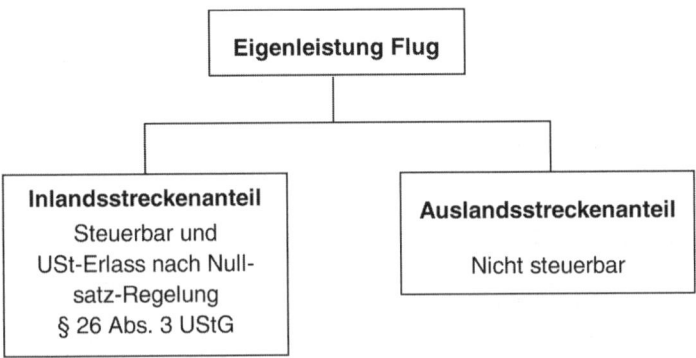

Abb. 75: Flug als Eigenleistung des Veranstalters

Daraus ergibt sich für die Vermittlung des Reisebüros gegenüber dem Vielreisenden Ernst Jost:

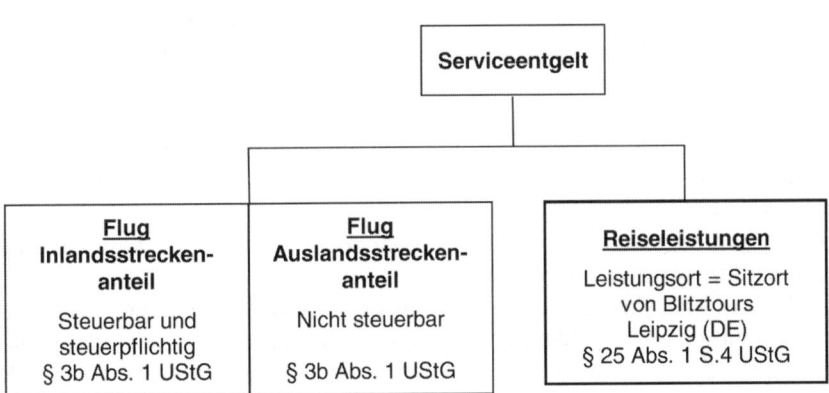

Abb. 76: B2C-Vermittlung einer gemischten Flugpauschalreise

Die Ortsbestimmung der Vermittlung des aus Reisevorleistungen bestehenden Teils des Reisepakets erfolgt nach dem Prinzip des gestaffelten Leistungsorts am Sitz des Veranstalters in Leipzig. Das anteilig auf den inländischen Streckenanteil des Fluges und auf das übrige Reisepaket entfallende Serviceentgelt ist steuerpflichtig. Das übrige Serviceentgelt entfällt auf die ausländischen Flugstrecken und ist in den entsprechenden Ländern steuerbar.

13. Flugticketverkauf durch Reisebüros

Im Ticketgeschäft der Flugticketgroßhändler, Consolidator oder Reisebüros, gelten diverse Vereinfachungsregelungen. Flugticketgroßhändler sind Makler gemäß § 625 ff. BGB und § 93 ff. HGB, die Flugscheine von Luftfahrtgesellschaften zu Nettopreisen beziehen und beim Weiterverkauf Buchungsentgelte an ihre Kunden aufschlagen.

a) Consolidator – Fiktion der Vermittlung

Der An- und Verkauf von Nettopreistickets, nämlich Flugscheinen ohne Preisaufdruck, als Einzeltickets für grenzüberschreitende Flüge durch Consolidator, stellt zivilrechtlich Eigenhandel, d. h. Handel im eigenen Namen und für eigene Rechnung, dar. Unter Zuhilfenahme einer Anwendungsfiktion wird beim preisreduzierten Erwerb der nicht frei auf dem Markt verfügbaren Tickets umsatzsteuerlich eine steuerfreie Vermittlung für das Luftverkehrsunternehmen unterstellt (§ 4 Nr. 5 lit. b UStG, Abschn. 4.5.3 Abs. 2 S. 1 bis 3 und 8 UStAE). Lizenzierte IATA-Agenturen veräußern Nettopreistickets mit einem verdeckten Preisaufschlag zu einem Gesamtpreis. Aufschläge auf Einzeltickets sind unter der Voraussetzung, dass die „Vermittlung" deutlich im Außenverhältnis erkennbar ist, also unter Airline-Aufdruck des Carriers auf dem Flugticket, als Vermittlungsentgelte der Flugverkehrsgesellschaft aus Vereinfachungsgründen steuerfrei gestellt (§ 4 Nr. 5 lit. b UStG). Reisebüros und Tickethändler müssen bereits bei Erwerb der Flugtickets entscheiden und buchmäßig nachweisen[322], ob sie diese einzeln „veräußern" oder zusammen mit anderen Leistungen in einem als Veranstaltungsleistung zu qualifizierenden „Paket" anbieten wollen.

> Die Steuerbefreiung gemäß § 4 Nr. 5 lit. b UStG, die für den Consolidator einschlägig ist, baut auf dem Streckenprinzip auf. Dieses kommt mit In-Kraft-Treten des Mehrwertsteuer-Pakets <u>ab 2010</u> bei einer „Vermittlung für die Fluggesellschaft" nicht mehr zur Anwendung. Daraus ergeben sich konsequenterweise für die Steuerbefreiung folgende neuen Anwendungsvoraussetzungen:
> - Die „vermittelte Fluggesellschaft" ist in Deutschland durch Sitz, Niederlassung oder Repräsentanz vertreten.
> - Der „vermittelte" Flug startet oder landet in Deutschland bzw. berührt als Überflug deutschen Luftraum.
> Für den Fall, dass der deutsche Luftraum nicht berührt wird, der gesamte Flug hingegen ausschließlich Drittland passiert, kommt aufgrund der Fiktion „Vermittlung für die Fluggesellschaft" die Steuerbefreiung gemäß § 4 Nr. 5 lit. c UStG zum Tragen.

Nicht steuerfrei sind (Abschn. 4.5.3 Abs. 3 UStAE)

- Serviceentgelte, die Reisenden für Consolidator-Tickets zusätzlich in Rechnung gestellt werden.

---

322 Zum Buchnachweis, siehe C.H. Beck Online-Kommentar zu § 25 UStG – Wolf, Herausgeber Rainer Weymüller, unter Arbeitshilfen/Übersichten – Aufzeichnungspflichten der Reiseunternehmer.

Wird beim Verkauf von Nettopreistickets neben dem Regieaufschlag ein Serviceentgelt erhoben, so ist der Regieaufschlag steuerfreies Vermittlungsentgelt der Luftverkehrsgesellschaft (§ 4 Nr. 5 lit. b UStG) und die Servicegebühr Vermittlungsentgelt für eine Vermittlungsleistung an den Reisenden (§ 4 Nr. 5 S. 2 UStG). Das gegenüber in Deutschland ansässigen Geschäftsreisenden erhobene Vermittlungsentgelt ist steuerpflichtig. Gegenüber Privatpersonen abgerechnete Service Fees durch inländische Agenturen unterliegen entsprechend dem inländischen Streckenanteil zur Gesamtstrecke der Besteuerung. Die Aufteilung kann ebenso pauschal nach der 5 %–25 %-Regelung[323] vorgenommen werden.

Beispiel – „Vermittlung" durch Consolidator:

Das IATA-Reisebüro MucFrei Reisen aus München verkauft ein zum Nettopreis von 850,00 € eingekauftes Ticket der Isko Air mit Sitz in Berlin für einen Flug von Frankfurt nach Cancun zum Preis von 910,00 € inkl. GAPT und veranschlagt zusätzlich eine Service Fee von 35,00 € vom Privatreisenden Ernst Jost.

Lösung:

Das Ticket kostet 945,00 €. Der Regieaufschlag in Höhe von 60,00 € bleibt als fiktive Provision der Isko Air umsatzsteuerfrei Die Servicegebühr ist mit einem pauschalisierten Inlandsstreckenanteil von 5 % umsatzsteuerpflichtig. Aus dem Betrag von 1,75 € (5 % aus 35,00 €) sind 0,28 € Umsatzsteuer zu entrichten.

- Preisaufschläge auf Flugtickets, die in der Absicht Reisepakete zu schnüren, erworben wurden. Die Versteuerung erfolgt nach dem Verhältnis Gemeinschaftsstrecke zu Drittlandsstrecke oder nach der Zielortsregelung.
- Flugticketveräußerungen ohne Hinweis auf den ausführende Luftfrachtführer. Das zugrunde liegende Geschäft stellt nun ein echtes Eigengeschäft dar. Die Vereinfachungsfiktion der Vermittlung greift nicht (Abschn. 4.5.3 Abs. 5 UStAE).

b) Freistellung der Kontingentabgabe im Kettengeschäft

In einem Kettengeschäft, also dem zwischenunternehmerischen Geschäft, bei dem der Leistungsempfänger die erworbene Luftbeförderung einzeln oder paketiert weiterveräußert, wird in folgender Konstellation Umsatzsteuer nicht erhoben:

- Im Kettengeschäft, wie dem Geschäft zwischen einer Airline und einem Reiseunternehmer, wird die Umsatzsteuer unter Anwendung der Nullsatz-Regelung im grenzüberschreitenden Luftverkehr erlassen (§ 26 Abs. 3 UStG).
- Im Kettengeschäft, wie dem Geschäft zwischen einem Reiseunternehmer und einem B2C-Veranstalter, wird die Umsatzsteuer nicht erhoben, wenn der Reiseunternehmer seinem Leistungsempfänger eine Rechnung ohne gesonderten Steuerausweis erteilt.

---

323 Siehe Kapitel A.II.9. – VERMITTLUNGSLEISTUNGEN, „Vermittlung von Leistungen der Luftbeförderung", Beispiel 3 ff.

Beispiel – Kettengeschäft mit Flugtickets:

Die in Berlin ansässige Isko Air verkauft an das Reisebüro Bünyan Travel in Berlin Beförderungskapazitäten über Beförderungsleistungen im grenzüberschreitenden Verkehr mit Luftfahrzeugen. Bünyan Travel gibt einen Teil der eingekauften Flugplätze an den B2C-Veranstalter Peacock Tours in München weiter.

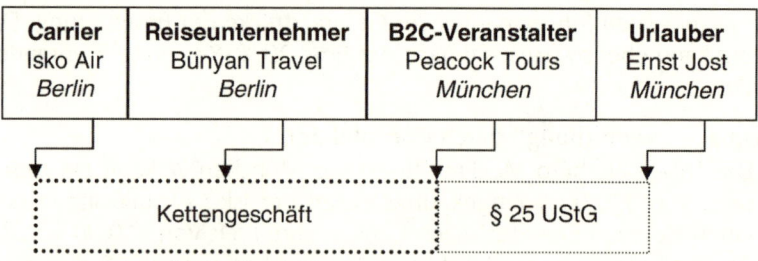

Carrier	Reiseunternehmer	B2C-Veranstalter	Urlauber
Isko Air	Bünyan Travel	Peacock Tours	Ernst Jost
Berlin	*Berlin*	*München*	*München*

Kettengeschäft	§ 25 UStG

Abb. 77: Freistellung der Kontingentabgabe im Kettengeschäft

Lösung:

Für die Leistung der Isko Air an Bünyan Travel wird die Umsatzsteuer unter den Voraussetzungen der Anwendung der Nullsatz-Regelung nicht geschuldet (§ 26 Abs. 3 UStG). Die Umsatzsteuer für die Leistung des Reisebüros an Peacock Tours wird aus Gründen der Gleichbehandlung aller Reiseunternehmer ebenfalls nicht erhoben. Voraussetzung ist, dass Bünyan Travel in seiner Rechnung Umsatzsteuer nicht gesondert ausweist (Abschn. 25.1 Abs. 2 Bsp. 2 UStAE).

Peacock Tours bündelt die Reisevorleistung Flug zusammen mit weiteren Reisevorleistungen und ggf. Eigenleistungen in das von ihm geschnürte Reisepaket. Die Ausgangsleistung Flug ist innerhalb des Reisepakets bei Anwendung der Vereinfachungsregelung in Abhängigkeit vom Zielort, der entsprechenden EU- oder Drittlandsmarge zuzuordnen, ansonsten unterliegt sie dem Streckenprinzip.

14. Serviceleistungen der Reisebüros

Reisebüros können Beratungs- und sonstige Serviceleistungen gegenüber ihren Kunden erbringen. Es handelt sich weder um Vermittlungs- noch Veranstaltungsleistungen, sondern um besondere Bearbeitungsgebühren des Reisebüros für vom Kunden nachgefragte Sonderleistungen.

a) Serviceleistungen für Leistungsträger

Nach den Umständen des Einzelfalls kann ein Entgelt für eine gesonderte Leistung des Reisebüros an den Leistungsträger, die nicht in der Vermittlung einer Dienstleistung des Leistungsträgers besteht, z. B. auf Grundlage eines gesonderten Dienstleistungsvertrages, gegeben sein.

Der Leistungsort für die Tätigkeit des Reisebüros richtet sich wie im Falle der Vermittlung, nach dem Empfängerort, dem Ansässigkeitsstaat des Leistungsträgers (§ 3a Abs. 2 UStG). Allerdings kommen die bei der Vermittlung einschlägigen Steuerbefreiungen nicht zum Tragen (§ 4 Nr. 5 lit. b und c. UStG, Abschn. 4.5.2 Abs. 5, Beispiel UStAE).

Dies ist auch dann der Fall, wenn die Sonderleistungen im Zusammenhang mit nicht steuerbaren oder steuerfreien Vermittlungsleistungen an den Leistungsträger bewirkt werden.

Beispiel – Serviceleistungen der Agentur im Zusammenhang mit B2B-Vermittlung:

Das Reisebüro MucFrei Reisen vermittelt dem Vielreisenden Ernst Jost eine Karibik-Kreuzfahrt gegen Provision des inländischen Reiseveranstalters Cold Water Cruises. Gleichzeitig beschafft es im Auftrag des Stammkunden die Erteilung eines Visums für die Einreise nach Kuba.

Lösung:

Die vermittelte Kreuzfahrt wird im Drittland bewirkt. Diese Vermittlung erfolgt steuerfrei (§ 4 Nr. 5 lit. c UStG). Die Steuerbefreiung kann nur für die Vermittlung der Karibik-Kreuzfahrt in Betracht kommen. Sie scheidet für die Beschaffung des Kuba-Visums aus.

b) Serviceleistungen für Firmenkunden

Firmenkunden-Reisebüros erbringen mit ihren Leistungen hauptsächlich Vermittlungsleistungen und nicht einheitliche sonstige Leistung der Kundenbetreuung. Die Vermittlungsleistung schließt die Einhaltung sowohl der firmeninternen Reisekosten-Richtlinien als auch der Kundenvorgaben bzgl. zu verwendender Online-Buchungsplattformen, ein. Diese Nebenleistungen zur Vermittlung können nicht als gesonderte Betreuungsleistungen abgerechnet werden (Abschn. 4.5.2 Abs. 7 UStAE).

☞ **Beachten Sie:**

Die Unterscheidung zwischen Betreuungs- und Vermittlungsleistung spielt bzgl. der Leistungsortsermittlung seit 2010 in der Regel keine Rolle mehr: Beide Leistungen unterliegen am Empfängerort der Besteuerung; für beide Leistungen existieren keine Steuerbefreiungen.
Lediglich hat die Umqualifizierung von Transaction Fees in Vermittlungs-entgelte Auswirkung bei der Vermittlung langfristiger Vermietungen. Bei einer Vermietungsdauer von mehr als sechs Monaten fallen die Leistungsorte auseinander. Die Vermittlung ist in dem Land steuerbar, in dem die Unterkunft belegen ist (§ 3a Abs. 3 Nr. 1 lit. a UStG, Abschn. 3a.3 Abs. 9 Nr. 2 UStAE).

c) Serviceleistungen für Privatkunden

Das Reisebüro berechnet dem Reisenden für eine besondere Leistung gesondert Kosten, wie z. B. Telefon- oder andere Kommunikationskosten, Visabeschaffungs-gebühren oder besondere Bearbeitungsgebühren.
Der Leistungsort dieser Umsätze bestimmt sich gegenüber Privatkunden nach dem Sitz des Reiseunternehmens (§ 3a Abs. 1 UStG).

Beispiel – Serviceleistungen der Agentur:

Das an der Münchner Freiheit gelegene Reisebüro MucFrei Reisen rechnet direkt vom Vielreisenden Ernst Jost eine Counter Fee für Beratungsleistungen im Zusammenhang mit Einreisebestimmungen in diverse Länder und Servicedienste für die Beschaffung eines Einreisevisums nach Madagaskar ab.

Lösung:

Die Art der Beratungs- und Serviceleistung ist eine sonstige Leistung (§ 3 Abs. 9 UStG). Der Leistungsort liegt in München, am Ort des Unternehmenssitzes von MucFrei Reisen (§ 3a Abs. 1 UStG). Das Serviceentgelt ist in Deutschland zu 19 % steuerpflichtig.

15. Provisionsweitergabe der Reisebüros

Vereinzelt geben Reisebüros einen Teil der an sie ausgezahlten Vermittlungsprovisionen als Preisnachlässe auf den Veranstalterpreis an ihre Kunden weiter. Unklar war bislang, wie diese vom Reisebüro freiwillig gewährten Rabatte auf den steuerpflichtigen und steuerfreien Anteil der Provision aufzuteilen sind und die vom Reisebüro abzuführende Umsatzsteuer ggf. aufgrund des Vorliegens einer Entgeltminderung schmälern (§ 17 Abs. 1 S. 1 UStG).

Die **Finanzverwaltung** erkennt[324] die Provisionsweitergabe als Reduzierung der Bemessungsgrundlage der Vermittlungsleistung in Form einer Entgeltminderung gemäß § 17 UStG unter folgenden Bedingungen an:

- die vermittelte Leistung an den Endverbraucher ist im Inland steuerpflichtig (Abschn. 17.2 Abs. 10 Beispiel 3 UStAE).
  <u>Aber:</u> Dem Reisebüro liegen Informationen, ob und mit welchem Anteil die vermittelte Leistung beim Reiseveranstalter mit Umsatzsteuer belastet ist, in der Regel nicht vor. Der Veranstalter müsste dem Vermittler die Eigentumsverhältnisse an den eingesetzten Beförderungsmitteln, Unterkünften und weiteren Leistungen zur Abgrenzung von Eigenleistungen bekannt geben.
- das Reisebüro erbringt eine im Inland steuerpflichtige Vermittlungsleistung.
- das Reisebüro weist diese Voraussetzungen nach (Abschn. 17.2. Abs. 7 und 8 UStAE).

Provisionsabgaben auf nicht steuerbare und steuerfreie Vermittlungsleistungen reduzieren lt. Finanzverwaltung die umsatzsteuerliche Bemessungsgrundlage des Reisemittlers nicht.

Beispiel 1 – Provisionsweitergabe durch Reisebüro:

Das Reisebüro Bunyan Travel aus Berlin erhält 200,00 € Provision (zu 70 % steuerpflichtig) auf die Vermittlung einer im Inland zu 80 % steuerpflichtigen Pauschalreise des Leipziger Veranstalters Blitztours. Der an den Vielreisenden Ernst Jost gewährte Rabatt beträgt 100,00 €.

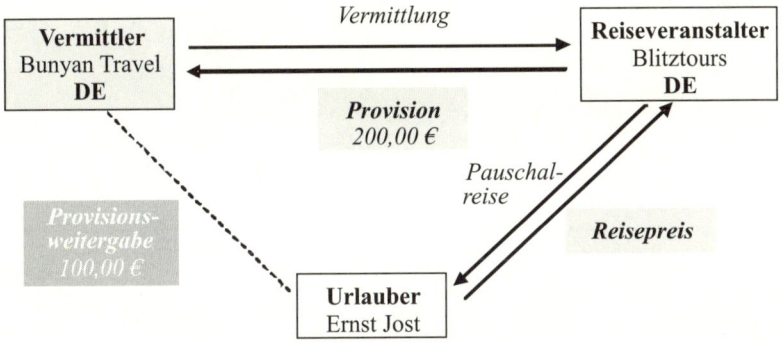

Abb. 78: Provisionsweitergabe an Urlauber

---

324 Zum Zeitpunkt der Drucklegung der 3. Auflage ist noch kein BMF-Schreiben zur Anpassung des UStAE mit ggf. Übergangsregelungen zur Anwendung der neuen Rechtsprechung ergangen.

Lösung 1:

Bunyan Travel kann eine Minderung seiner Bemessungsgrundlage in Höhe von 70 % von 80 % = 56 % von 100,00 € = 56,00 € geltend machen. Blitztours erteilt dem Urlauber eine Rechnung über den vollen Reisepreis und schreibt dem Reisebüro die volle Provision gut. Der Reiseveranstalter hat einen Vorsteuerabzug aus 140,00 €.

Das Finanzgericht Düsseldorf stellt in seiner Entscheidung vom 23.03.2011 nicht auf die Steuerpflicht des vermittelten Umsatzes ab. Demnach mindern von einem Vermittler an die Kunden gewährten Preisnachlässe, soweit sie auf steuerpflichtige Vermittlungsleistungen entfallen, die Bemessungsgrundlage der an die Veranstalter erbrachten Vermittlungsleitungen auch dann, wenn die vermittelte Leistung an den Endverbraucher im Inland nach § 25 Abs. 2 UStG steuerfrei ist.[325] Das Finanzgericht begründet sein Urteil damit, dass andernfalls Umsatzsteuer auf letztlich nicht erhaltene Entgelte erhoben wird. Dies widerspricht dem Neutralitätsgrundsatz der Umsatzsteuer, wonach nur der Endverbraucher wirtschaftlich mit Umsatzsteuer belastet werden darf und der Unternehmer lediglich die Steuer abführt, die er erhalten hat. Der Charakter als zu berücksichtigende Entgeltminderung kann nicht davon abhängig gemacht werden, ob der Umsatz auf der Endstufe steuerpflichtig ist.

Dagegen entschied das Finanzgericht München, dass durch Reisemittler an Reisekunden auf vermittelte Reisen eines Reiseveranstalters gewährte Preisnachlässe die Bemessungsgrundlage für den gegenüber dem Reiseveranstalter erbrachten Vermittlungsumsatz nur insoweit mindern, als die vermittelte Reiseleistung nicht nach § 25 Abs. 2 UStG steuerfrei ist.[326]

Beispiel 2 – Provisionsweitergabe durch Reisebüro:

Das Reisebüro Bunyan Travel erteilt in 2013 steuerbare Provisionsabgaben an Privatreisende in Höhe von 15.000,00 € brutto. Davon sind 80 % steuerpflichtig und 20 % steuerfrei. Die Entgeltminderung für steuerpflichtige Umsätze zu 19 % beträgt 80 % von 15.000,00 €. Die steuerpflichtige Brutto-Provision beträgt 12.000,00 €. Der Anteil der beim Veranstalter steuerpflichtig vermittelten Umsätze beträgt 35 %.

---

325 FG Düsseldorf, Urteil vom 23.03.2011, Az.: 5 K 3298/08 U. Inzwischen ist am 27.02.2014 das Schlussurteil – *Ibero Tours* – unter BFH-Az.: V R 18/11 ergangen.

326 FG München, Urteil vom 26.09.2011, Az.: 3 K 1015/08, Revision eingelegt unter BFH-Az.: V R 32/11.

Finanzgericht Düsseldorf	Finanzverwaltung Finanzgericht München Generalanwalt EuGH Ibero Tours[327]
Entgeltminderung durch Minderung des Reisepreises	
Erhaltene steuerpflichtige Brutto-Provision (80%) 12.000,00 €	35 % von 12.000,00 € Brutto-Provision (35% von 80%) 4.200,00 €
Netto-Provision 10.084,00 €	Netto-Provision 3.529,00 €
USt-Überzahlung an FA 1.916,00 €	**USt-Überzahlung an FA 670,00 €**

EuGH-Urteil Ibero Tours BFH-Urteil Ibero Tours[328]	
Keine Entgeltminderung gemäß § 17 UStG	
Erhaltene steuerpflichtige Brutto-Provision	12.000,00 €
Netto-Provision	10.084,00 €
USt an FA	**1.916,00 €**

Abb. 79: Rechtsprechung zur Provisionsweitergabe

Der EuGH entschied am 16.01.2014, dass eine Provisionsweitergabe die umsatzsteuerliche Bemessungsgrundlage insgesamt nicht mindert. Es ändert sich weder die Höhe der Provision noch die Höhe des Reisepreises. Die Rabattgewährung an den Endverbraucher erfolgt allein aus eigenem Antrieb und auf eigene Kosten des Reiseagenten ohne Absprache mit dem Reiseveranstalter. Demnach gewährt ein Reiseveranstalter keinen Preisnachlass, soweit der Vermittler in jedem Fall verpflichtet ist, diesem unabhänig von seiner Provisionsweitergabe an den Reisekunden, den vereinbarten Reisepreis zu zahlen. Somit führt der vom Vermitter gewährte Rabatt weder bei der Reiseleistung selbst noch bei der Vermittlung der Reiseleistung zu einer Minderung der Bemessungsgrundlage.[329] Der freiwillige Verzicht des Reisemittlers auf einen Teil seiner Vergütung ist eine umsatzsteuerlich unbeachtliche Maßnahme zur Verkaufsförderung und Kundenbindung.

327 Schlussanträge des Generalanwalts vom 18.07.2013, Az. C-300/12.
328 BFH-Urteil vom 27.02.2014, Az.: V R 18/11.
329 EuGH-Urteil vom 16.01.2014, Az.: C-300/12 – Ibero Tours, siehe Anhang RECHTSPRECHUNG IN DER TOURISTIK, „EuGH- und BFH-Urteile".
Der BFH hatte für die Entscheidungsfindung zum Revisionsurteil, Vorinstanz FG München unter BFH-Az. V R 32/11 am 20.06.2012 an den EuGH ein Vorabentscheidungsersuchen nach Art. 267 AEUV zur Frage gestellt, ob die Grundsätze für von einem Hersteller in einer Vertriebskette gewährte Preisnachlässe ebenfalls auf den Fall Anwendung finden, dass ein vermittelndes Reisebüro einem Privatreisenden Preisnachlässe auf Reiseleistungen einräumt (EuGH-Urteil vom 24.10.1996, Az.: C-317/94 – Elida Gibbs). Dies verneinte der EuGH mit Urteil vom 16.01.2014 mangels Vorliegen einer echten Leistungskette zwischen Veranstalter, Vermittler und Reisenden. Das Revisionsverfahren zum Urteil Ibero Tours, FG Düsseldorf vom 23.03.2011 unter Az. 5 K 3298/08 war durch Beschluss des Bundesfinanzhofs vom 26.04.2012 bis zur Entscheidung des EuGH in der Sache ausgesetzt und ist mit Beschluss vom 16.01.2014 wieder aufgenommen worden.

B. Margenbesteuerung (§ 25 UStG)

Die Tourismuswirtschaftlich ist gekennzeichnet durch ein vielschichtiges Leistungsgeflecht, in dem der Touristikunternehmer wechselnde Rollen einnehmen kann. So treten Reisebüro-Inhaber am Markt z. B. als Vermittler, Veranstalter von Pauschal- oder Incentive-Reisen, Consolidator, Beförderungsunternehmer, Omnibusvermieter, Tickethändler oder Reiseleiter in Erscheinung. Auf diese Weise entstehen zwischen den einzelnen touristischen Wirtschaftssubjekten im Leistungsprozess vom Leistungsträger über den Reiseveranstalter und Reisemittler bis zum Reisenden als Urlauber oder Business Traveler, mannigfaltige Dienstleistungsprodukte. Die von Touristikunternehmern dargebotene Leistungsvielfalt führt zu unterschiedlichen Umsatzarten mit ihren jeweiligen steuerlichen Folgen.

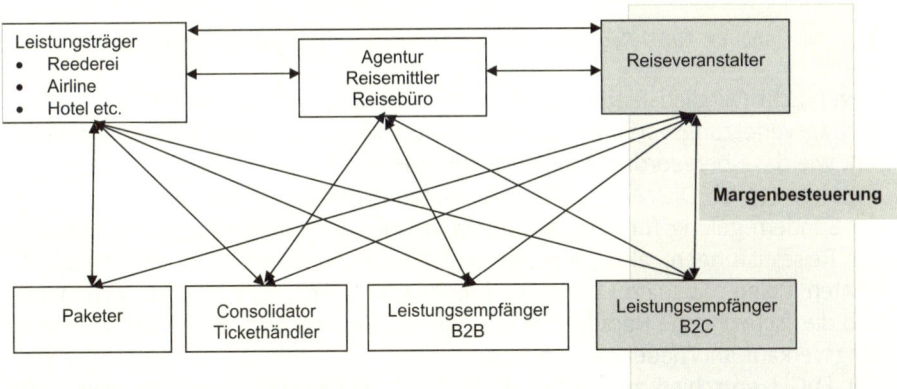

Abb. 80: Anwendungsbereich der Margenbesteuerung nach nationalem Recht

Exkurs: Aktuelle EuGH-Rechtsprechung *TOMS & Wholesale*[330] zur mehrstufigen Margenbesteuerung

Während das nationale Umsatzsteuerrecht den Anwendungsbereich der Margenbesteuerung durch die Art und Weise der Verwendung der Reiseleistungen seitens des Leistungsempfängers begrenzt, sieht die aktuelle EuGH-Rechtsprechung die Margenbesteuerung unter Beachtung der weiteren Voraussetzungen der Art. 306 bis 310 MwStSystRL ohne Einschränkung für jede Art von Kunden vor.

---

330 EuGH-Urteile vom 26.09.2013, Az.: C-189/11, C-193/11, C-236/11, C-269/11, C-293/11, C-296/11, C-309/11 und C-450/11 – *TOMS & Wholesale*, siehe Anhang RECHTSPRECHUNG IN DER TOURISTIK, „EuGH- und BFH-Urteile".

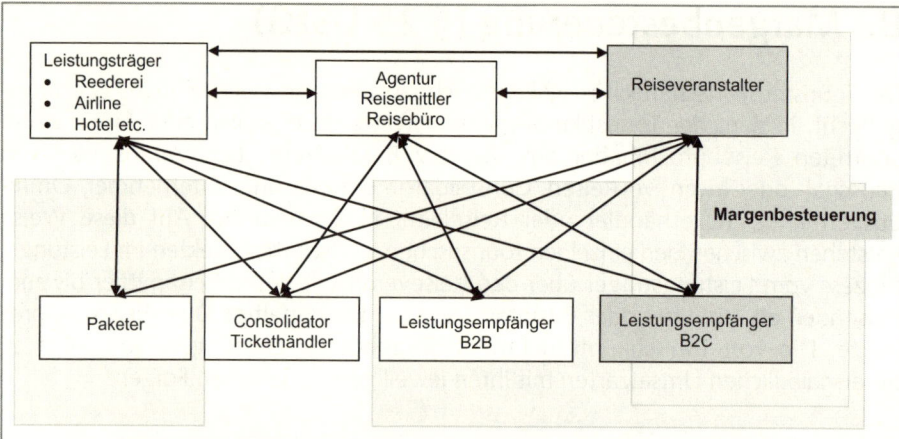

Abb. 81: EuGH-Rechtsprechung zur Anwendung der Margenbesteuerung

Gegen acht Mitgliedstaaten der Europäischen Union führte die EU-Kommission Vertragsverletzungsverfahren vor dem Europäischen Gerichtshof. Es war zu klären, wie das übergeordnete Unionsrecht in Hinblick auf die Margenbesteuerung anzuwenden ist. Die Mehrwertsteuer-Systemrichtlinie schränkt die Anwendung der Sonderregelung für Reiseleistungen auf den Reiseverkauf an Konsumenten der Reiseleistungen, also Urlauber und Geschäftsreisende, ein. Die Mitgliedstaaten Polen, Spanien, Portugal, Frankreich, Italien, Finnland, Griechenland und die Tschechische Republik wenden die Sonderregelung auch beim Reiseleistungsverkauf an Wiederverkäufer an.

Der EuGH entschied zugunsten der von der EU-Kommission verklagten acht Staaten, dass die in diesen Ländern verankerte Regelung, Reiseleistungen an alle Arten von Kunden zu veräußern (sog. Kundenmaxime), den Zielen der Sonderregelung eher gerecht werde als die von der EU-Kommission vertretene Reisendenmaxime, nämlich

- der Vereinfachung der Mehrwertbesteuerung der Reiseunternehmen in Hinblick auf die Vielzahl und die Lokalisierung der erbrachten Reisevorleistungen, sowie
- der gerechten Verteilung der Mehrwertsteuer-Einnahmen zwischen den Mitgliedstaaten des Endverbrauchs der Reiseleistungen und den Mitgliedstaaten, in denen die Reiseleistungen produzierenden Touristikunternehmen ansässig sind.

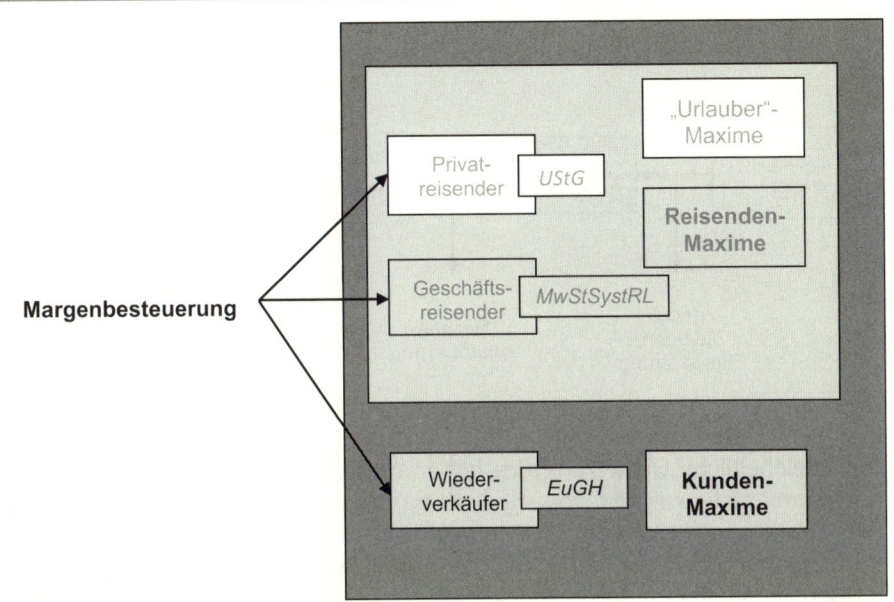

Abb. 82: Kundenmaxime versus Reisendenmaxime

Damit unterliegt neben dem Verkauf von Reiseleistungen an Endnutzer, d. h. an die Reisenden als Privat- oder Geschäftsreisende selbst, ebenso der Leistungsverkauf an Reisewiederverkäufer der Sonderregelung für Reisebüros.

Inlandsansässige Reiseunternehmer, die Umsätze an Business Traveller oder Wiederverkäufer von Reiseleistungen veräußern, können sich auf die EuGH-Rechtsprechung *TOMS & Wholesale* berufen. Diese Möglichkeit besteht so lange, wie die aktuelle Rechtsprechung noch nicht in das Umsatzsteuergesetz aufgenommen worden ist. Sie eröffnet dem Reiseunternehmer ein Wahlrecht, sich im B2B-Geschäft für die für ihn günstigere Besteuerungsart zu entscheiden.

Der Dachverband ECTAA als Zusammenschluss nationaler Reiseverbände in Europa setzt sich für eine einheitliche Umsetzung der EuGH-Rechtsprechung im Gemeinschaftsgebiet ein. Nur so lassen sich Fälle von Doppelbesteuerung aufgrund nicht aufeinander abgestimmter Mehrwertsteuersysteme vermeiden. Außerdem favorisiert der europäische Tourismus-Dachverband die Einführung der mehrstufigen Margenbesteuerung mit Opt-out in die Regelbesteuerung in Fällen des Reiseverkaufs an Unternehmer.

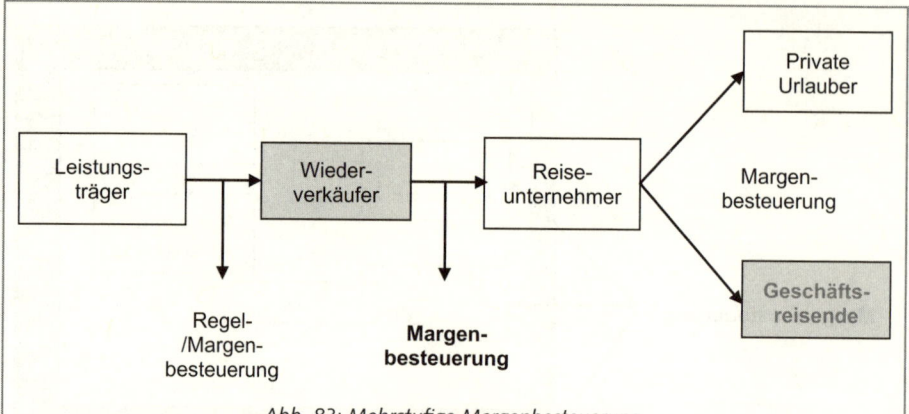

Abb. 83: Mehrstufige Margenbesteuerung

Die uneinheitliche Umsetzung des höherrangingen Unionsrechts kann zu einer mehrwertsteuerlichen Doppelbelastung führen, wenn etwa im EU-Ausland
der Leistungseinkauf vom Vorsteuerabzug ausgenommen wird, obgleich
nach deutschem Recht gar keine Reisevorleistungen vorliegen. Gleichzeitig
versteuert der Reiseunternehmer den Umsatz inkl. der ausländischen Mehrwertsteuer nach den Grundsätzen der Regelbesteuerung an seinem Sitzort in
Deutschland. Das Nebeneinander von Reisenden- und Kundenmaxime führt
zu Doppelbesteuerung und damit zu Wettbewerbsverzehrungen innerhalb der
Europäischen Union.

Im Folgenden sei die Margenbesteuerung nach aktuellem deutschen Recht dargestellt, in dem die EuGH-Rechtsprechung aus dem Urteil *TOMS & Wholesale* nicht
umgesetzt ist. Auswirkungen auf die deutsche Rechtslage durch o.g. EuGH-Urteil
werden an entsprechenden Stellen in den einzelnen Kapiteln per Exkurs ange-
fügt.

I. Margenbesteuerung versus Regelbesteuerung

Das Umsatzsteuergesetz sieht als Besteuerungssysteme der Reisebranche Regel-
und Margenbesteuerung vor. Dabei greifen die Besteuerungsgrundsätze der beiden Systeme in einander und ergänzen sich:

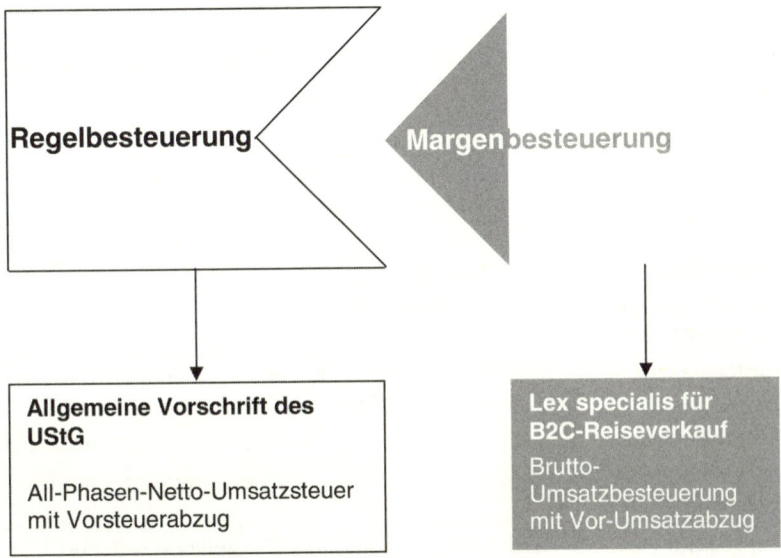

Abb. 84: Systeme der Umsatzbesteuerung

Pauschalreiseunternehmer wenden im Privatkundengeschäft unter den Voraussetzungen des § 25 UStG die Margenbesteuerung an. Daneben haben sie die
Besteuerungsgrundsätze der Regelbesteuerung zu beachten, soweit § 25 UStG
nicht anderslautende Regelungen vorbehält. Die folgende Aufstellung stellt dar

- inwieweit Grundsätze der Regelbesteuerung durch § 25 UStG verdrängt werden (dunkelgrau markierter Bereich), und
- inwieweit Regelbesteuerungsgrundsätze Besonderheiten i. V. m. mit § 25 UStG
  vorsehen (hellgrau markierter Bereich).

	Besteuerungssystem	Regelbesteuerung	Margenbesteuerung
1	Umsatz	§ 1 Abs. 1 Nr. 1 UStG	
2	Unternehmer	§ 2 UStG	
3	Lieferung, sonstige Leistung	§ 3 Abs. 1 u. 9 UStG	**§ 25 Abs. 1 S. 2 u. S. 5 UStG**
4	Unentgeltliche Wertabgabe	§ 3 Abs. 9a Nr. 1 u. 2 UStG	Keine Entstehung von negativen Margen
5	Ortsbestimmung	§ 3a Abs. 1 UStG	**§ 25 Abs. 1 S. 4 UStG**

	Besteuerungssystem	Regelbesteuerung	Margenbesteuerung
6	Ortsbestimmung der Beförderung	§ 3b UStG	
7	Ortsbestimmung der unentgeltlichen Leistung	§ 3f UStG	
8	Steuerbefreiungen	§ 4 Nr. 18, 22, 24 u. 25[331] UStG	**§ 25 Abs. 2 UStG**
9	Bemessungsgrundlage	§ 10 UStG	**§ 25 Abs. 3 S. 1 u. 2 UStG**
10	Steuersätze	§ 12 Abs. 1 u. 2 UStG	§ 12 Abs. 1 UStG
11	Steuerentstehung	§ 13 Abs. 1 Nr. 1 lit. a UStG	
12	Reverse Charge	§ 13b Abs. 1, Abs. 2 Nr. 1, Abs. 4 u. Abs. 5 UStG	**§ 25 Abs. 4 S. 1 UStG**
13	Rechnungsausstellung	§ 14 UStG	
14	Rechnungsausstellung in besonderen Fällen	**§ 14a Abs. 6 UStG**	
15	Vorsteuerabzug	**§ 15 Abs. 3 Nr. 1 lit. a und Nr. 2 lit. a UStG i. V. m. § 25 Abs. 2 UStG**	
16	Steuerberechnung	§ 16 USt	**§ 25 Abs. 3 S. 1 und 3 UStG**
17	Kleinunternehmerbesteuerung[332]	§ 19 UStG	Gesamtumsatz = Reiseerlöse[333]
18	Dienstleistungskommission	§ 3 Abs. 11 UStG	Vorliegen von Reisevorleistungen Abschn. 25.1 Abs. 1 S. 4, 2. HS UStAE

Abb. 85: Vorrang der Margenbesteuerung gegenüber der Regelbesteuerung

Zwischen Touristikunternehmern im Business-to-Business-Geschäft (B2B) wie z. B. Reiseproduzenten, Paketern und Consolidatorn sowie bei der Erbringung von Reiseleistungen an Firmenkunden, findet die Regelbesteuerung Anwendung.

Die Grundlagen der Reiseleistungsbesteuerung sind in der Mehrwertsteuer-Systemrichtlinie verankert (Art. 306 bis 310 MwStSystRL). Diese differenziert im Gegensatz zum deutschen Umsatzsteuerrecht nicht zwischen gegenüber Geschäfts- und Privatreisenden erbrachten Umsätzen (§ 25 Abs. 1 S. 1 UStG).

---

331 Die Steuerbefreiung gemäß § 4 Nr. 25 UStG hat Vorrang vor der Steuerbefreiung gemäß § 25 Abs. 2 UStG (Abschn. 25.2 Abs. 7 UStAE).

332 Siehe Kapitel A.I.11.e) – VORSTEUERABZUG, „Rechnungen von Kleinunternehmern" und Kapitel B.VII.9. – BESONDERHEITEN FÜR MARGENBESTEUERTE UNTERNEHMEN, „Gesamtumsatz bei Kleinunternehmern".

333 BMF-Schreiben vom 16.06.2009, Az.: IV B 9 – S 7360/08/10001.

II. Sonderregelung des § 25 UStG und MwStSystRL

Innerhalb der Europäischen Union dient als Grundlage der Margenbesteuerung (= TOMS – Tour Operators' Margin Scheme) für die einzelnen Mitgliedstaaten die in der Mehrwehrsteuer-Systemrichtlinie verankerte „Sonderregelung für Reisebüros" (Art. 306 bis 310 MwStSystRL) als Nachfolgevorschrift des Art. 26 der 6. EG-Richtlinie. Die Regelung wurde im 6. Abschnitt „Sonderregelungen" des Umsatzsteuergesetzes in § 25 UStG 1980 unter dem Titel „Besteuerung von Reiseleistungen" mit Wirkung ab 01.01.1980 in nationales Recht umgesetzt.

Aufgrund uneinheitlicher Rechtsanwendung zwischen den Mitgliedstaaten sind die ursprünglichen Zielsetzungen der Harmonisierung des Margensteuerrechts teilweise erheblich konterkariert. Noch gibt es unterschiedliche Übergangs- und Sondervorschriften[334] mit länderspezifischen Abweichungen im Bereich der Margenbesteuerung[335]:

- Belgien besteuert auch Drittlandsmargen.[336]

  Dem Vernehmen nach ist **noch für 2014** eine Gesetzesänderung zur Verbesserung der Wettbewerbsfähigkeit belgischer Reiseunternehmen vorgesehen, nach der Drittlandsmargen steuerfrei gestellt werden.
- Dänemark belässt die Marge komplett unbesteuert.
- Belgien und Schweden besteuern arbeitsvereinfachend nach Standardmargen auf zu bestimmende unveränderliche Durchschnittsmengen (fixed margins).
- Die Niederlande führten zum 01.04.2012 die Margenbesteuerung ein.

  Für Reiseveranstalter, die das Zielgebiet Holland im Programm hatten, war die lokale Umsatzsteuer auf bis 31.03.2012 eingekaufte Reisevorleistungen noch erstattbar oder vergütungsfähig.
- Mit der Mehrwertsteuer-Systemrichtlinie ist die Margenbesteuerung mit Optionsmöglichkeit zur Regelbesteuerung in Geschäftsreisefällen festgeschrieben worden. In Deutschland herrscht das Institut der Kettengeschäfte für den B2B-Reiseverkauf. TOMS- und Non-TOMS-Umsätze sind in separaten Buchführungskreisen zu buchen.

Die Europäische Kommission ging gegen acht Länder, welche die Sonderreglung für Reisebüros nicht ordnungsgemäß umsetzten, verstärkt vor. In der letzten Stufe eines dreistufige Vertragsverletzungsverfahrens erhob sie gegen diese Mitgliedstaaten Klage beim Gerichtshof der Europäischen Union[337] (Art. 258 VAEU).

---

334 Mitgliedsländer, die bereits am 01.01.1978 in der Gemeinschaft vertreten waren und zu dem Zeitpunkt im Drittlandsgebiet bewirkte Reisevorleistungen besteuert haben (z. B. Belgien), dürfen die Drittlandsmarge weiterhin besteuern („Stillhalte"-Klausel in Art. 370 i. V. m. Anhang X Teil A Nr. 4 MwStSystRL). Genauso dürfen EU-Länder, die bereits am 01.01.1978 in der Gemeinschaft vertreten waren und zu dem Zeitpunkt im Gemeinschaftsgebiet bewirkte Reisevorleistungen von der Steuer befreit haben (z. B. Dänemark, Irland mit Ausnahme von Binnenreisen, und die Niederlande), ihre EU-Margen weiterhin befreien (Art. 371 i. V. m. Anhang X Teil B Nr. 13 MwStSystRL).

335 Vgl. SRTour 12/2008, Seite 14 ff., Dr. Volker M. Jorczyk, „EU-Margenbesteuerung: Gemeinsame Position von ECTAA, GEBTA und ETOA".

336 Bestätigt durch EuGH-Urteil vom 13.03.2014, Az.: C-599/12 – *Jetair NV/Travel4you*.

337 Siehe Kapitel B. – MARGENBESTEUERUNG," Exkurs: Aktuelle EuGH-Rechtsprechung *TOMS & Wholesale* zur mehrstufigen Margenbesteuerung".

Treffen die Systeme der Regel- und der Margenbesteuerung aufeinander, kann dies auf europäischer Ebene zu Doppelbesteuerungs- oder Nullbesteuerungstatbeständen führen, wenn und soweit entsprechende Auslandsleistungen betroffen sind. Dies kann zu Wettbewerbsverzerrungen zwischen Reiseveranstaltern führen, da einige von ihnen möglicherweise eine höhere Steuerlast tragen als andere.

Beispiel für Doppelbesteuerung

Restaurationsleistungen[338] und Reiseleitereinsatz, die im Kettengeschäft von EU-Leistungsträgern an inländische Wiederverkäufer veräußert werden, unterliegen in Deutschland der Regelbesteuerung, im übrigen Gemeinschaftsgebiet teilweise der Margenbesteuerung unter Ausschluss des Vorsteuerabzugs. Nach dem bis einschließlich 2009 in Deutschland anzuwendenden Sitzortsprinzip unterlag die mit ausländischer Umsatzsteuer belastete Leistung in Deutschland der Besteuerung (§ 3a Abs. 1 UStG a. F.). Der Ausgangsumsatz wurde bis einschließlich 2009 im Ergebnis doppelt besteuert.

Ab 2010 verlagert sich der Leistungsort für Restaurationsleistungen nach dem Konsumortsprinzip an den Ort des tatsächlichen Verzehrs (§ 3a Abs. 3 Nr. 3 lit. b UStG). Der Leistungsort für den Reiseleitereinkauf aus dem Ausland durch inländische Paketer liegt seit 2010 in Deutschland (§ 3a Abs. 2 UStG). Die Problematik der Doppelbesteuerung sollte in beiden Fällen ab 01.01.2010 nicht mehr bestehen.

Beispiel für Nullbesteuerung

Für Veranstaltungsleistungen oder die Beherbergung von Gästen bestehen in einigen EU-Mitgliedstaaten aufgrund der rechtlichen Einstufung der Sachverhalte nationale Vorsteuerausschlüsse. Die Veranstaltung eines Autorennens kann in dem Mitgliedstaat, in dem das Sport-Event erbracht wird, der Margenbesteuerung unterliegen. In Deutschland hingegen bleibt unter Anwendung der Regelbesteuerung mangels Leistungsort im Inland, der Regieaufschlag unbelastet.

Das System der Margenbesteuerung sollte in allen B2C-Leistungsketten als Ziel einer EU-weiten Besteuerungsgleichheit einheitlich Anwendung finden. Die Reform der Margenbesteuerung ist seit 2003 auf EU-Ebene zum Erliegen gekommen. Der EuGH hat durch sein Urteil *TOMS & Wholesale* vom 26.09.2013[339] die Notwendigkeit der Überarbeitung der Sonderregelung für Reisebüros verdeutlicht. Aktuell arbeitet die ECTAA intensiv an einem Vorschlag zur Revision der Margenbesteuerung. Sie befürwortet ein Modell der mehrstufigen Margenbesteuerung (Multi Margin Taxation) mit Opt-out-Möglichkeit von solchen B2B-Umsätzen, bei denen es auf einen Vorsteuerabzug ankommt. Im Reiseleistungsverkauf an nicht zum Vorsteuerabzug berechtigte Branchen, wie Versicherungen, Banken oder die öffentliche Hand, ist die Margenbesteuerung vorzuziehen. Durch sie minimiert sich die Komplexität von Erklärungspflichten, Registrierungen im Ausland entfallen,

---

338 Siehe Anhang, BFH-Urteil vom 21.11.2013, Az.: V R 33/10 – RECHTSPRECHUNG IN DER TOURISTIK, „EuGH- und BFH-Urteile".
339 Siehe Anhang, RECHTSPRECHUNG IN DER TOURISTIK, „EuGH- und BFH-Urteile".

Markteintrittsbarrieren werden abgebaut und das Besteuerungsverfahren vereinfacht.

Art. 306 bis 310 MwStSystRL		§ 25 UStG	
Sonderregelung für Reisebüros		Sonderregelung: Besteuerung von Reiseleistungen	
Leistender			
Reisebüro = veranstaltendes Reisebüro und Reiseveranstalter ≠ Reisemittler		Unternehmer = alle Unternehmer, die die Tatbestandsvoraussetzungen des § 25 Abs. 1 UStG erfüllen ≠ Reisemittler	
Leistungsempfänger			
Reisender = Unternehmer und Nichtunternehmer		Nichtunternehmer	
Im eigenen Namen			
Reisevorleistungen			
Lieferungen von Gegenständen und Dienstleistungen anderer Steuerpflichtiger, soweit diese Umsätze dem Reisenden unmittelbar zugute kommen		Lieferungen und sonstige Leistungen Dritter, die den Reisenden unmittelbar zugute kommen	
Einheitliche Dienstleistung		Einheitliche sonstige Leistung	
Leistungsort = Sitzort			
Grundsätzlich kein Vorsteuerabzug			
Reisepreis ohne MwSt ./. Kosten der Reiseleistung (brutto) = Marge		Reisepreis brutto ./. Reisevorleistungen (brutto) = Bruttomarge	
Reisevorleistung EU steuerpflichtig mit Regelsteuersatz	Reisevorleistung Non-EU steuerfrei	Reisevorleistung EU steuerpflichtig 19 %	Reisevorleistung Non-EU steuerfrei

Abb. 86: Gegenüberstellung von Unionsrecht und nationalem Recht

☞ **Beachten Sie:**

In der Mehrwertsteuer-Systemrichtlinie und den von den einzelnen EU-Staaten umgesetzten nationalen Vorschriften wird der Begriff „Reisebüro" uneinheitlich verwendet. Das nationale Umsatzsteuergesetz belegt den Begriff „Reisebüro" im Sinne von „Reisemittler", während im höherrangigen Unionsrecht mit „Reisebüro" der Reiseveranstalter bezeichnet wird (Art. 306 Abs. 1 UAbs. 2 und Abs. 2 MwStSystRL).

Abweichend von der Mehrwertsteuer-Systemrichtlinie regelt das nationale Umsatzsteuerrecht:

• Reiseleistungen dürfen nicht für das Unternehmen des Leistungsempfängers bestimmt sein (B2C-Klausel in § 25 Abs. 1 S. 1 UStG).

- Neben Einzelmargen ist die Bildung von Gruppenmargen oder aber einer Gesamtmarge zulässig (§ 25 Abs. 3 S. 3 UStG).
- Reisevorleistungen können auch durch Privatpersonen erbracht werden (§ 25 Abs. 1 S. 5 UStG).

Umsatzsteuergesetz [UStG]	Mehrwertsteuer-Systemrichtlinie [MwStSystRL] In Kraft ab 01.01.2007	EG-Richtlinie In Kraft vom 01.01.1978 bis 31.12.2006
§ 25 Abs. 1 S. 1	Art. 306 Abs. 1 UAbs. 1	Art. 26 Abs. 1 S. 1
§ 25 Abs. 1 S. 2 u. 3	Art. 307 Abs. 1	Art. 26 Abs. 2 S. 1
§ 25 Abs. 1 S. 4	Art. 307 Abs. 2	Art. 26 Abs. 2 S. 2
§ 25 Abs. 1 S. 5 § 25 Abs. 3 S. 1	Art. 308	Art. 26 Abs. 2 S. 3
§ 25 Abs. 2 S. 1	Art. 309 Abs. 1	Art. 26 Abs. 3 S. 1
§ 25 Abs. 4 S. 1	Art. 310	Art. 26 Abs. 4

Abb. 87: Sonderregelung nach nationalem und Unionsrecht

III. Prüfung auf Ebene der Ausgangsumsätze

Die Sondervorschrift des § 25 UStG findet nicht auf Unternehmensebene, also auf das Unternehmen im Ganzen Anwendung, sondern sie setzt an den einzelnen Umsätzen des Unternehmers an. Dieser prüft seine Ausgangsumsätze auf das Vorliegen der Tatbestandsmerkmale der Margenbesteuerung. Erster Anhaltspunkt dafür ist, dass die Erbringung von Reiseleistungen im Leistungsaustausch mit privat reisenden Endkunden, sog. Business-to-Consumer-Leistungsempfängern (B2C), erfolgt.

Neben B2C-Veranstaltern sind von dieser Besteuerungsform auch branchenfremde Wirtschaftsteilnehmer betroffen, die im eigenen Namen unter Inanspruchnahme von Reisevorleistungen Reiseleistungen im Rahmen einer anderen Tätigkeit an private Abnehmer ausführen. Die Unternehmer müssen nicht zwingend der Reisebranche angehören oder klassische Reiseveranstalter sein. Gelegenheitsveranstalter, die im Nebengeschäft nur eine Reise im Jahr organisieren oder Personen, die sich gar nicht als Veranstalter „fühlen"[340], fallen bei nach objektiven Kriterien vorliegenden vergleichbaren Tätigkeiten, also bei Erfüllung der Tatbestandsvoraussetzungen des § 25 Abs. 1 S. 1 UStG, unter die Margenbesteuerung. Gleichartige Umsätze können z. B. erwirtschaften:

- Sprachlehrer, die für ihre Kursteilnehmer einen Sprachaufenthalt mit Unterricht und Kulturprogramm im Ausland organisieren.
- Psychotherapeuten, die mit ihren Klienten ein Selbsterfahrungswochenende in den Bergen durchführen.
- Ärzte, die Zahnbehandlungen, Augenlasern oder Schönheitsoperationen im Paket mit Unterkunft, Transfer und Sightseeing (vor dem Eingriff!) im Ausland anbieten.
- Mitglieder von Laufgruppen, die eine Sportreise mit Besuch oder Teilnahme an einem Stadtmarathon inkl. Startgebühr, Sightseeing, Unterbringung und Verpflegung zusammenstellen.
- Relocator, die Expatriats (Expats) Relocation Services in Form von Leistungspaketen über Flüge, Transfers, Begleitung auf Orientierungstouren, bei der Schulsuche für ihre Kinder oder zu medizinischen Einrichtungen zusammenstellen.

Die Dauer und der Zweck einer Reise sind bei ihrer Beurteilung gemäß § 25 UStG irrelevant[341].

Reiseproduzenten, die ihre generierten Reiseerlöse unwissentlich nicht der (Margen-)Besteuerung unterwerfen, benachteiligen mit ihrem Verhalten korrekt versteuernde Reiseunternehmen im Wettbewerb. Schwarz- oder Paratouristiker können ihre Reisepakete gegenüber diesen um die ersparte Steuerlast günstiger absetzen.

---

340 Siehe auch Kapitel B.IX. – MARGENBESTEUERUNG, „High-School-Programme".
341 EuGH-Urteil vom 13.10.2005, Az.: C–200/04 – *iSt internatinale Sprach- und Studienreisen GmbH.*

IV. Vorteile der Margenbesteuerung

Das System der Margenbesteuerung als Sonderform der Umsatzbesteuerung, stellt eine Verfahrensvereinfachung, sowohl für den Fiskus als auch den Reiseunternehmer selbst, im Kontext der typischerweise länderübergreifend geprägten Leistungsbeziehungen der Tourismuswirtschaft dar.

In dem an den Europäischen Gerichtshof vorgelegten Vorabentscheidungsersuchen des Bundesfinanzhofs in der Rechtsache *iSt internationale Sprach- und Studienreisen GmbH*, äußert dieser in seiner Entscheidung vom 16.06.2005[342]: *„Die Aufnahme dieser Sonderregelung in die Sechste Richtlinie ist darauf zurückzuführen, dass sich die von Reisebüros und Reiseveranstaltern erbrachten Dienstleistungen regemäßig aus mehreren Leistungen (z. B. Beförderungs- und Unterbringungsleistungen) zusammensetzen, die teils in dem Mitgliedstaat, in dem das betreffende Unternehmen den Sitz seiner wirtschaftlichen Tätigkeit oder eine feste Niederlassung hat, teils außerhalb dieses Mitgliedstaates erbracht werden. Insoweit würde die Anwendung der allgemeinen Bestimmungen über den Ort der Besteuerung, die Besteuerungsgrundlage und den Vorsteuerabzug bei diesen Unternehmen zu praktischen Schwierigkeiten führen, denn diese würden aufgrund der Vielzahl und der Lokalisierung der erbrachten Leistungen bei der Ausübung ihrer Tätigkeit behindert.“*[343]

Im Einzelnen gelten folgende Besonderheiten:

- Die Durchführung einer Pauschalreise zeichnet sich durch eine Aufeinanderfolge von in ihr enthaltenden Reisevorleistungen aus. Sie wird unter Zuhilfenahme einer Fiktion als einheitliche Dienstleistung angesehen. Die einzelnen Reisekern- und hilfsleistungen (Unterbringung, Beförderung, Verpflegung, Transfer, Reiseleiterbetreuung, Durchführung von Veranstaltungen, sonstige Zielgebietsaktivitäten etc.) mit ihren unterschiedlichen Leistungsorten werden zu einer einheitlichen Leistung per Gesetz „verschmolzen". Auf diese Weise ist verfahrensvereinfachend und fehlerreduzierend zunächst nur ein Leistungsort zu bestimmen[344] (§ 25 Abs. 1 S. 2 bis 4 UStG).
- Besteuert wird die aus dem Verkauf der Pauschalreise erzielte Marge oder der Regieaufschlag. Soweit die der sonstigen Leistung zuzurechnenden Reisevorleistungen in einem EU-Mitgliedstaat bewirkt werden, ist die Leistung steuerpflichtig. Soweit sie im Drittlandgebiet bewirkt werden, ist die sonstige Leistung steuerfrei (§ 25 Abs. 2 S. 1 UStG).
- Der Reiseveranstalter hat aus Rechnungen über Reisevorleistungen grundsätzlich kein Recht zum Vorsteuerabzug[345]. Dies führt zu einer gerechten Allokation des Steueraufkommens durch die Umsatzsteuerverteilung zwischen den betroffe-

---

342 Schlussanträge des Generalanwalts M. Poiares Maduro vom 16.06.2005, Az.: C–200/04 - *iSt internatinale Sprach- und Studienreisen GmbH*.

343 Auf folgende EuGH-Urteile wird Bezug genommen: EuGH-Urteil vom 12.11.1992, Az.: C-163/91 - *Van Ginkel*, Rn. 13 und 14, vom 22.10.1998, Az.: C-308/96 - *Madgett und Baldwin*, Rn. 18 und vom 19.06.2003, Az.: C-149/01 - *First Choice Holidays*, Rn. 23 und 24.

344 Die Leistungsorte der einzelnen Reisevorleistungen sind dennoch zur Ermittlung von Drittlandsmargen zu bestimmen (§ 25 Abs. 2 UStG).

345 Der Vorsteuerabzug kann je nach anzuwendendem Steuerrecht ggf. aus Eingangsrechnungen über Reisevorleistungen in Anspruch genommen werden, soweit diese im Drittlandsgebiet bewirkt werden.

nen Incoming- und Outgoing-Staaten innerhalb des Gemeinschaftsgebiets (§ 25 Abs. 4 S. 1 UStG).
– Zielgebietsleistungen werden häufig im jeweiligen Zielgebiet mit Umsatzsteuer belastet, eine Vorsteuervergütung ist grundsätzlich nicht möglich.
– Die Marge als vom Reiseveranstalter generierter Mehrwert wird an dessen Sitzort besteuert.
• Durch die Fiktion einer einheitlichen sonstigen Leistung wird eine Multiregistrierung des Veranstalters in sämtlichen Zielgebieten vermieden, die sich bei einer getrennten Fakturierung der einzelnen Hauptleistungen aufgrund der unterschiedlichen Leistungsorte zwingend ergäbe.
• Die Besteuerung erfolgt aufgrund des Sitzortprinzips für einen Reiseveranstalter mit Unternehmenssitz oder Betriebsstätte in Deutschland ausschließlich nach nationalem Umsatzsteuerrecht.
• Der Reiseunternehmer muss sich nicht in sämtlichen sein Veranstaltungsprogramm umfassenden Urlaubsdestinationen für umsatzsteuerliche Zwecke registrieren lassen.
• Der Reiseunternehmer mit Sitz oder Betriebsstätte in Deutschland muss sich in den einzelnen Zielgebieten nicht den Vorsteuer-Vergütungsverfahren unterziehen.
• Werden Reisen ausschließlich im Inland durchgeführt, führen Margen- und Regelbesteuerung unter der Voraussetzung, dass die in die Pauschalreise eingehenden Reisevorleistungen einheitlich mit 19 % Umsatzsteuer belastet sind, zum gleichen Besteuerungsergebnis. Für Margen- und Regelumsätze sind dennoch getrennte Buchführungskreise einzurichten. Die beiden unterschiedlichen Systeme arbeiten mit völlig abweichenden Regelungen der Steuerberechnung (§ 25 Abs. 5 Nr. 3 UStG).

☞ **Beachten Sie:**
Eintrittskarten für Opern, Theater etc. können steuerfrei oder ermäßigt zu besteuern sein, ebenso diverse Beförderungsleistungen im Nahverkehr. Daneben sind ermäßigt besteuerte Beherbergungsleistungen in der Regel Kernbestandteil gebündelter Reiseleistungen. Letzteres führt bereits bei Vorliegen von reinen Inlandssachverhalten zu Belastungsdifferenzen zwischen Regel- und Margenbesteuerung zu Gunsten der Regelbesteuerung.

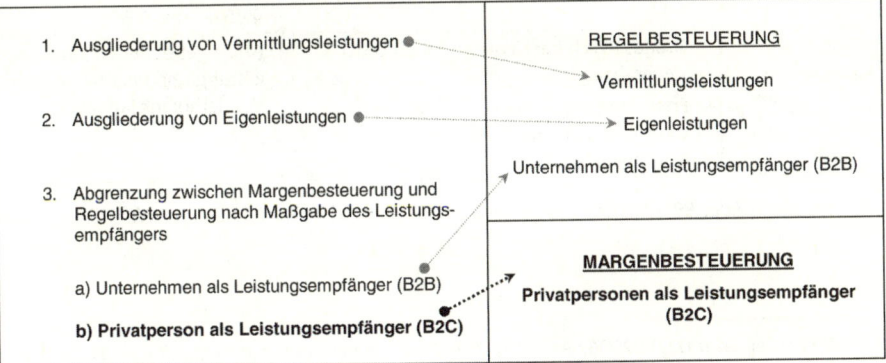

Abb. 88: Prüfschema zur Margenbesteuerung

V. Voraussetzungen und Rechtsfolgen der Margenbesteuerung

Die Margenbesteuerung ist anzuwenden, soweit die folgenden vier Tatbestands-voraussetzungen gleichermaßen erfüllt sind (§ 25 Abs. 1 S. 1 und 5 UStG):

(1) Der Reiseunternehmer bietet Reiseleistungen an. Darunter fallen sämtliche Leistungen, die der Durchführung einer Reise dienen, z. B. Beförderung, Transfer, Unterkunft, Verpflegung, Betreuung und Zielgebietsaktivitäten.

(2) Die angebotenen Reiseleistungen sind beim Kunden nicht für dessen Unter-nehmen bestimmt (B2C). Der Reisekunde muss Privatreisender sein.

(3) Der Reiseveranstalter tritt gegenüber dem Reisenden im eigenen Namen auf, d. h. der Reisevertrag kommt zwischen Veranstalter und Reisekunden zustan-de. Der Veranstalter trägt die Verantwortung für eine Reisedurchführung frei von Leistungsstörungen.

☞ **Beachten Sie:**

Laut Rechtsprechung gemäß Konsularservices-Urteil[346], unterliegt die Leis-tungskommission der Margenbesteuerung. Der Kommissionär tritt im eigenen Namen und für fremde Rechnung in Erscheinung.

Die Finanzverwaltung teilt diese Rechtsauffassung inzwischen auch und sieht das Auftreten für eigene Rechnung nicht mehr als eine wesentliche Voraussetzung für die Anwendung der Margenbesteuerung an (Abschn. 25.1 Abs. 1 S. 4, 2. HS UStAE) [347].

Pflicht	Folgen	Rechtsquelle	Anwendungsbereich
Volle Haftung	ABG mit vertraglicher Haftungsbeschränkung	§§ 651h Abs. 1 BGB	Reiseveranstalter Ausnahme: Gelegenheitsver-anstaltern, die bis zu zwei Reisen im Jahr veranstalten. Gelegenheitsveranstalter tra-gen die volle Haftung (keine vertraglichen Möglichkeiten zur Haftungsbeschränkung). Für sie bestehen nur einge-schränkte Informationspflich-ten sowie keine Verpflichtung zur Reisepreissicherung. § 11 BGB-InfoV § 651k Abs. 6 BGB
Informations-pflichten	– Diverse Prospektangaben – Unterrichtung VOR Ver-tragsabschluss über Pass-, Visum- und gesundheits-polizeiliche Formalitäten	§ 4 und 5 BGB-InfoV	
Insolvenzschutz	Kundengeldabsicherung: Ausgabe eines Reisesiche-rungsscheins bei (An-) Zahlung vor Ausführung der Reise (siehe nächste Abb.).	§ 9 BGB-InfoV i. V. m. Anlage 1 BGB-InfoV	
Margen-besteuerung	– Grundsätzlich kein Vor-steuerabzug – Ermittlung der Bemes-sungsgrundlage nach der Nettomarge	§ 25 UStG	Ab Angebot der ersten Reise-leistung und unabhängig von Wiederholungsabsicht

Abb. 89: Pflichten des Reiseveranstalters nach Reise- und Steuerrecht

---

346 BFH-Urteil vom 02.03.2006, Az.: V R 25/03 – *Umsatzsteuerliche Behandlung der Leistungen eines Konsularservices.*

347 Siehe Kapitel A.I.3.e) – LIEFERUNG UND SONSTIGE LEISTUNG, „Dienstleistungskommission".

**Sicherungsschein für Pauschalreisen
gemäß § 651k des Bürgerlichen Gesetzbuchs**

Dieser Sicherungsschein gilt für den Buchenden und alle Reiseteilnehmer. Der Sicherungsschein ist **nur gültig für Reisen, die bis zum 31.12.2014 gebucht wurden und begonnen werden sollen.** Er verliert seine Gültigkeit mit Beendigung der gebuchten Reise.

Der unten angegebene Kundengeldabsicherer stellt für den oben bezeichneten Reiseveranstalter gegenüber dem Reisenden sicher, dass von ihm erstattet werden

1. der gezahlte Reisepreis, soweit Reiseleistungen infolge Zahlungsunfähigkeit oder Eröffnung des Insolvenzverfahrens über das Vermögen des Reiseveranstalters ausfallen, und

2. notwendige Aufwendungen, die dem Reisenden infolge Zahlungsunfähigkeit oder Eröffnung des Insolvenzverfahrens über das Vermögen des Reiseveranstalters für die Rückreise entstehen.

Die vorstehende Haftung des Kundengeldabsicherers ist begrenzt. Er haftet für alle durch ihn in einem Kalenderjahr insgesamt zu erstattenden Beträge nur bis zu einem Betrag von 110 Mio. Euro. Sollte diese Summe nicht für alle Reisenden ausreichen, so verringert sich der Erstattungsbetrag in dem Verhältnis, in dem der Gesamtbetrag zu dem Höchstbetrag steht. Die Erstattung fälliger Beträge erfolgt erst nach Ablauf des Jahres (01.01. bis 31.12.), in dem der Versicherungsfall eingetreten ist.

Bei Rückfragen wenden Sie sich an: "REISEGARANT" Gesellschaft für die Vermittlung von Insolvenzversicherungen mit beschränkter Haftung, Jessenstraße 4, 22767 Hamburg, Telefon 040/38037230.

Generali Versicherung AG

Vorsitzender des Aufsichtsrats: Dietmar Meister
Vorstand: Winfried Spies, Vorsitzender
Dr. Monika Sebold-Bender, Onno Denekas, Dr. Karsten Eichmann, Volker Seidel, Michael Stüb
Sitz der Gesellschaft: München
Eingetragen im Handelsregister des Amtsgerichts München unter HRB 7731
Anschrift: Adenauerring 7, 81737 München

Schadenregulierungsstelle: Europäische Reiseversicherung AG, Rosenheimer Straße 116, 81669 München, Telefon: 089/4166-1580; Telefax: 089/4166-2580

Wichtige Hinweise: Nach den Reisebedingungen Ihres Reiseveranstalters sind Sie vor Reisebeginn nur zu folgenden Zahlungen verpflichtet: Für Anzahlungen: Bis zu 20% des Reisepreises, und für weitere Zahlungen: frühestens 30 Tage vor dem aus der Buchungsbestätigung ersichtlichen Abreisetag.
Da gemäß § 651 k (1) Nr. 2 BGB nur die notwendigen Aufwendungen erstattet werden, sollte der Reisende alles zu vermeiden, was zu einer unangemessenen Kostenerhöhung führen kann.

Abb. 90: Reisesicherungsschein

(4) Der Reiseveranstalter nimmt zur Bündelung seiner Pauschalreise Reisevorleistungen in Anspruch. Dabei handelt es sich um Leistungen Dritter, die der Reiseveranstalter nicht selbst, sondern mit fremden Mitteln bewirkt. Sie kommen den Reisenden unmittelbar zugute, z. B. Beförderung, Transfer, Unterkunft, Verpflegung, Betreuung und Zielgebietsaktivitäten. Nicht unmittelbar den Reisenden zugute kommen und damit keine Reisevorleistungen sind Reisevorbereitungsleistungen (z. B. Reparatur der Klimaanlage im Ferienbungalow) oder Marketing- und Vertriebsleistungen (z. B. Katalogerstellung oder Reisevermittlung).

Auch Eigenleistungen zählen nicht zu den Reisevorleistungen. Sie sind mit eigenen Mitteln des Veranstalters bewirkte Leistungen, z. B. Betreuung der Touristen durch eigene Mitarbeiter als Reiseleiter oder Beförderung mit zum Unternehmensvermögen gehörenden Omnibussen, und unterliegen der Regelbesteuerung.

☞ **Beachten Sie:**

Die Vorschrift des § 25 UStG ist für Anbieter von „Reiseleistungen" einschlägig (§ 25 Abs. 1 S. 1 UStG). Reiseleistungen sind

– Leistungen, die ein Individualreisender auch auf seiner selbst organisierten Reise beanspruchen würde,

– insbesondere die Beförderung zu den einzelnen Reisezielen, Transfer, Unterbringung und Verpflegung, Betreuung durch Reiseleiter und die Durchführung von Veranstaltungen (Abschn. 25.1 Abs. 1 S. 9 UStAE),

– Leistungen, die die Beförderung der Kunden einschließen[348].

Die Margenbesteuerung greift bereits bei der Erbringung von nur einer Hauptleistung in Form einer typischen Reiseleistung[349]. Dies sind die bei-

---

348 Schlussanträge des Generalanwalts M. Poiares Maduro vom 16.06.2005, Az.: C–200/04 – *iSt internationale Sprach- und Studienreisen GmbH*, Rn. 33.

349 Dagegen sind reiserechtliche Bestimmungen bei mindestens zwei Leistungen zu beachten. Der Reiseveranstalter hat gemäß § 551a Abs. 1 S. 1 BGB *„eine Gesamtheit von Reiseleistungen (Reise) zu erbringen".*

den Reisekernleistungen der Ortsveränderung, Unterbringung und Beförderung.

Eine Reiseleistung im Sinne des § 25 UStG liegt demnach vor, wenn der Unternehmer nur eine Leistung erbringt, z. B. die Vermietung von Ferienwohnungen ohne Anreise und Verpflegung[350] *(Abschn. 25.1 Abs. 1 S. 4, 1. HS UStAE).*

Beschafft ein Reisebüro Reisepapiere (Touristenvisa) unter Inanspruchnahme eines Referenzunternehmens für Visabestätigung und Bereithaltung eines Schutzbriefes (Betreuung und Beistand bei Problemen im Zielgebiet), handelt es sich um Reiseleistungen gemäß § 25 UStG[351].

Erbringt der Reiseunternehmer nur eine Leistung, die keine typische Reiseleistung darstellt, z. B. einen Salsakurs in Havanna, greift die Margenbesteuerung nicht. Ebenso ist „der isolierte, nicht im Zusammenhang mit anderen Reiseleistungen erfolgende Verkauf von Opernkarten, keine – der Margenbesteuerung unterliegende – ‚Reiseleistung' im Sinne von § 25 UStG".[352]

Die Anwendung der Margenbesteuerung hat diverse Auswirkungen auf die Besteuerung des Reiseunternehmers.

- Die Reiseleistung gilt als einheitliche sonstige Leistung. Der Gesetzgeber arbeitet unter Zuhilfenahme von zwei Fiktionen:

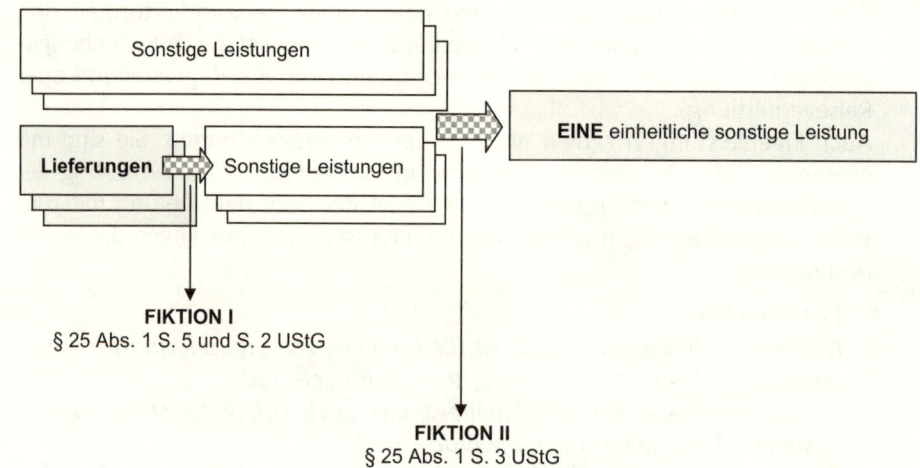

Abb. 91: Reiseleistung als einheitliche sonstige Leistung

350 EuGH-Urteil vom 12.11.1992, Az.: C-163/91 – *Van Ginkel.*

351 BFH-Urteil vom 02.03.2006, Az.: V R 25/03 – *Umsatzsteuerliche Behandlung der Leistungen eines Konsularservices.*

352 FG Sachsen, Urteil vom 06.02.2008, Az.: 5-K-80/03 – *Abgrenzung zwischen sonstiger Leistung, Besorgungsleistung und „Reiseleistung" im Sinne von § 25 UStG beim Verkauf von Operkarten durch ein Reisebüro;* BFH-Urteil vom 03.06.2009, Az.: XI R 39/08; EuGH-Urteil vom 09.12.2010, Az.: C-31/10 – *Minerva Kulturreisen GmbH – Isolierter Opernkartenverkauf.*

Fiktion I: Lieferungen als Reisevorleistungen werden zu sonstigen Leistungen umqualifiziert, z. B. in der Reisebeschreibung zu einem Wellness-Urlaub wird die Aushändigung eines Bademantels zum Selbstbehalten angekündigt.

Fiktion II: Sämtliche Reisevorleistungen in Form von sonstigen Leistungen mit ihren jeweils unterschiedlich zu ermittelnden Leistungsorten werden per Gesetz vereinfachend zu EINER einheitlichen sonstigen Leistung mit EINEM einheitlichen Leistungsort „verschmolzen", z. B. gehen die Reisevorleistungen Bademantel, Transfer, Vital-Beköstigung, Übernachtung, Nutzung des Spa-Bereichs sowie Teilnahme an einer Autorenlesung in dem Pauschalpaket „Wellness-Urlaub" auf.

• Als Leistungsort gilt der Sitzort des Reiseunternehmers. Hat ein ausländischer Reiseunternehmer eine Betriebsstätte im Inland, so sind seine Reiseumsätze in Deutschland steuerbar (§ 25 Abs. 1 S. 4 i. V. m. § 3a Abs. 1 S. 1 und 2 UStG).

☞ **Beachten Sie:**

Der Leistungsort einer Pauschalreise liegt auch dann am Ort, von dem aus der Veranstalter sein Unternehmen betreibt, wenn einzelne Elemente der Pauschalreise nicht von diesem Ort aus produziert werden. Bei gleichzeitigem Bestehen von Betriebsstätten, richtet sich der Leistungsort nach dem Ort, von dem aus die Mitarbeiter die Reiseorganisation ganz oder überwiegend ausführen.[353]

Werden mehrere Standorte in die Reiseorganisation einbezogen, ermittelt sich der Leistungsort nach dem Ort, von dem aus der Schwerpunkt der Reiseleistung erbracht wird. Sind Reiseproduktion und Reisevertrieb in verschiedenen Ländern angesiedelt, so ist als Leistungsort des Reiseveranstalters der Ort anzusehen, an dem die Reisen vertrieben werden. Der Schwerpunkt liegt beim Verkauf der Reise und nicht bei ihrer Produktion.[354] Bei der Zurechnung von Reiseleistungen zu einer Betriebsstätte ist also maßgeblich auf den Schwerpunkt des Vertriebs der Reise durch den Veranstalter abzustellen (Abschn. 3a.1 Abs. 2 und 3 UStAE)[355].

• Der Veranstalter hat aus Rechnungen über Reisevorleistungen, die im Gemeinschaftsgebiet bewirkt werden, kein Recht auf Vorsteuerabzug. Die in den eingekauften Reisevorleistungen enthaltene Zielgebietsumsatzsteuer ist nicht vergütungsfähig (§ 25 Abs. 4 S. 1 UStG).

Der Vorsteuerabzug ist nicht (zwingend) ausgeschlossen für sonstige Leistungen
– deren zuzuordnenden Reisevorleistungen im Drittland bewirkt werden.
– aus anderen Eingangsleistungen, die den Reisenden nur mittelbar bzw. nicht zugute kommen, wie Kosten der Reparatur des Reisebusses, Reisebüroprovision, Verwaltungskosten und sonstige Gemeinkosten (§ 15 Abs. 2 und Abs. 3 Nr. 1 lit. a und Nr. 2 lit. a UStG, § 25 Abs. 4 S. 2 UStG).
– aus mit eigenen Mitteln bewirkten Reiseleistungen (§ 15 Abs. 1 UStG).

---

353 Siehe auch Kapitel A.I.4.c) – BESTEUERUNGSORT IM TOURISMUS, „Betriebsstätte versus Sitzort".
354 EuGH-Urteil vom 20.02.1997, Az.: C-260/95 - *DFDS*.
355 BMF-Schreiben vom 07.04.1998, Az.: IV C 3 – S 7419 – 9/98, Tz. 5 lit. c.

- Besteuert wird die aus dem Verkauf der Pauschalreise erzielte Marge, also die Gewinnspanne bzw. der Regieaufschlag. Soweit die dem Pauschalangebot zuzurechnenden Reisevorleistungen in einem EU-Mitgliedstaat bewirkt werden, ist die Marge steuerpflichtig. Im Drittlandsgebiet erbrachte Reisevorleistungen führen zu einer korrespondierenden steuerfreien Drittlandsmarge[356] (§ 25 Abs. 2 S. 1 UStG).

---

356 Siehe Kapitel B.VI.1. – ERMITTLUNG DER MARGE, „Drittlandsanteil der Marge".

VI. Ermittlung der Marge

Die Margenbesteuerung stellt eine Brutto-Umsatzbesteuerung mit Vor-Umsatzabzug dar. Um lediglich die Marge und nicht das gesamte Entgelt der Besteuerung zu unterwerfen, muss diese zunächst ermittelt werden. Die Marge berechnet sich aus der Differenz zwischen dem Betrag, den der Buchende laut Reisevertrag bezahlen muss, um die Reiseleistung zu erhalten, und dem Betrag, den der Reiseunternehmer für den Einkauf der Reisevorleistungen aufwendet (§ 25 Abs. 3 S. 1 UStG).

Besteuerung lediglich der Marge!

	Reisepreis ⟵────────────────	Ohne Vermittlungsanteil und Eigenleistungen
./.	Reisevorleistungen	
=	**Bruttomarge**	
./.	Drittlandsmarge (steuerfrei)	
=	**EU-Bruttomarge**	

darin 19/119 USt (= 15,97 %) ⇨ Abführung an das Finanzamt

= **Nettomarge/Bemessungsgrundlage**

Zunächst wird die Bruttomarge um Vermittlungs-, B2B- und Eigenleistungen bereinigt:

Reiseerlöse des Unternehmens

Schritt 1: ./. Erlösanteil aus Vermittlungsleistungen Regelbesteuerung

= **Veranstalterleistungen**

Schritt 2: ./. Erlösanteil aus B2B-Geschäft Regelbesteuerung

= **Gemischte Reiseleistungen**

Schritt 3: ./. Erlöse aus Eigenleistungen Regelbesteuerung

= **Reiseerlöse nach § 25 UStG** Margenbesteuerung

Abb. 92: Ermittlung der Marge

Beispiel – Pauschalreise (100 % Reisevorleistungen EU und Non-EU):
Der Veranstalter Peacock Tours aus München erzielt in 2014 für eine 4-tägige Buspauschalreise München – Wien – Bern – München einen Erlös von 80.000,00 €. Folgende Aufwendungen fallen an:

Buseinsatz (EU 60 % – Nicht- EU 40 %)	20.000,00 €
Hotel Wien	10.000,00 €
Hotel Bern	15.000,00 €
Opernkarten vom Wiener Veranstalter	20.000,00 €
Konzertkarten vom Berner Veranstalter	10.000,00 €

Lösung:
Berechnung der Margensteuer:

RVL	EU	Non-EU	Gesamt
Bus	12.000,00 €	8.000,00 €	20.000,00 €
Hotel	10.000,00 €	15.000,00 €	25.000,00 €
Arrangements	20.000,00 €	10.000,00 €	30.000,00 €
Σ	**42.000**,00 €	**33.000**,00 €	**75.000**,00 €
	56 %	44 %	100 %

Der steuerfreie Drittlandsanteil ergibt sich nach dem Verhältnis der Reisevorleistungen zueinander (56 % EU, 44 % Non-EU).

Gesamterlöse	80.000,00 €
abzgl. Reisevorleistungen	75.000,00 €
Marge	5.000,00 €
davon steuerpflichtig (56 %)	2.800,00 €
darin Margensteuer 19/119	**447,06 €**

> Kauft Peacock Tours die Konzertkarten über einen Zwischenhändler im Gemeinschaftsgebiet ein oder bewirkt Peacock Tours in Bern ein Abendprogramm durch Dritte, für das keine Tickets eingeräumt werden, so liegt der Leistungsort für die entsprechende Reisevorleistung am Empfängerort in Deutschland (§ 3a Abs. 2 UStG).
> Auch wenn die Reisevorleistung ihren Leistungsort im Gemeinschaftsgebiet aufweist, kann sie der steuerfreien Drittlandsmarge zugeordnet werden. Die Darbietung wird von den Touristen in der Schweiz besucht. Der Leistungsort verlagert sich für die Zuordnung der Reisevorleistung ggf. auf den Ort der Nutzung im Drittland (§ 3a Abs. 8 UStG).
> **Seit 01.07.2013** liegt der Leistungsort für Veranstaltungen im Zusammenhang mit Tickets unabhängig davon, ob die Tickets vom Veranstaltungsorganisator selbst oder einem Zwischenhändler erworben werden, am Ort der Ausführung der Veranstaltung.[357]

1. Drittlandsanteil der Marge

Der Drittlandsanteil der Reiseleistung ist steuerfrei (§ 25 Abs. 2 S. 1 UStG). Er entsteht aus im Drittland bewirkten Reisevorleistungen. Diese sind anteilig nach Maßgabe der Kosten zu den für die von Dritten bezogenen Leistungen anfallenden Gesamtkosten aus der Bruttomarge auszugliedern. Die Differenz aus der Bruttomarge und dem steuerfreien Drittlandsanteil ergibt die steuerpflichtige EU-Bruttomarge. Nach Abzug der Margensteuer entsteht die Bemessungsgrundlage.

---

357 Vgl. SRTour 07/2013, Seite 15 ff., Cyrilla Wolf, „Ticketverkauf durch Nicht-Veranstalter ab 1.7.2013".

Um den steuerfreien Drittlandsanteil zu ermitteln, sind die Leistungsorte der als Reisevorleistungen ergehenden Eingangsumsätze der Leistungsträger an den Reiseveranstalter zu eruieren.

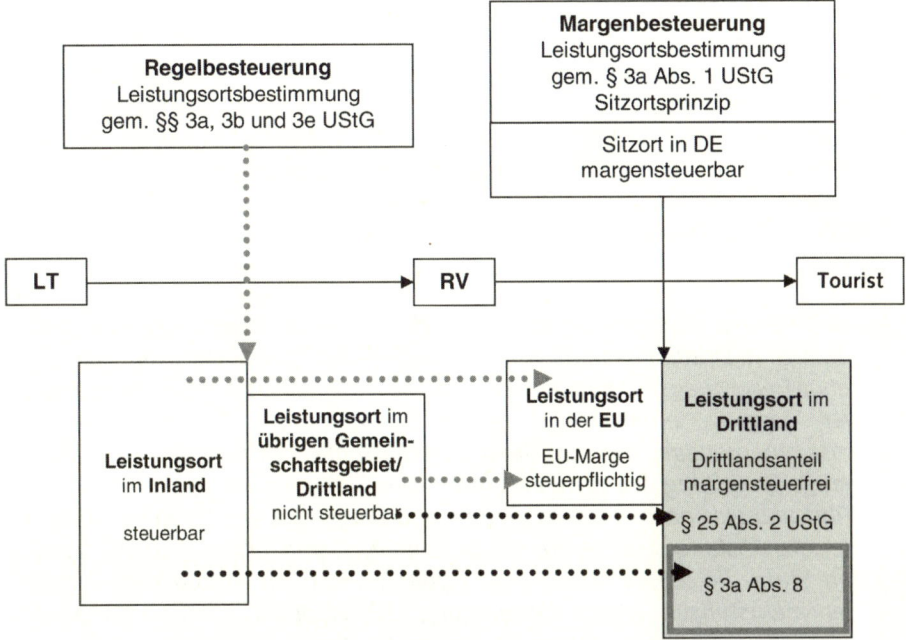

Abb. 93: Steuerfreie Drittlandsmarge

Exkurs: Aktuelle EuGH-Rechtsprechung *TOMS & Wholesale*[358] und Reisevorleistungen im Drittlandsgebiet

Während das nationale Umsatzsteuerrecht den Anwendungsbereich der Margenbesteuerung durch die Art und Weise der Verwendung der Reiseleistungen seitens des Leistungsempfängers begrenzt, sieht die aktuelle EuGH-Rechtsprechung die Margenbesteuerung unter Beachtung der weiteren Voraussetzungen der Art. 306 bis 310 MwStSystRL ohne Einschränkung für jede Art von Kunden vor. Damit unterliegt neben dem Verkauf von Reiseleistungen an Endnutzer, d. h. an die Reisenden als Privat- oder Geschäftsreisende selbst, ebenso der Leistungsverkauf an Reisewiederverkäufer der Sonderregelung für Reisebüros.

☞ **Beachten Sie:**

Werden im Drittland erbrachte Reiseleistungen im Rahmen der mehrstufigen Margenbesteuerung in Kettengeschäften mehrfach gehandelt, kann lediglich der erste Veranstalter in der Kette die Steuerbefreiung für im Drittland bewirkte Reisevorleistungen für sich beanspruchen (Art. 309 MwStSystRL).

---

358 EuGH-Urteil vom 26.09.2013, Az.: C-189/11 – *TOMS & Wholesale*, siehe Anhang RECHTSPRECHUNG IN DER TOURISTIK, „EuGH- und BFH-Urteile".

Der deutsche Gesetzgeber verlangt als Voraussetzung für die Inanspruch-
nahme der Steuerfreiheit des Drittlandsanteils der Marge von bspw.
Fernreisen, einen Nachweis über die Erbringung der Reisevorleistungen im
Drittland (§ 25 Abs. 2 S. 2 und 3 UStG). Dabei sind die steuerpflichtigen und
die steuerfreien Reiseleistungen in den Aufzeichnungen entweder vonein-
ander abzugrenzen oder aber die steuerpflichtigen Reiseleistungen getrennt
von den steuerfreien aufzuzeichnen (§ 25 Abs. 5 Nr. 4 i.V.m. Nr. 2 UStG,
§ 22 Abs. 2 Nr. 1 S. 2 UStG, § 72 Abs. 2 Nr. 1 und Nr. 3 UStDV, Abschn.
25.5 Abs. 2 S. 3 UStAE). Bei der mehrstufigen Margenbesteuerung weist der
erste Reiseunternehmer in der Kette die Reisevorleistungen jedoch in einer
Summe aus. Damit wäre seitens der Finanzverwaltung die Steuerfreiheit
wegen fehlendem Beleg- und Buchnachweis zu versagen.

Erschwerend kann sich ergeben, dass die bei einer Reise anfallende Brut-
tomarge in Drittlands- und EU-Marge aufzuteilen ist. Nur der erste, paketie-
rende Reiseveranstalter in der Kette hat die Möglichkeit den Drittlandsanteil
der Marge zu ermitteln. Er müsste seinen Kunden die betragsmäßige
Zusammensetzung der einzelnen Reiseleistungen offenlegen. Eine alter-
native Ermittlung des Drittlandsanteils der Marge im Wege der Schätzung
führt mangels nachweisbarer Belege und Entgeltbeträge für die einzelnen
Reisevorleistungen nicht zur Steuerfreiheit. Damit entfiele ab der zwei-
ten Stufe die Steuerfreiheit bei Drittlandsreisen im Besteuerungssystem
der mehrstufigen Margenbesteuerung. Im Ergebnis produzieren pake-
tierenden Reiseveranstaltern nachgelagerte Reiseunternehmer teurer als
Endkundenreiseveranstalter, die sowohl direkt vom Leistungsträger bezie-
hen als auch direkt an Reisende veräußern.

2. Einzelmargen, Gruppenmargen oder Gesamtmarge

Im nationalen Umsatzsteuerrecht ist ein Wahlrecht zur Bildung von Einzel- oder Gruppenmargen bzw. einer Gesamtmarge innerhalb eines Besteuerungszeitraums verfahrensvereinfachend vorgesehen (§ 25 Abs. 3 S. 3 UStG). Eine adäquate Vorschrift fehlt im höherrangigen Unionsrecht, das lediglich die Bildung von Einzelmargen vorsieht.

Von der Einzelmargenbildung ist wegen des damit einhergehenden abrechnungstechnischen Aufwands abzuraten. Außerdem kann bei Entstehen von negativen Einzelmargen[359] das dabei generierte Margenminderungspotenzial nicht verrechnet werden. Negative Margen bleiben zwingend ungenutzt und verfallen. Gruppenmargen kann der Reiseunternehmer nach Belieben bilden (Abschn. 25.3 Abs. 4 S. 5 UStAE). Mögliche Einteilungskriterien sind:

- Zeitlicher Art, wie nach Monaten, Haupt- und Nebensaison innerhalb eines Besteuerungszeitraums,

---

359 Siehe Kapitel B.VI.3. – ERMITTLUNG DER MARGE, „Negative Margen".

- Räumlicher Art, wie nach Urlaubsdestinationen, z. B. Europa oder Mittelmeerraum,
- Reisetypen, wie Kulturreisen, Sportreisen und Schiffsreisen, oder
- eine Kombination aus vorgenannten Kriterien, z. B. alle Kreuzfahrten in der Karibik in einem Quartal.

Die Option zur Bildung von Gruppenmargen bietet abrechnungstechnische Erleichterungen. Oft können einzelne Reisevorleistungen, wie z. B. die Leistung eines Reiseleiters, der parallel mehrere Reisegruppen innerhalb ein und desselben Zeitraums in einem Urlaubsgebiet betreut, kostenmäßig gar nicht eindeutig den einzelnen Reisen zugeordnet werden.

Die Gesamtmarge umfasst alle innerhalb eines Kalenderjahres abgesetzten Reisen und Reiseleistungen. Ihre Ermittlung wirft abrechnungstechnisch die geringsten Schwierigkeiten auf. Auch kann ein durch negative Margen entstehendes Verrechnungspotenzial optimal ausgenutzt werden.

Der Reiseunternehmer hat die Möglichkeit zwischen Gruppenmargen und Gesamtmarge veranlagungszeitraumbezogen ohne Bindungswirkung hin- und herzuwechseln. Keinesfalls kann im Zusammenhang mit dem uneingeschränkten Berechnungsmethodenwahlrecht das Argument eines steuerlichen Gestaltungsmissbrauchs angeführt werden, da nicht eine Gestaltung, sondern eine steuerliche Berechnungsart in Rede steht[360] (§ 42 Abs. 2 AO).

Sogar im Rahmen von Betriebsprüfungen sind Umgruppierungen von Margen und die Bildung abweichender Margengruppen nach einem neuen Margensteuerberechnungssystem noch zulässig[361].

Beispiel 1 – Bildung einer Gesamtmarge

Der Reiseveranstalter Peacock Tours veräußert im Direktvertrieb ausschließlich EU-Reisen im Wert von 522.000,00 €, bei gleichzeitigen Aufwendungen für Reisevorleistungen von 439.000,00 €.

Lösung 1:

Für die veräußerten Reisen ergibt sich eine Gesamtmarge von:

Reiseerlöse	522.000,00 €
Reisevorleistungen	439.000,00 €
EU-Bruttomarge	**83.000,00 €**
darin Margensteuer (19/119)	**13.252,10 €**

Beispiel 2 – Bildung von Gruppenmargen

Bei den unter Beispiel 1 veräußerten Reisen handelt es sich um die Gruppe „Nordeuropa" mit Reiseerlösen von 113.000,00 € und Aufwendungen von

---

360 Siehe DStR, 25/2004, Seite 1026 ff., Jorczyk/Thüning, „Margenumsatzsteuer – Optimierung durch Bildung von Gruppen- und Gesamtmargen".
361 Thüringer Finanzministerium vom 28.03.1995, Punkt III E 7 (Leitfaden für die Besteuerung von Reiseleistungen).

99.000,00 € und die Gruppe „Südeuropa". Hier stehen Reiseerlösen i. H. v. 409.000,00 € Aufwendungen i. H. v. 340.000,00 € gegenüber.

Lösung 2:

Für die veräußerten Reisen in nordeuropäische Destinationen im übrigen Gemeinschaftsgebiet ergibt sich eine Gruppenmarge „Nord" von:

Reiseerlöse	113.000,00 €
Reisevorleistungen	99.000,00 €
EU-Bruttomarge	**14.000,00 €**
darin Margensteuer (19/119)	**2.235,29 €**

Für die veräußerten Reisen in südeuropäische Zielgebiete im übrigen Gemeinschaftsgebiet ergibt sich eine Gruppenmarge „Süd" von:

Reiseerlöse	409.000,00 €
Reisevorleistungen	340.000,00 €
EU-Bruttomarge	**69.000,00 €**
darin Margensteuer (19/119)	**11.016,81 €**

Σ Steuerbelastung Gruppenmargen: 2.235,29 € + 11.016,81 € = **13.252,10 €**

☞ Beachten Sie:

Im Falle der Erzielung ausschließlich positiver EU-Margen ist die steuerliche Belastung bei der Bildung von Gruppenmargen oder einer Gesamtmarge identisch. Belastungsunterschiede ergeben sich erst durch[362]
- *Verrechnung von negativen Margen und/oder*
- *Verrechnung von steuerfreien Drittlandsanteilen.*

Exkurs: Aktuelle EuGH-Rechtsprechung *TOMS & Wholesale*[363] zur Bildung von Einzelmargen

Der spanische Gesetzgeber gestattet es Reiseunternehmen, soweit die Sonderregelung für Reiseleistungen auf ihre Umsätze anwendbar ist, die Steuerbemessungsgrundlage pauschal für jeden Besteuerungszeitraum zu bestimmen. Der EuGH entschied im Vertragsverletzungsverfahren der EU-Kommission gegen Spanien, dass es durch diese Vorgehensweise gegen seine Verpflichtungen aus der Mehrwertsteuer-Systemrichtlinie verstoßen hat (Art. 168, 226 und 306 bis 310 MwStSystRL). Das Unionsrecht sieht zwar eine Sonderregelung mit der Möglichkeit zur Gesamtdifferenzbesteuerung vor. Diese ist jedoch auf den Bereich der Wiederverkäufer von Gebraucht- oder Kunstgegenständen,

---

362 Siehe Kapitel B.VI.4. – ERMITTLUNG DER MARGE, „Optimierung der Steuerbelastung".
363 EuGH-Urteil vom 26.09.2013, Az.: C-189/11 – *TOMS & Wholesale*, siehe Anhang RECHTSPRECHUNG IN DER TOURISTIK, „EuGH- und BFH-Urteile".

Sammlungsstücke oder Antiquitäten beschränkt (Art. 318 MwStSystRL). Dagegen kann die Besteuerungsgrundlage im Bereich der Sonderregelung für Reisebüros nicht pauschal ermittelt werden. Vielmehr ist für eine korrekte Ermittlung der Bemessungsgrundlage von Reiseleistungen auf jede einheitliche Dienstleistung, d.h. jede einzelne Reisebuchung des Reiseveranstalters Bezug zu nehmen (Art. 308 MwStSystRL).

☞ **Beachten Sie:**
Die nach dem deutschen Umsatzsteuerrecht vorgesehene Wahlmöglichkeit, eine Gesamtmarge für den kompletten Veranlagungszeitraum oder Gruppenmargen für eine bestimmte Anzahl von innerhalb eines selbst definierten Zeitraums eines Kalenderjahres abgesetzten Reiseleistungen zu bilden, gibt dem Reiseunternehmer eine wertvolle Hilfe zur Verfahrensvereinfachung für die Finanzbuchhaltung an die Hand. Es entbindet ihn von der Fleißarbeit, sämtliche Abrechnungen der Leistungsträger auf Ebene jeder einzelnen Reisebuchung aufzuspalten, um sie den jeweiligen Ausgangsumsätzen zuordnen zu können. Unterjährige Korrekturen der Umsatzsteuer-Voranmeldungen lassen sich bei Eingang der Abschlussrechnungen von Leistungsträgern sowie bei rückwirkend von diesen gewährten Rabatten auf diese Weise ebenso vermeiden, wie bei im Nachhinein eingeräumten Preisnachlässen an Urlaubsgäste.
Der Europäische Gerichtshof legt in seinem Urteil TOMS & Wholesale *die pausche Gesamtdifferenzbesteuerung und damit auch die Gesamtmargenbildung als nicht unionskonform aus. Jedenfalls versteht der BFH den EuGH in der Weise, dass er der Gruppen- oder Gesamtmargenbildung eine Absage erteilt. Denn der BFH weist in aktueller Rechtsprechung auf die Unvereinbarkeit der Gesamtmargenbildung mit Unionsrecht unter Bezugnahme auf o. g. EuGH-Urteil hin.*[364]

3. Negative Margen

Negative Margen entstehen, wenn die Aufwendungen für die Reisevorleistungen einer angebotenen Pauschalreise höher ausfallen als der durch diese erzielte Reiseerlös. Dazu kann es aus folgenden Gründen kommen:

- Fehlkalkulation beim Angebotspreis durch den Reiseunternehmer, z.B. bzgl. der Umsatzsteuer,
- Falscheinschätzung der Zielgebietsattraktivität durch den Reiseunternehmer,
- Keine Festlegung einer Mindestteilnehmerzahl mit gesetzter Absagefrist vor Reisebeginn,
- Preisminderungen aufgrund von Kundenreklamationen wegen mangelnder Qualitätsstandards der lokalen Leistungsträger,
- Veräußerung der Reisen vorwiegend zu Last-Minute-Preisen, oder

---

[364] BFH-Urteil vom 21.11.2013, Az.: V R 11/11 – *Reiseleistungen an Schulen, Universitäten und Vereine.*

- unverkaufte Kontingente oder Totalausfall einer Urlaubsdestination für eine Urlaubsperiode aufgrund von Terroranschlägen oder Naturkatastrophen.

Aus negativen Margen ist kein Vorsteuerabzug möglich. Es entsteht keine mit einem Vorsteuerüberhang vergleichbare negative Margensteuer. Negative Margen sind auch nicht in das vorangegangene oder folgende Kalenderjahr übertragbar. Ebenso wenig ist eine Verrechnung mit einem Vorsteuerüberhang aus regelbesteuerten Umsätzen gestattet. Das ins Leere laufende Margensteuerminderungspotenzial aufgrund von negativen Einzelmargen hat der Unternehmer wirtschaftlich zu tragen. Allerdings führt die Verrechnung mit anderen positiven Margen im Rahmen von Gruppenmargen- oder einer Gesamtmargenbildung effektiv zu einer „technischen Margensteuerminderung". Selbst innerhalb einer umsatzsteuerlichen Organschaft ist ein Ausgleich negativer mit positiven Margen zur Bildung einer „Gesamtorganschaftsmarge"[365] möglich.

Beispiel 1 – Negative Einzelmarge
Der Reiseveranstalter Peacock Tours veräußert im Direktvertrieb eine pauschale Reittour an vier Kunden zum Schnellbucherpreis für Kurzentschlossene von 888,00 € (Reisevorleistungen pro Reise 1.100,00 €, regulärer Preis 1.480,00 €). Er will auf diese Weise die Mindestteilnehmerzahl von acht Reitern für einen geführten Wanderritt in der Aquitaine (FR) sichern, um die im Katalog angebotene Reise auch zuverlässig durchführen zu können.

Lösung:
Für die veräußerte Reise zum Schnellbucherpreis entsteht dem Veranstalter ein Verlust, ohne dass er die negative Margensteuer geltend machen kann.

Reisepreis reduziert	888,00 €
./. Reisevorleistungen	1.100,00 €
EU-Bruttomarge	./. 212,00 €

Bei der regulär abgesetzten Reise ergibt sich folgende Steuerbelastung:

Reisepreis	1.480,00 €
./. Reisevorleistungen	1.100,00 €
EU-Bruttomarge	380,00 €
darin Margensteuer (19/119)	**60,67 €**

☞ Beachten Sie:
Die negative Marge von ./. 212,00 € kann nicht mit der positiven Marge von 380,00 € verrechnet werden. Sie bleibt unberücksichtigt.

---

365 Vgl. SRTour 04/2007, Seite 10, Dr. Volker M. Jorczyk, „Verrechnung negativer Margen in Organschaft" und § 25 Abs. 3 S. 3 UStG.

Beispiel 2 – Verrechnung negativer Einzelmargen innerhalb einer Gruppenmarge:

Peacock Tours verrechnet die entstandenen negativen Einzelmargen innerhalb der Gruppenmarge der Aquitaine-Reittour.

Lösung 2:

Bei Verrechnung der veräußerten Last-Minute-Reisen mit den zum regulären Preis abgesetzten Reisen ergibt sich folgende positive Marge:

Reisepreis 4 x 888,00 €	3.552,00 €
Reisepreis 4 x 1.480,00 €	5.920,00 €
Σ Reiserlöse	9.472,00 €
./. Reisevorleistungen 8 x 1.100,00 €	8.800,00 €
EU-Bruttomarge	**672,00 €**
darin Margensteuer (19/119)	**107,29 €**

☞ **Beachten Sie:**

Bei der Bildung von Einzelmargen (Beispiel 1) ergibt sich eine Steuerbelastung aus 4 x 60,67 € von insgesamt 242,68 €, wohingegen bei einer Gruppenmargenbildung (Beispiel 2) die Steuerbelastung mit 107,29 € um 135,39 € geringer ausfällt. Gleichzeitig verfällt bei der Einzelmargenbildung ein Steuerminderungspotenzial von 4 x 212,00 € = 848,00 €.

Exkurs: Aktuelle EuGH-Rechtsprechung *TOMS & Wholesale*[366] und Entstehung negativer Margen

Der EuGH entschied im Vertragsverletzungsverfahren der EU-Kommission gegen Spanien, dass für eine korrekte Ermittlung der Bemessungsgrundlage von Reiseleistungen auf jede einheitliche Dienstleistung, d.h. jede einzelne Reisebuchung des Reiseveranstalters Bezug zu nehmen ist.

☞ **Beachten Sie:**

Bei der Bildung von Einzelmargen ist eine margenmindernde Verrechnung von negativen mit positiven Margen aus unterschiedlichen Buchungen und Buchungszeiträumen innerhalb eines Veranlagungszeitraums nicht möglich. Insgesamt steigt die Steuerlast des Reiseunternehmers dadurch, dass sich weder nicht veräußerte noch unter Reisevorleistungskosten veräußerte Reisen auf die Höhe der Margensteuerbelastung reduzierend auswirken.

---

366 EuGH-Urteil vom 26.09.2013, Az.: C-189/11 – *TOMS & Wholesale*, siehe Anhang RECHT-SPRECHUNG IN DER TOURISTIK, „EuGH- und BFH-Urteile".

4. Optimierung der Steuerbelastung

Bei der Kalkulation von Reisepreisen sind sowohl die final anfallende Margensteuer als auch die Belastungen durch nicht erstattungsfähige Vorsteuerbeträge zu berücksichtigen. Die Margensteuer sowie die Reisebüro-Provision sind aus dem kalkulierten Regieaufschlag zu entrichten.

☞ Beachten Sie:

Aus der Marge sind neben den der Reise direkt zurechenbaren Aufwendungen (z. B. Reisevorbereitungskosten) auch die sonstigen Aufwendungen des Reiseunternehmers, wie Gemeinkosten für Verwaltung etc., (anteilig) zu finanzieren.

Die Höhe der Margensteuer ist abhängig von

- der Anzahl der abgesetzten Reisen,
- der Höhe des Regieaufschlags,
- den jeweils erzielten unterschiedlichen Reisepreisen,
- den Leistungsarten der einzelnen Reisevorleistungen,
- der Ermittlung der Bemessungsgrundlage auf Basis von einzelnen oder mehreren zusammengefassten Buchungen.

Eine exakte Preiskalkulation ist wegen der Unsicherheit bzgl. der endgültigen Gesamtsteuerbelastung nur bedingt anhand von Schätzungen möglich. Es empfiehlt sich, die Berechnungen auf Basis von Erfahrungswerten durchzuführen. Dabei ist auf die Zusammensetzung von Reiseeinnahmen in der Vergangenheit abzustellen. Unterschiedliche Preisgestaltungen, wie Frühbucherrabatte und Last-Minute-Preise sind zu berücksichtigen.

a) Reiseproduktion

Eine auf dem Markt angebotene Reise enthält Einzelleistungen unterschiedlicher Anzahl und Art (Beförderung, Transfer, Unterbringung, Bewirtung, Reiseleitung, Stadtführungen, Abendveranstaltungen, Kursangebote etc.). Reisebüros können bereits am Markt platzierte Reisepakete „neu schnüren", indem sie diese um eine oder mehrere weitere Reiseleistungen (z. B. Exkursion, Weinprobe) ergänzen und das neu geschaffene Produkt als Eigenveranstaltungsleistung präsentieren. Alternativ können sie zusätzlich nachgefragte Leistungen lediglich an den Kunden vermitteln. Je nachdem ob ein Reisepaket produziert oder einzelne Leistungen außerhalb eines bereits bestehenden Reise-Packages vermittelt werden, fällt Margen- oder Regelbesteuerung an.

Vorteile können sich aus der Regelbesteuerung durch Reisevermittlung bei Vorliegen von im Inland nicht umsatzsteuerbaren Leistungen und gleichzeitiger Nichterfassung derartiger Leistungen im Ausland (sog. Nullbesteuerungsfall) ergeben.

Der Margenbesteuerung ist der Vorzug zu geben,

- soweit das Reise-Package
  - aus im Drittland bewirkten Reisevorleistungen,
    z. B. Unterkunft auf den oder Beförderung auf die Kanaren[367] oder
  - aus als im Drittlandsgebiet ausgeführt zu behandelnde Reisevorleistungen,
    z. B. Gästeführung oder Besuch von Showprogrammen auf den Kanaren,
  zusammengestellt ist.
- soweit negative Margen aus anderen Gruppenreisen zu verrechnen sind.
- soweit Reisevorleistungen brutto abgerechnet werden und die Marge reduzieren.

Generell ist der Margenbesteuerung wegen ihrer Vereinfachungs- und oft günstiger ausfallenden Belastungswirkung der Vorzug zu geben. Die Abgabenlast
liegt bei Vorliegen hoher steuerfreier Drittlandmargen sogar deutlich unter der
Regelsteuerbelastung.

Beispiel – Margensteuer- versus Regelsteuerbelastung:
Eine einwöchige Spanien-Pauschalreise auf die Balearen für eine Person wird
vom inländischen Reiseveranstalter Peacock Tours wie folgt kalkuliert:

Flug	300,00 €
Hotel	450,00 €
Bewirtung	320,00 €
Reisevorleistungen	1.070,00 €
Regieaufschlag	329,00 €
Reisepreis	1.399,00 €

Lösung 1 – Margenbesteuerung:

USt-Belastung aus Reisevorleistungen

Flug	0 %	
Hotel	10 % (10/110) von 450,00 € =	40,91 €
Bewirtung	10 % (10/110) von 320,00 € =	29,09 €
Σ Steuerbelastung RVL		70,00 €
Margensteuer	19 % (19/119) von 329,00 € =	52,53 €
Gesamtbelastung		122,53 €

Prozentuale Belastung des Reisepreises: **8,76 %**

---

367 Die Kanarischen Inseln gehören politisch zu Spanien und damit zum Gemeinschaftsgebiet. Umsatzsteuerlich sind sie hingegen dem Drittlandsgebiet zuzuordnen (Abschn. 1.10 Abs. 1 S. 2
UStAE). Siehe Anhang RECHTSQUELLEN UND VERWALTUNGSANWEISUNGEN, „Gesetze, Verordnungen und Anwendungserlass".

Lösung 2 – Regelbesteuerung:
Bei Leistungsort Deutschland[368]

19/119 von 1.399,00 € =	223,37 €
./. Vorsteuer ES	70,00 €
Gesamtbelastung	153,37 €

Prozentuale Belastung des Reisepreises: **10,96 %**

Belastungsdifferenz: **2,2 %**

b) Drittlandsanteile

Bei der Optimierung der Margensteuerbelastung spielt die Höhe des Drittlandsanteils der Reisevorleistungen eine wesentliche Rolle. Dabei kommt es auf das Zusammenspiel von steuerfreier Drittlandsmarge und steuerpflichtiger EU-Marge innerhalb der Bildung von Gruppenmargen an. Je nachdem wie die Zuordnung vorgenommen wird, wirkt sich dies erhöhend oder reduzierend auf den Belastungsbetrag aus. Folgende vereinfachenden Optimierungsregeln von *Kausemann* sind dabei zu beachten[369]:

Optimierungsregel 1:

EG-Drittlandsgeschäfte mit Margen, die prozentual höher ausfallen als die bisherige Bruttomarge/Spanne, sollten möglichst einer separaten Gruppenmargenermittlung zugeführt werden. Andernfalls tritt der Effekt ein, dass prinzipiell umsatzsteuerfreie Reisen in Nicht-EG-Staaten durch die Einbeziehung in eine Gesamt- bzw. bestehende Gruppenmargenermittlung margensteuererhöhend wirken, d. h. im Ergebnis z. T. umsatzsteuerpflichtig werden.

Beispiel zu Optimierungsregel 1 – Überdurchschnittliche Drittlandsmarge

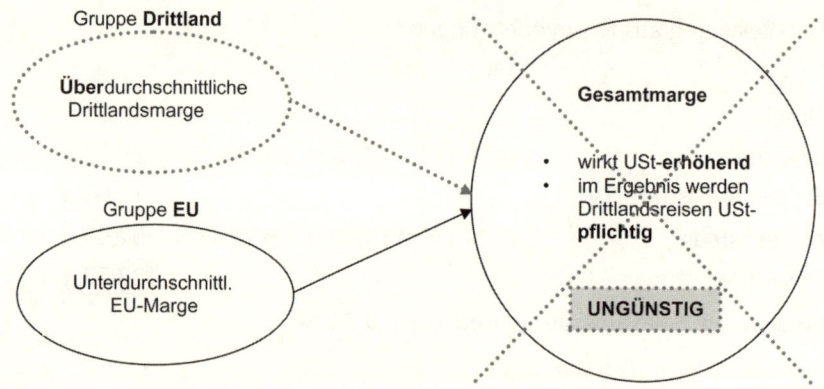

Abb. 94: Überdurchschnittliche Drittlandsmarge

---

368 Unter Berücksichtigung spanischer statt deutscher Vorsteuer um die Vergleichsrechnung mit den gleichen Beträgen zu ermitteln.

369 Vgl. Kausemann, Der Betrieb, Heft 27/28 vom 14.07.1989, Seiten 1366, 1371.

Optimierungsregel 2:

EG-Drittlandsgeschäfte mit unterdurchschnittlicher positiver Marge bzw. einer Nullmarge sollten in die Gesamtmargenermittlung bzw. eine bestehende Gruppenmargenermittlung einbezogen werden, die einen möglichst hohen umsatzsteuerpflichtigen EG-Anteil aufweist. Hierdurch kann eine Minimierung der Gesamtmargensteuerbelastung bei gleichzeitig gestiegener bzw. konstanter Gesamtmarge erreicht werden.

Beispiel zu Optimierungsregel 2 – Unterdurchschnittliche Drittlandsmarge

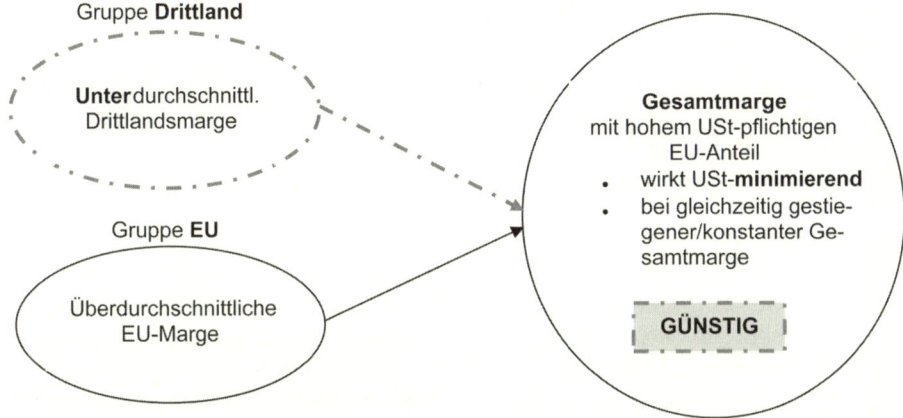

Abb. 95: Unterdurchschnittliche Drittlandsmarge

Henkel führte die Optimierungsregeln von Kausemann mit folgenden Merksätzen weiter aus[370]:

Merksatz 1: *Bei unterdurchschnittlich positiven Margen oder Null- bzw. Negativmargen aus Drittlandsreisen empfiehlt sich die Darstellung der Gesamtmarge, weil das Drittlandsniveau den EU-Anteil mindert.*

Merksatz 2: *Bei überdurchschnittlich positiven Margen aus Drittlandsreisen empfiehlt sich die Darstellung von Gruppenmargen aus EU-Leistungen.*

Schließlich ergänzen Jorczyk/Thüning[371] die Überlegung der Steueroptimierung durch Gruppenmargenbildung mit dem Zwischenergebnis, dass *„Bei Negativmargen aus Drittlandsreisen die Gesamtmargenbildung stets zu einem günstigeren Ergebnis führt, weil nur so der steuerpflichtige EU-Anteil durch Verrechnung unmittelbar reduziert wird. Technisch besitzen negative Drittlandsmargen die Auswirkung wie zusätzliche EU-Reisevorleistungen."*

Es ergeben sich nach Jorczyk/Thüning folgende Kernaussagen:

---

370 Vgl. SRTour 07/2002, Seite 14 ff., H. Jürgen Henkel.
371 Siehe DStR, 25/2004, Seite 1026 ff., Jorczyk/Thüning, „Margenumsatzsteuer – Optimierung durch Bildung von Gruppen- und Gesamtmargen".

Kernaussage 1 – Unterdurchschnittliche Drittlandsgruppenmarge:

Eine Gesamtmargenbildung ist immer dann von Vorteil, wenn das Verhältnis zwischen EU-Bruttomarge und EU-Reiseerlösen größer ist, als das Verhältnis zwischen Drittlands-Bruttomarge und Drittlands-Reiseerlösen.

Kernaussage 2 – Überdurchschnittliche Drittlandsgruppenmarge:

Umgekehrt ist eine Gruppenmargenbildung immer dann von Vorteil, wenn das Verhältnis zwischen EU-Bruttomarge und EU-Reiseerlösen kleiner ist, als das Verhältnis zwischen Drittlands-Bruttomarge und Drittlands-Reiseerlösen.

Exkurs: Aktuelle EuGH-Rechtsprechung *TOMS & Wholesale*[372] und Optimierung der Steuerbelastung

Der EuGH entschied im Vertragsverletzungsverfahren der EU-Kommission gegen Spanien, dass für eine korrekte Ermittlung der Bemessungsgrundlage von Reiseleistungen auf jede einheitliche Dienstleistung, d.h. jede einzelne Reisebuchung des Reiseveranstalters Bezug zu nehmen ist.

☞ **Beachten Sie:**

Durch die Vorgabe, dass zur Berechnung der Margensteuerbelastung ausschließlich Einzelmargen zu bilden sind, ist die steuerliche Berechnungsart festgelegt. Die Möglichkeit einer Optimierung der Steuerbelastung durch verhältnismäßige Zurechnung von Reisevorleistungen zu den Reiseerlösen oder durch direkte Zurechnung von Reisevorleistungen zu den Reiseerlösen bei beliebiger Zusammenfassung mehrerer Buchungen, steht in Frage.

---

372 EuGH-Urteil vom 26.09.2013, Az.: C-189/11 – *TOMS & Wholesale*, siehe Anhang RECHT-
   SPRECHUNG IN DER TOURISTIK, „EuGH- und BFH-Urteile".

VII. Besonderheiten für margenbesteuerte Unternehmen

Die Grundsätze der Regelbesteuerung finden, soweit § 25 UStG nichts anderes vorgibt, auch auf margenbesteuerte Leistungen Anwendung[373]. Bei einigen Rechtsvorschriften und/oder Reiseumsätzen ist darüber hinaus auf Besonderheiten hinzuweisen.

1. Reiseleistungen an Vereine

Der Reiseverkauf an einen Verein kann sowohl als zwischenunternehmerischer Umsatz der Regelbesteuerung als auch als B2C-Umsatz der Margenbesteuerung unterliegen.

Wirtschaftliche Vereine (r.V.) sind in der Regel Unternehmer (§ 22 BGB). Nichtwirtschaftliche oder Idealvereine (e.V.) erlangen Rechtsfähigkeit durch Eintragung in das Vereinsregister des zuständigen Amtsgerichts. Sie sind Unternehmer, soweit sie nachhaltig Umsätze ausführen (§ 21 BGB, § 2 Abs. 1 S. 3 UStG). Vereine als Körperschaften oder juristische Personen des Privatrechts können Empfänger von Reiseleistungen sein.

Nichtunternehmerische juristische Personen, die eine USt-IdNr. führen, sind nach deutschem Recht keine Unternehmer. Es treten lediglich bei der Erbringung von der Grundregel unterliegenden grenzüberschreitenden Umsätzen an diese, für Zwecke der Ortsbestimmung die gleichen Rechtsfolgen wie bei Unternehmern ein. Die Leistungsortsbestimmung erfolgt nach dem Empfängerortsprinzip (§ 3a Abs. 2 S. 3 UStG, Art. 43 Nr. 2 MwStSystRL, Art. 17 Abs. 2 EU-DVO). Eine Leistung gilt dann als für das Unternehmen des Leistungsempfängers bezogen, wenn dieses eine qualifizierte USt-IdNr. vorlegt.

Ab 30.06.2013 ist der Leistungsort für die Erbringung von Dienstleistungen an sowohl ausschließlich nicht unternehmerisch tätige Vereine, denen eine USt-IdNr. erteilt worden ist als auch an Vereine, die sowohl unternehmerisch als auch nicht unternehmerisch tätig sind, der Sitz des Vereins. Bei Dienstleistungen, die ausschließlich für den privaten Bedarf des Personals oder eines Vereinsmitglieds bestimmt sind, befindet sich hingegen der Leistungsort am Sitz des Leistungserbringers (§ 3a Abs. 2 S. 3 UStG).

Bei der Erbringung von Reiseleistungen an einen Verein kommt es darauf an, ob der Leistungsbezug für Satzungszwecke des Vereins erfolgt. Ist dies der Fall, handelt es sich um einen zwischenunternehmerischen Umsatz, der nicht der Margenbesteuerung unterliegt. Veranstaltet ein Verein nachhaltig z.B. Wanderreisen und erlangt er dadurch die Unternehmereigenschaft, erfolgt der Leistungsbezug außerhalb des Anwendungsbereichs der Sonderregelung für Reiseleistungen. Dient eine Vereinsreise nur zur Förderung des Vereinslebens, wird sie privat durchgeführt. Der Umsatz an den Verein unterliegt der Margenbesteuerung.[374]

---

373 Siehe Kapitel B.I. – MARGENBESTEUERUNG, „Margenbesteuerung versus Regelbesteuerung", Abb. 85: Vorrang der Margenbesteuerung gegenüber der Regelbesteuerung.

374 FG Rheinland-Pfalz, Urteil vom 26.10.2009, Az.: 6 K 1615/06 und Folgerechtsprechung BFH-Urteil vom 21.11.2013, Az: V R 11/11.

Beispiel 1 – Reiseverkauf an Wanderverein e.V.:

Der Reiseveranstalter Peacock Tours aus München erbringt für den Wanderfreunde Bugsdehude e.V., einen eingetragenen Idealverein, dessen Vereinszweck die Förderung des Wanderns ist, einen einwöchigen Wanderurlaub auf Mallorca.

Auszug aus der Vereinssatzung des Wanderfreunde Bugsdehude e.V.:

> *§ 2 Zweck des Vereins*
>
> *Der Zweck des Vereins ist die Förderung des Wanderns für jedermann in der Gemeinschaft, unter Berücksichtigung des Natur-, Landschafts- und Umweltschutzes. Der Vereinszweck wird verwirklicht, insbesondere durch:*
>
> *– Planung und Durchführung von geführten Wanderungen, Markieren von festgelegten und zugewiesenen Wanderwegen,*
> *– Veranstaltungen und Lehrgänge, die dem Vereinszweck dienen.*

Lösung 1:

Die Reise wird vom Wanderverein e.V. bestellt. Er tritt somit als Leistungsempfänger auf.

Der Verein ist umsatzsteuerlicher Unternehmer. Im Rahmen seines Vereinszwecks „Förderung des Wanderns" organisiert er regelmäßig Wanderreisen für seine Mitglieder. Der Reiseverkauf von Peacock Tours an den Verein unterliegt der Regelbesteuerung.

☞ **Beachten Sie:**

> *Der Erbringer von Reiseleistungen ist nicht verpflichtet, eine Prüfung des Unternehmerstatus seines Auftraggebers vorzunehmen. Vielmehr ist die Margenbesteuerung stets dann anzuwenden, wenn der Leistungsempfänger nicht ausdrücklich erklärt, dass er die Reise zur Erfüllung seines Vereinszwecks bezieht (Abschn. 25.1 Abs. 3 S. 1 UStAE). Dagegen ist die Regelbesteuerung auch ohne explizite Erklärung des Leistungsempfängers einschlägig, wenn eindeutig und unmissverständlich erkennbar ist, dass er Unternehmer ist und die Leistung für sein Unternehmen bezogen hat (Abschn. 25.1 Abs. 3 S. 2 UStAE).*

Aus den Gesamtumständen ist für Peacock Tours offenkundig, dass der Verein unternehmerisch tätig ist und die Reise für sein Unternehmen bezieht[375]. Die Wanderreise nach Mallorca dient dem Vereinszweck „Förderung des Wanderns".

Der Ort, von dem aus ein Unternehmer sein Unternehmen betreibt, ist bei Körperschaften regelmäßig der Ort der Geschäftsleitung (Abschn. 3a.1 Abs. 1 S. 3 UStAE). Dies ist der Leistungsort für die Weiterveräußerung von margenbesteuerten Reiseleistungen an die einzelnen Mitglieder des Vereins.

---

375 FG Rheinland-Pfalz, Urteil vom 26.10.2009, Az.: 6 K 1615/06 mit Folgerechtsprechung BFH-Urteil vom 21.11.2013, Az.: V R 11/11. Vgl. auch SRTour 11/2011, Seite 12 ff., H. Jürgen Henkel, „Margenbesteuerung bei Reiseleistungen an Vereine und Schulen".

Beispiel 2 – Reiseverkauf an Kegelverein e.V.:

Peacock Tours erbringt für den Bugsdehuder Kegelverein e.V., einen nicht-wirtschaftlichen eingetragenen Idealverein, dessen Vereinszweck die Förderung des Kegelns ist, einen einwöchigen Wanderurlaub auf Mallorca.

Lösung 2:

Der Kegelverein ist umsatzsteuerlicher Unternehmer, denn er wird mit der Förderung des Kegel- und Bowlingsports nachhaltig zur Erzielung von Einnahmen tätig. Er hat einen sonstigen Vereinszweck und organisiert lediglich zur Förderung des Vereinslebens ausnahmsweise für die Mitglieder eine Wanderreise. Es ist der nichtunternehmerische Bereich des Vereins tangiert. Der Verein bezieht die Reise nicht für sein Unternehmen.[376] Der Reiseverkauf von Peacock Tours an den Verein unterliegt der Margenbesteuerung.

☞ **Beachten Sie:**

Bucht ein ausländischer Verein die Reise unter Verwendung seiner USt-IdNr., kann Peacock Tours davon ausgehen, dass der Verein Unternehmer ist und die Leistung für den unternehmerischen Bereich bezieht (Art. 18 Abs. 1 lit. a und Art. 19 UAbs. 2 EU-DVO, Abschn. 3a.2 Abs. 9 S. 4 und 5 UStAE).

Exkurs: Aktuelle EuGH-Rechtsprechung *TOMS & Wholesale*[377] – Vereine als Bezieher von Reiseleistungen

Der BFH verwies in seinem Urteil vom 21.11.2013[378] auf die Möglichkeit des Reiseunternehmers, sich auf die Regelung in der Mehrwertsteuer-Systemrichtlinie nach Maßgabe der Auslegung des EuGH zu berufen. Demnach erübrigt sich die Frage, ob ein B2C- oder ein B2B-Bezug an den Verein vorliegt. Der an den Verein leistende Reiseunternehmer kann seine infrage stehenden Umsätze ohne weiteres der Margenbesteuerung unterwerfen.

☞ **Beachten Sie:**

Die Berufung auf die Auslegung des Unionsrechts im Sinne o.g. EuGH-Rechtsprechung kann nur insgesamt vorgenommen werden, d.h. für sämtliche Umsätze des Reiseunternehmers und unter Einhaltung sämtlicher Vorgaben der Sonderregelung für Reisebüros.

---

2. Reiseleistungen an Schulen und Universitäten

Der Reiseverkauf an (Hoch-)Schulen unterliegt in der Regel der Margenbesteuerung, denn Einrichtungen des öffentlichen Rechts gelten nicht als Unternehmer, soweit sie Tätigkeiten im Rahmen der öffentlichen Gewalt ausüben oder Leistun-

---

376 FG Rheinland-Pfalz, Urteil vom 26.10.2009, Az.: 6 K 1615/06.
377 EuGH-Urteil vom 26.09.2013, Az.: C-189/11 – *TOMS & Wholesale*, siehe Anhang RECHTSPRECHUNG IN DER TOURISTIK, „EuGH- und BFH-Urteile".
378 Az.: V R 11/11.

gen erbringen, die ihnen im Rahmen der öffentlichen Gewalt obliegen. Dies gilt auch dann, wenn für solche Leistungen Beiträge oder sonstige Abgaben erhoben werden. Allerdings gilt dies nicht für Leistungen, mit denen sie zu anderen Unternehmern in Wettbewerb treten und die Behandlung der Einrichtung des öffentlichen Rechts als Nicht-Unternehmer zu größeren Wettbewerbsverzerrungen führen würde (Art. 13 Abs. 1 MwStSystRL).

Einrichtungen des öffentlichen Rechts gelten in Bezug auf die Tätigkeiten als Reiseveranstalter stets als Unternehmer, sofern der Umfang dieser Tätigkeiten nicht unbedeutend ist (Art. 13 Abs. 1 UAbs. 3 MwStSystRL i. V. m. Anhang I Nr. 11).

Veranstalter von Klassenfahrten und Studienexkursionen ist stets die Schule oder Hochschule. Außerhalb von (Hoch-)Schulen gibt es zwar einen Markt für die Veranstaltung von Klassenfahrten und Exkursionen, doch ist die Veranstaltertätigkeit einer (Hoch-)Schule in der Regel als unbedeutend anzusehen. Die Behandlung der (Hoch-)Schulen als Nicht-Unternehmer dürfte nicht zu Wettbewerbsverzerrungen führen, da die Bildungsstätte ausschließlich für eine begrenzte Zahl von eigenen Schülern und Studenten Reisen organisiert[379]. Ein Reiseunternehmer, der Reiseleistungen an diese Einrichtungen des öffentlichen Rechts veräußert, unterliegt mit seinen daraus generierten Umsätzen der Margenbesteuerung.

**Exkurs: Aktuelle EuGH-Rechtsprechung *TOMS & Wholesale*[380] –
(Hoch-)Schulen als Bezieher von Reiseleistungen**

Die Fragen, ob Klassenfahrten durch eine öffentliche oder private Schule veranstaltet werden, ob eine Privatschule in der Rechtsform eines eingetragenen Vereins eine Vereinsreise nur zur Förderung des Vereinslebens durchführt oder nachhaltig Reisen veranstaltet und damit der Regel- oder der Margenbesteuerung zu unterwerfen ist, klärte der BFH[381] in Hinblick auf die Rechtsprechung des EuGH vom 26.09.2013[382] nicht. Der Reiseunternehmer kann sich auf den EuGH berufen, der entgegen der inländischen Regelung des § 25 UStG über die Margenbesteuerung nicht darauf abstellt, ob die Reiseleistung an einen Endverbraucher – und nicht an einen Unternehmer – erbracht worden ist. Der Reiseunternehmer kann die für ihn steuerlich günstigere Regelung wählen.

---

379 Das FG Rheinland-Pfalz verkündet in seinem Urteil vom 26.10.2009, Az. 6 K 1615/06, dass es außerhalb von (Hoch-)Schulen keinen Markt für die Veranstaltung von Klassenfahrten und Exkursionen gibt. Das Folgeurteil ist unter BFH-Az. V R 11/11 ergangen.
380 EuGH-Urteil vom 26.09.2013, Az.: C-189/11 – *TOMS & Wholesale*, siehe Anhang RECHTSPRECHUNG IN DER TOURISTIK, „EuGH- und BFH-Urteile".
381 Siehe Fußnote 379.
382 Siehe Fußnote 380.

3. Zielorts- und Geringfügigkeitsregelung

Bei der grenzüberschreitenden Beförderung von Personen mit Flugzeugen und Schiffen ist die Reiseleistung nur insoweit steuerfrei, als die Beförderungsstrecke auf das Drittlandsgebiet entfällt (§ 3b Abs. 1 UStG, § 25 Abs. 2 S. 1 UStG und Abschn. 25.2 Abs. 3 UStAE). Erstreckt sich diese sowohl auf Drittlands- als auch Gemeinschaftsgebiet, hat der Reiseveranstalter die gesamte Beförderungsleistung nach Maßgabe der Strecke aufzuteilen.

Als Vereinfachung kann der Reiseveranstalter auf Leistungen der Luftbeförderung von der Zielortsregelung Gebrauch machen, die ihm eine mühsame Aufteilung nach Flugstrecken erspart. Er hat die Regelung dann jedoch bei allen von ihm innerhalb eines Besteuerungszeitraums veranstalteten Reisen anzuwenden (Abschn. 25.2 Abs. 5 S. 1 UStAE).

Nach der Zielortsregelung ist die grenzüberschreitende Personenbeförderung im Luftverkehr insgesamt flugroutenunabhängig als

- steuerpflichtig zu behandeln für Flugziele im Gemeinschaftsgebiet und
- steuerfrei zu behandeln für Flugziele im Drittlandsgebiet.

Beispiel 1 – Flugpauschalreise mit Zielort im Gemeinschaftsgebiet:
Peacock Tours bietet eine Flugpauschalreise von München nach Kreta an.

Lösung 1:
Der Zielort der Reise liegt im Gemeinschaftsgebiet. Die Beförderungsleistung gilt als im Gemeinschaftsgebiet erbracht. Dies gilt flugroutenunabhängig, auch bei Berührung des Luftraums über dem Mittelmeer. Die Reiseleistung geht als Reisevorleistung in die steuerpflichtige EU-Marge ein.

☞ **Beachten Sie:**
Hin- und Rückflug sind als eine Reisevorleistung anzusehen. Der Zielort bestimmt sich nach dem Hinflug (Abschn. 25.2 Abs. 4 S. 4 und 5 UStAE).

Beispiel 2 – Flugpauschalreise mit Zielort im Drittland:
Peacock Tours bietet eine Flugpauschalreise von München auf die Kanarischen Inseln an.

Lösung 2:
Der Zielort der Reise liegt im Drittland (Abschn. 1.10 Abs. 1 UStAE). Die Beförderungsleistung gilt insgesamt als im Drittlandsgebiet erbracht. Die Reiseleistung geht als Reisevorleistung in die steuerfreie Drittlandsmarge ein.

Ähnlich existiert auch eine Vereinfachungsregelung für die Personenbeförderung bei Kreuzfahrten mit Schiffen im Seeverkehr, die sich sowohl auf das Drittlandsgebiet als auch auf das Gemeinschaftsgebiet erstreckt. Auf die Berücksichtigung des auf das Gemeinschaftsgebiet entfallenden Anteils der gesamten Beförderungsstrecke kann der Reiseveranstalter wegen Geringfügigkeit dieses Anteils absehen (Abschn. 25.2 Abs. 6 UStAE).

Beispiel 3 – Seekreuzfahrt ins Drittland:

Peacock Tours bietet eine Kreuzfahrt mit dem Seeschiff „Babitonga" nach São Francisco do Sul (BR) als Pauschalreise an, die in Lissabon beginnt und endet.

Lösung 3:

Von der steuerlichen Berücksichtigung des auf das Gemeinschaftsgebiet entfallenden Anteils der gesamten Beförderungsstrecke kann wegen Geringfügigkeit abgesehen werden. Die in der Beförderung der Reisenden bestehenden Reisevorleistungen sind als im Drittlandsgebiet erbracht anzusehen. Die Reiseleistung von Peacock Tours ist (anteilig) steuerfrei.

4. Besteuerung von inländischer Zubringer- und Abbringerbeförderung

Fluggesellschaften bieten zuweilen Zubringerbeförderung im Inland zum grenzüberschreitenden Flug zu einem Gesamtpreis und unter einem einheitlichen Beförderungsvertrag an. Der Reisende wird per Taxi von zu Hause oder im ländlichen Raum per Bus von einer Sammelstelle sowie per Bahn oder Flugzeug zum jeweiligen (Drehkreuz-)Flughafen und nach dem Rückflug wieder entsprechend in umgekehrte Richtung, befördert.

Diese Leistungen können von der Fluggesellschaft im eigenen Namen angeboten werden und entweder separat oder im Gesamtflugpreis abgerechnet werden.

a) Zubringer- und Abbringerfahrten zum Flug als Eigenleistung

Die Umsätze für inländische Zubringerfahrten unterliegen nicht der Nullsatz-Regelung, die eine tatsächliche Beförderung mit einem Luftfahrzeug voraussetzt. Dies gilt selbst dann, wenn nur ein einheitlicher „Flug"-Preis vereinbart wird.

Erbringt die Fluggesellschaft die aus Zubringerfahrt und Flug kombinierte Beförderung an einen anderen Unternehmer, z. B. einen Reiseveranstalter, ist die erdgebundene Inlandsbeförderung der Umsatzsteuer zu unterwerfen. Bei einem einheitlichen „Flug"-Preis ist dieser Entgeltanteil herauszurechnen bzw. zu schätzen.

Bei Leistungserbringung gegenüber einem Endverbraucher erbringt die Fluggesellschaft gemischte Reiseleistungen aus der Eigenleistung Flug, die dem Steuererlass aufgrund der Nullsatz-Regelung, und der Reisevorleistung Transfer zum Flughafen, die der Margenbesteuerung unterliegt (§ 26 Abs. 3 UStG, § 25 Abs. 1 S. 1 UStG). Die gesondert in Rechnung gestellte Umsatzsteuer des Beförderungsunternehmers ist nicht als Vorsteuer abziehbar (§ 25 Abs. 4 S. 1 UStG).

Dabei erfolgt die Aufteilung des Beförderungsentgelts im prozentualen Verhältnis der aufgewendeten Kosten für die Eigenleistung Flug zu denjenigen der Fremdleistung Transfer zum Flughafen. Der Margensteuer unterliegen auch Transferleistungen im übrigen Gemeinschaftsgebiet.

b) Zubringer- und Abbringerflüge zum Hauptflug als Eigenleistung

Fluggesellschaften, die Langstreckenflüge anbieten, greifen für den innerdeutschen Zubringerflug zu einem Drehkreuz-Flughafen (Hub) oft auf andere Fluggesellschaften als selbständige Subunternehmer zurück. Die den Hauptflug erbringende Fluggesellschaft, der sog. Operating Carrier, rechnet einheitlich für die gesamte Flugleistung gegenüber dem Buchenden ab und zahlt dem Teilbeförderer eine Vergütung für dessen Beförderungsleistung auf der Teilstrecke. Auch der auf die Teilbeförderung entfallende Entgeltanteil ist nach der Nullsatz-Regelung begünstigt (§ 26 Abs. 3 UStG).

Nach Verfügung der Oberfinanzdirektion Frankfurt a. M.[383] ist in derartigen Flug-Flug-Konstellationen die Margenbesteuerung nicht anzuwenden. Darüber hinaus liegt nach Luftverkehrsrecht eine einzige Beförderung vor, sofern sie als einheitliche Leistung vereinbart worden ist: Insgesamt handelt es sich um eine grenzüberschreitende Beförderung im Luftverkehr (*Art. 1 Abs. 3 S. 1 des Montrealer Übereinkommens vom 28.05.1999, Abschn. 26.3 UStAE*).

Besteuerungssystem – Nullsatz – Vorsteuer		
Zubringerbeförderung	B2B	B2C
Bus, Bahn, Taxi + Flug	Regelbesteuerung	Margenbesteuerung
Flug + Flug	Regelbesteuerung	Regelbesteuerung
Bus, Bahn, Taxi + Flug	Nullsatz auf Flug	Nullsatz auf Flug
Flug + Flug[384] (Gesamtpreis)	Nullsatz	Nullsatz
Bus, Bahn, Taxi + Flug	Vorsteuerabzug	Kein Vorsteuerabzug
Flug + Flug	Vorsteuerabzug	Vorsteuerabzug

Abb. 96: Besteuerungssystem, Nullsatz und Vorsteuerabzug bei Hauptflug als Eigenleistung

c) Zubringer- und Hauptflug als Reisevorleistung

Reiseveranstalter, die von Fluggesellschaften bezogene Leistungen der Luftbeförderung in ihre Reisepakete aufnehmen, können als Alternative zum Streckenprinzip den Leistungsort nach dem Zielort bestimmen (§ 3b Abs. 1 UStG, Abschn. 25.2 Abs. 4 und 5 UStAE). Dabei sind innergemeinschaftliche Zu- und Abbringerflüge in die Zielortsregelung mit einzubeziehen, wenn die als Reisevorleistung in Anspruch genommene Beförderungsleistung einschließlich Zu- und Abbringerflug aufgrund eines durchgehenden Flugtickets nach umsatzsteuerlichen Grundsätzen eine einheitliche Beförderungsleistung darstellt (Abschn. 25.2 Abs. 4 S. 7 UStAE). In der Regel ist der Zubringerflug zu einem Hauptflug mit Zielort im Drittland Nebenleistung zum Mittel- oder Langstreckenflug, sodass die Reisevorleistung „Flug" beide Flüge gleichermaßen umfasst und der steuerfreien Drittlandsmarge zugeordnet wird (§ 25 Abs. 2 UStG). Dies setzt voraus, dass die beiden Flüge so aufeinander abgestimmt sind, dass nur kurze Umsteigezeiten entstehen.

---

383 Verfügung der OFD Frankfurt am Main vom 23.06.2009, Az. S-7433 A-13-St 113.

384 Ohne Flugunterbrechung aus in der Person des Fluggasts liegenden Gründen bei grenzüberschreitenden Flügen (*Abschn. 26.3. S. 4 UStAE und Abschn. 26.2. Abs. 2 UStAE*).

Im Ausnahmefall handelt es sich beim Zubringerflug um eine eigenständige Reisevorleistung, wenn vom Buchenden am Ort des Transitflughafens ausdrücklich statt des vorgesehenen zeitnahen Anschlussflugs, ein Zwischenaufenthalt gewünscht wird. Stop-Over-Flüge mit Zwischenzielort im Gemeinschaftsgebiet wären der steuerpflichtigen EU-Marge zuzuordnen. In der Regel ist das Angebot von Zubringer- und Hauptflug durch den Reiseveranstalter in einer Zeitfolge getaktet, die einen Zwischenaufenthalt am Ort des Transitflughafens nicht zulässt.

5. Unentgeltliche und verbilligte Reiseleistungen

Reiseunternehmer können Pauschalreisen, Flüge und Hotelaufenthalte für den privaten Bedarf ihres Personals[385] unentgeltlich oder verbilligt abgeben. In diesen Fällen liegt ein Leistungsaustausch vor. Der Angestellte wendet als Gegenleistung einen Teil seiner Arbeitsleistung auf (Abschn. 1.8 Abs. 1 bis 3 UStAE).

Lässt ein Reisebüroinhaber oder ein Reiseveranstalter seinen Expedienten oder sonstigen Mitarbeitern als Vergütung für die geleistete Arbeit neben Barlohn auch Sachlohn, z. B. in Form einer Reise, eines Fluges oder eines Hotelaufenthalts zukommen, bewirkt der Reiseunternehmer mit dieser Zuwendung eine entgeltliche Reiseleistung im Sinne des § 1 Abs. 1 i. V. m. § 3 Abs. 9a Nr. 2 UStG, die der Margenbesteuerung unterliegt.

Der Reiseunternehmer ermittelt die umsatzsteuerliche Bemessungsgrundlage nach den Ausgaben, die ihm bei der Ausführung dieser Umsätze an die Mitarbeiter entstanden sind (§ 10 Abs. 4 S. 1 Nr. 3 UStG i. V. m. § 3 Abs. 9a Nr. 2 UStG). Ausgaben sind die durch Einkauf der Reisvorleistungen, wie Hotel oder Flug oder aufgrund von Eigenleistungen entstandenen Kosten (§ 4 Abs. 4 EStG).

Im Falle einer unentgeltlichen Wertabgabe ergibt sich jedoch keine Marge, weil sich die Ausgaben mit den Aufwendungen des Unternehmers für den Erwerb oder die Produktion der Reise decken. Das Gleiche gilt, wenn eine Barzahlung des Arbeitnehmers für die Reiseleistung die Aufwendungen nicht übersteigt (Abschn. 25.3 Abs. 5 Nr. 1 UStAE). Der Abzug der auf den Erwerb der Reise oder Reisevorleistungen entfallenden Vorsteuer ist ausgeschlossen (§ 25 Abs. 4 S. 1 UStG).

Bei unentgeltlichen oder verbilligten touristischen Leistungen wie Flügen und Reisen

- der Körperschaften und Personenvereinigungen im Rahmen ihres Unternehmens an ihre Anteilseigner, Gesellschafter, Mitglieder und Teilhaber oder diesen nahe stehenden Personen,
- der Reiseunternehmer als Einzelunternehmer an ihnen nahe stehende Personen,
- der Reiseunternehmer an Expedienten und sonstige Mitarbeiter oder deren Angehörige aufgrund des Arbeitsverhältnisses

wird die Bemessungsgrundlage als sog. Mindestbemessungsgrundlage nach den bei der Ausführung dieser Umsätze entstandenen Ausgaben für Eigenleistungen, Reisevorleistungen und sonstige Eingangsleistungen bemessen (§ 10 Abs. 5 i. V. m. Abs. 4 Nr. 3 UStG). Bei der Margenbesteuerung unterliegenden Umsätzen ergibt

---

385 Oder für Zwecke, die außerhalb des Unternehmens liegen (§ 3 Abs. 9a Nr. 2 UStG).

sich keine Marge, soweit die Aufwendungen der Bereicherten die Ausgaben des Reiseunternehmers nicht übersteigen (Abschn. 25.3 Abs. 5 Nr. 1 UStAE).

☞ Beachten Sie:

Ist das vereinbarte niedrigere Entgelt marktüblich, ist die Mindestbemessungsgrundlage nicht anzusetzen. Dies ist der Fall beim Verkauf von Last-Minute-Reisen zu einem Preis, der unter den für diese Reisen entstandenen Aufwendungen liegt. Allerdings können durch Mitarbeiterreisen keine negativen Margen entstehen (Abschn. 25.3 Abs. 6 S. 1 und 2 UStAE, § 42 Abs. 2 AO).

6. Umsatzsteuer-Voranmeldungen bei Margenumsätzen

Häufig steht die Höhe der Marge für die bewirkten Umsätze zum Zeitpunkt der Abgabe der Umsatzsteuer-Voranmeldung für den Voranmeldungszeitraum noch nicht fest oder die Höhe der Reisevorleistungen ist noch nicht bekannt. Der Reiseunternehmer kann in der Umsatzsteuer-Voranmeldung auf Basis von Kalkulationen oder Erfahrungssätzen des Vorjahres als Bemessungsgrundlage geschätzte Werte zugrundelegen. In der Umsatzsteuer-Jahreserklärung ist darauf zu achten, dass sich nach endgültiger Feststellung der Bemessungsgrundlage nicht regelmäßig höhere Abschlusszahlungen ergeben (Abschn. 25.3 Abs. 7 UStAE). Schätzungen sollten demnach nicht konstant zu niedrig ausfallen. Hier könnte bei vorsätzlichem Handeln der Strafvorwurf der Steuerhinterziehung laut werden.

Exkurs: Aktuelle EuGH-Rechtsprechung *TOMS & Wholesale*[386] – Auswirkungen auf die Umsatzsteuer-Voranmeldung

Der EuGH entschied im Vertragsverletzungsverfahren der EU-Kommission gegen Spanien, dass für eine korrekte Ermittlung der Bemessungsgrundlage von Reiseleistungen auf jede einheitliche Dienstleistung des Reiseveranstalters Bezug zu nehmen ist.

☞ Beachten Sie:

Der Reiseunternehmer hat gemäß o.g. EuGH-Urteil die Marge für jede einzelne Buchung zu ermitteln. Ist ihm aber am Ende des Voranmeldungszeitraums die Höhe der Reisevorleistungen für die in diesem Zeitraum bewirkten Leistungen noch nicht bekannt, bestanden bislang keine Bedenken, wenn er in der Voranmeldung als Bemessungsgrundlage geschätzte Beträge zu Grunde legte (Abschn. 25.3 Abs. 7 S. 3 UStAE).
Der Reiseunternehmer müsste für die Ermittlung von Einzelmargen als der einzig akzeptierten steuerlichen Bemessungsgrundlage, diese aufgrund von Endabrechnungen der Leistungsträger, Preisminderungen, Kulanzen usw. kontinuierlich zeitnah im Voranmeldungszeitraum der Änderungen

---

386 EuGH-Urteil vom 26.09.2013, Az.: C-189/11 – *TOMS & Wholesale*, siehe Anhang RECHTSPRECHUNG IN DER TOURISTIK, „EuGH- und BFH-Urteile".

anpassen. Dies erhöht den Befolgungsaufwand zur Erfüllung seiner steuerlichen Pflichten. Zusätzlich liefert er sich bei Nichtbeachtung dem Risiko aus, der Steuerhinterziehung bezichtigt zu werden. Er könnte vorsätzlich inkorrekte Steueranmeldungen eingereicht haben. Eine nachgereichte korrigierte Voranmeldung kann als Selbstanzeige gewertet werden (§ 18 Abs. 1 und Abs. 2 UStG, § 370 AO). Der Gesetzgeber schreibt vor, dass eine Berichtigung als Selbstanzeige mit strafbereiender Wirkung gewertet wird, soweit sie alle unverjährten Steuerstraftaten einer Steuerart in vollem Umfang enthält (§ 371 AO). Das ohnehin erhöhte Fehlerrisiko bei der Berechnung der abzuführenden Umsatzsteuer, wird durch die Abschaffung der Bildung von Gruppen- und Gesamtmargen unnötig verschärft.

7. Besonderheiten bei Rechnungen über Reiseleistungen

Stellt der B2C-Reiseveranstalter über eine gebuchte Pauschalreise an den Reisekunden eine Rechnung, ist auf die Anwendung der Sonderregelung der Margenbesteuerung durch den zwingend erforderlichen und wörtlich wiederzugebenden Zusatz „Sonderregelung für Reisebüros"[387] hinzuweisen (§ 14a Abs. 6 UStG). Außerdem darf die Margen-Umsatzsteuer nicht gesondert ausgewiesen werden. Die unberechtigt ausgewiesene Margensteuer wird vom Reiseunternehmer geschuldet (§ 14c Abs. 2 UStG, § 13a Abs. 1 Nr. 4 UStG). Darüber hinaus gibt er durch den Ausweis der Margensteuer Informationen über die Kalkulation und die Höhe seines Regieaufschlags preis.

Die Regelung des § 14a Abs. 6 UStG könnte als überflüssiger Formalismus interpretiert werden, denn für private Endverbraucher gibt es grundsätzlich keine Erstattung von Vorsteuern (§ 15 Abs. 1 UStG, § 14a Abs. 6 S. 2 UStG). Durch die Angabe des Bruttopreises ohne ausgewiesener Umsatzsteuer, hat der Reisepreis Festpreischarakter (§ 29 Abs. 1 S. 2 UStG, Abschn. 29.1 Abs. 4 S. 3 UStAE). Wird der Umsatz anteilig steuerfrei, kann der Reisekunde keinen Ausgleich der umsatzsteuerlichen Minderbelastung verlangen (§ 3a Abs. 8 UStG).

☞ **Beachten Sie:**

Bei einer gemischten Pauschalreise fallen Regel- und Margensteuer nebeneinander an. Auf einen betragsmäßig und nach Steuersätzen getrennten separaten Steuerausweis der Regelumsatzsteuer in der Abrechnung wird gegenüber den privaten Endkunden verzichtet (§ 14 Abs. 4 Nr. 8 UStG, § 15 Abs. 1 Nr. 1 UStG).

---

387 Siehe Anhang VERWALTUNGSANWEISUNGEN, „Erlasse und BMF-Schreiben" gem. BMF-Schreiben vom 25.10.2013.

Exkurs: Aktuelle EuGH-Rechtsprechung *TOMS & Wholesale*[388] – Auswirkungen auf die Rechnungsstellung

Während das nationale Umsatzsteuerrecht den Anwendungsbereich der Margenbesteuerung durch die Art und Weise der Verwendung der Reiseleistungen seitens des Leistungsempfängers begrenzt, sieht die aktuelle EuGH-Rechtsprechung die Margenbesteuerung unter Beachtung der weiteren Voraussetzungen der Art. 306 bis 310 MwStSystRL ohne Einschränkung für jede Art von Kunden vor.

☞ **Beachten Sie:**
Der Reiseunternehmer hat im B2B-Geschäft gemäß o.g. EuGH-Urteil die Margenbesteuerung anzuwenden. Anders als das nationale Umsatzsteuerrecht verbietet die Mehrwertsteuer-Systemrichtlinie nicht explizit den Ausweis von Margensteuer in der Abrechnung von Reiseleistungen (§ 14a Abs. 6 S. 2 UStG i.V.m. § 14 Abs. 4 S. 1 Nr. 8 UStG, anders: Art. 226 Nr. 10 i.V.m. Art. 325 MwStSyStRL). Folglich steht der Reiseunternehmer beim Reiseverkauf an Wiederverkäufer oder Geschäftsreisende unter Druck, seine Kalkulation preiszugeben.

---

8. Reiseleistungen und Vorsteuerabzug

Für Reiseveranstalter ergibt sich eine Besonderheit bei der Faktura: sie sind grundsätzlich nicht berechtigt, die für inländische oder ausländische Reisevorleistungen gesondert in Rechnung gestellten Steuerbeträge als Vorsteuer abzuziehen (§ 25 Abs. 4 S. 1 UStG).

Im Übrigen bleibt das Recht zum Vorsteuerabzug jedoch für den Reiseunternehmer erhalten, nämlich

- für Eingangsleistungen, die keine Reisevorleistungen sind, wie Leistungen in Verbindung mit Marketing, Katalogproduktion, IT oder Kommunikation,
- für Eigenleistungen,
- für Leistungen im Firmenkundengeschäft.

Reiseunternehmer können Vorsteuerbeträge aus ordnungsgemäß ausgestellten Eingangsrechnungen für Lieferungen und sonstige Leistungen geltend machen, soweit zunächst die beiden folgenden Voraussetzungen erfüllt sind:

1. Es handelt sich nicht um Reisevorleistungen nach § 25 UStG und
2. die Lieferungen und sonstigen Leistungen werden für das eigene Unternehmen ausgeführt.

Sämtliche der Margenbesteuerung unterliegenden Eingangsleistungen der touristischen Leistungsträger können „brutto für netto" verbucht werden. Bei anderen Eingangsleistungen, wie Lieferungen von Prospektmaterial, Reise-DVDs, Büroeinrichtung oder Leistungen der IT-Service-Partner, Vermieter von Büroflächen,

---

388 EuGH-Urteil vom 26.09.2013, Az.: C-189/11 – *TOMS & Wholesale*, siehe Anhang RECHT-SPRECHUNG IN DER TOURISTIK, „EuGH- und BFH-Urteile".

Marketing- und Presseagenturen, ist zu prüfen, ob die im Umsatzsteuergesetz aufgelisteten Formalanforderungen für den Vorsteuerabzug erfüllt sind (§ 14 Abs. 4 UStG, § 14a Abs. 1 S. 1 und Abs. 5 UStG sowie § 15 Abs. 1 Nr. 1 UStG). Reiseunternehmer, die Drittlandsreisen anbieten, prüfen, wo die ihnen zuzurechnenden Reisevorleistungen bewirkt werden. Bei Leistungsorten im Drittland kann der Unternehmer die Vorsteuer aus der jeweiligen Eingangsrechnung geltend machen, soweit das Recht des Drittlandstaates nicht etwas anderes vorsieht.

☞ **Beachten Sie:**

Je nach Einzelfall wird es nicht beanstandet, wenn auf Reisevorleistungen, die faktisch ausschließlich im Drittlandsgebiet erbracht werden, und deren Leistungsort sich nach dem Empfängerortprinzip im Inland befindet, in Deutschland keine Umsatzsteuer abgeführt wird (§ 3a Abs. 2 UStG, § 3a Abs. 8 UStG, Abschn. 3a.14 Abs. 9 UStAE).

Unabhängig davon kann im Falle der Besteuerung der Reisevorleistung im Drittland, soweit vom Drittland vorgesehen, das Recht zum Vorsteuerabzug geltend gemacht werden.

Veräußert der Unternehmer Reiseleistungen im Rahmen der Jugendhilfe gemäß § 4 Nr. 25 UStG auch bezüglich des EU-Anteils steuerfrei, so ist der Teil der jeweiligen Vorsteuerbeträge nicht abziehbar, der den zum Ausschluss vom Vorsteuerabzug führenden Umsätzen wirtschaftlich zuzurechnen ist (§ 15 Abs. 4 S. 1 UStG, Abschn. 25.2 Abs. 7 UStAE).

Exkurs: Aktuelle EuGH-Rechtsprechung *TOMS & Wholesale*[389] und Vorsteuerabzug beim B2B-Leistungsempfänger

Während das nationale Umsatzsteuerrecht den Anwendungsbereich der Margenbesteuerung durch die Art und Weise der Verwendung der Reiseleistungen seitens des Leistungsempfängers begrenzt, sieht die aktuelle EuGH-Rechtsprechung die Margenbesteuerung unter Beachtung der weiteren Voraussetzungen der Art. 306 bis 310 MwStSystRL ohne Einschränkung für jede Art von Kunden vor.

☞ **Beachten Sie:**

Ohne Ausweis der Margensteuer in der Abrechnung von Reiseleistungen an zum Vorsteuerabzug berechtigte steuerpflichtige Kunden z.B. an Geschäftsreisende im Business Travel oder MICE-Geschäft, hat der Leistungsempfänger keine Möglichkeit, sein Recht zum Vorsteuerabzug geltend zu machen. Damit verteuert sich für ihn der Leistungseinkauf um die in der Marge enthaltene Umsatzsteuer. Dies verstößt gegen das in der Richtlinie verankerte Neutralitätsprinzip[390], nämlich den Endverbraucher und nicht den vorsteuerabzugsberechtigten Unternehmer mit der Umsatzsteuer zu belasten.

---

389 EuGH-Urteil vom 26.09.2013, Az.: C-189/11 – *TOMS & Wholesale*, siehe Anhang RECHTSPRECHUNG IN DER TOURISTIK, „EuGH- und BFH-Urteile".

390 Richtlinie 2006/112/EG des Rates über das gemeinsame Mehrwertsteuersystem vom 28. November 2006, Rn. 7 und 30.

9. Gesamtumsatz bei Kleinunternehmern

Umsatzsteuer wird nicht erhoben, wenn der Gesamtumsatz zuzüglich der darauf entfallenden Steuer im vorangegangenen Kalenderjahr 17.500,00 € nicht überstiegen hat und im laufenden Kalenderjahr 50.000,00 € voraussichtlich nicht übersteigen wird[391] (§ 19 Abs. 1 und 3 UStG). Entscheidend in Hinblick auf die doppelte Kleinunternehmer-Umsatzschwelle sind jeweils die vereinbarten Entgelte, also der komplette Reisepreis des Mini-Veranstalters, und nicht lediglich die Bruttomarge als Differenzbetrag zwischen Reiseerlös und Aufwendungen für Reisevorleistungen (Abschn. 19.3 Abs. 1 S. 5 UStAE).

☞ **Beachten Sie:**

Die Umsatzgrenze von 50.000,00 € hat keine eigene Bedeutung, wenn im Vorjahr bereits die Umsatzgrenze von 17.500,00 € überschritten wurde. Bei stark schwankenden Umsätzen – im Vorjahr mehr als, im Folgejahr weniger als 17.500,00 € – besteht für beide Kalenderjahre Umsatzsteuerpflicht.

---

391 Siehe auch Kapitel A.I.11.e) – VORSTEUERABZUG, „Rechnungen von Kleinunternehmern".

VIII. Gemischte Veranstaltungsleistungen

Der Reiseveranstalter kann eine Pauschalreise durch Bündelung von Reisevorleistungen und Eigenleistungen produzieren.

Erstere sind Lieferungen und sonstige Leistungen Dritter, die dem Reisenden unmittelbar zugute kommen (§ 25 Abs. 1 S. 5 UStG). Keine Reisevorleistungen sind also Leistungen, die dem Reisenden nur mittelbar zugute kommen. Dementsprechend sind all die Leistungen, die der Reisende in Anspruch nehmen würde, wenn er die Reise ohne Veranstalter durchführen würde, als Reisevorleistungen zu qualifizieren, soweit sie nicht Eigenleistungen sind. Letztere sind mit eigenen Mitteln, also selbst erstellte Leistungen.

Bei einer gemischt veranstalteten Reise werden in der nationalen Besteuerungspraxis die Eigenleistungen nach Maßgabe der Kosten zu den Gesamtkosten anteilig aus den Reiseerlösen herausgerechnet und der Regelbesteuerung zugeführt (Abschn. 25.3 Abs. 2 S. 2 UStAE).

☞ Beachten Sie:

Allerdings wird mit der EuGH-Entscheidung Madgett & Baldwin[392] *als Aufteilungsmaßstab für Eigenleistungen und Reisevorleistungen das Verhältnis von Marktwerten zueinander verbindlich vorgeschrieben. Die Marktwertmethode ist nach EuGH-Urteil vom 06.10.2005[393] anzuwenden, wenn Eigenleistungen auch einzeln auf Nichtpauschalbasis vertrieben werden (z. B. Flug, Unterkunft) und somit deren Werte bestimmbar sind. Sie ist nicht als Wahlmethode zu verstehen, die nach eigenem Ermessen nur dann Anwendung findet, wenn sie eine Minderung der Steuerschuld gegenüber dem Betrag bewirkt, der sich bei Verwendung der auf die tatsächlichen Kosten gestützten Methode ergäbe.[394] Gegebenenfalls sind Marktwert- und Kostenmethode nebeneinander für innerhalb eines Besteuerungszeitraums erbrachte Reiseleistungen anzuwenden[395].*

Problematisch ist nicht die Ermittlung für Produkte ohne vorliegende Marktwerte (z. B. Knüpfkurs zur Restaurierung alter Orientteppiche in Kayserie/TR), bei denen außerhalb des Pauschalangebots keine ähnlichen Leistungen angeboten werden, sondern für Produkte, die starken Preisschwankungen unterliegen. Ein und dieselbe Leistung, je nach Haupt- oder Nebensaison, kann zu differenzierten Katalogpreisen sowie zu Frühbucher- oder Last-Minute-Preisen angeboten werden. Unter diesen Gegebenheiten kann sich der Reiseunternehmer zur Bestimmung des Marktwerts auf Durchschnittswerte stützen. Dies bietet sich auch an, wenn die Preise der außerhalb eines Pauschalangebots verkauften ähnlichen Leistungen sehr unterschiedlich ausfallen, z. B. bei durchschnittlichen Verkaufspreisen von Flugscheinen unter Berücksichtigung, dass im Rahmen von Pauschalreisen, Kindern der Reisenden Flugsitze kostenlos

---

392 EuGH-Urteil vom 22.10.1998, Az.: C-308/96 bzw. C-94/97, Rn. 46.
393 EuGH-Urteil vom 06.10.2005, Az.: C-291/03 – *MyTravel plc.*
394 EuGH-Urteil vom 06.10.2005, Az.: C-291/03 – *MyTravel plc.*, Rn. 31.
395 EuGH-Urteil vom 06.10.2005, Az.: C-291/03 – *MyTravel plc.*, Rn. 41.

*oder zu ermäßigten Preisen angeboten werden. Es ist auf den Markt, der auf
den an andere Reiseveranstalter verkauften Sitzen basiert, abzustellen*[396].
*Ein Reiseunternehmer kann als Aufteilungskriterium die tatsächlichen Kosten
verwenden, wenn er nachweist, dass dies der tatsächlichen Struktur des Pauschalangebots exakt Rechnung trägt*[397].

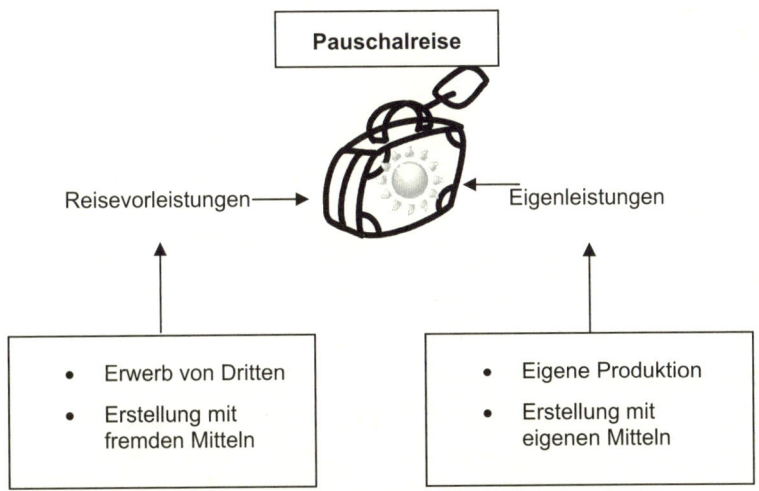

Abb. 97: Gemischte Veranstaltungsleistungen

**Beispiel – Gemischte Pauschalreise aus Reisevorleistungen und Eigenleistun-
gen:**

Der Veranstalter Peacock Tours aus München erzielt für eine organisierte 4-tä-
gige Buspauschalreise München – Wien – Bern – München einen Erlös von
80.000,00 €. Folgende Aufwendungen fallen an:

Buseinsatz (EU 60 % – Nicht-EU 40 %)	20.000,00 €
Hotel Wien	10.000,00 €
Hotel Bern	15.000,00 €
Zielgebietsarrangement Wien	20.000,00 €
Zielgebietsarrangement Bern (Stadtführung, Restauration, diverse Museumseintritte, Besuch einer Ballettaufführung)	10.000,00 €
Angestellter Reiseleiter (Lohn, Spesen, inkl. USt)	1.500,00 €

Lösung:

1. Schritt: Ausgliederung von Eigenleistungen

Aufteilungsmaßstab ist das Verhältnis der Kosten für Fremd- und Eigenleistungen zueinander.

---

396 EuGH-Urteil vom 06.10.2005, Az.: C-291/03 – *MyTravel plc.*, Rn. 44 und 45.
397 EuGH-Urteil vom 06.10.2005, Az.: C-291/03 – *MyTravel plc.*, Rn. 41.

Reiseleitung   1.500 €   (1,96 %)

Gesamtaufwand   76.500€ (100,00 %)

⇨ Anteil Eigenleistungen: 1,96 %

1,96 % von 80.000,00 € Gesamtumsatz   1.568,00 €

darin Umsatzsteuer 19/119   250,35 €

2. Schritt: Berechnung der Margensteuer

Die Reisevorleistungen sind entsprechend den ihnen zugrunde liegenden Leistungsorten nach ihrer Bewirkung im Gemeinschaftsgebiet und im Drittland aufzuteilen.

RVL	EU	Non-EU	Gesamt
Bus	12.000,00 €	8.000,00 €	20.000,00 €
Hotel	10.000,00 €	15.000,00 €	25.000,00 €
Arrangements	20.000,00 €	10.000,00 €	30.000,00 €
Σ	**42.000**,00 €	**33.000**,00 €	**75.000**,00 €
	56 %	44 %	100 %

Die Leistungsortsbestimmung auf Ebene der Eingangsumsätze bzgl. der Schweizer Zielgebietsarrangements ist folgendermaßen zu ermitteln:

• für die Restaurationsleistung liegt der Leistungsort nach dem Konsumorts-prinzip in Bern (§ 3a Abs. 3 Nr. 3 lit. b UStG).
• für Stadtführung, Museen und Ballettaufführung liegt der Leistungsort für Zwecke der Margenermittlung ggf. am Nutzungsort der Leistung durch den Touristen in der Schweiz (§ 3a Abs. 8 UStG) bzw. am Veranstaltungsort (§ 3a Abs. 3 Nr. 5 UStG).

Gesamterlöse	**80.000,00 €**
davon Margenerlöse (98,04 %)	78.432,00 €
abzgl. RVL	75.000,00 €
Marge	3.432,00 €
./. Drittlandsmarge (44 %)	1.510,08 €
= EU-Marge (56 %)	1.921,92 €
darin Umsatzsteuer 19/119	**306,86 €**

3. Schritt: Berechnung der steuerlichen Gesamtbelastung für den Veranstalter

Umsatzsteuer auf Eigenleistungen	250,35 €
Margen-Umsatzsteuer	306,86 €
an das Finanzamt abzuführen	557,21 €

IX. High-School-Programme

Die Margenbesteuerung kann für kurzfristige Sprach- und Studienreisen (z. B. Auslandsaufenthalte von Schülern während der Schulferien) und auch für längerfristige Studienaufenthalte im Ausland, die mit einer Reise, etwa Beförderung und Betreuung[398], kombiniert sind (sog. High-School-Programme), in Betracht kommen (Abschn. 25.1 Abs. 1 S. 6 UStAE).

Sämtliche vier Tatbestandsvoraussetzungen des § 25 UStG[399] haben für die Anwendung der Margenbesteuerung auf gleichartige Umsätze im Rahmen einer anderen Tätigkeit eines Wirtschaftsteilnehmers vorzuliegen, ohne dass dieser als Reiseveranstalter oder veranstaltendes Reisebüro im üblichen Wortsinn in Erscheinung treten muss[400].

Artikel 26 der Sechsten Richtlinie ist so auszulegen, dass er vergleichbare Tätigkeiten nach objektiven Kriterien und nicht nach der vorher bestimmten Zuordnung eines Wirtschaftsteilnehmers zu einer Berufsgruppe erfasst[401]. Des Weiteren sind keine entscheidungsrelevanten Merkmale für die Anwendung oder Nichtanwendung der Margenbesteuerung der Zweck und/oder die Dauer eines Auslandsaufenthalts. Nehmen Schüler und Studenten zum Zweck des Erlernens der englischen Sprache (Sprachausbildung und -erziehung) an einem längerfristigen, bspw. zehnmonatigen High-School-Programm im Ausland teil, kann es sich um gleichartige Umsätze wie die der Veranstalter und veranstaltenden Reisebüros handeln[402].

Der Generalanwalt legte in seinen Vorschlägen zum EuGH-Urteil am 16.06.2005 dar, dass *„es neben reinen Vergnügungsreisen eine riesige Vielfalt von Reisen je nach ihrem Zweck gibt. Außer an Reisen zum Erlernen der Sprache und der Kultur des jeweiligen Ortes braucht man nur an Reisen zu denken, bei denen Aufenthalte zur Ausübung sportlicher Aktivitäten, für Thermal- oder Anti-Stress-Behandlungen, für Kochkurse und Weinverköstigungen oder auch, um eine Gruppe von Musikern für eine mehr oder weniger lange Zeit für die Aufführung eines bestimmten Repertoires zusammenzubringen, organisiert werden. Wären die Dauer und die Zwecke der Reisen ins Ausland und der Aufenthalte dort maßgebend, so würde bei der Bestimmung der Tragweite des Begriffes ‚Reisebüro‘ im Sinne von Artikel 26 der Sechsten Richtlinie ein großes Maß an Unsicherheit herrschen[403]. "*

Der Zweck einer Reiseleistung ist mit objektiven Kriterien nicht prüfbar, dies erfordert jedoch die Mehrwertsteuer mit ihrem eindeutig objektiven Charakter als Voraussetzung für eine einheitliche Anwendung der Regelungsvorschriften.[404] Kennzeichnend für Umsätze im Rahmen eines High-School-Programms ist, dass

---

398 BMF-Schreiben vom 31.01.2007, Az.: IV A 5 – S 7419 – 1/07.

399 Siehe Kapitel B.V. – MARGENBESTEUERUNG, „Voraussetzungen und Rechtsfolgen der Margenbesteuerung".

400 EuGH-Urteil vom 22.10.1998, Az.: C-308/96 und C-94/97, Rn. 10 – *Madgett & Baldwin*.

401 EuGH-Urteil vom 22.10.1998, Az.: C-308/96 und C-94/97, Rn. 32 – *Madgett & Baldwin*.

402 BFH-Urteil vom 01.06.2006, Az.: V R 104/01.

403 Schlussanträge des Generalanwalts M. Poiares Maduro vom 16.06.2005, Az.: C –200/04 – *iSt internatinale Sprach- und Studienreisen GmbH*.

404 Schlussanträge des Generalanwalts M. Poiares Maduro vom 16.06.2005, Az.: C–200/04 – *iSt internatinale Sprach- und Studienreisen GmbH*, Rn. 37 und 38.

sie sich aus mehreren Leistungen, insbesondere Beförderungs-, Unterbringungs-
und Betreuungsleistungen, zusammensetzen. Unentgeltliche Unterbringung und
Naturalleistungen, z. B. aus ideellen Motiven, bei den Gastfamilien sind dabei
nicht Gegenstand des Pauschalpreises.

X. Reiserücktrittskostenversicherung

In einem Pauschalreisebündel kann neben Beförderung, Unterkunft und Verpflegung eine Reiserücktrittskostenversicherung zur Versicherung von Stornokosten enthalten sein.

Diese ist entweder im Rahmen eines angebotenen „Sorglos-Pakets" als obligatorische Teilleistung im Pauschalpreis für den Urlaub enthalten oder aber sie wird separat zur Pauschalreise angeboten. In jedem Fall ergeht sie als eigenständige Hauptleistung[405] mit der Folge, dass sie als Versicherungsleitung steuerfrei gestellt wird (§ 4 Nr. 10 lit. b oder Nr. 11 UStG).

Zwar spricht es für eine touristische Nebenleistung, dass aus der Sicht eines Durchschnittsverbrauchers, der einen All-Inclusive-Service anstrebt, die obligatorisch abzuschließende oder fakultativ abgeschlossene Reiserücktrittskostenversicherung Teil der einheitlichen Dienstleistung des Reiseveranstalters ist (Abschn. 3.10 Abs. 1 S. 3 UStAE). Zudem kommt ihr innerhalb des Pauschalreisepreises nur ein geringes Gewicht zu. Gleichwohl hat der Bundesfinanzhof in seinem Urteil vom 13.07.2006[406] richtig entschieden, dass die Gewährung von Versicherungsschutz keine typische Reiseleistung im Sinne von § 25 UStG ist. Eine Reiserücktrittsversicherung stellt zwar eine nebensächliche Leistung dar, sie ist aber nicht Mittel ohne eigenen Zweck für die Inanspruchnahme der Reiseleistung unter besseren Bedingungen, denn sie versichert nicht ein der Reiseleistung innewohnendes Risiko, sondern bestimmte Risiken im persönlichen Bereich des Reisenden wie Tod, Unfall, Arbeitslosigkeit, Scheidungsklage oder Impfunverträglichkeit. Damit verfolgt sie einen von der Durchführung der Reise unabhängigen Sicherungszweck. Sie bezweckt, das finanzielle Risiko des Reisenden in Gestalt der als pauschalisierten Schadensersatz nach § 651a BGB geschuldeten Stornogebühren zu mindern oder auszuschließen. Sie ist kein Mittel, um die Reiseleistung unter optimalen Bedingungen in Anspruch zu nehmen, da sie keinerlei Einfluss auf die Durchführung der Reise hat.[407]

Eine Reiserücktrittskostenversicherung, deren Abschluss bei Buchung der Reise in das Belieben des Leistungsempfängers gestellt wird und für die das Versicherungsentgelt neben dem Reisepreis ggf. gesondert berechnet wird, ist eine umsatzsteuerrechtlich gesondert zu beurteilende Leistung, die nicht der Margenbesteuerung des § 25 UStG unterliegt. Gleiches gilt für den Abschluss einer obligatorisch vom Reiseveranstalter angebotenen Reiserücktrittskostenversicherung. Die selbständige Leistung ist keine Reiseleistung. Der Umsatz kann je nach Sachverhalt eine steuerfreie Versicherungsleistung gemäß § 4 Nr. 10 lit. b UStG oder gemäß § 4 Nr. 11 UStG sein[408] (Abschn. 25.1 Abs. 13 UStAE).

---

405 Bzgl. Haupt- und Nebenleistungen siehe Kapitel A.I.3.d) – LIEFERUNG UND SONSTIGE LEISTUNG, „Touristische Nebenleistungen".
406 Az.: V R 24/02.
407 BFH-Urteil vom 13.07.2006, Rn. 32, Az.: V R 24/02.
408 BMF-Schreiben vom 27.11.2006, Az.: IV A 5 – S 7419 – 11/06.

XI. Storno und Umbuchung

Der Reiseunternehmer kann in den Allgemeinen Geschäftsbedingungen (AGB) seines Reisevertrags eine Entschädigung in Form einer vom Reisekunden zu entrichtenden Stornogebühr vereinbaren, die anfällt, wenn dieser vor Reisebeginn vom Vertrag zurücktritt. Dabei bestimmt sich die Höhe der Entschädigung nach dem Reisepreis unter Abzug des Wertes der vom Reiseveranstalter ersparten Aufwendungen, z. B. Beköstigung oder Zimmerreinigung sowie dessen, was er durch anderweitige Verwendung der Reiseleistungen erwerben kann (§ 651i Abs. 2 BGB). Eine in den AGB formulierte Stornostaffel kann sich über pauschalisierte Vomhundertsätze des Reisepreises nach der Zeitspanne zwischen Zugang der Stornoerklärung und gebuchtem Reisebeginn orientieren (§ 651i Abs. 3 BGB).

1. Stornogebühren der Veranstalter und Leistungsträger

Stornokosten stellt der Reiseunternehmer dem Reisekunden in Rechnung. Die Finanzverwaltung unterscheidet bei der umsatzsteuerlichen Behandlung von Stornogebühren nach der Einräumung von zivilrechtlichen Rücktrittsrechten gegenüber dem Kunden. Ist vertraglich kein Rücktrittsrecht vorgesehen und konnte sich somit der Kunde nicht wirksam vom Vertrag lösen, ist das gezahlte Entgelt nach Auffassung der Finanzverwaltung[409] umsatzsteuerpflichtige Gegenleistung für die Aufrechterhaltung der Leistungsbereitschaft, z. B. für das Bereithalten eines Mietwagens. Ist hingegen ein Rücktrittsrecht eingeräumt, so handelt es sich um echten Schadensersatz[410], dem keine Gegenleistung gegenübersteht und der somit nicht steuerbar ist (Abschn. 25.1 Abs. 14 S. 1 UStAE).

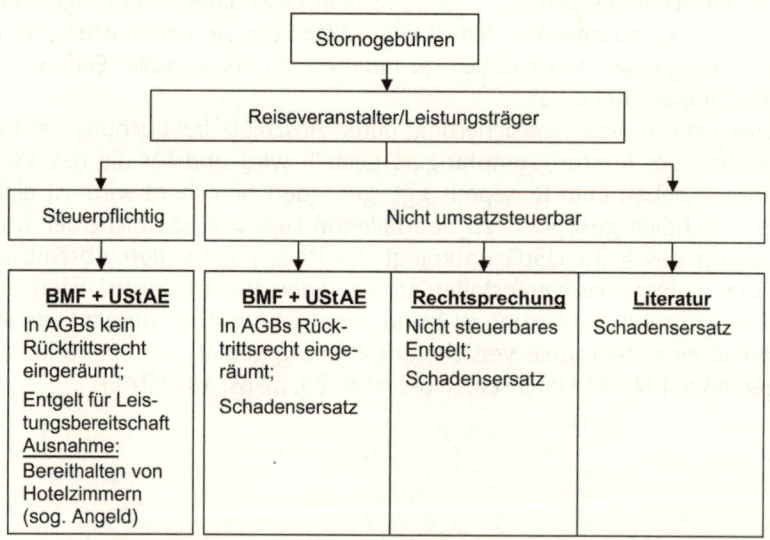

Abb. 98: Behandlung von Stornogebühren

---

409 OFD Frankfurt vom 05.08.2008, Az.: S 7100 A-199-St110.
410 Siehe Kapitel A.I.6.c) – BEMESSUNGSGRUNDLAGE, „Schadensersatz und Stornogebühren".

Sowohl Rechtsprechung[411] als auch einschlägige Literatur zum Thema nehmen diese Unterscheidung nicht vor. Sie behandeln Stornogebühren als nicht steuerbaren Schadensersatz, wenn beim Auftragnehmer nur interne Vorbereitungs- und Planungsarbeiten erfolgt sind (z. B. Anlegen einer Gästeakte sowie Vorhalten und Reservieren der entsprechenden Zimmer[412]) und dem Stornierenden noch keine Leistung – auch nicht anteilig – zugewandt wurde.

☞ **Beachten Sie:**
Laut Bundesministerium der Finanzen stellen übernachtungsbezogene Storno- kosten grundsätzlich – also unabhängig vom Bestehen eines Rücktrittsrechts – nicht steuerbaren Schadensersatz dar.[413] Die pauschalierte Entschädigung wird als Angeld bezeichnet.

Bereitstellungs- oder Ausfallentgelte im Zusammenhang mit folgenden Leistungen sind von Stornoentgelten sorgfältig abzugrenzen:

* **Plangemäße Bereitschaftsleistungen**
  z. B. Betreuungs- und Beistandsleistungen in Form eines „Schutzbriefs"[414] durch Bereithaltung eines Ansprechpartners vor Ort, der sich um eventuell aufkommende Individualprobleme des Reisenden, z. B. aufgrund von Krankheit, kümmert.
  Es erfolgt eine pauschale Vergütung für eine Ruf- und/oder Servicebereitschaft.
* **Nicht abgerufene Leistungen**
  z. B. Unflown Revenue[415] durch verfallene Flugbuchungen;
  Eine vereinbarte Leistung wird zwar angeboten und durchgeführt, doch der Kunde ruft sie gar nicht ab. Eine Entgeltrückgewähr wird nach den Beförderungsbedingungen ausdrücklich ausgeschlossen.
* **Auftragsstorno nach Leistungsbeginn**
  z. B. Abbruch einer Hochseekreuzfahrt aufgrund von Seekrankheit;
  Die Vertragsparteien einigen sich über eine vorzeitige Beendigung der Leistung gegen angemessene Entschädigung.
  Der Bundesfinanzhof[416] betrachtet eine derartige Entschädigung als Vergütung für den Verzicht des leistenden Unternehmers auf die ihm vertraglich zustehende vollständige Erbringung der Leistung.

Die korrespondierenden Geldflüsse sind als umsatzsteuerbare Entgelte zu charakterisieren und ggf. steuerpflichtig.

---

411 BFH-Urteil vom 30.06.2010, Az.: XI R 22/08.
412 EuGH-Urteil vom 18.07.2007, Rs.: C-277/05 – *Société thermale d'Eugénie-les-Bains*, siehe auch Fußnote 286.
413 BMF-Schreiben vom 05.03.2010, Az.: IV D 2 – S 7210/07/10003, Rn. 8.
414 Z. B. Betreuungsleistungen gemäß BFH-Urteil vom 02.03.2006, Az.: V R 25/03 – *Umsatzsteuerliche Behandlung der Leistungen eines Konsularservices*.
415 BFH-Urteil vom 15.09.2011, Az.: V R 36/09 – *Unflown Revenue*.
416 BFH-Urteil vom 07.07.2005, Az.: V R 34/03.

2. Umbuchungsgebühren der Veranstalter und Leistungsträger

Umbuchungs- oder Änderungsgebühren entstehen, wenn der Reisekunde einen bestehenden Reisevertrag ändert, z. B. durch Name Change, neue Flugzeiten oder eine andere Reiseroute. Nach Auffassung der Rechtsprechung handelt es sich bei Umbuchungsgebühren um steuerbares Entgelt für Nebenleistungen[417].

Dieser Ansicht ist auch das Bundesministerium der Finanzen. Allerdings begründet es seine Ansicht damit, dass der ursprüngliche Reisevertrag bestehen bleibt und das Entgelt um die Umbuchungsgebühr erhöht wird. Dieses höhere Entgelt ist die vollständige vertragliche Gegenleistung. Die Umbuchungsgebühr teilt dabei das Schicksal der Reiseleistung (Abschn. 25.1 Abs. 14 S. 4 UStAE).

Im Ergebnis erhöhen sich die Reiseerlöse um die Umbuchungsgebühr. Werden die der umgebuchten Reiseleistung zuzurechnenden Reisevorleistungen in einem Drittland bewirkt, so ist die um die Umbuchungsgebühr erhöhte Marge insgesamt steuerfrei.

☞ **Beachten Sie:**

In der Literatur herrscht die von Finanzverwaltung und Rechtsprechung abweichende Meinung vor, dass die Umbuchungsgebühr eine versteckte Stornogebühr, und damit nicht steuerbarer Schadensersatz für die Auflösung des ursprünglichen Reisevertrags sei.

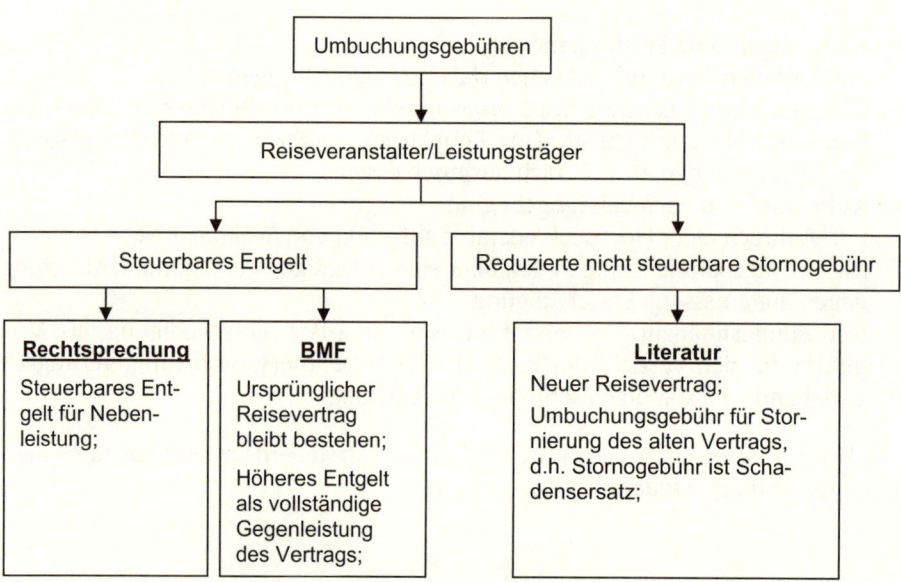

Abb. 99: Behandlung von Umbuchungsgebühren

---

417 BFH-Urteil vom 16.03.2000, Az.: VR 16/99, BStBl. II 2000, 360 f.

3. Stornoprovisionen und Umbuchungsprovisionen der Reisebüros

Stornogebühren der Reisenden an Reiseunternehmer werden in der Regel dem Reisebüro anteilig gutgeschrieben. Es handelt sich hierbei um Entgelte für die Leistungen des Reisebüros, wie z. B. die Beratung der Reisenden und die Übernahme von Verwaltungsaufgaben für den Reiseunternehmer (Abschn. 25.1 Abs. 14 S. 3 UStAE). Mit dem Reiserücktritt durch den Kunden werden die bisherigen Vorbereitungshandlungen, die bei Ausführung der Reiseleistung in deren Vermittlung aufgegangen wären, zu einer eigenständigen Hauptleistung, die zu einer Ersatzprovision[418] führt. Auf diese Vergütung hat das Reisebüro aufgrund des Agenturvertrags einen Rechtsanspruch.

Danach besteht eine innere wirtschaftliche Verknüpfung zwischen der Zahlung des Reiseveranstalters in Form eines Anteils an den eingezogenen Stornogebühren und der Leistung des Reisebüros, die für den Reiseveranstalter durchaus einen wirtschaftlichen Wert darstellt, auch wenn letztlich der Hauptzweck der Tätigkeit des Reisebüros, nämlich die Vermittlung einer Reise, nicht erreicht wurde.

Folglich sind die Stornoprovisionen steuerpflichtiges Entgelt für die Leistung des Reisebüros an den Reiseveranstalter. Sie sind als Tätigkeitsvergütungen unabhängig davon steuerpflichtig, ob die ursprünglich gebuchte und stornierte Reiseleistung zu einer steuerfreien Vermittlungsleistung geführt hätte. Die Provisionen auf die abgebrochene Vermittlung sind mit Vorsteuerabzug für den Veranstalter gutzuschreiben.[419]

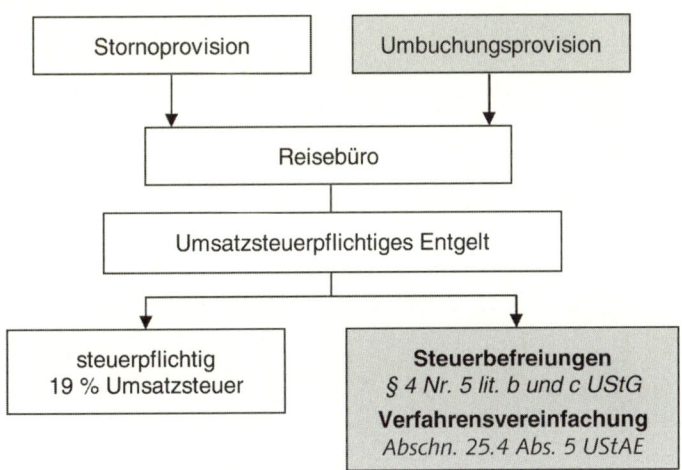

Abb. 100: Behandlung von Storno- und Umbuchungsprovisionen

☞ **Beachten Sie:**

Stornoprovisionen sind keine Zahlungen für erfolgreiche Vermittlungsleistungen im Sinne von § 3a Abs. 2 UStG. Dementsprechend sind bei Gut-

---

418 OFD Berlin, Verfügung vom 21.08.2000, St 137 – S 7419 – 1/00, UR 2001, 220 f.
419 Vgl. StBT 6/2001, 9; H. Jürgen Henkel, UStB 2001, 90 (92).

schriften keine Steuerbefreiungen, auch nicht nach der 70–30-Regelung zu berücksichtigen[420] *(§ 4 Nr. 5 lit. b und lit. c UStG, Abschn. 25.4 Abs. 5 UStAE).*

Anders bei Umbuchungsprovisionen; diese Zahlungen ergehen für erfolgreiche Vermittlungsleistungen im Sinne von § 3a Abs. 2 UStG. Die Steuerbefreiungen gemäß § 4 Nr. 5 lit. b und lit. c UStG und einschlägige Vereinfachungsregeln können zur Anwendung kommen. Während sich im Falle von kleinen Änderungen, wie Namen von Reisenden, Flugzeiten, Hotels etc., lediglich die steuerliche Bemessungsgrundlage der Vermittlungsleistung ändert, greift bei einer Umbuchung auf ein komplett neues Reiseprodukt eine andere Steuerbefreiung, erstmalig eine Steuerbefreiung oder eben keine mehr.

---

420 Siehe Kapitel A.II.12. – VERMITTLUNGSLEISTUNGEN, „Vermittlung von Reisepaketen".

XII. Anzahlungen

Anzahlungen der Reisekunden auf von ihnen gebuchte Reiseleistungen sind in dem Veranlagungszeitraum in dem sie geleistet und somit vereinnahmt wurden der Istversteuerung[421] zu unterwerfen (§ 13 Abs. 1 Nr. 1 lit. a. S. 4 UStG). Dies führt unterjährig zu einer zeitlichen Vorverlagerung der Besteuerung zwischen den Monaten der Anzahlungsleistung und den Monaten der Leistungsausführung, also dem Reiseende auf Veranstalterebene oder dem Zeitpunkt des Vertragsabschlusses für den Vermittler.

1. Anzahlungen auf margenbesteuerte Reiseleistungen

Anzahlungen für steuerpflichtige Reiseleistungen, für die die Bemessungsgrundlage nach der Differenz zwischen Reiseerlösen und Aufwendungen für Reisevorleistungen gemäß § 25 Abs. 3 S. 1 UStG zu ermitteln ist, können aus Vereinfachungsgründen mit einem sachgerecht geschätzten Anteil der Margenbesteuerung unterworfen werden. Zur Schätzung der Höhe der Anzahlungssteuern kann ein der steuerpflichtigen Marge des Vorjahrs entsprechender Anteil angesetzt werden (Abschn. 25.1 Abs. 15 S. 4 UStAE).

Beispiel – Schätzung der Umsatzsteuer auf margenbesteuerte Anzahlungen:
Der Reiseveranstalter Peacock Tours hatte im vorangegangenen Kalenderjahr Gesamteinnahmen aus Reiseleistungen i. H. v. 20.000.000,00 €. Im gleichen Zeitraum betrug die Bruttogesamtmarge 800.000,00 € und die steuerpflichtige EU-Bruttomarge 500.000,00 €. Im Januar des aktuellen Jahres vereinnahmt Peacock Tours Reiseanzahlungen i. H. v. 1.800.000,00 €.

Lösung:
Der Anteil der margenbesteuerten Umsätze an den Gesamtumsätzen betrug im Vorjahr:

$$\frac{500.000,00 \text{ €}}{20.000.000,00 \text{ €}} \times 100 = 2,5\%$$

Der Anteil der steuerpflichtigen Gesamtmarge auf die im Januar des aktuellen Jahres eingegangenen Anzahlungen beträgt:

1.800.000,00 € x 2,5 % = 45.000,00 €

Somit ist Umsatzsteuer auf Anzahlungen mit der Voranmeldung Januar abzuführen:

45.000,00 € x 19/119 = 7.184,87 €

---

421 Grundsätzlich ist im Umsatzsteuerrecht die Sollversteuerung anzuwenden, d. h. vereinbarte Entgelte sind in dem Voranmeldungszeitraum zu versteuern, in dem die Leistungen ausgeführt worden sind (§ 13 Abs. 1 Nr. 1 lit. a S. 1 UStG). Siehe auch Kapitel A.I.9. – GRUNDLAGEN DER UMSATZBESTEUERUNG, „Leistungszeitpunkt in der Touristik".

2. Anzahlungen auf gemischte Reiseleistungen

Der Reiseunternehmer hat Anzahlungen auf gemischte Reiseleistungen, die nur teilweise margensteuerbar sind, mittels sachgerechter Schätzung nur anteilig der Besteuerung zu unterwerfen (Abschn. 25.1 Abs. 15 S. 2 und 3 UStAE)[422].

Beispiel – Schätzung der Umsatzsteuer auf regelbesteuerte Anzahlungen:
> Der Reiseveranstalter Peacock Tours organisiert unter Einsatz eines eigenen Busses gehobener Ausstattungsklasse gemischte Buspauschalreisen von München in die Schweiz. Der Anteil der Eigenleistungen beläuft sich auf 10 % der Aufwendungen. Der Drittlandstreckenanteil liegt bei 55 % der Beförderungsstrecke. Seine anteilig eingegangenen Anzahlungen summieren sich für den zu erklärenden Voranmeldungszeitraum insgesamt auf 50.000,00 €.

Lösung:
> Die Anzahlungen auf Reisevorleistungen werden mit dem Anteil angesetzt, der der steuerpflichtigen Marge des Vorjahres entspricht.
> Auf Vereinfachungsgründen wird zugelassen, dass gemischte Reiseleistungen nur mit einem sachgerecht geschätzten Anteil der Besteuerung unterworfen werden. Dabei kann Berücksichtigung finden, dass Anzahlungen auf steuerpflichtige Eigenleistungen ggf. nur anteilig zu besteuern sind.
> Nur bzgl. des Inlandsstreckenanteils der Busbeförderung liegt der Leistungsort in Deutschland. Daraus ergibt sich ein Bruttoumsatz aus Eigenleistungen wie folgt:
>
> 50.000,00 € x 10 % x 55 % = 2.750,00 €
>
> Die Regelumsatzsteuer beträgt 2.750,00 € x 19/119 = 439,08 €.

☞ **Beachten Sie:**
> *In folgenden Konstellationen wird in der touristischen Praxis die Anzahlungs- oder Vorauszahlungsbesteuerung vorgenommen:*
> * *Für Anzahlungen des Urlaubers auf gemischt zu versteuernde Reiseleistungen an Reiseunternehmer.*
> * *Für Anzahlungen der Veranstalter an Leistungsträger. Auch diese (z. B. Busunternehmer) können sowohl nicht steuerbare als auch steuerpflichtige Leistungen an den Reiseunternehmer erbringen, die dann im Wege der Schätzung aufzuteilen sind.*
> * *Für Anzahlungen des Urlaubers beim Reisebüro-Inkasso. Kundenanzahlungen, die vom Reisebüro für Rechnung des Veranstalters vereinnahmt werden, sind beim Veranstalter zu erfassen und anteilig mit der EU-Anzahlungsmarge zu versteuern.*
> *Sind die Anzahlungen nicht an den Veranstalter abzuführen, sondern stellen sie Vorauszahlungen auf den Provisionsanspruch dar, reduzieren sie die Anzahlungsmarge nicht. Darüber hinaus sind sie zum Zeitpunkt der Vereinnahmung vom Reisebüro mit dem steuerpflichtigen Anteil zu versteuern.*

---

422 Vgl. SRTour 09/2008, Seite 13 ff., H. Jürgen Henkel, „Anzahlungen auf Reiseleistungen".

C. Anhang

I. Glossar

Abgangsortsprinzip	§ 3e UStG
Agentur	Reisemittler, Reisebüro
Allphasen-Netto-Umsatzsteuer mit Vorsteuerabzug	Jeder steuerbare Umsatz wird auf jeder Wirtschaftsstufe besteuert, wobei die Bemessungsgrundlage für die zu berechnende und abzuführende Umsatzsteuer der Nettobetrag, also Verkaufspreis ohne Umsatzsteuer, ist. Dabei darf der Unternehmer selbst bezahlte Umsatzsteuer im Rahmen des Einkaufs von für die Produktion notwendigen Vorleistungen als Vorsteuer abziehen.
	Die tatsächliche Zahllast errechnet sich als Differenz aus der dem Unternehmer von seinen Abnehmern bezahlten Umsatzsteuer und der von ihm selbst für Vorleistungen geleisteten Umsatzsteuer. Das Neutralitätsprinzip der Umsatzbesteuerung sieht vor, dass letztendlich nur der Endverbraucher wirtschaftlich mit Umsatzsteuer belastet wird, während der Unternehmer die Umsatzsteuer „durchreicht". Ihn trifft keine wirtschaftliche Belastung mit Umsatzsteuer, er hat sie lediglich für den Endverbraucher an den Staat abzuführen. Es handelt sich um eine indirekte Steuer, Steuerschuldner und Steuerträger sind nicht identisch.
Ausflugsfahrten	Fahrten, die der Unternehmer mit Kraftomnibussen oder Personenkraftwagen nach einem bestimmten, von ihm aufgestellten Plan und zu einem für alle Teilnehmer gleichen und gemeinsam verfolgten Ausflugszweck anbietet und ausführt. Die Fahrt muss wieder an den Ausgangsort zurückführen. Die Fahrgäste müssen im Besitz eines für die gesamte Fahrt gültigen Fahrscheins sein, der die Beförderungsstrecke und das Beförderungsentgelt ausweist. Bei Ausflugsfahrten, die als Pauschalfahrten ausgeführt werden, genügt im Fahrschein die Angabe des Gesamtentgelts an Stelle des Beförderungsentgelts.
	Es ist unzulässig, unterwegs Fahrgäste aufzunehmen. Dies gilt nicht für benachbarte Orte oder in ländlichen Räumen

für bis zu 30 km voneinander entfernte Orte. Im Übrigen kann die Genehmigungsbehörde Ausnahmen gestatten, wenn dadurch die öffentlichen Verkehrsinteressen nicht beeinträchtigt werden.
§ 48 Abs. 1 und Abs. 3 PBefG

Ausführungsorts-/ Prinzip der Leistungsortsbestimmung nach dem Ort, an
Tätigkeitsortsprinzip dem die Leistung erbracht wird.
§ 3a Abs. 3 Nr. 3 lit. a UStG

Ausland § 1 Abs. 2 S. 2 UStG

B2B Umsatz zwischen Unternehmern
(Business-to-Business)

Bareboat- Vercharterung eines Schiffes ohne Besatzung, Versiche-
Vercharterung rung und Ausrüstung.

Belegenheitsorts- § 3a Abs. 3 Nr. 1 UStG
prinzip

Bemessungs- § 10 UStG
grundlage

Billing and Settle- Zahlungssystem zur Abwicklung des Flugticketverkaufs
ment Plan zwischen IATA-Verkaufsagenten und IATA-Airlines.

Consolidator Flugticketgroßhändler;
Sie verringern bei der Personenbeförderung der Fluggesellschaften das Auslastungsrisiko. Offizielle Flugtickets dürfen nur über IATA-Agenturen verkauft werden, während Consolidator-Tickets auch über Reisemittler, die über keine IATA-Lizenz verfügen, verkauft werden können.
Abschn. 4.5.3 Abs. 2 UStAE

Direktinkasso Der im Reisebüro buchende Kunde überweist den Katalogreisepreis nicht an das Reisebüro, sondern unmittelbar an den Reiseveranstalter.

Doppelbesteuerung Doppelbesteuerung liegt vor, wenn Reiseumsätze sowohl in Deutschland als auch im Ausland besteuert werden.
Dies traf bei Leistungen im Zusammenhang mit Hotelunterkunft und -verpflegung im Rahmen eines Kettengeschäfts zu. Die Verpflegung im Ausland wurde nach deutschem Recht am Sitzort des Paketers versteuert. Nach ausländischem Recht findet Margenbesteuerung teilweise auch im B2B-Geschäft Anwendung, so dass dem in Deutschland sitzenden Paketer für die Verpflegungsleistungen im Ausland kein Vorsteuerabzug gewährt wurde. Gleichzeitig hatte er die Verpflegungsleistungen in Deutschland zu besteuern (§§ 3a Abs. 1, 2 Nr. 3 lit. a UStG).
Laut Rechtsprechung ist die Verpflegungsleistung im ausländischen Hotel als Nebenleistung zur Hotelunterbringung

zu qualifizieren, soweit sie nur einen geringen Teil, etwa 12,5 Prozent des Pauschalbetrags der Reise ausmacht (siehe BFH-Urteil vom 15.01.2009, Az.: V R 9/06 sowie BFH-Urteil vom 21.11.2013[423], Az.: V R 33/10).

Ab 2010 ist die Doppelbesteuerungsproblematik im Zusammenhang mit Restaurationsleistungen aufgrund der grundlegenden Neuregelung der Ortsbestimmungen bei Dienstleistungen im Rahmen des Mehrwertsteuer-Pakets durch den Rechtsakt 2008/8/EG überholt. Diese EU-Richtlinie wurde in Deutschland durch das Jahressteuergesetz 2009 umgesetzt.

Drittland	§ 1 Abs. 2a S. 3 UStG
Duty Free	Mehrwert-, Zoll- und Verbrauchsteuer-freier Einkauf zwischen zwei Zollgrenzen, z. B. an Flug- und Seehäfen. Dieser wurde innerhalb des gemeinsamen Wirtschaftsraums der Europäischen Union zum 01.07.1999 abgeschafft. Heute gibt es sog. Travel Value Shops, die geringere Preisvorteile bieten als Duty-Free-Shops. Die eingeräumten Preisvorteile werden allen abfliegenden Passagieren – unabhängig davon ob sie Inlands-, innergemeinschaftliche oder Drittlandsflüge antreten – gleichermaßen gewährt.
Dynamic Bundling	Internet-Reisebüros und Reiseportale nehmen zum Zweck der Online-Buchung eine Auswahl von Leistungsträgern vor, deren Einzelleistungen sie im Internet jeweils separat vermitteln.
Dynamic Packaging	Veranstaltende Reisebüros vollziehen den Organisationsakt der Zusammenführung von Reisebausteinen unterschiedlicher Leistungsträger zu einer einheitlichen Reiseleistung in Echtzeit über das Internet.
Eigenverbrauch	§ 3 Abs. 1b UStG
Entgelt	§ 10 Abs. 1 S. 2 UStG
Expatriats	Kurz: Expats sind • professionelle Angestellte, die als Fachkraft, von einem international tätigen Wirtschaftsunternehmen – nicht nur vorrübergehend – an eine ausländische Niederlassung entsandt werden. • Selbstständige, die auf eigene Faust über längere Zeit hinweg im Ausland arbeiten. • Lifestyle-Migranten, die aufgrund der Lebensqualität (Klima, medizinische Versorgung, Sicherheit, Preisniveau) außerhalb ihres Heimatlandes leben.

---

423 Siehe Anhang, RECHTSPRECHUNG IN DER TOURISTIK, „EuGH- und BFH-Urteile".

Expedient	Mitarbeiter im Reisebüro
Fährverkehr	Übersetzverkehr mit Schiffen zwischen zwei festen Anlegestellen, z.B. bei Flussquerungen oder im Verkehr zwischen dem Festland und Inseln (Abschn. 12.13 Abs. 10b UStAE).
Ferienziel-Reisen	Reisen zu Erholungsaufenthalten, die der Unternehmer mit Kraftomnibussen oder Personenkraftwagen nach einem bestimmten, von ihm aufgestellten Plan zu einem Gesamtentgelt für Beförderung und Unterkunft mit oder ohne Verpflegung anbietet und ausführt. Es dürfen nur Rückfahrscheine, und diese nur auf den Namen des Reisenden, ausgegeben werden. Die Fahrgäste sind zu einem für alle Teilnehmer gleichen Reiseziel zu bringen und an den Ausgangspunkt der Reise zurückzubefördern. Auf der Rückfahrt dürfen nur Reisende befördert werden, die der Unternehmer zum Reiseziel gebracht hat.
	Es ist unzulässig, unterwegs Fahrgäste aufzunehmen. Dies gilt nicht für benachbarte Orte oder in ländlichen Räumen für bis zu 30 km voneinander entfernte Orte. Im Übrigen kann die Genehmigungsbehörde Ausnahmen gestatten, wenn dadurch die öffentlichen Verkehrsinteressen nicht beeinträchtigt werden.
	§ 48 Abs. 2 und Abs. 3 PBefG
Freigrenze	Betrag, der die Steuerbemessungsgrundlage mindert. Bei Überschreitung der Freigrenze muss der gesamte Betrag versteuert werden.
Gelegenheitsverkehr mit Kraftfahrzeugen	Verkehr mit • Taxen – § 47 PBefG • Ausflugsfahrten – § 48 Abs. 1 PBefG • Ferienziel-Reisen – § 48 Abs. 2 PBefG • Verkehr mit Mietomnibussen und mit Mietwagen – § 49 PBefG § 46 PBefG
Handling Fees	Einheitliche Vergütung für die durch Reiseveranstalter im Zusammenhang mit Reiseleistungen in Anspruch genommenen Serviceleistungen von selbständigen Zielgebietsagenturen. Die Leistung der Zielgebietsagenturen umfasst u. a. die Betreuung der Reisenden im Zielgebiet, die Organisation des Transfers, Arrangements von Ausflügen und Besichtigungen sowie Verwaltungsarbeiten für den Veranstalter. Das Schwergewicht der einzelnen Leistungen liegt auf der Betreuungsleistung vor Ort. Die im Zusammenhang damit ausgeführten Verwaltungsleistungen für den Reiseveranstalter sind als unselbständige Nebenleistungen anzusehen. BMF-Schreiben vom 07.04.1998, Az.: IV C 3 – S 7419 – 9/98, Tz. 4

IATA-Agentur	Reisebüro, das eine IATA-Lizenz führt. Die Lizenz berechtigt zur Ausstellung von Flugscheinen der IATA-Airlines sowie zur Entgegennahme der Ticket-Entgelte.
Incentive-Reise	Motivationsreisen für Mitarbeiter mit freizeitorientiertem Charakter.
Incomer	Incoming-Unternehmen kaufen touristische Dienstleistungen im Inland ein und verkaufen diese als Großhändler in Form von Paket- oder Einzelleistungen an Reiseveranstalter vor allem im Ausland (*Definition des DIU*).
Inland	§ 1 Abs. 2 S. 1 UStG
Kettengeschäft	Verkauf von Reiseleistungen an Wiederverkäufer. Im Kettengeschäft findet die Margenbesteuerung nach Unionsrecht keine Anwendung. Art. 306 Abs. 1 MwStSystRL
Kleinunternehmer	§ 19 UStG
Konsumortsprinzip	Der Leistungsort für Restaurationsleistungen befindet sich ab 01.01.2010 am Konsumort. Das ist der Ort, an dem tatsächlich gespeist und getrunken wird.
Kulturförderabgabe	Auch: Bettensteuer, Matratzenmaut, Tourismusabgabe, Citytax; Als indirekte Steuer wird sie ab 2010 in mehr und mehr deutschen Städten zum Ausgleich der wegbrechenden Steuereinnahmen aufgrund der mit Wirkung zum 01.01.2010 geltenden Umsatzsteuerreduzierung für Beherbergungsleistungen von 19 auf 7 %, eingeführt. Die Bemessungsgrundlage liegt in der Regel bei einem festen Prozentsatz (z. B. 5 %) des reinen Übernachtungspreises oder bei einem nach Höhe des Übernachtungspreises gestaffelten Festbetrag (z. B. 2,50 € pro Übernachtung), d. h. ohne Frühstück und anderen Leistungen. Je nach Satzung ist Abgabeschuldner der Kulturförderabgabe der Hotelier oder der Hotelgast. Ist Abgabeschuldner das Hotel, unterliegt die Kulturförderabgabe der Umsatzsteuer. Ansonsten gehört sie als durchlaufender Posten nicht zum umsatzsteuerpflichtigen Entgelt. Die Einnahmen aus der Kulturförderabgabe müssen nicht ziel- und zweckgerichtet zur Förderung kultureller Aufgaben verwendet werden, sondern dienen der allgemeinen Haushaltsfinanzierung (§ 3 Abs. 1 AO).

Leistungsort   Für die Ermittlung des zutreffenden Leistungsorts ist das Wesen bzw. der Charakter einer Leistung maßgeblich. Damit ergibt sich bei der Leistungsortsbestimmung folgende Prüfungsreihenfolge:

- Welche Art von Leistung wird erbracht?
- Welche Vorschrift zur Bestimmung des Leistungsorts ist einschlägig?
- Ergibt sich möglicherweise eine Doppelbesteuerung?

Die maßgeblichen Besteuerungsprinzipien für touristische Leistungen sind:

- Sitzortsprinzip
- Belegenheitsortsprinzip
- Ausführungs-/Tätigkeitsorts-, Veranstaltungsortsprinzip
- Streckenprinzip
- Abgangsortsprinzip/Departure Principle
- Prinzip der vermittelten Leistung/gestaffeltes Leistungsortsprinzip/Look-through-Prinzip
- Empfängerortsprinzip
- Konsumortsprinzip
- Nutzungsortsprinzip
- Verbrauchsortsprinzip.

Lieferung   § 3 Abs. 1 UStG

Linienverkehr   Eine zwischen bestimmten Ausgangs- und Endpunkten eingerichtete regelmäßige Verkehrsverbindung, auf der Fahrgäste an bestimmten Haltestellen ein- und aussteigen können. Er setzt nicht voraus, dass ein Fahrplan mit bestimmten Abfahrts- und Ankunftszeiten besteht oder Zwischenhaltestellen eingerichtet sind.

Als Linienverkehr gilt, unabhängig davon, wer den Ablauf der Fahrten bestimmt, auch der Verkehr, der unter Ausschluss anderer Fahrgäste der regelmäßigen Beförderung von

1. Berufstätigen zwischen Wohnung und Arbeitsstelle (Berufsverkehr),
2. Schülern zwischen Wohnung und Lehranstalt (Schülerfahrten),
3. Personen zum Besuch von Märkten (Marktfahrten),
4. Theaterbesuchern
5. Touristen auf Stadtrundfahrten

dient. Die Regelmäßigkeit wird nicht dadurch ausgeschlossen, dass der Ablauf der Fahrten wechselnden Bedürfnissen der Beteiligten angepasst wird.

§§ 42 und 43 PBefG

Look-through-Prinzip	Das Look-through-Prinzip oder Prinzip des gestaffelten Leistungsorts findet bei der Leistungsortbestimmung von B2C-Vermittlungsleistungen Anwendung. Eine Vermittlungsleistung wird an dem Ort erbracht, an dem der vermittelte Umsatz ausgeführt wird. § 3a Abs. 3 Nr. 4 UStG
Luftfahrt	§ 4 Nr. 2 i. V. m. § 8 UStG
Luftverkehrsteuer	Auch: German Air Passanger Tax (GAPT); Für Beförderungsverträge ab 01.09.2010 mit Abflug ab 01.01.2011 wird für jeden Abflug im Inland eine Luftverkehrsteuer fällig. Die Höhe bemisst sich gestaffelt nach drei Distanzklassen auf • 8,00 € für Inlands- und Kurzstreckenflüge bis 2.500 km Entfernung (Anlage 1 LuftVStG), • 25,00 € für Mittelstreckenflüge bis 6.000 km Entfernung (Anlage 2 LuftVStG) und • 45,00 € für Fernflüge über 6.000 km Entfernung jeweils nach der Entfernung des Abflughafens zum größten Flughafen des Ziellandes. Planmäßige Stop-Over-, Transit- und Zubringer-Flüge mit einem durchgehenden Flugticket und einem längeren Zwischenaufenthalt in Deutschland lösen je nach planmäßiger Aufenthaltsdauer Luftverkehrsteuer aus. Als indirekte Steuer wird sie vom Luftverkehrsunternehmen geschuldet und vom Fluggast, auf den sie mit dem Preis übergewälzt wird, getragen. Die Luftverkehrsteuer unterliegt in Deutschland der Umsatzsteuer. Aufgrund der Einnahmen aus der Einbeziehung des Luftverkehrs in den Handel mit Treibhausgasemissionszertifikaten werden <u>mit Wirkung ab 2012</u> die Regelsteuersätze prozentual auf 7,56 €, 23,62 € und 42,52 € abgesenkt (§ 11 Abs. 2 LuftVStG).
Management Fee	Nicht vorgangsbezogene, meist pauschal abgerechnete Vergütung einer Travel Management Company an Firmenkunden. Sie kann volumenabhängig, als Fixbetrag oder als Kostenerstattung mit Aufschlag veranschlagt werden.
Marge	§ 25 Abs. 3 S. 1 UStG
Margensteuer	Sonderform der Umsatzsteuer für Reiseleistungen § 25 UStG
MICE	Tagungswirtschaft als Teil des Geschäftstourismus, die Organisation und Durchführung von Tagungen, Incentives, Kongressen und ähnlichen Veranstaltungen umfasst.

Nullbesteuerung	Vorliegen von im Inland nicht umsatzsteuerbaren Leistungen und gleichzeitiger Nichterfassung der Leistungen im Ausland. Bei Zusammentreffen von Margen- und Regelbesteuerung im EU-übergreifenden B2B-Reisegeschäft wird ein Umsatz u. U. in keinem der betroffenen Länder besteuert.
Nullsatz	§ 26 Abs. 3 UStG
Paketer	Auch Paketreiseveranstalter genannt, sind im B2B-Geschäft (= Wiederverkäufer-Segment) tätige Großhändler des Bus- und Gruppentourismus. Sie bündeln touristische Leistungen und Einzelbausteine wie Hotelübernachtung, Verpflegung, Event-Tickets, Besichtigungen, Führungen, Ausflüge sowie Bus-, Fähr-, Schiffs- und Flugpassagen zu einem kompletten Reise-Arrangement. Diese „Pakete" werden zu Nettopreisen Busreiseveranstaltern und selbstveranstaltenden Reisebüros angeboten und verkauft. Paketer sind keine Reiseveranstalter im Sinne der §§ 651 ff. BGB und bedienen grundsätzlich keine Endverbraucher *(Definition des VPR)*.
PEP	Personal Education Programme; PEP-Reisen sind Expedientenreisen zur Vertiefung von Zielgebietskenntnissen. Strittig ist, inwieweit sie umsatzsteuerlich als unentgeltliche Wertabgaben und lohnsteuerlich als geldwerte Vorteile zu behandeln sind.
Provision	Vergütung, die der Reisemittler von Reiseveranstaltern oder Leistungsträgern für die Vermittlung der von ihnen angebotenen Leistungen wie Pauschalreisen, Flüge oder Hotelunterkünfte an Kunden, erhält.
Rechnung	§ 14 UStG § 14a UStG
Regieaufschlag	Marge, Preisaufschlag eines Unternehmers auf seiner Stufe der Wertschöpfungskette.
Registrierung	Im Rahmen des allgemeinen Besteuerungsverfahrens lassen sich ausländische Unternehmer im Inland und inländische Unternehmer im Ausland registrieren.
Reise	Fehlende Definition; kein Gleichlauf zwischen Zivil- und Steuerrecht; die Bündelung von mindestens zwei Reiseleistungen ist im Steuerrecht nicht zwingend erforderlich.
Reisebüro	Reisemittler, Reiseagentur
Reiseleiter	Die Reiseleitung kann durch einen Angestellten, den Firmeninhaber selbst, einen Einzelunternehmer oder eine Zielgebietsagentur erfolgen. Der Schwerpunkt der Tätigkeit des Reiseleiters liegt in der Gästebetreuung. Dies gilt auch

für die Tätigkeiten der Zielgebietsagenturen, die als Handling Fees abgerechnet werden. Für diese Leistungen richtet sich die Leistungsortsbestimmung nach den Grundnormen § 3a Abs. 2 UStG (B2B) und § 3a Abs. 1 UStG (B2C).

Reiseveranstalter   § 25 Abs. 1 UStG

Reisevorleistung   § 25 Abs. 1 S. 5 UStG

Relocator   Dienstleister, der sog. Relocation Services anbietet. Dies sind Dienst- und Beratungsleistungen zur Unterstützung von Personen (sog. Expats) bei ihren beruflich oder privat bedingten Umzug in ein anderes Land. Die Begleitung in der Eingewöhnungsphase kann im privaten sowie im beruflichen Bereich erfolgen. Sie kann an Arbeitgeber, Einzelpersonen oder Familien gerichtet sein. Dabei können Relocator maßgeschneiderte Dienstleistungspakete zusammenstellen oder standardisierte Relocation Packages anbieten.

**Restaurantdienst-   Die Erbringung von Restaurationsleistungen in den Räum-
leistungen**   lichkeiten des Dienstleistungserbringers.
                            Art. 6 Abs. 1 EU-DVO

**Restaurations-   Restaurant- und Verpflegungsdienstleistungen, Catering,
leistungen**   Bewirtung, Verköstigung, Verpflegung, Beköstigung;
                            Abgabe zubereiteter oder nicht zubereiteter Speisen und/oder Getränke zusammen mit ausreichenden unterstützenden Dienstleistungen, die deren sofortigen Verzehr ermöglichen. Die Abgabe von Speisen und/oder Getränken ist nur eine Komponente der gesamten Leistung, bei der der Dienstleistungsanteil überwiegt.
                            Art. 6 Abs. 1 EU-DVO
                            Zur Problematik der Doppelbesteuerung von Restaurationsleistungen im grenzüberschreitenden B2B-Reisegeschäft, siehe BFH-Urteil zum DRV-/VPR-Musterverfahren vom 15.01.2009, Az.: V R 9/06 sowie BFH-Urteil vom 21.11.2013, Az.: V R 33/10[424]. Soweit Restaurationsanteile in B2B-Reisepaketen nicht als Nebenleistung qualifiziert werden können, besteht für diese bis 31.12.2009 eine Doppelbesteuerungsproblematik.
                            Ab 2010 unterliegen Restaurationsleistungen am Ort des Verzehrs der Umsatzsteuer. Die Besteuerung erfolgt nach dem Konsumortsprinzip, dort wo die Leistung erbracht wird.

---

424 Siehe vorhergehende Fußnote.

Reverse Charge	Verlagerung der Steuerschuldnerschaft auf den Leistungs-empfänger. In der Reisebranche liegen die Anwendungs-fälle im internationalen Bereich. § 13b UStG
Schifffahrt	§ 4 Nr. 2 i. V. m. § 8 Abs. 1 UStG
Sicherungsschein	Aus steuerlicher Sicht ist der Sicherungsschein keine Vor-aussetzung für die Anwendbarkeit von § 25 UStG. Die Agentur kann aufgrund reiserechtlicher Bestimmungen verpflichtet sein, bei Inkasso an die Reisekunden Sicherungs-scheine auszugeben.
Sitzortsprinzip	§ 3a Abs. 1 UStG
Social Travelling	Die eigene Privatwohnung wird auf diversen Unterkunfts-portalen Touristen und Geschäftsreisenden angeboten. „Soziales Reisen" ermöglicht den Gästen ein direktes Eintauchen in die Lebenssphären der Einheimischen, die Berücksichtigung individueller Reisekonzepte und die Erfahrung authentischer Reiseerlebnisse.
Sonstige Leistung	§ 3 Abs. 9 UStG
Steuerbarkeit	Umsätze (= Lieferungen und sonstige Leistungen) unterlie-gen der Umsatzbesteuerung, wenn sämtliche Vorausset-zungen der Steuerbarkeit gegeben sind. § 1 Abs. 1 Nr. 1 UStG normiert fünf Tatbestandsvoraussetzungen:

1. Lieferung oder sonstige Leistung
2. eines Unternehmers
3. mit Leistungsort im Inland
4. gegen Entgelt
5. im Rahmen seines Unternehmens.

Ist eines der vorgenannten Merkmale nicht erfüllt, handelt es sich um einen nicht steuerbaren Umsatz, der nicht in den Anwendungsbereich des deutschen Umsatzsteuerge-setzes fällt.
§ 1 Abs. 1 UStG

Steuerfreiheit	§ 4 UStG
Steuersatz	§ 12 UStG
Streckenprinzip	§ 3b Abs. 1 UStG
Transaction Fee	Vereinbarter Betrag, den eine Travel Management Com-pany (TMC) oder ein Firmenkunden-Reisebüro für die einzelne Transaktion zum Erzielen einer Buchung erhält. Sie deckt die Betriebskosten der TMC und enthält eine Gewinnspanne.

Tronc	Obligatorischer vom Gast zu bezahlender Bedienungszuschlag. Dieser war in Deutschland bis zum zweiten Weltkrieg üblich. Der Tronk wurde in einen Topf geworfen und nach einem hierachischen Punktesystem unter den Mitarbeitern, die an der Gästezufriedenheit mit oder ohne direkten Gästekontakt (z.B. Küchenkräfte, Zimmerservice) beteiligt waren, verteilt.
Unentgeltliche Wertabgabe	§ 3 Abs. 1b und Abs. 9a UStG
Unionsgebiet	§ 1 Abs. 2a S. 1 UStG
Unternehmer	§ 2 S. 1 UStG
Vergütungsverfahren	Die Vergütung von Vorsteuerbeträgen an einen im Ausland ansässigen Unternehmer erfolgt im Vergütungsverfahren, wenn dieser im Inland keine steuerpflichtigen Umsätze ausführt. Das Vorsteuer-Vergütungsverfahren ist subsidiär gegenüber dem Veranlagungsverfahren. § 18 Abs. 9 UStG i. V. m. §§ 59 bis 61 UStDV Das nicht in Anspruch genommene Vergütungsverfahren wird durch das Regelbesteuerungsverfahren und die Abgabe einer Jahressteuererklärung ersetzt, soweit der Auslandsunternehmer im weiteren Verlauf des Kalenderjahres Umsätze tätigt, die Voranmeldungspflichten auslösen (BFH-Urteil vom 14.04.2011, Az.: V R 14/10).
Verpflegungsdienstleistungen	Die Erbringung von Restaurationsleistungen an einem anderen Ort als den Räumlichkeiten des Dienstleistungserbringers. Art. 6 Abs. 1 EU-DVO
Verkehr mit Mietomnibussen	Beförderung von Personen mit Kraftomnibussen, die nur im Ganzen zur Beförderung angemietet werden und mit denen der Unternehmer Fahrten ausführt, deren Zweck, Ziel und Ablauf der Mieter bestimmt. Die Teilnehmer müssen sowohl ein zusammengehöriger Personenkreis, als sich auch über Ziel und Ablauf der Fahrt einig sein. § 49 Abs. 1 PBefG
Visumsreferenz	Sie kann für die Erteilung eines Visums erforderlich sein. Einige visapflichtigen Länder verlangen in ihren Einreisebestimmungen konkrete Angaben zum Besuch, wie den Nachweis einer privaten Einladung oder die Vorlage eines Vouchers von einem gebuchten Hotel.

Vorsteuern

Allgemeine Voraussetzungen für den Vorsteuerabzug sind:

- die Steuer wird gesetzlich geschuldet,
- für Lieferungen oder sonstige Leistungen,
- von einem anderen Unternehmer (Auftragnehmer),
- für sein Unternehmen (Auftraggeber),
- der Leistungsempfänger ist im Besitz einer ordnungsgemäßen Rechnung.

Ist eines der vorgenannten Merkmale nicht erfüllt, besteht kein Recht zum Vorsteuerabzug.
§ 15 Abs. 1 Nr. 1 UStG
Der Vorsteuerabzug darf für Reisevorleistungen grundsätzlich nicht in Anspruch genommen werden.
§ 25 Abs. 4 S. 1 UStG

X-Veranstalter

Veranstalter, die ihre Reisen dynamisch produzieren, indem sie im Moment der Buchungsanfrage unterschiedliche Reiseleistungen, wie Flug, Hotel und Mietwagen, zum tagesaktuellen Preis zu einem Reisepaket schnüren (= Dynamic Packaging).

Zielgebietsagentur

Sie koordiniert die touristischen Dienstleistungen am Urlaubsziel. Zu ihren Aufgaben gehört wahlweise

- die Durchführung der Transfers vom Flughafen in die Hotels
- die Organisation von Ausflügen und Rundreisen
- die Vermittlung von Mietwagen
- die Betreuung der Gäste durch Ansprechpartner oder Reiseleiter am Urlaubsort.

II. Formularsammlung

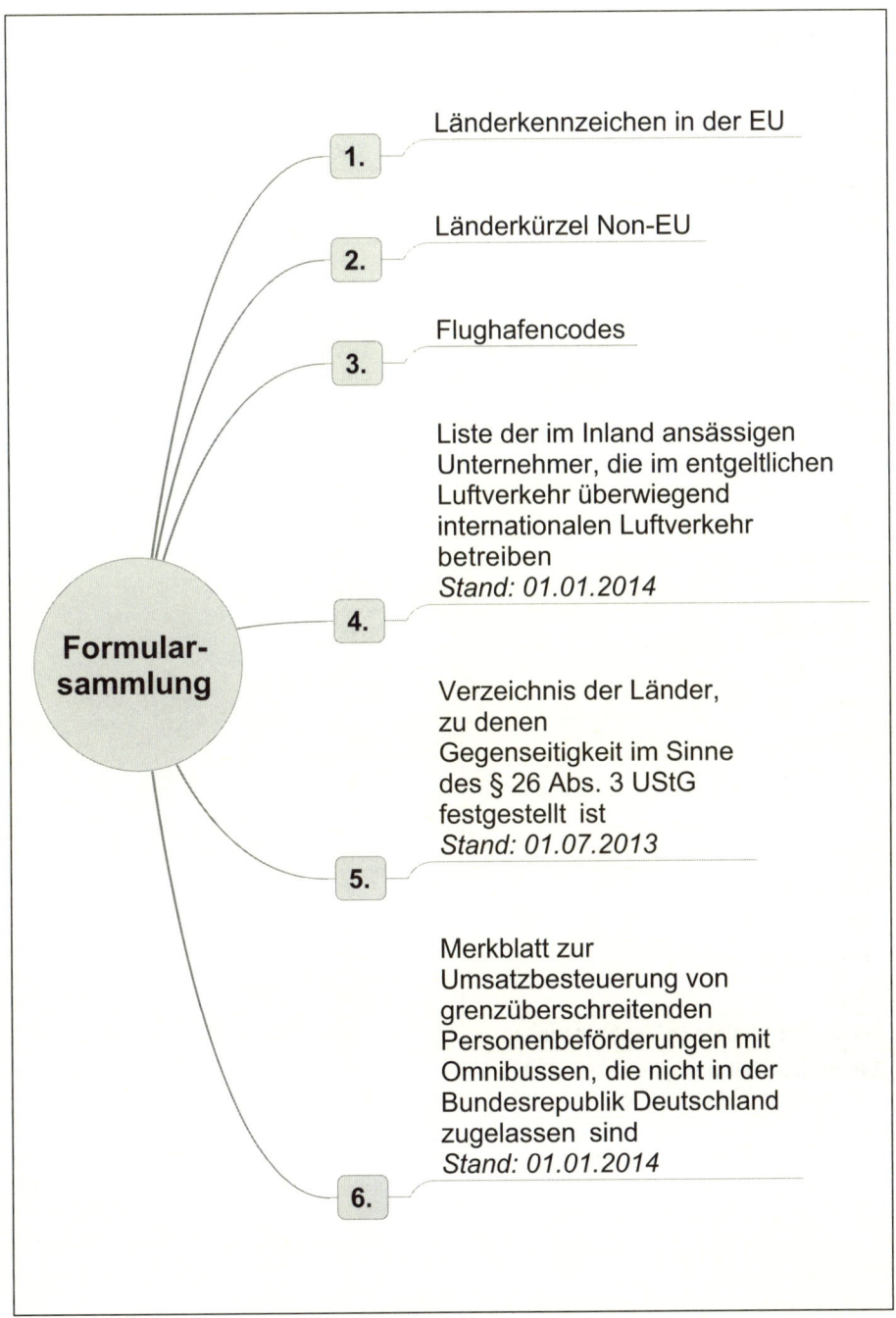

Abb. 101: Formularsammlung

Anhang 1 – Länderkennzeichnungen in der EU

Mitgliedstaat	Länderkennzeichen
Belgien	BE
Bulgarien	BG
Dänemark	DK
Deutschland	DE
Estland	EE
Finnland	FI
Frankreich	FR
Griechenland	GR/EL
Irland	IE
Italien	IT
Kroatien	HR[425]
Lettland	LV
Litauen	LT
Luxemburg	LU
Malta	MT
Niederlande	NL
Österreich	AT
Polen	PL
Portugal	PT
Rumänien	RO
Schweden	SE
Slowakei	SK
Slowenien	SI
Spanien	ES
Tschechische Republik	CZ
Ungarn	HU
Vereinigtes Königreich/Großbritannien	GB
Zypern (zur Zeit nur griechischer Teil, einschl. Akrotiri und Dhekalia)	CY

---

425 Ab 01.07.2013.

Anhang 2 – Länderkürzel Non-EU

Land	Kürzel	Land	Kürzel
Afghanistan	AF	Costa Rica	CR
Ägypten	EG	Djibuti	DJ
Albanien	AL	Dominika	DM
Algerien	DZ	Dominikanische Republik	DO
Andorra	AD	Ecuador	EC
Angola	AO	El Salvador	SV
Anguilla	AI	Elfenbeinküste	CI
Antarktis	AQ	Eritrea	ER
Antigua und Barbuda	AG	Falkland Inseln	FK
Äquatorial Guinea	GQ	Färöer Inseln	FO
Argentinien	AR	Fidschi	FJ
Armenien	AM	französisch Guyana	GF
Aruba	AW	Französisch Polynesien	PF
Aserbaidschan	AZ	Französisches Süd-Territorium	TF
Äthiopien	ET	Gabun	GA
Australien	AU	Gambia	GM
Bahamas	BS	Georgien	GE
Bahrain	BH	Ghana	GH
Bangladesh	BD	Gibraltar	GI
Barbados	BB	Grenada	GD
Belize	BZ	Grönland	GL
Benin	BJ	Guadeloupe	GP
Bermudas	BM	Guam	GU
Bhutan	BT	Guatemala	GT
Birma	MM	Guinea	GN
Bolivien	BO	Guinea Bissau	GW
Bosnien-Herzegowina	BA	Guyana	GY
Botswana	BW	Haiti	HT
Bouvet Inseln	BV	Heard und McDonald Islands	HM
Brasilien	BR	Honduras	HN
Britisch-Indischer Ozean	IO	Hong Kong	HK
Brunei	BN	Indien	IN
Burkina Faso	BF	Indonesien	ID
Burundi	BI	Irak	IQ
Chile	CL	Iran	IR
China	CN	Island	IS
Christmas Island	CX	Israel	IL
Cook Inseln	CK	Jamaika	JM

Land	Kürzel	Land	Kürzel
Japan	JP	Mexiko	MX
Jemen	YE	Mikronesien	FM
Jordanien	JO	Mocambique	MZ
Jugoslawien	YU	Moldavien	MD
Kaiman Inseln	KY	Monaco	MC
Kambodscha	KH	Mongolei	MN
Kamerun	CM	Montserrat	MS
Kanada	CA	Namibia	NA
Kap Verde	CV	Nauru	NR
Kasachstan	KZ	Nepal	NP
Kenia	KE	Neukaledonien	NC
Kirgisistan	KG	Neuseeland	NZ
Kiribati	KI	Nicaragua	NI
Kokosinseln	CC	Niederländische Antillen	AN
Kolumbien	CO	Niger	NE
Komoren	KM	Nigeria	NG
Kongo	CG	Niue	NU
Kongo, Demokratische Republik	CD	Nord Korea	KP
Kuba	CU	Norfolk Inseln	NF
Kuwait	KW	Norwegen	NO
Laos	LA	Oman	OM
Lesotho	LS	Pakistan	PK
Libanon	LB	Palästina	PS
Liberia	LR	Palau	PW
Libyen	LY	Panama	PA
Liechtenstein	LI	Papua Neuguinea	PG
Macao	MO	Paraguay	PY
Madagaskar	MG	Peru	PE
Malawi	MW	Philippinen	PH
Malaysia	MY	Pitcairn	PN
Malediven	MV	Puerto Rico	PR
Mali	ML	Qatar	QA
Marianen	MP	Reunion	RE
Marokko	MA	Ruanda	RW
Marshall Inseln	MH	Rußland	RU
Martinique	MQ	Saint Lucia	LC
Mauretanien	MR	Sambia	ZM
Mauritius	MU	Samoa	AS
Mayotte	YT	Samoa	WS
Mazedonien	MK	San Marino	SM

Land	Kürzel	Land	Kürzel
Sao Tome	ST	Togo	TG
Saudi Arabien	SA	Tokelau	TK
Schweiz	CH	Tonga	TO
Serbien	YU	Trinidad Tobago	TT
Senegal	SN	Tschad	TD
Seychellen	SC	Tunesien	TN
Sierra Leone	SL	Türkei	TR
Singapur	SG	Turkmenistan	TM
Solomon Inseln	SB	Turks und Kaikos Inseln	TC
Somalia	SO	Tuvalu	TV
South Georgia, South Sandwich Isl.	GS	Uganda	UG
Sri Lanka	LK	Ukraine	UA
St. Helena	SH	Uruguay	UY
St. Kitts Nevis Anguilla	KN	Usbekistan	UZ
St. Pierre und Miquelon	PM	Vanuatu	VU
St. Vincent	VC	Vatikan	VA
Süd Korea	KR	Venezuela	VE
Südafrika	ZA	Vereinigte Arabische Emirate	AE
Sudan	SD	Vereinigte Staaten von Amerika	US
Surinam	SR	Vietnam	VN
Svalbard und Jan Mayen Islands	SJ	Virgin Island (Brit.)	VG
Swasiland	SZ	Virgin Island (USA)	VI
Syrien	SY	Wallis et Futuna	WF
Tadschikistan	TJ	Weißrußland	BY
Taiwan	TW	Westsahara	EH
Tansania	TZ	Zentralafrikanische Republik	CF
Thailand	TH	Zimbabwe	ZW
Timor	TP		

Anhang 3 – Three-Letter-Code – Flughafencodes

Flugziele von A–Z	3 Letter Codes	Flughäfen der Reiseziele
Abu Dhabi	AUH	Abu Dhabi Int. Airport
Amsterdam	AMS	Amsterdam – Schiphol
Ankara	ESB	Flughafen Ankara
Antalya	AYT	Flughafen Antalya
Antananarivo	TNR	Flughafen Ivato
Arrecife	ACE	Flughafen Lanzarote
Athen	ATH	Athens Int. Airport
Atlanta	ATL	Hartsfield-Jackson Int. Airport
Auckland	AKL	Flughafen Auckland
Augsburg	AGB	Augsburg-Mühlhausen
Bangkok	DMK	Int. Airport „Don Muang"
Bangkok	BKK	Int. Airport „Suvarnabhumi"
Banjul	BJL	Banjul Int. Airport
Barbados	BGI	Int. airport Grantley Adams
Barcelona	BCN	Flughafen Barcelona
Bari	BRI	Bari Italien
Basel	BSL	Flughafen Basel
Belgrad	BEG	Flughafen Belgrad
Bergamo	BGY	Flughafen Orio al Serio
Bergen	BGO	Flughafen Bergen
Berlin Brandenburg	BER	Berlin[426]
Berlin Schönefeld	SXF	Berlin
Berlin Tegel	TXL	Berlin
Berlin Tempelhof	THF	Berlin
Bern	BRN	Flughafen Bern-Belp
Bilbao	BIO	Bilbao Spanien
Birmingham	BHX	Birmingham
Bologna	BLQ	Flughafen Bologna
Bordeaux	BOD	Flughafen Bordeaux
Boston	BOS	Logan International Airport
Bratislava	BTS	Bratislava (M. R. Štefánik)
Bremen	BRE	Bremen
Breslau	WRO	Port Lotniczy Wroclaw
Brüssel	BRU	Airport Brüssel International
Budapest	BUD	Flughafen Budapest Ungarn

---

426 Der Zeitpunkt der Betriebsaufnahme des Flughafens Berlin Brandenburg Willy Brandt ist zum Zeitpunkt der Drucklegung nicht bekannt.

Flugziele von A–Z	3 Letter Codes	Flughäfen der Reiseziele
Bukarest	BBU	Bucharest Baneasa Int. Airport
Cagliari	CAG	Aeroporto di Cagliari Elmas
Calgary	YYC	Calgary International Airport
Canberra	CBR	Canberra International Airport
Cancun	CUN	Flughafen Cancun Mexiko
Casablanca	CMN	Flughafen Mohammed V
Catania	CTA	Flughafen Catania
Chiang Mai	CNX	Chiang Mai International Airport
Chicago	ORD	O'Hare International Airport
Chisinau	KIV	Aeroport International Chisinau
Cincinnati	CVG	Cincinnati Northern Kentucky
Cluj-Napoca	CLJ	Flughafen Cluj-Napoca
Constanta	CND	Flughafen Constanta
Dakar	DAK	Flughafen Dakar- International
Dallas	DFW	Dallas-Fort Worth Int. Airport
Damaskus	DAM	Damaskus International Airport
Dammam	DMM	King Fahd International Airport
Danzig	GDN	Port Lotniczy Lech-Walesa
Darwin	DRW	Darwin International Airport
Delhi	DEL	Indira Gandhi Flughafen
Detroit	DTW	Detroit Metropolitan Airport
Djerba	DJE	Djerba Tunesien
Doha	DOH	Doha International Airport
Dortmund	DTM	Dortmund
Dresden	DRS	Dresden
Dubai	JXB	Dubai World Central Int. Airport
Dubai	DXB	Dubai Airport VAE
Dublin	DUB	Dublin International Airport
Dubrovnik	DBV	Dubrovnik Airport Kroatien
Düsseldorf	DUS	Düsseldorf International
Edinburgh	EDI	Flughafen Edinburgh
Erfurt	ERF	Erfurt
Faro	FAO	Aeroporto Faro Portugal
Florenz	FLR	eroporto di Firenze, Italien
Frankfurt am Main	FRA	Frankfurt am Main
Frankfurt/Main, Hahn	HHN	Frankfurt-Hahn
Friedrichshafen	FDH	Friedrichshafen
Fuerteventura	FUE	Aeropuerto Fuerteventura
Fukuoka	FUK	Fukuoka Airport
Gando	LPA	Flughafen Gran Canaria

Flugziele von A–Z	3 Letter Codes	Flughäfen der Reiseziele
Genf	GVA	Aéroport Int. Airport de Genève
Girona/Costa Brava	GRO	Flughafen Girona
Glasgow	GLA	Glasgow International Airport
Glasgow, Prestwick	PIK	Glasgow-Prestwick
Göteborg	GSE	Göteborg City Airport
Göteborg	GOT	Flughafen Göteborg
Gran Canaria	LPA	Gran Canaria Airport
Graz	GRZ	Flughafen Graz
Guangzhou	CAN	Guangzhou Baiyun Int. Airport
Hamburg	HAM	Hamburg
Hannover	HAJ	Hannover
Hauges & Karmoy	HAU	Flughafen Haugesund
Havanna	HAV	Havanna Kuba
Helsinki	HEL	Flughafen Helsinki-Vantaa
Heraklion	HER	Heraklion Int. Airport
Heringsdorf	HDF	Heringsdorf
Hof	HOQ	Hof-Plauen
Hongkong	HKG	Hong Kong Int. Airport
Houston	IAH	George Bush Int. Airport
Hurghada	HRG	Hurghada Airport Ägypten
Ibiza	IBZ	Flughafen Ibiza
Innsbruck	INN	Flughafen Innsbruck
Insel Vágar	FAE	Flughafen Vágar
Iraklion (Kreta)	HER	Nikos Kazantzakis Int. Airport
Istanbul	IST	Flughafen Istanbul-Atatürk
Izmir	ADB	Flughafen Izmir
Johannesburg	JNB	Flughafen Johannesburg Int.
Kabul	KBL	Kabul International Airport
Kairo	CAI	Kairo Airport Ägypten
Kaohsiung	KHH	Kaohsiung International
Kapstadt	CPT	Flughafen Kapstadt
Karlsruhe BB	FKB	Karlsruhe/Baden-Baden
Katowice	KTW	Flughafen Katowice
Keflavík	REK	Leifur Eriksson
Kiel	KEL	Kiel
Klagenfurt	KLU	Alpe-Adria Airport
Köln und Bonn	CGN	Köln/Bonn
Kopenhagen	CPH	Kastrup Airport
Kopenhagen	RKE	Roskilde Airport
Korfu	CFU	Flughafen Corfu Griechenland

Flugziele von A–Z	3 Letter Codes	Flughäfen der Reiseziele
Kos	KGS	Flughafen Kos Griechenland
Krakau	KRK	Int. Airport Krakau-Balice
Kristiansand	KRS	Kristiansand lufthavn, Kjevik
Kuala Lumpur	KUL	Kuala Lumpur Int. Airport
Lanzarote	ACE	Flughafen Lanzarote
Las Vegas	LAS	McCarran International Airport
Leipzig & Halle	LEJ	Leipzig/Halle
Limerick	SNN	Shannon International Airport
Linz	LNZ	Blue Danube Airport
Lissabon	LIS	Flughafen Lissabon
Liverpool	LPL	Liverpool John Lennon Airport
London	LGW	London Gatwick Airport
London	LTN	London Luton Airport
London	LCY	London City Airport
London	LHR	London Heathrow Airport
London	STN	London Stansted Airport
Los Angeles	LAX	Flughafen Los Angeles
Louisville (Kentucky)	SDF	Louisville International Airport
Lourdes	LDE	Lourdes-Tarbes
Lübeck	LBC	Lübeck
Lugano	LUG	Flughafen Lugano-Agno
Luxemburg	LUX	Aéroport de Luxembourg
Luxor	LXR	Luxor Airport Ägypten
Lyon	LYS	Flughafen Lyon Saint-Exupéry
Madrid	MAD	Madrid Barajas Int. Airport
Mailand	LIN	Flughafen Mailand-Linate
Mailand	MXP	Mailand-Malpensa
Malediven	MLE	Flughafen Male Malediven
Malta	MLA	Malta Airport
Manchester	MAN	Manchester
Mandalay	MDL	Mandalay International Airport
Manila	MNL	Ninoy Aquino International Airport
Mannheim	MHG	Mannheim
Marsa Alam	RMF	Marsa Alam Ägypten
Marseille	MRS	Flughafen Marseille Provence
Mauritius	MRU	Flughafen Sri Seewoosagur
Melbourne	MEL	Melbourne Airport
Miami	MIA	Miami International Airport
Minneapolis	MSP	Minneapolis-Saint Paul Int. Airport
Mönchengladbach	MGL	Düsseldorf-Mönchengladbach

Flugziele von A–Z	3 Letter Codes	Flughäfen der Reiseziele
Montpellier	MPL	Flughafen Montpellier
Montréal	YUL	Flughafen Montreal
Moskau	SVO	Flughafen Scheremetjewo
Moskau	DME	Domodedowo
Moskau	VKO	Wnukowo
Mulhouse	MLH	Basel-Mulhouse-Freiburg
Mumbai	BOM	Chhatrapati Shivaji Int. Airport
München	MUC	München (Franz Josef Strauß)
Münster & Osnabrück	FMO	Münster/Osnabrück
Mykonos	JMK	Flughafen Mykonos Griechenland
Nagoya	NGO	Central Japan International Airport
Nairobi	NBO	Flughafen Jomo Kenyatta
Neapel	NAP	Flughafen Neapel-Capodichino
Neubrandenburg	FNB	Neubrandenburg
New York	JFK	John F. Kennedy Int. Airport
New York & Newark	EWR	Newark Liberty Int. Airport
Niš	INI	Flughafen Niš
Nürnberg	NUE	Nürnberg
Olbia	OLB	Aeroporto Olbia Sardinien
Ôsaka	KIX	Kansai International Airport
Oslo	OSL	Flughafen Oslo-Gardermoen
Ottawa	YOW	Ottawa Macdonald-Cartier Int.
Paderborn & Lippstadt	PAD	Paderborn/Lippstadt
Palermo	PMO	Flughafen Palermo
Palma de Mallorca	PMI	Aeropuerto Palma de Mallorca
Paris	ORY	Paris-Orly
Paris	CDG	Paris – Charles De Gaulle
Peking	PEK	Flughafen Peking
Perth	PER	Perth International Airport
Pisa	PSA	Flughafen Pisa (Galileo Galilei)
Plattensee	SOB	Flughafen Balaton
Podgorica	TGD	Flughafen Podgorica
Port Maturain	RRG	Rodrigues Island Airport
Portland (Oregon)	PDX	Flughafen Portland (Oregon)
Porto	OPO	Flughafen Porto
Prag	PRG	Flughafen Prag
Priština	PRN	Flughafen Priština
Puerto Plata	POR	Puerto Plata Dom. Republik
Punta Cana	PUJ	Punta Cana Dom. Republik
Reina, Teneriffa	TFS	Flughafen Teneriffa Süd

Flugziele von A–Z	3 Letter Codes	Flughäfen der Reiseziele
Reus/Salou	REU	Flughafen Reus
Rhodos	RHO	Rhodos Diagoras Airport
Riad	RUH	King Khaled Airport
Riga	RIX	Flughafen Riga
Rijeka	RJK	Rijeka
Rom	CIA	Flughafen Rom-Ciampino
Rom	FCO	Flughafen Rom-Fiumicino
Rostock	RLG	Rostock-Laage
Rzeszów	RZW	Flughafen Rzeszów
Saarbrücken	SCN	Saarbrücken
Saint-Denis	RUN	Roland Garos Airport
Salzburg	SZG	Salzburg Airport W. A. Mozart
San Francisco	SFO	San Francisco Int. Airport
Sandefjord, Oslo	TRF	Flughafen Sandefjord
Sankt Petersburg	LED	Sankt Petersburg (Pulkowo)
Santander	SDR	Flughafen Santander
Santorini	JTR	Flughafen Santorin
Sarajevo	SJJ	Sarajevo International
Schwerin & Parchim	SZW	Schwerin-Parchim
Seattle/Tacoma	SEA	Seattle Tacoma Int.l Airport
Seoul	ICN	Incheon International Airport
Shanghai	PVG	Pudong International Airport
Sibiu	SBZ	Flughafen Sibiu
Siegen	SGE	Siegerland
Singapur	SIN	Changi Airport
Split	SPU	Split
St. Gallen	ACH	Airport St.Gallen-Altenrhein
Stavanger, Sola	SVG	Flughafen Stavanger, Sola
Stockholm	ARN	Stockholm Arlanda Airport
Stockholm	NYO	Stockholm/Skavsta
Stralsund & Barth	BBH	Stralsund-Barth
Straßburg	SXB	Flughafen Straßburg
Stuttgart	STR	Stuttgart
Sydney	SYD	Kingsford Smith Int.Airport
Sylt	GWT	Flughafen Sylt
Tainan	TNN	Tainan
Taipei	TPE	Taipei Chiang Kai Shek Int.
Taipei	TSA	Taipei Songshan Airport
Tallinn	TLL	Flughafen Tallinn
Tampere	TMP	Flughafen Tampere

316   II. Formularsammlung

Flugziele von A–Z	3 Letter Codes	Flughäfen der Reiseziele
Tel Aviv	TLV	Ben-Gurion-Flughafen
Teneriffa	TFN	Flughafen Teneriffa Nord
Thessaloniki	SKG	Makedonia Airport
Timisoara	TSR	Flughafen Timisoara
Tirana	TIA	Mother Teresa Airport
Tivat	TIV	Flughafen Tivat
Tokio	HND	Tokyo International Airport
Tokio	NRT	Narita International Airport
Toronto	YYZ	Toronto Pearson Int. Airport
Toulouse	TLS	Flughafen Toulouse-Blagnac
Trabzon	TZX	Flughafen Trabzon (liegt in Asien)
Trondheim	TRD	Trondheim lufthavn, Værnes
Tunis	TUN	Flughafen Carthage International
Turin	TRN	Flughafen Turin (Sandro Pertini)
Valencia	VLC	Flughafen Manises
Vancouver	YVR	Vancouver International Airport
Varadero	VRA	Varadero Kuba
Varna	VAR	Flughafen Varna Bulgarien
Venedig	VCE	Flughafen Venedig (Marco Polo)
Venustiano Carranza	MEX	Benito Juárez International Airport
Vilnius	VNO	Flughafen Vilnius
Warschau	WAW	Port Lotniczym
Washington, D.C.	IAD	Washington Dulles Int.Airport
Weeze	NRN	Niederrhein
Wellington	WLG	Flughafen Wellington
Westerland	GWT	Sylt
Wien	VIE	Flughafen Wien-Schwechat
Windhuk	WDH	Flughafen Windhuk International
Yaren	INU	Nauru International Airport
Zagreb	ZAG	Zagreb
Zürich	ZRH	Flughafen Zürich

Anhang 4 – Liste der im Inland ansässigen Unternehmer, die im entgeltlichen Luftverkehr überwiegend internationalen Luftverkehr betreiben

(§ 8 Abs. 2 Nr. 1 UStG)

(Stand: 1. Januar 2014)

ACD Aviation Services Ltd.,	44319 Dortmund
ACM AIR CHARTER Luftfahrtgesellschaft mbH,	77836 Rheinmünster
Aero Dienst GmbH & Co KG,	90411 Nürnberg
Aerologic GmbH,	04435 Schkeuditz
Aerotours GmbH,	15344 Strausberg
aeroways GmbH,	80803 München
Aerowest GmbH,	30669 Hannover
Agrarflug Helilift GmbH & Co. KG,	59227 Ahlen
Air Allgäu GmbH,	87766 Memmingerberg
Air Alliance Express AG u. Co KG,	57299 Burbach
AIR BERLIN PLC & Co. Luftverkehrs KG,	13627 Berlin
AirGo Flugservice GmbH & Co KG,	55126 Mainz
AIR HAMBURG Luftverkehrsgesellschaft mbH,	22525 Hamburg
Air Independence GmbH,	85356 München-Flughafen
Air Traffic Gesellschaft mit beschränkter Haftung Executive Jet Service,	40474 Düsseldorf
Arcas Aviation GmbH & Co KG,	20355 Hamburg
Arcus-Air GmbH & Co. KG,	66482 Zweibrücken
Atlas Air Service AG,	27777 Ganderkesee
AUGUSTA AIR Luftfahrtunternehmen, Yachtcharter- und Videogeräteverleih Hans Schneider e. K.,	86169 Augsburg
Avanti Air GmbH & Co. KG,	57299 Burbach
Bertelsmann Aviation GmbH,	33142 Büren
BinAir Aero Service GmbH,	80939 München
Businesswings Luftfahrtunternehmen GmbH,	34292 Ahnatal
CCF manager airline GmbH,	51147 Köln
Challenge Air Luftverkehrsgesellschaft mbH,	53844 Troisdorf
ChallengeLine LS GmbH,	86169 Augsburg
Condor Berlin GmbH,	12527 Schönefeld
Condor Flugdienst GmbH,	65451 Kelsterbach
DC Aviation GmbH,	70629 Stuttgart
Deutsche Lufthansa AG,	50679 Köln
Donau-Air-Service GmbH,	88512 Mengen
Eisele Flugdienst GmbH,	70629 Stuttgart
Elytra Charter GmbH & Co. KG,	63329 Egelsbach
EuroFly GmbH,	46395 Bocholt

Eurolink GmbH,	85356 München-Flughafen
European Air Transport Leipzig GmbH,	04435 Schkeuditz
Eurowings GmbH,	40472 Düsseldorf
Fair Air GmbH,	95463 Bindlach
FAI rent-a-jet AG,	90411 Nürnberg
Fairjets GmbH,	33142 Büren
Flair Jet Luftverkehrsgesellschaft mbH,	90607 Rückersdorf
FSH Luftfahrtunternehmen GmbH,	04435 Schkeuditz
Germania Express Fluggesellschaft mbH,	12529 Schönefeld
GERMANIA Fluggesellschaft mbH,	13627 Berlin
German Sky Airlines GmbH,	40231 Düsseldorf
Germanwings GmbH,	51147 Köln
Hahn Air Lines GmbH,	63303 Dreieich
Hapag-Lloyd Executive GmbH,	30855 Langenhagen
Helog Aviation KG,	83435 Bad Reichenhall
Heron Luftfahrt GmbH & Co KG,	79761 Waldshut-Tiengen
HHA Hamburg Airways Luftverkehrsgesellschaft mbH,	22297 Hamburg
HTM Jet Service GmbH & Co KG,	85521 Ottobrunn
ImperialJet Europe GmbH,	85399 Hallbergmoos
Jet Aviation Business Deutschland GmbH,	51147 Köln
JET EXECUTIVE INTERNATIONAL CHARTER GmbH & Co. KG,	40472 Düsseldorf
JK Jetkontor AG,	25488 Holm
K5 Aviation GmbH,	85408 Gammelsdorf
Lufthansa Cargo AG,	65451 Kelsterbach
Lufthansa Cityline GmbH,	51147 Köln
Mach Operation GmbH,	61440 Oberursel
MHS Aviation GmbH,	82031 Grünwald
Nightexpress Luftverkehrsgesellschaft mbH,	60549 Frankfurt a.M.
Nordjets GmbH & Co. KG,	20457 Hamburg
PrivatAir GmbH,	40468 Düsseldorf
Private Wings Flugcharter GmbH,	12529 Schönefeld
Pro Air Aviation GmbH,	70794 Filderstadt
Pro Jet GmbH,	66482 Zweibrücken
Quick Air Jet Charter GmbH,	51147 Köln
RUSLAN SALIS GmbH,	04435 Schkeuditz
SENATOR Aviation Charter GmbH,	22335 Hamburg
Silver Cloud Air GmbH,	67346 Speyer
SPREE FLUG Luftfahrt GmbH,	15517 Fürstenwalde
Star Wings Dortmund Luftfahrtgesellschaft mbH,	44319 Dortmund
Stuttgarter Flugdienst GmbH,	70629 Stuttgart
Sun Express Deutschland GmbH,	65451 Kelsterbach
transavia Flugbetriebsgesellschaft mbH,	67346 Speyer

TUIfly GmbH,	30855 Langenhagen
Vibro-Air Flugservice GmbH & Co. KG,	41061 Mönchengladbach
WDL Aviation (Köln) GmbH & Co. KG,	51147 Köln
Windrose Air Jetcharter GmbH,	12529 Schönefeld

Anhang 5 – Verzeichnis der Länder, zu denen Gegenseitigkeit im Sinne des § 26 Abs. 3 UStG festgestellt ist

Anlage zum BMF-Schreiben vom 19.07.2013,
IV D 3 - S 7433/11/10005

Verzeichnis
der Länder, zu denen Gegenseitigkeit im Sinne des § 26 Abs. 3 UStG festgestellt ist
(Stand: 1. Juli 2013)

Ägypten	Jordanien	Rumänien
Äthiopien	Kanada	Russland
Afghanistan	Kasachstan	Sambia
Algerien	Katar	Saudi-Arabien
Angola	Kenia	Schweden
Argentinien	Korea (Republik)	Schweiz
Armenien	Kroatien	Serbien
Australien	Kuba	Seychellen
Bahrain	Kuwait	Singapur
Bangladesh	Lettland	Slowakische Republik
Belgien	Libanon	Slowenien
Brasilien	Libyen	Somalia
Brunei Darussalam	Liechtenstein	Spanien
Bulgarien	Litauen	Sudan
Chile	Luxemburg	Südafrika
China (Volksrepublik)	Malaysia	Syrien
Dänemark	Malta	Tadschikistan
Finnland	Marokko	Taiwan
Frankreich	Mauritius	Thailand
Georgien	Mazedonien	Tschechische Republik
Ghana	Mongolei	Türkei
Griechenland	Montenegro	Tunesien
Großbritannien	Namibia	Turkmenistan
Hongkong	Nepal	Ukraine
Indien	Neuseeland	Ungarn
Indonesien	Niederlande	Usbekistan
Irak	Nigeria	Venezuela
Iran	Norwegen	Vereinigte Arabische Emirate
Irland	Österreich	Vereinigte Staaten von Amerika
Island	Oman	Vietnam
Israel	Pakistan	Weißrussland
Italien	Paraguay	Zimbabwe
Jamaika	Polen	Zypern (Republik)
Japan	Portugal	

Anhang 6 – Merkblatt zur Umsatzbesteuerung von grenz-überschreitenden Personenbeförderungen mit Omnibussen, die nicht in der Bundesrepublik Deutschland zugelassen sind

Bundesministerium der Finanzen
Stand: 1. Januar 2014 (BStBl. I S. 220)

Inhaltsübersicht

I. Vorbemerkung

1 (1) Personenbeförderungen unterliegen in der Bundesrepublik Deutschland der Umsatzsteuer. Die Besteuerung dieser Leistungen ist europarechtlich durch die Richtlinie 2006/112/EG über das gemeinsame Mehrwertsteuersystem – Mehrwertsteuer-System-richtlinie – (bis 31. Dezember 2006: Sechste Richtlinie 77/388/EWG zur Harmonisierung der Rechtsvorschriften der Mitgliedstaaten über die Umsatzsteuern) vorgeschrieben.

2 (2) Personenbeförderungen mit Omnibussen unterliegen wie jede andere Leistung, die ein Unternehmer gegen Entgelt ausführt, der Umsatzsteuer (Ausnahmen siehe Tz. 29 bis 32). Dies gilt unabhängig davon, ob die Beförderung von einem inländischen oder ausländischen Unternehmer ausgeführt wird, ob inländische oder ausländische Fahrgäste befördert werden und ob die Fahrgäste Jugendliche oder Erwachsene/Senioren sind. Dies gilt sowohl für Personenbeförderungen im Linienverkehr als auch für Personenbeförderungen im Gelegenheitsverkehr (vgl. Tz. 5 und 6). Erstreckt sich eine Personenbeförderung sowohl auf das Gebiet der Bundesrepublik Deutschland als auch auf andere Gebiete, ist in der Bundesrepublik Deutschland nur die Beförderung auf der im Inland zurückgelegten Strecke steuerpflichtig.

3   (3) Für steuerpflichtige Personenbeförderungen ist grundsätzlich der leistende Unternehmer Steuerschuldner. Ist der leistende Unternehmer ein im Ausland ansässiger Unternehmer schuldet der Leistungsempfänger die Umsatzsteuer, wenn er ein Unternehmer oder eine juristische Person ist. Die Vorschriften über die Steuerschuldnerschaft des Leistungsempfängers finden keine Anwendung, wenn im Ausland ansässige Unternehmer im Inland u. a. Personenbeförderungen ausführen, die entweder der Beförderungseinzelbesteuerung (vgl. Tz. 22 bis 28) unterlegen haben oder mit Taxen durchgeführt wurden. Bei **nach dem 30. September 2013** erbrachten Personenbeförderungen mit Omnibussen ist der leistende Unternehmer stets Steuerschuldner.

4   (4) Die Besteuerung erfolgt grundsätzlich im allgemeinen Besteuerungsverfahren bei einem Finanzamt (vgl. Tz. 13 bis 20). Die Beförderungseinzelbesteuerung an den Grenzen der Bundesrepublik Deutschland zu den nicht zur Europäischen Union gehörenden Staaten (Drittlandsgrenze, vgl. Tz. 7) wird dagegen beim Grenzübertritt durch eine Zolldienststelle durchgeführt (vgl. Tz. 22 bis 28).

II. Begriffsbestimmungen

5   (1) Der **Linienverkehr** umfasst die regelmäßige Beförderung von Personen auf einer zwischen bestimmten Ausgangs- und Endpunkten eingerichteten und genehmigten Verkehrsverbindung, auf der Fahrgäste an bestimmten Haltestellen ein- oder aussteigen können. Mitzuführen ist die Genehmigung für jede Teilstrecke der von der jeweiligen Linie zu befahrenden Staaten.

6   (2) Der **Gelegenheitsverkehr** umfasst die nicht dem Linienverkehr zuzuordnenden Verkehrsarten, also **Ausflugsfahrten**, **Ferienziel-Reisen** und den **Verkehr mit Mietomnibussen**. **Ausflugsfahrten** sind Fahrten, die der Unternehmer nach einem bestimmten, von ihm aufgestellten Plan und zu einem für alle Teilnehmer gleichen und gemeinsam verfolgten Ausflugszweck anbietet und ausführt. **Ferienziel-Reisen** sind Reisen zu Erholungsaufenthalten, die der Unternehmer nach einem bestimmten, von ihm aufgestellten Plan zu einem Gesamtentgelt für Beförderung und Unterkunft mit oder ohne Verpflegung anbietet und ausführt. **Verkehr mit Mietomnibussen** ist die Beförderung von Personen mit angemieteten Kraftomnibussen, mit denen der Unternehmer Fahrten ausführt, deren Zweck, Ziel und Ablauf der Mieter bestimmt. Mitzuführen ist bei genehmigungspflichtigen Verkehrsdiensten die Genehmigung für die jeweilige Einzelfahrt, bei genehmigungsfreien Verkehrsdiensten ein vollständig ausgefülltes Fahrtenblatt. Bei den in bilateralen Abkommen mit Drittstaaten als **Pendelverkehr** bezeichneten Beförderungsleistungen handelt es sich um **Gelegenheitsverkehr**.

7   (3) Eine **Drittlandsgrenze der Bundesrepublik Deutschland** ist eine Grenze zu einem Staat, der nicht der Europäischen Union angehört (Grenze zwischen der Schweiz und Deutschland und an den Seehäfen).

III. Personenbeförderungen mit nicht in der Bundesrepublik Deutschland straßenverkehrsrechtlich zugelassenen Omnibussen, die bei der Ein- oder Ausreise keine Drittlandsgrenze der Bundesrepublik Deutschland überqueren

Für die Besteuerung dieser Personenbeförderungen gelten grundsätzlich folgende Regelungen:

1. Anzeigepflicht

8   (1) Im Ausland ansässige Unternehmer, die grenzüberschreitende Personenbeförderungen mit nicht im Inland zugelassenen Kraftomnibussen durchführen, haben dies vor der erstmaligen Ausführung derartiger auf das Inland entfallender Umsätze bei dem für die Umsatzbesteuerung nach § 21 der Abgabenordnung (AO) zuständigen Finanzamt (vgl. Tz. 13) anzuzeigen.

9 (2) Die Anzeige über die erstmalige Ausführung grenzüberschreitender Personenbeförderungen mit nicht im Inland zugelassenen Kraftomnibussen ist an keine Form gebunden. Für die Anzeige sollte jedoch der Vordruck

USt 1 TU – Anzeige über die grenzüberschreitende Personenbeförderung mit Kraftomnibussen (§ 18 Abs. 12 Satz 1 UStG)

verwendet werden, der als **Anlage 1** beigefügt ist oder bei dem nach § 21 AO zuständigen Finanzamt (vgl. Tz. 13) erhältlich ist.

(3) Wird der Vordruck nicht verwendet, sind jedoch die mit dem Vordruck verlangten Angaben zu machen.

2. Bescheinigungsverfahren

10 (1) Das für die Umsatzbesteuerung nach § 21 AO zuständige Finanzamt (vgl. Tz. 13) erteilt über die umsatzsteuerliche Erfassung des im Ausland ansässigen Unternehmers für jeden nicht im Inland zugelassenen Kraftomnibus, der für grenzüberschreitende Personenbeförderungen eingesetzt werden soll, eine gesonderte Bescheinigung (§ 18 Abs. 12 Satz 2 UStG).

11 (2) Die Bescheinigung nach § 18 Abs. 12 Satz 2 UStG ist während jeder Fahrt im Inland mitzuführen und auf Verlangen den für die Steueraufsicht zuständigen Zolldienststellen vorzulegen (§ 18 Abs. 12 Satz 3 UStG). Bei Nichtvorlage der Bescheinigung können diese Zolldienststellen eine Sicherheitsleistung nach den abgabenrechtlichen Vorschriften in Höhe der für die einzelne Beförderungsleistung voraussichtlich zu entrichtenden Steuer verlangen (§ 18 Abs. 12 Satz 4 UStG). Die entrichtete Sicherheitsleistung ist im Rahmen der Umsatzsteuererklärung für das Kalenderjahr (§ 18 Abs. 3 Satz 1 UStG) auf die zu entrichtende Steuer anzurechnen (§ 18 Abs. 12 Satz 5 UStG).

12 (3) Ordnungswidrig handelt, wer vorsätzlich oder leichtfertig entgegen § 18 Abs. 12 Satz 3 UStG die Bescheinigung nach § 18 Abs. 12 Satz 2 UStG nicht oder nicht rechtzeitig vorlegt (§ 26a Abs. 1 Nr. 4 UStG). Diese Ordnungswidrigkeit kann mit einer Geldbuße bis zu 5 000 Euro geahndet werden (§ 26a Abs. 2 UStG).

3. Zuständiges Finanzamt

13 Wird das Beförderungsunternehmen von der Bundesrepublik Deutschland aus betrieben, ist für das Besteuerungsverfahren das Finanzamt zuständig, von dessen Bezirk aus der Unternehmer sein Unternehmen betreibt. Nach § 21 Abs. 1 Satz 2 AO in Verbindung mit der Umsatzsteuerzuständigkeitsverordnung ergeben sich für Unternehmer, die Wohnsitz, Sitz oder Geschäftsleitung im Ausland haben, die in der **Anlage 2** aufgeführten Zuständigkeiten.

4. Bemessungsgrundlage und Steuersatz

14 Bemessungsgrundlage für die Umsatzsteuer ist der Teil des vereinbarten Fahrpreises abzüglich der Umsatzsteuer (Entgelt), der auf die im Inland zurückgelegte Strecke entfällt. Der auf den Streckenanteil im Inland entfallende Teil des Fahrpreises ist an Hand des Gesamtpreises zu ermitteln. Der Fahrpreis ist hiernach im Verhältnis der Längen der inländischen und ausländischen Streckenanteile aufzuteilen. Der Steuersatz beträgt grundsätzlich 19 %. Für den genehmigten Linienverkehr ist der ermäßigte Steuersatz von 7 % anzuwenden, wenn die Beförderungsstrecke im Inland nicht mehr als 50 Kilometer beträgt.

5. Allgemeines Besteuerungsverfahren

15 Die auf den inländischen Streckenanteil der Beförderung entfallende Umsatzsteuer wird im allgemeinen Besteuerungsverfahren erhoben. Dazu hat der Beförderungsunternehmer Umsatzsteuer-Voranmeldungen und eine jährliche Umsatzsteuererklärung dem für ihn zuständigen Finanzamt zu übersenden.

a) Umsatzsteuer-Voranmeldungen

16 (1) Der Beförderungsunternehmer hat bis zum 10. Tag nach Ablauf jedes Voranmeldungszeitraums eine Voranmeldung an das für ihn zuständige Finanzamt elektronisch zu übermitteln, in der er die Umsatzsteuer selbst zu berechnen hat (§ 18
Abs. 1 Satz 1 UStG). Weitere Auskünfte hierzu erteilt das zuständige Finanzamt
(vgl. Tz. 13). Informationen zur elektronischen Übermittlung sind unter der Internet-
Adresse www.elster.de erhältlich.

17 (2) Voranmeldungszeitraum ist regelmäßig das Kalendervierteljahr. Jedoch ist der
Kalendermonat Voranmeldungszeitraum, wenn die Steuer für das vorangegangene
Kalenderjahr mehr als 7 500 Euro betragen hat. Beträgt die Umsatzsteuer für das
vorangegangene Kalenderjahr nicht mehr als 1 000 Euro, kann das Finanzamt den
Beförderungsunternehmer von der Verpflichtung zur Abgabe der Voranmeldungen
und Entrichtung der Vorauszahlungen befreien.

18 (3) In der Voranmeldung sind alle im Inland ausgeführten Umsätze anzugeben. Von
der berechneten Umsatzsteuer sind die mit den Umsätzen im Zusammenhang stehenden Vorsteuerbeträge abzuziehen. Die danach berechnete Vorauszahlung ist am
10. Tag nach Ablauf des Voranmeldungszeitraums fällig.

b) Umsatzsteuer-Jahreserklärung

19 Nach Ablauf eines Kalenderjahres hat der Unternehmer bis zum 31. Mai des Folgejahres
an das für ihn zuständige Finanzamt (vgl. Tz. 13) eine Umsatzsteuer-Jahreserklärung
grundsätzlich elektronisch zu übermitteln, wobei der Datenübermittler authentifiziert
sein muss (§ 18 Abs. 3 Satz 1 UStG). Informationen hierzu sind unter der Internet-
Adresse www.elster.de erhältlich.

6. Folgen der Verletzung steuerlicher Pflichten

20 Wird eine Umsatzsteuer-Voranmeldung oder die Umsatzsteuer-Jahreserklärung nicht
übermittelt, hat das Finanzamt die Umsatzsteuer durch Schätzung der Besteuerungs-
grundlagen zu ermitteln. Hat der Unternehmer die Umsatzsteuer-Vorauszahlung oder
die Jahresumsatzsteuer nicht richtig berechnet, wird das Finanzamt diese in zutreffen-
der Höhe festsetzen. Bei verspäteter Abgabe oder Nichtabgabe von Voranmeldungen
oder Jahreserklärungen kann ein Verspätungszuschlag bis zu 10 % der festgesetzten
Steuer – höchstens 25 000 Euro – festgesetzt werden. Bei verspäteter Zahlung wird für
jeden angefangenen Monat 1 % Säumniszuschlag berechnet. Schuldhaftes Verhalten des
Beförderungsunternehmers kann als Steuerhinterziehung bestraft oder als leichtfertige
Steuerverkürzung mit Geldbuße geahndet werden. Wenn der Beförderungsunternehmer
die sich aus seinem Unternehmen ergebenden steuerrechtlichen Verpflichtungen nicht
erfüllt, kann geprüft werden, ob Genehmigungen (vgl. Tz. 5 und 6) zu widerrufen sind.

IV. Personenbeförderungen mit nicht in der Bundesrepublik Deutschland straßenverkehrsrechtlich zugelassenen Omnibussen, die bei der Ein- oder Ausreise eine Drittlandsgrenze der Bundesrepublik Deutschland überqueren (Grenze zwischen der Schweiz und Deutschland und an den Seehäfen)

1. Linienverkehr

21 Für die Besteuerung von Beförderungen im Linienverkehr gelten hinsichtlich der Bemessungsgrundlage, des Steuersatzes, des zuständigen Finanzamtes und des Besteue-
rungsverfahrens die Ausführungen zu Tz. 8 bis 20 entsprechend.

2. Gelegenheitsverkehr

22 Für die Besteuerung von Beförderungen im Gelegenheitsverkehr mit nicht in der Bundesrepublik Deutschland straßenverkehrsrechtlich zugelassenen Omnibussen, die bei

der Ein- oder Ausreise eine Drittlandsgrenze der Bundesrepublik Deutschland überqueren, gelten folgende Regelungen:

a) Zuständige Behörde

23 Die Besteuerung wird bei der Ein- oder Ausreise über eine Drittlandsgrenze der Bundesrepublik Deutschland an der Grenze durch die zuständige Zolldienststelle durchgeführt. Sie handelt hierbei für das Finanzamt, in dessen Bezirk sie liegt.

b) Bemessungsgrundlage und Steuersatz

24 Aus Vereinfachungsgründen wird die Umsatzsteuer im Verfahren der Beförderungseinzelbesteuerung auf der Grundlage eines Durchschnittsbeförderungsentgelts berechnet. Das Durchschnittsbeförderungsentgelt beträgt **4,43 Cent**. Die zu entrichtende Umsatzsteuer beträgt bei einem Steuersatz von 19 % daher **0,84 Cent** für jeden in der Bundesrepublik Deutschland zurückgelegten Personenkilometer. Die maßgebliche Zahl der Personenkilometer ergibt sich durch Multiplikation der Anzahl der beförderten Personen mit der Anzahl der Kilometer der im Inland zurückgelegten Beförderungsstrecke (tatsächlich im Inland durchfahrene Strecke).

c) Besteuerungsverfahren

25 (1) Der Beförderungsunternehmer hat für jede einzelne Fahrt bei der Ein- oder Ausreise bei der Zolldienststelle an der Drittlandsgrenze eine Steuererklärung in zweifacher Ausfertigung abzugeben. Die Zolldienststelle, die auch die Steuererklärungsvordrucke vorrätig hält, setzt die Steuer auf beiden Ausfertigungen fest. Der Beförderungsunternehmer erhält nach der Entrichtung der Steuer eine Ausfertigung mit einer Steuerquittung zurück. Die Ausfertigung ist mit der Steuerquittung während der Fahrt mitzuführen. Bei der Ausreise aus der Bundesrepublik Deutschland **über eine Drittlandsgrenze** ist bei der Zolldienststelle eine weitere Steuererklärung abzugeben, wenn sich die Zahl der Personenkilometer geändert hat.

26 (2) Gegen die Steuerfestsetzung der Zolldienststelle kann innerhalb eines Monats Einspruch eingelegt werden. Hilft die Zolldienststelle dem Einspruch nicht oder nicht in vollem Umfang ab, erfolgt die weitere Bearbeitung durch das Finanzamt, in dessen Bezirk die Zolldienststelle liegt.

27 (3) Bei der Beförderungseinzelbesteuerung werden keine Vorsteuerbeträge berücksichtigt. Der Beförderungsunternehmer kann jedoch die Vergütung von Vorsteuerbeträgen im Vorsteuer-Vergütungsverfahren beantragen, wenn die Vorsteuern im Zusammenhang mit einer Personenbeförderung stehen, die der Beförderungseinzelbesteuerung unterlegen hat. Auskünfte über das Vorsteuer-Vergütungsverfahren erteilt das Bundeszentralamt für Steuern – Dienstsitz Schwedt/Oder –, Passower Chaussee 3 b, 16303 Schwedt/Oder (Tel. (02 28) 4 06 - 1200, Telefax (02 28) 4 06 - 3200, Internetadresse: http://www.bzst.de).

28 (4) Beförderungsunternehmer können anstelle der Beförderungseinzelbesteuerung nach Ablauf eines Kalenderjahres ihre Personenbeförderungen im allgemeinen Besteuerungsverfahren beim zuständigen Finanzamt (vgl. Tz. 13) erneut erklären (Umsatzsteuererklärung, vgl. Tz. 19). In diesem Fall ist die Umsatzsteuer nach dem auf den inländischen Streckenanteil entfallenden Fahrpreis zu berechnen (vgl. Tz. 14). Von der errechneten Umsatzsteuer sind die im Zusammenhang mit den Personenbeförderungen stehenden Vorsteuerbeträge abzuziehen. Dies gilt nicht für Vorsteuerbeträge, die bereits im Vorsteuer-Vergütungsverfahren erstattet wurden. Auf den sich danach ergebenden Steuerbetrag wird die bei der Beförderungseinzelbesteuerung an den Drittlandsgrenzen entrichtete Umsatzsteuer angerechnet. Ein sich eventuell ergebender Überschuss wird erstattet. Die Höhe der anzurechnenden Umsatzsteuer ist durch Vorlage aller im Verfahren der Beförderungseinzelbesteuerung ergangenen Steuerbescheide nachzuweisen.

V. Ausnahmen von der Besteuerung als Personenbeförderung

29 (1) Personenbeförderungen unterliegen insbesondere nicht der Besteuerung, wenn diese **unentgeltlich** oder mit eigenen Omnibussen **nicht im Rahmen eines Unternehmens** durchgeführt werden. Werden z. B. Mitglieder ausländischer Vereine, kulturelle Gruppen (z. B. Theater- und Musikensembles, Chöre usw.) oder Schüler-, Studenten- und Jugendgruppen in Omnibussen befördert, die dem Verein, der Gruppe oder der Schule gehören, kann im Allgemeinen davon ausgegangen werden, dass die Personenbeförderung nicht im Rahmen eines Unternehmens durchgeführt wird. Dies ist an Hand der Zulassungsdokumente für den Omnibus nachzuweisen.

30 (2) Keine Personenbeförderung liegt vor, wenn der Verein, die Gruppe oder die Schule den Omnibus anmietet und anschließend die Personen mit eigenem Fahrer, im eigenen Namen, unter eigener Verantwortung und für eigene Rechnung befördert. Dies ist durch Belege und Unterlagen nachzuweisen, die insbesondere die gegenseitigen Rechtsbeziehungen eindeutig erkennen lassen. Dabei ist unter anderem auch von Bedeutung, ob der Fahrer des Omnibusses Angestellter des den Omnibus vermietenden Unternehmers ist und von diesem bezahlt wird bzw. ob im Rahmen eines Gestellungsvertrags ein bemanntes Beförderungsmittel angemietet wird. Ist dies der Fall, ist im Allgemeinen davon auszugehen, dass die Personenbeförderung durch diesen Busunternehmer ausgeführt wird und der Sachverhalt damit die Voraussetzungen einer steuerpflichtigen Personenbeförderung erfüllt.

31 (3) Die Frage, ob die angebotenen Nachweise über das Vorliegen einer nicht steuerbaren Personenbeförderung als ausreichend anzuerkennen sind, ist vor Ort vom abfertigenden Zollbeamten zu entscheiden. Um eine korrekte und zügige Abwicklung zu gewährleisten, muss deshalb der Mietvertrag – ggf. mit einer deutschen Übersetzung – mitgeführt werden. Aus diesem muss sich eindeutig ergeben, welche Leistungen von dem vermietenden Unternehmer erbracht werden. Wird dieser Nachweis gegenüber der Zolldienststelle nicht erbracht, wird die Umsatzsteuer durch Steuerbescheid festgesetzt. Der Mieter sollte deshalb zur Vereinfachung der Abfertigung den Sachverhalt vor der Durchführung der Personenbeförderung durch das zuständige Finanzamt prüfen lassen, um bei der abfertigenden Zolldienststelle eine Bescheinigung dieses Finanzamts zum Nachweis vorlegen zu können, dass es sich um eine nicht steuerbare Personenbeförderung handelt.

32 (4) Ist davon auszugehen, dass es sich um eine nicht steuerbare Personenbeförderung handelt, unterliegt allerdings die Vermietungsleistung des Unternehmers, der sein Unternehmen von einem im Drittland liegenden Ort aus betreibt, der Umsatzsteuer, soweit das vermietete Beförderungsmittel im Inland genutzt wird. Die Besteuerung erfolgt dann im allgemeinen Besteuerungsverfahren (vgl. Tz. 15 bis 19).

VI. Ergänzende Auskünfte

33 Für Fragen, die dieses Merkblatt nicht beantwortet, stehen die Finanzämter und das Informations- und Wissensmanagement Zoll, Carusufer 3–5, 01099 Dresden (Tel.: 0351/44834-520, Fax: 0351/44834-590, E-Mail: info.gewerblich@zoll.de) zur Verfügung. Auf die Möglichkeit, den Rat eines Angehörigen der steuerberatenden Berufe in Anspruch zu nehmen, wird hingewiesen.

Herausgegeben vom Bundesministerium der Finanzen
(http://www.bundesfinanzministerium.de)

Anlage 1

Absender	PLZ, Ort, Datum
	Straße, Nr.
	Land
	Telefon

Finanzamt _____

Anzeige eines im Ausland ansässigen Unternehmers
über die Ausführung grenzüberschreitender Personenbeförderungen
mit nicht im Inland zugelassenen Kraftomnibussen (§ 18 Abs. 12 Satz 1 UStG)

Das nachstehend bezeichnete Unternehmen beabsichtigt, ab dem _____ grenzüberscheitende Personenbeförderungen mit nicht im Inland zugelassenen Kraftomnibussen in Deutschland durchzuführen:

Name und Vorname bzw. Firma

Anschrift

Telefon	Telefax	Email

Bankverbindung Name des Geldinstituts (Zweigstelle und Ort)

IBAN- bzw. Kontonummer	BIC (SWIFT-Code) bzw. Bankleitzahl

Name und Anschrift des steuerlichen Vertreters (Steuerberater usw.) - falls vorhanden -

Werden Sie im Inland umsatzsteuerlich geführt? ☐ ja ☐ nein	Falls ja: Finanzamt	Steuernummer

Angaben über das/die Kraftfahrzeug/e Anzahl der Fahrzeuge | amtliche/s Kennzeichen (ggf. Aufstellung beifügen)

Voraussichtliche Höhe der Umsätze im laufenden Kalenderjahr (voraussichtliches Entgelt, das auf die in Deutschland zurückgelegten Beförderungsstrecken entfallen wird): _____ Euro

Bemerkungen:

Ort, Datum	Unterschrift und Firmenstempel

USt 1 TU - Anzeige über grenzüberschreitende Personenbeförderungen mit Kraftomnibussen (§ 18 Abs. 12 Satz 1 UStG) -

Anlage 2

Staat	Zuständiges Finanzamt	Staat	Zuständiges Finanzamt
Belgien	Finanzamt Trier Hubert-Neuerburgstr. 1 54290 Trier Telefon: 06 51 / 93 60 - 0 Telefax: 06 51 / 93 60 - 34900	Italien	Finanzamt München Deroystraße 20 80335 München Telefon: 0 89 / 12 52 - 0 Telefax: 0 89 / 12 52 - 2222
Bulgarien	Finanzamt Neuwied Augustastr. 70 56564 Neuwied Telefon: 0 26 31 / 910 - 0 Telefax: 0 26 31 / 910 - 29906	Kroatien	Finanzamt Kassel II – Hofgeis- mar Altmarkt 1 34125 Kassel Telefon: 0 561 / 72 08 - 0 Telefax: 0 561 / 72 08 - 2152
Dänemark	Finanzamt Flensburg Duburger Str. 60–64 24939 Flensburg Telefon: 04 61 / 8 13 - 0 Telefax: 04 61 / 8 13 - 2 54	Lettland	Finanzamt Bremen-Mitte Rudolf-Hilferding-Platz 1 28195 Bremen Telefon: 04 21 / 361 - 94391 Telefax: 04 21 / 361 - 94055
Estland	Finanzamt Rostock Möllner Str. 13 18109 Rostock Telefon: 03 81 / 7000 - 0 Telefax: 03 81 / 7000 - 444	Liechtenstein	Finanzamt Konstanz Byk-Gulden-Str. 2a 78467 Konstanz Telefon: 0 75 31 / 2 89 - 0 Telefax: 0 75 31 / 2 89 - 3 12
Finnland	Finanzamt Bremen-Mitte Rudolf-Hilferding-Platz 1 28195 Bremen Telefon: 04 21 / 361 - 94391 Telefax: 04 21 / 361 - 94055	Litauen	Finanzamt Mühlhausen Martinistraße 22 99974 Mühlhausen Telefon: 0 36 01 / 456 - 0 Telefax: 0 36 01 / 456 - 100
Frankreich	Finanzamt Offenburg Zeller Str. 1–3 77654 Offenburg Telefon: 0 781 / 933 - 0 Telefax: 0 781 / 933 - 2444	Luxemburg	Finanzamt Saarbrücken Am Stadtgraben Am Stadtgraben 2–4 66111 Saarbrücken Telefon: 0 6 81 / 30 00 - 0 Telefax: 0 6 81 / 30 00 - 3 29
Griechenland	Finanzamt Neukölln Thiemannstr. 1 12059 Berlin Telefon: 0 30 / 9024 16 - 0 Telefax: 0 30 / 9024 16 - 900	Mazedonien	Finanzamt Neukölln Thiemannstr. 1 12059 Berlin Telefon: 0 30 / 9024 16 - 0 Telefax: 0 30 / 9024 16 - 900
Großbritan- nien und Nordirland	Finanzamt Hannover-Nord Vahrenwalder Str. 206 30165 Hannover Telefon: 05 11 / 67 90 - 0 Telefax: 05 11 / 67 90 - 6090	Niederlande	Finanzamt Kleve Emmericher Straße 182 47533 Kleve Telefon: 0 28 21 / 8 03 - 1020 Telefax: 0 28 21 / 8 03 - 1201
Irland	Finanzamt Hamburg-Nord Borsteler Chaussee 45 22453 Hamburg Telefon: 0 40 / 4 28 70 70 Telefax: 0 40 / 4 28 06 - 220	Norwegen	Finanzamt Bremen-Mitte Rudolf-Hilferding-Platz 1 28195 Bremen Telefon: 04 21 / 361 - 94391 Telefax: 04 21 / 361 - 94055

Staat	Zuständiges Finanzamt
Österreich	Finanzamt München Deroystr. 20 80335 München Telefon: 0 89 / 12 52 - 0 Telefax: 0 89 / 12 52 - 22 22
Polen	Anfangsbuchstaben A bis M: Finanzamt Oranienburg Heinrich-Grüber-Platz 3 16515 Oranienburg Telefon: 033 01 / 857 - 0 Telefax: 033 01 / 857 - 334 Anfangsbuchstaben N bis Z: Finanzamt Cottbus Vom-Stein-Str. 29 03050 Cottbus Telefon: 0355 / 4991 - 4100 Telefax: 0355 / 4991 - 4150
Portugal	Finanzamt Kassel II – Hofgeis- mar Altmarkt 1 34125 Kassel Telefon: 0 561 / 72 08 - 0 Telefax: 0 561 / 72 08 - 2152
Rumänien	Finanzamt Chemnitz-Süd Paul-Bertz-Straße 1 09120 Chemnitz Telefon: 03 71 / 279 - 0 Telefax: 03 71 / 22 70 65
Russische Föderation	Finanzamt Magdeburg Tessenowstraße 10 39114 Magdeburg Telefon: 03 91 / 885 - 12 Telefax: 03 91 / 885 - 1000
Schweden	Finanzamt Hamburg-Nord Borsteler Chaussee 45 22453 Hamburg Telefon: 0 40 / 4 28 70 70 Telefax: 0 40 / 4 28 06 - 220
Schweiz	Finanzamt Konstanz Byk-Gulden-Str. 2a 78467 Konstanz Telefon: 0 75 31 / 2 89 - 0 Telefax: 0 75 31 / 2 89 - 3 12
Slowakei	Finanzamt Chemnitz-Süd Paul-Bertz-Straße 1 09120 Chemnitz Telefon: 03 71 / 279 - 0 Telefax: 03 71 / 22 70 65

Staat	Zuständiges Finanzamt
Slowenien	Finanzamt Oranienburg Heinrich-Grüber-Platz 3 16515 Oranienburg Telefon: 033 01 / 857 - 0 Telefax: 033 01 / 857 - 334
Spanien	Finanzamt Kassel II – Hofgeis- mar Altmarkt 1 34125 Kassel Telefon: 0 561 / 72 08 - 0 Telefax: 0 561 / 72 08 - 2152
Tschechische Republik	Finanzamt Chemnitz-Süd Paul-Bertz-Straße 1 09120 Chemnitz Telefon: 0371 / 279 - 0 Telefax: 0371 / 22 70 65
Türkei	Finanzamt Dortmund-Unna Rennweg 1 44143 Dortmund Telefon: 02 31 / 51 88 - 1 Telefax: 02 31 / 51 88 - 2796
Ukraine	Finanzamt Magdeburg Tessenowstraße 10 39114 Magdeburg Telefon: 03 91 / 885 - 12 Telefax: 03 91 / 885 - 1000
Ungarn	Zentralfinanzamt Nürnberg Thomas-Mann-Straße 50 90471 Nürnberg Telefon: 09 11 / 53 93 - 0 Telefax: 09 11 / 53 93 - 2000
Vereinigte Staaten von Amerika	Finanzamt Bonn-Innenstadt Welschnonnenstr. 15 53111 Bonn Telefon: 0228 / 718 - 0 Telefax: 0228 / 718 - 2990
Weißrussland	Finanzamt Magdeburg Tessenowstraße 10 39114 Magdeburg Telefon: 03 91 / 885 - 12 Telefax: 03 91 / 885 - 1000
Übriges Ausland	Finanzamt Neukölln Thiemannstr. 1 12059 Berlin Telefon: 0 30 / 9024 16 - 0 Telefax: 0 30 / 9024 16 - 900

III. Rechtsquellen und Verwaltungsanweisungen: Gesetze, Verordnungen und Anwendungserlass

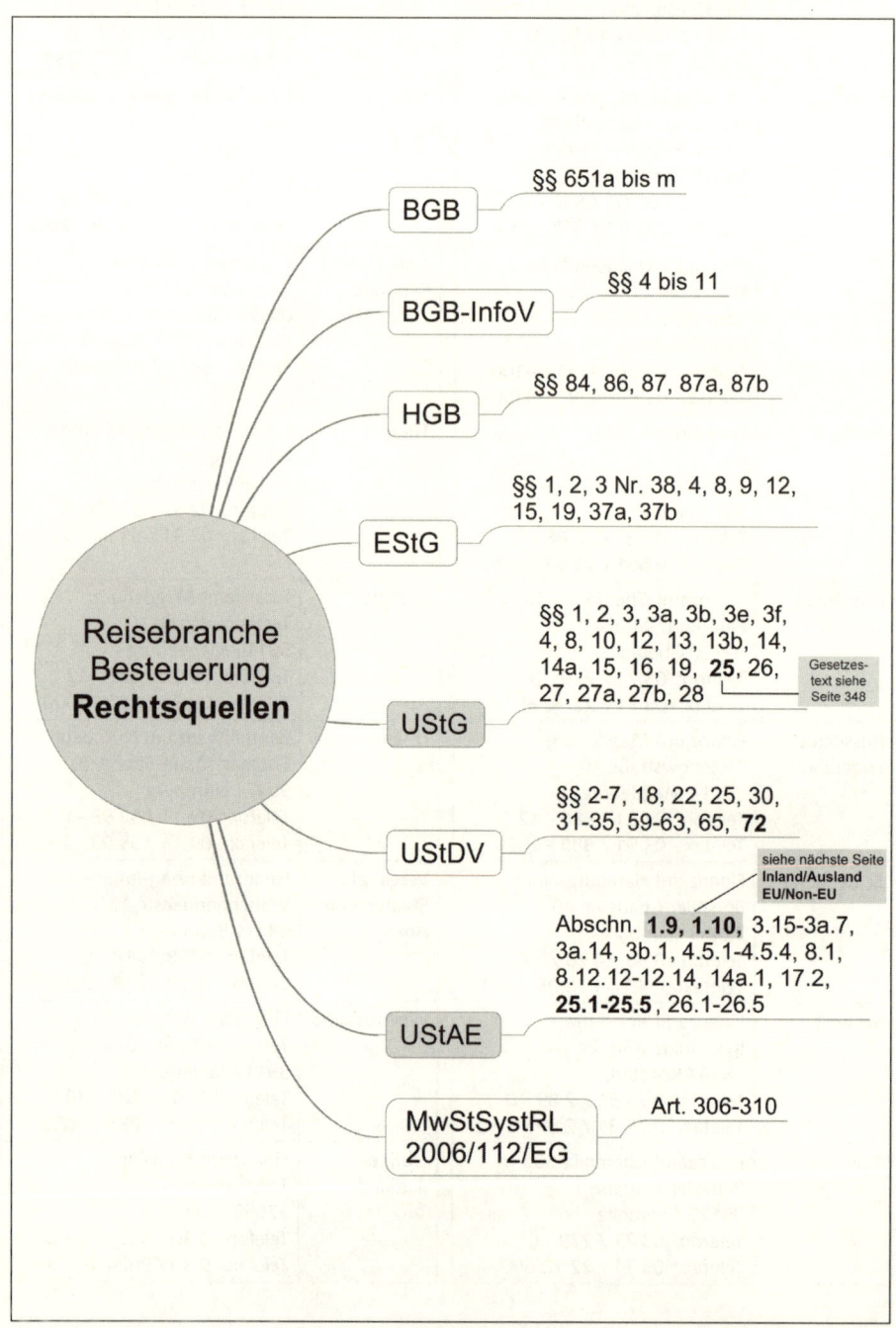

Abb. 102: Übersicht der Rechtsquellen zur Besteuerung im Tourismus

Abschn. 1.9 und 1.10 UStAE

Abschn. 1.9 UStAE: Inland – Ausland

(1) [1]Das Inland umfasst das Hoheitsgebiet der Bundesrepublik Deutschland mit Ausnahme der in § 1 Abs. 2 Satz 1 UStG bezeichneten Gebiete, zu denen unter anderem die Freizonen des Kontrolltyps I im Sinne des § 1 Abs. 1 Satz 1 ZollVG gehören. [2]Es handelt sich dabei um die Freihäfen Bremerhaven, Cuxhaven und Hamburg, die vom übrigen deutschen Teil des Zollgebiets der Gemeinschaft getrennt sind; die Freizonen des Kontrolltyps II Deggendorf und Duisburg sind hingegen ab dem 1. Januar 2004 als Inland zu behandeln. [3]Botschaften, Gesandtschaften und Konsulate anderer Staaten gehören selbst bei bestehender Exterritorialität zum Inland. [4]Das Gleiche gilt für Einrichtungen, die von Truppen anderer Staaten im Inland unterhalten werden. [5]Zum Inland gehört auch der Transitbereich deutscher Flughäfen (vgl. BFH-Urteil vom 3.11.2005, V R 63/02, BStBl. 2006 II S. 337).

(2) [1]Zum Ausland gehören das Drittlandsgebiet (einschließlich der Gebiete, die nach § 1 Abs. 2 Satz 1 UStG vom Inland ausgenommen sind) und das übrige Gemeinschaftsgebiet (vgl. Abschnitt 1.10). [2]Die österreichischen Gemeinden Mittelberg (Kleines Walsertal) und Jungholz in Tirol gehören zum Ausland im Sinne des § 1 Abs. 2 Satz 2 UStG; die Einfuhr in diesen Gebieten unterliegt jedoch der deutschen Einfuhrumsatzsteuer (§ 1 Abs. 1 Nr. 4 UStG).

Abschn. 1.10 UStAE: Gemeinschaftsgebiet – Drittlandsgebiet

(1) [1]Das Gemeinschaftsgebiet umfasst das Inland der Bundesrepublik Deutschland im Sinne des § 1 Abs. 2 Satz 1 UStG sowie die gemeinschaftsrechtlichen Inlandsgebiete der übrigen EU-Mitgliedstaaten (übriges Gemeinschaftsgebiet). [2]Zum übrigen Gemeinschaftsgebiet gehören:

- Belgien;
- Bulgarien;
- Dänemark (ohne Grönland und die Färöer);
- Estland;
- Finnland (ohne die Åland-Inseln);
- Frankreich (ohne Guadeloupe, Französisch-Guyana, Martinique, Mayotte, Réunion, Saint-Barthélemy und Saint-Martin) zuzüglich des Fürstentums Monaco;
- Griechenland (ohne Berg Athos);
- Irland;
- Italien (ohne Livigno, Campione d' Italia, San Marino und den zum italienischen Hoheitsgebiet gehörenden Teil des Luganer Sees);
- Lettland;
- Litauen;
- Luxemburg;
- Malta;
- Niederlande (ohne die überseeischen Gebiete Aruba und Niederländische Antillen);
- Österreich;
- Polen;
- Portugal (einschließlich Madeira und der Azoren);
- Rumänien;
- Schweden;
- Slowakei;
- Slowenien;
- Spanien (einschließlich Balearen, ohne Kanarische Inseln, Ceuta und Melilla);

– Tschechien;
– Ungarn;
– Vereinigtes Königreich Großbritannien und Nordirland (ohne die überseeischen Länder und Gebiete und die Selbstverwaltungsgebiete der Kanalinseln Jersey und Guernsey) zuzüglich der Insel Man;
– Zypern (ohne die Landesteile, in denen die Regierung der Republik Zypern keine tatsächliche Kontrolle ausübt) einschließlich der Hoheitszonen des Vereinigten Königreichs Großbritannien und Nordirland (Akrotiri und Dhekalia) auf Zypern.

(2) [1]Das Drittlandsgebiet umfasst die Gebiete, die nicht zum Gemeinschaftsgebiet gehören, u. a. auch Andorra, Gibraltar und den Vatikan. [2]Als Drittlandsgebiet werden auch die Teile der Insel Zypern behandelt, in denen die Regierung der Republik Zypern keine tatsächliche Kontrolle ausübt.

IV. Verwaltungsanweisungen: Erlasse und BMF-Schreiben

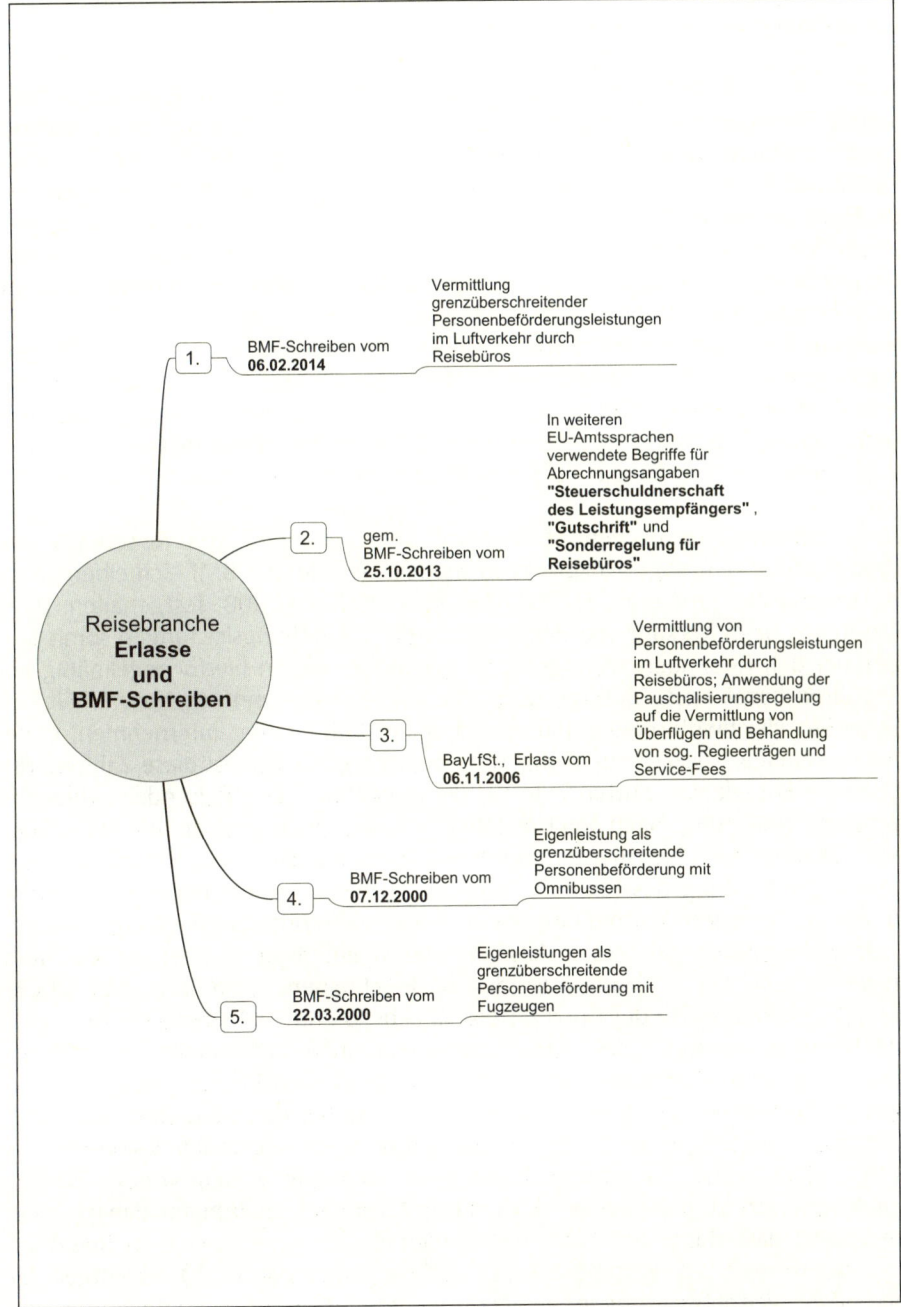

Abb. 103: Übersicht der im Anhang abgedruckten BMF-Schreiben und Erlasse

BMF-Schreiben vom 06.02.2014, IV D 2 – S-7200/07/10012

Vermittlung grenzüberschreitender Personenbeförderungsleistungen im Luftverkehr durch Reisebüros

Nach § 4 Nr. 5 Satz 1 Buchstabe b UStG ist die Vermittlung grenzüberschreitender Personenbeförderungen im Luftverkehr von der Umsatzsteuer befreit, sofern sie nicht gegenüber dem Reisenden erfolgt (§ 4 Nr. 5 Satz 2 UStG). Reisebüros können den Verkauf von Einzelflugscheinen für grenzüberschreitende Flüge an Reisende nach Abschnitt 4.5.2 Abs. 1 UStAE als eine steuerfreie Vermittlungsleistung behandeln, sofern sie dabei für den Leistungsträger, mithin das die Beförderungsleistung erbringende Luftverkehrsunternehmen, z. B. im Rahmen eines Vermittlungsauftrags, tätig sind.

Nach der Einführung des sog. Nullprovisionsmodells, das die bisherigen Vergütungsregelungen in den Agenturverträgen in der Regel ab dem 1. September 2004 ersetzte, haben die Reisebüros beim Verkauf von Flugscheinen keinen garantierten Provisionsanspruch mehr gegenüber dem Luftverkehrsunternehmen; z. T. ist eine Vermittlungstätigkeit für das Luftverkehrsunternehmen ausdrücklich ausgeschlossen.

Zur umsatzsteuerrechtlichen Behandlung der Leistungen von Reisebüros bei Vereinbarung des sog. Nullprovisionsmodells wurde im BMF-Schreiben vom 30. März 2006 – IV A 5 -S 7200 -13/06 –, BStBl I S. 308, festgehalten, dass Reisebüros beim Verkauf von Flugscheinen die Vermittlungsleistungen somit gegenüber den Reisenden erbringen und gegenüber diesen hierfür regelmäßig als Gebühren bezeichnete Beträge (z. B. die sog. Service-Fee) erheben. Erhält ein Reisebüro gleichwohl eine Zahlung von einem Luftverkehrsunternehmen, ohne von diesem ausdrücklich zur Vermittlung beauftragt zu sein, ist diese Zahlung regelmäßig Entgelt von dritter Seite für die gegenüber dem Reisenden erbrachte Vermittlungsleistung. Nach den Umständen des Einzelfalls (z. B. auf der Grundlage eines gesonderten Dienstleistungsvertrags) kann allerdings ein Entgelt für eine gesonderte Leistung des Reisebüros an das Luftverkehrsunternehmen, die nicht in der steuerfreien Vermittlung einer Personenbeförderungsleistung besteht, oder in besonders gelagerten Ausnahmefällen ein nicht steuerbarer Zuschuss gegeben sein. Diese Grundsätze des BMF-Schreibens vom 30. März 2006, a. a. O., wurden Inhalt der Abschnitte 4.5.2 Abs. 6 und 10.1 Abs. 9 UStAE.

Die bisherige Annahme, dass eine Zahlung von einem Luftverkehrsunternehmen an ein Reisebüro, ohne von diesem ausdrücklich zur Vermittlung beauftragt zu sein, regelmäßig Entgelt von dritter Seite für die gegenüber dem Reisenden erbrachte Vermittlungsleistung darstellt, trägt den seit Einführung des sog. Nullprovisionsmodells festgestellten Sachverhalten nicht hinreichend Rechnung. Zudem wurden Zusatzvereinbarungen zum 1. Januar 2013 durch Mustervereinbarungen dahingehend angepasst, dass durch das Luftverkehrsunternehmen gegenüber dem Reisebüro sog. Incentives (z. B. Reisebüro-Boni, Marketingzuschüsse o. ä.) als Entgelt für besondere Vertriebsleistungen gewährt werden, wenn es die Erbringung von Leistungen des Luftverkehrsunternehmens in besonderem Maß fördert und bei Kundenberatungsgesprächen bevorzugt anbietet.

Unter Bezugnahme auf das Ergebnis der Erörterungen mit den obersten Finanzbehörden der Länder gilt bei der Vermittlung grenzüberschreitender Personenbeförderungen im Luftverkehr Folgendes:

In jedem Einzelfall ist auf Basis der vertraglichen Vereinbarungen zu prüfen, welche Leistungen mit der Zahlung vergütet werden.

Erhält ein Reisebüro aufgrund vertraglicher Vereinbarungen von einem
Luftverkehrsunternehmen Zahlungen, so liegt einer solchen Entgeltzahlung regelmäßig eine im Rahmen eines Leistungsaustauschverhältnisses erbrachte Leistung
des Reisebüros an das Luftverkehrsunternehmen zugrunde. Im Fall der seit 1.
Januar 2013 gezahlten Incentives ist dies eine (Vertriebs-)Leistung eigener Art,
die in der Bevorzugung des Luftverkehrsunternehmens gegenüber Mitbewerbern
besteht und nicht nach § 4 Nr. 5 Satz 1 Buchstabe b UStG steuerfrei ist. Liegt der
Zahlung in anderen Fällen eine Vermittlungsleistung zugrunde, steht es der Anwendung der Steuerbefreiung des § 4 Nr. 5 Satz 1 Buchstabe b UStG nicht entgegen,
wenn das sog. Nullprovisionsmodell vereinbart oder eine Vermittlungstätigkeit für
das Luftverkehrsunternehmen anderweitig ausgeschlossen worden ist. Denn der
Inhalt von schuldrechtlichen Vertragsbeziehungen ist durch Auslegung der abgegebenen Willenserklärungen, bei der auch der Empfängerhorizont zu berücksichtigen ist, zu bestimmen (vgl. BFH-Urteil vom 3. November 2011, V R 16/09,
BStBl 2012 II S. 378). Daher kann allein die Bezeichnung einer Vereinbarung (hier:
sog. Nullprovisionsmodell) oder der anderweitige vertragliche Ausschluss einer
Vermittlungstätigkeit das Vorliegen einer Vermittlungsleistung an den Luftver-
kehrsunternehmer nicht generell ausschließen. Dafür, dass eine nach § 4 Nr. 5
Satz 1 Buchstabe b UStG steuerfreie Vermittlungsleistung vorliegt, trägt der
Steuerpflichtige die Feststellungslast.

Die Abschnitte 4.5.2, 4.5.3 und 10.1 des Umsatzsteuer-Anwendungserlasses vom
1. Oktober 2010, BStBl I S. 846, der zuletzt durch das BMF-Schreiben vom 6.
Februar 2014 -IV D 2 -S 7100/07/10007 (2014/0107895), BStBl I S. XXX, geändert worden ist, werden wie folgt geändert:

1. Abschnitt 4.5.2 Abs. 6 wird wie folgt gefasst:

(6) [1]**Erhält ein Reisebüro eine Zahlung von einem Luftverkehrsunternehmen, das
die dem Reisenden vermittelte grenzüberschreitende Personenbeförderung im
Luftverkehr erbringt, obwohl eine Vermittlungsprovision nicht vereinbart wurde (z. B. im Rahmen des sog. Nullprovisionsmodells oder einer sog. Incentive-
Vereinbarung), ist im Einzelfall auf Basis der vertraglichen Vereinbarungen zu
prüfen, welche Leistungen des Reisebüros mit der Zahlung vergütet werden.
Zahlungen des Luftverkehrsunternehmens für die Bereitschaft des Reisebüros,
die Erbringung von Leistungen des Luftverkehrsunternehmens in besonderem
Maß zu fördern und in Kundengesprächen bevorzugt anzubieten, sind Entgelt
für eine steuerpflichtige Vertriebsleistung eigener Art des Reisebüros gegenüber
dem Luftverkehrsunternehmen. Erhält ein Reisebüro, das grenzüberschreitende
Personenbeförderungsleistungen im Luftverkehr im Auftrag des Luftverkehrsunternehmens vermittelt, von diesem für den Flugscheinverkauf ein Entgelt, und erhebt es daneben einen zusätzlichen Betrag vom Reisenden (z. B. sog. Service-Fee),**

erbringt es beim Flugscheinverkauf eine nach § 4 Nr. 5 Satz 1 Buchstabe b UStG steuerfreie Vermittlungsleistung an das Luftverkehrsunternehmen und gleichzeitig eine Vermittlungsleistung an den Reisenden (vgl. im Einzelnen Abschnitt 10.1 Abs. 9)."

2. In Abschnitt 4.5.3 Abs. 3 wird der Klammerzusatz am Ende wie folgt gefasst:

„(vgl. Abschnitt **10.1 Absatz 9 Nr. 1 und 4**)".

3. Abschnitt 10.1 Abs. 9 Nr. 3 wird wie folgt gefasst:

„3. [1]Erhält ein Reisebüro von einem Luftverkehrsunternehmen, das die dem Reisenden vermittelte Personenbeförderungsleistung erbringt, **eine Zahlung**, ohne von diesem ausdrücklich zur Vermittlung beauftragt zu sein (**z. B. im Rahmen eines sog. Nullprovisionsmodells oder einer sog. Incentive-Vereinbarung**), **ist im Einzelfall auf Basis der vertraglichen Vereinbarungen zu $_2$prüfen, welche Leistungen des Reisebüros mit der Zahlung vergütet werden.** [3]Zahlungen des Luftverkehrsunternehmens für die Bereitschaft des Reisebüros, die Erbringung von Leistungen des Luftverkehrsunternehmens in besonderem Maß zu fördern und in Kundengesprächen bevorzugt anzubieten, sind Entgelt für eine steuerpflichtige Vertriebsleistung eigener Art des Reisebüros gegenüber dem Luftverkehrsunternehmen."**

Die Grundsätze dieses Schreibens sind in allen offenen Fällen anzuwenden. Für vor dem 1. April 2014 erbrachte Dienstleistungen eines Reisebüros im Zusammenhang mit grenzüberschreitenden Personenbeförderungen im Luftverkehr wird es – auch für die Zwecke des Vorsteuerabzugs – nicht beanstandet, wenn Zahlungen der Luftverkehrsunternehmen ohne Prüfung im Einzelfall als Leistungsentgelte, als Entgelt von dritter Seite für die gegenüber dem Reisenden erbrachte Vermittlungsleistung oder in besonders gelagerten Ausnahmefällen als nicht steuerbarer Zuschuss behandelt werden.

Für vor dem 1. Juli 2006 erbrachte Vermittlungsleistungen eines Reisebüros im Zusammenhang mit grenzüberschreitenden Personenbeförderungen im Luftverkehr gegenüber einem Reisenden wird zudem in Fortführung der Übergangsregelung in Tz. 7 des BMF-Schreibens vom 30. März 2006 – IV A 5 -S 7200 -13/06 –, a. a. O., die Inanspruchnahme der Steuerbefreiung nach § 4 Nr. 5 Satz 1 Buchstabe b UStG nicht beanstandet.

Dieses Schreiben tritt an die Stelle des BMF-Schreibens vom 30. März 2006 – IV A 5 -S 7200 -13/06 –, a. a. O. Es wird im Bundessteuerblatt Teil I veröffentlicht und steht ab sofort für eine Übergangszeit auf den Internetseiten des Bundesministeriums der Finanzen (http://www.bundesfinanzministerium.de) unter der Rubrik Themen -Steuern Steuerarten -Umsatzsteuer -Umsatzsteuer-Anwendungserlass zum Herunterladen bereit.

Gem. BMF-Schreiben vom 25.10.2013, IV D 2 – S7280/12/10002

In weiteren EU-Amtssprachen verwendete Begriffe für Abrechnungsangaben – „Steuerschuldnerschaft des Leistungsempfängers", „Gutschrift" und „Sonderregelung für Reisebüros" gem. BMF-Schreiben vom 25.10.2013

Land	Rechnungshinweis gemäß Art. 196 MwStSystRL
Deutsch	Steuerschuldnerschaft des Leistungsempfängers
Bulgarisch	обратно начисляване
Dänisch	omvendt betalingspligt
Englisch	**Reverse Charge**
Estnisch	pöördmaksustamine
Finnisch	käännetty verovelvollisuus
Französisch	Autoliquidation
Griechisch	Αντίστροφη επιβάρυνση
Holländisch	Btw verlegd
Italienisch	inversione contabile
Lettisch	nodokļa apgrieztā maksā–ana
Litauisch	Atvirk–tinis apmokestinimas
Maltesisch	Inverżjoni tal-ħlas
Polnisch	odwrotne obciążenie
Rumänisch	taxare inversă
Portugiesisch	Autoliquidação
Schwedisch	Omvänd betalningsskyldighet
Slowakisch	prenesenie daňovej povinnosti
Slowenisch	**Reverse Charge**
Spanisch	inversión del sujeto pasivo
Tschechisch	daň odvede zákazník
Ungarisch	fordított adózás

Ab 1. Januar 2014 bei Abrechnung per Rechnung:

Verpflichtende Rechnungsangabe für Leistende mit Sitz in DE bei Abrechnung grenzüberschreitender Leistungen an Reiseunternehmer oder Geschäftskunden (§ 14a Abs. 5 UStG).

Es wird nicht beanstandet, wenn **zusätzlich** „Reverse Charge" auf der Rechnung steht!

Soweit Ausgangsleistungen inlandsansässiger Unternehmer im Reverse-Charge-Verfahren an Leistungsempfänger im übrigen Gemeinschaftsgebiet ergehen, sind die deutschen Bestimmungen zur Rechnungserteilung maßgeblich (§ 14a Abs. 1 UStG).

Soweit der Leistungserbringer im übrigen Gemeinschaftsgebiet ansässig ist, sind die Rechnungsvorschriften seines Ansässigkeitsstaates maßgeblich (§ 14 Abs. 7 UStG).

Beachten Sie:
Der Leistungsempfänger hat keinen Anspruch auf eine Rechnung in seiner Landessprache. Dies gilt auch für Abrechnungen über Dienstleistungen, die im Land des Leistungsempfängers der Besteuerung unterliegen.

Die Rechnung erfolgt in der Sprache des Ansässigkeitsstaates des Auftragnehmers oder ggf. in englischer Sprache.

	„Gutschrift"	„Sonderregelung für Reisebüros"
Bulgarisch	самофактуриране	Режим на облагане на маржа - туристически агенти
Dänisch	selvfakturering	fortjenstmargenordning - rejsebureauer
Englisch	Self-billing	Margin scheme - Travel agents
Estnisch	endale arve koostamine	kasuminormi maksustamise kord - reisibürood
Finnisch	itselaskutus	voittomarginaalijärjestelmä - matkatoimistot
Französisch	Autofacturation	Régime particulier - agences de voyage
Griechisch	Αυτοτιμολόγηση	Καθεστώς περιθωρίου - Ταξιδιωτικά πρακτορεία
Italienisch	autofatturazione	regime del margine - agenzie di viaggio
Lettisch	pašaprēķins	peļņas daļas režīms ceļojumu aģentūrām
Litauisch	Sąskaitų faktūrų išsirašymas	Maržos apmokestinimo schema. Kelionių agentūros
Maltesisch	Awtofattu- razzjoni	Skema ta' marġni - Aġenti tal-ivvjaġġar
Niederländisch	factuur uitgereikt door afnemer	Bijzondere regeling reisbureaus
Polnisch	samofakturowanie	procedura marży dla biur podróży
Portugiesisch	Autofacturação	Regime da margem de lucro - Agências de viagens
Rumänisch	autofacturare	regimul marjei - agenții de turism
Schwedisch	självfakturering	vinstmarginalbeskattning för resebyråer
Slowakisch	vyhotovenie faktúry odberateľom	úprava zdaňovania prirážky - cestovné kancelárie
Slowenisch	Self-billing	Margin scheme - Travel agents
Spanisch	facturación por el destinatario	Régimen especial - Agencias de viajes
Tschechisch	vystaveno zákazníkem	zvláštní režim - cestovní kanceláře
Ungarisch	önszámlázás	Különbözet szerinti szabályozás - utazási irodák

BayLfSt, Verfügung vom 06.11.2006, S 7200 – 22 St 3404

Verfügung betr. Vermittlung von Personenbeförderungsleistungen im Luftverkehr durch Reisebüros – Anwendung der Pauschalierungsregelung auf die Vermittlung von Überflügen und Behandlung von sog. Regieerträgen und Service-Fees

1. Anwendung der Pauschalierungsregelung auf die Vermittlung von Überflügen

Die Vermittlung grenzüberschreitender Beförderungen von Personen im Luftverkehr durch Reisebüros gegenüber einem Reisenden ist steuerpflichtig, soweit die vermittelte Leistung auf das Inland entfällt (BMF v. 30.3.2006 IV A 5 - S 7200 - 13/06, BStBl. I S. 308, Nr. 1). Das Entgelt für eine solche Vermittlungsleistung ist in einen steuerpflichtigen und einen nicht steuerbaren Teil aufzuteilen; dabei ist grundsätzlich das Verhältnis des inländischen Streckenanteils zur Gesamtstrecke maßgebend. Unter der Voraussetzung, dass der Unternehmer bei allen diesen Vermittlungsleistungen entsprechend verfährt, ist es nicht zu beanstanden, wenn der steuerpflichtige Teil einer Vermittlungsleistung im Sinne des BMF-Schreibens v. 30.3.2006 IV A 5 - S 7200 - 13/06, BStBl. I S. 308, Nr. 1) bei der Vermittlung von sog. EU-Flügen mit 25 % des Entgelts für die Vermittlungsleistung bzw. bei der Vermittlung von sog. Drittlandsflügen mit 5 % des Entgelts für die Vermittlungsleistung pauschal ermittelt wird.

Es stellte sich die Frage, ob es zulässig sei, die Pauschalregelung auch auf die Fälle ohne Start oder Ziel im Inland anzuwenden, bei denen die Flugroute jedoch ganz offensichtlich den inländischen Luftraum berührt. Unzweifelhaft ist die Vermittlung einer Personenbeförderung auf dem Luftweg von z. B. Wien bzw. Zürich nach Kopenhagen mit dem inländischen Streckenanteil steuerpflichtig.

Es bestehen keine Bedenken gegen die Anwendung der Pauschalwerte (z. B. Wien – Kopenhagen 25 % bzw. Zürich – Kopenhagen 5 %), unter der Voraussetzung, dass der Unternehmer bei allen Vermittlungsleistungen mit Inlandsbezug entsprechend verfährt.

2. Behandlung von sog. Regieerträgen und Service-Fees

Beim An- und Verkauf sog. Nettopreistickets (Flugscheine ohne Preisaufdruck) vom Reisebüro über Tickethändler („Consolidators"), die vom Reisebüro mit einem Preisaufschlag an den Reisenden weiterveräußert werden, stellt der sog. Regieertrag die Marge des Reisebüros dar. Zivilrechtlich wird das Reisebüro in diesem Fall als Eigenhändler tätig (Verkauf in eigenem Namen und für eigene Rechnung). Soweit die Flugtickets vom Reisebüro erworben werden, um sie einzeln zu „veräußern", wird umsatzsteuerrechtlich jedoch aus Vereinfachungsgründen die Behandlung als Vermittlungsleistung zugelassen (Abschn. 53a Abs. 2 Sätze 1 bis 3 und 8 UStR). Diese Vermittlung erfolgt für das Luftverkehrsunternehmen (wegen der verbilligten Abgabe) und ist daher nach § 4 Nr. 5 Satz 1 Buchst. b UStG steuerfrei.

Für den Fall, dass das Reisebüro daneben eine Service-Fee (= Vermittlungsprovision) vom Reisenden erhebt, ist das BMF-Schreiben vom 30.3.2006, BStBl. I S. 308, Nr. 4) sinngemäß anwendbar, mit dem Ergebnis, dass der Regieertrag als Entgelt für eine steuerfreie Vermittlungsleistung gegenüber dem Luftverkehrsunternehmen und die Service-Fee als Entgelt für eine gegebenenfalls anteilig steuerpflichtige Vermittlungsleistung gegenüber dem Reisenden zu beurteilen ist. Die Aufteilung der Vermittlungsleistung gegenüber dem Reisenden erfolgt entsprechend dem Verhältnis des inländischen Streckenanteils zur Gesamtstrecke (= steuerpflichtiger Teil) bzw. des ausländischen Streckenanteils zur Gesamtstrecke (= nicht steuerbarer Teil). Auch hier kann der vereinfachte Aufteilungsmaßstab im Sinne des BMF-Schreibens v. 30.3.2006, BStBl. I S. 308, Nr. 6) unter der Voraussetzung, dass der Unternehmer bei allen derartigen Fällen mit Inlandsbezug entsprechend verfährt, angewandt werden. D. h., der steuerpflichtige Teil der Vermittlungsleistung wird mit 25 % des Entgelts für sog. EU-Flüge bzw. 5 % für Drittlandsflüge ermittelt.

BMF-Schreiben vom 07.12.2000, IV D 1 – S-7156d – 4/00

Umsatzsteuerliche Behandlung von Provisionsabrechnungen für Vermittlungsleistungen von inländischen Reisebüros;

Provisionen für Buspauschalreisen

Die Vermittlung von Reiseleistungen für Reiseveranstalter im Inland wird vielfach bereits vor Durchführung der vermittelten Reiseleistungen abgerechnet. Deshalb lässt sich oft nur schwer feststellen, inwieweit es sich bei den vom Reisebüro vermittelten Umsätzen um einheitliche Reiseleistungen im Sinne des § 25 Abs. 1 UStG bzw. um Einzelleistungen (soweit der Reiseveranstalter die Reiseleistung mit eigenen Mitteln erbringt) handelt. Hieraus ergeben sich auch Unsicherheiten, ob die Vermittlungsleistung steuerpflichtig, steuerfrei oder nicht steuerbar ist. Weil Gutschriften nur bei steuerpflichtigen Leistungen als Rechnungen gelten (§ 14 Abs. 5 UStG), ist bei der Abrechnung der Vermittlungsleistung mit Gutschriften damit zugleich fraglich, ob den Reiseveranstaltern daraus der Vorsteuerabzug zusteht.

Unter Bezugnahme auf das Ergebnis der Erörterung mit den obersten Finanzbehörden der Länder gilt Folgendes:

Vermitteln inländische Reisebüros für Reiseveranstalter gegen eine einheitlich vom Reisepreis berechnete Provision Reiseleistungen, bei denen der Reiseveranstalter Eigenleistungen in Form von grenzüberschreitenden Personenbeförderungsleistungen mit Omnibussen (eigene, konzerneigene oder gemietete) ausführt, erbringen die Reisebüros ggf. sowohl steuerpflichtige als auch nicht steuerbare Vermittlungsleistungen.

Es sind folgende Fallgestaltungen zu unterscheiden:

1. Vermittlung einer grenzüberschreitenden Buspauschalreise mit eigenem Omnibus in ein Drittland
   Die Vermittlungsleistung des inländischen Reisebüros – soweit sie auf die Beförderungsleistung entfällt – wird nach § 3a Abs. 2 Nr. 4 Satz 1 UStG an dem Ort erbracht, an dem der vermittelte Umsatz ausgeführt wird. Die Leistung ist demnach in Bezug auf die Vermittlung des inländischen Teils der Beförderungsleistung steuerbar und steuerpflichtig und in Bezug auf die Vermittlung des ausländischen Teils der Beförderungsleistung nicht steuerbar (§ 3b Abs. 1 S. 1 und 2 UStG).

2. Vermittlung einer grenzüberschreitenden Buspauschalreise mit eigenem Omnibus in einen anderen Mitgliedstaat. Der Reiseveranstalter verwendet keine USt-IdNr.
   Lösung wie Fallgestaltung 1.

3. Vermittlung einer grenzüberschreitenden Buspauschalreise mit eigenem Omnibus in einen anderen Mitgliedstaat. Der Reiseveranstalter verwendet seine deutsche USt-IdNr.
   Die Vermittlungsleistung des inländischen Reisebüros – soweit sie auf die Beförderungsleistung entfällt – gilt nach § 3a Abs. 2 Nr. 4 Satz 2 UStG als in dem Mitgliedstaat der verwendeten USt-IdNr. ausgeführt. Sie ist somit auch in Bezug auf die Vermittlung des ausländischen Teils der Beförderungsleistung steuerbar und steuerpflichtig.

Zur Vermeidung von Härten wird bis auf Weiteres in Bezug auf die Eigenleistungen folgende Berechnung des nicht steuerbaren Anteils der Vermittlungsprovisionen (vgl. Fallgestaltungen 1 und 2) nicht beanstandet:

Das als Reiseveranstalter auftretende Busunternehmen kann einen individuellen Aufteilungsschlüssel ermitteln. Soweit dessen Eigenleistung auf den ausländischen Streckenanteil der Beförderung entfällt, erbringt das Reisebüro eine nicht steuerbare Vermittlungsleistung (§ 3a Abs. 2 Nr. 4 Satz 1 i. V. m. § 3b UStG). Der Aufteilungsschlüssel ist anhand eines repräsentativen Zeitraums (regelmäßig über ein Kalenderjahr) zu ermitteln und von der zuständigen Landesfinanzbehörde genehmigen zu lassen. Er kann anschließend widerruflich angewandt werden.

Bei Abrechnungen, in denen ein solcher Aufteilungsschlüssel zugrunde gelegt wird, ist auf die Genehmigung des Finanzamts unter Angabe des Datums und der Steuernummer hinzuweisen.

Reiseveranstalter können in diesen Fällen die auf die als steuerpflichtig behandelte Vermittlungsprovision entfallene Umsatzsteuer als Vorsteuer abziehen. Dies gilt auch in Fällen, in denen mit Gutschriften abgerechnet wird.

Darüber hinaus wird es nicht beanstandet, wenn in den vorgenannten Fällen die Beteiligten Abschnitt 53 Abs. 6 UStR 1996 auf die bis einschließlich 31. März 2000 abgerechneten Vermittlungsleistungen entsprechend anwenden.

Normen:

UStG:14 UStG:14/5 UStG:25 UStG:25/1 UStG:3a UStG:3a/2/4/1 UStG:3a/2/4/2 UStG:3b UStG:3b/1/1 UStG:3b/1/2 UStR:53 UStR:53/6

---

[1] Vgl. nunmehr Abschn. 53 Abs. 7, Abschn. 53 a Abs. 3, Abschn. 149 Abs. 9 UStR 2008.

[2] Zu sog. Regieerträgen und Service-Fees vgl. LfSt Bayern v. 6.11.2006, UR S. 234.

BMF-Schreiben vom 22.03.2000, IV D 2 – S-7156d-4/00

Umsatzsteuerbefreiung nach § 4 Nr. 5 UStG;
Vermittlungsprovisionen an Reisebüros

Die Vermittlung von Reiseleistungen für Reiseveranstalter im Inland wird vielfach bereits vor der Durchführung der vermittelten Reiseleistungen abgerechnet. Deshalb lässt sich oft nur schwer feststellen, ob es sich bei den vom Reisebüro vermittelten Umsätzen um einheitliche Reiseleistungen im Sinne des § 25 Abs. 1 UStG oder um Einzelleistungen (soweit der Reiseveranstalter die Reiseleistung mit eigenen Mitteln erbringt) handelt. Hieraus ergeben sich auch Unsicherheiten, ob die Vermittlungsleistung steuerpflichtig, steuerfrei oder nicht steuerbar ist. Weil Gutschriften nur bei steuerpflichtigen Leistungen als Rechnungen gelten (§ 14 Abs. 5 UStG), ist bei der Abrechnung der Vermittlungsleistung mit Gutschriften damit zugleich fraglich, ob den Reiseveranstaltern daraus der Vorsteuerabzug zusteht.
Unter Bezugnahme auf das Ergebnis der Erörterung mit den obersten Finanzbehörden der Länder gilt Folgendes:
Vermitteln Reisebüros für Reiseveranstalter gegen eine einheitlich vom Reisepreis berechnete Provision Reiseleistungen im Sinne des § 25 UStG, bei denen der Reiseveranstalter Eigenleistungen in Form von grenzüberschreitenden Personenbeförderungsleistungen mit Flugzeugen (eigene, konzerneigene oder gemietete Flugzeuge) ausführt, erbringen die Reisebüros sowohl steuerpflichtige als auch nichtsteuerbare bzw. steuerfreie Vermittlungsleistungen.
Zur Vermeidung von Härten wird es bis auf Weiteres nicht beanstandet, wenn die Beteiligten in diesen Fällen die Vermittlungsleistungen einvernehmlich zu 70 % als steuerpflichtig behandeln. Reiseveranstalter können in diesen Fällen die auf die als steuerpflichtig behandelte Vermittlungsprovision entfallende Umsatzsteuer als Vorsteuer abziehen. Dies gilt auch in Fällen, in denen mit Gutschriften abgerechnet wird.
Darüber hinaus wird es nicht beanstandet, wenn in den vorgenannten Fällen die Beteiligten Abschnitt 53 Abs. 6 UStR 1996 auf die bis einschließlich 31. März 2000 abgerechneten Vermittlungsleistungen entsprechend anwenden.

Normen:
UStG:14   UStG:14/5   UStG:25   UStG:25/1   UStG:4   UStG:4/5   UStR:53   UStR:53/6
Dokument: BMF Schreiben 2000-03-22 IV D 2 – S 7156d – 4-00 – 70–30-Regelung

V. Rechtsprechung in der Touristik: EuGH- und BFH-Urteile

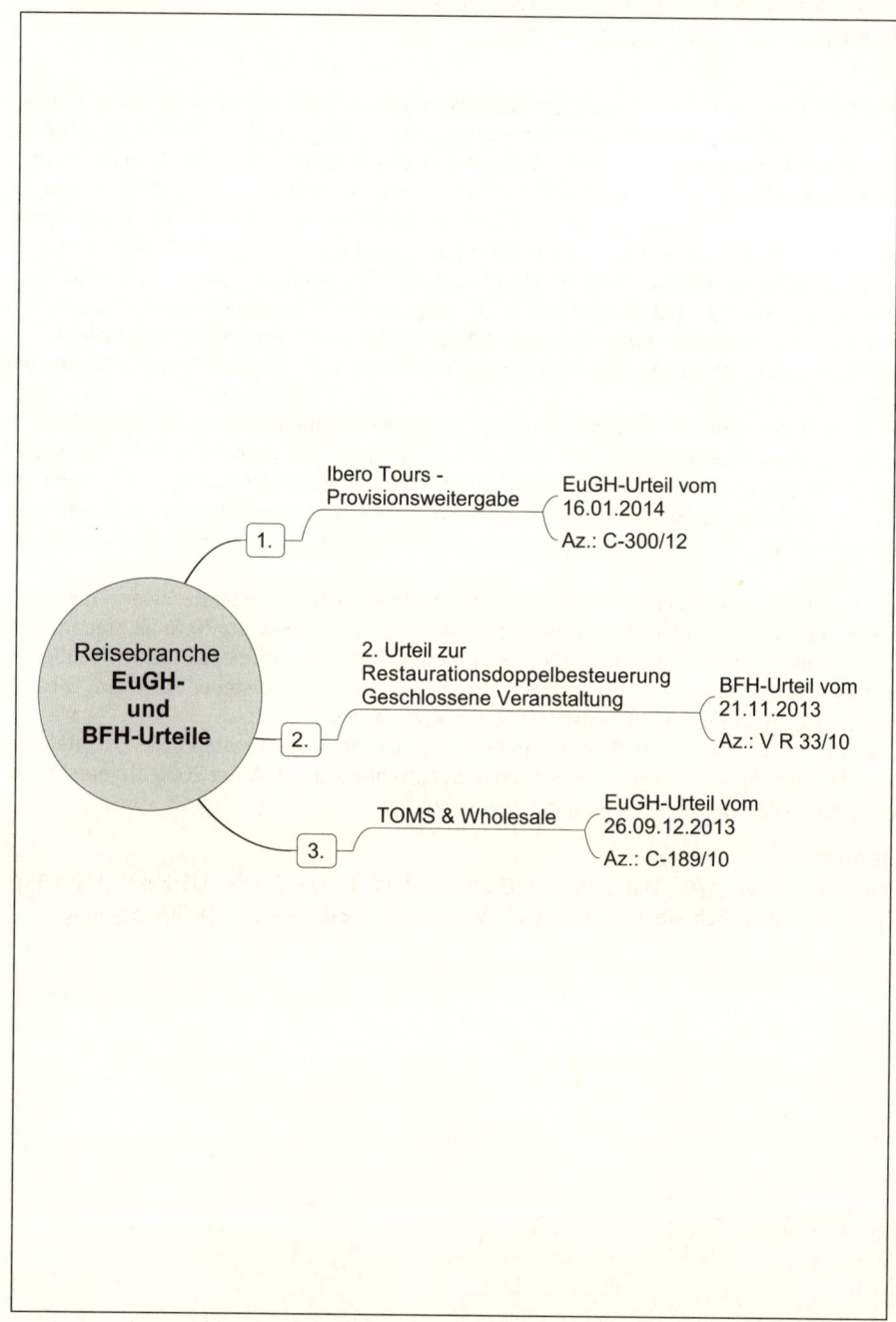

Abb. 104: Übersicht der im Anhang abgedruckten EuGH- und BFH-Urteile

EuGH-Urteil *Ibero Tours*

Provisionsweitergabe vom 16.01.2014(*)

„Mehrwertsteuer – Umsätze der Reisebüros – Gewährung von Rabatten an Reisende – Bestimmung der Besteuerungsgrundlage für die im Rahmen einer Vermittlungstätigkeit erbrachten Dienstleistungen"

In der Rechtssache C-300/12

betreffend ein Vorabentscheidungsersuchen nach Art. 267 AEUV, eingereicht vom Bundesfinanzhof (Deutschland) mit Entscheidung vom 26. April 2012, beim Gerichtshof eingegangen am 20. Juni 2012, in dem Verfahren

Finanzamt Düsseldorf-Mitte

gegen

Ibero Tours GmbH

erlässt

DER GERICHTSHOF (Erste Kammer)

unter Mitwirkung des Kammerpräsidenten A. Tizzano, des Vizepräsidenten des Gerichtshofs K. Lenaerts in Wahrnehmung der Aufgaben eines Richters der Ersten Kammer, der Richter A. Borg Barthet (Berichterstatter) und E. Levits sowie der Richterin M. Berger,

Generalanwalt: M. Wathelet,

Kanzler: K. Malacek, Verwaltungsrat,

aufgrund des schriftlichen Verfahrens und auf die mündliche Verhandlung vom 5. Juni 2013,

unter Berücksichtigung der Erklärungen

–   der Ibero Tours GmbH, vertreten durch Rechtsanwalt P. Englert und P. Moser, Barrister,

–   der deutschen Regierung, vertreten durch T. Henze und K. Petersen als Bevollmächtigte,

–   der Regierung des Vereinigten Königreichs, vertreten durch L. Christie als Bevollmächtigten im Beistand von R. Hill, Barrister,t

–   der Europäischen Kommission, vertreten durch C. Soulay und W. Mölls als Bevollmächtigte,

nach Anhörung der Schlussanträge des Generalanwalts in der Sitzung vom 18. Juli 2013

folgendes

Urteil

1   Das Vorabentscheidungsersuchen betrifft die Auslegung der Sechsten Richtlinie 77/388/EWG des Rates vom 17. Mai 1977 zur Harmonisierung der Rechtsvorschriften der Mitgliedstaaten über die Umsatzsteuern – Gemeinsames Mehrwertsteuersystem: einheitliche steuerpflichtige Bemessungsgrundlage (ABl. L 145, S. 1, im Folgenden: Sechste Richtlinie).

2   Dieses Ersuchen ergeht im Rahmen eines Rechtsstreits zwischen dem Finanzamt Düsseldorf-Mitte (im Folgenden: Finanzamt) und der Ibero Tours GmbH (im Folgenden: Ibero Tours) über die Bestimmung der von ihr geschuldeten Mehrwertsteuer für die Steuerjahre 2002 bis 2005.

Rechtlicher Rahmen

Unionsrecht

3   In Art. 11 Teil A Abs. 1 Buchst. a der Sechsten Richtlinie heißt es:

„ ...

(1)   Die Besteuerungsgrundlage ist:

a)   bei Lieferungen von Gegenständen und Dienstleistungen, die nicht unter den Buchstaben b, c und d genannt sind, alles, was den Wert der Gegenleistung bildet, die der Lieferer oder Dienstleistende für diese Umsätze vom Abnehmer oder Dienstleistungsempfänger oder von einem Dritten erhält oder erhalten soll, einschließlich der unmittelbar mit dem Preis dieser Umsätze zusammenhängenden Subventionen".

4   In Art. 11 Teil A Abs. 3 der Sechsten Richtlinie heißt es:

„In die Besteuerungsgrundlage sind nicht einzubeziehen:

a)   die Preisnachlässe durch Skonto für Vorauszahlungen;

b)   die Rabatte und Rückvergütungen auf den Preis, die dem Abnehmer oder Dienstleistungsempfänger eingeräumt werden und die er zu dem Zeitpunkt erhält, zu dem der Umsatz bewirkt wird;

... "

5   Art. 11 Teil C („Verschiedene Bestimmungen") der Sechsten Richtlinie bestimmt in Abs. 1 Unterabs. 1:

„Im Falle der Annullierung, der Rückgängigmachung, der Auflösung, der vollständigen oder teilweisen Nichtbezahlung oder des Preisnachlasses nach der Bewirkung des Umsatzes wird die Besteuerungsgrundlage unter von den Mitgliedstaaten festgelegten Bedingungen entsprechend vermindert."

6   Art. 26 („Sonderregelung für Reisebüros") der Sechsten Richtlinie sieht vor:

„(1)   Die Mitgliedstaaten wenden die Mehrwertsteuer auf die Umsätze der Reisebüros nach den Vorschriften dieses Artikels an, soweit die Reisebüros gegenüber den Reisenden im eigenen Namen auftreten und für die Durchführung der Reise Lieferungen und Dienstleistungen anderer Steuerpflichtiger in Anspruch nehmen. Die Vorschriften dieses Artikels gelten nicht für Reisebüros, die lediglich als Vermittler handeln und auf die Artikel 11 Teil A Absatz 3 Buchstabe c) anzuwenden ist. Im Sinne dieses Artikels gelten als Reisebüros auch Reiseveranstalter.

---

* Verfahrenssprache: Deutsch.

(2)   Die bei Durchführung der Reise vom Reisebüro erbrachten Umsätze gelten als eine einheitliche Dienstleistung des Reisebüros an den Reisenden. Sie wird in dem Mitgliedstaat besteuert, in dem das Reisebüro den Sitz seiner wirtschaftlichen Tätigkeit oder eine feste Niederlassung hat, von wo aus es die Dienstleistung erbracht hat. Für diese Dienstleistung gilt als Besteuerungsgrundlage und als Preis ohne Steuer im Sinne des Artikels 22 Absatz 3 Buchstabe b) die Marge des Reisebüros, das heißt die Differenz zwischen dem vom Reisenden zu zahlenden Gesamtbetrag ohne Mehrwertsteuer und den tatsächlichen Kosten, die dem Reisebüro durch die Inanspruchnahme von Lieferungen und Dienstleistungen anderer Steuerpflichtiger entstehen, soweit diese Umsätze dem Reisenden unmittelbar zugutekommen.

(3)   Werden die Umsätze, für die das Reisebüro andere Steuerpflichtige in Anspruch nimmt, von diesen außerhalb der Gemeinschaft erbracht, so wird die Dienstleistung des Reisebüros einer nach Artikel 15 Nummer 14 befreiten Vermittlungstätigkeit gleichgestellt. Werden diese Umsätze sowohl innerhalb als auch außerhalb der Gemeinschaft erbracht, so ist nur der Teil der Dienstleistung des Reisebüros als steuerfrei anzusehen, der auf die Umsätze außerhalb der Gemeinschaft entfällt.

(4)   Beim Reisebüro ist der Vorsteuerabzug oder die Rückerstattung der Steuern in jedem Mitgliedstaat für die Steuern ausgeschlossen, die dem Reisebüro von anderen Steuerpflichtigen für die in Absatz 2 bezeichneten Umsätze in Rechnung gestellt werden, welche dem Reisenden unmittelbar zugutekommen."

Deutsches Recht

7   § 17 Abs. 1 des Umsatzsteuergesetzes (im Folgenden: UStG) bestimmte in der vom 1. Januar 2002 bis 15. Dezember 2004 geltenden Fassung:

„Hat sich die Bemessungsgrundlage für einen steuerpflichtigen Umsatz im Sinne des § 1 Abs. 1 Nr. 1 geändert, haben

1.   der Unternehmer, der diesen Umsatz ausgeführt hat, den dafür geschuldeten Steuerbetrag und

2.   der Unternehmer, an den dieser Umsatz ausgeführt worden ist, den dafür in Anspruch genommenen Vorsteuerabzug

entsprechend zu berichtigen; dies gilt in den Fällen des § 1 Abs. 1 Nr. 5 und des § 13b sinngemäß. Die Berichtigung des Vorsteuerabzugs kann unterbleiben, soweit ein dritter Unternehmer den auf die Minderung des Entgelts entfallenden Steuerbetrag an das Finanzamt entrichtet; in diesem Fall ist der dritte Unternehmer Schuldner der Steuer. ..."

8   § 17 Abs. 1 UStG in der seit 16. Dezember 2004 geltenden Fassung bestimmt:

„Hat sich die Bemessungsgrundlage für einen steuerpflichtigen Umsatz im Sinne des § 1 Abs. 1 Nr. 1 geändert, hat der Unternehmer, der diesen Umsatz ausgeführt hat, den dafür geschuldeten Steuerbetrag zu berichtigen. Ebenfalls ist der Vorsteuerabzug bei dem Unternehmer, an den dieser Umsatz ausgeführt wurde, zu berichtigen. Dies gilt nicht, soweit er durch die Änderung der Bemessungsgrundlage wirtschaftlich nicht begünstigt wird. Wird in diesen Fällen ein anderer Unternehmer durch die Änderung der Bemessungsgrundlage wirtschaftlich begünstigt, hat dieser

Unternehmer seinen Vorsteuerabzug zu berichtigen. Die Sätze 1 bis 4 gelten in den Fällen des § 1 Abs. 1 Nr. 5 und des § 13b sinngemäß. Die Berichtigung des Vorsteuerabzugs kann unterbleiben, soweit ein dritter Unternehmer den auf die Minderung des Entgelts entfallenden Steuerbetrag an das Finanzamt entrichtet; in diesem Fall ist der dritte Unternehmer Schuldner der Steuer. ..."

9   § 25 Abs. 1 bis 4 UStG in der seit 1. April 1999 geltenden Fassung bestimmt:

„(1)   Die nachfolgenden Vorschriften gelten für Reiseleistungen eines Unternehmers, die nicht für das Unternehmen des Leistungsempfängers bestimmt sind, soweit der Unternehmer dabei gegenüber dem Leistungsempfänger im eigenen Namen auftritt und Reisevorleistungen in Anspruch nimmt. Die Leistung des Unternehmers ist als sonstige Leistung anzusehen. Erbringt der Unternehmer an einen Leistungsempfänger im Rahmen einer Reise mehrere Leistungen dieser Art, so gelten sie als eine einheitliche sonstige Leistung. Der Ort der sonstigen Leistung bestimmt sich nach § 3a Abs. 1. Reisevorleistungen sind Lieferungen und sonstige Leistungen Dritter, die den Reisenden unmittelbar zugutekommen.

(2)   Die sonstige Leistung ist steuerfrei, soweit die ihr zuzurechnenden Reisevorleistungen im Drittlandsgebiet bewirkt werden. ...

(3)   Die sonstige Leistung bemisst sich nach dem Unterschied zwischen dem Betrag, den der Leistungsempfänger aufwendet, um die Leistung zu erhalten, und dem Betrag, den der Unternehmer für die Reisevorleistungen aufwendet. ...

(4)   Abweichend von § 15 Abs. 1 ist der Unternehmer nicht berechtigt, die ihm für die Reisevorleistungen gesondert in Rechnung gestellten Steuerbeträge als Vorsteuer abzuziehen. Im Übrigen bleibt § 15 unberührt."

10   § 25 Abs. 4 UStG in der seit 1. Januar 2005 geltenden Fassung bestimmt:

„Abweichend von § 15 Abs. 1 ist der Unternehmer nicht berechtigt, die ihm für die Reisevorleistungen gesondert in Rechnung gestellten sowie die nach § 13b geschuldeten Steuerbeträge als Vorsteuer abzuziehen. Im Übrigen bleibt § 15 unberührt."

Ausgangsverfahren und Vorlagefragen

11   Im Rahmen ihrer wirtschaftlichen Tätigkeit erbringt Ibero Tours Dienstleistungen als Vermittler im deutschen Hoheitsgebiet, die in den Anwendungsbereich der Sechsten Richtlinie fallen. Diese Dienstleistungen sind zum Teil steuerbefreit und zum Teil besteuert.

12   Im Rahmen ihrer besteuerten Umsätze bietet Ibero Tours als Vermittler Reiseleistungen an, die Reiseveranstalter an Kunden erbringen und die der Sonderregelung gemäß Art. 26 der Sechsten Richtlinie unterliegen. Auch wenn Ibero Tours ein Reisebüro ist, ist diese Sonderregelung auf die im Ausgangsverfahren in Rede stehenden Dienstleistungen nicht anwendbar, da dieses Büro lediglich als Vermittler handelt und nach Art. 26 Abs. 1 Satz 2 der Sechsten Richtlinie die in diesem Artikel vorgesehene Sonderregelung für solche Büros nicht gilt.

13   Ibero Tours erbringt als Vermittler Dienstleistungen an Reiseveranstalter und erhält von diesen die vereinbarten Provisionen. Sie gewährte den Reisekunden indessen Preisnachlässe, die sie mit einem Teil ihrer Provisionen finanzierte. Nachdem sie zunächst für sämtliche der von ihr bezogenen Provisionen die Mehrwertsteuer

entrichtet hatte, beantragte sie beim Finanzamt eine Änderung der Berechnung dieser Steuer für die Steuerjahre 2002 bis 2005 dahin, dass die ihren Kunden gewährten Preisnachlässe von der Besteuerungsgrundlage abgezogen werden.

14 Das Finanzamt gab diesem Antrag nur insoweit statt, als die von den Reiseveranstaltern erbrachten Dienstleistungen im Rahmen der durch Art. 26 der Sechsten Richtlinie eingeführten Sonderregelung steuerpflichtig waren. Soweit diese Leistungen nach Art. 26 Abs. 3 der Sechsten Richtlinie steuerfrei waren, lehnte das Finanzamt die von Ibero Tours beantragte Änderung dagegen ab.

15 Nach erfolglosem Einspruch erhob Ibero Tours Klage, der das Finanzgericht stattgab. Das Finanzamt legte beim Bundesfinanzhof Revision gegen das Urteil des Finanzgerichts ein.

16 Das vorlegende Gericht stellt sich zunächst die Frage, ob es möglich ist, die vom Gerichtshof im Urteil vom 24. Oktober 1996, Elida Gibbs (C-317/94, Slg. 1996, I-5339), aufgestellten Grundsätze anzuwenden, wenn ein Vermittler im Rahmen einer Dienstleistung einen Preisnachlass für die von ihm vermittelte Leistung gewährt.

17 Auch wenn der Neutralitätsgrundsatz im vorliegenden Fall für die Anwendung der in dem Urteil gewählten Lösungen spreche, ergäben sich gleichwohl Zweifel, da der Gerichtshof in dem Urteil von einer „Vertriebskette" ausgehe, bei der „gleichartige Waren" mehrfach und unter denselben steuerlichen Bedingungen geliefert würden. Deshalb fragt sich das vorlegende Gericht, ob diese Begriffe im vorliegenden Fall maßgeblich sind, da die Umsätze des Erbringers der vermittelten Leistung und des Vermittlers unterschiedlicher Art seien und jeweils eigenständigen steuerrechtlichen Bedingungen unterlägen.

18 Falls davon ausgegangen werde, dass die im Rahmen einer Vermittlungtätigkeit erbrachten Dienstleistungen zu einer Vertriebskette gehören könnten, auf die die Grundsätze anwendbar seien, die der Gerichtshof im Urteil Elida Gibbs entwickelt habe, sei jedoch zweitens noch zu klären, ob dies auch gelte, wenn die vermittelten Leistungen unter Art. 26 der Sechsten Richtlinie fielen. In einem solchen Fall sei nämlich zweifelhaft, ob eine Anwendung der Grundsätze, die der Gerichtshof in dem genannten Urteil aufgestellt habe, zu einer zutreffenden Besteuerung führe.

19 Weiter sei zu beachten, dass der Gerichtshof in seinem Urteil vom 15. Oktober 2002, Kommission/Deutschland (C-427/98, Slg. 2002, I-8315), entschieden habe, dass die Mitgliedstaaten berechtigt seien, die sich aus dem Urteil Elida Gibbs ergebenden Grundsätze nicht anzuwenden, wenn die vermittelte Leistung steuerfrei sei. Das vorlegende Gericht geht insoweit davon aus, dass das Urteil Kommission/ Deutschland dahin gehend zu verstehen sei, dass die vom Gerichtshof im Urteil Elida Gibbs aufgestellten Grundsätze dann nicht anzuwenden seien, wenn die letzte Dienstleistung in der Vertriebskette steuerfrei sei. Unterlägen die vermittelten Leistungen der Sonderregelung nach Art. 26 der Sechsten Richtlinie, stelle Abs. 3 dieses Artikels diese Leistungen einer steuerfreien Vermittlungtätigkeit gleich, wenn die Umsätze, für die der Erbringer dieser Leistungen andere Steuerpflichtige in Anspruch nehme, von diesen außerhalb der Europäischen Union erbracht würden. Würden diese Umsätze sowohl innerhalb als auch außerhalb der Union erbracht, sei die Dienstleistung nur teilweise steuerfrei.

20 Folglich erscheine es fraglich, wie das Reisebüro und die für dieses zuständige Finanzbehörde feststellen sollten, inwieweit die vermittelte Reiseleistung steuerfrei

sei und daher nicht zur Anwendung der vom Gerichtshof im Urteil Elida Gibbs aufgestellten Grundsätze berechtige.

21   Das vorlegende Gericht untersucht drittens die Situation, in der ein Mitgliedstaat Art. 11 Teil C Abs. 1 der Sechsten Richtlinie in seinem nationalen Recht zutreffend umgesetzt hat, aber gleichwohl die Minderung der Mehrwertsteuer ausschließen möchte, die der Vermittler im Fall der Steuerfreiheit der vermittelten Leistungen schuldet. Es bezweifelt, dass dieser Ausschluss von der zutreffenden Umsetzung dieser Bestimmung gedeckt ist, und stellt sich die Frage, ob es einer nationalen Regelung des betreffenden Mitgliedstaats bedarf, in der diese Minderung ausdrücklich vorgesehen ist. Die Rn. 65 und 66 des Urteils Kommission/Deutschland sprächen für die letztgenannte Einschätzung, da dort von den „Befugnissen" der Mitgliedstaaten die Rede sei. Dieser Schluss sei jedoch nicht zwingend, wenn es darum gehe, die Folgen zu begrenzen, die sich aus einer Auslegung durch den Gerichtshof ergäben.

22   Unter diesen Umständen hat der Bundesfinanzhof das Verfahren ausgesetzt und dem Gerichtshof folgende Fragen zur Vorabentscheidung vorgelegt:

  1.   Kommt es nach den Grundsätzen des Urteils Elida Gibbs des Gerichtshofs auch dann zu einer Minderung der Besteuerungsgrundlage im Rahmen einer Vertriebskette, wenn ein Vermittler (hier: Reisebüro) dem Empfänger (hier: Reisekunde) des von ihm vermittelten Umsatzes (hier: Leistung des Reiseveranstalters an den Reisekunden) einen Teil des Preises für den vermittelten Umsatz vergütet?

  2.   Falls die erste Frage zu bejahen ist: Sind die Grundsätze des Urteils Elida Gibbs auch dann anzuwenden, wenn nur der vermittelte Umsatz des Reiseveranstalters, nicht aber auch die Vermittlungsleistung des Reisebüros der Sonderregelung nach Art. 26 der Sechsten Richtlinie unterliegt?

  3.   Falls auch die zweite Frage zu bejahen ist: Ist ein Mitgliedstaat, der Art. 11 Teil C Abs. 1 der Sechsten Richtlinie zutreffend umgesetzt hat, im Fall der Steuerfreiheit der vermittelten Leistung nur dann berechtigt, eine Minderung der Besteuerungsgrundlage zu versagen, wenn er in Ausübung der in dieser Bestimmung enthaltenen Ermächtigung zusätzliche Bedingungen zur Versagung der Minderung geschaffen hat?

Zu den Vorlagefragen

Zur ersten Frage

23   Mit seiner ersten Frage möchte das vorlegende Gericht im Wesentlichen wissen, ob die Grundsätze, die der Gerichtshof im Urteil Elida Gibbs zur Bestimmung der Besteuerungsgrundlage der Mehrwertsteuer aufgestellt hat, anwendbar sind, wenn ein Reisebüro als Vermittler dem Endverbraucher aus eigenem Antrieb und auf eigene Kosten einen Nachlass auf den Preis der vermittelten Leistung gewährt, die von dem Reiseveranstalter erbracht wird.

24   Zur Beantwortung dieser Frage ist darauf hinzuweisen, dass nach Art. 11 Teil A Abs. 1 Buchst. a der Sechsten Richtlinie bei Lieferungen von Gegenständen und Dienstleistungen die Besteuerungsgrundlage alles ist, was den Wert der Gegenleistung bildet, die der Lieferer oder Dienstleistende für diese Umsätze vom Abnehmer oder Dienstleistungsempfänger oder von einem Dritten erhält oder erhalten soll, einschließlich der unmittelbar mit dem Preis dieser Umsätze zusammenhängenden Subventionen.

25   Durch Art. 26 der Sechsten Richtlinie sollen zwar die praktischen Schwierigkeiten vermieden werden, die sich daraus ergeben, dass die Tätigkeiten der Reisebüros und der Reiseveranstalter sich aus mehreren Leistungen zusammensetzen und an mehreren Orten stattfinden. Für die Verwirklichung dieses Zieles ist es jedoch keineswegs erforderlich, von der allgemeinen Regelung in Art. 11 Teil A Abs. 1 Buchst. a der Sechsten Richtlinie abzuweichen, die für die Zwecke der Bestimmung der Besteuerungsgrundlage auf die Wendung „Gegenleistung …, die der … Dienstleistende … vom … Dienstleistungsempfänger oder von einem Dritten erhält oder erhalten soll" abstellt (vgl. Urteil vom 19. Juni 2003, First Choice Holidays, C-149/01, Slg. 2003, I-6289, Rn. 26).

26   Im Ausgangsverfahren ist zum einen die Gegenleistung, die der Reiseveranstalter für seine Leistungen erhält, der Gesamtpreis der Reise ohne Abzüge. Dies wird durch den Umstand, dass Ibero Tours dem Reiseveranstalter nur einen verminderten Betrag zahlt, der aus dem Reisepreis abzüglich der ihr zustehenden Provision besteht, nicht in Frage gestellt, da diese Minderung nur das Ergebnis der Verrechnung der aufgrund der jeweiligen Ansprüche geschuldeten Beträge ist.

27   Zum anderen wirkt sich die Tatsache, dass Ibero Tours den Nachlass mit einem Teil ihrer Provision oder mit anderen Mitteln finanziert, weder auf den Preis der vom Reiseveranstalter erbrachten Dienstleistungen noch auf den Preis der von Ibero Tours im Rahmen ihrer Vermittlungtätigkeit an diesen Veranstalter erbrachten Dienstleistungen aus, da Ibero Tours keinen Nachlass für die im Rahmen ihrer Vermittlungtätigkeit an den Reiseveranstalter erbrachten Dienstleistungen gewährt und das Vorliegen oder die Höhe des Nachlasses, den Ibero Tours den Endverbrauchern gewährt, den Reiseveranstalter nicht betrifft.

28   Die Grundsätze, die der Gerichtshof im Urteil Elida Gibbs entwickelt hat, lassen in einer Situation wie der des Ausgangsverfahrens die Bestimmung der Besteuerungsgrundlage unberührt.

29   Insoweit ist darauf hinzuweisen, dass der Gerichtshof in dem Urteil entschieden hat, dass, wenn ein Hersteller eines Erzeugnisses, der zwar nicht vertraglich mit dem Endverbraucher verbunden ist, aber das erste Glied einer zu diesem führenden Kette von Umsätzen bildet und ihm durch Preisnachlassgutscheine, die von den Einzelhändlern eingelöst und diesen vom Hersteller erstattet werden, einen Preisnachlass gewährt, die Besteuerungsgrundlage für die Mehrwertsteuer um diesen Nachlass vermindert werden muss (Urteil Elida Gibbs, Rn. 31, 34 und 35). In der dem Urteil Elida Gibbs zugrunde liegenden Rechtssache wurde nämlich die Gegenleistung, die der Steuerpflichtige erhalten hatte, der das erste Glied einer Kette von Umsätzen war, in der Tat um den Nachlass vermindert, die dieser Steuerpflichtige dem Endverbraucher unmittelbar gewährt hatte.

30   Im Sachverhalt des Ausgangsverfahrens ist der Reiseveranstalter jedoch nicht das erste Glied einer Kette von Umsätzen, da er seine Dienstleistungen unmittelbar an den Endverbraucher erbringt und Ibero Tours nur als Vermittler dieses einzigen Umsatzes tätig wird. Dagegen erbringt Ibero Tours eine Dienstleistung, nämlich die Vermittlung, die von der vom Reiseveranstalter erbrachten Dienstleistung völlig getrennt ist.

31   Im Übrigen gewährt in der vorliegenden Rechtssache der Reiseveranstalter keinen Nachlass, da Ibero Tours in jedem Fall verpflichtet ist, ihm unabhängig von einem etwaigen Rabatt, den sie dem Reisenden gewährt, den vereinbarten Preis zu zahlen.

32   Daher wirkt sich die Finanzierung eines Teils des Reisepreises, die von einem Reisebüro in der Situation von Ibero Tours vorgenommen wird und in einem Nachlass des Reisepreises gegenüber dem Endverbraucher der Reise zum Ausdruck kommt, weder auf die Gegenleistung, die der Reiseveranstalter für den Verkauf der Reise erhält, noch auf die Gegenleistung, die Ibero Tours für ihre Vermittlung erhält, aus. Folglich führt gemäß Art. 11 Teil A Abs. 1 Buchst. a der Sechsten Richtlinie ein solcher Preisnachlass weder bei dem vermittelten Umsatz noch bei der vom Reisebüro erbrachten Dienstleistung zu einer Minderung der Besteuerungsgrundlage.

33   Nach alledem ist auf die erste Frage zu antworten, dass die Bestimmungen der Sechsten Richtlinie dahin auszulegen sind, dass die Grundsätze, die der Gerichtshof im Urteil Elida Gibbs zur Bestimmung der Besteuerungsgrundlage der Mehrwertsteuer aufgestellt hat, nicht anzuwenden sind, wenn ein Reisebüro als Vermittler dem Endverbraucher aus eigenem Antrieb und auf eigene Kosten einen Nachlass auf den Preis der vermittelten Leistung gewährt, die von dem Reiseveranstalter erbracht wird.

Zur zweiten und zur dritten Frage

34   Da die erste Frage zu verneinen ist, brauchen die zweite und die dritte Frage nicht beantwortet zu werden

Kosten

35   Für die Parteien des Ausgangsverfahrens ist das Verfahren ein Zwischenstreit in dem bei dem vorlegenden Gericht anhängigen Rechtsstreit; die Kostenentscheidung ist daher Sache dieses Gerichts. Die Auslagen anderer Beteiligter für die Abgabe von Erklärungen vor dem Gerichtshof sind nicht erstattungsfähig.

Aus diesen Gründen hat der Gerichtshof (Erste Kammer) für Recht erkannt:

Die Bestimmungen der Sechsten Richtlinie 77/388/EWG des Rates vom 17. Mai 1977 zur Harmonisierung der Rechtsvorschriften der Mitgliedstaaten über die Umsatzsteuern – Gemeinsames Mehrwertsteuersystem: einheitliche steuerpflichtige Bemessungsgrundlage sind dahin auszulegen, dass die Grundsätze, die der Gerichtshof im Urteil vom 24. Oktober 1996, Elida Gibbs (C-317/94), zur Bestimmung der Besteuerungsgrundlage der Mehrwertsteuer aufgestellt hat, nicht anzuwenden sind, wenn ein Reisebüro als Vermittler dem Endverbraucher aus eigenem Antrieb und auf eigene Kosten einen Nachlass auf den Preis der vermittelten Leistung gewährt, die von dem Reiseveranstalter erbracht wird.

Unterschriften

BFH-Urteil Restaurationsdoppelbesteuerung, Geschlossene Veranstaltung vom 21.11.2013

Leitsätze

1. Kauft ein Touristikunternehmen sämtliche Eintrittskarten einer Theatervorführung, übernimmt es das volle wirtschaftliche Risiko der Aufführung und tritt im eigenen Namen als Veranstalter auf, kann darin eine steuerfreie „Veranstaltung von Theatervorführungen" i.S. des § 4 Nr. 20 Buchst. b UStG liegen.

2. Der Leistungsort gemäß § 3a Abs. 2 Nr. 1 UStG richtet sich bei Verpflegungsleistungen im Hotel nach der Belegenheit des Hotelgrundstücks (entgegen BMF-Schreiben vom 4. Mai 2010 IV D 2 -S 7100/08 - BStBl I 2010, 490).

Tatbestand

1   I. Streitig ist, ob der Verkauf sämtlicher Theaterkarten einer Vorstellung durch ein Touristikunternehmen eine steuerfreie "Veranstaltung von Theatervorführungen" i.S. des § 4 Nr. 20 Buchst. b des Umsatzsteuergesetzes (UStG) 1999 ist und ob für die Bestimmung des Leistungsortes nach § 3a UStG im Ausland gewährte Verpflegungsleistungen als Nebenleistung zur Hotelübernachtung anzusehen sind.

2   Die Klägerin und Revisionsbeklagte (Klägerin) ist Reiseveranstalterin. Sie erstellte u.a. als "Paketreiseveranstalter" für Busunternehmen und Reisebüros Reiseprogramme wie z.B. Rund- oder Studienreisen, Städte-, Theater- und Festspielreisen. In den Streitjahren 2001 bis 2003 bot sie nach dem vom Finanzgericht (FG) in Bezug genommenen Internetauftritt der Klägerin überwiegend für Busreiseunternehmen Hotelübernachtungen mit Frühstück, Stadtführung sowie Theaterkarten zum Besuch der Oper mit je nach Reisetermin unterschiedlicher Opernvorstellung an. Die Klägerin schloss dazu mit der Oper D eine privatschriftliche Vereinbarung, wonach die Oper der Klägerin die an einem bestimmten Tag stattfindende Vorstellung "als geschlossene Veranstaltung" gegen einen Pauschalpreis überließ. Die Karten wurden von der Oper erstellt und enthielten auf Vorder- und Rückseite neben dem Aufdruck "... Oper ..." den Text: "... Touristik präsentiert die Oper ...". Die Klägerin trug das wirtschaftliche Risiko des Kartenverkaufs. Gegenüber den Busreiseunternehmen wurde der Verkauf der Eintrittskarten für die Oper neben den Hotelleistungen und der Stadtrundfahrt jeweils gesondert ohne Ausweis von Umsatzsteuer in Rechnung gestellt. Darüber hinaus erbrachte die Klägerin im Zusammenhang mit für andere Reiseunternehmer arrangierten Hotelübernachtungen im Ausland auch Verpflegungsleistungen, die einen Anteil von 4 bis 4,5 % des Leistungspreises ausmachten.

3   Nachdem die Klägerin die Verpflegungsumsätze für ausländische Hotelrestaurationsumsätze in ihren Umsatzsteuerjahreserklärungen 2001 und 2002 nicht berücksichtigt hatte, erließ der Beklagte und Revisionskläger (das Finanzamt --FA--) Umsatzsteuerjahresbescheide für 2001 und 2002, in denen es die von der Klägerin als nicht steuerbar behandelten Umsätze dem Regelsteuersatz unterwarf. Im Anschluss an eine Betriebsprüfung erließ das FA darüber hinaus wegen weiterer Prüfungsfeststellungen u.a. auch zu den steuerfrei belassenen Umsätzen aus dem Verkauf der Theaterkarten nach § 164 Abs. 2 der Abgabenordnung am 18. Juli 2006 geänderte Umsatzsteuerjahresbescheide für 2001, 2002 und 2003, in denen es die Umsatzsteuer auf ... DM (2001), ... EUR (2002) und ./. .... EUR (2003) festsetzte.

4   Nach vergeblichem Einspruchsverfahren erhob die Klägerin Klage mit dem Antrag, die Umsatzsteuerbescheide 2001 bis 2003 dahingehend abzuändern, Umsätze aus der Überlassung von Theaterkarten und Restaurationsumsätzen im Ausland "in der vom Finanzamt angesetzten Höhe" nicht der Besteuerung zu unterwerfen.

5   Das FG gab der Klage statt und führte zur Begründung seines in den Entscheidungen der Finanzgerichte 2011, 272 veröffentlichten Urteils aus:

6   Die Umsätze aus dem Verkauf der Theaterkarten seien nach § 4 Nr. 20 Buchst. b UStG umsatzsteuerfrei, weil die Klägerin als Veranstalterin von Theaterleistungen anzusehen sei. Im Unterschied zu einem bloßen Eintrittskartenverkauf sei für den Begriff der Veranstaltung erforderlich, aber auch ausreichend, dass die Theatervorführung im eigenen Namen und für eigene Rechnung erfolge. Die Veranstaltungsleistung müsse nicht unmittelbar gegenüber dem Besucher des Theaters erbracht werden, es genüge vielmehr, wenn diese an einen zwischengeschalteten Unternehmer erfolge. Es genüge, wenn der Veranstalter im Rahmen einer Gesamtwürdigung zwar keinen vollständigen Einfluss auf die Umstände, den Ort und die Zeit der Darbietung besitze, dieser Aspekt jedoch ausgeglichen werde durch das Auftreten als Veranstalter nach außen. Im Streitfall sei die Klägerin Veranstalterin gewesen. Hierfür spreche der Aufdruck der Firma der Klägerin auf den Eintrittskarten, die vollständige Übernahme des Vermarktungsrisikos, das Handeln im eigenen Namen und für eigene Rechnung und dass die Klägerin vor Ort einen über Handy erreichbaren Ansprechpartner zur Verfügung gestellt habe. Wirtschaftlich gesehen habe die Klägerin die gesamte Vorstellung gekauft. Dem Umstand, dass die Klägerin keinen Einfluss auf den Inhalt und die Gestaltung der Umstände, des Ortes und der Zeit der Vorstellung hatte, komme kein besonderes Gewicht zu. Unschädlich sei auch, dass auf den Eintrittskarten neben der Klägerin die Oper genannt worden sei, da der Eintrag im Spielplan, in dem die Klägerin als Trägerin einer "geschlossenen Veranstaltung" bezeichnet worden sei, die maßgebende Bedeutung habe. Die Stellung der Klägerin gehe daher über die eines Tickethändlers hinaus.

7   Die im Zusammenhang mit den im Ausland von der Klägerin arrangierten Hotelübernachtungen erbrachten Restaurationsleistungen seien unselbständige Nebenleistungen zur Unterbringungsleistung. Die Verpflegungsleistung sei für die Gesamtleistung nicht prägend gewesen. Im Unterschied zu dem vom Bundesfinanzhof (BFH) entschiedenen Sachverhalt betrage die Verpflegungsleistung nicht 12,5 % der Gesamtkosten, sondern nur ca. 4,5 %.

8   Hiergegen richtet sich die Revision des FA:

9   Das FG habe zu Unrecht den Verkauf der Eintrittskarten für die Oper als steuerfreie Theaterveranstaltung angesehen. Veranstalter i.S. des § 4 Nr. 20 Buchst. b UStG sei nur derjenige, der im eigenen Namen und auf eigene Rechnung die organisatorischen Maßnahmen dafür treffe, dass die Theatervorführung abgehalten werden könne, wobei er die Umstände, den Ort und die Zeit der Darbietung selbst bestimme. Die organisatorische Mitbeeinflussung des Theaterstücks sei unverzichtbares Merkmal der Steuerbefreiung. Die Klägerin kaufe lediglich sämtliche Karten einer bereits feststehenden Veranstaltung auf.

10   Die Restaurationsleistungen seien am Sitz der Klägerin im Inland steuerbar (§ 3a Abs. 1 UStG), da es sich nicht um unselbständige Nebenleistungen zur Unterbringung in den ausländischen Hotels (§ 3a Abs. 2 Nr. 1 UStG) gehandelt habe.

11 Das FA beantragt sinngemäß,

unter Aufhebung des FG-Urteils die Klage abzuweisen.

12 Die Klägerin beantragt sinngemäß,

die Revision des FA zurückzuweisen.

Entscheidungsgründe

13 II. Die Revision ist unbegründet und zurückzuweisen (§ 126 Abs. 2 der Finanzgerichtsordnung --FGO--).

14 1. Das FG hat zu Recht den Aufkauf sämtlicher Karten einer Theaterveranstaltung bei Übernahme des vollen wirtschaftlichen Risikos und Auftreten im eigenen Namen als steuerfreie "Veranstaltung von Theatervorführungen" i.S. von § 4 Nr. 20 Buchst. b UStG angesehen.

15 a) Gemäß § 4 Nr. 20 Buchst. a UStG sind steuerfrei u.a. die Theaterumsätze des Bundes, der Länder, der Gemeinden oder Gemeindeverbände einschließlich der Umsätze gleichartiger Einrichtungen sowie nach § 4 Nr. 20 Buchst. b UStG die "Veranstaltung von Theatervorführungen" durch andere Unternehmer, wenn eine Vorführung durch ein Theater nach Buchst. a erfolgt. Zweck der Steuerbefreiung ist die Förderung der Kunst. So sollen u.a. Theater, Orchester und Museen von der Mehrwertsteuer freigestellt werden, weil es sich um Einrichtungen handelt, die staatlich subventioniert werden und im Falle einer Besteuerung der Theaterleistungen die Subventionen aufgestockt werden müssten (Bericht des Finanzausschusses vom 30. März 1967, BTDrucks V/1581 S. 5).

16 b) Unionsrechtliche Grundlage des § 4 Nr. 20 Buchst. a und b UStG ist Art. 13 Teil A Abs. 1 Buchst. n der Sechsten Richtlinie des Rates vom 17. Mai 1977 zur Harmonisierung der Rechtsvorschriften der Mitgliedstaaten über die Umsatzsteuern 77/388/EWG (Richtlinie 77/388/EWG), wonach die Mitgliedstaaten von der Steuer bestimmte kulturelle Dienstleistungen und eng damit verbundene Lieferungen von Gegenständen befreien, die von Einrichtungen des öffentlichen Rechts oder anderen von dem betreffenden Mitgliedstaat anerkannten Einrichtungen erbracht werden.

17 c) Der inländische Gesetzgeber hatte zunächst nach § 4 Nr. 23 UStG 1951 (Elftes Gesetz zur Änderung des Umsatzsteuergesetzes vom 16. August 1961 - BGBl I 1961, 1330) lediglich die "Führung eines Theaters" steuerbefreit. Nachdem zweifelhaft geworden war, ob die Steuerbefreiung auch bei Gastspielen eines Theaterensembles gegen feste Vergütung gegeben war, wenn die Gastbühne den Ticketverkauf im eigenen Namen und auf eigene Rechnung vornahm (vgl. hierzu schon BFH-Urteil vom 24. März 1960 V 158/58 U, BFHE 71, 79, BStBl III 1960, 277), wurde durch das Umsatzsteuergesetz (Mehrwertsteuer) 1967 (BGBl I 1967, 545, 548) § 4 Nr. 20 UStG neu gefasst und um § 4 Nr. 20 Buchst. b UStG ergänzt, wonach die Steuerfreiheit auch auf die "Veranstalter von Theatervorführungen und Konzerten durch andere Unternehmer" erweitert wurde, wenn die Darbietungen durch ein Theater nach § 4 Nr. 20 Buchst. a UStG erbracht wurden. In der Gesetzesbegründung (BTDrucks V/1581 S. 13) heißt es hierzu: "Aus Gründen der Wettbewerbsneutralität hat der Ausschuss auch andere Unternehmer, die Veranstaltungen mit den befreiten Theatern und Orchestern durchführen, in die Befreiung einbezogen (z.B. Gemeinden ohne eigenes Theater, Konzert- und Gastspieldirektionen)."

18   d) Das FG hat im Streitfall den unbestimmten Rechtsbegriff einer "Veranstaltung" von Theater dahingehend gewürdigt, dass die Klägerin aufgrund des Auftretens im eigenen Namen durch den Aufdruck auf den Theaterkarten "... Touristik präsentiert ..." und die volle Übernahme des wirtschaftlichen Risikos sowie der Bereitstellung eines per Handy erreichbaren Mitarbeiters der Klägerin Veranstalter einer Theatervorstellung geworden ist und nicht nur die Stellung eines Kartenkäufers inne gehabt hat. Diese Würdigung ist jedenfalls möglich, Revisionsrechtlich nicht zu beanstanden und mithin gemäß § 118 Abs. 2 FGO für den BFH bindend.

19   Soweit sich das FA darauf beruft, dass der BFH zur Steuerermäßigungsvorschrift des § 12 Abs. 2 Nr. 7 UStG a.F. den Begriff der Veranstaltung einschränkend dahingehend ausgelegt hat, es sei zusätzlich erforderlich, dass der Veranstalter "die organisatorischen Maßnahmen dafür trifft, dass Theatervorführungen abgehalten werden können, wobei er die Umstände, den Ort und die Zeit seiner Darbietungen selbst bestimmt" (BFH-Urteil vom 26. April 1995 XI R 20/94, BFHE 177, 548, BStBl II 1995, 519), ist dies nicht auf § 4 Nr. 20 Buchst. a UStG zu übertragen. Denn es entspricht dem Sinn und Zweck der Vorschrift, die Eintrittspreise von Theatern als Teil der Kultur nicht mit Umsatzsteuer zu belasten. Dem entspricht die richtlinienkonforme Auslegung des § 4 Nr. 20 Buchst. b UStG am Maßstab des Art. 13 Teil A Abs. 1 Buchst. n der Richtlinie 77/388/EWG. Danach ist davon auszugehen, dass der nationale Gesetzgeber auch die Veranstalter der Theatervorführungen und Konzerte --bei denen die Darbietungen von den in § 4 Nr. 20 Buchst. a UStG genannten Unternehmern erbracht werden-- i.S. von Art. 13 Teil A Abs. 1 Buchst. n der Richtlinie 77/388/EWG als Einrichtung anerkennt. Demgegenüber beruht § 12 Abs. 2 Nr. 7 Buchst. a UStG unionsrechtlich auf Art. 12 Abs. 3 der Richtlinie 77/388/EWG i.V.m. Anhang H Nr. 7. Mit Blick auf die nach dem Unionsrecht bestehenden Unterschiede ist eine einheitliche Auslegung von § 4 Nr. 20 Buchst. b UStG und § 12 Abs. 2 Nr. 7 Buchst. a UStG nicht möglich, so dass es auch auf die zu § 12 Abs. 2 Nr. 7 Buchst. a UStG ergangene BFH-Rechtsprechung nicht ankommt.

20   e) Der Senat weicht nicht vom BFH-Urteil vom 3. Juni 2009 XI R 34/08 (BFHE 226, 369, BStBl II 2010, 857) ab, in dem der XI. Senat zu § 3a Abs. 2 Nr. 3 Buchst. a UStG ("kulturelle, künstlerische ... oder ähnliche Leistung einschließlich der jeweiligen Veranstalter") beim Zwischenhandel mit Eintrittskarten für Reiseveranstalter entschieden hat, Veranstalter sei derjenige, der die bezeichneten künstlerischen Tätigkeiten im eigenen Namen und für eigene Rechnung einem größeren Publikum zugänglich macht und die organisatorischen Maßnahmen dafür trifft, dass die Veranstaltung stattfinden kann, dabei die Umstände, den Ort und die Zeit seiner Darbietungen selbst bestimmt, da diese Entscheidung nicht zu § 4 Nr. 20 Buchst. b UStG ergangen ist. Eine einheitliche Auslegung ist im Hinblick auf die jeweils eigenständigen Rechtsgrundlagen dieser Vorschriften im Unionsrecht (Art. 5 und Art. 13 Teil A Abs. 1 Buchst. n der Richtlinie 77/388/EWG) nicht möglich.

21   f) Das FG hat auch zu Recht entschieden, dass bei einer Pauschalreise außerhalb des Anwendungsbereichs der Margenbesteuerung (§ 25 UStG) die Veranstaltungsleistung vom Theater nicht untrennbarer Teil der Reiseleistung ist (BFH-Urteil vom 20. November 1975 V R 138/73, BFHE 118, 99, BStBl II 1976, 307). Zwar gilt nach der Sonderregelung des § 25 Abs. 1 Satz 4 UStG etwas anderes, wenn die Vorschrift über die Margenbesteuerung anwendbar wäre, da nach dieser Vorschrift der Leistungsort auch bei einer Reiseleistung über die Grenze einheitlich (auch hinsichtlich des Auslandsanteils) nach dem Sitz des Reiseunternehmers bestimmt wird (§ 25 Abs. 1 Satz 4 i.V.m. § 3a Abs. 1 UStG). Die Anwendung dieser Vorschrift

scheitert jedoch im Streitfall daran, dass die Leistung der Klägerin nicht --wie in § 25 UStG vorausgesetzt-- an "Reisende", sondern an andere Unternehmer ausgeführt wurde. Zwar hat inzwischen der Gerichtshof der Europäischen Union (EuGH) mit Urteil vom 26. September 2013 C-189/11, Kommission/Spanien, Umsatzsteuer-Rundschau 2013, 835) entschieden, dass Art. 26 der Richtlinie 77/388/EWG über die Margenbesteuerung bei der Erbringung von Reiseleistungen unabhängig von der Unternehmereigenschaft des Leistungsempfängers anzuwenden ist. Die Klägerin hat sich jedoch auf diese Vorschrift nicht berufen, sodass es ohne die Anwendung des § 25 UStG bei der Einzelbetrachtung der Leistungen verbleibt. Das FG hat somit zu Recht die Umsatzsteuer auf die nach § 4 Nr. 20 Buchst. b UStG steuerfreie Veranstaltung der Theaterleistungen herausgerechnet.

22 2. Zutreffend hat das FG auch den Leistungsort für die von der Klägerin bei anderen Reisen erbrachten oder vermittelten Verpflegungsleistungen bei Hotelübernachtungen bestimmt.

23 a) Gemäß § 3a Abs. 2 Nr. 1 UStG der im Streitjahr geltenden Fassung bestimmt sich der Leistungsort bei sonstigen Leistungen im Zusammenhang mit einem Grundstück nach dem Ort, an dem das Grundstück liegt. Mit Urteilen vom 15. Januar 2009 V R 9/06 (BFHE 224, 166, BStBl II 2010, 433) und vom 7. Oktober 2010 V R 4/10 (BFH/NV 2011, 930) hat der Senat im Anschluss an das Urteil des EuGH vom 22. Oktober 1998 C-308/96, Madgett und Baldwin (Slg. 1998, I-6229), das zu einem pauschalen Leistungspaket aus Hotelunterbringung mit Halbpension und Busbeförderung ergangen ist, bereits entschieden, dass die Hotelverpflegung Nebenleistung zur Hotelübernachtung ist, wenn auf die Verpflegung im Verhältnis zur Unterbringung nur ein geringer Teil des Pauschalentgeltes entfällt, und daher die Hotelverpflegung den Leistungsort der Hauptleistung teilt. Die Hotelverpflegung dient dazu, die Hauptleistung des Hoteliers unter optimalen Bedingungen in Anspruch zu nehmen und zählt nach der Verkehrsauffassung zu den traditionellen Aufgaben eines Hoteliers. An dieser Rechtsprechung, der auch der XI. Senat des BFH inzwischen gefolgt ist (Urteil in BFHE 226, 369, BStBl II 2010, 857, Rz 28), hält der Senat trotz des entgegenstehenden Nichtanwendungserlasses des Bundesministeriums der Finanzen vom 4. Mai 2010 IV D 2 -S 7100/08 - BStBl I 2010, 490 fest. Denn dass Übernachtungsleistungen auch ohne Verpflegungsleistungen in Anspruch genommen werden können, ändert nichts daran, dass Verpflegungsleistungen im Hotel geeignet sind, den Aufenthalt des Gastes unter optimalen Bedingungen in Anspruch zu nehmen, weil er sich zur Einnahme der Mahlzeiten nicht erst in ein nahegelegenes Café oder Restaurant begeben muss. Im Unterschied z.B. zur Verpflegung von Begleitpersonen von Patienten in Krankenhäusern (EuGH-Urteil vom 1. Dezember 2005 C-394/04 und C-395/04, Ygeia, Slg. 2005, I-10373) gehört die Verpflegung von Hotelgästen auch zu den traditionellen Aufgaben eines Hoteliers.

24 Im Übrigen lassen sich entgegen der Befürchtung des FA aus der Beurteilung von Verpflegungsleistungen als Nebenleistung zur Hotelübernachtung bei der Bestimmung des Leistungsortes keine Schlüsse hinsichtlich des jeweils anzuwendenden Steuersatzes für die Nebenleistung ziehen. Denn nach der Rechtsprechung des EuGH (Urteil vom 6. Mai 2010 C-94/09, Europäische Kommission/ Französische Republik, Slg. 2010, I-4261) ist der inländische Gesetzgeber befugt, eine Steuerbegünstigung auf "einen konkreten und spezifischen Aspekt einer Kategorie von ermäßigt besteuerbaren Leistungen" zu beschränken (zum Regelsteuersatz für Frühstücksleistungen in Hotels vgl. BFH-Urteil vom 24. April 2013 XI R 3/11, Deutsches Steuerrecht 2013, 2689).

Im Streitfall waren nach den Feststellungen des FG die Verpflegungsleistungen im Verhältnis zur Gesamtleistung mit 4 % bis 4,5 % auch geringfügig.

25   b) Schließlich war das Urteil des FG entgegen der Rechtsauffassung des FA auch nicht deshalb aufzuheben, weil sich aus Recherchen des FA möglicherweise ergeben könnte, dass ein Teil der Verpflegungsleistungen nicht vom Hotel, sondern von Dritten erbracht worden ist. Denn insoweit fehlt es für eine erfolgreiche Verfahrensrüge an dem Vortrag des FA, aus welchen Gründen das FG gegen den klaren Inhalt der Akten verstoßen hat oder von sich hierzu Untersuchungen hätte anstellen müssen.

26   3. Da die Klägerin ihre Anschlussrevision zurückgenommen hat, ist das Verfahren einzustellen (§ 125 Abs. 1 FGO). Die Kostenentscheidung folgt insoweit aus § 136 Abs. 2 FGO.

EuGH-Urteil *TOMS & Wholesale*

vom 26.09.2013(*)

„Vertragsverletzung eines Mitgliedstaats – Steuerwesen – Mehrwertsteuer – Richtlinie 2006/112/EG – Art. 306 bis 310 – Sonderregelung für Reisebüros – Unterschiede zwischen Sprachfassungen – Nationales Recht, das die Anwendung dieser Sonderregelung auf Personen vorsieht, die keine Reisenden sind – Begriffe ‚Reisender‘ und ‚Kunde‘ – Ausnahme bestimmter Endkundenverkäufe von dieser Sonderregelung – Ausweisung eines abzugsfähigen Mehrwertsteuerbetrags in der Rechnung, der nicht an die geschuldete oder entrichtete Vorsteuer gebunden ist – Pauschale Ermittlung der Bemessungsgrundlage für einen bestimmten Zeitraum – Unzulässigkeit"

In der Rechtssache C-189/11

betreffend eine Vertragsverletzungsklage nach Art. 258 AEUV, eingereicht am 20. April 2011,

Europäische Kommission, vertreten durch L. Lozano Palacios und C. Soulay als Bevollmächtigte, Zustellungsanschrift in Luxemburg,

Klägerin,

gegen

Königreich Spanien, vertreten durch S. Centeno Huerta als Bevollmächtigte, Zustellungsanschrift in Luxemburg,

Beklagter,

unterstützt durch

Tschechische Republik, vertreten durch M. Smolek, T. Müller und J. Očková als Bevollmächtigte,

Französische Republik, vertreten durch G. de Bergues und J.-S. Pilczer als Bevollmächtigte,

Republik Polen, vertreten durch A. Kraińska, A. Kramarczyk, M. Szpunar und B. Majczyna als Bevollmächtigte,

Portugiesische Republik, vertreten durch L. Inez Fernandes und R. Laires als Bevollmächtigte,

Republik Finnland, vertreten durch J. Heliskoski und M. Pere als Bevollmächtigte,

Streithelferinnen,

erlässt

DER GERICHTSHOF (Dritte Kammer)

unter Mitwirkung des Kammerpräsidenten M. Ilešič, der Richter E. Jarašiūnas und A. Ó Caoimh, der Richterin C. Toader sowie des Richters C. G. Fernlund (Berichterstatter),

Generalanwältin: E. Sharpston,

Kanzler: M. Ferreira, Hauptverwaltungsrätin,

aufgrund des schriftlichen Verfahrens und auf die mündliche Verhandlung vom 6. März 2013,

nach Anhörung der Schlussanträge der Generalanwältin in der Sitzung vom 6. Juni 2013,

folgendes

Urteil

1   Mit ihrer Klage beantragt die Europäische Kommission, festzustellen, dass das Königreich Spanien dadurch gegen seine Verpflichtungen aus den Art. 306 bis 310, 226, 168, 169 und 73 der Richtlinie 2006/112/EG des Rates vom 28. November 2006 über das gemeinsame Mehrwertsteuersystem (ABl. L 347, S. 1, im Folgenden: Mehrwertsteuerrichtlinie) verstoßen hat,

     – dass es Reisebüros die Anwendung der Sonderregelung für Reisebüros auf Reisedienstleistungen gestattet, die an Personen verkauft wurden, die keine Reisenden sind;

     – dass es von dieser Sonderregelung Reiseverkäufe von Einzelhandelsreisebüros, die im eigenen Namen handeln, an Endkunden ausnimmt, wenn die Reisen von Reisegroßhändlern organisiert wurden;

     – dass es Reisebüros unter bestimmten Umständen gestattet, in der Rechnung einen Mehrwertsteuerpauschalbetrag auszuweisen, der in keinem Zusammenhang mit der tatsächlich auf den Kunden abgewälzten Mehrwertsteuer steht, und diesem, soweit er steuerpflichtig ist, gestattet, diesen Pauschalbetrag von der geschuldeten Mehrwertsteuer abzuziehen, und

     – dass es Reisebüros, soweit die genannte Sonderregelung auf sie anwendbar ist, gestattet, die Steuerbemessungsgrundlage pauschal für jeden Besteuerungszeitraum zu ermitteln.

Rechtlicher Rahmen

Unionsrecht

Sonderregelung für Reisebüros

2   Art. 26 der Sechsten Richtlinie 77/388/EWG des Rates vom 17. Mai 1977 zur Harmonisierung der Rechtsvorschriften der Mitgliedstaaten über die Umsatzsteuern – Gemeinsames Mehrwertsteuersystem: einheitliche steuerpflichtige Bemessungsgrundlage (ABl. L 145, S. 1, im Folgenden: Sechste Richtlinie) sah in der spanischen Sprachfassung (DO L 145, S.1; EE 09/01, S. 54) vor:

     „(1) Die Mitgliedstaaten wenden die Mehrwertsteuer auf die Umsätze der Reisebüros nach den Vorschriften dieses Artikels an, soweit die Reisebüros gegenüber den Reisenden [‚viajero'] im eigenen Namen auftreten und für die Durchführung der Reise Lieferungen und Dienstleistungen anderer Steuerpflichtiger in Anspruch nehmen. Die Vorschriften dieses Artikels gelten nicht für Reisebüros, die lediglich als Vermittler handeln und auf die Artikel 11 Teil A Absatz 3 Buchstabe c) anzuwenden ist. Im Sinne dieses Artikels gelten als Reisebüros auch Reiseveranstalter.

---

* Verfahrenssprache: Spanisch.

2) Die bei Durchführung der Reise vom Reisebüro erbrachten Umsätze gelten als eine einheitliche Dienstleistung des Reisebüros an den Reisenden [‚viajero']. Sie wird in dem Mitgliedstaat besteuert, in dem das Reisebüro den Sitz seiner wirtschaftlichen Tätigkeit oder eine feste Niederlassung hat, von wo aus es die Dienstleistung erbracht hat. Für diese Dienstleistung gilt als Besteuerungsgrundlage und als Preis ohne Steuer im Sinne des Artikels 22 Absatz 3 Buchstabe b) die Marge des Reisebüros, das heißt die Differenz zwischen dem vom Reisenden [‚viajero'] zu zahlenden Gesamtbetrag ohne Mehrwertsteuer und den tatsächlichen Kosten, die dem Reisebüro durch die Inanspruchnahme von Lieferungen und Dienstleistungen anderer Steuerpflichtiger entstehen, soweit diese Umsätze dem Reisenden [‚viajero'] unmittelbar zugutekommen.

…

(4) Beim Reisebüro ist der Vorsteuerabzug oder die Rückerstattung der Steuern in jedem Mitgliedstaat für die Steuern ausgeschlossen, die dem Reisebüro von anderen Steuerpflichtigen für die in Absatz 2 bezeichneten Umsätze in Rechnung gestellt werden, welche dem Reisenden [‚viajero'] unmittelbar zugutekommen."

3　　Die Art. 306 bis 310 in Kapitel 3 („Sonderregelung für Reisebüros") der Mehrwertsteuerrichtlinie lauten in der spanischen Sprachfassung:

„Artikel 306

(1) Die Mitgliedstaaten wenden auf Umsätze von Reisebüros die Mehrwertsteuer-Sonderregelung dieses Kapitels an, soweit die Reisebüros gegenüber dem Reisenden [‚viajero'] in eigenem Namen auftreten und zur Durchführung der Reise Lieferungen von Gegenständen und Dienstleistungen anderer Steuerpflichtiger in Anspruch nehmen.

Diese Sonderregelung gilt nicht für Reisebüros, die lediglich als Vermittler handeln und auf die zur Berechnung der Steuerbemessungsgrundlage Artikel 79 Absatz 1 Buchstabe c anzuwenden ist.

2) Für die Zwecke dieses Kapitels gelten Reiseveranstalter als Reisebüro.

Artikel 307

Die zur Durchführung der Reise vom Reisebüro unter den Voraussetzungen des Artikels 306 bewirkten Umsätze gelten als eine einheitliche Dienstleistung des Reisebüros an den Reisenden [‚viajero'].

Die einheitliche Dienstleistung wird in dem Mitgliedstaat besteuert, in dem das Reisebüro den Sitz seiner wirtschaftlichen Tätigkeit oder eine feste Niederlassung hat, von wo aus es die Dienstleistung erbracht hat.

Artikel 308

Für die von dem Reisebüro erbrachte einheitliche Dienstleistung gilt als Steuerbemessungsgrundlage und als Preis ohne Mehrwertsteuer im Sinne des Artikels 226 Nummer 8 die Marge des Reisebüros, das heißt die Differenz zwischen dem vom Reisenden [‚viajero'] zu zahlenden Gesamtbetrag ohne Mehrwertsteuer und den tatsächlichen Kosten, die dem Reisebüro für die Lieferungen von Gegenständen und die Dienstleistungen anderer Steuerpflichtiger entstehen, soweit diese Umsätze dem Reisenden [‚viajero‘] unmittelbar zugutekommen.

Artikel 309

Werden die Umsätze, für die das Reisebüro andere Steuerpflichtige in Anspruch nimmt, von diesen außerhalb der Gemeinschaft bewirkt, wird die Dienstleistung des Reisebüros einer gemäß Artikel 153 von der Steuer befreiten Vermittlungstätigkeit gleichgestellt.

Werden die in Absatz 1 genannten Umsätze sowohl innerhalb als auch außerhalb der Gemeinschaft bewirkt, ist nur der Teil der Dienstleistung des Reisebüros als steuerfrei anzusehen, der auf die Umsätze außerhalb der Gemeinschaft entfällt.

Artikel 310

Die Mehrwertsteuerbeträge, die dem Reisebüro von anderen Steuerpflichtigen für die in Artikel 307 genannten Umsätze in Rechnung gestellt werden, welche dem Reisenden [‚viajero‘] unmittelbar zugutekommen, sind in keinem Mitgliedstaat abziehbar oder erstattungsfähig."

Die weiteren Bestimmungen der Mehrwertsteuerrichtlinie

4   Art. 73 der Mehrwertsteuerrichtlinie lautet:

„Bei der Lieferung von Gegenständen und Dienstleistungen, die nicht unter die Artikel 74 bis 77 fallen, umfasst die Steuerbemessungsgrundlage alles, was den Wert der Gegenleistung bildet, die der Lieferer oder Dienstleistungserbringer für diese Umsätze vom Erwerber oder Dienstleistungsempfänger oder einem Dritten erhält oder erhalten soll, einschließlich der unmittelbar mit dem Preis dieser Umsätze zusammenhängenden Subventionen."

5   In Art. 78 dieser Richtlinie heißt es:

„In die Steuerbemessungsgrundlage sind folgende Elemente einzubeziehen:

a)   Steuern, Zölle, Abschöpfungen und Abgaben mit Ausnahme der Mehrwertsteuer selbst;

…

6   Die Art. 168 und 169 dieser Richtlinie betreffen das Recht auf Vorsteuerabzug. Art. 168 bestimmt:

„Soweit die Gegenstände und Dienstleistungen für die Zwecke seiner besteuerten Umsätze verwendet werden, ist der Steuerpflichtige berechtigt, in dem Mitgliedstaat, in dem er diese Umsätze bewirkt, vom Betrag der von ihm geschuldeten Steuer folgende Beträge abzuziehen:

a)   die in diesem Mitgliedstaat geschuldete oder entrichtete Mehrwertsteuer für Gegenstände und Dienstleistungen, die ihm von einem anderen Steuerpflichtigen geliefert bzw. erbracht wurden oder werden;

…

7   Art. 169 der Mehrwertsteuerrichtlinie sieht vor, dass der Steuerpflichtige über den Abzug nach Art. 168 dieser Richtlinie hinaus das Recht hat, die dort genannte

Mehrwertsteuer abzuziehen, soweit die Gegenstände und Dienstleistungen für die Zwecke der in diesem Art. 169 genannten Umsätze verwendet werden.

8   Art. 226 der Mehrwertsteuerrichtlinie über die Rechnungsangaben bestimmt:

„Unbeschadet der in dieser Richtlinie festgelegten Sonderbestimmungen müssen gemäß den Artikeln 220 und 221 ausgestellte Rechnungen für Mehrwertsteuerzwecke nur die folgenden Angaben enthalten:

…

9.   den anzuwendenden Mehrwertsteuersatz;

10.   den zu entrichtenden Mehrwertsteuerbetrag, außer bei Anwendung einer Sonderregelung, bei der nach dieser Richtlinie eine solche Angabe ausgeschlossen wird;

…"

9   Art. 318 in Titel XII Kapitel 4 („Sonderregelungen für Gebrauchtgegenstände, Kunstgegenstände, Sammlungsstücke und Antiquitäten") dieser Richtlinie sieht vor:

„(1) Die Mitgliedstaaten können zur Vereinfachung der Steuererhebung und nach Konsultation des Mehrwertsteuerausschusses für bestimmte Umsätze oder für bestimmte Gruppen von steuerpflichtigen Wiederverkäufern vorsehen, dass die Steuerbemessungsgrundlage bei der Lieferung von Gegenständen, die der Differenzbesteuerung unterliegen, für jeden Steuerzeitraum festgesetzt wird, für den der steuerpflichtige Wiederverkäufer die in Artikel 250 genannte Mehrwertsteuererklärung abzugeben hat.

…"

Spanisches Recht

10   Art. 141 Abs. 1 und 2 des Gesetzes 37/1992 vom 28. Dezember 1992 über die Mehrwertsteuer (BOE Nr. 312 vom 29. Dezember 1992, S. 44247) bestimmt:

„(1) Die Sonderregelung für Reisebüros findet Anwendung auf

1.   Umsätze von Reisebüros, wenn diese gegenüber den Reisenden in eigenem Namen auftreten und zur Durchführung der Reise Gegenstände oder Dienstleistungen in Anspruch nehmen, die von anderen Unternehmen oder Gewerbetreibenden geliefert oder erbracht werden.

Im Sinne dieser Sonderregelung gelten Unterbringungs- oder Beförderungsleistungen unabhängig davon, ob sie in einem Paket oder einzeln erbracht werden, gegebenenfalls mit Nebenleistungen oder ergänzenden Dienstleistungen als Reise;

2.   Umsätze von Reiseveranstaltern, bei denen die in der vorstehenden Nummer genannten Voraussetzungen erfüllt sind.

(2) Die Sonderregelung für Reisebüros findet auf folgende Umsätze keine Anwendung:

1.   Reiseverkäufe von Einzelhandelsreisebüros an Endkunden, wenn die Reisen von Reisegroßhändlern organisiert wurden."

11   Art. 142 des Gesetzes 37/1992 bestimmt:

„Bei Umsätzen, auf die diese Sonderregelung Anwendung findet, sind die Steuerpflichtigen nicht verpflichtet, in der Rechnung den abgewälzten Betrag getrennt auszuweisen, der, soweit vorhanden, als im Preis des Umsatzes enthalten anzusehen ist.

Bei Umsätzen, die für andere Unternehmen oder Gewerbetreibende bewirkt werden und die ausschließlich Lieferungen von Gegenständen oder Dienstleistungen umfassen, die vollständig im Geltungsbereich der Steuer erfolgen, kann in der Rechnung auf Verlangen des Betroffenen in der Rubrik ‚im Preis enthaltene Mehrwertsteuerbeträge' ein Betrag ausgewiesen werden, der sich durch Multiplikation des Gesamtpreises des Umsatzes mit sechs und Division des Ergebnisses durch 100 errechnet. Diese Beträge gelten als Beträge, die unmittelbar von dem Unternehmen oder Gewerbetreibenden, das oder der Empfänger der Lieferung oder der Dienstleistung ist, getragen werden."

12   Art. 146 des Gesetzes 37/1992 lautet:

„(1)   Die Steuerpflichtigen können nach ihrer Wahl die Steuerbemessungsgrundlage für jeden Umsatz einzeln oder pauschal für jeden Besteuerungszeitraum berechnen.

Die Wahl gilt für alle vom Steuerpflichtigen bewirkten Umsätze, auf die die Sonderregelung Anwendung findet, für einen Zeitraum von mindestens fünf Jahren und, soweit nichts anderes erklärt wird, für die folgenden Jahre.

(2)   Die pauschale Festsetzung der Bemessungsgrundlage für jeden Besteuerungszeitraum für Umsätze, auf die die Sonderregelung Anwendung findet, erfolgt nach folgendem Verfahren:

1.   Die tatsächlichen Gesamtkosten, einschließlich Steuer, der von anderen Unternehmen oder Gewerbetreibenden ausgeführten Lieferungen von Gegenständen oder Dienstleistungen, die das Reisebüro im betreffenden Zeitraum gekauft hat und die zur Durchführung der Reise verwendet werden und dem Reisenden zugutekommen, werden vom Gesamtpreis einschließlich Mehrwertsteuer abgezogen, der den Kunden für Umsätze berechnet wird, deren Steuertatbestand im selben Zeitraum lag.

2.   Die pauschale Steuerbemessungsgrundlage wird berechnet durch Multiplikation des Ergebnisses mit 100 und Division des Produkts durch 100 zuzüglich des in Art. 90 dieses Gesetzes festgelegten allgemeinen Steuersatzes.

(3)   Der Wert der Steuerbemessungsgrundlage darf in keinem Fall negativ sein.

Im Fall der pauschalen Bestimmung der Steuerbemessungsgrundlage können jedoch Summen, um die der abzuziehende Betrag den Betrag, von dem der Abzug erfolgen soll, übersteigt, zu den Beträgen addiert werden, die in den unmittelbar folgenden Steuerzeiträumen abzuziehen sind."

Vorverfahren und Verfahren vor dem Gerichtshof

13   Am 23. März 2007 richtete die Kommission an das Königreich Spanien ein Aufforderungsschreiben, in dem sie dieses auf eine mögliche Unvereinbarkeit des spanischen Rechts über die Sonderregelung für Reisebüros wegen der Anwendung dieser Regelung auf Leistungen, die Personen erbracht werden, die keine Reisenden sind,

mit den Art. 306 bis 310 der Mehrwertsteuerrichtlinie hinwies und auf das der Mitgliedstaat mit Schreiben vom 29. Mai 2007 antwortete.

14   Am 1. Februar 2008 richtete die Kommission an das Königreich Spanien ein ergänzendes Aufforderungsschreiben, in dem sie erstens Art. 141 Abs. 2 Nr. 1 des Gesetzes 37/1992, nach dem Reiseverkäufe von Einzelhandelsreisebüros an Endkunden von der Sonderregelung ausgenommen sind, wenn die Reisen von Reisegroßhändlern organisiert wurden, zweitens die Sonderregelung für die Fakturierung und den Abzug gemäß Art. 142 dieses Gesetzes und drittens die besonderen Bestimmungen nach Art. 146 dieses Gesetzes zur Pauschalberechnung der Steuerbemessungsgrundlage für jeden Besteuerungszeitraum in Frage stellte.

15   Das Königreich Spanien beantwortete dieses letzte Aufforderungsschreiben mit Schreiben vom 19. Mai 2008.

16   Da die Antworten des Königreichs Spanien auf ihre Aufforderungsschreiben die Kommission nicht zufriedenstellten, gab sie am 9. Oktober 2009 eine mit Gründen versehene Stellungnahme ab, auf die der Mitgliedstaat nicht antwortete.

17   Vor diesem Hintergrund hat die Kommission die vorliegende Klage erhoben.

18   Mit Beschluss des Präsidenten des Gerichtshofs vom 14. September 2011 sind die Tschechische Republik, die Französische Republik, die Republik Polen, die Portugiesische Republik und die Republik Finnland als Streithelferinnen zur Unterstützung der Anträge des Königreichs Spanien zugelassen worden.

Zur Klage

Zur ersten Rüge

Vorbringen der Verfahrensbeteiligten

19   Die Kommission ist der Auffassung, dass die Sonderregelung für Reisebüros nach den Art. 306 bis 310 der Mehrwertsteuerrichtlinie nur auf den Verkauf von Reisen an Reisende (im Folgenden: Reisendenmaxime) anwendbar sei. Sie wirft dem Königreich Spanien vor, die Anwendung dieser Regelung bei Verkäufen von Reisen an alle Arten von Kunden zugelassen zu haben (im Folgenden: Kundenmaxime).

20   Die Kommission weist darauf hin, dass die Bestimmungen dieser Art. 306 bis 310 im Wesentlichen diejenigen von Art. 26 Abs. 1 bis 4 der Sechsten Richtlinie übernähmen.

21   Bei der Annahme der Sechsten Richtlinie sei es jedoch die Absicht des Unionsgesetzgebers gewesen, die Sonderregelung für Reisebüros auf Leistungen zu beschränken, die dem Reisenden, dem Endverbraucher, erbracht würden. Zur Stützung dieser Auffassung weist die Kommission darauf hin, dass fünf der sechs ursprünglichen Sprachfassungen dieser Richtlinie systematisch den Begriff „Reisender" völlig klar und kohärent verwendet hätten.

Dieser Begriff habe daher keiner Auslegung über seinen Wortlaut hinaus bedurft; die Auslegung von Art. 26 der Sechsten Richtlinie sei folglich eindeutig gewesen.

22   Der Gebrauch des Begriffs „Kunde" [„customer"] in der englischen Sprachfassung der Sechsten Richtlinie beruhe auf einem Fehler, der zudem nur einmal – in Art. 26 Abs. 1 dieser Richtlinie – begangen worden sei. Da diese englische Sprachfassung als Grundlage für die späteren Übersetzungen der Sechsten Richtlinie gedient habe, sei

dieser Begriff darin sowie in zahlreichen Sprachfassungen der Art. 306 bis 310 der Mehrwertsteuerrichtlinie übernommen worden.

23   In der mündlichen Verhandlung vor dem Gerichtshof hat die Kommission darauf hingewiesen, dass die französische Sprachfassung der Sechsten Richtlinie, die ausschließlich den Begriff „Reisender" verwendet habe, die Fassung gewesen sei, mit der alle beteiligten Mitgliedstaaten gearbeitet und über die sie eine Einigung erzielt hätten.

24   Die Bestimmungen zu der Sonderregelung für Reisebüros seien einheitlich auszulegen. Das Nebeneinander der Reisenden- und der Kundenmaxime führe zu zweierlei Besteuerungen und zu Wettbewerbsverzerrungen.

25   Unter Berufung auf Art. 26 der Sechsten Richtlinie legt die Kommission die Gründe dar, aus denen der Begriff „Kunde" im Sinne von „Reisender" verstanden werden müsse, auch wenn er in bestimmten Sprachfassungen der Art. 306 bis 310 der Mehrwertsteuerrichtlinie erscheine.

26   Zunächst meint die Kommission, dass, wäre der Kundenmaxime zu folgen, die Voraussetzung in Art. 26 Abs. 1 der Sechsten Richtlinie, dass das Büro „in eigenem Namen" handele, überflüssig wäre, da ein Wirtschaftsteilnehmer gegenüber seinem Kunden immer im eigenen Namen handele. Diese Begriffe seien daher nicht wörtlich auszulegen, und das Wort „Kunde" müsse genauso verstanden werden wie dasjenige in den fünf anderen ursprünglichen Sprachfassungen dieser Richtlinie, nämlich im Sinne von „Reisender". Ein Reisebüro könne nämlich gegenüber einem „Reisenden" sowohl im eigenen Namen als auch für Rechnung Dritter handeln.

27   Hätte der Unionsgesetzgeber dem Begriff „Kunde" nicht die Bedeutung von „Reisender" verleihen, sondern ihn dahin verstehen wollen, dass er alle Arten von „Kunden" umfasse, ergäben sich daraus Widersprüche, da die Sonderregelung für Reisebüros auch gälte, wenn ein Büro als Vermittler tätig sei, etwa wenn es aufgrund eines Vermittlervertrags mit einem Hotel für dessen Rechnung Kunden für dieses suche.

28   Diese Widersprüchlichkeit komme umso deutlicher zum Vorschein, als der Begriff „Reisender" in der englischen Sprachfassung von Art. 26 Abs. 2 Satz 1 der Sechsten Richtlinie verwendet werde, nach der „[d]ie bei Durchführung der Reise vom Reisebüro erbrachten Umsätze ... als eine einheitliche Dienstleistung des Reisebüros an den Reisenden [traveller] [gelten]". Dieser Satz ergäbe jedoch keinen Sinn, wenn die Sonderregelung für Reisebüros unabhängig von der Art des Dienstleistungsempfängers anwendbar wäre. In diesem Fall hätte der Gesetzgeber nach Auffassung der Kommission systematisch den Begriff „Kunde" verwenden müssen.

29   Hinzu komme, dass die sechs ursprünglichen Sprachfassungen von Art. 26 Abs. 2 Satz 3 der Sechsten Richtlinie den Begriff „Reisender" verwendeten. Es wäre daher widersprüchlich, auf den „vom Reisenden zu zahlenden Betrag" zu verweisen, wenn die Sonderregelung für Reisebüros unabhängig davon gelten könnte, welcher Art der Kunde des Reisebüros sei. Tätige nämlich ein Reisebüro einen Verkauf an ein anderes Reisebüro, müsste man dann nach Auffassung der Kommission die Marge im Sinne von Art. 26 Abs. 2 Satz 3 der Sechsten Richtlinie in der Weise berechnen, dass man die Differenz zwischen dem vom Reisenden zu zahlenden Betrag und den Kosten, die dem ersten Reisebüro entstünden, berücksichtige, was müßig wäre, wenn es an einer Verbindung zwischen dem Reisenden und dem Reisebüro fehle.

30   Die Kommission führt schließlich zwei weitere Argumente an. Erstens seien die Bestimmungen von Art. 26 der Sechsten Richtlinie bis zur Aufhebung dieser Richtlinie fast 30 Jahre lang in Kraft geblieben, und die Sprachfassungen dieses Artikels nach den sechs ursprünglichen Fassungen übernähmen weitgehend den Wortlaut der fünf identischen ursprünglichen Fassungen, indem sie ausschließlich den Begriff „Reisender" verwendeten. Nur fünf spätere Sprachfassungen dieses Artikels beruhten auf der englischen Sprachfassung. Zweitens seien Ausnahmen von dem allgemeinen Mehrwertsteuersystem eng auszulegen.

31   Obwohl die Kundenmaxime die Ziele der Sonderregelung für Reisebüros besser erreichen könne, bedeute dies daher nicht, dass dieser Ansatz richtig sei. Die Kommission teilt die Ansicht, dass die Sonderregelung verbesserungswürdig sei, weist aber darauf hin, dass die Mitgliedstaaten sich für einen solchen Ansatz nicht aus eigenem Antrieb entscheiden könnten, indem sie von den ausdrücklichen Bestimmungen in der Sechsten Richtlinie abwichen. Insoweit beruft sie sich insbesondere auf Randnr. 28 des Urteils vom 6. Oktober 2005, Kommission/Spanien (C-204/03, Slg. 2005, I-8389). Darüber hinaus sei diese Sonderregelung zur Regelung der 1977 herrschenden Umstände eingeführt worden, einer Zeit, als Reisen von den Reisebüros hauptsächlich unmittelbar an die Reisenden verkauft worden seien. Auch wenn zu dem betroffenen Sektor heute eine größere Anzahl Wirtschaftsteilnehmer gehörten, sei es gleichwohl nicht Aufgabe der Mitgliedstaaten, sondern des Unionsgesetzgebers, die Unzulänglichkeiten der Sonderregelung zu beheben.

32   Aufgrund der Stellungnahmen der an dem Verfahren beteiligten Mitgliedstaaten hat die Kommission, auch wenn sie strikt an der Reisendenmaxime festhielt, ihre Sicht etwas nuanciert und den Begriff „Reisender" nicht nur auf natürliche Personen, sondern auch auf juristische Personen bezogen, die eine Pauschalreise für den Eigenbedarf kauften und folglich Endabnehmer dieser Reiseleistung seien. Der Begriff erfasse daher das Unternehmen, das Reisedienstleistungen für seine Angestellten erwerbe. Auf eine natürliche oder juristische Person, die diese Dienstleistung weiterverkaufe, sei der Begriff „Reisender" dagegen nicht anwendbar. In einem Stadium vor dem Verkauf einer solchen Dienstleistung an den Endabnehmer sei die Sonderregelung für Reisebüros wohlgemerkt nicht anwendbar.

33   Das Königreich Spanien tritt der Auslegung der Sonderregelung für Reisebüros in den Art. 306 bis 310 der Mehrwertsteuerrichtlinie durch die Kommission entgegen.

34   Es macht von sich aus oder durch die Bezugnahme auf das Vorbringen der anderen Mitgliedstaaten, die dem Rechtsstreit als Streithelfer beigetreten sind, Folgendes geltend.

35   Der wörtlichen Auslegung durch die Kommission könne nicht gefolgt werden, da außer der englischen Sprachfassung zahlreiche andere Sprachfassungen von Art. 306 der Mehrwertsteuerrichtlinie – und zwar die bulgarische, polnische, portugiesische, rumänische, slowakische, finnische und schwedische – nicht den Begriff „Reisender", sondern den Begriff „Kunde" verwendeten.

36   Zudem könne die Analyse der im jeweiligen Normumfeld von Art. 26 Abs. 1 der Sechsten Richtlinie oder Art. 306 der Mehrwertsteuerrichtlinie verwendeten Begriffe nicht herangezogen werden, um die genaue Reichweite dieser beiden Vorschriften zu bestimmen. Eine Prüfung der verschiedenen Sprachfassungen der umliegenden Bestimmungen ergebe nämlich, dass der Begriff „Reisender" weder in Art. 26 Abs. 1 bis 4 der Sechsten Richtlinie noch in den Art. 306 bis 310 der Mehrwertsteuerrichtlinie in systematischer Weise verwendet werde. Bestimmte Sprachfassungen verwendeten

systematisch den Begriff „Kunde", während andere teils den Begriff „Reisender" und teils den Begriff „Kunde" verwendeten. Diese Unterschiede schafften Unklarheit, was sich daran zeige, dass u. a. das Königreich Spanien, die Tschechische Republik, die Griechische Republik, die Französische Republik und die Italienische Republik die Kundenmaxime anwendeten, obwohl die Sprachfassungen der Mehrwertsteuerrichtlinie, wie sie in ihren Amtssprachen veröffentlicht seien, den Begriff „Reisender" verwendeten.

37   Die betroffenen Bestimmungen seien daher teleologisch auszulegen, wofür die mit der Sonderregelung für Reisebüros verfolgten Ziele zu ermitteln seien. Diese Ziele seien zudem von der Kommission nicht bestritten worden. Sie bestünden zum einen in einer Vereinfachung der Mehrwertsteuer für Reisebüros und zum anderen in einer Aufteilung der Mehrwertsteuereinnahmen zwischen den Mitgliedstaaten. Unstreitig sei jedoch auch, dass diese Ziele besser durch die Kundenmaxime verwirklicht werden könnten. Folglich sei diese Maxime die einzig richtige Auslegung.

38   Die Art des Dienstleistungsempfängers – ob es sich um den Reisenden, den Endverbraucher, oder um ein als Vermittler tätiges Reisebüro handele – ist nach Auffassung des Königreichs Spanien unerheblich. Dieses stützt sich im Wege des Analogieschlusses u. a. auf das Urteil vom 22. Oktober 1998, Madgett und Baldwin (C-308/96 und C-94/97, Slg. 1998, I-6229), in dem der Gerichtshof trotz des Ausnahmecharakters der fraglichen Regelung Art. 26 der Sechsten Richtlinie weit ausgelegt habe, indem er dem von dieser Regelung verfolgten Ziel Vorrang gegenüber dem Wortlaut dieses Artikels eingeräumt habe.

39   Durch die Kundenmaxime könnte, im Gegensatz zu der Reisendenmaxime, der Grundsatz der Neutralität der Mehrwertsteuer gewahrt werden, indem sie Wirtschaftsteilnehmer, die Pauschalreisen unmittelbar an die Reisenden verkauften, und solche, die diese Reisen an andere Wirtschaftsteilnehmer verkauften, gleich behandele.

40   Zu der von der Kommission geltend gemachten Gefahr der Doppelbesteuerung trägt das Königreich Spanien vor, diese sei auf das Nebeneinander der beiden Maximen zurückzuführen und werde beseitigt, wenn man einer einzigen Maxime folge.

41   Was die von der Kommission angeführten vermeintlichen Unstimmigkeiten – zunächst in Bezug auf die Wendung „gegenüber den Kunden im eigenen Namen" – betrifft, tritt das Königreich Spanien deren Vorliegen entgegen. Die Kommission verwechsele die Wendung „gegenüber ‚den' Kunden" in der englischen Sprachfassung von Art. 26 der Sechsten Richtlinie mit der Wendung „gegenüber ‚seinen' Kunden". Nur diese zweite Wendung könne gegenstandslos sein.

42   Im Übrigen habe die Kommission selbst in einer großen Zahl von Sprachfassungen ihres Vorschlags für eine Richtlinie des Rates zur Änderung der Richtlinie 77/388 bezüglich der Sonderregelung für Reisebüros (KOM[2002] 64 endg.) vom 8. Februar 2002 die Wendung „das gegenüber den Kunden im eigenen Namen auftritt" verwendet.

43   Die Befürchtung der Kommission, dass diese Wendung zur Anwendung der Sonderregelung für Reisebüros auf Vermittler führe, sei wegen der ausdrücklichen Regelung in Art. 306 Abs. 2 Satz 2 der Mehrwertsteuerrichtlinie, die diese Möglichkeit ausschließe, unberechtigt.

44   Was sodann die Wendung „vom Reisenden zu [zahlen]" betreffe, habe der Gerichtshof bereits festgestellt, dass diese nicht wörtlich ausgelegt werden könne und auch die von einem Dritten zu zahlende Gegenleistung erfasse.

45   Der Ansatz der Kommission führe zudem zu einem praktischen Problem, da, wenn die Sonderregelung für Reisebüros nur auf Verkäufe an den Reisenden als den Endverbraucher anwendbar sei, im jeweiligen Einzelfall zu prüfen sein könnte, ob der Käufer einer Reise wirklich die Person sei, die diese nutze, und er sie nicht an eine andere Person weiterverkaufe.

46   Im Übrigen sei der Hinweis der Kommission auf das vorstehend genannte Urteil Kommission/Spanien nicht einschlägig, da die in jenem Urteil betroffenen Bestimmungen, anders als die der vorliegenden Klage, eindeutig gewesen seien.

Würdigung durch den Gerichtshof

47   Bei Prüfung dieser ersten Rüge ist zu klären, ob das Königreich Spanien die Art. 306 bis 310 der Mehrwertsteuer richtig umgesetzt hat, indem es Reisebüros gestattet, die fragliche Sonderregelung nicht nur auf Umsätze anzuwenden, die diese mit „Reisenden" tätigen, sondern auch auf Umsätze mit allen Arten von „Kunden". 48 In der spanischen Sprachfassung dieser Art. 306 bis 310 einerseits und derjenigen von Art. 26 Abs. 1 bis 4 der Sechsten Richtlinie andererseits wird systematisch der Begriff „Reisender" verwendet. In den anderen Sprachfassungen der beiden Richtlinien werden hingegen die Begriffe „Reisender" und/oder „Kunde" verwendet, wobei bisweilen unterschiedliche Begriffe von einer zur anderen Bestimmung verwendet werden.

49   Trotz dieser erheblichen Abweichungen hält die Kommission eine wörtliche Auslegung, gestützt auf fünf der sechs ursprünglichen Sprachfassungen der Sechsten Richtlinie, in denen systematisch der Begriff „Reisender" verwendet wird, für möglich, da die Verwendung des Begriffs „Kunde" in der englischen Sprachfassung der Richtlinie einen Fehler darstelle.

50   Der Umstand, dass der Begriff „Kunde" nur in der englischen Sprachfassung und zudem nur ein einziges Mal verwendet wird, könnte die Vermutung nahe legen, dass es sich um einen Fehler handelt. Auch könnten die Ausführungen der Kommission in der mündlichen Verhandlung, wonach der Arbeitsentwurf der Sechsten Richtlinie in französischer Sprache gefasst gewesen sei, dafür sprechen, dass bei der Übersetzung dieser Richtlinie ins Englische ein Fehler unterlaufen ist.

51   Gegen diese Sicht der Kommission sprechen jedoch mehrere Gründe.

52   Zunächst ist festzuhalten, dass der Fehler in der englischen Sprachfassung der Sechsten Richtlinie, wenn es sich um einen solchen handeln sollte, nicht berichtigt worden ist.

53   Ferner wurde der Begriff „Kunde", der keineswegs nur ein einziges Mal auftaucht oder auf eine bestimmte Sprachfassung beschränkt ist, in zahlreichen anderen Sprachfassungen und nicht nur in Art. 26 Abs. 1 der Sechsten Richtlinie verwendet.

54   Obwohl ferner dieser vermeintliche Fehler zumindest bei Annahme der Mehrwertsteuerrichtlinie hätte verbessert werden können, ist dies nicht geschehen, denn der Begriff „Kunde" kommt auch in zahlreichen Sprachfassungen der Art. 306 bis 310 dieser Richtlinie – bisweilen in unsystematischer Weise – vor.

55   Schließlich verwendete der in Randnr. 42 des vorliegenden Urteils genannte Richtlinienvorschlag, der das geltende Recht durch eine Fassung ersetzen sollte, der im Wesentlichen die Kundenmaxime zugrunde lag, in der französischen Sprachfassung seines Art. 26 Abs. 1 den Begriff „Reisender", in der englischen Sprachfassung derselben Vorschrift hingegen den Begriff „Kunde".

56   Entgegen dem Vorbringen der Kommission kann daher eine rein wörtliche Auslegung der Sonderregelung für Reisebüros, die auf den Wortlaut einer oder mehrerer Sprachfassungen unter Ausschluss der anderen gestützt ist, nicht ausschlaggebend sein. Nach ständiger Rechtsprechung ist davon auszugehen, dass die Vorschriften des Unionsrechts einheitlich im Licht aller Sprachfassungen der Union auszulegen und anzuwenden sind. Weichen die verschiedenen Sprachfassungen eines Unionstextes voneinander ab, muss die fragliche Vorschrift nach dem Zusammenhang und dem Ziel der Regelung ausgelegt werden, zu der sie gehört (Urteil vom 8. Dezember 2005, Jyske Finans, C-280/04, Slg. 2005, I-10683, Randnr. 31).

57   Im vorliegenden Fall unterscheiden sich die Bestimmungen im Normumfeld derjenigen, die den Begriff „Kunde" verwenden, wie er in der englischen Sprachfassung der Sechsten Richtlinie gebraucht wird, je nach Sprachfassung der beiden Richtlinien, so dass sich aus der Systematik dieser Vorschriften keine Schlüsse auf die Auslegung der Sonderregelung für Reisebüros ziehen lassen.

58   Zum Ziel der Sonderregelung hat der Gerichtshof bereits wiederholt ausgeführt, dass die Dienstleistungen der Reisebüros und Reiseveranstalter sich dadurch auszeichnen, dass sie im Allgemeinen aus mehreren Leistungen, insbesondere Transport-und Beherbergungsleistungen, bestehen, die sowohl innerhalb als auch außerhalb des Gebiets des Mitgliedstaats erbracht werden, in dem das Unternehmen seinen Sitz oder eine Niederlassung hat. Die Anwendung der allgemeinen Bestimmungen über den Ort der Besteuerung, die Besteuerungsgrundlage und den Vorsteuerabzug würde aufgrund der Vielzahl und der Lokalisierung der erbrachten Leistungen bei diesen Unternehmen zu praktischen Schwierigkeiten führen, die die Ausübung ihrer Tätigkeit behindern würden. Um das anwendbare Recht den besonderen Merkmalen dieser Tätigkeit anzupassen, hat der Unionsgesetzgeber in Art. 26 Abs. 2 bis 4 der Sechsten Richtlinie eine Mehrwertsteuer-Sonderregelung eingeführt (vgl. Urteile vom 12. November 1992, Van Ginkel, C-163/91, Slg. 1992, I-5723, Randnrn. 13 bis 15, Madgett und Baldwin, Randnr. 18, vom 19. Juni 2003, First Choice Holidays, C-149/01, Slg. 2003, I-6289, Randnrn. 23 bis 25, vom 13. Oktober 2005, ISt, C-200/04, Slg. 2005, I-8691, Randnr. 21, und vom 9. Dezember 2010, Minerva-Kulturreisen, C-31/10, Slg. 2010, I-12889, Randnrn. 17 und 18).

59   Diese Sonderregelung dient damit der Vereinfachung der Mehrwertsteuervorschriften für Reisebüros. Ferner soll sie die Einnahmen aus der Erhebung dieser Steuer in ausgewogener Weise zwischen den Mitgliedstaaten verteilen, indem sie zum einen die Mehrwertsteuereinnahmen für jede Einzelleistung dem Mitgliedstaat des Endverbrauchs der Dienstleistung und zum anderen die Mehrwertsteuereinnahmen im Zusammenhang mit der Marge des Reisebüros dem Mitgliedstaat, in dem dieses ansässig ist, zufließen lässt.

60   Es ist jedoch festzustellen, dass – im Übrigen unbestritten – diese beiden Ziele besser mit der Kundenmaxime erreicht werden, da sie den Reisebüros vereinfachte Regeln gewährt, gleich welcher Art von Kunden sie ihre Leistungen erbringen, und dadurch eine ausgewogene Aufteilung der Einkünfte zwischen den Mitgliedstaaten begünstigt.

61   Der Umstand, dass bei Annahme der Sonderregelung für Reisebüros im Jahr 1977 die meisten Reisebüros ihre Dienstleistungen unmittelbar an den Endverbraucher verkauften, bedeutet nicht, dass der Gesetzgeber die Sonderregelung auf diese Art der Verkäufe beschränken und Verkäufe an andere Wirtschaftsteilnehmer davon ausschließen wollte.

62   Organisiert nämlich ein Wirtschaftsteilnehmer eine Pauschalreise und verkauft diese an ein Reisebüro, das sie dann an einen Endverbraucher weiterverkauft, so übernimmt der erste Wirtschaftsteilnehmer die Aufgabe, mehrere Dienstleistungen zu verbinden, die bei verschiedenen mehrwertsteuerpflichtigen Dritten gekauft worden sind. Nach dem Zweck der Sonderregelung für Reisebüros müssen diesem Wirtschaftsteilnehmer vereinfachte Mehrwertsteuerregeln gewährt werden können, und diese dürfen nicht dem Reisebüro vorbehalten sein, das sich in einem solchen Fall darauf beschränkt, die von ihm bei diesem Wirtschaftsteilnehmer erworbene Pauschalreise an den Endverbraucher zu verkaufen.

63   Im Übrigen hatte der Gerichtshof den Begriff „Reisender" bereits auszulegen, wobei er ihm einen weiteren Sinn verliehen hat als dem Begriff des Endverbrauchers. So hat der Gerichtshof in Randnr. 28 des vorstehend genannten Urteils First Choice Holidays befunden, dass der in Art. 26 Abs. 2 der Sechsten Richtlinie verwendete Ausdruck „vom Reisenden zu zahlen" nicht wörtlich dahin ausgelegt werden kann, dass damit ein Teil der von einem Dritten im Sinne von Art. 11 Teil A Abs. 1 Buchst. a dieser Richtlinie erhaltenen „Gegenleistung" von der Besteuerungsgrundlage für die Mehrwertsteuer ausgeschlossen wäre.

64   Die übrigen Einwände der Kommission gegen die Kundenmaxime können diese Sicht nicht in Frage stellen.

65   Der Umstand, dass die Sonderregelung für Reisebüros eine Ausnahme von den allgemeinen Regelungen darstellt und als solche nicht über das hinausgehen darf, was zur Erreichung der verfolgten Ziele erforderlich ist (vgl. Urteil First Choice Holidays, Randnr. 22), bedeutet indessen nicht, dass der Reisendenmaxime zu folgen ist, wenn diese die praktische Wirksamkeit dieser Sonderregelung beeinträchtigt.

66   Die Kommission gibt zwar zu, dass die Sonderregelung für Reisebüros verbesserungs-würdig ist, weist aber unter Berufung auf Randnr. 28 des vorstehend genannten Urteils Kommission/Spanien darauf hin, dass die Mitgliedstaaten nicht aus eigenem Antrieb einen Ansatz umsetzen können, der nach ihrer Meinung diese Regelung verbesserte, denn damit nähmen sie die Rolle des Unionsgesetzgebers wahr. Im vorliegenden Fall kann dieses Urteil jedoch nicht herangezogen werden, da die darin umstrittenen Rechtsvorschriften – anders als die Sonderregelung für Reisebüros – eindeutig waren.

67   Das Argument der vermeintlichen Widersprüchlichkeiten, die sich aus einem Ver-ständnis des Begriffs „Kunde" nicht im Sinne von „Reisender", sondern in einem Sinne ergäben, der alle Arten von „Kunden" erfasste, gilt nur für die ursprüngliche englische Sprachfassung der Sechsten Richtlinie und darauf aufbauende spätere Sprachfassungen, in denen dieser Begriff nur einmal verwendet wird. In Bezug auf die Sprachfassungen der Mehrwertsteuerrichtlinie, in denen dieser Begriff in den Art. 306 bis 310 systematisch verwendet wird, greift dieses Argument nicht.

68   Im Hinblick auf das Bestehen einer Gefahr, dass die Reisebüros diese Sonderregelung auch anwenden, wenn sie als Vermittler tätig sind, genügt der Hinweis, dass angesichts von Art. 306 Abs. 1 Satz 2 der Mehrwertsteuerrichtlinie, der jedenfalls eine solche Möglichkeit ausdrücklich ausschließt, diese Gefahr nicht besteht.

69   Daher sind die Bestimmungen der Art. 306 bis 310 der Mehrwertsteuerrichtlinie im Sinne der Kundenmaxime auszulegen.

70   Nach alledem ist die erste Rüge der Kommission als unbegründet zurückzuweisen.

Zur zweiten Rüge

Vorbringen der Verfahrensbeteiligten

71   Die Kommission macht geltend, Art. 141 Abs. 2 Nr. 1 des Gesetzes 37/1992 verstoße dadurch gegen Art. 306 der Mehrwertsteuerrichtlinie, dass er von der Sonderregelung für Reisebüros Reiseverkäufe von Einzelhandelsreisebüros ausnehme, wenn die Reisen von Reisegroßhändlern organisiert worden seien. 72 Die Kommission hegt Zweifel, ob die Erklärungen des Königreichs Spanien zutreffen, wonach dieser Ausschluss nur anwendbar sei, wenn das Einzelhandelsbüro in fremdem Namen handele, d. h. im Allgemeinen im Namen eines Großhändlers.

73   Nach Auffassung der Kommission höhlt diese Auslegung nicht nur Art. 141 Abs. 2 Nr. 1 des Gesetzes 37/1992 aus, sondern ist auch weitgehend contra legem und weicht von der amtlichen Auslegung durch die spanischen Behörden selbst sowie der Auslegung in der Rechtslehre ab. Wäre diese Ausnahme nur anwendbar, wenn das Reisebüro für Rechnung eines Dritten handelte, wäre es im Übrigen kaum denkbar, dass sie auf die Fälle beschränkt sei, in denen die Reise von einem Großhändler organisiert werde.

74   In jedem Fall setze Art. 141 Abs. 2 Nr. 1 des Gesetzes 37/1992 Art. 306 der Mehrwertsteuerrichtlinie nicht ordnungsgemäß um und führe zu Rechtsunsicherheit.

75   Das Königreich Spanien macht geltend, bei der vermeintlich amtlichen Auslegung, auf die die Kommission Bezug nehme, handele es sich nur um eine unverbindliche Stellungnahme. Art. 141 Abs. 2 Nr. 1 des Gesetzes 37/1992 besage lediglich, dass die Einzelhandelsreisebüros, die im Namen und für Rechnung von Reisegroßhändlern handelten, auf ihre Verkäufe nicht die Sonderregelung für Reisebüros anwenden könnten. Dies stehe vollkommen im Einklang mit der Mehrwertsteuerrichtlinie, und die in Rede stehende Bestimmung lasse kein Missverständnis aufkommen.

76   Da die Kommission die vorliegende Rüge nur auf Veröffentlichungen gestützt habe, die in der spanischen Rechtsordnung nicht die Qualität von Normen oder zwingenden Vorschriften hätten, weist das Königreich Spanien in seiner Erwiderung darauf hin, dass es nicht seine Aufgabe sei, Beweise beizubringen.

Würdigung durch den Gerichtshof

77   Bereits aus dem Wortlaut von Art. 141 Abs. 2 Nr. 1 des Gesetzes 37/1992 ergibt sich, dass Einzelhandelsreisebüros, die von Großhändlern organisierte Reisen an Endkunden verkaufen, nicht der Sonderregelung für Reisebüros unterliegen.

78   Es ist festzustellen, dass eine solche Ausnahme vom Anwendungsbereich dieser Sonderregelung in Art. 306 der Mehrwertsteuerrichtlinie nicht vorgesehen ist.

79   Das Königreich Spanien stellt nicht in Abrede, dass eine solche Ausnahme gegen Art. 306 verstößt, versteht jedoch Art. 141 Abs. 2 Nr. 1 des Gesetzes 37/1992 nicht wörtlich und hält die darin vorgesehene Ausnahme nur für anwendbar, wenn das Einzelhandelsreisebüro als Vermittler für einen Großhändler tätig ist.

80   Angesichts der ansonsten klaren Begriffe der fraglichen Vorschrift, der Stellungnahmen der Verwaltung und der Auslegung durch die Lehre kann diese Argumentation jedoch nicht überzeugen.

81   Auch wenn es nach Art. 258 AEUV Sache der Kommission ist, das Vorliegen der vermeintlichen Verletzung nachzuweisen, sind nach Art. 4 Abs. 3 EUV die Mitgliedstaaten

gleichwohl gehalten, der Kommission die Erfüllung ihrer Aufgabe, über die Anwendung der Verträge und des abgeleiteten Rechts zu wachen, zu erleichtern. Das bedeutet, dass es dann, wenn die Kommission genügend Anhaltspunkte für das Vorliegen eines bestimmten Sachverhalts im Gebiet des beklagten Mitgliedstaats beigebracht hat, diesem obliegt, diese Angaben und deren Folgen substantiiert und ausführlich zu bestreiten (vgl. in diesem Sinne Urteil vom 9. November 1999, Kommission/Italien [„San Rocco"], C-365/97, Slg. 1999, I-7773, Randnrn. 84 bis 86).

82   Im vorliegenden Fall hat das Königreich Spanien jedoch keine jüngere Entscheidung ihrer Verwaltung oder eines Gerichts vorgelegt, in der Art. 141 Abs. 2 Satz 1 des Gesetzes 37/1992 nicht wortgetreu angewandt wurde.

83   Folglich ist festzustellen, dass Art. 141 Abs. 2 Nr. 1 des Gesetzes 37/1992 gegen Art. 306 der Mehrwertsteuerrichtlinie verstößt.

84   Demnach ist die zweite Rüge der Kommission begründet.

Zur dritten Rüge

Vorbringen der Verfahrensbeteiligten

85   Die Kommission macht geltend, dass das Reisebüro nach Art. 142 Abs. 2 des Gesetzes 37/1992 im Fall einer Reisedienstleistung, die einem anderen Steuerpflichtigen erbracht wird und nur Lieferungen umfasst, die auf spanischem Gebiet erfolgen, in der Rechnung in Absprache mit dem Kunden in der Rubrik „im Preis enthaltene Mehrwertsteuerbeträge" einen bestimmten Prozentsatz von dem die Mehrwertsteuer enthaltenden Preis ausweisen kann, der als auf den Kunden abgewälzt gilt und den dieser abziehen darf. Die spanische Steuerverwaltung habe auf wiederholte Anfragen eindeutig bestätigt, dass dieser Betrag abziehbar sei, wenn der Kunde steuerpflichtig und zum Mehrwertsteuerabzug berechtigt sei.

86   Die Kommission ist der Auffassung, dass diese Vorschrift in Bezug auf die Angaben, die in die Rechnung aufzunehmen seien, gegen Art. 226 der Mehrwertsteuerrichtlinie sowie dadurch gegen die Art. 168 und 169 dieser Richtlinie verstoße, dass sie den Abzug eines Betrags zulasse, der in keinem Zusammenhang zu der Mehrwertsteuer stehe, die vom Empfänger der von dem Reisebüro erbrachten Dienstleistungen getragen werde. Zudem habe diese Vorschrift diskriminierenden Charakter, da sie nur auf Reisen anwendbar sei, die ausschließlich Dienstleistungen enthielten, die auf spanischem Gebiet erbracht würden.

87   Das Königreich Spanien macht geltend, dass die streitige Vorschrift nur den Fall erfasse, dass ein Unternehmen bei einem Reisebüro eine Pauschalreise zugunsten seiner Angestellten kaufe. Die Vorschrift sei erforderlich, da die Kommission für das Problem, das sich in einem solchen Fall stelle, keine Lösung geboten habe. Wenn ein Reisender im Sinne einer „natürlichen Person" eine Reise kaufe oder wenn Reisebüros sich gegenseitig Dienstleistungen erbrächten, sei kein Abzug möglich.

88   Das Königreich Spanisch tritt der Behauptung, die streitige Vorschrift sei diskriminierend, entgegen, denn sie stehe mit Art. 309 der Mehrwertsteuerrichtlinie in Einklang, der die Befreiung der einheitlichen Dienstleistung des Reisebüros vorsehe, soweit die entsprechenden Lieferungen von Gütern und Dienstleistungen außerhalb der Europäischen Union erfolgt seien. Diese Vorschrift verhindere es somit, dass Steuern für die erworbenen Reisen abgezogen werden könnten, denen diese Befreiung zugutekomme.

Würdigung durch den Gerichtshof

89   Art. 142 des Gesetzes 37/1992 ermöglicht einem Steuerpflichtigen unter bestimmten Umständen den Abzug eines Mehrwertsteuerbetrags in Höhe von 6 % des ihm in Rechnung gestellten Gesamtpreises einschließlich Mehrwertsteuer.

90   Es ist erstens festzustellen, dass dieser Abzug an keiner Stelle in der Sonderregelung für Reisebüros vorgesehen ist.

91   Zweitens ist darauf hinzuweisen, dass Art. 168 der Mehrwertsteuerrichtlinie den Grundsatz des Rechts zum Vorsteuerabzug aufstellt. Dieser erstreckt sich auf die Steuer, mit der auf der Vorstufe die Gegenstände oder Dienstleistungen belastet waren, die der Steuerpflichtige für Zwecke seiner besteuerten Umsätze verwendet (vgl. Urteil Kommission/Spanien, Randnr. 21). Wie die Generalanwältin in Nr. 26 ihrer Schlussanträge festgestellt hat, muss der abgerechnete Steuerbetrag, damit die Neutralität der Mehrwertsteuer sichergestellt ist, genau dem geschuldeten oder entrichteten Vorsteuerbetrag entsprechen.

92   Art. 142 des Gesetzes 37/1992 nimmt jedoch nicht Bezug auf den genauen Betrag der Mehrwertsteuer, die für die von dem Steuerpflichtigen erhaltenen Dienstleistungen angefallen ist, sondern auf einen Betrag, der anhand des von diesem gezahlten Gesamtbetrags geschätzt wird. Diese Berechnung entspricht in keiner Weise der Berechnung der Mehrwertsteuer nach dem gemeinsamen Mehrwertsteuersystem, in dessen Rahmen Art. 78 Buchst. a der Mehrwertsteuerrichtlinie insbesondere vorsieht, dass die Bemessungsgrundlage die Mehrwertsteuer selbst nicht einbezieht.

93   Daraus ergibt sich, dass diese Vorschrift weder mit der Berechnungsweise der Mehrwertsteuer noch mit den Vorschriften der Mehrwertsteuerrichtlinie über das Recht auf Vorsteuerabzug vereinbar ist.

94   Es folgt daraus auch, dass die Ausweisung eines Betrags von 6 % des in Rechnung gestellten Gesamtpreises in der Rechnung mit den Vorschriften über die Rechnungsangaben nach Art. 226 der Mehrwertsteuerrichtlinie unvereinbar ist.

95   Im Übrigen hat die Kommission zu Recht festgestellt, dass Art. 142 des Gesetzes 37/1992 dadurch, dass er die fragliche Abzugsmöglichkeit nur in den Fällen gestattet, in denen die Dienstleistungen in Spanien erbracht werden, eine Diskriminierung aus Gründen der Staatsangehörigkeit begründet, die ebenfalls mit dem gemeinsamen Mehrwertsteuersystem unvereinbar ist. Die Bestimmungen von Art. 309 der Mehrwertsteuerrichtlinie, auf die sich das Königreich Spanien beruft, können jedenfalls nicht als Grundlage für Art. 142 des Gesetzes 37/1992 dienen, da sie keine Unterscheidung zwischen Mitgliedstaaten treffen, sondern eine Befreiung von Umsätzen vorsehen, die außerhalb der Union bewirkt wurden.

96   Daher ist der dritten Rüge der Kommission stattzugeben.

Zur vierten Rüge

Vorbringen der Verfahrensbeteiligten

97   Die Kommission macht geltend, dass Art. 146 des Gesetzes 37/1992, wonach Reisebüros die Besteuerungsgrundlage für einen bestimmten Besteuerungszeitraum pauschal ermitteln und somit für diesen Zeitraum eine einzige Handelsspanne für alle Reisedienstleistungen, die der Sonderregelung für Reisebüros unterlägen, berechnen dürften, keine Rechtsgrundlage in der Mehrwertsteuerrichtlinie finde.

98   Eine solche Berechnung könne weder auf Art. 73 noch auf Art. 318 der Mehrwert-
     steuerrichtlinie gestützt werden. Die Art und Weise, wie die spanischen Behörden die
     Sonderregelung für Reisebüros anwende, könnte zu einer Verringerung der Eigenmittel
     der Union führen, und diese dürfte den entsprechenden Betrag einschließlich Zinsen
     zurückverlangen.

99   Das Königreich Spanien ist der Auffassung, dass Art. 308 der Mehrwertsteuerrichtlinie
     hinreichend weit gefasst sei, um die Einführung eines Systems zur pauschalen
     Bestimmung der Besteuerungsgrundlage für jeden Besteuerungszeitraum, wie es das
     spanischen Gesetz enthalte, zuzulassen.

100 Art. 146 des Gesetzes 37/1992 solle die Erfüllung der Steuerpflichten der
     Wirtschaftsteilnehmer vereinfachen und begründe keine Verpflichtungen. Die
     vorgesehene Berechnungsmethode beachte den Grundsatz der Neutralität und habe
     daher keine Verringerung der Eigenmittel der Union zur Folge.

Würdigung durch den Gerichtshof

101 Die Sonderregelung für Reisebüros und vor allem der von dem Königreich Spanien
     genannte Art. 308 der Mehrwertsteuerrichtlinie sieht keine Möglichkeit für eine
     pauschale Bestimmung der Handelsspanne von Reisebüros vor.

102 Art. 318 der Mehrwertsteuerrichtlinie ermöglicht im Rahmen der ausdrücklich in
     Titel XII Kapitel 4 dieser Richtlinie aufgeführten Sonderregelungen, nämlich der
     Sonderregelungen für Gebraucht- oder Kunstgegenstände, Sammlungsstücke oder
     Antiquitäten, eine pauschale Ermittlung der Bemessungsgrundlage; diese Vorschrift
     erfasst aber gerade nur bestimmte Bereiche, zu denen derjenige der Reisebüros nicht
     gehört.

103 Daher ist die Besteuerungsgrundlage in diesem Bereich nicht pauschal, sondern
     nach Art. 308 der Mehrwertsteuerrichtlinie in der Weise zu ermitteln, dass auf jede
     einheitliche Dienstleistung des Reisebüros Bezug genommen wird.

104 Art. 146 des Gesetzes 37/1992 ist daher mit der Mehrwertsteuer-Sonderregelung
     nach den Art. 306 bis 310 der Mehrwertsteuerrichtlinie unvereinbar.

105 Folglich ist der vierten Rüge der Kommission stattzugeben.

106 Nach alledem ist festzustellen, dass das Königreich Spanien dadurch gegen seine
     Verpflichtungen aus den Art. 168, 226 und 306 bis 310 der Mehrwertsteuerrichtlinie
     verstoßen hat,

     –   dass es von der Sonderregelung für Reisebüros Reiseverkäufe von Einzelhandels-
         reisebüros, die im eigenen Namen handeln, an Endkunden ausnimmt, wenn die
         Reisen von Reisegroßhändlern organisiert wurden;

     –   dass es Einzelhandelsreisebüros unter bestimmten Umständen gestattet, in
         der Rechnung einen Mehrwertsteuerpauschalbetrag auszuweisen, der in
         keinem Zusammenhang zu der tatsächlich auf den Kunden abgewälzten
         Mehrwertsteuer steht, und diesem, soweit er steuerpflichtig ist, gestattet,
         diesen Mehrwertsteuerpauschalbetrag von der geschuldeten Mehrwertsteuer
         abzuziehen, und

     –   dass es Reisebüros, soweit die genannte Sonderregelung auf sie anwendbar ist,
         gestattet, die Steuerbemessungsgrundlage pauschal für jeden Besteuerungszeit-
         raum zu bestimmen.

Kosten

107   Wenn jede Partei teils obsiegt, teils unterliegt, trägt nach Art. 138 Abs. 3 der Verfahrensordnung jede Partei ihre eigenen Kosten. Der Gerichtshof kann jedoch entscheiden, dass eine Partei außer ihren eigenen Kosten einen Teil der Kosten der Gegenpartei trägt, wenn dies in Anbetracht der Umstände des Einzelfalls gerechtfertigt erscheint. Da die Kommission mit einem ihrer vier Klagegründe unterlegen ist, ist ihr ein Viertel ihrer eigenen Kosten aufzuerlegen, und dem Königreich Spanien sind seine eigenen Kosten sowie drei Viertel der Kosten der Kommission aufzuerlegen.

108   Nach Art. 140 der Verfahrensordnung tragen die Tschechische Republik, die Französische Republik, die Republik Polen, die Portugiesische Republik und die Republik Finnland ihre eigenen Kosten.

Aus diesen Gründen hat der Gerichtshof (Dritte Kammer) für Recht erkannt und entschieden:

1.   **Das Königreich Spanien hat dadurch gegen seine Verpflichtungen aus den Art. 168, 226 und 306 bis 310 der Richtlinie 2006/112/EG des Rates vom 28. November 2006 über das gemeinsame Mehrwertsteuersystem verstoßen,**

   - **dass es von der Sonderregelung für Reisebüros Reiseverkäufe von Einzelhandelsreisebüros, die im eigenen Namen handeln, an Endkunden ausnimmt, wenn die Reisen von Reisegroßhändlern organisiert wurden;**

   - **dass es Einzelhandelsreisebüros unter bestimmten Umständen gestattet, in der Rechnung einen Mehrwertsteuerpauschalbetrag auszuweisen, der in keinem Zusammenhang zu der tatsächlich auf den Kunden abgewälzten Mehrwertsteuer steht, und diesem, soweit er steuerpflichtig ist, gestattet, diesen Mehrwertsteuerpauschalbetrag von der geschuldeten Mehrwertsteuer abzuziehen, und**

   - **dass es Reisebüros, soweit die genannte Sonderregelung auf sie anwendbar ist, gestattet, die Steuerbemessungsgrundlage pauschal für jeden Besteuerungszeitraum zu bestimmen.**

2.   **Im Übrigen wird die Klage abgewiesen.**

3.   **Die Europäische Kommission trägt ein Viertel ihrer Kosten.**

4.   **Das Königreich Spanien trägt seine eigenen Kosten und drei Viertel der Kosten der Europäischen Kommission.**

5.   **Die Tschechische Republik, die Französische Republik, die Republik Polen, die Portugiesische Republik und die Republik Finnland tragen ihre eigenen Kosten.**

Unterschriften

Stichwortverzeichnis